Logischer Rationalismus

Philosophische Schriften der Lemberg-Warschauer Schule

Logischer Rationalismus

Philosophische Schriften der Lemberg-Warschauer Schule

Herausgegeben
von David Pearce und
Jan Woleński

[illegible]
August 1998

athenäum

CIP-Kurztitelaufnahme der Deutschen Bibliothek

Logischer Rationalismus: philos. Schr. d. Lemberg-Warschauer Schule / hrsg. von David Pearce u. Jan Woleński. – Frankfurt am Main: Athenäum, 1988.
ISBN 3-610-09208-4
NE: Pearce, David [Hrsg.]: Lwowsko-Warszawska Szkoła

Umschlaggestaltung: Lochmann's Studio, Frankfurt am Main
Satz: Computersatz Bonn GmbH, Bonn
Druck und Bindung: Bercker, Graphischer Betrieb GmbH, Kevelaer
Printed in West Germany
ISBN 3-610-09208-4

Inhalt

Vorwort

Die vorliegende Anthologie umfaßt 27 Aufsätze von neun Autoren der Lemberg-Warschauer philosophischen Schule; zwei Beiträge erscheinen zum ersten Mal in deutscher Sprache. Dabei abgedeckt sind die wichtigsten philosophischen Themen der Schule, die mit Logik oder logischer Analyse zu tun haben. Der Band gibt daher einen Überblick von der Reichhaltigkeit und Originalität der polnischen analytischen Philosophie vor allem in der Periode zwischen den beiden Weltkriegen. Er stellt, wie wir hoffen, auch eine brauchbare Quelle dar für die Untersuchung der Entstehung, besonders was ihre nicht-positivistische Tradition angeht.

An dieser Stelle bedanken wir uns bei Frau Maria Ajdukiewicz, Prof. Janina Kotarbińska und Dr. Jan Tarski für die freundliche Genehmigung zum Nachdruck der entsprechenden Abhandlungen; Mark Herterich und Roman Polsakiewicz für ihre Übersetzungen und schließlich Annalisa Viviani für die organisatorische Hilfe.

Berlin und Breslau, Juli 1987 *David Pearce und Jan Woleński*

Einleitung

Die Lemberg-Warschauer Schule hat sich mit allen Bereichen der Philosophie befaßt, doch ihre größten Errungenschaften liegen auf den Gebieten der mathematischen Logik, Semantik, Wissenschaftstheorie und der Anwendung der Logik in der Philosophie. Der vorliegende Sammelband enthält Arbeiten der Hauptvertreter dieser Schule aus dem logischen Bereich der Philosophie. Die zwei ersten Abhandlungen stellen die Lemberg-Warschauer Schule so dar, wie sie von ihren Vertretern im Hinblick auf die allgemeinen Tendenzen der polnischen Philosophie in der ersten Hälfte dieses Jahrhunderts gesehen wurde. Das Ziel dieser Einführung ist es, die Kenntnisse über diese Schule zu ergänzen, sowie den Inhalt dieses Bandes kurz zu besprechen.

Die Lemberg-Warschauer Schule wurde von Kazimierz Twardowski (1866–1938), einem Schüler Franz Brentanos, gegründet. 1895 wurde Twardowski Professor an der Universität in Lemberg (Lwów). Er beabsichtigte, eine wissenschaftliche Philosophie in Polen aufzubauen. Er sprach sich stets für eine Philosophie aus, die in einer klaren, einfachen Sprache begründete Thesen anstrebt. Ein besonderes Gewicht legte er auf konkrete Probleme und mied allgemeine Synthesen. Denselben Weg gingen auch seine Schüler. Zu den ersten gehörten (in alphabetischer Reihenfolge): Kazimierz Ajdukiewicz (1890–1963), Tadeusz Czeżowski (1889–1981), Tadeusz Kotarbiński (1886–1981), Jan Łukasiewicz (1878–1956) und Zygmunt Zawirski (1882–1948). Im Jahre 1910 schloß sich der Schule Stanisław Leśniewski (1886–1939) an, der vorher in Deutschland, u. a. bei Cornelius, studiert hatte. Die minimalistische Auffassung der Philosophie in Twardowskis Schule begünstigte das Interesse an Logik, Semantik und Wissenschaftstheorie. Alle genannten Schüler von Kazimierz Twardowski befaßten sich mit Logik, zwei von ihnen (Leśniewski und Łukasiewicz) spezialisierten sich später in der mathematischen Logik.

In der Geschichte der Schule (1895–1939) kann man zwei Perioden unterscheiden. Die erste dauerte ungefähr bis zum Ende des ersten Weltkrieges und kann als die »Lemberger Periode«, die zweite dagegen (1918–1939) als die »Lemberg-Warschauer Periode« bezeichnet werden. In der zweiten Periode war die Schule in fast allen Hochschulzentren Polens aktiv. Twardowski und Ajdukiewicz sind in Lemberg geblieben (von 1925 bis 1928 war Ajdukiewicz Professor in Warschau), Leśniewski, Łukasiewicz und Kotarbiński dagegen sind nach Warschau übergesiedelt, Czeżowski ist nach Wilno und Zawirski nach Posen und Krakau gegangen. Ein für die Schule sehr wichtiges Ereignis war die Gründung und Entwicklung der Warschauer Logischen Schule. Ihre Begründer, Leśniewski und Łukasiewicz, wurden stark von hervorragenden polnischen Mathematikern (Stefan Janiszewski, Wacław Sierpiński, Stefan Mazurkiewicz) unterstützt. Leśniewski und Łukasiewicz bekamen Lehrstühle an der mathematisch-naturwissenschaftlichen Fakultät der Warschauer Universität. Das war ein interessantes soziologisches Experiment, denn beide waren von der Ausbildung her keine spezialisierten Mathematiker. Ihre Vorlesungen wurden von den jungen Mathematikern positiv beurteilt; mehrere von ihnen begannen, sich in der Logik zu spezialisieren: Alfred Tarski (1901–1983), der berühmteste Vertreter der Lemberg-Warschauer Schule, Stanisław Jaśkowski (1906–1965), Adolf Lindenbaum (1904–1941?), Andrzej Mostowski (1913–1975), Moses Presburger (?–1943?), Jerzy Słupecki (geb. 1904) und Mordechaj Wajsberg (1902–?). Der Warschauer Schule gehörte auch der Philosoph Bolesław Sobociński (1906–1980) an. Die letzten Schüler der Warschauer Logikschule waren Henryk Hiż (geb. 1917), Jan Kalicki (1922–1953) und Czesław Lejewski (geb. 1913); sie begannen ihre wissenschaftliche Tätigkeit nach dem zweiten Weltkrieg. Mit der Warschauer Logikschule standen auch zwei hervorragende Historiker der Logik in Verbindung: der Dominikanerpater Innocenty Bocheński (geb. 1902) und der Pfarrer Jan Salamucha (1903–1944).

In den Jahren 1918–1939 bildete sich in Warschau auch eine Gruppe von zahlreichen Philosophen, die sich mit Semantik und Wissenschaftstheorie befaßten – es waren die Schüler von T. Kotarbiński: Janina Hosiasson-Lindenbaum (1899–1942), Maria Ossowska (1896–1974), Dina Szteinbarg, spätere Janina Kotarbińska (geb. 1901) und Aleksander Wundheiler (1902–1957). Unter der Anleitung von Twardowski und Ajdukiewicz schlossen ihr Studium ab und begannen ihre wissenschaftliche Laufbahn u. a. Izydora Dambska (1904–1983), Maria Kokoszyńska-Lutmanova (1905–1980), Severyna Łuszczewska-Rohmanowa (1904–1978), Henryk Mehlberg (1904–1978) und Zygmunt Schmierer (?–1943); zu erwähnen ist noch, daß der Professor für mathematische Logik in Lemberg, Leon Chwistek, der Lemberg-Warschauer Schule nicht angehörte. Von den außerhalb von Lemberg und Warschau Arbeitenden ist Zbigniew Jordan (1911–1977), ein Schüler Zawirskis (Posen), zu nennen.

Der zweite Weltkrieg unterbrach die normalen wissenschaftlichen Aktivitäten der Schule; viele der genannten Wissenschaftler waren in der geheimen Universitätsausbildung tätig. Einige von ihnen sind in den Wirren des Krieges umgekommen: Hosiasson-Lindenbaum, Presburger, Salamucha, Schmierer und Wajsberg – in einigen Fällen ist die Feststellung des Todesdatums nicht mehr möglich, was im Text durch ein ›?‹ gekennzeichnet wird. Kurz vor dem Krieg starben Leśniewski und bald darauf Zawirski. In den Kriegsjahren und nach 1945 verließen Polen: Bocheński, Hiż, Jordan, Kalicki, Łukasiewicz, Lejewski, Poznański, Sobociński, Wundheiler, und im August 1939 Tarski. Diese Umstände führten dazu, daß die Lemberg-Warschauer Schule nach 1945 praktisch nicht mehr existierte. Die Wissenschaftler, die noch in Polen lebten, arbeiteten sozusagen auf eigene Rechnung, die Vorkriegstradition fortsetzend. Sie schufen jedoch keine so stark integrierte Gruppe, wie es die Lemberg-Warschauer Schule vor 1939 war. Andere desintegrierende Faktoren kamen hinzu: Diejenigen, die nach 1945 in Polen blieben (Jaśkowski, Mostowski, Słupecki) wurden Mathematiker. In den Jahren 1945–1956 durften viele Philosophen der Lemberg-Warschauer Schule keine Lehrtätigkeit ausüben und andere wiederum durften nur als Logiker arbeiten. Die Schule gehörte zur szientistischen Richtung in der Philosophie, einer Richtung, die nach dem 2. Weltkrieg in eine deutliche Krise geriet; daher konnten sich auch die Schüler von Ajdukiewicz und Kotarbiński in der Nachkriegszeit mit der minimalistisch aufgefaßten Philosophie nicht einverstanden erklären. All dies führte dazu, daß die Lemberg-Warschauer Schule nach dem 2. Weltkrieg, insofern sie überhaupt existierte, sich nur in den Arbeiten ihrer Vertreter und nicht als eine Gruppenerscheinung manifestierte.

Der vorliegende Sammelband betrifft, wie schon angedeutet wurde, die der Logik nahestehenden Forschungsbereiche der Lemberg-Warschauer Schule. Es war die dominierende, wenn auch nicht die einzige Richtung in dieser Schule. Um eine richtige Vorstellung von der Schule zu bekommen, darf man nicht vergessen, daß solche wissenschaftlichen Kapazitäten wie der Linguist Jerzy Kuryłowicz (1895–1978), der Philosophiehistoriker und Ästhetiker Władysław Tatarkiewicz (1886–1980) und der Psychologe Władysław Witwicki (1878–1948) ihr angehörten oder ihr nahestanden. Man kann annehmen, daß die Schule vor dem 2. Weltkrieg etwa 100 Philosophen zählte. Als Ganzes unterlag sie demselben Desintegrationsprozeß wie ihr »logischer Teil«.

Ein Charakteristikum der Lemberg-Warschauer Schule war ihr Pluralismus. Ihr gehörten Vertreter verschiedener erkenntnistheoretischer Orientierungen an; dies betrifft sogar die Logikerschule. Die Schule vertrat, im Gegensatz z. B. zu den Phänomenologen oder Neopositivisten, keine einheitliche philosophische Doktrin, sondern ein Korpus metaphilosophischer Auffassungen. Diese methodologischen Auffassungen bildeten ein starkes Band für die Schule.

Als Ganzes gehört die Lemberg-Warschauer Schule zu der analytischen Strömung in der Philosophie des 20. Jahrhunderts; ihr logischer Flügel zu jener, die man Rekonstruktionismus nennt. Der Rekonstruktionismus empfiehlt eine breite Anwendung der formalen Logik in der philosophischen Analyse; und dieses Postulat wurde von den Philosophen der Lemberg-Warschauer Schule realisiert. Hier und in den weiteren Ausführungen ist von dem logischen Flügel der Schule die Rede. Die logische Analyse ist, nach den Prinzipien der Schule, ein Mittel und kein Ziel für sich. Die Schule lehnte die Ansicht ab, nach der die Sprache das einzige Objekt der Philosophie ist. Darin grenzt sie sich entschieden vom frühen Wiener Kreis ab. Anders als der Wiener Kreis hatte die Schule auch ein gemäßigteres Verhältnis zur Metaphysik. Hielt jener die Thesen der traditionellen Metaphysik für sinnlos, faßte die Lemberg-Warschauer Schule sie als zu flüchtig und unklar formuliert auf, aber als sachlich genug, um einer rationalen Untersuchung unterzogen zu werden. Kurzum: Man lehnte die Formulierungen, nicht aber die Probleme selbst ab. Die Schule vertrat den Standpunkt des erkenntnistheoretischen Realismus, wobei sie diesen und eine Reihe anderer Probleme durch die Vermittlung Twardowskis von Franz Brentano übernommen hatte. Sie nahm auch andere Einflüsse auf (Frege, Russell, Poincaré, Hilbert), aber der Einfluß Brentanos war am stärksten. Um den Anteil der Lemberg-Warschauer Schule an der Weltphilosophie zu beurteilen, muß man differenzieren. Rechnet man die Logik zur Philosophie, so war der Einfluß der Schule auf diesem Gebiet unbestritten groß. Die semantischen Arbeiten von Tarski und teilweise auch von Ajdukiewicz führten zur Liberalisierung der Ansichten des Wiener Kreises. Im allgemeinen aber fanden die Arbeiten aus dieser Schule außerhalb Polens einen geringen Widerhall. In letzter Zeit jedoch wächst das Interesse an der Philosophie (und nicht nur der mathematischen Logik) der Lemberg-Warschauer Schule. Dies steht im Zusammenhang mit Versuchen, die gegenwärtige analytische Philosophie mit entsprechend verarbeiteten Ideen Brentanos und seiner Schüler zu bereichern. So verfolgt der vorliegende Sammelband zwei Ziele: Erstens präsentiert er historisches Material über ein wichtiges, wenn auch wenig bekanntes Kapitel der analytischen Philosophie des 20. Jahrhunderts. Zweitens kommt er Tendenzen, neue Wege in der analytischen Philosophie zu suchen, entgegen.

Einige Anmerkungen noch über diesen Band und die ihn gestaltenden Arbeiten. Größtenteils besteht er aus früher in deutscher Übersetzung veröffentlichten Arbeiten. Zwei Abhandlungen werden hier erstmals in deutscher Sprache zugänglich gemacht: Łukasiewicz, »Über naturwissenschaftliches Schließen« und Ajdukiewicz, »Erkenntnistheorie und Semiotik«. In der Lemberg-Warschauer Schule sind wesentlich mehr Arbeiten in deutscher Sprache entstanden, als der Band enthält. Die Auswahl trafen wir unter Berücksichtigung folgender Kriterien: Wir haben auf alle technischen Arbeiten über mathematische Logik, sowie auf einige kleinere, unserer Ansicht nach weniger wichtige philosophische Arbeiten verzichtet. Es wurde nur eine Abhandlung von Twardowski berücksichtigt. Er war kein typischer Vertreter der logischen Strömung in dieser Schule; seine Ansichten waren jedoch wichtig für die Entwicklung der Schule als Ganzes. Wir haben von ihm diejenige Arbeit gewählt, die eine wesentliche Rolle auch für die Entwicklung der Logik in dieser Schule gespielt hat. Aus Platzgründen mußten wir auf drei wichtige Arbeiten verzichten: Łukasiewicz, »Die logischen Grundlagen der Wahrscheinlichkeitsrechnung«, Tarski, »Der Wahrheitsbegriff in den formalisierten Sprachen« und Zawirski, »Über das Verhältnis der mehrwertigen Logik zur Wahrscheinlichkeitsrechnung«.

Da nur deutschsprachige Texte in den Sammelband aufgenommen wurden, konnten nicht alle Autoren ihrer Bedeutung und der Anzahl ihrer Veröffentlichung entsprechend berücksichtigt werden; dies trifft besonders für Tadeusz Kotarbiński zu. Die beiden hier aufgenommenen Beiträge (darunter ein historischer) entsprechen nicht dem Rang dieses Philosophen. Dennoch ist die getroffene Auswahl von Texten der Lemberg-Warschauer Schule als Ganzes repräsentativ und gibt die grundlegenden Ideen dieser Schule wieder. Der interessierte Leser, der seine Kenntnisse erweitern möchte, sei auf die dem Band angeschlossene Bibliographie verwiesen, in der Arbeiten der Schule wie auch Arbeiten über sie zusammengestellt sind, die in westeuropäischen Sprachen erschienen sind.

Der Band wird eröffnet durch zwei historische Aufsätze von Kotarbiński bzw. Ajdukiewicz, in der die Entwicklung und die Ansichten der Schule geschildert werden. Mit Ausnahme dieser beiden historischen Beiträge, sind die übrigen Aufsätze nach Autoren gruppiert. Innerhalb jeder Gruppe sind die Beiträge chronologisch geordnet, mit einer Ausnahme allerdings; die Aufsätze von Łukasiewicz haben wir in eine uns natürlicher erscheinende thematische Anordnung gestellt.

Twardowskis Aufsatz über Wahrheit wurde ursprünglich im Jahre 1900 auf Polnisch veröffentlicht. Dort argumentiert er gegen relativistische und skeptizistische Auffassungen, und tritt für einen absoluten Wahrheitsbegriff ein. Einwände gegen den Absolutismus, so Twardowski, übersehen den Unterschied zwischen Propositionen und Sätzen. Sätze sind oft unvollständig, was zu dem Eindruck führt, Wahrheit sei relativ. Jede Proposition hingegen ist eine vollständige semantische Einheit, die in einem absoluten Sinn wahr oder falsch ist. Insbesondere ist der Wahrheitswert von Propositionen zeitlich unabhängig; Wahrheit und Falschheit sind sowohl präeternale als auch eternale Eigenschaften von Propositionen. (*Eternal* ist die Wahrheit, wenn ein Satz nach dem Eintreffen eines Ereignisses für alle Zukunft wahr ist; die Wahrheit ist *präeternal*, wenn dies auch schon vor dem Eintreffen des Ereignisses gilt.) Twardowskis Argument spielte in der Folgezeit eine große Rolle in der philosophischen Diskussion der Lemberg-Warschauer Schule. Łukasiewicz, wie auch Kotarbiński in seinen Frühschriften (1912), lehnten die Auffassung, die Wahrheit sei präeternal, ab; für sie war sie lediglich eternal. Kotarbiński änderte jedoch später seine Meinung, und zwar unter dem Einfluß von Leśniewski, der sich der Auffassung von Twardowski anschloß. Diese wurde von Kokoszyńska in mehreren Aufsätzen mit Hilfe von logischen Mitteln untersucht; einige dieser Aufsätze sind im vorliegenden Sammelband enthalten, andere werden in der Bibliographie erwähnt (vgl. A.14 und A.15). Zuletzt sei noch erwähnt, daß Tarskis berühmte semantische Konzeption der Wahrheit auf den Ideen Twardowskis gründet.

Łukasiewicz hat in vielen Bereichen der Philosophie aktiv geforscht, was auch durch die Auswahl seiner Beiträge für diesen Band reflektiert wird. In drei Aufsätzen werden Themen aus der Geschichte der Logik behandelt: »Über den Satz vom Widerspruch bei Aristoteles«, »Zur Geschichte der Aussagenlogik« und »Die Bedeutung der logischen Analyse für die Erkenntnis«. Im ersten der drei Aufsätze, der eigentlich eine Zusammenfassung eines Buches ist, das unter demselben Titel 1910 auf Polnisch veröffentlicht wurde, wendet sich Łukasiewicz gegen den Satz vom Widerspruch. Er hält diesen Satz, für den er einen dreifachen Sinn unterscheidet (logisch, ontologisch und psychologisch), nicht für offensichtlich wahr; er muß erst noch bewiesen werden. Er geht sogar noch weiter und faßt die Möglichkeit ins Auge, daß der Satz vom Widerspruch in der Logik verletzt werden könnte. Obwohl er zu jener Zeit die formalen Details einer solchen Logik nicht ausführt, kann seine Kritik am Satz vom Widerspruch als erster Schritt in Richtung seiner mehrwertigen Logik gesehen werden. Die beiden anderen historischen Aufsätze von Łukasiewicz resultierten aus seinen bahnbrechenden Forschungen über antike und mittelalterliche Logik. Er entdeckte, daß es einen großen Unterschied zwischen aristotelischer und stoischer Logik gibt. Erstere ist eine Logik der Namen und besteht aus Thesen, während letztere eine Logik der Aussagen ist und mit der Entdeckung eines Systems der natürlichen Deduktion verbunden ist. Łukasiewicz entwarf auch ein Forschungsprogramm für die Geschichte der Logik; nach seiner Auffassung muß ein kompetenter Historiker vergangene logische Systeme vom Standpunkt der modernen Logik aus betrachten. A.(23) ist seine eigene Realisation eines solchen Programmes.

In den Jahren 1918–1920 entwickelte Łukasiewicz das erste System der dreiwertigen Logik. Es ist wichtig hervorzuheben, daß es philosophische Probleme waren, die seine Revision der klassischen zweiwertigen Logik motivierten. Die Probleme des Determinismus und der Modalität waren die Ausgangspunkte für seine Untersuchungen mehrwertiger Systeme. Diese Punkte, wie auch die mehrwertige Logik betreffenden historischen Fragen, werden in »Philosophische Bemerkungen zu mehrwertigen Systemen des Aussagenkalküls« behandelt. Zu jenem Zeitpunkt war Łukasiewicz der Meinung, daß die reale Welt eine Interpretation eines der konkurrierenden logischen Systeme ist. Er persönlich glaubte, eines der mehrwertigen Systeme der Logik sei ontologisch korrekt. Später jedoch (in den vierziger und fünfziger Jahren) kam er zu der Auffassung, die Wahl der Logik sei eine Frage der Konvention. In A.(23) schließlich versucht Łukasiewicz zu zeigen, daß die vierwertige Logik die vielleicht interessanteste ist, da sie es erlaubt, die Modalitäten zu formalisieren. Sein Modalsystem (das sogenannte Ł-System) unterscheidet sich von den heutzutage gängigeren Systemen der Modallogik im Stile von Lewis. Die Lewis-Systeme sind Erweiterungen der zweiwertigen Logik; Łukasiewicz dagegen zog ein auf der mehrwertigen Logik basierendes Modalsystem vor, da die Warschauer Logikschule die in den Lewis-Systemen vorhandenen intensionalen Kontexte als unerlaubte Ausdrücke ablehnte. Aus diesem Grund wollte Łukasiewicz extensionale Modalfunktionen haben, die er durch Matrixmethoden zu erreichen versuchte.

Unabhängig von seinem Ziel, die zweiwertige Logik zu revidieren, brachte Łukasiewicz in Warschau ein breit angelegtes Programm von Untersuchungen über den klassischen Aussagenkalkül in Gang. Der Beitrag »Die Logik und das Grundlagenproblem« enthält einen kurzen Überblick über diese Untersuchungen, und stellt die klassische der nichtklassischen Logik vergleichend gegenüber.

Łukasiewiczs historische und systematische Arbeiten über die Logik sind in aller Welt bekannt; das Gegenteil trifft auf seine wissenschaftstheoretischen Schriften zu. Der Text »Über naturwissenschaftliches Schließen« ist ein Beispiel für seine allgemeinen methodologischen Interessen. Dieser Text ist der Anhang zu Łukasiewczs Vorlesungen über mathematische Logik, die 1929 auf Polnisch veröffentlicht wurden. A.(24) ist die englische Übersetzung dieser Vorlesungen, in der allerdings der Anhang ausgelassen wurde. Somit wird dieser Text hier zum erstenmal in einer westeuropäischen Sprache zugänglich gemacht. Der Grund für diese Entscheidung ist, daß Łukasiewicz als Wissenschaftstheoretiker viel mehr Aufmerksamkeit gebührt als ihm allgemein gewährt wird. Er vertrat die Position, daß die Wissenschaft eher konstruktiv und kreativ als deskriptiv und reduktiv ist, und daß die Induktion weder ein heuristisches noch ein unterstützendes Mittel der Wissenschaft ist. Wissenschaftstheoretisch ist Łukasiewicz also ein typischer Deduktivist. Tatsächlich hat er in Aufsätzen, die in den Jahren 1907–1913 auf Polnisch erschienen, die wichtigsten Argumente von Popper gegen den Induktivismus vorweggenommen. Łukasiewicz lehnte die probabilistische Interpretation der Induktion ab, indem er argumentierte, daß die Anfangswahrscheinlichkeit einer universellen Hypothese gleich Null ist; ein Tatbestand, der durch keine weiteren empirischen Tatsachen geändert werden kann.

Man kann sich eine Sammlung der Schriften der Lemberg-Warschauer Schule nicht ohne Leśniewski vorstellen. Leider aber sind seine logischen Schriften äußerst technisch, und für Leser, die seine Notation und seine allgemeinen Ideen nicht kennen, sehr unzugänglich. Er entwickelte drei logische Systeme: Protothetik – ein verallgemeinerter Aussagenkalkül; Ontologie – ein Kalkül der Namen; und Mereologie – eine Theorie der Aggregate bzw. der Teil-Ganzes-Relation. Zusammengenommen sollten diese Systeme als Grundlage der Mathematik dienen; Leśniewski war mit der normalen Mengenlehre nicht zufrieden und wollte sie durch sein eigenes System ersetzen. Philosophisch war er ein extremer Nominalist und Konstruktivist. Darüber hinaus ist sein allgemeiner Einfluß auf die Logik erwähnenswert. Er führte viele Ideen in die Logik ein, unter anderem die Unterscheidung zwischen Sprache und Metasprache und die Theorie der syntaktischen Kategorien, die von Ajdukiewicz in »Die syntaktische Konnexität« entwickelt wurde. Die Auszüge aus Leśniewskis Schriften sollen einen Überblick über seine Systeme und deren Ziele geben. Im letzten Fragment gibt er eine Darstellung seiner Position in der Philosophie der Logik, die als intuitionistischer Formalismus bekannt ist. Jedoch hat Leśniewski nichts gemein mit dem Intuitionismus Brouwers; besser wäre es, Leśniewskis Auffassung »intuitiven Formalismus« zu nennen.

Die wichtigsten Beiträge von Ajdukiewicz zu dieser Sammlung beschäftigen sich mit Erkenntnistheorie. Bevor wir diese Texte besprechen, wollen wir einige Anmerkungen zu seinen übrigen Beiträgen machen. Der Aufsatz »Die syntaktische Konnexität«, der eben im Zusammenhang mit Leśniewski erwähnt wurde, ist deshalb bedeutsam, weil hier zum ersten Mal die Idee einer kategorialen Grammatik entworfen wird. Kategoriale Grammatiken wurden später in der mathematischen Linguistik (Bar-Hillel, Lambek) und in der philosophischen Semantik (Geach, Lewis) weiterentwickelt. In dem Aufsatz »Über die Anwendung der reinen Logik auf philosophische Probleme« geht es um eine Verfeinerung der logischen Analyse in der Philosophie. Nach Ajdukiewicz besteht die richtige Anwendung der Logik auf die Philosophie in der Paraphrasierung logischer Thesen, und nicht in der Substitution außerlogischer Worte für die Variabeln und Konstanten in logischen Formeln. Diese Paraphrasierungen müssen jedoch bestimmte Bedingungen der Adäquatheit erfüllen, die entweder durch phänomenologische Wesensschau oder durch Konventionen festgelegt werden können. Ajdukiewicz selber tendierte eher zur zweiten Alternative, obwohl er anmerkte, daß die konventionalistische Methode das zu untersuchende philosophische Problem verändern könnte. Die Arbeit »Die Definition« ist, wie Ajdukiewicz selber sagt, ein Beitrag zum philosophischen Vokabular. Es ist ein elementarer Text, der aber wichtige, von Logikern entdeckte, höhere Resultate in der Theorie der Definitionen zusammenfaßt. Da die Definitionstheorie in den meisten Lehrbüchern der Logik vernachlässigt wird, oder aber auf eine sehr komplizierte Weise dargestellt wird, ist Ajdukiewiczs Aufsatz auch heutzutage noch von großem Wert.

Nach Ajdukiewicz basiert die Erkenntnistheorie auf der Semantik. Vor dem Hintergrund der französischen konventionalistischen Tradition in der Wissenschaft und Erkenntnistheorie entwickelte er seine eigene Erkenntnistheorie, einen radikalen Konventionalismus. Die systematische Sprach- und Bedeutungstheorie, die Ajdukiewicz in den frühen dreißiger Jahren ausarbeitete, kann als natürliche Fortentwicklung von Poincarés und Le Roys Konventionalismus sowie der französischen »Wissenschaftskritik« der damaligen Zeit angesehen werden. In seiner Theorie ging es Ajdukiewicz insbesondere darum, einen geeigneten und exakten Rahmen zu schaffen, in dem Probleme wie Bedeutungs- und Begriffswandel genauer behandelt werden können. Seine Sprachkonzeption gliederte sich in Syntax und *Sinnregeln;* letztere sind pragmatische Regeln, denen zufolge die Benutzer einer Sprache bestimmte Sätze dieser Sprache als wahr akzeptieren müssen. Diese Sätze müssen entweder bedingungslos (axiomatische Regeln), auf Grund anderer akzeptierter Sätze (deduktive Regeln) oder auf Grund bestimmter Wahrnehmungen (empirische Regeln) akzeptiert werden. Alle Sinnregeln basieren auf der Bedeutung der Ausdrücke in einer gegebenen Sprache. Ajdukiewicz nennt eine Sprache *zusammenhängend,* wenn alle Teilmengen ihrer Ausdrücke zum Rest der Sprache in einer durch Sinnregeln gegebenen Beziehung stehen. Eine Sprache ist *offen* (oder nicht *geschlossen*), wenn es möglich ist, neue Ausdrücke, die nicht bedeutungsgleich mit schon existierenden Ausdrücken sind, einzuführen, ohne daß dadurch die schon vorhandenen Sinnregeln verändert werden oder die Sprache unzusammenhängend wird. Eine *Begriffsapparatur* (heutzutage würden wir »Begriffssystem« oder »conceptual scheme« sagen) ist nach Ajdukiewicz eine Menge von Bedeutungen von Ausdrücken einer geschlossenen und zusammenhängenden Sprache. Ajdukiewicz stellt die Behauptung auf, daß verschiedene Begriffsapparaturen entweder äquivalent sind oder keine gemeinsamen Elemente haben. Wir können jetzt eine ungefähre Charakterisierung des radikalen Konventionalismus geben. Erstens: es gibt rein formal gesehen tatsächlich unterschiedliche, ineinander nicht übersetzbare Begriffsapparaturen; zweitens: die Wahl der Begriffsapparatur ist empirisch nicht eindeutig determiniert; und drittens: verschiedene Weltbilder, die auf unterschiedlichen ineinander nicht übersetzbaren Begriffsapparaturen basieren, sind weder logisch noch empirisch vergleichbar. Im übrigen: Obwohl Ajdukiewicz sich in den hier abgedruckten Artikeln nicht länger über konkrete Beispiele ausläßt, ist es bekannt, daß er die Wissenschaft für solch ein Beispiel unterschiedlicher und rivalisierender Weltbilder hielt, die auf ineinander nicht übersetzbaren Begriffsapparaturen basieren. Es gibt also weder logische noch empirische Gründe, um zwischen solchen Denksystemen zu entscheiden.

Dieser kurze Überblick über Ajdukiewiczs Ideen macht indes klar, daß er in verschiedener Hinsicht moderne Entwicklungen in der Erkenntnis- und Wissenschaftstheorie vorwegnahm. Seine Sprachtheorie hat einiges mit den später von Quine entwickelten Auffassungen gemeinsam (Unbestimmtheit der Übersetzung, holistische Bedeutungstheorie). Noch engere Berührungspunkte hat sein radikaler Konventionalismus mit neueren Diskussionen in der Wissenschaftstheorie über die von Kuhn, Feyerabend und anderen in den frühen sechziger Jahren vorgetragenen Inkommensurabilitätsthese.

Die starke Form des radikalen Konventionalismus wurde Mitte der dreißiger Jahre von Tarski kritisiert. Teilweise als Reaktion auf diese Kritik hat Ajdukiewicz diese starke Version aufgegeben und statt dessen eine konventionalistische Erkenntnistheorie befürwortet, die Elemente einer Tarskisemantik enthält. Diese neue semantische Erkenntnistheorie wird in »Erkenntnistheorie und Semiotik« ausgeführt. Ajdukiewicz geht von der Beobachtung aus, daß die Erkenntnistheorie und die Semantik parallel verlaufen. Insbesondere kann der Erkenntnistheoretiker eine syntaktische Ausdrucksform benutzen; andererseits ist aus der Metamathematik bekannt, daß sich die Semantik nicht durch die Syntax definieren läßt. Hieraus ergibt sich ein Argument für den Realismus und gegen den Idealismus: Der Idealist (z. B. Berkeley) drückt seine Ideen in einer »Sprache der Gedanken« aus (die Ajdukiewicz an eine syntaktische Sprache angleicht), behauptet aber dennoch, semantisch über gewöhnliche Gegenstände zu reden. Die Thesen des Idealisten sind somit entweder nicht ausdrückbar oder falsch. Im übrigen ist dieser Aufsatz ein sehr gutes Beispiel für die philosophische Methode des Paraphrasierens, die Ajdukiewicz entwickelte.

Kotarbińskis »Grundgedanken des Pansomatismus« gibt einen Überblick über die wichtigsten Thesen seines Reismus. Der Reismus ist eine ontologische und metaphysische Theorie, derzufolge Dinge die einzige Kategorie existierender Objekte sind; Eigenschaften, Relationen und Ereignisse kommen in der reistischen Ontologie nicht vor. Neben dieser ontologischen Dimension hat der Reismus auch eine semantische. Logisch einwandfrei sind nach Kotarbiński nur Sprachen, in deren Sätze die einzigen außerlogischen Worte Namen sind, die für Dinge stehen; solche Namen sind genuin im Gegensatz zu Pseudonamen, die sich auf abstrakte Gegenstände beziehen. Sätze mit Pseudonamen werden als Abkürzungen betrachtet, und sind in einer logischen Sprache nur dann akzeptabel, wenn es prinzipiell möglich ist, sie durch genuine Namen zu ersetzen. Falls eine solche Ersetzung nicht möglich ist, müssen Sätze mit Pseudonamen zurückgewiesen werden. Das logische Skelett des Reismus basiert auf der Ontologie Leśniewskies, und wie man leicht sehen kann, ist der Reismus eine extrem nominalistische Position. In anderer Hinsicht steht er dem Physikalismus und dem logischen Empirismus nahe; ein wichtiger Unterschied zwischen Kotarbiński und dem frühen Wiener Kreis besteht jedoch darin, daß der Reismus im Sinne des logischen Empirismus eine typisch metaphysische Theorie darstellt. Eine ausführliche Behandlung des Reismus ist in A.(18) enthalten.

Die Semantik war bis Mitte der dreißiger Jahre suspekt. Das lag an den zahlreichen semantischen Antinomien, die zu Anfang dieses Jahrhunderts entdeckt bzw. wiederentdeckt wurden. Leśniewski stellte als erster fest, daß die Antinomien wegen der Geschlossenheit der Sprache entstehen, wobei eine Sprache in Leśniewskis Sinne geschlossen ist, wenn sie ihre eigene Metasprache umfaßt. Die Sprache/Metasprache-Unterscheidung sollte in der Folgezeit von zentraler Bedeutung für die Entwicklung der Semantik werden. Leśniewskis Ideen wurden im Detail von Tarski ausgebaut. Dies soll natürlich nicht bedeuten, daß Tarski in seinen berühmten Schriften nicht selbständig und kreativ war; wir behaupten lediglich, daß es in der Lemberg-Warschauer Schule eine starke Kontinuität gab. Tarskis kurzer Aufsatz »Der Wahrheitsbegriff in den Sprachen der deduktiven Disziplinen« enthält die erste veröffentlichte Darlegung seiner semantischen Definition der Wahrheit. Eine ausführliche Behandlung dieser Konzeption wurde 1933 auf polnisch und in einer erweiterten Fassung 1935 auf deutsch publiziert (vgl. A.(31)). Nach einigen Vorbemerkungen über die Antinomien stellt Tarski seine berühmte Konvention (T) auf: X ist genau dann wahr, wenn p, wobei X ein Name für den fraglichen Satz ist und p für eine Übersetzung dieses Satzes in der Metasprache steht. (T) wird demnach in der Metasprache formuliert, aber sie ist keine Wahrheitsdefinition. Tarski stellt nur eine Adäquatheitsbedingung für eine angemessene Wahrheitsdefinition auf; diese Bedingung besagt, daß jede Wahrheitsdefinition (T) implizieren muß. Dies wird durch eine Definition realisiert, die auf der Idee der Erfüllung einer Satzformel durch eine unendliche Sequenz von Objekten aufbaut. Zunächst definiert Tarski, wann eine solche Sequenz eine offene Formel (d. h. eine Formel mit freien Variabeln) erfüllt. Wenn A eine offene Formel ist, dann werden einige Sequenzen sie erfüllen, andere nicht; wenn A jedoch eine geschlossene Formel ist (d. h. keine freien Variabeln enthält), dann wird A entweder durch alle Sequenzen erfüllt, oder durch gar keine. Im ersten Fall ist A wahr, im zweiten falsch; d. h. A ist genau dann wahr, wenn A von jeder Sequenz von Objekten erfüllt wird. Dies ist Tarskis Definition der Wahrheit. A.(31) ist zweifellos das berühmteste Werk der Lemberg-Warschauer Schule; es ist die erste ernstzunehmende Arbeit auf dem Gebiet der logischen Semantik, und es ist der erste Schritt auf dem Weg zur modernen Modelltheorie als Teil der mathematischen Logik. Innerhalb des von Tarski aufgespannten mathematischen Rahmens konnten verschiedene frühere Resultate, wie die von Löwenheim und Skolem, einer einheitlichen Betrachtung unterzogen werden. Aber im Kontext dieser Aufsatzsammlung ist die philosophische Bedeutung von Tarskis Werk wohl noch wichtiger. Unter anderem behauptet Tarski, daß seine Wahrheitsdefinition die Intentionen des Aristoteles realisiert, was jedoch eine kontroverse Auffassung ist. Das in der Bibliographie erwähnte Buch von Stegmüller (Teil B) ist eine gute Einführung in die gegenwärtige Diskussion über die philosophischen Aspekte von Tarskis Definition.

Auf Anregung von Carnap teilte Tarski seine Resultate der philosophischen Öffentlichkeit mit. Die beiden Beiträge »Grundlegung der wissenschaftlichen Semantik« und »Über den Begriff der logischen Folgerung« basieren auf Vorträgen, die Tarski auf dem Internationalen Kongreß für wissenschaftliche Philosophie 1935 in Paris hielt. Der erste der beiden gibt sehr allgemeine Bedingungen für eine korrekte semantische Theorie an; eine semantische Theorie für eine Sprache S muß in der Metasprache MS formuliert werden, die essentiell reichhaltiger als S ist. Im zweiten Beitrag wird die semantische Theorie zur Definition der Logischen Folgerung angewandt. Hervorzuheben ist Tarskis Gedanke, daß es keine scharfe Trennlinie gibt zwischen logischen und außerlogischen Begriffen; hiermit antizipiert er Quines berühmte Attacke gegen die analytisch/synthetisch-Unterscheidung.

Die Bedeutung von Tarskis Werk für die Semantik kann nicht überschätzt werden. Zusammen mit Gödel eröffnete er eine neue Epoche in der Entwicklung der mathematischen Logik. Tarskis Ideen trugen zur Liberalisierung der frühen radikalen Ansichten des Wiener Kreises bei. Carnap, Popper und, wie schon erwähnt, Ajdukiewicz akzeptierten die Semantik als ein legitimes philosophisches Forschungsgebiet. Tarskis Einfluß spiegelt sich auch in Poppers Realismus sowie in den realistischen Tendenzen in der gegenwärtigen Wissenschaftstheorie wider.

Kokoszyńskas beiden Beiträge sind eine gute Ergänzung zu den Aufsätzen von Tarski. Sie stehen in einem inhaltlichen Zusammenhang; »Syntax, Semantik und Wissenschaftslogik« basiert auf einem Vortrag, den sie 1935 in Paris hielt, und faßt einige Punkte zusammen, die ausführlicher in dem folgenden Aufsatz »Über den absoluten Wahrheitsbegriff und einige andere semantische Begriffe« behandelt werden. In beiden Beiträgen diskutiert Kokoszyńska einige philosophische Punkte, die Tarskis Semantik angehen; insbesondere erklärt sie, in welchem Sinne Tarskis Wahrheitsdefinition auf einem absoluten Begriff der Wahrheit beruht. Der Zusammenhang zwischen den Beiträgen von Kokoszyńska und den Ideen Twardowskis wurde schon erwähnt.

Łukasiewiczs Deduktivismus war eine Ausnahme in der Lemberg-Warschauer

Schule; die meisten Mitglieder befürworteten den Induktivismus. Die Abhandlungen von Hosiasson-Lindenbaum und Zawirski repräsentieren diese vorherrschende Einstellung; mit dem wichtigen Unterschied allerdings, daß Hosiasson-Lindenbaum sich Keynes in der Interpretation der Induktion als partielle Ableitbarkeit anschließt, während Zawirski eher Reichenbach nahesteht, indem er die Wahrscheinlichkeit mit induktiver Logik verknüpft. In Zawirskis Beiträgen werden zentrale Ideen expliziert und auf die Erkenntnis- und Wissenschaftstheorie angewandt. Hosiasson-Lindenbaums Forschungsbeiträge enthalten noch mehr originelle Ideen; z. B. in A.(10,11) formuliert sie ein Axiomensystem für die induktive Logik, das die Ideen des späteren Carnap über induktive Wahrscheinlichkeit antizipiert.

Als Ganzes gesehen vermittelt dieser Band einen Eindruck von der Reichhaltigkeit und Originalität der Lemberg-Warschauer Schule. Er zeigt darüber hinaus, daß sie nicht, wie oft angenommen, ein Ableger des logischen Positivismus ist, sondern ein Vorläufer vieler antipositivistischer Strömungen innerhalb der gegenwärtigen analytischen Erkenntnis- und Wissenschaftstheorie. So stellen diese Beiträge nicht nur historische Dokumente dar, sondern auch Quellen von Ideen und Einsichten, die in der heutigen Philosophie eine große Rolle spielen können.

David Pearce, Jan Woleński

Tadeusz Kotarbiński

Grundlinien und Tendenzen der Philosophie in Polen

Die Periode des heutigen Aufschwunges der Philosophie an den polnischen Universitäten geht auf das Jahr 1895 zurück. In diesem Jahre begann Kazimierz Twardowski, der im Theresianum erzogen war und bei Franz Brentano Philosophie studiert hatte, seine Vorlesungen an der Universität zu Lemberg, wohin er aus Wien gekommen war. Er lehrte seine Schüler planmäßig und sachlich arbeiten, in organisierten Arbeitsgemeinschaften, die er gern selbst stiftete. Die Lehrtätigkeit Twardowskis war ein vorbildlicher Dienst an der Wissenschaft. Zugleich war sie auch ein ständiger Kampf mit den Mängeln des Volkscharakters: mit dem »Strohfeuer«, der Unplanmäßigkeit, dem mangelnden Pflichtbewußtsein. Twardowski besaß eine seltene Lehrergabe. Er gehörte zu jenem Professorentypus, der eben seine Lehrpflichten ernst nimmt. Dabei kam es ihm nicht allein auf die Verkündung seiner philosophischen Leitideen an, sondern er war auch vorbildlich in der Ausübung seiner Tagesarbeit: in der Leitung der Seminarübungen, in der Forderung einer korrekten Arbeitsweise. Hier liegt wohl einer der Gründe, daß der Lemberger Schule oft ein Verbalismus vorgeworfen worden ist. Denn die Korrektheit des Denkens verlangt, daß, bevor man an die Lösung eines Problems herantritt, man den Sinn dessen genau versteht, worum es sich im Problem handelt, daß man also auch die Bedeutung der Worte genau definiert. Dem Cartesianischen Prinzip des Suchens nach klaren und deutlichen Ideen blieb Twardowski sein ganzes Leben lang treu. Aber auch der Geist Leibnizens hätte sich gefreut, wenn er hätte sehen können, wie streng die wissenschaftlichen Fachausdrücke ferngehalten werden, bevor sie mittels der im Tagesverkehr üblichen Worte erläutert sind, und wie systematisch die in der metaphysischen Terminologie verborgenen trügerischen Metaphern demaskiert werden. In dieser wissenschaftlichen Nüchternheit begegnet sich die Lemberger Schule mit dem Positivismus. Philosophie war für Twardowski am wenigsten eine »Weltanschauung«, die über die Grenzen der Wissenschaft schon hinausgeht. Im Gegenteil will Twardowski, daß Philosophie sich den Namen der Wissenschaft verdiene, daß sie eine Wissenschaft werde ähnlich den anderen an der Universität vertretenen Spezialwissenschaften. Indem die Lemberger Schule von der Verkündung einer Weltanschauung absah, war auch das, was sie als eine Einheit zusammenhielt, nicht erst eine Anzahl gemeinsamer Thesen, sondern eher die methodische Haltung und das gemeinsame Problemfeld. Das war vor allem das Grenzgebiet zwischen Logik und Psychologie, der beiden Disziplinen, die am meisten propädeutischen Charakter haben. Das Grenzgebiet zwischen Logik und Psychologie – dieser Ausdruck klingt freilich rätselhaft genug. In Wirklichkeit handelte es sich aber etwa um nichts anderes als um die Analyse des Sinnes der Ausdrücke, die von den Logikern in der Theorie der Termini und der Sätze und von den Psychologen in der Lehre von den Vorstellungen und den Urteilen gebraucht werden. Auf diesem Gebiete arbeitete das Haupt der Schule u. a. durch das Beispiel seines eigenen Schaffens. Die

Abhandlungen Twardowskis trugen sehr viel dazu bei, den Begriff des Begriffs zu verfeinern, die den Termini »Gegenstand« und »Inhalt« gewöhnlich anhaftende Unbestimmtheit zu beseitigen und zwischen »Vorstellung«, »Anschauung« und »Begriff« zu unterscheiden. Darin hat die Lemberger Schule Erhebliches und Vorbildliches geleistet. Und noch eines wußte Twardowski seinen Schülern beizubringen: nämlich einen Absolutismus in der Auffassung des Begriffs der »Wahrheit«, nachdem er den Relativismus, der die Wahrheit der inhaltlich wohl bestimmten Urteile von den subjektiven Bedingungen des Urteilsaktes abhängig machen will, einer schlagenden Kritik unterzog. Das ist nur eine der vielen Früchte der Untersuchungen Twardowskis über die Theorie der Urteile, in welcher, nebenbei gesagt, die Cartesianische Unterscheidung zwischen Urteil und Vorstellung wiederum zur Geltung kam. Außerdem arbeitete Twardowski auch auf dem Gebiet der Philosophie der Psychologie und trug viel zum Verständnis des Gegenstandes der Psychologie, ihrer Methoden und ihrer Stellung innerhalb des Systems der Wissenschaften bei.

Der Gründer der Lemberger Schule, der zur Zeit schon emeritiert ist, hat seine Tätigkeit jetzt bedeutend eingeschränkt. Für ihn arbeiten aber weiter die von ihm geschaffenen Organisationen, die Bewegung, die er in Gang gebracht hat, und die von ihm ausgebildeten Menschen. Twardowski und Kameraden waren es, die am 12. Februar 1904, dem 100. Todestag Kants, in Lemberg die Polnische Philosophische Gesellschaft gründeten, die erste philosophische Gesellschaft auf dem Gebiete des heutigen Polen. Und etwa zehn Lehrstätten für Philosophie oder Psychologie sind heute an verschiedenen Universitäten von den ehemaligen Schülern Twardowskis besetzt. (Dabei möchte ich noch einen Prof. der Pädagogik, B. Nawroczyński, Warschau, wie auch einen Prof. der Geschichte der Medizin, W. Szumowski, Krakau, erwähnen).

Zunächst ist hier die Gruppe der Psychologen zu erwähnen, der unmittelbaren Schüler Twardowskis. Sie sind weit weniger von der ursprünglichen Richtung der Schule abgekommen als die Logiker. Ich denke hier an Władysław Witwicki (Professor in Warschau), Stefan Baley (ebenfalls Professor in Warschau), Stefan Błachowski (Professor in Posen) und Mieczysław Kreutz (in Lemberg). Sie haben das Experiment und die Laboratoriumspraxis in der Psychologie bedeutend weiter gebracht. Dabei vereinigt Baley die Lemberger psychologische Kultur mit der speziellen Vorbildung des Psychiaters, eine Eigenart, die in Polen noch selten vorkam und die gerade für die Lemberger Schule von besonderem Wert ist. Diese bedurfte auf dem Gebiete der Psychologie eines lebendigen Antriebs aus biologisch-medizinischer Quelle. Sonst hätte ihr gedroht, was ich nach Analogie mit dem Psychologismus in der Logik einen Logismus in der Psychologie nennen möchte. Andererseits ist es ebenso notwendig anzuerkennen, daß auf dem Gebiete derselben Wissenschaft ganz unentbehrlich auch Forscher sind, die den trüben Modeströmungen der Zeit mit dem Mittel der philosophischen Dialektik zu begegnen wissen. Diese Aufgabe erfüllt mit Erfolg Witwicki, der Schüler nicht allein Twardowskis, sondern zugleich auch – des Sokrates, der doch auch ein klassischer Meister der »Begriffsklärung« war. Witwicki ist auch als trefflicher Übersetzer des »Gastmahls« und einer Reihe anderer Dialoge Platos bekannt. Sein großer Einfluß als Lehrer ist noch ungemein durch seine weitbekannten Lehrbücher der Psychologie gestiegen. Ein glänzender Beobachter und Kenner sowohl des Gefühlslebens (auf welchem Gebiete er – namentlich in der Analyse der Ambition – den modernen Forschungen vorangeeilt ist) als auch des Denkens in seinen elementaren Formen, weiß er oft kraftvolle Einwände gegen unbegründete Schlußfolgerungen aus psychologischen Experimenten vorzubringen, und vielfach vereitelt er den billigen Triumph der Vertreter unwissenschaftlicher Phantastereien. Man soll doch nie vergessen, daß nicht nur Produktion, sondern auch Desinfektion von großem wissenschaftlichen Wert sein kann.

Über die Lemberger Schule habe ich an erster Stelle gesprochen, um der genetischen Priorität gerecht zu werden. Die erste Rolle jedoch spielt schon seit einiger Zeit in der heutigen polnischen Philosophie zweifellos die Warschauer Schule, an deren Spitze drei Vertreter der logistischen Richtung stehen: Prof. J. Łukasiewicz, Prof. Stanisław Leśniewski und Doz. Alfred Tarski. Das Verhältnis der Warschauer Logistik zur Lemberger Philosophie ist gleichsam das der Tochter zur Mutter, die sie erzogen hat, der sie dafür aufrichtig dankbar bleibt, der gegenüber sie sich aber verselbständigt hat, um ihren eigenen Weg zu gehen. Der Urheber dieses neuen, von der Warschauer Schule eingeschlagenen Weges war der mächtige Strom der modernen Logistik. Die Logistik ist offenbar Philosophie in einem gewissen Sinne des Wortes, wenn sie auch sich selbst Philosophie nicht nennen will, sondern es vorzieht, als grundlegender Teil der Mathematik aufzutreten. Die Zeiten des Psychologismus, da die formale Logik sich für einen Teil der Psychologie hielt, erscheinen in der heutigen Perspektive gleichsam vorhistorisch. Die polnischen Logistiker haben eine intensive und fruchtbringende Arbeit entfaltet. (»Und überhaupt ist Polen im letzten Dezennium ein Hauptland ... logistischer Forschungen geworden.« Scholz, Geschichte der Logik, 1931, S. 73.) Die Früchte dieser Arbeit lassen sich nur schwer populär darstellen. Łukasiewicz, der unmittelbare Schüler Twardowskis, hat in ihren Hauptzügen die Idee einer nichtaristotelischen oder genauer einer nichtchrysippischen Logik entwickelt, d. h. einer solchen, die mehr als nur zwei logische Werte (Wahrheit und Falschheit der Sätze), z. B. auch neutrale Sätze, zuläßt. Er hat zur Forschung über die Logik der Stoiker viel beigetragen und brachte den sog. Aussagenkalkül zu seiner wohl vollendeten Gestalt. Leśniewski schloß sich der Lemberger Schule schon als fertiger Denker an, nachdem er u. a. den Einfluß von Cornelius, Mill und Marty erfahren hatte. Durch Łukasiewicz in die Welt der Logistik eingeführt, gab er sich ihr ganz hin und, indem er seinen eigenen Forschungsstil schuf, gewann er sich hier eine Stellung, die unter vielen Gesichtspunkten als eine führende bezeichnet werden kann. Indem er sich in die Behandlung sämtlicher bekannter Typen der Antinomien der Logik und der Mengenlehre vertiefte, brachte er es dazu, allgemeine Lösungen dieser Antinomien zu finden. Leśniewski verdankt man die Grundlegung der Theorie der Aggregate im Sinne von Kollektiven und nicht im distributiven Sinne, – ein Thema, das später, unabhängig von ihm, wenn auch nur skizzenhaft, von Whitehead ausgeführt wurde (unter dem Namen der Theorie der Ereignisse – events). Er baute die logistische Hauptdisziplin, welche die Theorie der Deduktion an Allgemeinheit übertrifft, die sog. Protothetik auf, er schuf unter dem Namen der Ontologie ein System der Namenrechnung, wo das Subjekt und das Prädikat zu ein und derselben semantischen Kategorie gehören, und gab dadurch eine Synthese der aristotelischen Syllogistik mit den Forderungen der neuzeitlichen Kritik.

Die beiden erwähnten Gelehrten haben eine philosophische Vergangenheit im hergebrachten Sinne des Wortes hinter sich. Sie sind gewesene Philosophen. Mathematiker im klassischen Sinne des Wortes sind sie nicht. Der jüngste von den dreien, Tarski, ein Schüler von Leśniewski und Łukasiewicz, zugleich auch der Warschauer Mathematiker, bildet dagegen den Typus eines vorwiegend mathematisch orientierten Logisten. Von ihm stammt eine Reihe von ebenso wertvollen wie tiefsinnigen speziellen Untersuchungen, deren Verständnis und Beurteilung eine gründliche Kenntnis der beiden Gebiete voraussetzt. An dem Beispiel der Warschauer Logistik ist es besonders gut zu sehen, daß die Logistik heutzutage in eine neue Phase ihrer Entwicklung gekommen ist. Die Zeit ist vorbei, da sie ihren Ehrgeiz darin sah, in den Salons der Mathematik empfangen zu werden. Heute ist es schon klar geworden, daß die grundlegenden Theorien der Mathematik sich auf der Logistik aufbauen müssen und daß es heute die logistischen Systeme sind, die ihnen das Vorbild der formalen Reife liefern. Ja, man kann heute sogar eine Art Separatismus im Verhältnis der Logistik zur Mathematik beobachten. Nachdem sich die Logistik ihrer eigenen Unabhängigkeit bewußt wurde, beginnt sie die Gelehrten um ihrer selbst willen zu interessieren. Man hört sogar schon Klagen darüber, daß diese Art einer Kunst um der Kunst willen gerade die philosophisch begabtesten Köpfe entführe. Diese Klagen haben vieles für sich. Es ist aber schließlich doch gut, daß Logistiker in der Welt existieren. Ihr Fach, das übrigens ebenso schön ist wie das Schachspiel, eignet sich ungemein dazu, das allgemeine Niveau der theoretischen Arbeit zu heben. Die Resultate sieht man an den Menschen. Wir begegnen heute in Polen dem Typus eines Philosophieprofessors, der die Kultur der Lemberger Schule mit jener der Logistik vereinigt, dazu noch über eine anständige Kenntnis der Grundlagen der Mathematik verfügt. Neben den schon erwähnten Denkern gehören zu diesem Typus Kazimierz Ajdukiewicz (Lemberg), Tadeusz Czeżowski (Wilno) und Zygmunt Zawirski (Posen). Das Hauptinteresse Ajdukiewiczs gilt der Erkenntnistheorie, auf welchem Gebiete er vielleicht als der tiefsinnigste unter den polnischen Philosophen zu bezeichnen ist.

Nun bitte ich den geneigten Leser um etwas Geduld: ich möchte nämlich an dieser Stelle meinen theoretischen Ansichten Ausdruck geben. Was den Begriff der Philosophie anlangt, so glaube ich, daß dieser, falls sich dies vieldeutige Wort überhaupt nicht vermeiden läßt, die Theorie der Wissenschaft bedeuten dürfte. Dabei sollte man einer Maxime im Sinne Leibnizens Rechnung tragen: nämlich keine Namen von Merkmalen, Beziehungen, Qualitäten, immanenten Bildern, Ereignissen, Akten usw. hypostasieren. Als gegenständlich sollten nur die Namen der Dinge und Personen anerkannt werden. Nach Leibniz hat Ähnliches auch Brentano behauptet, und zwar in seinem letzten Entwicklungsstadium. Die Lemberger sind ebenfalls Brentanisten, sie folgen aber dem früheren Stadium der Entwicklung ihres Lehrers. Sie sind gleichsam Paläobrentanisten, während meine eigene Tendenz in der Richtung eines Neobrentanismus ginge. Dieser sollte aber durch die Lehre modifiziert werden, wonach das erkennende Subjekt ein körperlicher Gegenstand wäre. Den dargelegten Standpunkt könnte man als eine Art

Reismus bezeichnen, der sowohl zu einem psychologischen Somatismus als auch zu einem radikalen Realismus führt, zur Leugnung sog. idealer Gegenstände und folgerichtig zum Nominalismus. Dabei braucht man weder einem Mechanismus noch einem Epiphänomenismus, noch dem Behaviorismus zu verfallen.

Welche Tendenzen können nun innerhalb der jüngeren Generation der polnischen Philosophen festgestellt werden? Neben den älteren Anhängern der Lemberger Schule (D. Gromska, S. Igel, F. Smolka, S. Kaczorowski – der letzte logistisch gesinnt) bildet eine geschlossene Phalanx die Gruppe der jüngeren Lemberger Philosophen: W. Auerbach, L. Blaustein, E. Ginsberg-Blausteinowa, I. Dambska, M. Kokoszyńska, H. Mehlberg, T. Witwicki. Sie alle arbeiten hauptsächlich auf dem Gebiete der sog. beschreibenden Psychologie. Sie untersuchen die Intentionen eigener psychischer Erlebnisse und den Sinn der bezüglichen Ausdrücke. Die führende Stelle nimmt Blaustein ein. In seiner Arbeit über Husserl begegnen einander die Strömung der einhemischen Tradition und jene der Phänomenologie, die im Grunde eng miteinander verwandt sind. Im allgemeinen könnte man vielleicht sagen, daß Husserl tiefer in das Wesen der zu analysierenden intentionalen Objekte eingedrungen ist als Twardowski, jedoch ist dies eine Tiefe ohne Klarheit, wogegen Twardowski, wenn Tiefe und Klarheit in Konflikt geraten, sich stets für die letztere entschloß. Die jüngeren Vertreter dieser Gruppe stehen übrigens im Kontakt mit einem unmittelbaren Schüler von Twardowski und insbesondere von Husserl, dem Dozenten Roman Ingarden, der auch in Deutschland durch seine in der Husserl-Schule wohl geschätzten Veröffentlichungen bekannt ist. In der Umgebung Witwickis arbeitet eine Gruppe philosophisch gebildeter Psychologen (B. Zawadzki, M. Żebrowska, E. Geblewicz, J. Prusinowski), die mit einem biologisch gerichteten Interesse auch eine biologische Schulung vereinigen. Die Jugend, die an der Freien Universität in Warschau studiert, steht unter dem Einfluß des Professors dieser Lehranstalt, J. Segał, der in Deutschland seine philosophischen Studien absolviert und sich gewisse Verdienste auf dem Gebiete der Ästhetik erworben hat. Unter den Psychologen sind ferner zu erwähnen die Schüler des verstorbenen E. Abramowski, eines bekannten Forschers auf dem Gebiete des Unterbewußtseins (J. Budkiewicz, A. Cygielstrejch).

Erwähnt sei daneben auch eine Gruppe von Forschern, die sich um die verstorbene Führerin der pädologischen Bewegung, J. Joteyko, versammelt hatte (M. Grzegorzewska u. a.). Aus ihrer Mitte stammt die bedeutende Arbeit von H. Radomska-Strzemecka über die Definitionen bei Kindern. – Der Arzt W. Sterling bearbeitet mit Erfolg das Gebiet der pathologischen Kinderspsychologie. Was die pädagogische Psychologie anlangt, so ist die Bewegung auf diesem Gebiete im allgemeinen sehr lebhaft. Sie wird von unserer höheren Schulbehörde eifrig unterstützt, zum Teil auch durch die Veranstaltung von Vorträgen ausländischer Gäste. Ungleich weniger interessiert sich die Schulbehörde für die logische und allgemein philosophische Kultur der Lehrerschaft.

Auf dem entgegengesetzten Pol des philosophischen Interesses arbeiten die jüngsten Vertreter der Warschauer Logistik: A. Lindenbaum, M. Wajsberg, B. Sobociński, S. Jaśkowski. Im engen Anschluß an die logistische Bewegung berarbeitet Themen aus dem Gebiete der Theorie der Induktion und Wahrscheinlichkeitslehre J. Hosiasson, die in Warschau und dann auch in Cambridge studiert hat.

Ebenfalls in Warschau erhielten ihre philosophische Vorbildung, ohne jedoch durch die logistische Strömung mitgerissen zu werden, M. Ossowska und D. Sztejnbarg, von denen die erste die Probleme der logischen Analyse und Kritik der Sprache und die zweite jene der Methodologie der empirischen Wissenschaften bearbeitet. In den Arbeiten der Letztgenannten findet man eine in methodologischer Hinsicht interssante Kritik der indeterministischen Strömungen der Gegenwart.

Immer größere Fortschritte macht auch die Zusammenarbeit der Physiker und der Erkenntnistheoretiker auf dem Gebiete der Philosophie der Physik. Außer den schon erwähnten Ajdukiewicz und Zawirski sind in diesem Zusammenhang noch zu nennen Prof. G. Białobrzeski und die jüngeren Forscher E. Poznański und A. Wundheiler. Aber auch auf dem Gebiete der Methodologie der Geisteswissenschaften und der Kulturphilosophie sind Anzeichen eines gesteigerten Interesses wahrzunehmen. Hier erweisen sich als recht tüchtig Z. Łempicki, Professor der Germanistik an der Universität Warschau, ferner der junge Autor B. Suchodolski und der bereits erwähnte Ingarden. Sie alle stehen unter dem Einfluß der entsprechenden Bewegung in Deutschland. Die Eigenart der geisteswissenschaftlichen Orientierung, die Begriffe der »Wesensschau«, des geisteswissenschaftlichen »Verstehens«, der »Struktur« – all das findet immer mehr Eingang in das polnische Bewußtsein, obwohl das im 19. Jh. so mächtig waltende historiosophische Interesse (man hätte ja von einer historiosophischen Periode der polnischen Philosophie sprechen können) wenigstens an den polnischen Universitäten während der letzten Jahrzehnte keinen großen Einfluß mehr ausübte. Vor kurzem ist ein Versuch gemacht worden, diese Tradition wieder zu beleben: Prof. F. Znaniecki, Posen, hat in einer Reihe von philosophisch-soziologischen Werken versucht, eine von der Naturwissenschaft unabhängige Geisteswissenschaft, der sogar eine Art Suprematie zuerkannt werden soll, eingehender zu begründen und ein Gesamtbild des Unterganges der abendländischen Kultur zu geben. Jedoch bleibt Znaniecki in seinen Ansichten ziemlich vereinsamt. Die einflußreiche Schule der heutigen polnischen Philosophie, die Lemberger (und um so mehr gilt es auch für die logistische Richtung), hat für das historiosophische Motiv wenig Verständnis; analytisch und vorsichtig, wie sie ist, verhält sie sich mißtrauisch gegen diese Art des Philosophierens. In den Methoden der Mathematik und der Physik sah sie das Vorbild jeder wissenschaftlichen Arbeit überhaupt, und was die Geisteswissenschaften anlangt, glaubte sie deren Grundlagen in der Psychologie gefunden zu haben.

In diesem Zusammenhang ist auch der Einfluß des Erbes des vor drei Jahren verstorbenen L. Petrażycki zu erwähnen. Noch als Professor der Universität Petersburg veröffentlichte Petrażycki in deutscher und russischer Sprache eine Reihe von Schriften über die Grundprobleme der Jurisprudenz sowie der Rechts- und Wirtschaftsphilosophie. Indem er die zeitgenössischen Rechtstheorien einer scharfen Kritik unterzog, baute er eine eigene Theorie des Rechtes auf, die nicht nur die Grundlage für eine Politik des Rechtes abgeben, sondern auch den Ausgangspunkt für eine allgemeine Grundlegung der Geisteswissenschaften überhaupt bilden sollte. Als eigentliche Realität des Rechtslebens erscheinen ihm die psychologischen Motive des menschlichen Verhaltens, und zwar jene ihrer Art, die er

»Emotionen« nennt und die sich durch ihren doppelten intellektuell-triebartigen Charakter kennzeichnen. Als bester Kenner der Theorie Petrażyckis, die auch eine Theorie der Ethik sein will, gilt Prof. J. Lande, Krakau. Daneben gibt es in Polen auch andere Versuche, das ethische Problem zu behandeln. Eine allgemeine formale Theorie der Handlung beginnt ebenfalls die Forscher zu interessieren (M. Borowski u. a.). In diesem Zusammenhang ist auch die Analyse des normgebenden Verhaltens zu erwähnen, die von Prof. C. Znamierowski, Posen, versucht worden ist. Was schließlich die Ästhetik anlangt, so ist auch auf diesem Gebiete eine rege Tätigkeit zu verzeichnen. Hier sind vor allen M. Sobeski, W. Tatarkiewicz, M. Treter, M. Wallis-Walfisz, S. Ossowski zu nennen.

Bis jetzt war die Rede fast ausschließlich von Lemberg und Warschau und nur zum Teil von Posen und Wilno. Was geschieht aber auf dem Gebiete der Philosophie in Krakau? Hier entwickelte sich eine unabhängige logistische Bewegung, deren Führer der verstorbene J. Sleszyński und der zur Zeit in Lemberg wirkende L. Chwistek waren. Noch ein Beweis dafür, wie lebenskräftig und breit diese Bewegung in Polen ist. Abgesehen von dieser Richtung fehlt der Krakauer Philosophie eine schulmäßige Einheit. Bekannt ist der greise Vertreter der spiritualistisch-metaphysischen Ethik und Metaphysik W. Rubczyński. Seinen Spuren folgt der junge Arzt und Philosoph T. Bilikiewicz, ein Anhänger des Neovitalismus. Die Lehrstühle für Philosophie an der philosophischen Fakultät (der letzten, die in Polen noch nicht eingeteilt wurde in eine humanistische und eine naturwissenschaftliche) sind von Gelehrten besetzt, deren Interesse naturwissenschaftlich empiristisch gefärbt ist – von T. Garbowski und W. Heinrich. Unter der Leitung Heinrichs arbeitet das Krakauer Zentrum der psychologischen und pädagogischen Studien, in dessen Rahmen u. a. S. Szuman, Mediziner und Psychologe, bekannt durch seine Untersuchungen auf dem Gebiete der Kinderspychologie, und Z. Mysłakowski, Vertreter der philosophischen Pädagogik, wie auch Kenner und Kritiker auf dem Gebiete der Gefühlspsychologie und der Philosophie der Psychologie tätig. Indem er das dualistische Cartesianische System der psychophysischen Wechselwirkung ablehnt, bekennt er sich zum Standpunkt, der jenem von Avenarius verwandt ist, und führt eine Theorie aus, wonach der Unterschied zwischen den Objekten der Physik und Physiologie einerseits und jenen der Psychologie andererseits hauptsächlich in der Qualitätslosigkeit der ersteren und dem qualitativen Charakter der letzteren gesucht wird. Die Probleme der Methodologie der Naturwissenschaften und der Philosophie der Physik erfreuen sich in Krakau eines ganz besonderen Interesses (Prof. W. Natanson, J. Metallman, Doz. B. Gawecki). Spricht man aber von Krakau, so ist vor allem der Name Prof. K. Michalskis zu nennen – eines der größten Kenner der Philosophie des 14. Jhs. und der zeitgenössischen neuscholastischen Philosophie, dem die Initiative der Vereinigung einiger Akademien verschiedener Länder für die gemeinsame Herausgabe der mittelalterlichen Übersetzungen des Aristoteles zu verdanken ist. Wird in Lemberg die Philosophie beinahe ohne jede Rücksicht auf ihre Geschichte behandelt, so pflegen Michalski und seine Schüler die Geschichte der Philosophie nahezu ohne jede Rücksicht auf die moderne systematische Philosophie. Aus dem mit der klassischen Philologie gut vertrauten Krakauer Milieu stammt auch Prof. A. Krokiewicz, Warschau, ein fruchtbarer Forscher und Schriftsteller, Kenner der

Geschichte der griechischen Philosophie. Wie groß auch die Verdienste der Krakauer Universität auf dem Gebiete der Geschichte der Philosophie sein mögen, das große Universitätslehrbuch der Geschichte der Philosophie wurde doch in Warschau verfaßt. W. Tatarkiewicz ist der Verfasser eines zweibändigen Werkes, das mit einer solchen didaktischen Geschicklichkeit geschrieben ist, daß auch die philosophische Literatur anderer Länder uns um dieses Lehrbuch beneiden könnte.

Was die Geschichte der Philosophie anlangt, sind in Polen eine Menge philosophiehistorischer Schriften erschienen, die insgesamt ein gutes Stück der Geschichte der Philosophie abgeben könnten. Über die altindische Philosophie hat S. Schayer geschrieben, über Sokrates – W. Witwicki, über Platons Logik – W. Lutosławski, über die aristotelische Logik – J. Łukasiewicz, über die stoische Logik – derselbe, über die aristotelische Ethik – W. Tatarkiewicz, über die stoische Ethik – M. Ossowska, über Marc Aurelius – H. Elzenberg, über Epikur – A. Krokiewicz, über den griechischen Skeptizismus – derselbe, über Cicero – T. Zieliński, über Philo – L. Stein, über den Neoplatonismus – B. Jasinowski, über Thomas von Aquino – A. Koperska, über die Logik von Thomas in ihrem Verhältnis zur aristotelischen – J. Salamucha, über das späte Mittelalter – K. Michalski, über die italienische Renaissance – M. Heitzman und B. Kieszkowski, über Geordano Bruno – J. Dickstein-Wieleżyńska, über Fr. Bacon – Heitzman, über Hobbes – Z. Łubieński, über Descartes – L. Chmaj. über Spinoza – J. Myślicki und W. Szyłkarski, über Berkeley – Ingarden, J. Kleiner und W. Woyczyńska, über Hume (als Soziologen) – B. Güntzberg, über die Leibnizsche Metaphysik – Jasinowski, Elzenberg, über englische Ethik – E. Frauenglas, über de la Mettrie – St. Rudniański, über d'Alembert – J. Mýslicki, über Rousseau – A. Peretjatkowicz, über Kant – M. Wartenberg, A. Żółtowski, B. Bornstein, A. Jakubisiak, W. Steinberg, J. Suchorzewska, über Hegel – Żółtowski, über Schopenhauer – S. Cheliński. Das Problem der Methode der Philosophiegeschichte haben u. a. L. Chmaj, D. Einhorn, J. Myślicki behandelt. Es fehlt auch nicht an Spezialforschern, die ihre Kräfte der Geschichte der Philosophie in Polen widmen. So hat W. Wasik den polnischen Aristotelismus des 16. Jhs., J. Ujejski – die Geschichte des polnischen Messianismus des 19. Jhs. bearbeitet, S. Dickstein, A. Zieleńczyk, L. Dobrzyńska-Rybicka, Żółtowski u. a. veröffentlichten eine Reihe Abhandlungen über andere Fragen und Gestalten der polnischen Philosophiegeschichte.

Fragen wir nun nach den Beziehungen der heutigen polnischen Philosophie zum Auslande, so scheint es mir, daß der französische Einfluß heute wohl der schwächste ist. Hie und da findet man einen vereinzelten Bergson-Anhänger oder einen Anhänger der Durkheimschen Ideen. Ein größeres Interesse rufen die Pariser Methodologen der physikalischen Wissenschaften (Brunschvicg, Lalande, Meyerson) hervor. Weit mehr werden aber bei unserer philosophischen Elite die Engländer geschätzt, wie Moore, Broad, Campbell, Johnson, Whitehead und vor allem Russell, nicht nur als Logiker, sondern auch darüber hinaus. Zwischen dem heutigen philosophischen Bewußtsein in Polen und dem englischen Typus des Denkens und Sprechens gibt es zweifellos eine gewisse Kongenialität: sowohl in England als in Polen herrscht eine Vorliebe für das Elementare und das Einfache in der Behandlungsart der Probleme, ohne daß man allerdings auf die subtilen Fragen verzichtet. Ungemein stärker ist aber der Einfluß der deutschen Philosophie, was bereits in der obigen Darstellung zum Ausdruck kam. Noch klarer wird dies, wenn wir beachten, daß es Schröder und Frege waren, die auch auf die Entwicklung unserer Logistik einen entscheidenden Einfluß ausgeübt haben. Übrigens sind es hauptsächlich deutsche Philosophen, mit denen wir einen unmittelbaren Verkehr pflegen. Gern kommen sie zu uns, um uns über die Ergebnisse ihrer Forschungsarbeit zu belehren und auch über unsere Arbeit belehrt zu werden. An dieser Stelle wäre wohl folgender Umstand zu beachten. Eine der Hauptquellen der Brentanischen Philosophie scheint Leibniz zu sein, Leibniz ist der Urheber der Idee der Logistik, auf Leibniz geht auch wesentlich der Spiritualismus Wincenty Lutosławskis zurück, dieses vor kurzem noch in Polen sehr einflußreichen (heute vielleicht nicht mehr) Vertreters der individualistischen und nationalistischen Metaphysik.

Jedoch ist Polen dem Einflusse nicht nur der abendländischen, sondern auch der östlichen Winde ausgesetzt. Diese bringen uns von unserem russischen Nachbarn das System der Welt- und Lebensanschauung des militanten Kommunismus, eine ebenfalls deutsche Erbschaft. Die »Lemberger Schule«, die »Warschauer Schule« – das sind »Schulen«. Hier dagegen tritt uns eine Philosophie entgegen, die nicht von den Universitäten ausgeht und nicht leicht zu den Lehrstühlen der staatlichen Universitäten Zugang findet.

Die »katholische Philosophie« verfügt über eine eigene katholische Universität in Lublin, blüht üppig an den katholischen theologischen Fakultäten der staatlichen Universitäten Krakau, Lemberg, Warschau, Wilno, übt einen großen Einfluß auf die akademische Jugend polnischer Herkunft aus. Von den Schriftstellern dieses Lagers zeichnet sich besonders der Anhänger des Neovitalismus B. Rutkiewicz aus.

Wenn ich in dieser bewußt subjektiv gefärbten Übersicht eine Reihe wohl bekannter Denker der älteren Generation (wie z. B. die Verdienten: J. Kodisowa, W. M. Kozłowski, M. Massonius, A. Świętochowski, M. Zdziechowski) nicht charakterisiert habe, so heißt es nicht, daß ich ihre Tätigkeit unterschätzen möchte. Und überhaupt ist im obigen Text das Namenverzeichnis weit davon entfernt, erschöpfend zu sein (es fehlen noch die Namen von K. Błeszyński. A. Wiegner, S. I. Witkiewicz u. a. m.). Wer über die polnische Philosophie eingehender unterrichtet werden will, der muß zu den Quellen greifen.

Kazimierz Ajdukiewicz

Der logistische Antiirrationalismus in Polen

Der von mir verlangte Bericht über die in Polen herrschenden Strömungen, welche der durch den sogenannten »Wiener Kreis« vertretenen Richtung verwandt sind, soll nur einer ersten Orientierung dienen und wird daher ganz kurz gefaßt sein. Zunächst soll der Bereich festgestellt werden, über den berichtet wird. Direkte Anhänger des Wiener Kreises haben wir in Polen wohl nicht, d. h. ich kenne keinen polnischen Philosophen, der die sachlichen Thesen des Wiener Kreises sich zu eigen gemacht hätte; Verwandtschaft besteht höchstens in der methodologischen Grundeinstellung und der Auswahl der untersuchten Probleme. Als Hauptzüge dieser Einstellung wären hervorzuheben: Erstens der *Antiirrationalismus,* also das Postulat, nur solche Sätze gelten zu lassen, die auf eine nachkontrollierbare Weise begründet sind, wodurch jede mystische Intuition oder Wesensschau ausgeschaltet wird. Zweitens ist es das Postulat der begrifflichen Klarheit und *sprachlichen Exaktheit.* In diesen zwei Zügen liegt es schon enthalten, daß der Wert der philosophischen Forschung nach keinen anderen methodologischen Kriterien bemessen wird, als nach jenen, welche für die spezialwissenschaftliche Forschung Geltung haben. Außer diesen zwei Zügen ist noch speziell als dritter die Aneignung der logistischen Begriffsapparatur und *der große Einfluß der symbolischen Logik* zu nennen. Was den Problemkreis anbelangt, so ist es in erster Linie das Interesse, das die wissenschaftliche Erkenntnis zum Gegenstande hat, also der Problemkreis der sog. *metatheoretischen Forschung.* Daran knüpft sich das Interesse für die *Semantik*, der Einsicht entspringend, daß die Erkenntnis nur durch das Medium ihres sprachlichen Ausdrucks untersucht werden kann. Im strengen Zusammenhang damit steht die Grundlagenforschung, d. h. die nicht mehr metatheoretische, sondern *intratheoretische Beschäftigung mit den grundlegenden Teilen der Wissenschaften,* insbesondere der deduktiven.

Ich glaube, daß die eben hervorgehobenen methodologischen Grundzüge und der angegebene Problemkreis, die der Philosophie des Wiener Kreises eigen sind, auch sehr häufig bei philosophischen Forschern in Polen vertreten sind; und ich will die als mit dem Wiener Kreis verwandt betrachten, welche sich mit dem angeführten Problemkreis nach den aufgezählten methodologischen Richtlinien beschäftigen.

Bevor ich aber an die Gegenwart herantrete, will ich einen ganz kurzen historischen Exkurs voranschicken. Antiirrationalistische und antimetaphysische Tendenzen haben in Polen eine lange Vorgeschichte. So gehörte schon Jan Śniadecki, ein führender polnischer Philosoph und Mathematiker des 18. und der ersten Dezennien des 19. Jahrhunderts, zu den eifrigsten Verfechtern des Antiirrationalismus und Gegnern der metaphysischen Träumerei. Ein Widersacher Kants und später der Romantik, darf er als ein Vorläufer der Comteschen positivistischen Erkenntnistheorie angesehen werden. Er stand bei seinem Kampfe gegen den Irrationalismus der Romantik nicht allein. Sein Bruder, Andreas Śniadecki, ferner der

Philosoph Przeczytański und andere fochten im Sinne des Positivismus gegen die in der ersten Hälfte des 19. Jahrhunderts überhand nehmende Flut der irrationalistischen Metaphysik polnischer Romantiker. In der zweiten Hälfte des 19. Jahrhunderts ist diese Flut gefallen, die führende Rolle übernahm in Polen der Positivismus, wobei der Einfluß von Mill und Spencer vorherrschend wurde. Juljan Ochorowicz, Aleksander Świętochowski, denen sich später Adam Mahrburg anschloß, sind hier als Vertreter des positivistischen Gedankens zu nennen. Unter ihrem Einfluß bildete sich eine Richtung aus, welche als der *»Warschauer Positivismus«* in der Geschichte der polnischen Philosophie bezeichnet wird. Den Kern dieser Richtung bildete der Antiirrationalismus.

Die antiirrationalistischen logistisch angehauchten Strömungen im gegenwärtigen Polen, welche den Hauptgegenstand meines Referats ausmachen sollen, stehen aber nicht im unmittelbaren genetischen Zusammenhang mit diesem Warschauer Positivismus. Es waren andere Männer, welche hierfür die Grundlagen gelegt haben, Kazimierz Twardowski und Jan Łukasiewicz. Twardowski war Schüler des einflußreichen österreichischen Philosophen Franz Brentano. Dieser hatte in seiner im Jahre 1866 in Würzburg verteidigten Habilitationsthese u. a. erklärt: *Vera philosophiae methodus nulla alia nisi scientiae naturalis est* (F. Brentano, Über die Zukunft der Philosophie, Leipzig 1929, S. 136). Twardowski blieb diesem Antiirrationalismus seines Meisters treu. Im Jahre 1895 begann Twardowski, nach kurzer Dozentur in Wien, seine Lehrtätigkeit als Universitätsprofessor in Lwów (Lemberg). Seit diesem Jahre wirkte er über drei Dezennien als Philosophieprofessor und bildete eine große Zahl von Schülern aus. Man darf Twardowski selbst nicht zu den logistisch gefärbten Antiirrationalisten zählen, denn die Logistik hatte auf ihn keinen größeren Einfluß ausgeübt. Er hat aber den Grund für den Einfluß der Logistik vorbereitet, und zwar dadurch, daß er sowohl in seinen Schriften wie auch in seiner Lehrtätigkeit aufs eifrigste die Verworrenheit der Begriffe und leichtsinnige, nicht begründete philosophische Phantasterei bekämpfte und seine Schüler zur strengen Befolgung der wissenschaftlichen Methoden erzog. Außerdem galt Twardowskis Hauptinteresse denjenigen Teilen der philosophischen Logik, die man als Lehre von Begriff und Urteil zu bezeichnen pflegte. Seine Schriften: »Zur Lehre von Inhalt und Gegenstand«, »Über begriffliche Vorstellungen« und andere, haben den Begriffsapparat bereitgestellt, der bei den späteren metatheoretischen und speziell bei den semantischen Untersuchungen den festen Boden bildete, auf dem weiter so gebaut werden konnte. Bald gesellte sich zu der Lehrtätigkeit Twarodwskis diejenige von Łukasiewicz, eines seiner ältesten und hervorragendsten Schüler. Łukasiewicz, der außer der philosophischen auch mathematische Bildung genossen hatte, hat für Polen die Goldader der Logistik entdeckt. Vielleicht verhalf ihm dazu Twardowski, der als erster in Polen über die Algebra der Logik in seinem Kolleg »Reformbestrebungen auf dem Gebiet der formalen Logik« im Jahre 1899/1900, Winter- und Sommer-Semester, gelesen hat. Seit dem Jahre 1906 als Privatdozent und später als Titularprofessor an der Lemberger Universität tätig, hat Łukasiewicz seine und Twardowskis Schüler in der Logistik unterrichtet. Unter dem Einfluß von Twardowski und Łukasiewicz wuchs die knapp vor dem Kriege sich heranbildende philosophische Jugend schon im Geiste des logistisch angehauchten

Antiirrationalismus auf. Zu dieser Generation gehören Zygmunt Zawirski, Tadeusz Kotarbinski, Stanisław Kaczorowski, Tadeuz Czeżowski und Kazimierz Ajdukiewicz. Dieser Gruppe schloß sich Stanisław Leśniewski an, welcher vorher in Deutschland bei Cornelius und anderen studiert hatte und seine philosophischen Studien in Lemberg ergänzte, wo er unter dem Einfluß von Łukasiewicz die erste Bekanntschaft mit der Logistik machte. Nach dem Kriege zerstreuten sich die gemeinsamen Schüler von Twardowski und Łukasiewicz über ganz Polen und besetzten die Mehrzahl der philosophischen Lehrkanzeln in den drei neugegründeten Hochschulen in Warschau, Wilna und Posen. Łukasiewicz, Leśniewski und Kotarbinski gingen nach Warschau, Czeżowski nach Wilna, Zawirski nach Posen, Ajdukiewicz blieb mit einer zweijährigen Unterbrechung, während welcher er an der Warschauer Universität lehrte, in Lemberg. Die Tätigkeit der Warschauer Gruppe hatte eine große Anzahl hervorragender junger Forscher ausgebildet, von denen einer der ersten Alfred Tarski ist, der sehr bald seine Meister Łukasiewicz und Leśniewski eingeholt hat und neben ihnen einer der Führer der sog. Warschauer Schule geworden ist. In Parenthese bemerke ich, daß der antiirrationalistische Einfluß von Twardowski auch bei denen seiner Schüler kenntlich ist, welche von der Logistik nicht beeinflußt wurden: in erster Linie ist da Władysław Witwicki, Professor der Psychologie in Warschau zu nennen.

Neben dieser logistisch-antiirrationalistischen Gruppe, die aus der Lemberger Schule stammt, ist noch ein gleichgesinnter Forscher zu nennen, dessen Entwicklung auf anderen Wegen sich vollzog. Es ist Leon Chwistek, ein Schüler des Krakauer Mathematikers Stanisław Zaremba. Chwistek war mehrere Jahre hindurch in Krakau als Privatdozent tätig und wirkt seit vier Jahren als Professor der Logik an der Lemberger Universität. Überhaupt bildete Krakau durch eine kurze Zeit das zweite Zentrum der Logistik. Neben Chwistek war dort der Logistiker Prof. Sleszyński tätig; der hervorragende Mathematiker Zaremba beschäftigte sich auch mit Logistik und in ihrem Geiste mit den Grundlagenproblemen. Außer ihnen wären noch Prof. Wilkosz und Doz. Nikodym zu nennen.

Nach dieser historischen Einleitung will ich zur Aufzählung der wichtigsten Errungenschaften der genannten Forscher übergehen. Łukasiewiczs Interesse gilt in erster Linie der Theorie der Deduktion und der Geschichte der Logik. Die Theorie der Deduktion wurde ihm zu einem Paradigma, an dem er, als an einem möglichst einfachen Material, die methodologischen Eigentümlichkeiten der deduktiven Systeme untersucht. Er stellte mannigfache axiomatische Systeme der Theorie der Deduktion auf, welche als Meisterstücke des deduktiven Scharfblicks und wissenschaftlicher Strenge gelten dürfen. Er fand, unabhängig von dem Amerikaner Post und von Bernays, eine Methode, welche die Widerspruchslosigkeit der logischen Axiomensysteme zu beweisen gestattet. In seiner weiteren Forschung hat Łukasiewicz auch die Unabhängigkeit und die Vollständigkeit der Axiome der Deduktionstheorie bewiesen. Der Weg, auf welchem Łukasiewicz zur Entdeckung der Methode der Unabhängigkeitsbeweise gelangt ist, führte von philosophischen Problemen her. Łukasiewicz bemühte sich nämlich um die Begründung eines Inderterminismus der zukünftigen Ereignisse. Diese Bemühungen haben ihn zur Entdeckung der mehrwertigen Logik geführt, in welcher der Satz vom ausgeschlossenen Dritten nicht gilt. Er hat mehrere Systeme der mehrwertigen

Logiken aufgestellt, in welchen die Sätze außer den zwei Wahrheitswerten »wahr« und »falsch« auch andere, sogar unendlich viele Werte annehmen können. Diese mehrwertigen Logiken bildeten das Schema, innerhalb dessen die Versuche anderer Deduktionstheorien als die übliche, wie z. B. die Strict-Implikation Theorie von Lewis oder die Brouwersche Logik in der Formulierung von Heyting, als Spezialfälle ihren Platz gefunden haben. In einer früheren Phase hatte sich Łukasiewicz mit der Wahrscheinlichkeit befaßt, deutete sie aber vom Standpunkt der zweiwertigen Logik. Besonders interessante Studien widmete Łukasiewicz der Geschichte der Logik, die leider bisher nur teilweise veröffentlicht wurden. Er vereinigt hier höchste Kompetenz in Sachen der Logik mit gründlicher Kenntnis der antiken und mittelalterlichen Quellen. Er hat zur Erforschung der Lehre des Aristoteles vom Satz des Widerspruchs und ausgeschlossenen Dritten, wie auch besonders der Logik der Stoiker, sehr wichtige Beiträge geliefert. Bei den Stoikern findet er Ansätze zur Deduktionstheorie, auch steht die stoische Logik, seiner Anschauung nach, dem modernen Standpunkt viel näher als die Aristotelessche.

Während sich Łukasiewicz in seiner logistischen Forschung auf die Deduktionstheorie einschränkt, umfaßt die Tätigkeit von Leśniewski das ganze Gebiet der mathematischen Logik. Leśniewski hat ein vollständiges System der Grundlagen der Mathematik aufgebaut, das seinem Umfange nach dem von Whitehead und Russell gleichgestellt werden darf, es an Exaktheit bei weitem übertreffend. Das System besteht aus drei Teilen; aus der sogenannten »Protothetik«, welche die Theorie der Deduktion samt der sogenannten Theorie der scheinbaren Variablen umfaßt und auf einem einzigen Axiom mit nur einer primären Konstanten aufgebaut ist. Den zweiten Teil bildet die sogenannte »Ontologie«. Der Name dieser Theorie wurde nicht nur aus dem Grunde so gewählt, weil ihr einziges Axiom nur das Wort »ist« – »ἐστί« – als primäres Zeichen enthält, sondern auch aus dem Grunde, weil diese Theorie nach der Ansicht ihres Schöpfers das Programm der Aristotelesschen Prote-Philosophia, als allgemeinste Gegenstandstheorie realisiert. Diese Ontologie erfüllt im System von Leśniewski eine ähnliche Aufgabe wie die Klassen- und Relationstheorie im System Whitehead-Russell, obgleich sie sich von diesen Theorien in wesentlichen Zügen unterscheidet. Den dritten Teil bildet die sogenannte »Mereologie«. Man kann sie als Theorie der kollektiven Aggregate bezeichnen. Sie behandelt dasselbe Thema, das später von Whitehead unter dem Namen der Theorie der Ereignisse (events), allerdings nur skizzenhaft, behandelt wurde. Leśniewski trägt ganz besonders Sorge dafür, daß die Operationsregeln in seinem System genau und exakt formuliert werden, unter ihnen wurden die Regeln des Definierens zum erstenmal für ein deduktives System mit vollständiger Präzision aufgestellt; hier läßt sich Freges Einfluß erkennen. Zwecks Vermeidung der Antinomien hat Leśniewski mit höchster Sorgfalt seine Typentheorie ausgearbeitet, die er als Theorie der Bedeutungskategorien bezeichnet; sie entspricht ungefähr der vereinfachten Typentheorie, ist aber reicher als sie. Sie ist im Gegensatz zu anderen derartigen Versuchen, die alle etwas Künstliches an sich haben, vollkommen natürlich und entspricht der Intuition. Leśniewski wurde überhaupt durch seine Forschung, die ihn zur Auflösung sämtlicher bekannter Antinomien geführt hat, zu semantischen Problemen hingeleitet. Seine bei der Untersuchung der extensionalen Funktionen erzielten Ergebnisse gehören zu dem Geistreichsten, was auf dem Gebiet der logischen Semantik überhaupt geleistet worden ist. Im ganzen sind die Ergebnisse, zu welchen Leśniewski bei seinen Bemühungen um eine präzise Formulierung der Operationsregel seines Systems gelangt ist, von großer philosophischer Bedeutung. Als kennzeichnend für Leśniewskis Grundeinstellung muß seine gegenüber jedem Formalismus und Konventionalismus feindliche Haltung unterstrichen werden. Er glaubt an die absolute Wahrheit gewisser Voraussetzungen und an die materielle Gültigkeit gewisser Schlußfolgerungen und will in seinem logischen System nicht ein Begriffsspiel, sondern eine Erkenntnis der Wirklichkeit sehen.

Als Forscher gleichen Ranges schließt sich den beiden erwähnten Persönlichkeiten ihr gemeinsamer Schüler Alfred Tarski an. Seine erste wichtige Leistung war die Aufstellung der Definition aller Wahrheitsfunktoren mit alleiniger Hilfe des Äquivalenzzeichens, allerdings unter Benützung des allgemeinen Quantifikators. Diese wissenschaftliche Leistung hat es Leśniewski ermöglicht, sich in feiner Protothetik auf das Äquivalenzzeichen als das einzige primäre Symbol zu beschränken. Überhaupt hatte Tarski durch viele seiner speziellen Resultate, welche von einem ungewöhnlichen Scharfsinn Zeugnis ablegen, sowohl bei Untersuchungen von Leśniewski wie auch von Łukasiewicz mitgewirkt. Tarski widmete sich später den Grundlagenproblemen. Unter den Resultaten, die er auf diesem Gebiet erreicht hat, wären mehrere Definitionen der endlichen Mengen, die er gemeinsam mit Lindenbaum aufgestellt hatte, weiter das System einer Geometrie, in welcher der Punktbegriff nicht mehr als primärer Begriff auftritt und durch den Kugelbegriff ersetzt ist, und andere zu erwähnen. Tarski hat es in der letzten Periode seiner wissenschaftlichen Tätigkeit zur Aufstellung eines streng deduktiven axiomatisierten Systems der Metatheorie gebracht, d. h. die deduktiven Systeme wurden in seiner Hand zum Gegenstand einer streng deduktiven Untersuchung. Schließlich fand er unter Mitwirkung von Kuratowski eine Methode, welche es erlaubt, auf Grund der metatheoretischen Untersuchungen Probleme zu lösen, welche zu der untersuchten Theorie gehören, d. h. auf Grund der Logik der Mathematik in einfacher Weise Probleme zu lösen, welche zur Mathematik gehören, deren Lösung aber, auf rein mathematischem Wege, auf Schwierigkeiten stieß. Diese Methode erregte bei den Mathematikern lebhaftes Interesse und überzeugte sie von der Fruchtbarkeit der logistischen Forschung für die Mathematik. In seiner letzten größeren Arbeit, welche sich mit dem Begriff der Wahrheit befaßt, zeigt Tarski, daß sich dieser Begriff für formale Sprachen endlicher Stufe mit Hilfe rein morphologischer Terme (d. h. solcher, welche sich auf die äußere Gestalt der Ausdrücke und auf Relationen zwischen ihnen beziehen) definieren läßt. Außerdem wird hier gezeigt, daß die Semantik jeder formalisierten Sprache beliebiger Stufe als eine deduktive Theorie mit eigenen Axiomen und eigenen Grundbegriffen aufgebaut werden kann, welche sich allein auf die Morphologie der Sprache stützt.

Es hat sich um Łukasiewicz, Leśniewski und Tarski eine Gruppe jüngerer Logiker geschart, unter welchen außer dem genannten Lindenbaum noch Wajsberg, Jaśkowski und Sobociński wertvolle Beiträge geliefert haben.

Mit formal-logischen und methodologischen Problemen befaßt sich auch K. Ajdukiewicz, welcher aber hauptsächlich bestrebt ist, die Ergebnisse der logistischen Forschung philosophisch auszuwerten. Er hat wohl als erster auf polnischem Boden (unter Hilberts Einfluß) die Idee einer streng formalisierten deduktiven Wissenschaft mit strukturellen (also von der Bedeutung der Worte abstrahierenden) Schlußregeln formuliert. Von dieser Idee geleitet, hat er den Versuch ausgeführt, den Begriff des Sinns eines Ausdrucks als eine logische Struktur gewisser Beziehungen zu definieren, die zwischen den Ausdrücken einer Sprache bestehen und neben dem Wortlaut dieser Ausdrücke zur eindeutigen Charakteristik der Sprache erforderlich sind. Diese Beziehungen gründen sich auf den sogenannten Sinnregeln der Sprache, welche ein bestimmtes Verhalten bezüglich der Anerkennung gewisser Sätze als notwendige Bedingung für sprachgemäßen Gebrauch der Ausdrücke hinstellen. Auf diese Auffassung des Sinns gründet sich der radikale Konventionalismus, den Ajdukiewicz vertritt und welcher in der Behauptung besteht, daß das wissenschaftliche Weltbild bis in die letzten Einzelheiten konventionell ist und durch entsprechenden Wechsel der Begriffsapparatur (welche durch den Sinn der Ausdrücke der Sprache gebildet ist) geändert werden kann, wobei jedes dieser Weltbilder denselben Anspruch auf »Wahrheit« erheben darf.

Ein Forscher, welcher zwar nicht direkt auf dem Gebiet der Logistik tätig war, aber doch sehr unter ihrem Einfluß steht, ist T. Kotarbinski. Kotarbinski ist einer der einflußreichsten Philosophen des gegenwärtigen Polen und hat viel dazu beigetragen, daß die Logistik auf das Philosophieren einen großen Einfluß erlangte. Kotarbinski wurde durch ethische und soziale Probleme zur Philosophie geführt. In seinen ersten Arbeiten lieferte er viele Beiträge zur allgemeinen Theorie der Tat, die er als »Praxeologie« bezeichnet. Kotarbinski bringt hier meistens Analysen der Begriffe, die sich an das menschliche Tun knüpfen. Dieser Periode gehört eine Schrift an, die das Problem des logischen Indeterminismus der Zukunft aufrollt, welches – wie früher bemerkt – Łukasiewicz zur Aufstellung des Systems der mehrwertigen Logik veranlaßt hat. Kotarbinski dehnte seine analytische Arbeit auch auf die traditionellen philosophischen Begriffe aus, wobei sich Auflösungen mancher dieser Probleme ergeben haben. So bildet der sogenannte »Reismus« die Lösung des Problems der ontologischen Kategorien. Es gibt, nach Kotarbinski, bloß eine einzige ontologische Kategorie, nämlich die der Dinge. Die Namen von Merkmalen, Beziehungen, Klassen, Universalien, immanenten Bildern, psychischen Akten usw. sind keine richtigen Namen von irgendwelchen Gegenständen. Sätze, in welchen diese Quasi-Namen auftreten, sind nur Abkürzungen für andere Ausdrücke, in welchen nur Namen von Dingen auftreten. – Der Reismus wird noch verschärft durch die These, daß ein jedes Ding ein Körper ist; sie wird von Kotarbinski als »Somatismus« bezeichnet. – Als Konsequenz der reistischen Verneinung alles dessen, das kein Ding ist, ergibt sich auch die Verneinung der Wahrnehmungsinhalte, die für Kotarbinski den Streit zwischen Idealismus und Realismus radikal zugunsten des Realismus entscheidet.

Um Kotarbinski, der seit 16 Jahren in Warschau tätig ist, hat sich eine zahlreiche Schülerschar gebildet, welche prinzipiell in seinem Geiste arbeitet und sich mit semantischen Problemen (Maria Ossowska), mit der Erkenntnistheorie der Physik (D. Steinberg, Wundheiler, Poznański) und mit methodologischen Problemen befaßt. Unter den letzten verdient wohl Janina Hosiasson, dank ihren dem Induktionsproblem gewidmeten Schriften, eine besondere Erwähnung. Eigene Wege zu einer philosophischen Systembildung sucht J. Drewnowski.

Zu der Warschauer Schule stehen noch Z. Zawiski in Posen und T. Czeżowski in Wilna in Beziehung. Zawirski beschäftigt sich hauptsächlich mit der Erkenntnistheorie der Physik. Seine Schriften besitzen vor allem informatorischen Wert. Zawirskis Arbeit »Die Entwicklung des Zeitbegriffs« wurde im laufenden Jahre vom Jury des Preisausschreibens, das die Zeitschrift »Scientia« zu Ehren von E. Rignano veranstaltet hatte, mit dem ersten Preis (den er mit G. Giorgi teilte) gekrönt. In letzter Zeit hat sich Zawirski mit der Auswertung der von Łukasiewicz aufgebauten mehrwertigen Logik für die Quantentheorie und Wahrscheinlichkeitstheorie beschäftigt. Czeżowski befaßt sich hauptsächlich mit Spezialproblemen der Logik.

Neben den angeführten wäre noch eine Anzahl jüngerer Forscher zu nennen, welche in Lwów zu jener Zeit studierten, als Łukasiewicz bereits nach Warschau gegangen war und teils durch Twardowski, teils durch Ajdukiewicz und durch den Anhänger Husserls, Ingarden, in das philosophische Studium eingeführt wurden. Ein Teil von ihnen steht unter dem Einfluß der Logistik und befaßt sich mit methodologischen und logischen Problemen (Dąmbska, Kokoszyńska, Łuszczewska, Mehlberg, Schmierer).

Wie schon erwähnt, entwickelte sich die Tätigkeit von Leon Chwistek, ohne im genetischen Zusammenhang mit den Forschern aus der Lemberg-Warschauer Schule zu stehen. Die Schriften von Poincaré, Mach, Mill, Russell, Einstein haben auf ihn den größten Einfluß ausgeübt. Er ist nicht nur als Philosoph und Logiker tätig, sondern ist auch als Maler und Kunsttheoretiker einer der führenden Geister des polnischen Futurismus gewesen. Als Logiker fing er mit der Kritik des Russelschen Systems, insbesondere des Klassenbegriffs, an. Er zeigte, daß man vom Standpunkt der Russellschen Typentheorie mit dem Reduzibilitätsaxiom die Richardsche Antinomie rekonstruieren kann. Chwistek verwirft also das Reduzibilitätsaxiom und macht den Versuch, die Mathematik ohne dieses Axiom, also auf Grund der sogenannten reinen Typentheorie, die auch Theorie der konstruktiven Typen von Chwistek genannt wird, aufzubauen. Bei diesem Versuche hat Chwistek als erster eingesehen, daß man den Klassenbegriff durch den Funktionsbegriff ersetzen kann. Noch im Jahre 1921 (also vor Ramsey) hat Chwistek die Idee der vereinfachten Typentheorie entworfen, in welcher alle Satzfunktionen desselben Argumentes zu demselben Typus gezählt werden, in welcher also die verschiedenen Stufen der Satzfunktionen desselben Arguments verworfen werden. In der späteren Periode hat sich Chwistek der Idee gewidmet, den logischen Aufbau der Mathematik durch einen metalogischen oder – wie Chwistek ihn auch nennt – durch einen semantischen zu ersetzen. Er hat diese Idee in mehreren Arbeiten seit dem Jahre 1928 in Angriff genommen und stellte zuletzt in einem mit seinen Schülern Hetper und Herzberg gemeinsam geschriebenen Aufsatz ein System, die »Rationelle Metamathematik«, auf, von der er schreibt: »En se basant sur la métamathématique rationelle on peut reconstruir le cantorisme entier, sans faire appel aux objects inconstruisibles, et par conséquant on peut écarter complètement les hypothèses d'existences telles que l'axiome du choix etc.« Die philosophische Leitidee dieses Systems ist: »Die Metaphysik aus den Grundlagen der Mathematik auszuschalten«, indem man sich auf den Standpunkt des Begriffsnominalismus und radikalen Formalismus stellt. Chwistek hat sich mit dem Realitätsproblem in philosophischer Weise befaßt und nimmt an, es gebe mehrere Realitätsbegriffe, welche wir, je nach den Einstellungen, die wir in verschiedenen Lebenslagen annehmen, anwenden. Es gibt mindestens vier Realitätsbegriffe, denen die Empfindungswirklichkeit, Vorstellungswirklichkeit, natürliche Wirklichkeit und physikalische Wirklichkeit entspricht. Keine dieser vier Wirklichkeiten ist den anderen vorzuziehen. Es steckt auch in den verschiedenen Realitätsbegriffen nichts Konventionelles, sondern wir müssen uns, je nach der Einstellung, in der wir uns befinden, einen von ihnen zu eigen machen. Chwisteks Schriften, insbesondere die, welche außerhalb des Gebiets der Logistik liegen, kennzeichnet gegenüber jenen der Lemberg-Warschauer Schule eine große Freiheit der Ausdrucksweise. Ebenso wie Chwistek stehen außerhalb der Lemberg-Warschauer Schule: B. Bornstein in Warschau und A. Wiegner in Posen, welche in ihren Arbeiten den Einfluß der Logistik verraten.

Das ist in gröbsten Zügen eine Übersicht über die Strömungen des logistischen Antiirrationalismus im gegenwärtigen Polen. Man bemerkt, daß die im Geiste der Logistik arbeitenden Philosophen in Polen einen unvergleichlich größeren Prozentsatz der philosophischen Forscher bilden als in anderen Ländern. Die starke antiirrationalistische Bewegung hat sich, wie wir sahen, unter dem Einfluß der österreichischen Schule Franz Brentanos entwickelt, durch dessen Vermittelung sie Keime der Scholastik in sich aufgenommen hat. Der logistische Einschlag, der sich diesem von Twardowski kraftvoll propagierten Antiirrationalismus beigemengt hat, stand unter dem Einfluß von B. Russell und Frege, in weiterer Linie von E. Schröder. Außer diesen entscheidenden Einwirkungen ist auch der Einfluß von Hume, Leibniz, Mill, Spencer, Poincaré, Duhem, Hilbert, Einstein u. a. zu erwähnen. Diese Einflüsse haben aber auf die polnische Forschung nur anregend gewirkt, denn sie hat ihre eigenen originellen Wege gefunden, auf welchen sie selbständige und, wie ich vielleicht sagen darf, wertvolle Resultate erreicht hat.

Kazimierz Twardowski

Über sogenannte relative Wahrheiten

Absolute Wahrheiten heißen diejenigen Urteile, welche unbedingt, ohne irgendwelchen Vorbehalt, ohne Rücksicht auf irgendwelche Umstände, also immer und überall wahr sind. Relative Wahrheiten heißen dagegen solche Urteile, die wahr sind nur unter bestimmten Bedingungen, mit einem bestimmten Vorbehalt, dank bestimmten Umständen; solche Urteile sind also nicht immer und nicht überall wahr.

Daß die Bedeutung der Wörter ›relativ‹ und ›absolut‹ diese und keine andere ist, beweist die Art ihrer Anwendung in anderen Fällen. Wir erkennen z. B. den Gehorsam absolut, wenn er in jeder Beziehung, unbedingt, ohne Vorbehalt, immer und überall besteht. Relativ ist dagegen der Gehorsam, wenn er nur unter bestimmten Bedingungen, in bestimmten Fällen, in einer bestimmten Richtung, abhängig von Umständen, also nicht immer und nicht überall geleistet wird. Ähnlich redet man auch von relativer und absoluter Schönheit. Relativ schön ist ein Ding, dem wir das Merkmal der Schönheit im Vergleich mit anderen Dingen, also unter der Bedingung einer solchen vergleichenden Zusammenstellung desselben mit anderen Dingen, zuerkennen; wir können auch ein Ding relativ schön nennen, weil wir ihm die Schönheit nur in einer gewissen Richtung, also nicht in jeder Beziehung beilegen; absolut schön wäre ein Ding, dem man das Merkmal der Schönheit ohne irgend welchen Vorbehalt, unbedingt, in jeder Beziehung, ohne Rücksicht auf das Verhältnis desselben zu anderen Dingen zuerkennen müßte.

Daß überhaupt relative Wahrheiten, d. h. Urteile, die nicht immer und nicht überall, sondern nur unter bestimmten Umständen wahr sind, existieren, daran zweifeln nur wenige. Manche behaupten sogar, daß alle dem Menschen zugänglichen Wahrheiten relative Wahrheiten sind, daß es demnach absolute Wahrheiten, wenigstens für den Menschen, nicht gibt. Entgegen dieser weit verbreiteten Ansicht gedenke ich zu zeigen, daß die Behauptung, als ob relative Wahrheiten existierten, sich nicht rechtfertigen läßt, daß die Lehre von der Existenz relativer Wahrheiten sich nur dank einer unexakten Art der Darstellung der eigentlichen Sachlage aufrecht erhält, und daß nach Beseitigung dieser Unexaktheit jeder Grund zur Unterscheidung relativer und absoluter Wahrheiten verschwindet. Und weil für relative Wahrheiten solche Urteile gehalten werden, die angeblich nicht immer und nicht überall, sondern nur unter gewissen Bedingungen und Umständen wahr sind, so kann man die These, deren Wahrheit ich nachweisen will, auch in folgender Weise formulieren: Es gibt keine Urteile, die nur unter bestimmten Umständen und Bedingungen wahr wären und nach Änderung dieser Umstände und Bedingungen wahr zu sein aufhörten und falsch würden; im Gegenteil, jedes wahre Urteil ist stets und überall wahr, woraus unmittelbar folgt, daß Urteile, die nicht immer und nicht überall, sondern nur unter bestimmten Bedingungen und Umständen wahr sein sollten, überhaupt nicht wahr sind, niemals wahr gewesen sind und niemals wahr sein werden. –

Die Anhänger der Theorie von der Existenz relativer Wahrheiten oder die sogen. Relativisten begründen ihre Lehre gewöhnlich in der Weise, daß sie Beispiele von Urteilen anführen, die nach ihrer Ansicht den Charakter relativer Wahrheiten besitzen. Sie sagen also, relative Wahrheit sei z. B. das Urteil »der Duft dieser Blume ist angenehm«; dieses Urteil soll deshalb eine relative Wahrheit sein, weil der Duft einer bestimmten Blume nicht für alle angenehm zu sein pflegt, ja sogar ein und derselben Person einmal angenehm, das andere Mal unangenehm sein kann. Eine nur relative Wahrheit kann auch das Urteil sein, weches feststellt, daß es regnet. Ist es doch nicht immer und nicht überall wahr, daß es regnet. Eine andere relative Warheit ist wieder nach der Ansicht der Relativisten das Urteil, welches aussagt, daß kalte Bäder gesund sind. Es gibt nämlich Fälle, in denen ein kaltes Bad nicht dienlich ist; nur relative Wahrheit kann man also das Urteil nennen, welches aussagt, daß kalte Bäder gesund sind. Als Beispiele relativer Wahrheiten pflegen auch ethische Grundsätze angeführt zu werden. Nur relative Wahrheit ist nämlich nach der Ansicht der Relativisten das Urteil, welches aussagt, daß es nicht erlaubt ist, gegen die eigene Überzeugung zu sprechen; gibt es doch Fälle, in welchen absichtliches Verbergen der Wahrheit erlaubt, vielleicht sogar geboten ist. Zu relativen Wahrheiten sollen auch Hypothesen und Theorien, die auf Erfahrung gegründet sind, gehören, weil sie nur bei gegebenem Umfang der Erfahrung wahr sind; in Anbetracht neuer Entdeckungen und Beobachtungen aber können sie falsch werden und räumen den Platz anderen Ansichten.

Um jedoch im Sinne der Lehre der Relativisten mit Hilfe irgend welcher Beispiele nachweisen zu können, daß es Urteile gibt, die unter bestimmten Umständen wahr sind, unter anderen Umständen aber falsch werden, muß man Urteile anführen, die einer doppelten Bedingung Genüge leisten. Erstens müssen es Urteile sein, die mit der Änderung der Umstände sich ausschließlich in der Richtung ändern, daß sie aufhören, wahr zu sein, außerdem aber unverändert bleiben; zweitens müssen es Urteile sein, die in der Tat unter bestimmten Umständen wahr gewesen sind oder wahr sind, und erst mit der Änderung dieser Umstände falsch geworden sind oder falsch werden. Nur in diesem Fall nämlich kann man davon reden, daß dieselben Urteile aus wahren falsch geworden sind oder es werden. Aber gerade diese Bedingungen beobachten die Relativisten nicht in ihren Beispielen, die zeigen, daß die Argumentation der Relativisten gar keine Rücksicht nimmt auf den Unterschied zwischen der Aussage (enuntiatio), d. h. dem Satze, welcher das Urteil zum Ausdruck bringt, und dem Urteil selbst als psychischer Tätigkeit. Denn wenn auch zwischen dem Urteil und der Aussage, welche der äußere Ausdruck des Urteils ist, eine sehr enge Beziehung besteht, so ist doch die Aussage mit dem Urteil ebensowenig identisch, wie das Substantivum, das gewöhnlich als äußeres Zeichen einer Anschauung oder eines Begriffs dient, identisch ist mit der Anschauung oder dem Begriff. Die Relativisten ignorieren jedoch diesen Unterschied, und nur dank dieser Unexaktheit sind sie imstande, Beispiele von Urteilen anzuführen, die scheinbar ihre Theorie von der Existenz relativer Wahrheiten stützen. Es ist nämlich bekannt, daß es zwei- oder vieldeutige Wörter gibt. Wenn man z. B. das zweideutige Wort Schloß gebraucht, so kann man einmal ein Werkzeug zum Schließen der Tür, das andere Mal ein bestimmt geartetes Gebäude meinen. Die Bedeutung des Wortes, welches im ersteren Fall der Begriff jenes Werkzeugs, im letzteren der Begriff jenes Gebäudes ist, ist jedesmal verschieden, aber das äußere Zeichen des Begriffs, das Wort Schloß selbst, ist in beiden Fällen dasselbe. Dieses Beispiel, vereint mit vielen anderen, beweist, daß der äußere Ausdruck einer bestimmten psychischen Erscheinung unverändert bleiben kann, während die mit diesem Ausdruck im einen Fall verbundene psychische Erscheinung, im anderen Falle einer anderen Erscheinung Platz machen kann. Aus Mangel an entsprechenden Andeutungen oder infolge der Unachtsamkeit kann man sich in solchen Fällen einbilden, als ob die Unveränderlichkeit des Wortes eine Unveränderlichkeit der damit verbundenen psychischen Erscheinung begleitete; erst bei näherer Untersuchung der Sachlage zeigt sich, daß die Unveränderlichkeit der psychischen Erscheinung nur eine scheinbare war, und daß tatsächlich nur eine Identität des äußeren Ausdrucks für zwei verschiedene psychische Erscheinungen besteht.

Ein solcher Sachverhalt tritt eben zum Vorschein in vielen Fällen, auf welche die Relativisten sich berufen. Sie bedenken nicht, daß die Dieselbigkeit des äußeren Ausdrucks eines Urteils, die Dieselbigkeit der Aussage, keine ausreichende Bürgschaft für die Dieselbigkeit des Urteils selbst ist, sie führen Beispiele von Aussagen an, die einmal wahre, das andere Mal falsche Urteile ausdrücken, aber sie zeigen nicht, daß das wahre und das falsche Urteil, welches in derselben Aussage zum Ausdruck gelangt, in der Tat ein und dasselbe Urteil ist. Kann man doch nur dann von ein und demselben Urteil reden, wenn ein und dasselbe Subjekt, dasselbe Prädikat, dieselbe Qualität, Quantität usw. des Urteils gegeben ist. Wenn dagegen auch nur einer von diesen Faktoren eine Änderung erlitten hat, dann besteht nicht mehr dasselbe, sondern ein anderes, wenn auch vielleicht dem vorigen sehr ähnliches Urteil.

Der Grund der Erscheinung, daß dieselbe Aussage verschiedene Urteile ausdrükken kann, liegt zum Teil in der bereits erwähnten Vieldeutigkeit der Wörter, welche die Aussagen zusammensetzen, zum Teil aber in den Mitteln, die wir gebrauchen, wenn wir uns der Sprache zum Ausdruck unserer Urteile bedienen. Die menschliche Sprache dient nämlich in erster Linie dem rein praktischen Zweck der gegenseitigen Verständigung und sucht diesen Zweck mit den allereinfachsten Mitteln zu erreichen. Infolgedessen beschränken wir uns in unseren Aussagen auf ein Minimum der Wörter, mit deren Hilfe unser Urteil für die Umgebung verständlich wird, indem wir mit Recht darauf rechnen, daß die Umstände, unter welchen wir das Urteil aussagen, Mißverständnisse, die aus der nicht vollständig erschöpfenden oder der sogenannten eliptischen Form der Urteilsaussage entstehen können, ausschließen. Entsprechende Beispiele liefert die Umgangssprache fast auf jeden Schritt. Auf die Frage, ob wir »Quo vadis« des Sienkiewicz gelesen haben, antworten wir »Ja«. Dieses eine Wörtchen ist der Ausdruck des Urteils, welches, vollständig ausgesagt, also lauten würde: »Den Roman des Sienkiewicz Quo vadis haben wir gelesen«. Und selbst diese Aussage enthält noch nicht alles, was wir im Sinne haben, während wir die an uns gerichtete Frage beantworten. Wenn wir uns vergegenwärtigen, daß wir besagten Roman gelesen haben, vergegenwärtigen wir uns auch, wann wir denselben gelesen, vor langer oder vor kurzer Zeit. Aber dies erwähnen wir in unserer Antwort nicht, denn das ist eine für die fragende Person gleichgültige Einzelheit; die Antwort selbst geben wir aber in verkürzter, aus einem Wörtchen bestehender Form, indem wir gewiß sind, daß die Person, welche sich mit der Frage an uns gerichtet hat, uns vollständig verstehen wird. Und doch kann dasselbe Wörtchen Ja der Ausdruck eines ganz anderen Urteils sein. Als Antwort auf die Frage »War Mickiewicz verheiratet?« bedeutet es durchaus nicht, wie im vorigen Beispiel, »Sienkiewicz' Roman Quo vadis haben wir gelesen«, sondern es bedeutet: »Mickiewicz war verheiratet«. Trotz dieser geradezu unbegrenzten Vieldeutigkeit des angeführten Wortes erfüllt es vollständig seinen Zweck in der Umgangssprache; denn die Umstände, unter welchen es ausgesagt wird, ergänzen es in einer Weise, die gewöhnlich jegliches Mißverständnis ausschließt. Elliptisch ist auch die Aussage eines Menschen, der durch einen Säbelhieb am Kopfe verwundet worden ist und spricht: »Die Wunde brennt furchtbar«. Er sagt nicht, welche Wunde brennt, auch nicht, wen sie brennt, und trotzdem ist seine Aussage für die Umgebung ganz verständlich, weil die Umstände, die die Worte des Sprechenden begleiten, das ergänzen, was diese nicht angeben. Ebenso drücken wir auch nicht alles aus, was wir im Sinne haben, wenn wir sagen: »Wir haben vom Vater einen Brief erhalten«. Wir sagen vor allem nicht, daß wir vom eigenen Vater einen Brief erhalten haben, indem wir auch in diesem Falle jene Einzelheit dem leichten Erraten der Umgebung überlassen. Wenn nun aber auch eine solche verkürzte Form der Urteilsaussage ganz angemesen, ja sogar unvermeidlich in der Umgangssprache ist, so kann sie doch nicht genügen, wenn es sich um die Entscheidung der Frage handelt, ob eine bestimmte Aussage ein wahres Urteil enthält. Dann muß man die Aussage vervollständigen, sie in erschöpfender Form ausdrücken; eine solche erschöpfende Formulierung der Aussage wird zugleich die Entscheidung der Frage erlauben, ob diese Aussage immer der Ausdruck ein und desselben Urteils ist, oder ob sie unter verschiedenen Umständen verschiedene Urteile ausdrückt, obgleich sie selbst unverändert bleibt. Von diesem Gesichtspunkt aus muß man auch die von den Relativisten zum Zweck der Begründung ihrer Theorie angeführten Beispiele in Betracht ziehen.

Ich beginne mit dem oben angeführten Beispiel »es regnet«. Ich gehe dabei von der Voraussetzung aus, daß ich dieses Urteil aussage, während ich in Lemberg auf dem Schloßberge stehe und den herabfallenden Regen wirklich wahrnehme. Das von mir ausgesagte Urteil ist also ein wahres Urteil, aber nach der Ansicht der Relativisten nur relativ wahr; denn ich kann dieses Urteil nicht dann aussagen, wenn es aufgehört hat zu regnen, falls ich kein unwahres Urteil verkünden will. Ebenso könnte ich auch nach dem Dafürhalten der Relativisten dieses Urteil nicht aussprechen zwar zu derselben Zeit, aber an einem anderen Orte, wo schönes Wetter herrscht, wenn ich mich nicht dem Vorwurf aussetzen will, daß ich ein mit der Wirklichkeit nicht übereinstimmendes Urteil aussage. Entgegen einer solchen Darstellung der Sache, die der relativistischen Theorie als Stützpunkt dient, behaupte ich jedoch, daß das von mir unter den angegebenen Bedingungen ausgesprochene Urteil, wenn es damals wahr ist, immer und überall ein wahres Urteil bleibt.

Um sich von der Wahrheit dieser Behauptung, die vielleicht zunächst etwas paradox klingt, zu überzeugen, muß man vor allem bedenken, daß die Aussage »es regnet« in ziemlich allgemeiner und in vieler Beziehung unbestimmter Form ein Urteil ausdrückt, welches eine ganz konkrete, dem Orte und der Zeit nach vollkommen bestimmte Erscheinung betrifft. Wenn ich nämlich, in Lemberg auf dem Schloßberge stehend, behaupte, daß es regnet, so denke ich augenscheinlich nicht an irgend einen Regen, der an irgend einem Orte und zu irgend einer Zeit fällt, sondern ich meine im Urteil den Regen, welcher hier und jetzt fällt. Ich sage das nicht ausdrücklich aus, denn es besteht keine Besorgnis, daß man mich falsch verstehen wird, wenn ich unter den angeführten Bedingungen behaupte, daß es regnet; tatsächlich jedoch meine ich den Regen, welcher hier und jetzt fällt. Wenn ich also das Urteil in unverkürzter Weise ausdrücken soll, so muß ich sagen: »Hier und jetzt regnet es«.

Allein diese Ergänzung genügt nicht. Bleibt doch auch in Anbetracht der vervollständigten Form der Aussage die Argumentation der Relativisten in Kraft, welche sagen können: Am augenscheinlichsten haben wir es hier mit einer relativen Wahrheit zu tun; denn das Urteil, welches in dem Satz »hier und jetzt regnet es« ausgedrückt wird, ist weder immer noch überall wahr. Morgen kann dasselbe Urteil falsch sein, wenn morgen schönes Wetter sein wird; und sogar heute, in demselben Augenblick, in welchem es in Lemberg wahr ist, kann es in Krakau falsch sein, wenn es dort gegenwärtig keinen Regen gibt.

Allein diese Argumentation ist nur deshalb möglich, weil die Aussage »hier und jetzt regnet es« im hohen Grade durch Vieldeutigkeit sündigt, indem sie die sehr vieldeutigen Wörter hier und jetzt enthält. Das Wort jetzt ändert seine Bedeutung jedesmal, wenn wir es aussprechen; denn wir sprechen dasselbe jedesmal in einem anderen Zeitpunkt aus, während es gerade den Zeitpunkt bedeutet, in welchem es ausgesprochen wird. Ähnlich ändert das Wort hier seine Bedeutung mit jeder Änderung des Ortes, den die redende Person einnimmt. Bedeutet es doch den Ort, an welchem die redende Person sich im Moment des Aussprechens dieses Wortes befindet. Die Wissenschaft, welche sich vor dem Gebrauch vieldeutiger Wörter nach Möglichkeit hütet, lehnt auch die Wörter hier und jetzt vollständig ab und ersetzt dieselben durch eindeutig bestimmte Wörter. Während z. B. der gewöhnliche Mensch, wenn er eine Mondfinsternis erwartet und wahrnimmt, daß der Schatten der Erde die Mondscheibe berührt, sagt: »Jetzt beginnt die Finsternis«, begnügt sich der Astronom nicht mit dem Worte jetzt, sondern liest die genaue Bedeutung desselben am Chronometer ab, oder führt dessen automatische Registrierung durch und bestimmt mit Hilfe des Kalenders die Bedeutung des damals ausgesprochenen Wortes jetzt mittels folgender Reihe von Wörtern: am 17. Dezember 1899, nach dem gregorianischen Kalender, um 10 Uhr 13 Minuten vormittags, nach mitteleuropäischer Zeit. Diese ganze Reihe von Wörtern bedeutet ganz dasselbe, wie das in jenem Moment ausgesprochene Wörtchen jetzt; der Unterschied zwischen den beiden Ausdrücken beruht darauf, daß die gewöhnliche Redeweise kürzer, dagegen aber vieldeutig ist, während der Astronom sich minder kurz, dagegen aber in ganz eindeutiger Weise ausdrückt. Ähnlich verhält es sich mit dem Wörtchen hier. Der Geograph wird niemals hier sagen; wenn ihm an ganz genauer Ortsbestimmung gelegen ist, wird er entweder die Örtlichkeit oder die geographische Länge und Breite angeben und sich dementsprechend zwar weniger bündig ausdrücken, dafür aber auch jede Vieldeutigkeit und alle Mißverständnisse, die daraus entstehen könnten, vermeiden.

Will man daher die Aussage »hier und jetzt regnet es« von jeglicher Unklarheit befreien, dann muß man die Wörter hier und jetzt durch andere ersetzen; man muß also z. B. sagen: »Am 1. März 1900 nach dem gregorianischen Kalender um 12 Uhr mittags nach mitteleuropäischer Zeit regnet es in Lemberg auf dem Schloßberge und in seiner Umgebung«. Dieser lange und schwerfällige Satz enthält dasselbe Urteil, welches die kurze, durch die auf dem Schloßberge in Lemberg befindliche Person zur angegebenen Stunde gemachte Aussage »es regnet« ausdrückt. Die betreffende Person aber kann sich auf eine so kurze Formulierung der Aussage beschränken, weil sie mit Recht voraussetzt, daß sie trotzdem vollständig verstanden werden wird.

In Anbetracht der Argumentation der Relativisten muß man jedoch die wesentliche Bedeutung der angeführten Aussage aufs allergenaueste hervorheben. Hat man dies in der erwähnten Weise getan, dann kann man schon die Grundlosigkeit dieser Argumentation direkt nachweisen. Die Relativisten sagen, daß das Urteil »es regnet« sich aus einem wahren in ein falsches verwandelt, wenn es zu einer anderen Zeit und an einem anderen Orte ausgesagt wird, also nicht, wie wir angenommen haben, auf dem Lemberger Schloßberge mittags am 1. März, sondern z. B. in Krakau, am 2. März 1900 nach dem gregorianischen Kalender um 4 Uhr nachmittags nach mitteleuropäischer Zeit. Die Relativisten vergessen jedoch, daß, wenn das Urteil »es regnet« einmal in Lemberg zu einer bestimmten Zeit, das andere Mal in Krakau zu einer anderen Zeit ausgesagt wird, dann zwar dieselbe Aussage, welche dieselben Wörter in sich schließt, vollzogen wird, daß aber das Urteil, welches die Bedeutung dieser Aussage ausmacht, in beiden Fällen verschieden ist. Das erste Urteil, welches in der Aussage »es regnet« enthalten ist, betrifft den in Lemberg zu einer bestimmten Zeit herabfallenden Regen; das zweite, durch die nämliche Aussage ausgedrückte Urteil betrifft den Regen, welcher in Krakau zu einer anderen Zeit fällt. Wer kann man also behaupten, daß dasselbe Urteil aus einem wahren in ein falsches sich verwandelt habe, wenn man es doch mit zwei verschiedenen Urteilen zu tun hat? Es unterliegt nämlich keinem Zweifel, daß dieselbe Aussage hier zwei verschiedene Urteile bedeutet, weil jedes von ihnen eine verschiedene, obzwar unter denselben Artbegriff fallende Erscheinung betrifft. Wenn es sich also so verhält, daß das erste Urteil, welches auf dem Lemberger Schloßberge mittags am 1. März ausgesagt wird, wahr ist, das zweite, in Krakau am 2. März nachmittags ausgesagte Urteil dagegen falsch ist – man kann nämlich annehmen, daß die Person, welche das zweite Urteil aussagt, einer Täuschung unterliegt und daß es ihr nur augenblicklich scheint, als ob es regnete –, dann haben wir es hier mit zwei Urteilen zu tun, von denen das eine wahr, das andere falsch ist; aus einem solchen Sachverhalt folgt aber kein Argument, das zu Gunsten des Relativismus ins Feld geführt werden könnte. Die Tatsache nämlich, daß es wahre und daneben falsche Urteile gibt, wenn auch die letzteren den ersteren oft sehr ähnlich sind, wird selbst von den radikalsten Gegnern des Relativismus anerkannt.

Es leuchtet ein, daß das erste Urteil, welches in Übereinstimmung mit der Wirklichkeit feststellt, daß es regnet, nicht nur an einem bestimmten Orte und zu einer bestimmten Zeit, sondern stets wahr ist. Wie nämlich die Erscheinung, welche stattgefunden hat, nicht ungeschehen gemacht werden kann, ebenso kann sich auch das Urteil, welches diese Erscheinung feststellt, nicht aus einem wahren in ein falsches verwandeln. Wer also auch immer zu irgend einer Zeit und an irgend einem Orte das Urteil aussagt, daß auf dem Lemberger Schloßberge am 1. März 1900 mittags eine Erscheinung, die man Regen nennt, stattgefunden hat, der wird immer und überall ein wahres Urteil aussprechen, falls es an jenem Orte und zu jener Zeit wirklich geregnet hat. In diesem und in allen ähnlichen Fällen unterliegt es also nicht dem geringsten Zweifel, daß die Relativisten in der Annahme der Möglichkeit der Umwandlung eines wahren Urteils in ein falsches einen Fehler begehen, indem sie die Dieselbigkeit der Aussage, welche den Umständen entsprechend verschiedene Urteile ausdrückt, für eine Dieselbigkeit dieser Urteile halten. Alle derartige Beispiele, welche die Relativisten anführen, um ihre Theorie zu stützen, leiden daran, daß sie die erste der oben erwähnten Bedingungen, unter welchen die Beispiele die Wahrheit der relativistischen Ansicht beweisen könnten, nicht beachten.

Ich wende mich jetzt zu dem Beispiel, welches die zweite Bedingung nicht beachtet, laut welcher ein relativ wahres Urteil überhaupt irgendeinmal wahr sein muß, um sich aus einem wahren in ein falsches verwandeln zu können. Ein solches Beispiel ist u. a. das Urteil »kalte Bäder sind gesund«. Dieses Urteil in dieser Form ist wiederum nicht genau ausgesagt; denn es ist in einer solchen Weise ausgedrückt, als ob es ein allgemeines Urteil derselben Kategorie wäre wie z. B. die Urteile »der Mensch ist sterblich«, »das Quadrat ist eine reguläre Figur«. Es ist bekannt, daß derartige Urteile etwas von allen Gegenständen ohne Ausnahme, die zum Umfang des Subjektbegriffs gehören, aussagen. Deshalb kann man auch zum Subjekt dieser Urteile das Wörtchen jeder, alle hinzufügen, ohne daß die Bedeutung des ausgesprochenen Satzes sich änderte. Man kann also sagen: »alle Menschen sind sterblich«, »jedes Quadrat ist eine reguläre Figur«. Indem man in dieser Weise jene Aussagen vervollständigt, hebt man einzig und allein den Charakter der Allgemeinheit, welcher den darin ausgedrückten Urteilen zukommt, deutlich hervor. Daraus folgt zugleich, daß wir nicht immer, wenn wir ein allgemeines Urteil aussagen, schon in der Aussage selbst dessen Allgemeinheit hervorheben. Und ebenso, wie wir in unseren Aussagen das Zeichen der Allgemeinheit der durch diese Aussagen bezeichneten Urteile auslassen können, können wir auch die Besonderheit der Urteile nicht hervorheben. Beispielsweise unterscheidet sich die Aussage, »die Wohnungen in Lemberg sind teuer« nicht von der Aussage »die Menschen sind sterblich«; während aber die zweite Aussage der Ausdruck eines allgemeinen, keine Ausnahme zulassenden Urteils ist und in exakter Formulierung lauten müßte: »Alle Menschen sind sterblich«, schließt die erste Aussage das Vorhandensein billiger Wohnungen in Lemberg durchaus nicht aus, denn es drückt allein die Überzeugung aus, daß die Lemberger Wohnungen überwiegend, allgemein genommen, teuer zu sein pflegen. Diese Überzeugung ist augenscheinlich kein allgemeines, sondern ein besonderes Urteil; der strenge Ausdruck desselben wäre die Aussage »die Wohnungen in Lemberg sind überwiegend teuer«. Wenn wir also eine Aussage von allgemeiner Form antreffen, so müssen wir uns vor allem Rechenschaft ablegen, ob das in dieser Aussage enthaltene Urteil in der Tat ein allgemeines ist, oder ob nicht der Fall besteht, daß ein besonderes Urteil in einer solchen Form ausgedrückt worden ist, als ob es ein allgemeines Urteil wäre. Ein socher Foll tritt gewöhnlich dann ein, wenn das Prädikat des Urteils zwar nicht alle unter den Subjektbegriff fallenden Gegenstände, wohl aber den überwiegenden Teil derselben betrifft, wie das eben in dem angeführten Beispiel, welches etwas von der überwiegenden Zahl der Lemberger Wohnungen, oder, wie man zu sagen pflegt, fast von allen Lemberger Wohnungen aussagt, statt hat.

Wenn wir diese Bemerkungen auf die Aussage »kalte Bäder sind gesund« anwenden, dann haben wir die Wahl zwischen zwei Deutungen derselben Aussage. Entweder wir geben ihr die Bedeutung eines allgemeinen Urteils, dann fordert die exakte Ausdrucksweise, daß man der Aussage die Form gibt »jedes kalte Bad ist gesund« oder »ein kaltes Bad ist immer gesund«; oder wir geben der Aussage die Bedeutung eines besonderen Urteils, dann würde der strenge Ausdruck des Urteils lauten »ein kaltes Bad pflegt manchmal (gewöhnlich) gesund zu sein«. Der Unterschied zwischen den beiden Aussagen und zwischen den in ihnen ausgedrückten Urteilen ist offenbar. Die Relativisten, die sich auf derartige Beispiele berufen, interpretieren die bezüglichen Aussagen als Ausdrücke allgemeiner Urteile; nach ihrer Ansicht würde also die Aussage »kalte Bäder sind gesund« ein allgemeines Urteil enthalten. Dann weisen sie Fälle auf, in welchen ein kaltes Bad sich als ungesund erwiesen hat, und behaupten, daß immer, wenn ein solcher Fall eintritt, das Urteil, welches behauptet, kalte Bäder seien gesund, ein falsches Urteil wird. Deshalb schreiben sie nur relative Wahrheit der Behauptung, daß kalte Bäder gesund sind, zu, weil die Wahrheit dieser Behauptung abhängig ist von der Bedingung, daß eben kein Ausnahmefall eintrete. Wenn jedoch die Relativisten die eigentliche Bedeutung der Aussage »kalte Bäder sind gesund« in Betracht ziehen würden, dann würden sie zu der Überzeugung gelangen, daß diese Aussage, als Ausdruck eines allgemeinen Urteils genommen, der Ausdruck eines geradezu falschen Urteils ist. Meint doch niemand, daß jedes kalte Bad, unter irgend welchen Bedingungen genossen, gesund ist; jeder weiß, daß ein kaltes Bad unter Umständen der Gesundheit sehr schädlich sein kann. Aber die Relativisten müssen diese Aussage eben im allgemeinen Sinne verstehen, denn sonst könnten sie sich nicht auf Ausnahmen berufen, als auf einen Beweis der Relativität der in dieser Aussage enthaltenen Wahrheit. Wenn man aber diese Aussage für den Ausdruck eines allgemeinen Urteils hält, dann schiebt man ihr ein Urteil unter, welches schon von vornherein ein falsches Urteil ist, woraus folgt, daß dieses und ähnliche Beispiele, worauf die Relativisten sich berufen, gar nichts beweisen, weil sie die zweite der angeführten Bedingungen, unter welchen solche Beispiele die relativistische Theorie stützen könnten, nicht erfüllen. Weil es nämlich von vornherein ein falsches Urteil ist, kann sich kein derartiges Urteil aus einem wahren in ein falsches verwandeln.

Wenn wir dagegen die Aussage so verstehen, wie sie am offenbarsten verstanden werden soll, wenn wir darin den Ausdruck eines besonderen Urteils, welches aussagt, daß kalte Bäder gesund zu sein pflegen, erblicken, dann ist dieses Urteil wieder entweder falsch oder wahr. Falsch würde es sein, wenn ein kaltes Bad niemals gesund wäre, was jedoch sehr wenig wahrscheinlich ist. Es bleibt also die Annahme übrig, daß dieses Urteil wahr ist. Als solches konstatiert es das Bestehen eines günstigen Einflusses des kalten Bades auf den Organismus in bestimmten Fällen. Und weil dieser Einfluß in gewissen Fällen besteht, so bleibt das diesen Einfluß feststellende Urteil immer wahr. Kein derartiges Beispiel zeigt also das

Vorhandensein von Urteilen, die in gewissen Fällen wahr, in anderen Fällen falsch wären; wir haben nämlich auch hier mit Urteilen, die entweder immer falsch, oder immer wahr sind, zu tun.

Wenn man irgend ein Beispiel der Relativisten einer Analyse nach dem Muster der in diesen beiden Fällen durchgeführten unterwirft, erhält man immer dasselbe Ergebnis: jedes derartige Beispiel erfüllt entweder eine oder beide angeführten Bedingungen nicht, unter welchen es mit der These der Relativisten übereinstimmte. Daß diese Bedingungen in der Tat nicht erfüllt sind, davon kann man sich immer sehr leicht überzeugen, wenn man die von den Relativisten angegebenen Aussagen so ergänzt, daß sie ein erschöpfender Ausdruck der betreffenden Urteile werden, und sie von jeder Vieldeutigkeit mit Hilfe einer exakten Bestimmung der in den Aussagen enthaltenen Wörter befreit. Indem ich auf die Durchführung einer ins einzelne gehenden Analyse der übrig gebliebenen, von mir oben angeführten Beispiele verzichte, werde ich mich auf einige Bemerkungen in betreff derselben beschränken.

Die Aussage »der Duft dieser Blume ist angenehm« drückt nicht genau und nicht eindeutig das darin enthaltene Urteil aus. Eine exaktere Bestimmung fordert vor allem das hinweisende Fürwort dieser. Wenn man von dieser Blume spricht, kann man eine Blumenart meinen, zu welcher das vor der redenden Person sich befindende Exemplar gehört; man kann aber auch nur das gegebene Exemplar im Sinne haben. In diesem Falle bedeuten die Wörter »diese Blume« dasselbe wie die Wörter »die jetzt hier sich befindende Blume«; wir wissen aber bereits, wie vieldeutig die Wörter hier und jetzt sind. Ferner enthält die Aussage keine Andeutung darüber, für wen der Duft der Blume angenehm ist, ob für alle oder nur für die redende Person. Schließlich ist auch die Wendung »besitzt einen angenehmen Duft« zweideutig; sie bedeutet nämlich entweder, daß die Blume wirklich im gegebenen Augenblick die mit einem angenehmen Gefühl verbundene Empfindung des Duftes hervorruft, oder sie kann auch bedeuten, daß die Blume imstande ist, angenehmen Duft von sich zu geben, daß sie ihn gewöhnlich von sich gibt. Man sieht also, daß die Aussage »diese Blume hat angenehmen Duft« im hohen Grade vieldeutig ist, daß sie sehr verschiedene Urteile ausdrücken kann. Die Relativisten nehmen dagegen an, daß sie immer dasselbe Urteil, welches je nach Umständen einmal wahr, das andere Mal falsch ist, ausdrückt. In Wahrheit aber verhält sich die Sache so, daß dieselbe Aussage im einen Falle ein bestimmtes, entweder wahres oder falsches Urteil, in anderen Fällen andere, von dem vorigen verschiedene Urteile, die wiederum entweder wahr oder falsch sein können, zum Ausdruck bringt.

Eine besondere Aufmerksamkeit verdienen diejenigen von den Relativisten angeführten Beispiele, die ethische Grundsätze betreffen. Die Relativität der in den ethischen Grundsätzen enthaltenen Wahrheiten ist ebenso eine nur scheinbare Relativität, wie diejenige anderer Wahrheiten, auf welche die Relativisten sich berufen. Beispielsweise tritt das Urteil, daß es nicht erlaubt ist, gegen die eigene Überzeugung zu sprechen, in der Form eines allgemeinen, keine Ausnahmen zulassenden Urteils auf. Wenn es jedoch Fälle gibt, in welchen es erlaubt ist, gegen die eigene Überzeugung zu sprechen, dann ist obiges Urteil, soweit es wahr ist, durchaus kein allgemeines, sondern ein besonderes Urteil, und die Aussage, die es genau ausdrückte, müßte lauten: »In der Regel (gewöhnlich) ist es nicht erlaubt, gegen die eigene Überzeugung zu sprechen«. Wenn man diesen Umstand berücksichtigt, dann kann man die ethischen Grundsätze nicht deshalb relativ nennen, weil sie Ausnahmen zulassen; man kann in ihnen nur dann den Ausdruck relativer Wahrheiten sehen, wenn man ganz unberechtigt derartige Grundsätze in einer solchen Form ausspricht, als ob sie im strengen Sinne dieses Wortes allgemeine Urteile enthielten. – Allein die Relativisten schreiben den in ethischen Grundsätzen enthaltenen Wahrheiten noch aus anderen Gründen den Charakter der Relativität zu. Sie berufen sich nämlich auf den Umstand, daß ethische Grundsätze, die zu einer bestimmten Zeit oder in bestimmten Gesellschaften verpflichten, zu anderen Zeiten oder in anderen Gesellschaften keine Bedeutung haben, oder sogar für unmoralisch gehalten werden. Allein die Tatsache, daß bestimmte ethische Grundsätze zu gewissen Zeiten oder in gewissen Gesellschaften verpflichten, kommt daher, daß diese Grundsätze zu jener Zeit oder in jener Gesellschaft für verpflichtend gehalten werden, weshalb die Frage entsteht, ob sie mit Recht oder mit Unrecht dafür gehalten werden. Wenn sie mit Unrecht für verpflichtend gehalten werden, dann enthalten diese Grundsätze überhaupt keine Wahrheit, sie können also auch nicht als Beispiele relativer Wahrheiten dienen; es unterliegt aber keinem Zweifel, daß viele Grundsätze des Handelns, die früher oder auch jetzt noch in bestimmten Kreisen für wahre gehalten werden, ganz falsch sind. Es bleibt also die zweite Alternative übrig, laut welcher bestimmte Grundsätze unter bestimmten Bedingungen mit Recht für verpflichtend angesehen werden können, während sie mit der Änderung der Bedingungen ihre verpflichtende Kraft verlieren, oder geradezu für den Ausdruck von Überzeugungen, die mit der Ethik nicht vereinbar sind, gehalten werden. Ein Beispiel eines solchen Grundsatzes wäre z. B. die Vorschrift, welche die Einwohner Spartas verpflichtete und ihnen gebot, schwächliche Kinder aus der Welt zu schaffen. Nehmen wir an, daß die Spartaner von ihrem Standpunkt aus und in ihren besonderen Lebensbedingungen recht hatten, wenn sie diesen Grundsatz beobachteten, und daß wir, die wir diesen Grundsatz nicht anerkennen, in dieser Hinsicht nicht minder recht handeln. Von dieser Voraussetzung nämlich gehen die Relativisten oft aus, wenn sie die Relativität aller ethischen Vorschriften nachweisen wollen. Indes wenn man auch diese Voraussetzung vollständig annimmt, so kann man doch daraus nicht die Schlüsse ziehen, zu welchen die Relativisten gelangen. Wenn nämlich gewisse Grundsätze und Vorschriften wirklich verpflichtende Kraft nur für bestimmte Zeiten und für bestimmte Grundsätze haben sollen: dann kann man offenbar in ihnen nicht Grundsätze sehen, die alle Gesellschaften ohne Ausnahme verpflichten, ohne Rücksicht darauf, in welcher Zeit dieselben lebten. Man kann also auch nicht, wenn man exakt verfahren will, diese Grundsätze in allgemeiner Form aussagen. Wer demnach den Grundsatz, welchen die Spartaner befolgten, in der Weise formuliert, daß er sagt: »Schwächliche Kinder soll man aus der Welt schaffen«, der begeht eben den Fehler, daß er den Grundsatz unexakt formuliert. Er müßte nämlich sagen: »Schwächliche Kinder, die in den Bedingungen, in welchen die Spartaner lebten, geboren werden, sollen aus der Welt geschafft werden.« Dann wird der Grundsatz angesehen werden können als verpflichtend in bestimmten Bedingungen, und als nicht verpflichtend in anderen Bedingungen.

Er hört jedoch mit der Änderung der Bedingung nicht aus dem Grunde zu verpflichten auf, weil er aufhört, wahr zu sein, sondern er verpflichtet in anderen Bedingungen deshalb nicht, weil es niemand gibt, auf den er angewendet werden könnte. Man muß nämlich die Unmöglichkeit der Anwendung eines Grundsatzes von der Unwahrheit desselben unterscheiden. Beispielsweise hört der Grundsatz, daß man ohne Not mit Personen, die an Infektionskrankheiten leiden, nicht in Berührung kommen darf, nicht auf, richtig zu sein, selbst dann, wenn es niemand gibt, der an einer Infektionskrankheit leidet; nur daß dann der Grundsatz keine Anwendung hat. Ähnlich verhält es sich mit dem obigen Beispiel. Wenn es heute keine Gesellschaften gibt, die in solchen Bedingungen, wie die Spartaner leben, dann kann auch der Grundsatz, der solche Gesellschaften betrifft, keine Anwendung finden; aber der Grundsatz hört trotzdem nicht auf, wahr zu sein, wenn er irgendwann, wie dies die Relativisten annehmen, wahr gewesen ist. Wenn er aber immer wahr bleibt, müßte er auch in der Zukunft alle Gesellschaften verpflichten, welche unter den Begriff der in denselben Bedingungen wie die Spartaner lebenden Gesellschaften fallen würden. Wenn also jemand auch die Voraussetzungen, auf Grund deren die Relativisten die Relativität der ethischen Grundsätze beweisen, annehmen würde, so könnte er sich doch, ohne einen logischen Fehler zu begehen, nicht mit der Behauptung einverstanden erklären, als ob es ethische Normen gäbe, die nur zu einer bestimmten Zeit und an einem bestimmten Orte wahr wären. Diese Behauptung stützt sich wieder auf die Tatsache, daß man gewöhnlich ethische Normen nicht in exakter Weise formuliert, sondern dieselben in allgemeiner Form aussagt, als ob sie auf alle Individuen oder Verbände von Individuen, die irgendwann und unter irgendwelchen Bedingungen leben, Anwendung hätten, während sie doch gewöhnlich nur eine bestimmte Kategorie der Individuen oder Gesellschaftsverbände betreffen. Ob es ethische Grundsätze gibt, die allgemein verpflichten, ist eine Frage, mit deren Untersuchung sich die wissenschaftliche Ethik beschäftigt; wenn diese aber auch zuletzt zum Ergebnis gelangen würde, daß es allgemein verpflichtende ethische Grundsätze nicht gibt, so könnte man trotzdem niemals behaupten, daß alle ethischen Grundsätze relativ sind, sondern nur, daß, weil man keinen allgemeingültigen ethischen Grundsatz aufstellen kann, man es bei besonderen, einzelne Kategorien von Individuen und Gesellschaften betreffenden Grundsätzen bewenden lassen muß.

Die Relativisten können sich auch nicht auf die Relativität der ethischen Begriffe, welche den Inhalt der ethischen Normen zusammensetzen, berufen. Man kann nämlich die Tatsache, daß die Begriffe des Guten und des Bösen zu verschiedenen Zeiten und bei verschiedenen Völkern verschiedenen Inhalt besitzen, vollkommen anerkennen und trotzdem die relativistische Ansicht nicht annehmen. Wenn wir nämlich heute nicht das gut nennen, was man vor zweitausend Jahren gut in ethischer Bedeutung genannt hat; wenn ferner wir mit dem Worte »gut« einen anderen Begriff verbinden als die damals lebenden Menschen: dann ist klar, daß unser Urteil, welches behauptet, eine bestimmte Handlungsweise sei nicht gut, und das früher angenommene Urteil, daß dieselbe Handlungsweise gut ist, durchaus nicht einander widersprechende Urteile sind; denn die Prädikate der beiden Urteile sind verschieden, obgleich sie durch dasselbe Wort »gut« ausgedrückt werden. Es können also diese beiden Urteile wahr sein, sie können aber auch beide falsch sein, es kann auch das eine von ihnen wahr und das andere falsch sein; niemals aber kann daraus der Schluß gezogen werden, als ob das früher wahr gewesene Urteil, daß eine bestimmte Handlungsweise gut ist, sich später in ein falsches verwandelt habe, wenn wir heute dieselbe Handlungsweise nicht für gut halten. So könnte man nur dann reden, wenn wir mit dem Worte »gut« in ethischer Bedeutung denselben Begriff verbänden, welcher früher mit ihm verbunden war. Man kann infolge dieser Wandelbarkeit des Inhalts ethischer Begriffe fragen, welchen Begriff man mit dem Worte »gut« verbinden solle; man kann also die richtige Definition dieses Begriffs suchen. Und solange eine solche Definition nicht allgemein angenommen ist, werden die ethischen Grundbegriffe mehr oder weniger weitgehenden Änderungen unterliegen. Allein diese Wandelbarkeit der Begriffe, welche die ethischen Normen zusammensetzen, berechtigt einzig und allein zu der Behauptung, daß die früher angenommenen Begriffsbestimmungen mit der Zeit als ungenügend verworfen wurden, daß also die mit Hilfe dieser Begriffe formulierten Grundsätze unrichtig oder wenigstens nicht genau formuliert waren; niemals kann aber aus diesem Sachverhalt der Schluß folgen, daß die in den ethischen Grundsätzen enthaltenen Wahrheiten relative, nur in einer bestimmten Epoche oder in einer bestimmten Gesellschaft geltende Wahrheiten sind.

Was schließlich die relativen Wahrheiten anlangt, die angeblich in wissenschaftlichen, auf dem Wege der Induktion aus der Erfahrung erschlossenen Hypothesen und Theorien ihren Ausdruck finden, so muß man bedenken, daß alle Hypothesen und Theorien immer nur einen größeren oder geringeren Grad der Wahrscheinlichkeit besitzen und daß sie niemals gewiß sind. Es ist also eine Unexaktheit, wenn man solche wahrscheinlichen Urteile in einer solchen Form aussagt, als ob sie gewisse Urteile wären. Dies geschieht jedoch fast immer im alltäglichen Leben und sehr oft in der Wissenschaft. Wenn wir z. B. im täglichen Leben sagen, daß wir in einer Woche irgendwohin verreisen werden, sagen wir ein wahrscheinliches Urteil aus; und doch reden wir so, als ob unsere Abreise etwas ganz Gewisses wäre. Streng genommen, sollte man in diesen und vielen ähnlichen Fällen sagen: »Wahrscheinlich werden wir in einer Woche verreisen«. Auch in der wissenschaftlichen Ausdrucksweise erlauben wir uns oft eine Verkürzung der Aussagen in der Richtung, daß wir die Wahrscheinlichkeit des betreffenden Urteils nicht hervorheben. Wir sagen z. B. »die Erde bewegt sich um die Sonne«, während wir vom streng logischen Standpunkt nur das Recht haben, zu behaupten, daß die Erde höchstwahrscheinlich sich um die Sonne bewegt. Wenn man diesen Umstand aufmerksam beachtet, dann kann man nicht behaupten, daß bestimmte Hypothesen und Theorien bei einem bestimmten Zustand des Wissens wahr sind, angesichts des Fortschritts in den Forschungen angesichts neuer Entdeckungen usw. aber falsch werden können. Von keiner derartigen Hypothese und Theorie läßt sich nämlich sagen, daß sie wahr ist, es läßt sich nur sagen, daß sie wahrscheinlich ist. Dies bedeutet, daß wir nicht wissen, ob das Urteil, welches die gegebene Hypothese oder Theorie enthält, ein wahres oder ein falsches Urteil ist; wir neigen zu diesem Urteil, weil von mehreren verschiedenen Urteilen gerade dieses Urteil uns der Wahrheit am nächsten zu liegen scheint. Trotzdem kann dies Urteil falsch sein, und seine Falschheit wird sich in unzweifelhafter Weise zeigen, sobald dies Urteil mit bestimmten Tatsachen in Widerstreit geraten ist. Die Sache kann sich aber auch so verhalten, daß das Urteil, welches die wahrscheinlichste Hypothese enthält, wirklich ein wahres Urteil ist, nur daß wir kein Mittel besitzen, um die Wahrheit der auf dem Wege der Induktion und der Verallgemeinerung gewonnenen Urteile in vollkommen sicherer Weise darzutun. Dann können keine neuen Entdeckungen der Hypothese widersprechen; sie selbst gewinnt einen immer höheren Grad von Wahrscheinlichkeit; logische Gewißheit wird sie trotzdem niemals erlangen. Wenn also der Fall vorkommt, daß eine bestimmte Hypothese oder Theorie – wie die Relativisten sagen – nur bei einem bestimmten Umfang der Erfahrung wahr gewesen ist, so verhält sich die Sache so, daß die betreffende Hypothese oder Theorie überhaupt nicht wahr, sondern von Anfang an falsch gewesen ist; aber damals, als man sie annahm, hat man infolge der Unkenntnis bestimmter Tatsachen ihre Falschheit nicht bemerkt, und man hat sie angenommen, weil sie zu jener Zeit unter allen möglichen Hypothesen als die wahrscheinlichste erschien. So berufen sich also die Relativisten auch auf derartige Beispiele mit Unrecht.

Ungefähr in dieser Weise kann man sämtliche, aus Beispielen angeblich existierender relativer Wahrheiten geschöpften Beweise der Relativisten zurückweisen. Alle diese Beispiele sind durchaus keine Beispiele von Urteilen, die nur unter bestimmten Bedingungen wahr wären, sondern sie betreffen Urteile, die entweder immer und überall wahr oder überhaupt nicht wahr sind. –

Will man jedoch die Grundlosigkeit des Relativismus nachweisen, dann kann man es bei obigen Ausführungen nicht bewenden lassen, weil der Relativismus nicht allein durch angebliches Aufzeigen relativer Wahrheiten gestützt, sondern auch deduktiv aus der Ansicht, die unter dem Namen des erkenntnistheoretischen Subjektivismus bekannt ist, abgeleitet wird. Der Subjektivismus hebt die Tatsache hervor, daß alle Urteile, die der Mensch fällt (unter der Urteilsfällung verstehe ich den psychischen Akt des Urteilens selbst im Unterschied von der Urteilsaussage, d. h. vom Ausdrücken der Urteile mit Hilfe der Sprache oder anderer sinnlich wahrnehmbarer Zeichen), Urteile des Menschen sind. Als solche sind die Urteile abhängig von der dem Menschen eigentümlichen Auffassungsweise der Dinge. Diese Auffassungsweise ist bedingt durch die psychophysische Organisation des Menschen. Einem Wesen mit anderer Organisation würde die Welt anders erscheinen; es würde dieselbe auch anders auffassen und infolgedessen über dieselbe andere Urteile fällen, die darauf bezüglichen Urteile des Menschen dagegen für falsch halten. Sogar wir selbst würden unsere bisherigen Urteile als falsch verwerfen, wenn unsere psychophysische Organisation sich änderte. Infolgedessen, sagen die Subjektivisten, und die Relativisten stimmen ihnen bei, können die Urteile, die wir Menschen fällen, nur für uns wahr sein; das Urteil aber, welches nur für uns wahr ist, kann, ja, ist sogar wahrscheinlich falsch für Wesen, die fähig sind, Urteile zu fällen, aber anders als wir organisiert sind.

Ich übergehe ganz die Schwierigkeiten, die im Begriff von Wesen liegen, die fähig sind, ebenso wie wir Urteile zu fällen, und doch anders organisiert sind; ich übergehe auch die Frage, inwiefern wir irgendwelche begründeten Aussagen darüber machen können, was im Geiste anders organisierter Wesen vorgeht; den Hauptnachdruck legt nämlich die subjektivistische Ansicht auf die Behauptung, daß alle von uns vollzogenen Urteile nur für uns wahr sein können. Sogar im täglichen Leben kann man manchmal den Satz antreffen, als ob eine bestimmte Überzeugung für die einen wahr sein könnte, dagegen für die anderen nicht notwendig wahr zu sein brauchte. In Anbetracht dessen muß man die Bedeutung der Wendung, laut welcher ein bestimmtes Urteil nur für eine bestimmte Person oder für bestimmte Personen wahr ist, in Erwägung ziehen.

Eine solche Behauptung kann, wie mir scheint, eine doppelte Bedeutung haben. Wenn man behauptet, ein bestimmtes Urteil sei wahr nur für eine bestimmte Person, kann man im Sinne haben, daß die Person, welche dies Urteil vollzieht, von der Wahrheit desselben zwar überzeugt ist, aber mit Unrecht, so daß dieses Urteil tatsächlich falsch ist. Man kann aber auch beim Aussprechen der in Rede stehenden Behauptung meinen, daß die Person, welche ein bestimmtes Urteil vollzieht, von der Wahrheit desselben mit Recht überzeugt ist, aber daß eben nur sie allein von der Wahrheit desselben mit Recht überzeugt sein kann, während andere Personen bestenfalls nur mit Unrecht von der Wahrheit desselben überzeugt sein können. Unterliegt es doch nicht dem geringsten Zweifel, daß die Person, welche ein bestimmtes Urteil fällt, von der Wahrheit desselben überzeugt ist; sonst könnte sie dieses Urteil nicht fällen. Wenn sie nun mit Recht von der Wahrheit des von ihr vollzogenen Urteils überzeugt ist, dann haben wir es mit einem wahren Urteil zu tun; ist dagegen ihre Überzeugung von der Wahrheit des vollzogenen Urteils eine unberechtigte, dann haben wir es mit einem falschen Urteil zu tun. Immer also ist ein Urteil wahr für die Person, welche es vollzieht; es handelt sich nur darum, ob die das Urteil vollziehende Person mit Unrecht oder mit Recht von der Wahrheit desselben überzeugt ist. Wer diese Alternative nicht anerkennen will, dergemäß jedes Urteil entweder mit Unrecht oder mit Recht für wahr gehalten wird, also entweder nicht wahr ist oder wahr ist, der kann auch das Prinzip des Widerspruchs und des ausgeschlossenen Dritten nicht anerkennen, wonach jedes Urteil entweder wahr oder falsch ist. Wer aber diese Grundgesetze des Denkens nicht anerkennt, der kann auch nicht verlangen, daß man sich bemühe, ihn zu überzeugen. Alles Überzeugen beruht nämlich auf einer Beweisführung, die Beweisführung aber stützt sich auf die erwähnten Prinzipien. Mit Recht sagten die Scholastiker: Contra principia negantem non est disputandum.

Will man daher überhaupt in obiger Frage irgendwelche Argumentation durchführen, dann muß man auch die erwähnte Alternative annehmen. Nach der ersten Seite dieser Alternative bedeutet die Behauptung, ein bestimmtes Urteil sei nur für eine bestimmte Person wahr, dieses, daß es von der Person, die es vollzieht, mit Unrecht für wahr gehalten wird. Solche Fälle kommen doch sehr oft vor. Jedesmal nämlich, wenn jemand ein falsches Urteil fällt, tritt die Tatsache ein, daß die Person, welche das falsche Urteil fällt, mit Unrecht von der Wahrheit desselben überzeugt ist; sonst könnte sie dieses Urteil nicht fällen. Diese Tatsache anerkennen aber nicht nur die Subjektivisten und Relativisten, sondern auch alle Gegner derselben; man kann also daraus kein Argument zu Gunsten der erwähnten erkenntnistheoretischen Richtungen schöpfen. Der Subjektivist könnte sich jedoch, wie es scheint, auf den Standpunkt stellen, daß alle vom Menschen vollzogenen Urteile derart sind, daß man überhaupt nicht entscheiden kann, ob sie mit Recht oder mit Unrecht für wahr gehalten werden. Auf diesem Standpunkt kann man sich jedoch nur solange halten, als man den darin liegenden Widerspruch nicht bemerkt. Wenn nämlich der Subjektivist behauptet, man könne von keinem Urteil entscheiden, ob es mit Recht oder mit Unrecht für wahr gehalten wird, so macht er sich ebensowohl die Widerlegung seiner Gegner als die Verteidigung seiner eigenen Überzeugungen unmöglich. Er kann die Gegner nicht widerlegen, denn nach der eigenen These kann er nicht behaupten, daß ihre Überzeugungen unwahr sind; er kann seine eigenen Behauptungen nicht verteidigen, denn er kann nicht wissen, ob sie wahr sind. Wer sich also auf diesen Standpunkt stellen wollte, der müßte in dieser Frage überhaupt jeden Standpunkt verleugnen. Man kann also bestenfalls nur so viel behaupten, daß es betreffs gewisser, niemals aber, daß es betreffs aller Urteile unmöglich ist zu entscheiden, ob die Personen, welche diese Urteile fällen, dieselben mit Recht oder mit Unrecht für wahr halten. Aus der Tatsache aber, daß es von bestimmten Urteilen unbekannt ist, ob sie wahr oder falsch sind, folgt nur der Schluß, daß es viele Fragen gibt, die für den Menschen bis jetzt, vielleicht sogar für immer unentschieden und unlösbar sind, überdies der Grundsatz, daß man sogar in betreff der Urteile, die jemand selbst für wahr hält, bis zu einem gewissen Grade kritisch sein muß, wenn es doch vorkommt, daß man bestimmte Urteile mit Unrecht für wahr halten kann.

Demnach bleibt nur die andere Seite der Alternative übrig, wonach der Satz, daß bestimmte Urteile nur für eine bestimmte Person oder für den Menschen überhaupt wahr sind, in dem Sinne verstanden werden muß, daß diese Urteile von den sie vollziehenden Personen, aber auch wirklich nur von diesen mit Recht für wahr gehalten werden. Keine andere Person also kann diese Urteile mit Recht für wahr halten. Nach dieser Auffassung ist ein bestimmtes Urteil, wenn es von der Person *A* vollzogen wird, wahr, und dasselbe Urteil, wenn es von der Person *B* gefällt wird, falsch. Dieses scheint wirklich die Ansicht der Relativisten und Subjektivisten zu sein. Zu solchen Urteilen sollen u. a. die Beispiele in der Art der Aussage »der Duft dieser Blume ist angenehm« gehören. Wenn nämlich, sagen die Subjektivisten, angesichts derselben Blume zwei Personen sich finden, von denen die eine den Duft derselben liebt, während die andere bei der Empfindung dieses Duftes ein unangenehmes Gefühl erleidet: dann wird die erste Person die Wahrheit sagen, wenn sie spricht, der Duft dieser Blume sei angenehm; für die zweite Person dagegen wird dieses Urteil nicht wahr sein, denn sie würde die Unwahrheit sagen, wenn sie behauptete »der Duft dieser Blume ist angenehm«. Wer sieht jedoch nicht ein, daß hier der Fall eliptischer Aussagen vorliegt? Muß man doch, um in erschöpfender und genauer Weise die betreffenden Urteile auszudrücken, sagen, für wen der Duft der Blume angenehm ist. Sobald diese genaue Formulierung der Aussage durchgeführt ist, sobald die erste Person sagt »der Duft dieser Blume ist mir angenehm«, die zweite Person dagegen spricht »der Duft dieser Blume ist mir unangenehm«; sobald man ferner erwägt, daß das Wort mir, durch zwei Personen ausgesprochen, im Munde einer jeden von ihnen eine andere Bedeutung hat, weil es einmal die eine, das andere Mal die andere Person bedeutet: dann zeigt sich, daß dieses und jedes andere derartige Beispiel nichts beweist. Kann man doch nicht sagen, daß dasselbe Urteil für die eine Person wahr, für die andere Person aber falsch ist, wenn doch diese beiden Personen durchaus nicht dasselbe Urteil vollziehen, sondern sich nur derselben Aussage zum Zweck des Ausdrucks zweier verschiedener Urteile bedienen.

Allein die Relativisten, sich auf den Subjektivismus stützend, begnügen sich nicht mit der Behauptung, daß bestimmte Urteile für die eine Person wahr, für die andere falsch sein können; sie behaupten, daß alle Urteile, die der Mensch vollzieht, nur für den Menschen wahr sind. Sie nehmen also die Möglichkeit an, daß andere Wesen die Urteile, welche der Mensch mit Recht für wahr hält, mit nicht minderem Recht für falsche Urteile halten können. Es ist aber leicht zu verstehen, daß diese These mit dem Prinzip des Widerspruchs sich nicht vereinigen läßt. Wenn nämlich der Mensch bestimmte Urteile mit Recht für wahr hält, so sind diese Urteile wirklich wahr; wenn andere Wesen dieselben Urteile mit Recht für falsch halten, so sind diese Urteile falsch. Niemand vermag aber in sich die Überzeugung zu erwecken, als ob dieselben Urteile wahre und trotzdem gleichzeitig falsche Urteile sein könnten.

In Anbetracht dessen läßt sich der subjektivistische Relativismus nur unter der einen Bedingung durchführen, daß er das Prinzip des Widerspruchs nicht anerkennt. Weil aber dieser Grundsatz sich in keiner Weise aus dem menschlichen Argumentieren und Denken entfernen läßt, so kann man aus den subjektivistischen Voraussetzungen den Relativismus nicht folgern. Von keinem Urteil also, das wir für wahr halten, können wir, solange wir von der Wahrheit desselben überzeugt sind, annehmen, daß nur wir als Menschen es mit Recht für wahr halten. Mit dem Augenblick nämlich, in welchem in uns die Vermutung entsteht, daß andere Wesen das von uns für wahr gehaltene Urteil mit Recht für falsch halten könnten, beginnen wir unserem eigenen Urteil zu mißtrauen; und mit dem Augenblick, in welchem wir die Gewißheit erlangen, oder in welchem es für uns sehr wahrscheinlich wird, daß andere Wesen das von uns für wahr gehaltene Urteil mit Recht für falsch halten müßten, mit diesem Augenblick hören wir selbst auf, unser Urteil für wahr zu halten.

Eine Ausnahme in dieser Beziehung bilden nicht einmal die Urteile, welche die sogen. Außenwelt betreffen, und die in erster Linie der Ausgangspunkt für die subjektivistischen Theorien geworden sind. Nach diesen Theorien stellt sich die Sache so dar, daß der Mensch den Gegenständen der Außenwelt bestimmte sinnliche Eigenschaften zuschreibt, daß er also z. B. behauptet, die Blätter des Ahorns seien grün. Dieses Urteil vollzieht der Mensch ausschließlich deshalb, weil er die gegebene psychophysische Organisation besitzt; andere Wesen können mit demselben Recht behaupten, daß die Blätter des Ahorns grau sind, wenn nämlich diese anderen Wesen in der Weise organisiert sind, daß die Blätter des Ahorns in ihnen Anschauungen von Gegenständen von grauer Farbe hervorrufen. Allein wer von der Voraussetzung, die obiger Argumentation als Grundlage dient, ausgeht, daß nämlich Farben u. ä. keine außerhalb des Bewußtseins existierenden Eigenschaften der Gegenstände, sondern nur unberechtigt vergegenständlichte Bewußtseinsprodukte sind, der kann auch die Urteile, welche aussagen, daß die Blätter des Ahorns grün oder grau sind, nicht im wörtlichen Sinne verstehen, als ob sie die Anerkennung der objektiven Realität der grünen oder grauen Farbe, die den Blättern des Ahorns zugeschrieben wird, enthielten. Im Sinne der subjektivistischen Theorien können diese Urteile nur dies bedeuten, daß die Gegenstände, die man Blätter des Ahorns nennt, solche Eigenschaften besitzen, daß sie in uns Anschauungen von Gegenständen von grüner Farbe hervorrufen. Die Anhänger des Subjektivismus brauchen natürlich ihre Urteile nicht immer in eben dieser, ihrem erkenntnistheoretischen Standpunkt streng entsprechender Weise zu formulieren, ebenso wie der Astronom sich betreffs der Sonne in der Weise ausdrükken kann, als ob sie wirklich den Zenith »erreichte« u. ä.; sie dürfen sich jedoch durch die gewöhnliche Redeweise nicht irreführen lassen, und wenn es sich um die Ermittlung der Wahrheit der Urteile handelt, dann muß man auf eine genaue Aussage derselben dringen. Sobald dieser Forderung Genüge geleistet wird, verschwindet jeder Grund zu der Behauptung, daß Urteile, die der Mensch bezüglich der Außenwelt vollzieht, nur für ihn wahr sind; der Mensch kann nämlich nach der Theorie der Subjektivisten keine Urteile darüber vollziehen, wie beschaffen die Außenwelt ist, sondern er kann nur darüber urteilen, wie ihm die Außenwelt erscheint. Anderen Wesen kann die Welt ganz anders erscheinen; aber welche Wesen auch immer außer dem Menschen existieren mögen, Wesen, die fähig wären, Urteile zu vollziehen, keines von ihnen wird die Urteile, welche bestimmen, wie die Außenwelt dem Menschen erscheint, verneinen können.

Obige, gegen die Relativität auch nur derjenigen von unseren Urteilen, welche die Außenwelt betreffen, gerichtete Argumentation läßt sich noch in anderer Form darstellen. Der Relativismus nämlich, soweit er sich auf den Subjektivismus stützt, geht, wie ich bereits oben erwähnt habe, von der Voraussetzung aus, daß das Bild der Außenwelt, welches der Mensch besitzt, in größerem oder geringerem Grade eine Illusion, oder sogar geradezu eine Halluzination ist. Was wir nämlich auch immer vorstellen, bleibt immer nur der Gegenstand unserer Vorstellung; diese von uns vorgestellten Gegenstände identifiziert nur der naive Realismus mit den unabhängig von uns existierenden Gegenständen der Außenwelt. Nach allen übrigen erkenntnistheoretischen Ansichten ist die unabhängig von uns existierende Außenwelt (soweit diese anderen Ansichten dieselbe anerkennen) etwas von der Außenwelt, die wir vorstellen, Verschiedenes. Weil nun unsere Urteile über die Außenwelt nur die Gegenstände, die wir vorstellen, betreffen können, dagegen die vielleicht unabhängig von unseren Vorstellungen existierende Außenwelt nicht zu erreichen vermögen, so ist der Relativismus insofern im Recht, als er die Beschaffenheit der vom Menschen vorgestellten Außenwelt von der Organisation des Menschen abhängig macht, und sofern er behauptet, daß von der Art, sich die Außenwelt vorzustellen, auch die über diese Welt vollzogenen Urteile abhängen. Der Relativismus irrt jedoch, wenn er daraus die Lehre von der Relativität der die Außenwelt betreffenden Wahrheiten folgert. Wenn nämlich eine von uns unabhängig existierende Ursache *R* – es kann diese das Ding an sich, die Atome und ihre Bewegungen, die Monaden, oder Gott usw. sein – im Menschen die Vorstellung des Gegenstandes *r*, in einem anderen Wesen aber die Vorstellung des Gegenstandes *r'* hervorruft; wenn infolgedessen der Mensch über diesen Gegenstand das Urteil *r–p*, und das andere Wesen das Urteil *r'–p'* vollzieht: so ist doch kein Grund vorhanden zu der Behauptung, daß das von Menschen vollzogene Urteil nur für ihn wahr, für das andere Wesen aber falsch ist. Jenes andere Wesen kann sich doch dasselbe Urteil, welches der Mensch vollzieht, gar nicht vergegenwärtigen, weil ihm statt *r* und *p*, welche das Urteil des Menschen zusammensetzen, *r'* und *p'* gegeben sind. Nur auf dem Wege einer Verwechselung dieses Sachverhalts mit dem naiven Realismus, welcher auf der Identifizierung der Gegenstände *r* und *r'* mit jenem *R*, das unabhängig von irgend welchen Vorstellungen existiert, beruht, könnte man zu dem Schluß gelangen, daß der Mensch mit Recht das Urteil *R–p* vollzieht, während ein anderes Wesen nicht minder mit Recht das Urteil *R–p'* vollzieht, weil der Mensch auf Grund seiner Vorstellung des Gegenstandes *R* ihm das Merkmal *p*, und ein anderes Wesen wieder auf Grund seiner Vorstellung des Gegenstandes *R* ihm das Merkmal *p'* zuschreibt. In diesem Falle könnte das Urteil *R-p*, welches vom Menschen mit Recht für wahr gehalten wird, nicht mit Recht für wahr gehalten werden von einem anderen Wesen, das es mit Recht für falsch halten müßte. Dann würde es zwei miteinander unvereinbare Urteile geben, von denen jedes gleichwohl für bestimmte Wesen wahr sein würde. Wir haben bereits gesehen, daß ein solcher Sachverhalt sich mit dem Prinzip des Widerspruchs nicht vereinigen läßt; wir haben aber auch gesehen, daß ein solcher Sachverhalt aus den Voraussetzungen des Subjektivismus gar nicht folgt, wenn nur diese Voraussetzungen streng beobachtet werden; dann muß man nämlich bedenken, daß die Urteile des Menschen durchaus nicht den Gegenstand *R*, welcher möglicherweise außerhalb unseres Bewußtseins existiert, sondern den Gegenstand *r*, welcher in der Vorstellung des Menschen gegeben ist, betreffen. Von dem Gegenstand *R* aber kann man nur so viel sagen, daß er im Menschen die Vorstellung des Gegenstandes *r*, welcher das Merkmal *p* besitzt, hervorruft, während er in anderen Wesen eine ganz andere Vorstellung, z. B. die Vorstellung des Gegenstandes *r'*, welcher das Merkmal *p'* besitzt, hervorrufen kann.

Somit kann sich der Relativismus nicht einmal auf dem Boden halten, auf welchem er ursprünglich entstanden ist, und auf dem er dem Anschein nach den meisten Grund haben könnte, nämlich auf dem Gebiete der Urteile bezüglich der Außenwelt. Wie man die Existenz relativer Wahrheiten nicht dadurch nachweisen kann, daß man sich auf angebliche Beispiele solcher Wahrheiten beruft, ebenso kann man auch die Lehre von der Relativität der vom Menschen erkannten Wahrheiten nicht auf dem Wege der Deduktion aus dem Subjektivismus ableiten. Der Subjektivismus beweist nämlich nur die Beschränktheit des menschlichen Wissens; er beweist, daß die Art und Weise, in welcher der Mensch sich Gegenstände vorstellt, und infolgedessen auch die Art, wie er über dieselben urteilt, unabänderlich bedingt ist durch seine Organisation; diese Organisation kann von der Art sein, daß der Mensch dank derselben mehr falsche als wahre Urteile vollzieht; wenn aber irgend ein vom Menschen vollzogenes Urteil wahr ist, dann hört es niemals und für niemand auf, wahr zu sein. Das folgt in unzweifelhafter Weise aus den oben gegebenen Ausführungen. –

Wenn man vom Relativismus redet, darf man Spencer nicht übergehen, welcher ein besonderes Kapitel des ersten Teils seiner *First Principles* »der Relativität aller Erkenntnis« widmet. Es könnte also scheinen, daß man die Frage des Relativismus nicht als geschlossen betrachten darf, bis die Argumente, die Spencer zwecks Verteidigung des Relativismus geltend macht, zurückgewiesen werden. Wer jedoch bei Spencer die Begründung der Behauptung, daß die Urteile, die wir vollziehen, manchmal wahr, manchmal falsch sein können, oder daß die Urteile, die der Mensch vollzieht, nur für ihn wahr sind, wirklich zu finden hofft, der würde vollständig getäuscht werden. Spencer versteht nämlich unter der »Relativität aller Erkenntnis« einfach die Beschränktheit derselben, die Unmöglichkeit einer Erkenntnis des Wesens der Wirklichkeit, der Dinge an sich. Das ergibt sich deutlich aus der Einleitung zum erwähnten Kapitel, welches von der Relativität der Erkenntnis handelt. Spencer sagt dort, daß fast alle Philosophen darin einverstanden sind, daß »die hinter allen Erscheinungen verborgene Wirklichkeit ewig unerkennbar ist und bleiben muß« (the reality existing behind all appearances is and must ever be unknown). Einige Zeilen weiter, bei der Aufzählung der Weisen, auf welche man diese Wahrheit dartun kann, redet Spencer wieder von der »Unerkennbarkeit der Dinge an sich« (inscrutableness of things in themselves; l. c. § 22). Zum Schluß der Argumentation aber formuliert er das Ergebnis desselben in der Behauptung, daß die »Dinge an sich nicht erkannt werden können« (that things in themselves cannot be known to us; l. c. § 25). Es kann also keinem Zweifel unterliegen, daß Spencer einzig und allein die Beschränktheit unseres Wissens, die Unmöglichkeit der Erkenntnis der Dinge an sich und die Notwendigkeit, sich mit der Erkenntnis bloßer Erscheinungen, der Phänomene, zu begnügen, beweist.

Man könnte indessen fragen, warum Spencer dann überhaupt von der Relativität des Wissens redet. Es geschieht dies deshalb, weil Spencer den Begriff des Dinges an sich mit dem Absoluten, mit dem, was unbedingt ist, und den Begriff des Phänomens, der Erscheinung, mit dem, was relativ, bedingt ist, identifiziert. Die Relativität der Phänomene beruht darauf, daß, weil sie nichts Absolutes sind, sie uns immer nur als etwas Bedingtes, als etwas, was in bestimmten Beziehungen, in Relationen zu anderen Erscheinungen steht und nur dank diesem Umstand für unsere Vernunft zugänglich ist, gegeben sind. Allein nicht nur die Phänomene bestehen in Beziehungen und Relationen, sondern auch jeder Erkenntnisakt. Die Wahrheit ist lediglich eine genaue Übereinstimmung der Relationen oder Beziehungen, die im Bewußtsein vorkommen, mit den in der Umgebung bestehenden Beziehungen, und die Erkenntnis beruht auf der Stiftung einer solchen Relation innerhalb des Bewußtseins, welcher eine Relation außerhalb des Bewußtseins entspricht. Wenn also, so schließt Spencer, das Denken einfach ein Stiften von Relationen ist, so kann ein Gedanke nichts anderes als Relationen ausdrücken, woraus unmittelbar folgt, daß alles Denken und demnach alles Erkennen relativ ist.

Die Relativität der Erkenntnis ist sonach für Spencer eine Wahrheit, die aus der bloßen Analyse des Begriffs der Erkenntnis sich ergibt. Nur daß die Relativität bei Spencer etwas ganz anderes bedeutet, als die Relativität bei den Relativisten. Spencer versteht unter der Relativität der Erkenntnis die Tatsache, daß alles Erkennen in Form von Relationen geschieht und ausschließlich Relationen betrifft; das Wissen ist also relativ in dem Sinne, daß der ganze Inhalt und das ganze Wesen desselben in Relationen oder Beziehungen besteht.

Weil das Wort Relativität von dem Worte Relatio stammt, so kann Spencer behaupten, daß die Relativität des Wissens, welches auf Relationen beruht, etwas Selbstverständliches, geradezu eine Tautologie ist (If every act of knowing is the formation of a relation in consciousness parallel to a relation in the environment, then the relativity of knowledge is self-evident, becomes indeed a truism; l. c. § 25).

Auf die Frage also, warum Spencer von der Relativität des Wissens redet, muß man antworten, er tue dies deshalb, weil er dem Worte, welches in der englischen Sprache Relativität (relativity) bedeutet, auf Grund der Etymologie eine andere Bedeutung gibt, als dieses Wort gewöhnlich dann besitzt, wenn man von relativen Wahrheiten redet. Deshalb darf man Spencer keine relativistischen Ansichten in dem Sinne zuschreiben, in welchem in den vorliegenden Ausführungen von ihnen die Rede war. –

Schließlich stellt sich noch eine sehr wichtige Frage ein: Wenn der Relativismus wirklich jeder Grundlage entbehrt, wenn die Ansicht, welche die Existenz nur relativ wahrer Urteile anerkennt, sich nicht halten läßt: wie ist dann die Tatsache zu erklären, daß diese Ansicht so verbreitet ist und sogar sehr oft in der gewöhnlichen Rede- und Denkweise vorkommt? Die Antwort auf diese Frage ist nicht schwer, wenn man die sehr enge Beziehung, welche zwischen dem Urteil und der Aussage, als dem äußeren Ausdruck des Urteils, besteht, in Erwägung zieht. Diese Beziehung ist so eng, daß Plato, wie bekannt, die Urteile mit den Aussagen fast identifizierte; und sogar heutzutage dienen dieselben Wörter mehr als einmal zur Bezeichnung sowohl der Urteile als der Aussagen. Zu diesen Wörtern gehören u. a.: Satz, Behauptung, Verneinung. Wenn wir uns dieser Wörter bedienen, können wir entweder bestimmte psychische Tätigkeiten, oder den sprachlichen Ausdruck derselben im Sinne haben. Auch für einzelne Teile des Urteils und der Aussage gibt es oft gemeinsame Benennungen. Kann doch das Wort Subjekt ein bestimmtes Wort in der Aussage, aber auch einen bestimmten Begriff im Urteil bedeuten, und nicht anders verhält es sich mit den Wörtern Prädikat und Kopula. Infolge dieser engen Beziehung, welche zwischen dem Urteil und der Aussage besteht, und infolge der Gemeinsamkeit bestimmter Wörter, welche Urteile und Aussagen bezeichnen, kann es leicht geschehen, daß wir etwas, das nur den Urteilen zukommt, auf die Aussagen beziehen, und umgekehrt. So kommt das Merkmal der Wahrheit und der Falschheit im strengen Sinne nur den Urteilen zu; trotzdem nennen wir auch Aussagen wahr und falsch, je nachdem, ob die Urteile, die in diesen Aussagen zum Ausdruck gelangen, wahr oder falsch sind. Ähnlich nennen wir die Gesichtsfarbe gesund oder krank, weil sie der Ausdruck, das Zeichen eines gesunden oder kranken Organismus ist, obgleich streng genommen nur der Organismus selbst krank oder gesund sein kann.

Wahrheit und Falschheit, als Merkmale der Aussage, können selbst wieder weitere Merkmale besitzen, die sie nicht besitzen, wenn sie in der ursprünglichen und strengen Bedeutung als Merkmale der Urteile genommen werden. Solch ein weiteres Merkmal der Wahrheit und Falschheit, als Merkmale der Aussagen betrachtet, ist eben ihre Relativität. Von den Aussagen kann man nämlich sehr wohl behaupten, daß sie nur relativ wahr sind. Hängt doch die Wahrheit der Aussage davon ab, ob das durch diese Aussage ausgedrückte Urteil wahr ist; weil aber die gegebene Aussage gewöhnlich mehrere, zum Teil wahre, zum Teil falsche Urteile ausdrücken kann, so ist die Aussage aus dem Grunde relativ wahr, weil sie nur unter einer bestimmten Bedingung wahr ist, nämlich wenn wir die Aussage für den Ausdruck eines solchen Urteils ansehen, welches wahr ist. Wenn wir dagegen dieselbe Aussage anders verstehen, d. h. wenn wir in ihr den Ausdruck eines Urteils, welches falsch ist, sehen, dann wird dieselbe Aussage falsch sein. So können wir z. B. die Aussage »der Vater lebt« relativ wahr nennen, weil diese Aussage vieldeutig ist und ebensowohl wahre als falsche Urteile ausdrücken kann. Es wird also diese Aussage wahr sein, wenn die Person, welche dieselbe ausspricht oder anhört, z. B. den eigenen, wirklich lebenden Vater im Sinne hat; wenn dagegen die redende oder hörende Person den nicht mehr lebenden Vater des Freundes im Sinne hätte, dann wäre dieselbe Aussage falsch, denn sie würde ein falsches Urteil ausdrücken. Im Gegensatz zu solchen relativ wahren Aussagen könnte man absolut wahr solche Aussagen nennen, die so exakt formuliert sind, daß es unmöglich ist, in ihnen den Ausdruck eines falschen Urteils zu sehen. Auf alle Fälle aber hat die Unterscheidung relativer und absoluter Wahrheit Daseinsrecht nur auf dem Gebiet der Aussagen, denen das Merkmal der Wahrheit nur im übertragenen, mittelbaren Sinne zukommt. Soweit es sich aber um die Urteile selbst handelt, kann man von relativer und absoluter Wahrheit nicht reden; denn jedes Urteil ist entweder wahr, und dann ist es immer und überall wahr, oder es ist nicht wahr, und dann ist es niemals und nirgends wahr. Die Lehre von der Existenz relativer Wahrheiten kann sich also nur dank der Nichtunterscheidung der Urteile von den Aussagen halten und verliert jede Grundlage dort, wo der Unterschied zwischen Urteilen und Aussagen streng und konsequent beachtet wird.

JAN ŁUKASIEWICZ

Über den Satz des Widerspruchs bei Aristoteles

In der genannten Abhandlung hat sich der Verfasser die Aufgabe gestellt, die hauptsächlich in Met. Γ enthaltenen Ausführungen des Aristoteles über den Satz des Widerspruchs einer eingehenden Kritik zu unterziehen. Die Notwendigkeit einer Revision des Satzes vom Widerspruch scheint infolge des großartigen Aufschwunges der symbolischen Logik – wie sie von G. Boole begründet und durch die Arbeiten von De Morgan, Peirce, Schröder, Frege, Peano, B. Russell usw. mächtig gefördert wurde – geradezu geboten zu sein. Man darf sich die Tatsache nicht verhehlen, daß die *moderne symbolische Logik gegenüber der traditionellen formalen und insbesondere gegenüber der Logik des Aristoteles eine ähnliche Vervollkommnung aufweist und bedeutet, wie etwa die moderne Geometrie gegenüber den Elementen des Euklid.* Wie nun im Laufe des 19. Jahrhunderts eine genauere Prüfung des Euklidischen Prinzips von den Parallellinien zu neuen, nicht-Euklidischen Systemen der Geometrie geführt hat, ebenso wäre die Vermutung nicht ganz ausgeschlossen, daß eine gründliche Revision der logischen Grundgesetze des Aristoteles vielleicht den Ausgangspunkt zu neuen, nicht-Aristotelischen Systemen der Logik geben könnte. Und sollten sich auch die Aristotelischen Prinzipien der Logik für alle Zeiten bewähren, nichtsdestoweniger bieten sie dem modernen Forscher eine Fülle ungelöster Probleme. Es entsteht vor allem die Frage, wie die obersten logischen Grundsätze, deren Zahl seit Aristoteles sich erheblich vermehrt hat, formuliert werden sollen, sodann in welchem Verhältnis sie zueinander stehen, insbesondere ob sie alle voneinander unabhängig sind, oder sich irgendwie auf ein letztes Prinzip zurückführen lassen, ferner ob ihr Geltungsbereich unbeschränkt ist oder doch gewisse Ausnahmen zuläßt, was uns endlich die Berechtigung gibt, jene Grundsätze für unumstößlich wahr zu halten. Es sind lauter Fragen, die zwar auch früher gelegentlich aufgeworfen und behandelt wurden, die aber vom Standpunkt der symbolischen Logik bedeutend schärfer gefaßt und in ein neues Licht gerückt werden können.

Eine derartige Bearbeitung des Satzes vom Widerspruch habe ich in der vorliegenden Abhandlung anzubahnen versucht. Es schien mir dabei in mehrfacher Hinsicht von Wert zu sein, meine kritischen Ausführungen dem Gedankengang des Aristoteles anzupassen. Es muß ja jede Kritik gegen Bestehendes gerichtet sein, denn sonst wird sie in der Regel zum müßigen Spiel des Kritikers mit seinen eigenen Hirngespinsten. Nun sind die Anschauungen des Aristoteles in betreff des Satzes vom Widerspruch im großen und ganzen bis auf den heutigen Tag gang und gäbe, und Argumente für und gegen dieses Prinzip finden sich beim Stagiriten in größerer Vollständigkeit beisammen, als in irgendeinem modernen Lehrbuch der Logik. Anhand des Aristotelischen Textes und im Hinblick auf die Resultate der symbolischen Logik bewegen sich demnach meine Untersuchungen, deren wichtigste Ergebnisse im folgenden ganz kurz skizziert werden sollen.

1. Aristoteles formuliert den Satz des Widerspruchs in dreifacher Weise, als ein *ontologisches, logisches* und *psychologisches* Gesetz, ohne die Verschiedenheiten dieser Formulierungen irgendwo ausdrücklich zu statuieren.

a) Ontologische Formulierung: Met. Γ 3. 1005 *b* 19, 20: τὸ γὰϱ αὐτὸ ἅμα ὑπάϱχειν τε καὶ μὴ ὑπάϱχειν ἀδύνατον τῷ αὐτῷ καὶ κατὰ τὸ αὐτό. – »Es ist unmöglich, daß dasselbe demselben und in derselben Hinsicht zugleich zukomme und nicht zukomme«.

b) Logische Formulierung: Met. Γ 6. 1011 *b* 13, 14: ... βεβαιοτάτη δόξα πασῶν τὸ μὴ εἶναι: ἀληθεῖς ἅμα τάς ἀντικειμένας φάσεις. — »Der sicherste von allen Grundsätzen ist der, daß widersprechende Aussagen nicht zugleich wahr seien«.

c) Psychologische Formulierung: Met Γ 3. 1005 *b* 23, 24,: ἀδύνατον γὰϱ ὁντινοῦν ταυτὸν ὑπολαμβάνειν εἶναι καὶ μὴ εἶναι ... »Es kann niemand glauben, daß dasselbe [zugleich] sei und nicht sei«.

2. Man könnte versuchen, diese Gesetze präziser in folgender Weise auszudrükken:

a) Ontologische, resp. »gegenstandstheoretische« Formulierung: *Keinem Gegenstand kann dasselbe Merkmal zugleich zukommen und nicht zukommen.* – Unter »Gegenstand« verstehe ich mit Meinong alles, was »etwas« und nicht »nichts« ist, mit »Merkmal« bezeichne ich alles, was von einem Gegenstand ausgesagt werden kann.

b) Logische Formulierung: *Zwei widersprechende (kontradiktorische) Aussagen können nicht zugleich wahr sein.* – Unter »Aussage« verstehe ich eine Reihe von Worten oder anderen sinnlich wahrnehmbaren Zeichen, deren Bedeutung darin besteht, daß sie einem Gegenstand irgendein Merkmal zu- oder absprechen.

c) Psychologische Formulierung: *Zwei kontradiktorische Aussagen entsprechende Glaubensakte können nicht zugleich in demselben Bewußtsein bestehen.* – Unter »Glaubensakt« verstehe ich eine psychische Funktion *sui generis,* die auch mit den Worten »Überzeugung«, »Anerkennung, »belief« u. dgl. bezeichnet wird und welche nicht näher erklärt werden kann, sondern erlebt werden muß.

3. Vorstehende Formulierungen dürften mit denen des Aristoteles insofern übereinstimmen, als auch der Stagirite einerseits die ontologische, resp. gegenstandstheoretische *Bedeutung* einer Aussage, und andererseits die der Aussage entsprechende psychische Funktion des *Glaubens* an manchen Stellen in ganz ähnlicher Weise auseinanderhält. Und zwar:

a) Aussagen (ἀπόφασις = κατάφασις: Bejahung oder ἀπόφασις; Verneinung) bedeuten nach Aristoteles Tatsache, daß etwas ist oder nicht ist, d. h. das Sein oder das Nichtsein (τὸ εἶναι ἢ μὴ εἶναι), evtl. auch das Sosein oder das Nichtsosein von Gegenständen. Neuerdings wurden solche Tatsachen von Meinong »Objektive« genannt (»Sachverhalte« nach Stumpf). Also allgemein gesagt, bedeuten Aussagen Tatsachen, daß einem Gegenstand ein Merkmal (Sein oder Sosein) zukommt oder nicht zukommt.

b) Aussagen sind nach Aristoteles sinnlich wahrnehmbare Symbole psychischer Glaubensakte (ὑπόληψις, gelegentlich auch δόξα).

ad *a)* Dafür, daß Aussagen Objektive bedeuten, sind vor allem diejenigen Stellen aus der Hermeneutik maßgebend, in denen Aristoteles den Begriff der Aussagen erklärt: De interpr. c. 4. 17 *a* 1–3: ἔστι δὲ λόγος ἅπας μὲν σημαντικός ..., ἀποφαντικὸς δὲ οὐ πᾶς, ἀλλ' ἐν ᾧ τὸ ἀληθεύειν ἢ ψεύδεσθαι ὑπάρχει. – *c.* 1. 16 *a* 16–18: καὶ γὰρ ὁ τραγέλαφος σημαίνει μέν τι, οὔπω δὲ ἀληθὲς ἢ ψεῦδος, ἐὰν μὴ τὸ εἶναι ἢ μὴ εἶναι προστεθῇ. – »Jedwede Rede bedeutet etwas, doch nicht eine jede ist Aussage, sondern diejenige, welcher das Wahr- oder das Falschsein zukommt. – Denn auch der Bockhirsch bedeutet etwas, aber weder etwas wahres noch falsches *solange nicht das Sein oder das Nichtsein hinzugefügt wird«*.

ad *b)* Daß Aussagen Symbole von Glaubensakten seien, ergibt sich ganz deutlich aus folgender Stelle: De interpr. c. 14. 24 *b* 1–3; ὥστε εἴπερ ἐπὶ δόξης οὕτως ἔχει, εἰσὶ δὲ αἱ ἐν τῇ φωνῇ καταφάσεις καὶ ἀποράσεις σύμβολα τῶν ἐν τῇ ψυχῇ, δῆλον ὅτι καὶ καταφάσει ἐναντία ... ἀπόφασις ... – »Wenn sich demnach die Glaubensakte in dieser Weise verhalten (d. h. wenn die bejahenden Glaubensakte den verneinenden konträr-entgegengesetzt sind) und *wenn die sprachlichen Bejahungen und Verneinungen Symbole psychischer Vorgänge sind*, dann ist auch offenbar der [sprachlichen] Bejahung die Verneinung konträr-entgegengesetzt«.

4. Keine von den drei Formulierungen des Satzes vom Widerspruch ist mit einer anderen gleich bedeutend, weil jede Ausdrücke enthält, die wesentlich andere Gegenstände bedeuten. (Z. B. Gegenstand und Merkmal, Aussage und wahr, Glaubensakt und Bewußtsein, etc.). – Dagegen scheint nach Aristoteles die logische Formulierung mit der ontologischen logisch gleichgeltend (äquivalent) zu sein. Aristoteles betrachtet nämlich Aussagen gewissermaßen als Abbildungen von Objektiven und ordnet die einen den anderen ein-eindeutig zu.[1] Der althergebrachte, wenn auch mangelhaft formulierte Ausspruch: *veritas est adaequatio rei et intellectus* ist beim Stagiriten viel präziser in folgender Weise wiedergegeben: Met. Γ 7. 1011 *b* 26,27: τὸ ... γὰρ λέγειν ..., τὸ ὂν εἶναι καὶ τὸ μὴ ὂν μὴ εἶναι ἀληθές ... »Auszusagen, daß das Seiende bestehe und das Nichtseiende nicht bestehe, ist wahr«.

Aus der ein-eindeutigen Zuordnung der Aussagen und der Objektive ergibt sich mit Notwendigkeit die Äquivalenz des logischen Satzes vom Widerspruch mit dem ontologischen.

5. Den psychologischen Satz des Widerspruchs versucht Aristoteles auf Grund des logischen zu *beweisen*. Der Beweis zerfällt in zwei Teile:

a) Met. Γ 3: 1005 *b* 26–32: εἰ δὲ μὴ ἐνδέχεται ἅμα ὑπάρχειν τῷ αὐτῷ τἀναντία ..., ἐναντία δ' ἐστὶ δόξα δόξῃ ἡ τῆς ἀντιφάσεως, φανερὸν ὅτι ἀδύνατον ἅμα ὑπολαμβάνειν τὸν αὐτὸν εἶναι καὶ μὴ εἶναι τὸ αὐτό, ἅμα γὰρ ἂν ἔχοι τὰς ἐναντίας δόξας ὁ διεψευσμένος περὶ τούτου. – »Ist es nicht möglich, daß einem und demselben Gegenstande konträr-entgegengesetzte Merkmale zukommen und sind zwei Glaubensakte, denen kontradiktorische Aussagen entsprechen, konträr-entgegengesetzt, so kann offenbar niemand zu gleicher Zeit glauben, daß dasselbe ist und nicht ist. Zugleich würde nämlich derjenige, der hierin im Irrtum wäre, konträr-entgegengesetzte Glaubensakte haben«. – Der ziemlich schwierige Passus: ἐναντια δ'ἐστὶ δόξα δόξῃ ἡ τῆς ἀντιφάσεως ist nach meiner Ansicht gemäß den Parallelstellen im Schlußkapitel der Hermeneutik: δόξα ἡ τῆς ἀποφάσεως, δόξα ἡ τοῦ ἐναντίου = ἡ τὸ ἐναντίον εἶναι δοξάζουσα (De interpr. c. 14. 23 *a* 27–39) in oben angezeigter Weise zu interpretieren.

b) Met Γ 6. 1011 *b* 15–21: ἐπεὶ δ'ἀδύνατον τὴν ἀντίφασιν ἀληθεύεσθαι ἅμα κατὰ τοῦ αὐτοῦ, φανερὸν ὅτι οὐδὲ τἀναντία ἅμα ὑπάρχειν ἐνδέχεται τῷ αὐτῷ. τῶν μὲν γὰρ ἐναντίων θάτερον στέρησίς ἐστιν οὐχ ἧττον, οὐσίας δέ στέρησις. ἡ δὲ στέρησις ἀπόφασις ἐστιν ἀπό τινος ὡρισμένου γένους. εἰ οὖν ἀδύνατον ἅμα καταφάναι καὶ ἀποφάναι ἀληθῶς, ἀδύνατον καὶ τἀναντία ὑπάρχειν ἅμα ... – »Ist es unmöglich, von einem und demselben Gegenstand widersprechende Merkmale zugleich wahrheitsgemäß auszusagen, so können offenbar auch konträr-entgegengesetzte Merkmale nicht zugleich einem und demselben Gegenstande zukommen. Denn von zwei konträr-entgegengesetzten Merkmalen ist das eine ebensowohl Privation [als das andere], nämlich Seinsprivation; die Privation ist aber Verneinung von einer bestimmten Gattung. Ist es also unmöglich, etwas wahrheitsgemäß zugleich zu bejahen und zu verneinen, so ist es auch unmöglich, daß demselben Gegenstand konträr-entgegengesetzte Merkmale zugleich zukommen ...«

Präzis formuliert, lautet der Aristotelische Beweis des psychologischen Satzes vom Widerspruch folgendermaßen:

Könnten zwei, kontradiktorischen Aussagen entsprechende Glaubensakte in demselben Bewußtsein zugleich bestehen, so würden diesem Bewußtsein gleichzeitig konträr-entgegengesetzte Merkmale zukommen. Auf Grund des logischen Prinzips vom Widerspruch ist es aber unmöglich, daß demselben Gegenstand konträr-entgegengesetzte Merkmale zugleich zukommen. Folglich können zwei, kontradiktorischen Aussagen entsprechende Glaubensakte nicht zugleich in demselben Bewußtsein bestehen.[2]

6. Der Aristotelische Beweis des psychologischen Satzes vom Widerspruch ist *unzureichend*, weil Aristoteles nicht bewiesen hat, daß kontradiktorischen Aussagen entsprechende Glaubensakte konträr-entgegengesetzt sind. Diesbezügliche Ausführungen finden sich im Schlußkapitel der Hermeneutik,[3] sind aber aus zwei Gründen nicht beweiskräftig:

a) Konträr entgegengesetzt heißen nach Aristoteles Merkmale, die in einer *Reihe* am weitesten auseinanderliegen (z. B. »schwarz« und »weiß« in der Reihe der »farblosen« Farben). Jede Reihe muß auf Grund einer *reihenden Beziehung* aufgebaut sein. Als reihende Beziehung der Glaubensakte nimmt Aristoteles Gradverschiedenheiten ihres Wahr- und Falschseins an und spricht somit von »wahreren« und »falscheren« Glaubensakten. (De interpr. c. 14. 23 *b* 17. μᾶλλον ἀληθὴς scil. δόξα, 20. μᾶλλον ψευδὴς, δόξα). *Gradunterschiede im Wahr- oder Falschsein können aber unmöglich bestehen.*

b) In der psychologischen Untersuchung der Glaubensakte (De interpr. c. 14) begeht Aristoteles den sehr gewöhnlichen Fehler des »Logismus in der Psychologie«, der als Gegenstück des »Psychologismus in der Logik« gelten kann. Statt *psychische* Funktionen zu untersuchen, betrachtet der Stagirite die ihnen entsprechenden *Aussagen* und deren logische Relationen. Das zeigt sich:

α) darin, daß der Glaubensakte als wahr oder falsch bezeichnet, obwohl Glaubensakte als psychische Funktionen, ebensowenig wie Empfindungen, Gefühle u. dgl. im primären Sinne wahr oder falsch sein können; »wahr« und »falsch« sind relative Merkmale, welche nur *Aussagen* als Abbildungen der Objektive zukommen.

β) Aristoteles vermengt ferner logische Abfolge mit psychischer Kausalität. Charakteristisch dafür ist die Stelle: De interpr. c. 14. 23 *b* 25–27: ἡ δὲ (scil. δόξα ἡ τῆς ἀποφάσεως) τοῦ ὅτι κακὸν τὸ ἀγαθὸν συμπεπλεγμένη ἐστί. καὶ γὰρ ὅτι οὐκ ἀγαθὸν ἀνάγκη ἴσως ὑπολαμβάνειν τὸν αὐτόν. – »Die Überzeugung, daß das Gute nicht gut sei, ist mit der Überzeugung, daß das Gute schlecht sei, eng verflochten; denn [wer das Gute für schlecht hält] eben derselbe muß auch wohl daran glauben, daß das Gute nicht gut sei«. – Ja, wenn er nur daran denkt, und das muß er nicht, und wenn es überhaupt möglich wäre, dergleichen verschrobene »Überzeugungen« zu haben!

7. Abgesehen von der Beweisführung des Aristoteles, kann zum psychologischen Satz des Widerspruchs Folgendes bemerkt werden:

a) Der psychologische Satz des Widerspruchs kann nicht apriorisch bewiesen, sondern höchstens als *Erfahrungsgesetz* induziert werden.

b) Der erwähnte Satz ist bisher nicht einmal *empirisch* erwiesen.[4]

c) Es ist fraglich, ob er überhaupt erweisbar ist. Jedenfalls gibt es in der Geschichte der Philosophie genug Beispiele dafür, daß Widersprechendes mit vollem Bewußtsein zugleich behauptet wurde.[5] Um also dem gegenüber jenes Gesetz zu retten, müßte man zu *Hilfshypothesen* greifen, zu denen auch schon Aristoteles gelegentlich Zuflucht nimmt. (Vgl. Met. Γ 3. 1005 *b* 25, 26: οὐκ ἔστι γάρ ἀναγκαῖον ἅ τις λέγει ταῦτα καὶ ὑπολαμβάνειν. – »Denn es braucht einer nicht, was er sagt, auch zu glauben«). Hilfshypothesen beeinträchtigen aber den Wahrscheinlichkeitswert der Grundthese.

Die psychologische Formulierung des Satzes vom Widerspruch muß demnach als eine empirisch zu erweisende, aber bisher nicht erwiesene These von fraglichem Wert aus der weiteren Untersuchung ausgeschieden werden.

8. Den ontologischen, resp. logischen Satz des Widerspruchs betrachtet Aristoteles als ein allerletztes, unbeweisbares Gesetz. – *Diese Behauptung beweist er aber nicht*, sondern beschränkt sich nur auf den Hinweis, daß, »wenn man für irgend etwas einen Beweis nicht verlangen darf, es auch nicht leicht wäre anzugeben, von welchem Prinzipe das eher gelten sollte«. (Met. Γ 4. 1006 *a* 10, 11: εἰ δέ τινῶν μὴ δεῖ ζητεῖν ἀπόδειξιν, τίνα ἀξιοῦσιν εἶναι μᾶλλον τοιαύτην ἀρχὴν οὐκ ἄν ἔχοιεν εἰπεῖν)

9. Dem gegenüber muß zuerst betont werden, daß es einfachere und »evidentere« Prinzipien gebe, die eher als der Satz des Widerspruchs als allerletzte und unbeweisbare Gesetze gelten könnten. Vor allem gehört hierher das *Prinzip der Identität*, welches lautet: Jedem Gegenstande kommt dasjenige Merkmal zu, welches ihm zukommt.

a) Das Prinzip der Identität ist vom Satz des Widerspruchs *verschieden*. Der Satz des Widerspruchs kann ohne die Begriffe der *Negation* und der *logischen*

Multiplikation, die in den Worten »und zugleich« ihren Ausdruck findet, nicht formuliert werden, während das Prinzip der Identität ohne jene Begriffe sehr wohl bestehen kann.

b) Zur Klarheit in dieser Frage hat uns erst die symbolische Logik verholfen. Die sogen. »philosophische« Logik ist in dieser Hinsicht nichts mehr als lauter Phrasenmacherei. Unter dem *principium identitatis* wird einmal das Prinzip der Identität, ein anderes Mal der Satz des Widerspruchs verstanden,[6] der Satz des Widerspruchs wird mit dem mangelhaft formulierten *Prinzip der doppelten Verneinung* »*A* ist nicht *non-A*« verwechselt, das Prinzip der Identität, für welches die vieldeutige und zum mindesten ungenaue Formel »*A* ist *A*« allgemein verwendet wird (ist das »Teilbar durch zwei« durch zwei teilbar?), wird als »positive Kehrseite«[7] dem Satze des Widerspruchs an die Seite gestellt und mit demselben identifiziert, u. s. f. Für feinere Begriffsunterschiede hat eben die philosophische Logik gar keinen Sinn, weil sie nicht mit scharf begrenzten Begriffen und eindeutig bestimmten Symbolen arbeitet, sondern im Sumpfe der schwankenden und vagen, im alltäglichen Leben verbrauchten Redensarten zerfließt.

10. Aber nicht einmal das Prinzip der Identität ist ein allerletztes Gesetz, denn es kann auf Grund der Definition der wahren Aussage bewiesen werden. Man wäre überhaupt versucht, folgende Grundsätze aufzustellen:

a) Alle apriorischen Prinzipien sind beweisbar und müssen bewiesen werden.

b) Es gibt nur *ein* Prinzip, welches nicht auf Grund anderer Prinzipien bewiesen werden kann, sondern »durch sich selbst« wahr und bewiesen ist. Dies ist die Aussage: »Eine bejahende Aussage bezeichne ich als wahr, wenn sie einem Gegenstand das ihm zukommende Merkmal zuerkennt«.

Diese Aussage ist bejahend und erkennt mir ein Merkmal zu, welches mir ganz gewiß zukommt, nämlich das Merkmal, daß ich als »wahr« so und so beschaffene Aussagen bezeichne. Denn daß ich es tue, das steht in dem Momente fest, in welchem ich die erwähnte Aussage ausspreche oder aufschreibe. Die Erklärung, was ich unter einer wahren Aussage verstehe, ist also »durch sich selbst« wahr und bewiesen.

c) Jeder andere apriorische Grundsatz, also auch der Satz des Widerspruchs, muß aus bereits bewiesenen Prinzipien abgeleitet werden, wenn er als wahr gelten soll.

11. Obwohl Aristoteles die Unbeweisbarkeit des Satzes vom Widerspruch proklamiert, trotzdem ist er bestrebt, Beweise für diesen Satz zu geben. Met. Γ 4. 1006 *a* 11–13: ἔστι δ' ἀποδεῖξαι ἐλεγκτικῶς καὶ περὶ τούτου ὅτι ἀδύνατον, ἐὰν μόνον τι λέγῃ ὁ ἀμφισβητῶν. – »Es läßt sich aber auch hier ein elenktischer Beweis führen [nämlich dafür, daß widersprechende Aussagen unmöglich zugleich wahr sein können], wenn nur der Gegner etwas sagt«. – Darin liegt nun ein Widerspruch, der nur scheinbar durch das Wort »elenktisch« (ἐλεγκτικῶς) verdeckt wird, aber auf keine Weise weginterpretiert werden kann.

a) Unter »Elenchos« versteht Aristoteles einen Syllogismus, der das kontradiktorische Gegenteil einer vorliegenden These erschließt (vgl. An. pr. B 20. 66 *b* 11: ὁ γὰρ ἔλεγχος ἀντιφάσεως συλλογισμός). Behauptet jemand z. B., das Prinzip des Widerspruchs gelte nicht (These), und ist er dann gezwungen, solche Prämissen anzuerkennen, aus denen mit syllogistischer Notwendigkeit die Wahrheit dieses Prinzipes (also das kontradiktorische Gegenteil der vorliegenden These) erfolgt, so heißt ein solcher Syllogismus resp. Beweis »elenktisch«. Mithin ist der *Elenchos* nach Aristoteles ein *regelrechter Schluß*, der vom eigentlichen Beweise nur äußerlich, und zwar dadurch verschieden ist, daß er gerade als Widerlegung benützt wird.[8]

b) Dem gegenüber erscheint der in Met. Γ 4. angegebene Unterschied zwischen dem eigentlichen und elenktischen Beweise des Satzes vom Widerspruch als eine nichtssagende Verlegenheitsphrase: Met Γ 4. 1006 *a* 15–18: τὸ δ'ἐλεγκτικῶς ἀποδεῖξαι λέγω διαφέρειν καὶ τὸ ἀποδεῖξαι, ὅτι ὁ ἀποδεικνύων μὲν ἄν δόξειεν ἀιτεῖσθαι τὸ ἐν ἀρχῇ. ἄλλου δὲ τοῦ τοιούτου αἰτίου ὄντος ἔλεγχος ἂν εἴη καὶ οὐκ ἀπόδειξις. – »Den elenktischen Beweis unterscheide ich aber von dem eigentlichen, weil der Beweisende eine *petitio principii* zu begehen schien, ist aber ein anderer daran schuld (d. h. an der *petitio principii*), so wäre wohl ein elenktischer Beweis möglich, aber kein eigentlicher«. – Der Sinn dieser Stelle scheint mir der zu sein: Wer den Satz des Widerspruchs beweisen will, begeht den Fehler der *petitionis principii* und der Beweis ist falsch. Macht sich aber ein anderer diesen Fehler zuschulden, dann ist ein Elenchos möglich – und alles ist in Ordnung. Was damit gesagt sein soll, begreife ich nicht.

c) Mit der in der Analytik gegebenen Definition des elenktischen Beweises stimmen tatsächlich – wenigstens ihrer Intention nach – die beiden ersten Aristotelischen Beweise des Satzes vom Widerspruch überein. Aristoteles schließt sie mit den Worten: Met. Γ 4. 1007 *b* 17,18: εἰ δὲ τοῦτο, δέδεικται ὅτι ἀδύνατον ἅμα κατηγορεῖσθαι τὰς ἀντιφασεις. – »Wenn es sich so verhält, dann *ist der Nachweis geliefert*, daß Widersprüche unmöglich zugleich ausgesagt werden können«.

d) Aristoteles beweist den Satz des Widerspruchs nicht nur elenktisch, sondern auch *apagogisch*. Apagogische Beweise setzen jedoch jenen Satz voraus, und enthalten somit eine *petitio principii*, falls sie dazu verwendet werden, ihn zu beweisen.

Aus vorstehenden Bemerkungen ergibt sich ganz klar, daß Aristoteles einen Widerspruch begeht, wenn er einerseits den Satz des Widerspruchs für unbeweisbar erklärt und andererseits denselben Satz elenktisch und apagogisch zu beweisen versucht.

12. Aristotelische Beweise des Satzes vom Widerspruch:

Die Voraussetzung der elenktischen Beweise, deren Anerkennung vom Gegner erzwungen wird, lautet: Gegeben sei ein Wort, das etwas in seinem Wesen Einheitliches bedeute. Z. B. gegeben sei das Wort »Mensch« und bedeute ein zweibeiniges Lebewesen.

a) Der erste elenktische Beweis: Met. Γ 4. 1006 *b* 28–34: ἀνάγκη τοίνυν, εἴ τί ἔστιν ἀληθὲς εἰπεῖν, ὅτι ἄνθρωπος, ζῷον εἶναι δίπουν· τοῦτο γὰρ ἦν ὅ ἐσήμαινε τὸ ἄνθρωπος· εἰ δ'ἀνάγκη τοῦτο, οὐκ ἐνδέχεται μὴ εἶναι, τὸ αὐτὸ ζῷον δίπουν· τοῦτο γὰρ σημαίνει τὸ ἀνάγκη εἶναι, τὸ ἀδύνατον εἶναι μὴ εἶναι. οὐκ ἄρα ἐνδέχεται ἅμα ἀληθὲς εἶναι τὸ αὐτὸ ἄνθρωπον εἶναι καὶ μὴ εἶναι ἄνθρωπον.. – »Es ist also, wenn man wahrheitsgemäß von etwas aussagen kann, daß es

Mensch sei, notwendig, daß es ein zweibeiniges Lebewesen sei; denn das war es, was das Wort Mensch bedeutete. Ist dies aber notwendig, so ist es unmöglich, daß dasselbe kein zweibeiniges Wesen sei. Denn Notwendigsein bedeutet eben die Unmöglichkeit, nicht zu sein. Demnach ist es nicht möglich, zugleich wahrheitsgemäß auszusagen, dasselbe sei Mensch und sei nicht Mensch (resp. zweibeiniges Lebewesen)«.

Präzis und allgemein formuliert lautet dieser Beweis folgendermaßen: Mit dem Worte *A* bezeichne ich etwas, das in seinem Wesen *B* ist. Mithin ist der Gegenstand *A* notwendigerweise ein *B*. Ist aber *A* notwendigerweise ein *B*, so kann es – auf Grund der Bedeutung des Wortes »notwendigerweise« – unmöglich kein *B* sein. Kein *A* kann demnach zugleich *B* sein und nicht sein.

b) Der zweite elenktische Beweis: Met. Γ 4. 1006 *b* 11–22: ἔστω δή,. . ., σημαῖνόν τι τὸ ὄνομα καὶ σημαῖνον ἕν. οὐ δὴ ἐνδέχεται τὸ ἀνθρώπῳ εἶναι σημαίνειν ὅπερ ἀνθρώπῳ μὴ εἶναι, εἰ τὸ ἄνθρωπος σημαίνει. . . ἕν. . . καὶ οὐκ ἔσται εἶναι καὶ μὴ εἶναι τὸ αὐτὸ ἀλλ' ἢ καθ' ὁμωνυμίαν, ὥσπερ ἂν εἰ ὃν ἡμεῖς ἄνθρωπον καλοῦμεν, ἄλλοι μὴ ἄνθρωπον καλοῖεν· τὸ δ'ἀπορούμενον οὐ τοῦτό ἐστιν, εἰ ἐνδέχεται τὸ αὐτὸ ἅμα εἶναι καὶ μὴ εἶναι ἄνθρωπον τὸ ὄνομα, ἀλλὰ τὸ πρᾶγμα. – »Es möge nun ein Wort gegeben sein, das etwas bedeutet, und zwar etwas Einheitliches. Also ist es nicht möglich, daß Menschsein dasselbe bedeute wie nicht-Menschsein, wofern das Wort Mensch etwas Einheitliches bedeutet. Somit wird nur durch Gleichnamigkeit ein und dasselbe sein und nicht sein können, wie wenn dasjenige, was wir Mensch nennen, andere nicht-Mensch nennen wollten. Es handelt sich aber nicht darum, ob ein und dasselbe zugleich Mensch und nicht-Mensch *heißen*, sondern ob es *sein* kann«.

Präzis und allgemein formuliert lautet dieser Beweis folgendermaßen: Mit dem Worte *A* bezeichne ich etwas, was in seinem Wesen einheitlich ist. Mithin kann der Gegenstand *A*, der in seinem Wesen *B* ist, nicht zugleich in seinem Wesen *B* nicht sein, denn sonst wäre er in seinem Wesen nicht einheitlich. Demnach kann *A* nicht zugleich in seinem Wesen *B* sein und nicht sein.

Von den apagogischen Beweisen mögen die wichtigsten drei angeführt werden:

c) Der erste apagogische Beweis: Met. Γ 4. 1007 *b* 18–21: ἔτι εἰ ἀληθεῖς αἱ ἀντιφάσεις ἅμα κατὰ τοῦ αὐτοῦ πᾶσαι, δῆλον ὡς ἅπαντα ἔσται ἕν. εσται γὰρ τὸ αὐτὸ καὶ τριήρης καὶ τεῖχος καὶ ἄνθρωπος. . . – »Ferner, wenn alle kontradiktorischen Aussagen in bezug auf dasselbe gleichzeitig wahr sind, so wird offenbar alles Eins sein. Denn Dreiruderer, Wand und Mensch wären dann dasselbe«.

d) Der zweite apagogische Beweis: Met. Γ 4. 1008 *a* 28–30: πρὸς δὲ τοὺτῳ ὅτι πάντες ἂν ἀληθεύοιεν καὶ πάντες ἂν ψεύδοιντο, καὶ αὐτὸς αὑτὸν ὁμολογεῖ ψεύδεσθαι.. – »Überdies folgt dann, daß jeder die Wahrheit und jeder die Unwahrheit sagte, und jeder gestehen müßte, er sage die Unwahrheit«.

e) Der dritte apagogische Beweis: Met Γ 4. 1008 *b* 12–19: ὅθεν καὶ μάλιστα φανερόν ἐστιν ὅτι οὐδεὶς οὕτο διάκειται οὔτε τῶν ἄλλων οὔτε τῶν λεγόντων τὸν λόγον τοῦτον. διὰ τί γὰρ βαδίζει Μέγαράδε ἀλλ'οὐχ ἡσυχάζει οἰόμενος βαδίζειν; οὐδ'εὐθέως ἕωθεν πορεύεται εἰς φρέαρ ἢ εἰς φάραγγα, ἐὰν τύχῃ, ἀλλὰ φαίνεται εὐλαβούμενος, ὡς οὐχ ὁμοίως οἰόμενος μὴ ἀγαθὸν εἶναι τὸ ἐμπεσεῖν καὶ ἀγαθόν; δῆλον ἄρα ὅτι τὸ μὲν βέλτιον ὑπολαμβάνει τὸ δ'οὐ βέλτιον. – »Daraus kann man auch am besten ersehen, daß niemand so etwas glaubt, weder sonst jemand, noch einer, der solche Reden führt. Denn warum geht ein solcher nach Megara, statt ruhig zu Hause zu bleiben in der Meinung, er gehe? Oder warum stürzt er sich nicht eines schönen Morgens sofort in den Brunnen oder Abgrund, wenn es sich gerade trifft, sondern nimmt sich offenbar in acht, als hielte er das Hineinfallen nicht ebenso für nicht gut und für gut? Es ist also klar, daß er das eine für besser hält, das andere nicht für besser«.

13. Kritik der Aristotelischen Beweise des Satzes vom Widerspruch.

ad a) Der erste elenktische Beweis ist unzureichend, weil durch ihn nicht der Satz des Widerspruchs, sondern höchstens das *Prinzip der doppelten Verneinung* bewiesen wird: Ist etwas ein *B*, so kann es nicht kein *B* sein. Nun ist aber:

α) das Prinzip der doppelten Verneinung vom Satze des Widerspruchs verschieden, weil es – wie die symbolische Logik gezeigt hat – ohne den Begriff der *logischen Multiplikation* sehr wohl ausgedrückt werden kann, während der Satz des Widerspruchs ohne diesen Begriff nicht bestehen würde.

β) Es gibt Gegenstände, nämlich *widersprechende*, z. B. »die größte Primzahl«, von denen das Prinzip der doppelten Verneinung gilt, nicht aber der Satz des Widerspruchs. Aus dem Prinzipe der doppelten Verneinung ist daher ein Schluß auf den Satz des Widerspruchs unzulässig.

ad b) Der zweite elenktische Beweis ist unzureichend, weil er: a) im günstigsten Falle den Satz des Widerspruchs nur für ein sehr *beschränktes* Gebiet von Gegenständen, nämlich für das »Wesen« der Dinge oder die *Substanz*, begründen würde. Für die Akzidenzen wäre seine Gültigkeit noch immer in Frage gestellt. – Daß Aristoteles tatsächlich in diesem Beweis den Satz des Widerspruchs für Substanzen vindiziert, das ergibt sich z. B. aus folgender Stelle: Met. Γ 4. 1007 *b* 16–18: ἔσται ἄρα τι καὶ ὡς οὐσίαν σημαῖνον. εἰ δὲ τοῦτο, δέδεικται ὅτι ἀδύνατον ἅμα κατηγορεῖσθαι τὰς ἀντιφάσεις. – »Und so wird es auch etwas geben, was die Substanz bezeichnet. Wenn es sich aber so verhält, dann ist der Nachweis geliefert, daß Widersprüche unmöglich zugleich ausgesagt werden können«.

β) Die Existenz von Substanzen ist nur *wahrscheinlich*. Somit wird auch der Satz des Widerspruchs, sofern er sich auf Substanzen bezieht, nur als *wahrscheinlich* gelten können.

γ) Der Beweis enthält einen *formalen* Fehler, weil er von einer Prämisse Gebrauch macht, die nur *analogisch* bewiesen wird: Könnte ein Gegenstand in seinem Wesen zugleich *B* sein und nicht sein, so wäre er nicht einheitlich; *B* ist nämlich etwas anderes als nicht-*B*. Apagogische Beweise setzen aber den Satz des Widerspruchs voraus.

ad c, d, e) Alle apagogischen Beweise sind unzureichend, weil sie folgende zwei formale Fehler enthalten:

α) In allen steckt eine *petitio principii*. Die apagogische Schlußweise beruht nämlich auf dem Prinzip der Kontraposition, welches – wie die symbolische Logik gezeigt hat – den Satz des Widerspruchs voraussetzt. – Das läßt sich aber auch in Worten darlegen: Die apagogische Schlußweise lautet: Wäre a, so müßte *b* sein; nun ist *b* nicht; also kann auch *a* nicht sein. Begründung: Wäre nämlich *a*, so würde ein Widerspruch entstehen, denn es müßte auch *b* sein, welches nicht ist.

β) Alle apagogischen Beweise des Aristoteles trifft der Einwurf der *ignoratio elenchi*. Aristoteles beweist nicht, daß die bloße *Verneinung* des Satzes vom Widerspruch zu absurden Konsequenzen führen würde, sondern sucht die Unmöglichkeit der Annahme zu begründen, daß alles widersprechend sei. Das ersieht man z. B. ganz deutlich aus der Bemerkung (vgl. oben 12 c): »wenn alle kontradiktorischen Aussagen gleichzeitig wahr sind, etc.«

Wer aber den Satz des Widerspruchs leugnet oder gar nur einen Beweis für ihn verlangt, der braucht ja nicht anzunehmen, daß alles widersprechend sei, insbesondere auch diejenigen Vorgänge und Tatbestände, welche das praktische Verhalten bestimmen.

Aus vorstehenden Bemerkungen ergibt sich offenbar, daß Aristoteles den Satz des Widerspruchs trotz eifrigen Bemühens nicht bewiesen hat.

14. Auf die letzthin erwähnte *Verrückung des Beweispunktes* in Aristotelischen Beweisen des Satzes vom Widerspruch muß besonders nachdrücklich hingewiesen werden. Außer der bereits angeführten Stelle in Met. Γ 4. 1007 *b* 19, kommen noch in dieser Hinsicht folgende andere Stellen in Betracht: Met. Γ 4. 1006 *a* 29–31, 1008 *a* 8–16, 1008 *b* 31–1009 *a* 5 (Schluß von Met. Γ 4. 1006 *a* 29-31, 1008 *a* 8–16, 1008 *b* 31–1009 *a* 5 (Schluß von Met. Γ 4). Insbesondere ist diese letzte Stelle für die Ausführungen des Aristoteles charakteristisch: ἔτι εἰ ὅτι μάλιστα πάντα οὕτως ἔχει καὶ οὐχ οὕτως, ἀλλὰ τό γε μᾶλλον καὶ ἧττον ἔνεστιν ἐν τῇ φύσει τῶν ὄντων οὐ γὰρ ἄν ὁμοίως φήσαιμεν εἶναι τὰ δύο ἄρτια καὶ τὰ τρία, οὐδ'ὁμοίως διέψευσται ὁ τὰ τέτταρα πέντε οἰόμενος καὶ ὁ χίλια. εἰ οὖν μὴ ὁμοίως διέψευσται ὁ τὰ τέτταρα πέντε οἰόμενος καὶ ὁ χίλια. εἰ οὖν μὴ ὁμοίως, δῆλον ὅτι ἅτερος ἧττον, ὥστε μᾶλλον ἀληθεύει. εἰ οὖν τὸ μᾶλλον ἐγγύτερον, εἴη γ'ἄν τι ἀληθὲς οὗ ἐγγύτερον τὸ μᾶλλον ἀληθές. κἄν εἰ μή ἐστιν, ἀλλ'ἤδη γέ τι ἐστὶ βεβαιότερον καί ἀληθινώτερον, καὶ τοῦ λόγου ἀπηλλαγμένοι ἄν εἴημεν τοῦ ἀκράτου καὶ κωλύοντός τι τῇ διανοίᾳ ὁρίσαι – »*Ferner, wenn auch alles noch so sehr sich so und nicht so verhält*, ist doch in der Natur der Dinge ein mehr oder minder begründet. Denn wir werden wohl nicht auf gleiche Weise zwei gerade nennen und drei, und es irrt nicht auf gleiche Weise, wer vier für fünf und wer vier für tausend hält. Wenn sie nun nicht auf gleiche Weise irren, so irrt offenbar der eine weniger, und sagt folglich etwas Wahres aus. Ist nun das Wahrere der Wahrheit näher, so muß auch wohl eine [absolute] Wahrheit bestehen, der das Wahrere näher ist. Und wenn sie auch nicht besteht, so gibt es doch wenigstens etwas, was [relativ] sicherer und wahrer ist, und so wären wir endlich der sinnverwirrenden Rede ledig, die keine logische Bestimmung einer Sache zuläßt«.

Daraus ersieht man nun am deutlichsten, daß es dem Stagiriten zu Ende seiner Ausführungen nicht mehr darum zu tun ist, den Satz des Widerspruchs in seiner Allgemeinheit zu beweisen, sondern wenigstens eine absolute und widerspruchsfreie Wahrheit aufzufinden, welche die Falschheit der dem Satze des Widerspruchs *konträr-entgegengesetzten* These: »Allen Gegenständen kommt dasselbe Merkmal zugleich zu und nicht zu«, begründen würde.

15. Diese merkwürdige und in ihrer historischen Bedeutung bisher nicht gewürdigte *Beweisverrückung* hat in gewissen positiven Überzeugungen des Aristoteles ihren guten Grund.

a) Der Stagirite scheint, in einem für den Satz des Widerspruchs wichtigsten Punkte, den Anschauungen der Sensualisten gegenüber sich nicht geradezu ablehnend verhalten zu haben. Es mögen folgende Stellen aus Met. Γ 5 angeführt werden: 1009 *a* 22–36:ἐλήλυθε δὲ τοῖς διαποροῦσιν αὕτη ἡ δόξα ἐκ τῶν αἰσθητῶν, ἡ μὲν τοῦ ἅμα τὰς ἀντιφάσεις καὶ τἀναντία ὑπάρχειν, ὁρῶσιν ἐκ ταὐτοῦ γιγνομένα τἀναντία... πρὸς μὴν οὖν τοὺς ἐκ τούτων ὑπολαμβάνοντας ἐροῦμεν, ὅτι τρόπον μέν τινα ὀρθῶς λέγουσι, τρόπον δέ τινα ἀγνοοῦσιν. τὸ γὰρ ὂν λέγεται διχῶς, ὥστ'ἔστιν ὃν τρόπον ἐνδέχεται γίγνεσθαί τι ἐκ τοῦ μὴ ὄντος, ἔστι δ'ὃν οὔ, καὶ ἅμα τὸ αὐτὸ εἶναι καὶ ὂν καὶ μὴ ὄν, ἀλλ'οὐ κατὰ ταὐτὸ ὄν. δυνάμει μὲν γὰρ ἐνδέχεται ἅμα ταὐτὸ εἶναι τὰ ἐναντία, ἐντελεχείᾳ δ'οὔ.– »Diejenigen, die eine wirkliche Schwierigkeit hierin erblicken, sind zu ihrer Ansicht, daß widersprechende und konträr-entgegengesetzte Merkmale zugleich bestehen, auf Grund des sinnlich Wahrnehmbaren gekommen, indem sie bemerkten, daß aus einem und demselben Konträres hervorgehe ... Denen nun, die auf diesen Grund hin so meinen, werden wir antworten, daß sie zwar in einer Beziehung Recht haben, aber in anderer Beziehung Unwissenheit verraten. Das Seiende hat nämlich zwei Bedeutungen, so daß in einer Weise etwas aus Nichtseiendem entstehen kann, in anderer nicht, und auch dasselbe zugleich Seiendes und Nichtseiendes sein kann, nur nicht in derselben Bedeutung. *Potentiell nämlich kann man selber zugleich konträr-entgegengesetzte Merkmale haben, aber nicht aktuell.*« Zunächst ist es von Wichtigkeit festzustellen, daß Aristoteles den Geltungsbereich des Satzes vom Widerspruch nur auf das aktuell Seiende beschränkt. – Sodann vergleichen wir mit der soeben angeführten Stelle die nachfolgenden Met. Γ 5. 1010 *a* 1–5:αἴτιον δὲ τῆς δόξης τούτοις ὅτι περὶ τῶν ὄντων μὲν τὴν ἀλήθειαν ἐσκόπουν, τὰ δ'ὄντα ὑπέλαβον εἶναι τὰ αἰσθητὰ μόνον· ἐν δὲ τούτοις πολλὴ ἡ τοῦ ἀορίστου φύσις ἐνυπάρχει, καὶ ἡ τοῦ ὄντως οὕτως ὥσπερ εἴπομεν.διὰ εἰκότως μὲν λέγουσιν, οὐκ ἀληθῆ δὲ λέγουσιν. – »Die Ursache dieser Ansicht [d. h. der Ansicht, daß die Dinge sich gleichzeitig so und nicht so verhalten, 1009 *b* 32–33] lag aber darin, daß sie [d. h. die Sensualisten] zwar nach der Wahrheit des Seienden forschten, aber für Seiendes nur das sinnlich Wahrnehmbare ansahen; *hier aber herrscht die Natur des Unbestimmten vor und jene* [potentielle] Art des Seins, von der wir eben gesprochen haben. Daher reden sie zwar überzeugend, aber sagen nicht die [volle] Wahrheit aus«.

Die ewig im Werden und Vergehen begriffene, sinnlich wahrnehmbare Welt könnte somit nach Aristoteles als ein nur potenzielles Sein *Widersprüche enthalten.* Aristoteles hat zwar nicht den Mut gehabt, das offen einzugestehen, und beruft sich nur diplomatisch auf eine frühere Stelle, aber der Sinn seiner Aussage ist völlig unzweideutig und findet auch darin seine Bestätigung, daß für den Stagiriten das Unbestimmte eben das Potenzielle ist. Vgl. Met. Γ 4. 1007 *b* 28, 29; τὸ γὰρ δυνάμει ὂν καὶ μὴ ἐντελεχείᾳ τὸ ἀόριστόν ἐστιν. – »Denn, was potentiell und nicht aktuell besteht, ist das Unbestimmte«.

b) In dieser Beleuchtung wird nicht nur die erwähnte Beweisverrückung, sondern auch die Bedeutung des so wichtigen zweiten elenktischen Beweises auf einmal klar: Die vergängliche, sinnliche wahrnehmbare Welt mag Widersprüche enthalten, soviel sie nur wolle; doch außer ihr gibt es noch eine andere, ewige und unvergängliche Welt der *substantiellen Wesensheiten*, die von jedem Widerspruche verschont und intakt bleiben. Die Sensualisten haben zwar Recht, aber sie kennen nicht die *volle* Wahrheit. Und deshalb verlangt von ihnen Aristoteles, daß sie auch »eine andere Substanz des Seienden anerkennen, der gar keine Veränderung und weder Vergeben noch Entstehen zukommt« (Met Γ 5. 1009 *a* 36-38: ἔτι δ'ἀξιώσομεν αὐτοὺς ὑπολαμβάνειν καὶ ἄλλην τινὰ οὐσίαν τῶν ὄντων, ᾗ οὔτε κίνησις ὑπάρχει οὔτε φθορὰ οὔτε γένεσις τὸ παράπαν. – Vgl. auch Met Γ 5, 1010 *a* 32–35).

Es muß demnach festgehalten werden, daß nach Aristoteles der Satz des Widerspruchs nicht als ein allgemein-ontologisches, sondern als ein metaphysisches Gesetz aufzufassen ist, das in erster Linie für Substanzen gelten soll, und von dem es zum mindesten fraglich ist, ob dessen Geltungsbereich sich auch auf Erscheinungen erstreckt.[9]

16. Aristoteles betrachtet den Satz des Widerspruchs nicht nur als das allerletzte, sondern auch als das oberste Gesetz. Met Γ 3, 1005 *b* 32–34: διὸ πάντες οἱ ἀποδεικνύντες εἰς ταύτην ἀνάγουσιν ἐσχάτην δόξαν· φύσει γὰρ ἀρχὴ καὶ τῶν ἄλλων ἀξιωμάτων αὕτη πάντων. – »Darum gehen alle bei der Beweisführung auf diesen Satz, als den letzten, zurück; denn derselbe ist das natürliche Prinzip auch aller anderen Axiome«.

Nun ist, sogar nach Aristoteles, der Satz des Widerspruchs wenigstens in diesem Sinne *nicht* das oberste Gesetz, daß er *eine notwendige Voraussetzung für alle anderen logischen Axiome abgäbe*. Insbesondere ist das *Prinzip des Syllogismus* vom Satze des Widerspruchs abhängig. Das ergibt sich aus einer lange nicht beachteten und mißverstandenen Stelle in der zweiten Analytik[10]: An. post. A 11, 77 *a* 10–22: τὸ δὲ μὴ ἐνδέχεσθαι ἅμα φάναι καὶ ἀποφάναι οὐδεμία λαμβάνει ἀπόδειξις, ἀλλ'ἢ ἐὰν δέῃ δεῖξαι καὶ τὸ συμπέρασμα οὕτως. δείκνυται δὲ λαβοῦσι τὸ πρῶτον κατὰ τοῦ μέσου, ὅτι ἀληθές, ἀποφάναι δ'οὐκ ἀληθές. τὸ δὲ μέσον οὐδὲν διαφέρει εἶναι καὶ μὴ εἶναι λαβεῖν, ὡς δ'αὔτως καὶ τὸ τρίτον. εἰ γὰρ ἐδόθη καθ'οὗ ἄνθωπρον ἀληθὲς είπεῖν, εἰ καὶ μὴ ἄνθρωπον ἀληθές, ἀλλ'εἰ μόνον ἄνθρωπον ζῷον δὲ μή· ἔσται γὰρ ἀληθὲς εἰπεῖν Καλλίαν, εἰ καὶ μὴ Καλλίαν, ὅμως ζῷον, μὴ ζῶον δ'οὔ. αἴτιον δ'ὅτι τὸ πρωτον οὐ μόνον κατὰ τοῦ μέσου λέγεται ἀλλὰ καὶ κατ'ἄλλου διὰ τὸ εἰναι ἐπὶ πλειόνων, ὥστ'οσδ'εἰ τὸ μέσου λέγεται ἀλλὰ καὶ κατ'ἄλλου διὰ τὸ εἶναι ἐπὶ πλειόνων, ὥστ' οὐδει τὸ μέσον καὶ αὐτό, ἐστι καὶ μὴ αὐτό, πρὸς τὸ συμπέρασμα οὐδὲν διαφέρει. – »Daß es unmöglich ist, zugleich zu bejahen und zu verneinen, das wird von keinem Beweise [Syllogismus] vorausgesetzt, außer wenn auch der Schlußsatz solches zu beweisen hätte. Das wird dann bewiesen, indem man annimmt, es sei wahr, den Oberbegriff vom Mittelbegriff auszusagen, und nicht wahr, ihn nicht auszusagen. Was aber den Mittelbegriff betrifft und ebenso den Unterbegriff, so macht es keinen Unterschied anzunehmen, er sei und er sei nicht. Ist nämlich ein Gegenstand gegeben [z. B. Kallias], von dem man wahrheitsgemäß aussagen kann, er sei Mensch, und sofern nur der Mensch ein Lebewesen ist und nicht auch kein Lebewesen, so wird es wahr sein auszusagen, daß wenn auch der

Mensch nicht Mensch und Kallias nicht Kallias wäre, Kallias dennoch ein Lebewesen und nicht auch kein Lebewesen ist. Der Grund davon liegt darin, daß der Oberbegriff nicht nur vom Mittelbegriff, sondern auch von anderen Gegenständen gilt, weil er einen größeren Umfang hat [als der Mittelbegriff], sodaß es für den Schlußsatz keinen Unterschied ausmacht, wenn der Mittelbegriff dasselbe und nicht dasselbe ist«.

Richtig ist somit nach Aristoteles der Syllogismus (A = Lebewesen, B = Mensch, C = Kallias):

B ist A (und nicht auch nicht-A).
C, welches nicht-C ist, ist B und nicht-B.

C ist A (und nicht auch nicht-A).

Ist aber ein Syllogismus auch dann richtig, wenn der Satz des Widerspruchs nicht mehr gilt, so ist das Prinzip des Syllogismus (und zwar das *dictum de omni et nullo*) vom Satz des Widerspruchs unabhängig.

17. Diese Konklusion wird von der modernen, symbolischen Logik vollkommen bestätigt. Die symbolische Logik zeigt aber außerdem, daß es auch viele andere logische Prinzipien und Lehrsätze gebe, die vom Satze des Widerspruchs unabhängig sind. Das Prinzip der Identität, die Grundsätze der Simplifikation und Komposition, das Prinzip der Distribution, die Tautologie- und die Absorptionsgesetze u. a. m. würden ruhig weiter bestehen, wenn auch der Satz des Widerspruchs nicht mehr gälte.[11] – Es wäre übrigens gar nicht schwer, auch in Worten nachzuweisen, daß sowohl die Grundsätze der Deduktion als auch der Induktion im großen und ganzen den Satz des Widerspruchs nicht voraussetzen. Es bestehen ja unzählige Deduktionen und Induktionen, die nur in *bejahenden* Aussagen fortschreiten; der Satz des Widerspruchs findet somit auf dieselben keine Anwendung, weil er jedesmal eine bejahende und die ihr widersprechende verneinende Aussage betrifft.

Man muß, nach meiner Ansicht, *die falsche, wenn auch weitverbreitete Meinung doch endlich aufgeben, daß der Satz vom Widerspruch das oberste Prinzip jedweder Beweisführung sei!* Das stimmt nur für die *indirekten* Beweise, für die *direkten* ist es nicht wahr.

18. Damit sind die historisch-kritischen Ausführungen zu Ende. – Im nachfolgenden, positiven Teile der Abhandlung versuche ich zur Frage, woher wir die Berechtigung haben, den Satz des Widerspruchs für wahr zu halten, Stellung zu nehmen.

a) Der Satz des Widerspruchs kann nicht dadurch bewiesen werden, daß man ihn als *unmittelbar evident* erklärt. Denn:

α) die Evidenz scheint kein zuverlässiges Wahrheitskriterium zu sein; es kommt vor, daß auch falsche Aussagen für evident gehalten werden (vgl. den kartesischen Gottesbeweis).

β) Der Satz des Widerspruchs scheint nicht für alle evident zu sein; für die alten Eristiker aus Megara oder für Hegel war er höchstwahrscheinlich nicht evident.

b) Der Satz des Widerspruchs kann nicht dadurch bewiesen werden, daß man ihn als ein durch die *psychische Organisation* des Menschen bedingte Naturgesetz aufstellt. Denn:

α) es könnten auch falsche Aussagen durch unsere psychische Organisation bedingt sein (vgl. z. B. manche Sinnestäuschungen);

β) es ist fraglich, ob der Satz des Widerspruchs als ein durch die psychische Organisation des Menschen bedingtes Gesetz gelten kann (vgl. die Bemerkungen über den psychologischen Satz des Widerspruchs unter 7).

c) Der Satz des Widerspruchs kann nicht auf Grund der Definition der *falschen* Aussage oder der *Verneinung* bewiesen werden. Diesen Weg hat Sigwart eingeschlagen,[12] aber schon Aristoteles meint den nämlichen Beweis, wenn er sagt: Met. Γ 4. 1008 *a* 34-*b* 1: ἔτι εἰ ὅταν ἡ φάσις ἀληθὴς ᾖ, ἡ ἀπόφασις ψευδής, κἂν αὕτη ἀληθὴς ᾖ. ἡ κατάφασις ψευδής, οὐκ ἂν εἴη τὸ αὐτὸ ἅμα φάναι καὶ ἀποφάναι ἀληθῶς. – »Ferner, wenn die Verneinung falsch ist, so oft die Bejahung wahr ist, und die Bejahung falsch, so oft die Verneinung wahr ist, so läßt sich ein und dasselbe nicht wahrheitsgemäß zugleich bejahen und verneinen« – Aber sogleich läßt er diesen Beweis fallen, indem er glaubt, »man könnte darin eine *petitio principii* vermuten«. (1008 *b* 1, 2: ἀλλ' ἴσως φαῖεν ἂν τοῦτ'εἶναι τὸ ἐξ ἀρχῆς κείμενον.) – Eine *petitio principii* wäre es zwar nicht, aber doch ist dieser Beweis unzureichend. Denn

α) wenn man auch annimmt, die Verneinung: »*A* ist nicht *B*« bedeute die Falschheit der Bejahung »*A* ist *B*«, so läßt sich daraus das Prinzip des Widerspruchs nicht deduzieren. In der Definition der Verneinung, resp. der Falschheit ist nämlich der Begriff der *logischen Multiplikation* nicht enthalten, und dieser Begriff ist es gerade, der dem Satze des Widerspruchs das ihm eigentümliche Gepräge verleiht. Zwei widersprechende Aussagen können nicht zugleich wahr sein, Bejahung und Verneinung, Wahrheit und Falschheit *heben einander auf*, können nicht *zusammen* als Merkmale desselben Gegenstandes bestehen. Auf Grund der Definition der Falschheit oder der Verneinung wäre es aber noch immer möglich anzunehmen, daß die Aussagen »*A* ist *B*« und »*A* ist nicht *B*« zugleich bestehen, indem sie beide zugleich wahr und falsch sind.

β) Doch wollte man es lieber vermeiden, eine und dieselbe Aussage als wahr und falsch zu bezeichnen, so ließe sich eine andere Definition der Falschheit aufstellen, welche dem Grundgedanken dieses Begriffes weit eher Rechnung trägt als die übliche Definition, indem sie vorsichtiger gefaßt ist. Der Grundgedanke der Falschheit ist nämlich der, daß *falschen Aussagen keine Abbildungen der Objektive sind*, oder – anders gesagt – daß *falschen Aussagen keine Objektive entsprechen*. Gilt nun der Satz des Widerspruchs nicht, dann gibt es Fälle, in denen *A* zugleich *B* ist und nicht ist. Die Aussage »*A* ist *B*« würde somit nur unter *diesen* Bedingungen falsch sein, wenn *A* kein *B* wäre und auch *keinen Widerspruch enthielte*. Aus dieser Definition der Falschheit kann der Satz des Widerspruchs auf keine Weise abgeleitet werden.

19. Jeder Beweis des Satzes vom Widerspruch muß mit der Tatsache rechnen, daß es auch *widersprechende* Gegenstände gibt (z. B. die größte Primzahl). In der *allgemeinsten* Formulierung: »keinem Gegenstande kann dasselbe Merkmal zugleich zukommen und nicht zukommen« *ist demnach der Satz des Widerspruchs*

ganz gewiß falsch.[13] Er könnte nur dann wahr sein, und dann wäre er auch *formal* bewiesen, wenn das Wort »Gegenstand« lediglich *widerspruchsfreie* Gegenstände bezeichnen sollte. Es entsteht aber die Frage, ob solche Gegenstände überhaupt vorhanden sind, insbesondere, ob das Mögliche und Wirkliche keinen Widerspruch enthält.

a) *Konstruktive* Begriffsbildungen (daseinsfreie Gegenstände nach Meinong), wie Zahlen, geometrische Figuren, logische und ontologische Begriffe usw. – ich nenne sie »konstruktiv« im Gegensatz zu »rekonstruktiven« oder empirischen Begriffen, die die Wirklichkeit nachbilden sollen – haben sich oft bei näherer Untersuchung als widersprechend erwiesen. Man denke z. B. an die Quadratur des Kreises, an die Trisektion eines beliebigen Winkels, an die Schwierigkeiten der transfiniten Mengenlehre, u. dgl. Darum ist die Möglichkeit gar nicht ausgeschlossen, daß Konstruktionen, die heute als widerspruchsfrei gelten, dennoch einen tief verborgenen Widerspruch enthalten, den wir bisher nicht zu entdecken vermochten. Und wenn es auch noch so sehr wahr sein sollte, daß alle Konstruktionen »freie Schöpfungen des menschlichen Geistes« seien,[14] und daß es in unserer Macht liege, daseinsfreien Gegenständen beliebige Merkmale zuzuschreiben, so könnten wir trotzdem ihre Widerspruchslosigkeit nicht beweisen: Denn, indem wir sie »schöpfen«, entstehen »von selbst« unzählige *Verhältnisse* unter ihnen, die von unserer Willkür nicht mehr abhängen. Daß wir mitunter ganz unverhofft auf unerklärliche Schwierigkeiten geraten, beweist ein neuerdings von B. Russell entdeckter, die logischen Grundlagen der Mathematik tangierender Widerspruch[15].

b) Wirkliche Gegenstände und rekonstruktive Begriffsbildungen, sofern dieselben der Wirklichkeit entsprechen, scheinen über allen Widerspruch erhaben zu sein. *Tatsächlich ist uns kein einziger Fall eines in der Wirklichkeit existierenden Widerspruches bekannt.* Es ist überhaupt unmöglich anzunehmen, daß wir je einem Widerspruch in der *Wahrnehmung* begegnen sollten; die Negation, die im Widerspruch steckt, ist ja nicht wahrnehmbar. Wirklich existierende Widersprüche könnten nur *erschlossen* werden. – Man dürfe aber auch nicht vergessen, daß in der *kontinuierlichen Veränderung*, der die ganze Welt unaufhörlich unterworfen ist, im steten Werden, Entstehen und Vergehen, seit jeher Widersprüche vermutet wurden. Ob sich diese Vermutungen je bestätigen werden, scheint unwahrscheinlich zu sein; man wird wohl immer Mittel und Wege finden, um etwaige, erschlossene Widersprüche zu beseitigen. *Doch wird man nie mit voller Bestimmtheit aussagen können, daß wirkliche Gegenstände keinen Widerspruch enthalten.* Nicht der Mensch hat die Welt geschaffen, und er ist nicht imstande ihre Geheimnisse zu durchschauen; er ist ja nicht einmal seiner eigenen Begriffsschöpfungen Herr und Gebieter.

Es ergibt sich daher aus *a*) und aus *b*), daß ein *realer* Beweis des Satzes vom Widerspruch, d. h. ein Beweis, der auf einer genauen Untersuchung des Wirklichen und Möglichen beruhen würde, *nicht geführt werden kann.*

20. Der Satz des Widerspruchs hat zwar keinen *logischen* Wert, weil er nur als Annahme gelten kann, aber es kommt ihm dafür ein um so bedeutender *praktisch-ethischer* Wert zu. *Das Prinzip des Widerspruchs ist die einzige Waffe gegen*

den Irrtum und die Lüge. Würden wir dieses Prinzip nicht anerkennen, und die gleichzeitige Bejahung und Verneinung für möglich halten, so könnten wir uns gegen falsche oder lügnerische Aussagen anderer nicht verteidigen. Ein fälschlich des Mordes Beschuldigter würde kein Mittel finden, um seine Unschuld vor Gericht zu beweisen. Er könnte nur höchstens den Beweis dafür erbringen, daß er *keinen* Mord begangen hat; diese negative Wahrheit kann aber die ihr widersprechende positive nicht aus der Welt schaffen, wenn der Satz des Widerspruchs nicht gilt. Findet sich also ein einziger Zeuge, der, ohne vor einem Meineid zurückzuschrecken, den Angeklagten des Verbrechens beschuldigt, so kann seine falsche Aussage in keiner Weise widerlegt werden und der Angeklagte ist unrettbar verloren.

Man ersieht daraus, daß die Notwendigkeit, den Satz des Widerspruchs anzuerkennen, *ein Zeichen der intellektuellen und ethischen Unvollkommenheit des Menschen ist.* Diese Tatsache ist aber weit mehr imstande als irgend eine andere, unser Mißtrauen gegenüber dem *logischen* Werte dieses Prinzipes wachzurufen und zu rechtfertigen.

Es scheint, daß auch Aristoteles den praktisch-ethischen Wert des Satzes vom Widerspruch, wenn auch nicht klar erkannt, so doch wenigstens gefühlt hat. In einer Zeit des politischen Unterganges Griechenlands ist Aristoteles zum Begründer und Förderer der systematischen, wissenschaftlichen Kulturarbeit geworden. Darin erblickte er vielleicht einen Trost für die Zukunft und die künftige Größe seiner Nation. Es mußte ihm daran gelegen sein, den Wert der wissenschaftlichen Forschung hochzuhalten. Die Leugnung des Satzes vom Widerspruch hätte aller Falschheit Tür und Tor geöffnet und die junge, aufblühende Wissenschaft in ihren ersten Lebenskeimen erstickt. In kraftvollen Worten, in denen man eine innerliche Glut zu verspüren vermeint, wendet sich deshalb der Stagirite gegen den Gegner jenes Satzes, gegen die Eristiker aus Megara, die Kyniker aus der Schule des Antisthenes, die Anhänger Heraklits, die Parteigänger des Protagoras, und kämpft mit ihnen allen für ein theoretisches Prinzip wie für ein persönliches Gut. Er mag wohl selbst die Schwächen seiner Argumentation gefühlt haben; und so verkündet er sein Prinzip als ein allerletztes *Axiom*, als ein unantastbares *Dogma.*

Heutzutage ist die Wissenschaft zur mächtigsten Führerin des menschlichen Lebens geworden. Eine eingehende Kritik des Satzes vom Widerspruch wird ihre Fundamente nicht mehr untergraben, sondern eher in einem neuen Lichte diesen wundervollsten Bau des menschlichen Geistes erstrahlen lassen.

1 Vgl. An. pr. A 46, 52 *a* 32: τὸ γὰϱ ἀληϑὲς τῷ ἔστιν ὁμοίως τάττεται.

2 In der Interpretation der soeben zitierten Stellen stimme ich mit H. Maier vollkommen überein (vgl. *Die Syllogistik des Aristoteles*, B. I., Tübingen 1896, S. 45. Anm. 2). Überhaupt verdanke ich dem gründlichen und verdienstvollen Werke Maiers manche historische Belehrung.

3 Darauf weist schon Alexander v. Aphrodisias hin: ὅτι δὲ ἐναντίαι αἱ δόξαι τῆς ἀντιφάσεως δέδεικται διὰ πλειόνων ἐπὶ τέλει τοῦ Ἑϱμηνείας (*Scholia in Aristotelem*, coll. Brandis, ed. Acad. Bor. p. 652).

4 Es wäre nicht unangemessen, wieder einmal an die scharfgespitzten, aber treffenden Bemerkungen Husserls zu erinnern (*Logische Untersuchungen*, Bd. I. Halle a/S. 1900, S. 82): »In

demselben Individuum, oder noch besser, in demselben Bewußtsein können während einer noch so kleinen Zeitstrecke kontradiktorische Glaubensakte nicht andauern. Aber ist dies wirklich ein Gesetz? Dürfen wir es wirklich mit unbeschränkter Allgemeinheit aussprechen? Wo sind die psychologischen Induktionen, die zu seiner Annahme berechtigen? Sollte es nicht Menschen gegeben haben und noch geben, die gelegentlich, z. B. durch Trugschlüsse verwirrt, Entgegengesetztes zu gleicher Zeit für wahr hielten? Hat man wissenschaftliche Forschungen darüber angestellt, ob dergleichen nicht unter den Irrsinnigen und vielleicht sogar bei nackten Widersprüchen vorkomme? Wie steht es mit den Zuständen der Hypnose, des Fieberdeliriums usw.? Gilt das Gesetz auch für Tiere?«

5 Zur Erläuterung möge folgende Stelle aus Hegel angeführt werden (*Wissenschaft der Logik*, Werke, Bd. IV, Berlin 1834, S. 69): »Es bewegt sich etwas nur, nicht indem es in diesem Jetzt hier ist und in einem anderen Jetzt dort, sondern indem es in einem und demselben Jetzt hier und nicht hier, indem es in diesem Hier zugleich ist und nicht ist. Man muß den alten Dialektikern die Widersprüche zugeben, die sie in der Bewegung aufzeigen, aber daraus folgt nicht, daß darum die Bewegung nicht ist, sondern vielmehr, daß die Bewegung der daseiende Widerspruch selbst ist«.

6 Vgl. Trendelenburg, *Logische Untersuchungen*[2], Bd. I. Leipzig 1862, S. 31. – Sigwart, *Logik*[2], Freiburg i. B. 1889, Bd. I, S. 186.

7 Vgl. Sigwart, a. a. O.

8 Vgl. Maier, a. a. O., Bd. II. 1., S. 359: »Als Schluß deckt er sich [d. h. der Elenchos] mit dem beweisenden Syllogismus«.

9 Meine Auffassung des Aristotelischen Satzes vom Widerspruch ist somit von der Maierschen (vgl. a. a. O., Bd. 1, S. 101) wesentlich verschieden. Der Umstand aber, daß Aristoteles gelegentlich Inkonsequenzen begeht und überhaupt in dieser viel schwierigeren, als gewöhnlich angenommen wird, und von ihm zum ersten Male aufgeworfenen Frage nicht immer mit sich selbst im klaren ist, kann wohl bis zu einem gewissen Grade verschiedene, voneinander abweichende Interpretationen seines Gedankenganges rechtfertigen.

10 Vgl. dazu: Maier a. a. O., Bd. II. 2., S. 238 Anm. 3 und 1, Husie: *Aristotle on the Law of Contradiction and the Basis of the Syllogism*, Mind, N. S. v. XV. 1906, p. 215–222.

11 Als beste Einführung der symbolischen Logik kann das klar und präzis verfaßte Werkchen von Conturat dienen: *L'Algèbre de la Logique* (»Scientia«, Phys.-mathém. nr. 24, Paris 1905).

12 *Logik*[2], Bd. I, S. 182 ff.

13 Diese Behauptung hat, soviel ich weiß, zuerst *Meinong* aufgestellt. Gelegentlich einer Besprechung gewisser kritischer Bemerkungen B. Russells, äußert sich Meinong folgendermaßen (*Über die Stellung der Gegenstandstheorie im System der Wissenschaften*, Leipzig 1907, S. 16): »Den eigentlichen Nachdruck legt aber B. Russell darauf, daß durch Anerkennung solcher [*scil.* unmöglicher] Gegenstände der Satz des Widerspruches seine unumschränkte Geltung verlöre. Natürlich kann ich dieser Konsequenz in keiner Weise ausweichen.... Der Satz des Widerspruches ist ja von niemandem auf anderes als auf Wirkliches und Mögliches bezogen worden«.

14 Der Ausdruck stammt von Dedekind: *Was sind und was sollen die Zahlen*? Vorwort.

15 Vgl. B. Russell, *The Principles of Mathematics,* v. I. Cambridge 1903, ch. X, und Frege, *Grundgesetze der Arithmetik*, Bd. II, Jena 1903, Nachwort, S. 253. Ferner: K. Grelling u. L. Nelson: *Bemerkungen zu den Paradoxieen von Russell und Burali-Forti*, Abh. d. Friesschen Schule, N. F., B. II. 1908.

Jan Łukasiewicz

Zur Geschichte der Aussagenlogik

Die moderne Logistik hat uns gelehrt, innerhalb der formalen Logik zwei Grunddisziplinen zu unterscheiden, die voneinander nicht weniger verschieden sind, als die Arithmetik von der Geometrie: die *Aussagenlogik* und die *Namenlogik*. Der Unterschied zwischen den beiden besteht darin, daß in der Aussagenlogik außer logischen Konstanten nur Aussagenvariable auftreten, während in der Namenlogik Namenvariable vorkommen.

Das einfachste Beispiel, an dem dieser Unterschied erläutert werden kann, ist der stoische und der peripatetische Satz der Identität. Um Mißverständnissen vorzubeugen, möchte ich hier sogleich bemerken, daß soweit unsere Quellennachweise reichen, die beiden Identitässätze von den Alten nur beiläufig aufgestellt worden sind, und keineswegs zu den Grundsätzen der einen oder der anderen Logik gehören. Der *stoische* Satz der Identität lautet: »wenn das Erste, so das Erste«, und kommt als Prämisse in einem vom Sextus Empiricus zitierten Schlußschema vor[1]. Der *peripatetische* Satz der Identität lautet: »*a* kommt allem *a* zu«, und wird von Artistoteles nicht erwähnt, kann aber aus einer Stelle des von Alexander verfaßten Kommentars zur ersten Analytik erschlossen werden[2]. Den stoischen Identitätssatz können wir mit Hilfe einer Buchstabenvariablen in der Form »wenn *p*, so *p*« darstellen, den peripatetischen Identitätssatz können wir in den Ausdruck »alles *a* ist *a*« äquivalent umformen. Im ersten Satz ist »wenn – so« eine logische Konstante und »*p*« eine Aussagenvariable, d. h. für »*p*« darf nur eine *Aussage* sinnvoll eingesetzt werden, z. B. »es ist Tag«. Nach der Einsetzung bekommen wir einen speziellen Fall des stoischen Identitätssatzes: »Wenn es Tag ist, so ist es Tag«. Im zweiten Satz ist »alles – ist« eine logische Konstante und »*a*« eine Namenvariable, d. h. für »*a*« darf nur ein *Name* sinnvoll eingesetzt werden, und zwar im Einklang mit einer stillschweigend angenommenen Voraussetzung der Aristotelischen Logik, nur ein *allgemeiner* Name, z. B. »Mensch«. Nach der Einsetzung bekommen wir einen speziellen Fall des peripatetischen Identitätssatzes: »Aller Mensch ist Mensch«. Der stoische Satz der Identität ist eine These der *Aussagenlogik*, der peripatetische dagegen eine These der *Namenlogik*.

Allen älteren Autoren, die über Geschichte der Logik geschrieben haben, war dieser grundsätzliche Unterschied zwischen der Aussagenlogik und der Namenlogik unbekannt. Daher gibt es bis zum heutigen Tag keine Geschichte der Aussagenlogik, und infolgedessen auch keine korrekte Darstellung der Geschichte der formalen Logik überhaupt. So unentbehrlich noch heute das Werk Prantls[3] als Sammlung von Quellen und Materialien ist, so hat es doch als historische Darstellung logischer Probleme und Lehren kaum einen Wert. Die Geschichte der Logik muß neu geschrieben werden, und zwar von einem Historiker, der die Logistik gründlich beherrscht. In diesem kurzen Aufsatz will ich nur folgende drei Hauptpunkte aus der Geschichte der Aussagenlogik berühren: Erstens, möchte ich den Nachweis führen, daß die stoische Dialektik im Gegensatz zur Aristotelischen Syllogistik die *antike* Form der Aussagenlogik ist, womit zugleich diese bisher gänzlich mißverstandene und ungerecht beurteilte Leistung der Stoiker wieder zu Ehren gebracht werden soll. Zweitens, will ich versuchen an einigen Beispielen klarzulegen, daß die stoische Aussagenlogik im *Mittelalter* insbesondere in der Lehre von den »Konsequenzen« fortlebt und sich weiter entwickelt. Drittens, lege ich Wert darauf festzustellen, was selbst in Deutschland nicht allgemein bekannt zu sein scheint, daß der Begründer der *modernen* Aussagenlogik Gottlob Frege ist.

Daß die stoische Dialektik eine Aussagenlogik ist, dafür zeugt schon der oben angeführte stoische Identitässatz, der zur Aussagenlogik gehört. Ein beiläufig ausgesprochener Satz beweist jedoch nichts. Wir wollen daher die bekannte Schlußformel in Betracht ziehen, die von den Stoikern als der erste »unbeweisbare« Syllogismus an die Spitze ihrer Dialektik gestellt wird:

Wenn das Erste so das Zweite;
nun aber das Erste;
also das Zweite[4].

In dieser Formel sind die Wörter »das Erste« und »das Zweite« *Variable,* denn die Stoiker bezeichnen die Variablen nicht mit Buchstaben, sondern mit Ordnungszahlen[5]. Es ist klar, daß auch hier für diese Variablen nur *Aussagen* sinnvoll eingesetzt werden dürfen, z. B. »es ist Tag« und »es ist hell«. Wird diese Einsetzung vollzogen, so bekommen wir den als Schulbeispiel in stoischen Texten immer wiederkehrenden Schluß: »Wenn es Tag ist, so ist es hell; nun aber ist es Tag; also ist es hell.« Daß in der Tat in der obigen Formel *Aussagen* und nicht etwa *Namen* für die Variablen einzusetzen sind, erhellt nicht nur aus dem Sinn der Formel, sondern ergibt sich auch ganz besonders deutlich aus dem folgenden Beispiel: »Wenn Platon lebt, so atmet Platon; nun aber das Erste; also das Zweite«. Hier bezieht sich offenbar »das Erste« auf die *Aussage* »Platon lebt« und »das Zweite« auf die *Aussage* »Platon atmet«[6].

Der grundsätzliche Unterschied zwischen den stoischen und der Aristotelischen Logik besteht nicht darin, daß in der stoischen Dialektik hypothetische und disjunktive Aussagen vorkommen, während in der Aristotelischen Syllogistik nur kategorische Aussagen auftreten. Streng genommen, findet man auch in der Aristotelischen Syllogistik hypothetische Aussagen vor, denn jeder echte Aristotelische Syllogismus ist eine *Implikation,* also eine hypothetische Aussage, z. B.: »Wenn a allem b zukommt und c allem a zukommt, so kommt c allem b zu«[7]. Der prinzipielle Unterschied zwischen diesen beiden antiken Systemen der Logik beruht vielmehr darauf, daß in den stoischen Syllogismen die Variablen *Aussagenvariable* und in den Aristotelischen *Namenvariable* sind. Dieser prinzipielle Unterschied wird aber völlig verwischt, wenn man mit Prantl (I, S. 473) den oben genannten stoischen Syllogismus auf folgende Weise übersetzt:

Wenn das Erste ist, ist das Zweite
Das Erste aber ja ist
———————————
Also ist das Zweite.

Dadurch, daß Prantl zu den Variablen überall das Wörtchen »ist« hinzufügt, das in den antiken Texten *nirgends* vorhanden ist, verfälscht er, ohne es zu wissen und zu wollen, die stoische Aussagenlogik zu einer Namenlogik. Denn im Prantlschen Schema können nicht mehr für »das Erste« und »das Zweite« Aussagen, sondern nur Namen sinnvoll eingesetzt werden. Soweit wir angesichts des trümmerhaften Zustandes der auf uns gekommenen stoischen Dialektik ermessen können, enthalten *alle* stoischen Schlußformeln außer logischen Konstanten nur Aussagenvariable. Die stoische Dialektik ist somit eine Aussagenlogik[8].

Es gibt noch einen zweiten wichtigen Unterschied, der zwischen den Aristotelischen und den stoischen Syllogismen besteht. Aristotelische Syllogismen sind logische Thesen, und *logische These* ist eine Aussage, in der außer logischen Konstanten nur Aussagen- oder Namenvariable vorkommen, und die für alle Werte der in ihr vorkommenden Variable wahr ist. Stoische Syllogismen sind Schlußformeln, die den Sinn von Schlußregeln haben, und *Schlußregel* ist eine Vorschrift, die den Schließenden ermächtigt, auf Grund von anerkannten Aussagen neue Aussagen abzuleiten. Wir wollen diesen Unterschied etwas näher betrachten.

Der oben angeführte Aristotelische Syllogismus, den wir auch so ausdrücken können: »wenn alles *b a* ist und alles *a c* ist, so ist alles *b c«*, ist eine Implikation vom Typus »wenn α und β, so γ«, deren Vordersatz eine Konjunktion der Prämissen α und β ist, und deren Nachsatz die Konklusion γ bildet. Als Implikation ist dieser Syllogismus eine *Aussage*, die Aristoteles als wahr anerkennt, und zwar gilt diese Aussage für alle Werte der in ihr vorkommenden Variablen *»a«, »b«* und *»c«*. Werden daher für diese Variablen konstante Werte eingesetzt, so bekommt man wahre *Aussagen*. Da in dem betrachteten Syllogismus außer den Variablen nur noch logische Konstante vorkommen, nämlich »wenn-so«, »und« sowie »alles-ist«, so ist dieser Syllogismus, sowie jeder andere Aristotelische Syllogismus, eine logische These.

Anders ist es in der stoischen Logik. Der oben angegebene stoische Syllogismus, den wir mit Hilfe von Buchstabenvariablen auch so ausdrücken können: »wenn *p*, so *q*; nun aber *p;* also *q«*, besteht ebenso, wie der Aristotelische Syllogismus, aus zwei Prämissen und eine Konklusion, jedoch sind die Prämissen mit der Konklusion zu einer einheitlichen Aussage *nicht* verbunden. Das ersieht man schon aus dem Wörtchen »also«, das die Konklusion einleitet. Der betrachtete Syllogismus ist demnach *keine* Aussage. Da er keine Aussage ist, so kann er auch weder wahr noch falsch sein, denn Wahrheit und Falschheit kommen anerkanntermaßen nur Aussagen zu. Der betrachtete stoische Syllogismus ist demnach *keine* logische These: Werden in diesem Syllogismus für die Variablen konstante Werte eingesetzt, so bekommt man keine Aussage, sondern einen *Schluß*. Der oben angeführte stoische Syllogismus ist daher eine Schlußformel und hat den Sinn einer *Schlußregel*, die genauer in folgender Weise ausgedrückt werden kann: Wer die Implikation »wenn *p*, so *q«* und den Vordersatz dieser Implikation *»p«* als wahr anerkennt, der hat das Recht, auch den Nachsatz dieser Implikation *»q«* als wahr anzuerkennen, also *»q«* von *»p«* abzutrennen. Diese Schlußregel ist unter dem Namen »Abtrennungsregel« in der modernen Logistik geradezu klassisch geworden.

Alle stoischen Syllogismen sind als *Schlußregeln* formuliert. Damit unterscheidet sich die stoische Dialektik nicht nur von der Aristotetlischen Syllogistik, sondern auch von der modernen Aussagenlogik, die ein System von *logischen Thesen* ist.

Nun aber kennen die Stoiker eine klare und einfache Vorschrift, die alle ihre Schlußregeln in Thesen zu verwandeln gestattet. Sie unterscheiden nämlich bündige und nichtbündige Schlüsse. Einen Schluß mit den Prämissen α und β und der Konklusion γ nennen sie *bündig,* wenn die *Implikation* richtig ist, deren Vordersatz aus der Konjunktion der beiden Prämissen α und β gebildet ist und deren Nachsatz aus der Konklusion γ besteht. Bündig ist z. B. der Schluß: »wenn es Tag ist, so ist es hell; nun aber ist es Tag; also ist es hell«, denn richtig ist die Implikation: »wenn es Tag ist und wenn es Tag ist, so ist es hell, so ist es hell«[9].

Diese richtige Bemerkung ermöglicht die Verwandlung der Schlüsse in Aussagen. Wird sie auf die Schlußregel »wenn *p,* so *q;* nun aber *p;* also *q*« angewendet, so erhält man die Implikation »wenn *p* und wenn *p,* so *q,* so *q*«, die eine These der Aussagenlogik ist, da in ihr außer den Aussagenvariablen nur noch logische Konstanten »wenn-so« sowie »und« vorkommen.

Es ist mir nicht möglich, an dieser Stelle in alle Einzelheiten der stoischen Logik einzugehen. Ich will nur ganz kurz die wichtigsten Punkte besprechen. Die stoische Aussagenlogik ist eine *zweiwertige* Logik. Es gilt in ihr der Grundsatz, daß jede Aussage *entweder wahr oder falsch* ist, oder, wie wir heute sagen, einen von nur *zwei* möglichen »Wahrheitswerten« annehmen kann, »das Wahre« oder »das Falsche«[10]. Das erwähnte Prinzip ist im bewußten Gegensatz zu der Ansicht aufgestellt, daß es Aussagen gibt, die *weder wahr noch falsch* sind, nämlich solche, die zukünftige zufällige Ereignisse betreffen. Diese Ansicht, die vornehmlich unter den Epikuräern verbreitet war, schrieben die Stoiker auch dem Aristoteles zu[11].

In der stoischen Aussagenlogik treten folgende Funktionen auf: die Negation, die Implikation, die Konjunktion und die Disjunktion. Die ersten drei Funktionen werden, wie man sich heutzutage auszudrücken pflegt, als »Wahrheitsfunktionen« definiert. Unter einer *Wahrheitsfunktion* versteht man eine Funktion, deren Argumente Aussagen sind, und deren Wahrheitswert nur von dem Wahrheitswert der Argumente abhängt.

Man erhält, den Stoikern gemäß, die *Negation,* also das kontradiktorische Gegenteil einer Aussage, indem man ihr das Zeichen der Aussagennegation *voranstellt*[12]. Diese theoretisch richtige und praktisch wertvolle Vorschrift wirkt noch im Mittelalter fort[13]. In der heutigen Logistik ist sie allgemein anerkannt.

Über den Sinn der Implikation »wenn *p,* so *q*« gab es im Altertum mannigfache Streitigkeiten[14]. Den Streit scheint Philon der Megariker hervorgerufen zu haben, der als erster die Implikation in ganz derselben Weise, wie es heute geschieht, als Wahrheitsfunktion definierte. Nach Philon nämlich ist die Implikation dann und nur dann wahr, wenn sie nicht mit dem Wahren beginnt und mit dem Falschen endigt. In drei Fällen ist somit die Implikation wahr: erstens, wenn sowohl ihr Vordersatz als ihr Nachsatz wahr sind, zweitens, wenn sowohl ihr Vordersatz als ihr Nachsatz falsch sind, und drittens, wenn ihr Vordersatz falsch und ihr Nachsatz wahr ist; und nur in *einem* Falle ist die Implikation falsch, nämlich dann, wenn ihr Vordersatz wahr und ihr Nachsatz falsch ist[15]. Ein anderer Megariker, Diodoros Kronos, behauptete dagegen, die Implikation sei dann und nur dann wahr, wenn es weder *möglich war* noch *möglich ist,* daß sie mit dem Wahren beginnt und mit dem Falschen endigt[16]. Dieser antike Streit um den Begriff der Implikation, den Kallimachos in einem Epigramm verewigte (»es krähen schon die Raben auf den Dächern, welche Implikationen richtig sind«)[17], erinnert an die Polemik, die ein moderner Anhänger des Diodoros, C. I. Lewis, gegen die übrigen Vertreter der Logistik führt[18]. In der stoischen Schule wurde die Philonische Definition rezipiert. Sextus wenigstens schreibt diesen Begriff auch direkt den Stoikern zu[19].

Die *Konjunktion »p* und *q«* wird von den Stoikern als Wahrheitsfunktion definiert. Sie ist dann und nur dann wahr, wenn ihre beiden Glieder wahr sind; sonst ist sie falsch[20].

Eine analoge Definition der *Disjunktion »p* oder *q«* findet sich in den auf uns gekommenen Fragmenten der stoischen Logik nicht vor.

Aus den Schlußregeln, die Chrysippos für die Disjunktion aufstellt, entnehmen wir, daß er die Disjunktion als eine ausschließende »Entweder-oder-Verknüpfung« betrachtete. Nach Chrysippos also können in einer wahren Disjunktion die beiden Disjunktionsglieder nicht zugleich wahr sein. Das scheint sich später geändert zu haben. Es kommt die Überzeugung auf, daß der Ausdruck *»p* oder *q«* mit der Implikation »wenn nicht-*p,* so *q«* gleichbedeutent ist[21]. Dann hätten wir aber nicht mehr mit der ausschließenden Disjunktion zu tun, sondern mit der nichtausschließenden *Alternative.* Im Mittelalter, wie wir weiter unten sehen werden, tritt schon der nichtausschließende Charakter der Disjunktion ganz klar zutage.

Alle oben aufgezählten logischen Funktionen kommen in den Schlußformeln der stoischen Dialektik vor. Von den Schlußformeln werden die einen als »unbeweisbar« betrachtet, also sozusagen *axiomatisch* als richtig angenommen, die anderen werden auf die unbeweisbaren zurückgeführt.

Die unbeweisbaren Schlußformeln oder Syllogismen soll Chrysippos aufgestellt haben. Es sind dies die folgenden fünf (die Variablen bezeichne ich nicht mit Ordnungszahlen, sondern mit Buchstaben):

I. Wenn *p,* so *q;* nun aber *p;* also *q.*
II. Wenn *p,* so *q;* nun aber nicht-*q;* also nicht-*p.*
III. Nicht zugleich *p* und *q;* nun aber *p;* also nicht-*q.*
IV. Entweder *p* oder *q;* nun aber *p;* also nicht-*q.*
V. Entweder *p* oder *q;* nun aber nicht-*q;* also *p*[22].

Aus dem vierten Syllogismus ersieht man, daß die Disjunktion als ausschließende »Entweder-oder-Verknüpfung« aufgefaßt wird. Für die nichtausschließende Alternative ist dieser Syllogismus nicht gültig[23].

Die Zurückführung abgeleiteter Schlußformeln auf die unbeweisbaren ist ein Musterstück logischen Scharfsinns. Darüber berichtet Sextus, der die dialektische Technologie der Stoiker gründlich versteht und zu den besten Quellen der stoischen Logik gerechnet werden muß. Mit einer Klarheit, die nichts zu wünschen übrigläßt, berichtet er z. B., wie die Stoiker die Schlußformel: »wenn *p* und *q,* so *r;* nun aber nicht-*r,* jedoch *p;* also nicht-*q«,* auf den zweiten und dritten unbeweisbaren Syllogismus reduzieren: Aus den Prämissen »wenn *p* und *q,* so *r«* sowie »nicht-*r«* bekommt man auf Grund des zweiten Syllogismus die Konklusion »nicht zugleich *p* und *q*«. Aus dieser Konklusion und der übriggebliebenen Prämisse »*p*« ergibt sich aber nach dem dritten Syllogismus »nicht-*q*«[24].

Unverständlich blieb für Prantl ein anderes von Sextus angeführtes Beispiel, in welchem zweimal der erste Syllogismus angewendet wird. Das Beispiel lautet in allgemeiner Fassung: »wenn *p*, so wenn *p*, so *q*; nun aber *p*; also *q*«. Die Zurückführung geht in folgender Weise vor sich: Aus den Prämissen »wenn *p*, so wenn *p*, so *q*« und »*p*« bekommt man zunächst auf Grund des ersten Syllogismus die Konklusion »wenn *p*, so *q*«. Aus dieser Konklusion und der Prämisse »*p*« ergibt sich wieder nach dem ersten Syllogismus »*q*«[25]. Die hier behandelte Schlußformel ist höchst interessant; sie entspricht nämlich einer These des Aussagenkalküls, die unlängst von Hilbert und Bernays zum Rang eines Axioms erhoben wurde[26].

Die Anzahl der abgeleiteten Schlußformeln soll sehr groß gewesen sein[27]. Von den auf uns gekommenen Schlußformeln verdient unsere Aufmerksamkeit noch der folgende Syllogismus, den Origenes anführt: »Wenn *p*, so *q*; so nicht-*q*; also nicht-*p*«. Auch das Beispiel, das hierzu gegeben wird, ist sehr interessant: »Wenn du weißt, daß du tot bist, so bist du tot (denn man kann nicht etwas Falsches wissen); wenn du weißt, daß du tot bist, so bist du nicht tot (denn der Tote weiß nichts); also weißt du nicht, daß du tot bist«[28]. Die obige Stelle aus Origenes ist überdies auch deshalb wichtig, weil sie uns Aufschluß gibt über die Bedeutung eines bisher irrtümlich gedeuteten Ausdrucks der stoischen Dialektik[29].

Im Zusammenhang mit der stoischen Aussagenlogik möchte ich noch einige Fragen allgemeiner Natur berühren. Es wird immer wieder den Stoikern vorgeworfen, daß in ihrer Logik sowohl der allertrivialste Empirismus als auch der leerste Formalismus zum Vorschein kommt. So sagt z. B. Prantl (I, S. 457), indem er die von den Stoikern gegebenen Beispiele für die Implikation anführt, es seien dies »Beispiele, aus welchen doch hinreichend ersichtlich ist, daß sowohl das plumpeste empirische Kriterium vorliegt als auch an jedem Verständnisse des Kausalnexus zwischen Wesen und Inhärenzien es gänzlich gebricht«. Das abfällige Urteil Prantls ist nicht begründet. Werden für logische Formeln Beispiele aus der Empirie gegeben, so muß doch für solche Beispiele das Wahrheitskriterium irgendwie empirisch sein. Die Beispiele gehören jedoch nicht zur Logik, und in der Logik selbst findet man bei den Stoikern auch nicht die geringste Spur von Empirismus. Wenn es heißt, daß es den Stoikern an Verständnis für den Kausalnexus gebricht, so läßt sich daraus nur das Eine entnehmen, daß Prantl den von der Stoa rezipierten Philonischen Begriff der Implikation gar nicht versteht. In der zweiwertigen Logik *kann* es keinen anderen Begriff der Implikation geben, als den Philonischen. Das hat weder mit dem Empirismus noch mit dem Kausalnexus etwas zu tun, denn der Ausdruck »wenn *p*, so *q*« bedeutet nicht dasselbe, wie »aus *p* folgt *q*«.

Der Vorwurf des Formalismus, der bereits im Altertum öfters erhoben wurde[30], ist zwar berechtigt, nur daß er in unseren Augen gar kein Vorwurf ist. Der Formalismus, oder besser gesagt, die *Formalisation*, bedeutet die ideale Exaktheit, die jedes deduktive System zu erreichen strebt. Wir sagen nämlich, daß ein deduktives, axiomatisch aufgebautes System *formalisiert* ist, wenn die Richtigkeit der Ableitungen im System nachgeprüft werden kann, ohne daß man auf die *Bedeutungen* der in den Ableitungen benützten Ausdrücke und Symbole zurückzugehen braucht, sofern man nur die Schlußregeln versteht. In diesem Sinne haben die Stoiker den Formalismus angebahnt, und das kann ihnen nicht hoch genug angerechnet werden. Sie hielten sich streng an Worte, und nicht an deren *Bedeutungen,* was die Hauptbedingung der Formalisation ist, und zwar taten sie das im bewußten Gegensatz zu den Peripatetikern. Alexander äußert sich gelegentlich, daß das Wesen des Syllogismus nicht in Worten liegt, sondern darin, was die Worte bedeuten[31]. Die Stoiker würden gewiß das Entgegengesetzte behaupten. Denn trotzdem sie z. B. annahmen, daß die Ausdrücke »wenn p, so q« und »aus p folgt q« gleichbedeutend sind, was übrigens nicht richtig ist, so bezeichneten sie doch die Schlußformel: »aus p folgt q; nun aber p; also q« *nicht* als einen Syllogismus, wenn auch die nach ihrer Ansicht gleichbedeutende Formel: »wenn p, so q; nun aber p; also q« ein Syllogismus ist[32].

Im Anschluß an diesen Gegensatz zwischen den stoischen und der peripatetischen Schule drängt sich uns schließlich die Frage auf, ob die Stoiker von der prinzipiellen Bedeutung ihrer Aussagenlogik etwas gewußt haben, und insbesondere, ob sie sich bewußt waren, ein von dem Aristotelischen verschiedenes System der Logik geschaffen zu haben. Den ersten Teil dieser Frage glaubt Scholz verneinen zu müssen[33]. Über den zweiten Teil der Frage stehen uns zwei bisher wenig beachtete Nachrichten zur Verfügung.

Im Kommentar zur Aristotelischen Topik zählt Alexander unter dem Stichwort »synkritische Probleme« einige im Altertum diskutierte Streitfragen auf, wie z. B. ob der Mond größer sei als die Erde, oder ob das chirurgische Heilverfahren dem Verfahren durch Arzneimittel vorzuziehen sei. Dabei erwähnt er auch folgende vergleichende Probleme aus der Logik: »ob die Induktion überzeugender sei als der Syllogismus, und welcher Syllogismus der erste sei, der kategorische oder der hypothetische, und welche Schlußfigur die erste oder die bessere sei«[34].

Es interessiert uns hier die *zweite* Frage, welcher Syllogismus der erste sei, der kategorische oder der hypothetische. Nun ist der kategorische Syllogismus der Aristotelische, der hypothetische dagegen der stoische. Unsere Streitfrage betrifft daher das Verhältnis der Aristotelischen Logik zur stoischen, und geht darauf hinaus, festzustellen, welches von diesen Systemen das *erste,* d. h. nach meinem Urteil, das *logisch frühere* ist.

Eine Antwort auf diese Frage finden wir in der höchst interessanten von Galenus verfaßten Einleitung in die Logik. Galenus berichtet, daß Boethos, nach Ammonius der elfte seit Aristoteles Vorsteher der peripatetischen Schule, der zu den scharfsinnigsten Logikern seiner Zeit gezählt wurde, obwohl selbst ein Peripatetiker, die hypothetischen, nicht aber die kategorischen Syllogismen als die ersten betrachtete. Demgegenüber erhebt Galenus den Einwurf, daß die kategorischen Prämissen als einfache Aussagen logisch frühere sind als die aus ihnen zusammengesetzten hypothetischen. Er scheint jedoch diesem Argument sowie der ganzen Streitfrage keine größere Bedeutung beizulegen, denn er meint, es sei bei diesen Streitigkeiten weder viel zu finden noch viel zu verlieren. Man müsse eben sowohl die einen Syllogismen kennenlernen, als auch die anderen; aber in welcher Reihenfolge das geschehen soll oder welche von ihnen als die ersten bezeichnet werden sollen, das möge jeder nach seinem Belieben entscheiden[35].

Aus diesen beiden Fragmenten dürfen wir m. E. den Schluß ziehen, daß den

Stoikern nicht nur die Verschiedenheit ihres eigenen logischen Systems von dem Aristotelischen bewußt war, sondern daß sie auch das Verhältnis der beiden Systeme zueinander richtig beurteilten. Wir wissen heute, daß die Aussagenlogik ein logisch früheres System ist als die Namenlogik. Analysiert man die Beweise, die Aristoteles in der Analytik führt, um die Syllogismen der zweiten und der dritten Figur auf die Syllogismen der ersten Figur zurückzuführen, so sieht man deutlich, daß überall Thesen aus der Aussagenlogik zu Hilfe genommen werden müssen. Der Syllogismus, der später den Namen »Baroco« erhielt, läßt sich auf »Barbara« ohne die aussagenlogische These »wenn (wenn p und q, so r), so (wenn p und nicht-r, so nicht-q)« nicht formal zurückführen. Nun entspricht dieser These eine Schlußformel, welche, wie wir oben gesehen haben, den Stoikern gut bekannt war. Es ist im höchsten Grade wahrscheinlich, daß die Anwendung dieser Schlußformel auf die Aristotelischen Syllogismen den Stoikern nicht entgangen ist. Wir wissen auch, daß der Aussagenlogik eine bei weitem größere Bedeutung zukommen als jenem dürftigen Fragment der Namenlogik, das in der Syllogistik des Aristoteles verkörpert ist. Die Aussagenlogik ist das Fundament aller logischen und mathematischen Systeme. Wir müssen den Stoikern dankbar sein, daß sie die Grundlagen zu dieser herrlichen Theorie gelegt haben.

Daß stoische Einflüsse im Mittelalter fortwirken, davon weiß Prantl viel zu erzählen; daß aber die von den Stoikern geschaffene *Aussagenlogik* im Mittelalter eine weitere Entwicklung erfährt, davon scheint bisher niemand gewußt zu haben. Es ist mir wieder nicht möglich, in alle Einzelheiten einzugehen, zumal die Quellen für die mittelalterliche Logik schwer zugänglich sind. Im folgenden will ich nur davon kurz Rechenschaft geben, was in den Summulae logicales des Petrus Hispanus, diesem klassischen Handbuch der mittelalterlichen Logik, samt dem Kommentar des Versorius dazu, sowie in den Schriften des subtilen Duns Scotus über die Aussagenlogik zu finden ist. Das schon im Altertum umstrittene Philonische Kriterium der wahren Implikation scheint dem Petrus Hispanus nicht bekannt zu sein. Dafür tritt bei ihm unter dem Namen der *Disjunktion* an Stelle der Chrysippischen »Entweder-oder-Verknüpfung« die nichtausschließende *Alternative* auf, und diese wird als Wahrheitsfunktion definiert[36]. Wir erfahren nämlich, daß die Disjunktion, d. i. die Verknüpfung zweier Aussagen mittels des Bindeworts »vel«, dann und nur dann falsch ist, wenn ihre beiden Glieder falsch sind. Sonst ist sie wahr, selbst dann, wenn ihre *beiden* Glieder wahr sind, was jedoch mit einem gewissen Widerstreben anerkannt wird[37].

Im Kommentar werden folgende zwei Schlußregeln für die Disjunktion aufgestellt: Es kann erstens aus der Disjunktion und der Negation des einen Gliedes das andere Glied erschlossen werden, z. B.: »Der Mensch ist ein Lebewesen oder das Pferd ist ein Stein; nun aber ist das Pferd kein Stein; also ist der Mensch ein Lebewesen.« Das ist eben der fünfte unbeweisbare Syllogismus der Stoiker; der vierte fehlt natürlich, da er nur für die ausschließende Disjunktion gültig ist. Zweitens, aus der Wahrheit des einen Gliedes kann die Wahrheit der Disjunktion erschlossen werden, z. B.: »Der Mensch läuft, also ist der Mensch ein Esel oder der Mensch läuft«[38]. Die Beispiele sind grotesk, nichtsdestoweniger sind sie klar genug. Die zweite Regel ist neu. Übrigens ist sie nur unter der Bedingung richtig, daß man die Disjunktion als nichtausschließende Alternative auffaßt.

Die Konjunktion, die hier den Namen der *kopulativen* Aussage führt, wird von Petrus Hispanus in ebenderselben Weise als Wahrheitsfunktion definiert, wie von den Stoikern. Neu scheint nur die Schlußregel zu sein, die im Kommentar hinzugefügt wird: Aus der Konjunktion kann jedes ihrer Glieder erschlossen werden, z. B.: »Der Mensch ist ein Lebewesen und Gott ist, also ist der Mensch ein Lebewesen«[39].

Im Zusammenhang damit findet man im Kommentar zu Petrus Hispanus die folgende schöne Bemerkung: Eine Konjunktion, heißt es, und eine Disjunktion mit einander widersprechenden Gliedern widersprechen einander[40]. Damit soll gesagt werden, daß folgende Aussagen zueinander im Widerspruch stehen: »*p* und *q*« sowie »nicht-*p* oder nicht-*q*«, ebenso »*p* oder *q*« sowie »nicht-*p* und nicht-*q*«. Mit anderen Worten, »*p* und *q*« ist der Negation von »nicht-*p* oder nicht-*q*« äquivalent, ebenso wie »*p* oder *q*« der Negation von »nicht-*p* und nicht-*q*«. Daraus ergibt sich, daß die sogenannten De Morganschen Gesetze lange vor De Morgan bekannt waren.

Zuletzt lesen wir im Kommentar an ebenderselben Stelle, daß das kontradiktorische Gegenteil einer Aussage nicht »wahrer« gebildet werden kann, als daß man der Aussage das Negationszeichen *voranstellt*[41]. Hier tritt der stoische Einfluß, wie wir schon oben erwähnt haben, besonders deutlich hervor. Alle obigen Schlußregeln, sowie die zuletzt angeführte Bemerkung findet man auch bei Duns Scotus. Es scheint also, daß sie im Mittelalter allgemein anerkannt waren.

Die stoische Aussagenlogik lebt im Mittelalter insbesondere in der Lehre von den »Konsequenzen« fort. Unter einer *Konsequenz* verstehen die mittelalterlichen Logiker sowohl eine Implikation als auch eine Schlußformel vom Typus »*p*, also *q*«, wobei »*p*« und *q*« Aussagen sind. In der Regel jedoch werden die Konsequenzen als *Schlußformeln* dargestellt[42]. Die Konsequenzen werden in formale und materiale eingeteilt. *Formal* ist die Konsequenz, wenn sie für alle Terme gilt bei der gleichen Anordnung und Form dieser Terme; im entgegengesetzten Falle heißt sie *material*. Formale Konsequenzen sind als logische Gesetze immer richtig. Eine materiale Konsequenz ist nur dann richtig oder »*gut*« (»bona«), wenn sie durch Hinzunahme einer wahren Aussage als Prämisse zu einer formalen Konsequenz reduziert werden kann. Ist die Aussage, die hinzugenommen werden soll, notwendig wahr, so heißt die Konsequenz »bona simpliciter«, ist sie nur kontingent wahr, so heißt die Konsequenz »bona ut nunc«. Der letztere Unterschied scheint mir keine größere Bedeutung zu haben[43].

In späteren mittelalterlichen Handbüchern der Logik werden nun im Kapitel »de consequentiis« unter verschiedenen anderen formalen Konsequenzen auch solche angeführt, die zur Aussagenlogik gehören. Einige von diesen Konsequenzen haben wir schon oben kennengelernt. Es wäre wünschenswert, daß jemand sich die Mühe nimmt, *alle* zusammenzustellen; dann hätten wir ein *volles* Bild von der Aussagenlogik des Mittelalters.

Die Lehre von den Konsequenzen verdient aber noch aus einem anderen Grunde die größte Beachtung. Aus dem hier aufgestellten Begriff der materialen Konsequenz kann ganz folgerichtig und auf eine völlig unerwartete Weise der im Mittelalter vergessene Philonische Begriff der Implikation wiederabgeleitet werden. Es lohnt sich, auf diese Ableitung näher einzugehen.

Der Schlußformel »*p*, also *q*« entspricht die Implikation »wenn *p*, so *q*«; beide Formen werden sogar in gleicher Weise als Konsequenzen bezeichnet. Einer guten Konsequenz entspricht somit eine wahre Implikation, und umgekehrt. Eine materiale Konsequenz ist gut, wenn sie durch Hinzunahme einer wahren Prämisse in eine formale Konsequenz verwandelt werden kann. Daraus ergibt sich zuerst, daß jede Implikation, deren Nachsatz wahr ist, wahr sein muß. Ist nämlich »*q*« wahr, so ist die materiale Konsequenz »*p*, also *q*« für beliebiges *p* gut; denn wird die laut Voraussetzung wahre Aussage »*q*« als Prämisse hinzugenommen, so erhält man die Schlußformel »*p* und *q*, also *q*«, und diese Schlußformel ist eine *formale* Konsequenz, wie wir schon oben gesehen haben. Es ergibt sich zweitens, daß jede Implikation, deren Vordersatz falsch ist, auch wahr sein muß. Ist nämlich »*p*« falsch, so ist die materiale Konsequenz »*p*, also *q*« für beliebiges *q* gut; denn wird die wahre Aussage »nicht-*p*«, d. h. das kontradiktorische Gegenteil der laut Voraussetzung falschen Aussage »*p*«, als Prämisse hinzugenommen, so bekommt man die Schlußregel »*p* und nicht-*p*, also *q*«, und diese Schlußregel ist eine *formale* Konsequenz, wie wir weiter unten sehen werden. In drei Fällen somit (»wahr-wahr«, »falsch-wahr« und »falsch-falsch«) ist die Implikation wahr; im vierten Fall (»wahr-falsch«) ist sie selbstverständlich falsch. Damit ist die Implikation streng nach Philonischem Muster als eine Wahrheitsfunktion definiert.

Duns Scotus scheint diese Folgerung entgangen zu sein. Doch hat er alle Voraussetzungen dazu klar erkannt. Er weiß nämlich, daß jede falsche Aussage eine beliebige andere Aussage in einer guten materialen Konsequenz nach sich zieht, ebenso wie jede wahre Aussage in einer guten materialen Konsequenz sich aus einer beliebigen anderen Aussage ergibt. Und er beweist schließlich, daß aus einer Aussage, die einen formalen Widerspruch enthält, jede beliebige Aussage in *formaler* Konsequenz abgeleitet werden kann[44]. Der Beweis wird an einem Beispiel geführt und lautet wie folgt: Die Konsequenz »Sokrates läuft und Sokrates läuft nicht, also bist du in Rom« ist formal richtig. Aus der Konjunktion nämlich »Sokrates läuft und Sokrates läuft nicht« ergibt sich in formaler Konsequenz sowohl die Aussage »Sokrates läuft«, als auch die Aussage »Sokrates läuft nicht«. Aus der Aussage »Sokrates läuft« folgt wieder in formaler Konsequenz die Disjunktion »Sokrates läuft oder du bist in Rom«. Aus dieser Disjunktion und der Negation ihres ersten Gliedes bekommt man endlich in formaler Konsequenz die Aussage »du bist in Rom«[45]. Mit dem Zusammenbruch der mittelalterlichen Scholastik sind alle diese schönen Untersuchungen in gänzliche Vergessenheit geraten.

Die »philosophische« Logik der Neuzeit ist von der Psychologie und Erkenntnistheorie durch und durch verseucht. Für formallogische Fragen hat sie kein Verständnis noch Interesse. Allenfalls wird noch die Aristotelische Syllogistik in traditioneller Verunstaltung berücksichtigt, von der Aussagenlogik findet man kaum eine Spur. Vergeblich sucht man nach neuen, exakt formulierten und methodisch gelösten Problemen. Alles zerfließt in vagen philosophischen Spekulationen.

Ihre Wiedergeburt erfährt die neuzeitliche Logik aus dem Geiste der Mathematik. In der »mathematischen« Logik oder *Logistik* entsteht eine neue Logik, die sich in wenigen Jahrzehnten zur vollen Blüte entfaltet. Damit kommt auch die Aussagenlogik wieder zu ihrem Recht. Und da begegnen wir auf einmal einem in der Geschichte der Logik einzigartigen Phänomen: Ganz unvermittelt, ohne daß es möglich wäre, eine historische Erklärung anzugeben, entspringt die moderne Aussagenlogik in einer beinahe höchsten Vollkommenheit dem genialen Kopfe Gottlob Freges, dieses größten Logikers unserer Zeiten. Im Jahre 1879 gibt Frege eine kleine, aber inhaltlich schwerwiegende Abhandlung heraus unter dem Titel: »Begriffsschrift, eine der arithmetischen nachgebildete Formelsprache des reinen Denkens«. In dieser Abhandlung ist die ganze Aussagenlogik zum erstenmal in streng axiomatischer Form als deduktives System aufgestellt[46]. Das Fregesche System der Aussagenlogik ist auf zwei Grundbegriffen aufgebaut, auf der Negation und der Implikation. Die Implikation wird als Wahrheitsfunktion in ganz derselben Weise definiert, wie es vor mehr als 2000 Jahren Philon getan hat. Andere Funktionen werden nicht eingeführt, doch kann der Ausdruck »wenn nicht-*p*, so *q*« auch als »*p* oder *q*« gelesen werden, und der Ausdruck »nicht- (wenn *p*, so nicht-*q*)« als »*p* und *q*«. Mit Hilfe der Grundbegriffe werden sechs »Kernsätze« oder Axiome aufgestellt, aus denen alle anderen Theoreme der Aussagenlogik vermittels zweier Schlußregeln abgeleitet werden können, und zwar mittels der *Abtrennungsregel,* die ausdrücklich als Schlußregel formuliert wird, und der *Einsetzungsregel,* die nur angewendet, aber nicht formuliert wird. Als Abtrennungsregel (der Name stammt nicht von Frege) fungiert der erste unbeweisbare Syllogismus der Stoiker: Sind sowohl die Implikation »wenn α, so β« als auch der Vordersatz dieser Implikation »α« anerkannte Thesen des Systems, so darf auch der Nachsatz dieser Implikation »β« anerkannt und als neue These von der Implikation abgetrennt werden. Was die Einsetzungsregel anbelangt, so dürfen für die Variablen nur sinnvolle Ausdrücke eingesetzt werden. *Sinnvolle* Ausdrücke (dieser Begriff kommt übrigens in der »Begriffsschrift« nicht vor) sind zunächst die Variablen, sodann Negationen vom Typus »nicht-α« sofern »α« ein sinnvoller Ausdruck ist, schließlich Implikationen vom Typus »wenn α so β« sofern »α« und »β« sinnvolle Ausdrücke sind. Die Thesen des Systems, d. h. Axiome und Theoreme, werden in einer Symbolik ausgedrückt, die aus senkrechten und waagrechten Strichen besteht und äußerst viel Raum einnimmt. Diese Fregesche Symbolik hat aber den Vorteil, daß alle Interpunktionszeichen, wie Klammern, Punkte und dgl., vermieden werden. Es ist mir gelungen, eine einfachere klammerfreie Symbolik zu erfinden, die möglichst wenig Raum beansprucht. Die Klammern werden dadurch vermieden, daß man die Funktoren »wenn« und »nicht« den Argumenten voranstellt. Der Ausdruck »wenn *p*, so *q*« wird in meiner Symbolik durch »*Cpq*« dargestellt, »nicht-*p*« durch »*Np*«. Zu jedem »*C*« gehören als Argumente zwei unmittelbar auf »*C*« folgende sinnvolle Ausdrücke, zu jedem »*N*« gehört *ein* solcher Ausdruck. Die Fregeschen Axiome nehmen in dieser Symbolik die folgende Gestalt an:

I *CpCqp*
II *CCpCqrCCpqCpr*
III *CCpCqrCqCpr*
IV *CCpqCNqNp*
V *CNNpp*
VI *CpNNp*.

Dieses Axiomensystem ist vollständig, d. h. alle richtigen Thesen der Aussagenlogik können aus ihm mittels der beiden Schlußregeln abgeleitet werden. Es hat nur einen »Schönheitsfehler«: Das System ist nicht unabhängig, denn das dritte Axiom kann aus den zwei ersten erschlossen werden. Die Ableitung, die hier unten durchgeführt ist, gibt auch zugleich eine Vorstellung davon, wie ein modernes formalisiertes System der Aussagenlogik aussieht. Zur Erläuterung der Ableitungstechnik füge ich folgende Bemerkungen hinzu[47]: Vor einer jeden abzuleitenden These, die alle mit laufenden Nummern versehen und dadurch als Thesen kenntlich sind, befindet sich eine nicht-numerierte Zeile, die von mir die »Beweiszeile« genannt wird. Jede Beweiszeile besteht aus zwei Teilen, die durch das Zeichen »×« getrennt sind. Was vor und nach diesem Trennungszeichen steht, bezeichnet dieselbe Formel, nur auf eine andere Weise. Vor dem Trennungszeichen ist die Einsetzung angegeben, die an einer bereits gegebenen These ausgeführt werden soll. Z. B. in der Beweiszeile, die zur These I gehört, bedeutet der Ausdruck *»I p/CCpCqrCCpqCpr, q/Cqr«*, daß in I für *»p« »CCpCqrCCpqCpr«* und für *»q« »Cqr«* eingesetzt werden soll. Die These, die durch diese Einsetzung entsteht, ist im Beweisgang der Kürze halber weggelassen; sie sieht folgendermaßen aus:

I' *CCCpCqrCCpqCprCCqrCCpCqrCCpqCpr*

Der Ausdruck nach dem Trennungszeichen *»CII-I«* deutet die Konstruktion ebenderselben These I' an, und zwar in einer solchen Weise, die einleuchtend klar macht, daß auf I' die Abtrennungsregel angewendet werden kann. Man sieht nämlich, daß These I vom Typus »Cαβ« ist, wo »α« das Axiom *II* bezeichnet; also kann von ihr »β«, oder I, als neue These abgetrennt werden. Bis zur These 3 ist die Ableitung genau dem Fregeschen Gedankengang nachgebildet.

I *CpCqp*
II *CCpCqrCCpqCpr*

Ip/CCpCqrCCpqCpr, q/Cqr × CII−1
1 *CCqrCCpCqrCCpqCpr*
IIp/Cqr,q/CpCqr,r/CCpqCpr × C1−2
2 *CCCqrCpCqrCCqrCCpqCpr*
2 × CIp/Cqr,q/p−3
3 *CCqrCCpqCpr*
IIp/Cqr,q/Cpq,r/Cpr × C3−4
4 *CCCqrCpqCCqrCpr*
Ip/CpCqp,q/r × CI−5
5 *CrCpCqp*
4q/Cpq,p/q × C5r/CCpqr,p/q,q/p−6
6 *CCCpqrCqr*
3q/CCpqr,r/Cqr,p/s × C6−7
7 *CCsCCpqrCsCqr*
7s/CpCqr,r/Cpr × CII−8
8 *CCpCqrCqCpr* (III)

Die von den Stoikern begründete, von den Scholastikern fortgeführte und von Frege axiomatisch aufgebaute zweiwertige Aussagenlogik steht nunmehr als ein fertiges System vor unseren Augen da. Die wissenschaftliche Forschung kennt jedoch keine Grenzen. In den »mehrwertigen« Systemen der Aussagenlogik ist in den letzten Jahren ein neues Forschungsgebiet entstanden, das überraschende und bisher ungeahnte Ausblicke eröffnet. Über diese neue Logik wird jedoch die Geschichte erst in der Zukunft zu berichten haben.

1 Sextus adv. math. VIII 292 (fehlt bei Arnim): εἰ τὸ πρῶτον, τὸ πρῶτον. – So verdienstvoll auch die Sammlung H. v. Arnims ist (Stoicorum veterum fragmenta, Bd. II, Leipzig 1903), so reicht sie doch als Quellenmaterial zur stoischen Dialektik bei weitem nicht aus.

2 Alexander in anal. pr. comm. ed. Wallies, S. 34, 19: γίνεται ... τὸ Α τινὶ τῷ Α μὴ ὑπάρχον, ὅπερ ἄτοπον.

3 K. Prantl, Geschichte der Logik im Abendlande, Bd. I–IV, Leipzig 1855–70, Bd. II, 2. Aufl., Leipzig 1885.

4 Sextus adv. math. VIII 227 (Arnim II 242, S. 81, 22): εἰ τὸ πρῶτον, τὸ δεύτερον· τὸ δέ γε πρῶτον· τὸ ἄρα δεύτερον.

5 Apuleius de interpr. 279 (Arnim II, S. 81, Anm.): Stoici porro pro litteris numeros usurpant, ut »si primum, secundum; atqui primum; secundum igitur«.

6 Diogenes Laert. VII, 76 (zit. bei Prantl I, S. 471, Anm. 177, fehlt bei Arnim): εἰ ζῇ Πλάτων, ἀναπνεῖ Πλάτων· ἀλλὰ μὴν τὸ πρῶτον· τὸ ἄρα δεύτερον.

7 Aristoteles an. pr. II 11, 61 b 34: εἰ γὰρ τὸ Α παντὶ τῷ Β καὶ τὸ Γ παντὶ τῷ Α, τὸ Γ παντὶ τῷ Β (sc. ὑπάρχει).

8 Diese Auffassung der stoischen Dialektik vertrete ich schon seit 1923; vgl. Łukasiewicz, Philosophische Bemerkungen zu mehrwertigen Systemen des Aussagenkalküls. Comptes Rendus des séances de la Société des Sciences et des Lettres de Varsovie XXIII. 1930. Cl. III. S. 77. [Beitrag n. 7., S. 100 ff.] Ich freue mich, in H. Scholz, Geschichte der Logik, Berlin 1931, S. 31, einen Anhänger dieser Ansicht gefunden zu haben.

9 Sextus hyp. pyrrh. II 137 (fehlt bei Arnim, der jedoch II 239, S. 78, 15 die parallele Stelle aus adv. math. VIII 415/16 anführt): ἐν τούτῳ τῷ (λόγῳ) »εἰ ἡμέρα ἔστι, φῶς ἔστιν· ἀλλὰ μὴν ἡμέρα ἔστιν· φῶς ἄρα ἔστιν« τὸ μὲν »φῶς ἄρα ἔστιν« συμπέρασμά ἐστι, τὰ δὲ λοιπὰ λήμματα. τῶν δὲ λόγων οἱ μέν εἰσι συνακτικοὶ οἱ δὲ ἀσύνακτοι, συνακτικοὶ μέν, ὅταν τὸ συνημμένον τὸ ἀρχόμενον μὲν ἀπὸ τοῦ διὰ τῶν τοῦ λόγου λημμάτων συμπεπλεγμένου, λῆγον δὲ εἰς τὴν ἐπιφορὰν αὐτοῦ, ὑγιὲς ᾖ, οἷον ὁ προειρημένος λόγος συνακτικός ἐστιν, ἐπεὶ τῇ διὰ τῶν λημμάτων αὐτοῦ συμπλοκῇ ταύτῃ »ἡμέρα ἔστι καὶ εἰ ἡμέρα ἔστι, φῶς ἔστιν« ἀκολουθεῖ τὸ »φῶς ἔστιν« ἐν τούτῳ τῷ συνημμένῳ· »εἰ ἡμέρα ἔστι καὶ εἰ ἡμέρα ἔστι, φῶς ἔστι, φῶς ἔστιν«.

10 Cicero acad. pr. II 95 (Arnim II 196, S. 63): Fundamentum dialecticae est, quidquid enuntietur, id autem appellant ἀξίωμα ..., aut verum esse aut falsum.

11 Boethius ad Arist. de interpr. ed. secunda, Meiser, S. 208 (fehlt bei Arnim): Putaverunt autem quidam, quorum Stoici quoque sunt, Aristotelem dicere in futuro contingentes nec veras esse nec falsas. – Vgl. dazu meine oben, Anm. 8, zitierte Mitteilung, S. 75 ff.

12 Apuleius de interpr. 266 (Arnim II 204a, S. 66): Solum autem abdicativum vocant, cui negativa particula praeponitur. – Als Zeichen der Aussagennegation dient das Wörtchen »οὐχί«.

13 Vgl. Anm. 41.

14 Cicero acad. pr. II 143 (Arnim II 285, S. 93): In hoc ipso, quod in elementis dealectici docent, quo modo iudicare oporteat, verum falsumne sit, siquid ita conexum est, ut hoc: »si dies est, lucet«, quanta contentio est. aliter Diodoro, aliter Philoni, Chrysippo aliter placet.

15 Sextus adv. math. VIII 113: ὁ μὲν Φίλων ἔλεγεν ἀληθὲσ γίνεσθαι τὸ συνημμένον (= Implikation), ὅταν μὴ ἄρχηται ἀπ' ἀληθοῦς καὶ λήγῃ ἐπι ψεῦδος, ὥστε τριχῶς μὲν γίνεσθαι

κατ' αὐτὸν ἀληθὲς συνημμένον, καθ' ἕνα δὲ τρόπον ψεῦδος. – Es folgt die Aufzählung aller vier Fälle mit Angabe von Beispielen.

16 Sextus adv. math. VIII 115: Διόδωρος δὲ ἀληθὲς εἶναί φησι συνημμένον ὅπερ μήτε ἐνεδέχετο μήτε ἐνδέχεται ἀρχόμενον ἀπ' ἀληθοῦς λήγειν ἐπὶ ψεῦδος.

17 Sextus adv. math. I 309: τὸ ὑπὸ τοῦ Καλλιμάχου εἰς Διόδωρον τὸν Κρόνον συγγραφέν (sc. ἐπιγραμμάτιον)· ἠνὶ δέ κου κόρακες τεγέων ἔπι κοῖα συνῆπται κρώζουσι ...

18 In der Meinung, daß der Begriff der »materialen Implikation«, der eben von Philon stammt, zu Paradoxien führt, wie: »eine falsche Aussage impliziert jede Aussage« und »eine wahre Aussage wird von jeder Aussage impliziert« (vgl. unten, Anm. 44, die Stellen aus Duns Scotus), will Lewis die »materiale Implikation« durch die »strikte Implikation« ersetzen, die er in folgender Weise definiert: »*p* implies *q*« or »*p* strictly implies *q*« is to mean »It is false that it is possible that *p* should be true and *q* false«. Vgl. C. I. Lewis u. C. H. Langford, Symbolic Logic, New York u. London (1932), S. 122 u. 124.

19 Hyp. pyrrh. II 104 und adv. math. VIII, 245 (Arnim II 221, S. 72, 32). – Vgl. auch Diogenes Laert. VII 81 (Arnim II 243, S. 81).

20 Sextus adv. math. VIII 125 (Arnim II 211, S. 69): (λέγουσιν) ὑγιὲς εἶναι συμπεπλεγμένον (= Konjunktion) τὸ πάντ' ἔχον ἐν αὐτῷ ἀληθῆ, οἷον τὸ »ἡμέρα ἔστι καί φῶς ἔστιν«, ψεῦδος δὲ τὸ ἔχον ψεῦδος.

21 Galenus institutio logica, ed. Kalbfleisch S. 9, 13: τὸ τοιοῦτον εἶδος τῆς λέξεως »εἰ μὴ νύξ ἐστιν, ἡμέρα ἐστιν« διεζευγμένον ἐστὶν ἀξίωμα τῇ φύσει τῶν πραγμάτων αὐτῇ, συνημμένου δὲ ἰδέαν ἔχει τῇ λέξει. – Die ausschließende Disjunktion heißt »διεζευγμένον«. Für die nichtausschließende Alternative verwendet Galenus den Ausdruck »παραδιεζευγμένον« (S. 35, 6).

22 Galenus inst. log. ed. Kalbfleisch, S. 15 (Arnim II 245, S. 82): ὃν ὁ Χρύσιππος ὀνομάζει πρῶτον ἀναπόδεικτον, ὁ τοιοῦτος τρόπος ἐστίν· »εἰ τὸ α', τὸ β'· τὸ δὲ α'· τὸ ἄρα β'.« ὃν ὁ Χρύσιππος δεύτερον ἀναπόδεικτον ὀνομάζει, τοιοῦτός ἐστιν· »εἰ τὸ α', τὸ β'· οὐχὶ δὲ τό β'· οὐκ ἄρα τὸ α‹«. – Κἀπὶ τοῦ τρίτου κατὰ τοῦτον ... τοιοῦτος ὁ τρόπος ἐστίν· »οὐχὶ τό τε ά καὶ τὸ β'· (τὸ δὲ α'· οὐκ ἄρα τὸ β').« – κἀπὶ τοῦ τετάρτου κατὰ τὸν αὐτόν ... τοιοῦτός τις ὁ τρόπος ἐστίν· »ἤτοι τὸ α' ἢ τὸ β'· τὸ δὲ α'· οὐκ ἄρα τὸ β‹«. – κἀπὶ τοῦ πέμπτου ... τοιοῦτός ἐστιν ὁ τρόπος· »ἤτοι τὸ α' ἢ τὸ β'· (οὐχὶ δὲ τὸ β'· τὸ ἄρα α')«. – Vgl. auch Arnim II, 241 u. 242. S. 79–81.

23 Prantl (I, S. 474), der die stoische Logik geradezu haßt, schreibt dazu wörtlich: »Hierbei nun braucht die grenzenlose Stupidität in der Trennung des IV. und V. Modus wohl nicht noch besonders hervorgehoben zu werden«. Es ist beschämend, einer solchen Äußerung in einem wissenschaftlichen Werk zu begegnen, zumal sie auf Unkenntnis der Logik beruht. Prantl meint weiter, Chrysippos habe eben die fünf Syllogismen dem Theophrast entnommen, und »jeder, welcher bloß fremde Produkte abschreibt, läuft hierbei Gefahr, nur seine eigene Dummheit zur Schau zu tragen«. Hierin steckt wieder eine historische Unwahrheit. Es läßt sich nicht quellenmäßig nachweisen, daß Theophrast die oben genannten Syllogismen erdacht oder auch nur gekannt hat.

24 Sextus adv. math. VIII 235, 236 (fehlt bei Arnim): Die Schlußformel lautet: »εἰ τὸ πρῶτον καὶ τὸ δεύτερον, τὸ τρίτον· οὐχὶ δέ γε τὸ τρίτον, ἀλλὰ καὶ τὸ πρῶτον· οὐκ ἄρα τὸ δεύτερον.« Zum Schluß der Zurückführung heißt es: ὥστε δύο εἶναι ἀναποδείκτους, ἕνα μὲν τοιοῦτον· »εἰ τὸ πρῶτον καὶ τὸ δεύτερον, τὸ τρίτον· οὐχὶ δέ γε τὸ τρίτον· οὐκ ἄρα τὸ πρῶτον καὶ τὸ δεύτερον«, ὅς ἐστι δεύτερος ἀναπόδεικτος, ἕτερον δὲ τρίτον τὸν οὕτως ἔχοντα· »οὐχὶ τὸ πρῶτον καὶ τὸ δεύτερον· ἀλλὰ μὴν τὸ πρῶτον· οὐκ ἄρα τὸ δεύτερον«.

25 Sextus adv. math. VIII 230–233 (fehlt bei Arnim). Der Text ist verdorben, obwohl unzweideutig klar. Richtig emendiert hat ihn erst E. Kochalsky in seiner Dissertation: De Sexti empirici adversus logicos, quaestiones criticae, Marburg 1911, S. 83-85. Doch schließt er seine Korrektur mit Berufung auf Zeller und Prantl in folgender Weise: Nimirum huiusmodi argumentum non simplex indemonstrabile per se est absurdissimum, sed Stoicos in syllogismis in inveniendis incredibilia paene gessisse inter ommnes constat. Man ersieht daraus, wie verderblich Prantls Einfluß war.

26 Hilbert u. Bernays, Grundlagen der Mathematik, Bd. I, Berlin 1934, S. 66. Die genannte These lautet in Worten: »wenn [wenn p, so (wenn p, so q)], so (wenn p, so q)«.

27 Cicero topica 14, 57 (zitiert von Zeller, Die Philosophie der Griechen III 1, 5. Aufl. 1923, S. 114 Anm. 1, fehlt bei Arnim): ex iis modis conclusiones innumerabiles nascuntur.

28 Origenes contra Celsum VII 15 (Werke Bd. II. ed. Koetschau, 1899, S. 166, fehlt bei Arnim): ὅταν δὲ δύο συνημμένα λήγῃ εἰς τὰ ἀλλήλοις ἀντικείμενα τῷ καλουμένῳ »διὰ δύο τροπικῶν« θεωρήματι ἀναιρεῖται τὸ ἐν ἀμφοτέροις τοῖς συνημμένοις ἡγούμενον ... καὶ ὑπάγεταί γε ὁ λόγος τρόπῳ τοιούτῳ· »εἰ τὸ πρῶτον, καὶ τὸ δεύτερον· εἰ τὸ πρῶτον, οὐ τὸ δεύτερον· οὐκ ἄρα τὸ πρῶτον«. φέρουσι δὲ καὶ ἐπὶ ὕλης τὸν τρόπον τοῦτον οἱ ἀπὸ τῆς Στοᾶς λέγοντες τό· »εἰ ἐπίστασαι ὅτι τέθνηκας, (τέθνηκας· εἰ ἐπίστασαι ὅτι τέθνηκας), οὐ τέθνηκας«. ἀκολουθεῖ τό· »οὐκ ἄρα ἐπίστασαι, ὅτι τέθνηκας«.

29 Die Stelle kennt weder Prantl noch Zeller, obwohl schon Fabricius (Sexti Empirici Opera, 2. Aufl. 1840, Bd. I. S. 112) auf sie hingewiesen hat. Der Ausdruck, um den es sich handelt, ist »διὰ δύο τροπικῶν« (»τροπικόν« ist eine nicht einfache Prämisse, z. B. eine Implikation). Von Prantl (I, S. 480) und Zeller (III 1, S. 114/5 Anm. 5) falsch interpretiert, bezeichnet der Ausdruck nach dem Obigen einen Syllogismus, in welchem zwei τροπικά, hier zwei Implikationen, als Prämissen vorkommen.

30 Galenus inst. log. ed. Kalbfleisch, S. 11, 6 (Arnim II 208, S. 69, 4): ἀλλ' οἱ περὶ Χρύσιππον κἀνταῦθα τῇ λέξει μᾶλλον ἢ τοῖς πράγμασι προσέχοντες τὸν νοῦν ...

31 Alexander in anal. pr. com. ed. Wallies, S. 372, 29: οὐκ ἐν ταῖς λέξεσιν ὁ συλλογισμὸς τὸ εἶναι ἔχει ἀλλ' ἐν τοῖς σημαινομένοις.

32 Alexander l. c. S. 373, 29 (Arnim II 253, S. 84): οἱ δὲ νεώτεροι ταῖς λέξεσιν ἐπακολουθοῦντες οὐκέτι δὲ τοῖς σημαινομένοις, οὐ ταὐτόν φασι γίνεσθαι ἐν ταίς εἰς τὰς ἰσοδυναμούσας λέξεις μεταλήψεσι τῶν ὅρων· ταὐτόν γὰρ σημαίνοντος τοῦ »εἰ τὸ Α, τὸ Β« τῷ »ἀκολουθεῖ τῷ Α τὸ Β« συλλογιστικὸν μὲν λόγον φασὶν εἶναι τοιαύτης ληφθείσης τῆς λέξεως· »εἰ τὸ Α, τὸ Β· τὸ δὲ Α· τὸ ἄρα Β«, οὐκέτι δὲ συλλογιστικὸν ἀλλὰ περαντικὸν τὸ »ἀκολουθεῖ τῷ Α τὸ Β· τὸ δὲ Α· τὸ ἄρα Β«.

33 Geschichte der Logik, S. 32.

34 Alexander in top. com. ed. Wallies, S. 218: ἔστιν ἔτι καὶ ἐν τῇ λογικῇ συγκριτικῶς τινα ζητούμενα, ώς τὸ πότερον πειστικώτερον, ἐπαγωγη ἢ συλλογισμός, καί ποῖος πρῶτος συλλογισμός, ὁ κατηγορικὸς ἢ ὁ ὑποθετικός, καὶ ποῖον σχῆμα πρῶτον ἢ βέλτιον.

35 Galenus inst. log. ed. Kalbfleisch, S. 17: καὶ μέντοι καὶ τῶν ἐκ τοῦ Περιπάτου τινὲς ὥσπερ καὶ Βοηθὸς οὐ μόνον ἀναποδείκτους ὀνομάζουσιν τοὺς ἐκ τὼν ἡγεμονικῶν λημμάτων συλλογισμούς, ἀλλὰ καὶ πρώτους· ὅσοι δὲ ἐκ κατηγορικῶν προτάσεων εἰσὶν ἀναπόδεικτοι συλλογισμοί, τούτους οὐκ ἔτι πρώτους ὀνμάζειν συγχωροῦσι· καίτοι καθ' ἕτερόν γε τρόπον οἱ τοιοῦτοι πρότεροι των ὑποθετικῶν εἰσιν, εἴπερ γε καὶ αἱ προτάσεις αὐτῶν ἐξ ὧν σύγκεινται πρότεραι βεβαίως εἰσίν· οὐδεὶς γάρ ἀμφισβητήσει τὸ μὴ οὐ πρότερον εἶναι τὸ ἁπλοῦν τοῦ συνθέτου. ἀλλὰ περὶ μὲν τῶν τοιούτων ἀμφισβητήσεων οὔτε εὑρεῖν οὔτε ἀγνοῆσαι μέγα· χρὴ γὰρ ἀμφότερα τὰ μέρη γιγνώσκειν τῶν συλλογισμῶν, καὶ τοῦτ'- ἔστι τὸ χρήσιμον, ὀνομάζειν δὲ τοὺς ἑτέρους ἢ διδάσκειν προτέρους ὡς ἑκάστῳ φίλον.

36 Prantl (III, S. 43) weiß nichts davon zu berichten, denn er merkt nicht den Unterschied, der zwischen der Disjunktion und der Alternative besteht.

37 Summulae, tract. I, de disiunctiva (von Prantl III, S. 43, Anm. 158 nur im Auszuge angeführt; ich zitiere nach einer verhältnismäßig späten Ausgabe: Petri Hispani Summulae Logicales cum Versorii Parisiensis clarissima expositione, Venetiis 1597 apud Matthaeum Valentinum, die an verschiedenen Stellen von den bei Prantl angeführten Texten abweicht): Disiunctiva est illa, in qua coniunguntur duae propositiones categoricae per hanc coniuncitionem »vel« aut aliam sibi aequivalentem, ut »Socrates currit vel Plato disputat«. Ad veritatem disiunctivae sufficit, alteram partem esse veram, ut »homo est animal vel equus est asinus«, tamen permittitur, quod utraque pars eius sit vera, sed non ita proprie, ut »homo est animal vel equus est hinnibilis«. Ad falsitatem eius oportet, utramque partem eius esse falsam, ut »homo est asinus vel equus est lapis«.

38 Summulae l. c.: dupliciter arguitur a disiunctivis. Uno modo, a tota disiunctiva cum destruc-

tione unius partis ad positionem alterius, ut »homo est animal vel equus est lapis; sed equus non est lapis, igitur homo est animal«. Secundo modo, arguendo a veritate unius partis ad veritatem totius, et est bona consequentia, unde bene sequitur, haec est vera »homo currit«, igitur haec est vera »homo est asinus vel homo currit«.

39 Summulae, tract. I, de copulativa: arguendo a tota copulativa ad veritatem cuiuslibet partis eius seorsum, est bona consequentia. ut bene sequitur »homo est animal et Deus est, ergo homo est animal«.

40 Summulae l. c.: copulativa et disiunctiva de partibus contradicentibus contradicunt. – Denselben Gedanken, der hier etwas zu knapp ausgedrückt ist, spricht Occam viel deutlicher aus: Opposita contradictoria disiuncitvae est una copulativa composita ex contradictoriis partium ipsius disiunctivae. (Vgl. Prantl III, S. 396 Anm. 958).

41 Summulae l. c.: non est verius dare contradictionem, quam toti propositioni praeponere negationem.

42 Duns Scotus, Quaestiones super anal. pr. I, 10 (Prantl III, S. 139 Anm. 614): Consequentia est propositio hypothetica composita ex antecedente et consequente mediante coniunctione conditionali vel rationali. – Als »coniunctio conditionalis« wird »si« angegeben, als »coniunctio rationalis« gilt »igitur« oder »ergo«.

43 a. a. O. (Prantl III, S. 139 Anm. 615, S. 140 Anm. 617, 619): Consequentia sic dividitur: quaedam est materialis, quaedam formalis. Consequentia formalis est illa, quae tenet in omnibus terminis stante consimili dispositione et forma terminorum. (Es folgt eine genaue Darlegung dessen, was zur Form der Konsequenz gehört.) – Consequentia materialis est illa, quae non tenet in omnibus terminis retenta consimili dispositione et forma. Et talis est duplex, quia quaedam est vera simpliciter, et alia est vera ut nunc. Consequentia vera simpliciter est illa, quae potest reduci ad formalem per assumptionem unius propositionis necessariae. – Consequentia materialis bona ut nunc est illa, quae potest reduci ad formalem per assumptionem alicuius propositionis contingentis verae.

44 a. a. O. (Prantl III, S. 141 Anm. 621): Ad quamlibet propositionem falsam sequitur quaelibet alia propositio in consequentia bona materiali ut nunc. – Omnis propositio vera sequitur ad quamcunque aliam propositionem in bona consequentia materiali ut nunc. – Ad quamlibet propositionem implicantem contradictionem de forma sequitur quaelibet alia propositio in consequentia formali.

45 Duns Scutus, Quaestiones super anal. pr. II, 3 (von Prantl nicht angeführt): »Socrates currit et Socrates non currit; igitur tu es Romae.« Probatur, quia ad dictam copulativam sequitur quaelibet eius pars grátia formae. Tunc reservata ista parte »Socrates non currit«, arguatur ex alia sic: »Socrates currit, igitur Socrates currit vel tu es Romae«, quia quaelibet propositio infert seipsam formaliter cum qualibet alia in una disiunctiva. Et ultra sequitur: »Socrates currit vel tu es Romae; sed Socrates non currit (ut reservatum fuit); igitur tu es Romae«, quod fuit probatum per illam regulam: ex disiunctiva cum contradictoria unius partis ad reliquam partem est bona consequentia.

46 Vgl. dazu: Łukasiewicz und Tarski, Untersuchungen über den Aussagenkalkül, Comptes Rendus des séances de la Société des Lettres de Varsovie, XXIII. 1930, Cl. III, S. 35 Anm. 9.

47 Vgl. dazu: Łukasiewicz, Ein Vollständigkeitsbeweis des zweiwertigen Aussagenkalküls, Comptes Rendus des séances de la Société des Sciences et des Lettres de Varsovie, XXIV. 1931, Cl. III, S. 157.

Jan Łukasiewicz

Bedeutung der logischen Analyse für die Erkenntnis

Als ich die ehrenvolle Einladung erhielt, die Bedeutung der logischen Analyse für die Erkenntnis auf dem Philosophen-Kongreß in Prag darzustellen, war es mir, als einem Vertreter der Logistik, sofort klar, daß meine Aufgabe darin bestehen soll, die für die Erkenntnis wichtigsten Ergebnisse der *Logistik* in einem Vortrag zusammenzufassen. Aus diesem überaus reichen Thema habe ich im Folgenden vor allem solche Punkte ausgewählt, die an Bekanntes anknüpfen und auch dem nicht logisch orientierten Philosophen zugänglich sein dürften. Daher habe ich in meiner Darstellung soviel Raum der Aristotelischen Logik gewidmet. Bevor ich jedoch zum eigentlichen Thema übergehe, möchte ich noch die folgende grundsätzliche Erklärung abgeben:

Die Logistik, auch »mathematische Logik« genannt, scheint noch immer manchen Philosophen nur eine *Richtung* zu sein, die innerhalb der Logik neben anderen gleichberechtigten Richtungen besteht, für manche Mathematiker scheint sie nur den Wert einer *Hilfswissenschaft* zu haben, die dazu geschaffen wurde, um die Grundlegung der Mathematik zu ermöglichen. Demgegenüber möchte ich betonen, daß ich die Logistik als eine *autonome* Wissenschaft betrachte, die in sich »die« moderne formale, *wissenschaftliche* Logik verkörpert, und daß es mir nicht möglich wäre, außerhalb der Logistik eine logische »Richtung« anzuerkennen, die als wissenschaftliche Logik gelten könnte. *Historisch,* und darauf möchte ich einen besonderen Nachdruck legen, ist die moderne Logistik nichts anderes als ein höheres Entwicklungsstadium der antiken formalen Logik, die erst dadurch zur vollen Blüte kam, daß sie die vagen philosophischen Spekulationen, die so lange ihren Fortschritt gehemmt hatten, dank der Mitwirkung der Mathematiker glücklich abstreifen konnte.

Nun will ich an das eigentliche Thema herantreten.

I.

1. Die formale Logik zerfällt in zwei Grunddisziplinen, die voneinander nicht weniger verschieden sind, als die Arithmetik von der Geometrie: die *Aussagenlogik* und die *Namenlogik*. Der Unterschied zwischen den beiden besteht darin, daß in der Aussagenlogik außer logischen Konstanten nur Aussagenvariable auftreten, während in der Namenlogik Namenvariable vorkommen.

Zur Aussagenlogik gehört z. B. der stoische Satz der Identität »wenn *p*, so *p*«, zur Namenlogik gehört der peripatetische Satz der Identität »alles *a* ist *a*«.

2. Die Aussagenlogik ist eine *logisch frühere* Disziplin als die Namenlogik, d. h. die Namenlogik kann nur mit Hilfe der Aussagenlogik aufgebaut werden. In der Aristotelischen Theorie des Syllogismus, die eine Namenlogik ist, kann z. B. der Modus Baroco:

Wenn: alles *b* ist *a* und einiges *c* ist nicht *a*, so: einiges *c* ist nicht *b*,
auf Grund des Modus Barbara:

Wenn: alles *b* ist *a* und alles *c* ist *b*, so: alles *c* ist *a*.
nur mit Hilfe des aussagenlogischen Theorems:

Wenn (wenn *p* und *q*, so *r*), so (wenn *p* und nicht *r*, so nicht *q*) formal bewiesen werden.[1]

3. Die Aristotelische Theorie des Syllogismus ist ein dürftiges Fragment der Namenlogik, das heutzutage nur historische Bedeutung besitzt.

In der Aristotelischen Logik treten ausschließlich allgemeine und besondere Aussagen auf vom Typus: »alles *a* ist *b*«, »einiges *a* ist *b*«, »kein *a* ist *b*« und »einiges *a* ist nicht *b*«. Nach einer stillschweigend angenommenen Voraussetzung können dabei für die Namenvariablen »*a*« und »*b*« nur *allgemeine* Namen sinnvoll eingesetzt werden. Singuläre Aussagen werden nicht berücksichtigt. Es fehlen auch die Quantifikatoren. An Stelle der Aristotelischen Theorie des Syllogismus ist die moderne *Prädikatenlogik* getreten, die die ganze Namenlogik mit Einschluß der Relationstheorie umfaßt.

4. Die stoische Dialektik, die nichts anderes ist als die antike Form der modernen Aussagenlogik, besitzt eine ungleich größere Bedeutung als die Aristotelische Theorie des Syllogismus. Alle mir bekannten älteren Autoren, die über Geschichte der Logik geschrieben haben, wie *Prantl, Zeller, Brochard,* haben diese Logik mißverstanden und ungerecht beurteilt.[2]

II.

5. Es besteht ein grundsätzlicher Unterschied zwischen logischer These und Schlußregel.

Logische These ist eine Aussage, in der außer logischen Konstanten nur Aussagen- oder Namenvariable vorkommen, und die für alle Werte der in ihr vorkommenden Variablen wahr ist. *Schlußregel* ist eine Vorschrift, die den Schließenden ermächtigt, auf Grund von anerkannten Thesen neue Thesen abzuleiten. So sind z. B. die oben angeführten Identitätssätze logische Thesen, eine Schlußregel dagegen ist die folgende »Abtrennungsregel«:

Wer die Implikation »wenn α, so β« und den Vordersatz dieser Implikation »α« als wahr anerkennt, der hat das Recht, auch den Nachsatz dieser Implikation »β« als wahr anzuerkennen.

6. Der echte Aristotelische Syllogismus ist eine logische These, der traditionelle Syllogismus hat den Sinn einer Schlußregel.

Der oben angeführte Modus Barbara, der vom Aristotelischen nur sprachlich verschieden ist, ist eine *Implikation* vom Typus »wenn α und β, so γ«, deren Vordersatz eine Konjunktion der Prämissen α und β ist, und deren Nachsatz die Konklusion γ bildet. Als Implikation ist der Aristotelische Syllogismus eine *Aussage,* die *Aristoteles* als wahr anerkennt, und zwar gilt diese Aussage für alle Werte der in ihr vorkommenden Variablen »*a*«, »*b*« und »*c*«. Werden daher für diese Variablen konstante Werte eingesetzt, so bekommt man wahre *Aussagen.* Da in dem betrachteten Modus außer den Variablen nur noch logische Konstanten vorkommen, nämlich »wenn-so«, »und« sowie »alles-ist«, so ist demnach der Aristotelische Syllogismus eine logische These.

Der traditionelle Syllogismus:

Alles *b* ist *a*
Alles *c* ist *b*
―――――――――
Alles *c* ist *a*.

ist *keine* Implikation. Er besteht aus drei untereinander aufgeschriebenen Aussageformen, die zusammen *keine* einheitliche Aussage bilden. Die beiden Prämissen stehen ganz unverbunden nebeneinander. Da der traditionelle Syllogismus keine Aussage ist, so kann er auch weder wahr noch falsch sein, denn Wahrheit und Falschheit kommen anerkanntermaßen nur Aussagen zu. Der traditionelle Syllogismus ist daher *keine* These. Werden in diesem Syllogismus für Variable konstante Werte eingesetzt, so bekommt man keine Aussage, sondern einen *Schluß*. Der traditionelle Syllogismus ist daher ein Schlußschema und hat den Sinn einer *Schlußregel*, die genauer in folgender Weise ausgedrückt werden kann: Wer Prämissen von der Gestalt »alles *b* ist *a*« und »alles *c* ist *b*« als wahr anerkennt, der hat das Recht, auch die Konklusion »alles *c* ist *a*« als wahr anzuerkennen.[3]

7. Dank dieser Unterscheidung zwischen logischen Thesen und Schlußregeln ist es möglich geworden, logische Disziplinen in Form von deduktiven Systemen *axiomatisch* aufzubauen.

Der Schöpfer der modernen Aussagenlogik in axiomatischer Form ist Gottlob *Frege*. Er errichtet die ganze Aussagenlogik auf zwei Grundbegriffen sowie sechs Axiomen, und gewinnt aus diesen Axiomen alle Thesen der Aussagenlogik vermittels der Schlußregeln der *Einsetzung* und *Abtrennung*.[4]

Das einfachste System dieser Art erfand ich im Jahre 1924. Die beiden Grundbegriffe sind, wie bei *Frege*, die der *Negation* »nicht *p*«, in Zeichen »*Np*«, und der Implikation »wenn *p*, so *q*«, in Zeichen »*Cpq*«. Das System besteht aus folgenden drei Axiomen:

1. Wenn (wenn *p*, so *q*), so [wenn (wenn *q*, so *r*), so (wenn *p*, so *r*)].
2. Wenn (wenn nicht *p*, so *p*), so *p*.
3. Wenn *p*, so (wenn nicht *p*, so *q*).

In Zeichen (der Funktor »*C*« wird in meiner klammerfreien Symbolik den Argumenten überall vorangestellt):

1 *CCpqCCqrCpr*
2 *CCNppp*
3 *CpCNpq*.

Die *Einsetzungsregel* kann in folgender Weise ausgedrückt werden: Aus gegebenen Thesen der Aussagenlogik können neue Thesen abgeleitet werden, indem man an Stelle der Variablen entweder andere Variable, oder Negationen von Variablen, also Ausdrücke vom Typus »*Np*«, oder Implikationen zweier Variablen, als Ausdrücke vom Typus »*Cpq*« einsetzt.[5] Die *Abtrennungsregel* ist schon oben angegeben worden. Zum System können Definitionen der Konjunktion, der Alternative usw. hinzugefügt werden, samt der Schlußregel, die das Definiens durch das Definiendum sowie das Definiendum durch das Definiens zu ersetzen gestattet.

Auf Grund dieser Schlußregeln erhält man aus den Axiomen unzählige Theoreme, darunter viele von der größten Wichtigkeit für das Beweisen und Folgern.

8. Die Aristotelische Theorie des Syllogismus, die bereits *Aristoteles* zu axiomatisieren versuchte, die aber bisher noch niemand in axiomatischer Form dargestellt hat, beruht auf zwei Grundbegriffen: »alles *a* ist *b*«, in Zeichen »*Uab*«, und »einiges *a* ist *b*«, in Zeichen »*Iab*«, sowie auf folgenden vier Axiomen:

1 Alles *a* ist *a*.
2 Einiges *a* ist *a*.
3 Wenn: alles *b* ist *a* und alles *c* ist *b*, so: alles *c* ist *a*.
4 Wenn: alles *b* ist *a* und einiges *b* ist *c*, so: einiges *c* ist *a*.

In Zeichen (die Funktoren »*U*« und »*I*« sind den Argumenten vorangestellt, ebenso wie das Zeichen der Konjunktion »*K*« = »und«):

1 *Uaa*
2 *Iaa*
3 *CKUbaUcbUca* (Barbara)
4 *CKUbaIbcIa* (Datisi)

Die Ausdrücke »einiges *a* ist nicht *b*«, in Zeichen »*Oab*«, und »kein *a* ist *b*«, in Zeichen »*Yab*«, können in folgender Weise definiert werden:

Df1 *Oab* = *NUab*
Df2 *Yab* = *NIab*

Auf Grund der beiden Schlußregeln der Einsetzung und der Abtrennung (für Aussagenvariable dürfen Aussageformen der Aristotelischen Logik, für Namenvariable *nur* andere Namenvariable eingesetzt werden) und mit Hilfe von Thesen aus der Aussagenlogik können aus diesen Axiomen und Definitionen alle 24 (nicht 14 und auch nicht 19!) richtigen Modi der Aristotelischen Syllogistik abgeleitet werden.[6])

III.

9. Die axiomatisch aufgebauten logischen Systeme sind streng *formalisiert*, d. h. die Richtigkeit der Ableitungen kann nachgeprüft werden, ohne daß man auf die Bedeutung der in den Ableitungen benutzten Symbole zurückzugreifen oder sie auch nur zu kennen braucht, sofern man nur die Schlußregeln kennt.

Zur Erläuterung mögen hier zwei Beispiele formalisierter Beweise angeführt werden.

a) Beweis des Identitätssatzes »*Cpp*« aus den Axiomen der Aussagenlogik:[7]

1 *CCpqCCqrCpr*
2 *CCNppp*
3 *CpCNpq*
1q/Csq × *4* (Einsetzung von »*Csq*« für »*q*«)
4 *CCpCsqCCCsqrCpr*
4s/Np × *5* (Einsetzung von »*Np*« für »*s*«)
5 *CCpCNpqCCCNpqrCpr*
5 × *C3*–*6* (Abtrennung von 6 auf Grund von *5* und *3*)
6 *CCCNpqrCpr*
6q/p, r/p × *7* (Einsetzung von »*p*« für »*q*« und »*r*«)
7 *CCCNpppCpp*
7 × *C2*–*8* (Abtrennung von *8* auf Grund von *7* und *2*)
8 *Cpp*

b) Beweis des Modus Baroco auf Grund des Modus Barbara:

1 *CCKpqrCKpNrNq* (Hilfsthese aus der Aussagenlogik)
2 *CKUbaUcbUca* (Barbara)
Df1 Oab = *NUab*
1p/Uba, q/Ucb, r/Uca × *3*
3 *CCKUbaUcbUcaCKUbaNUcaNUcb*
3 × *C2*–*4*
4 *CKUbaNUcaNUcb*
4 Df1 × *5* (Ersetzung von »*NU*« durch »*O*«)
5 *CKUbaOcaOcb* (Baroco)

Die formalisierten Ableitungen der Logik stellen den höchsten für uns erreichbaren Grad der *Pünktlichkeit* dar und können als Vorbild für alle Ableitungen dienen, die mathematischen nicht ausgenommen.

10. Die axiomatischen Systeme der Logik bilden den Gegenstand überaus wichtiger »metalogischer« Forschungen, die u. a. die Probleme der Widerspruchsfreiheit, Unabhängigkeit und Vollständigkeit umfassen.

Die hier genannten Probleme sind für die Aussagenlogik restlos gelöst worden. Und zwar, es kann erstens bewiesen werden, daß aus den oben angeführten drei Axiomen der Aussagenlogik vermittels der beiden Schlußregeln der Einsetzung und der Abtrennung keine zwei Thesen vom Typus »*a*« und »*Na*« abgeleitet werden können, daß somit das System *widerspruchsfrei* ist. Es kann zweitens gezeigt werden, daß keines von den drei Axiomen aus den übrigen vermittels der Einsetzung und Abtrennung abgeleitet werden kann, daß damit das System *unabhängig* ist. Endlich kann der Beweis geführt werden, daß jeder sinnvolle Ausdruck des Systems entweder eine Konsequenz der Axiome ist, oder zu den Axiomen hinzugefügt alle sinnvollen Ausdrücke des Systems nach sich zieht, also einen Widerspruch ergibt, daß somit das System *vollständig* ist.

11. Aussagenlogische Systeme können auch mit Hilfe der sogenannten *Matrizen-Methode* aufgebaut werden, die aus dem bekannten, auf *Peirce* zurückgehen-

den Verifikationsverfahren der gewöhnlichen Aussagenlogik herauswuchs.[8] Dieses Verifikationsverfahren beruht darauf, daß man in Formeln der Aussagenlogik für die Variablen beliebige zwei Zeichen, z. B. »*0*« und »*1*«, in allen möglichen Kombinationen einsetzt, und die erhaltenen Ausdrücke auf Grund folgender Gleichungen reduziert:

N0 = 1	*C00 = 1*	*C10 = 0,*
N1 = 0	*C01 = 1*	*C11 = 1.*

Bekommt man aus einer gegebenen Formel für jede Einsetzungskombination als Endergebnis *1*, so ist die Formel richtig, bekommt man nur für *eine* Einsetzungskombination *0*, so ist die Formel falsch. So bekommt man z. B. für das oben angeführte dritte Axiom der Aussagenlogik folgende vier Einsetzungskombinationen:

p/0, q/0:	*C0CN00 = C0C10 = C00 = 1,*
p/0, q/1:	*C0CN01 = C0C11 = C01 = 1,*
p/1, q/0:	*C1CN10 = C1C00 = C11 = 1,*
p/1, q/1:	*C1CN11 = C1C01 = C11 = 1.*

Alle Einsetzungskombinationen ergeben nach Reduktion den Wert *1*, also ist die Formel richtig.

Die Zeichen »*0*« und »*1*« können, aber müssen nicht, als »das Falsche« resp. »das Wahre« interpretiert werden.

12. Die Matrizen-Methode hat zu einer wichtigen Erweiterung der Logik geführt, nämlich zur Bildung von *mehrwertigen* Systemen der Aussagenlogik. Die gewöhnliche »zweiwertige« Aussagenlogik, die von der Stoa begründet wurde, beruht auf dem Grundsatz, daß jede Aussage entweder wahr oder falsch ist, also einen von *nur zwei* logischen Werten annehmen kann. Schon im Jahre 1920 stellte ich ein *dreiwertiges* System der Aussagenlogik auf, indem ich annahm, daß es Aussagen gibt, die weder wahr noch falsch sind, also einen *dritten* logischen Wert annehmen müssen.[9] Wird dieser dritte Wert mit »*2*« bezeichnet, und werden zu den sechs oben angegebenen Gleichungen, die für die zweiwertige Logik charakteristisch sind, noch weitere sechs hinzugefügt, in denen der Wert *2* vorkommt,

N2 = 2	*C02 = 1*	*C20 = 2*	*C22 = 1*
	C12 = 2	*C21 = 1*	

so ergibt sich, daß in diesem neuen System nicht alle Thesen der zweiwertigen Logik verifiziert sind. So geht z. B. das zweite von den oben angebenenen Axiomen der zweiwertigen Aussagenlogik, *CCNppp,* für *p/2* nicht in *1,* sondern in *2* über, ist also keine richtige Formel. Wie einer meiner Schüler, *Dr. M. Wajsberg,* bewiesen hat, ist das System der durch diese dreiwertige *Matrix* verifizierten Formeln axiomatisierbar, und kann auf folgende vier Axiome zurückgeführt werden:[10]

1 *CqCpq*
2 *CCpqCCqrCpr*
3 *CCCpNppp*
4 *CCNqNpCpq.*

Diese Axiome reichen aber nicht aus, um die *volle* dreiwertige Aussagenlogik zu begründen, indem nicht alle in der dreiwertigen Logik möglichen Funktionen mit Hilfe der Implikation und der Negation definiert werden können. Wird aber zu diesen zwei Grundbegriffen noch ein dritter hinzugefügt, »*Tp*«, welcher den konstanten Wert *2* annimmt (also *T0* = *2*, *T1* = *2* und *T2* = *2*), so sind jetzt alle Funktionen definierbar, und die volle dreiwertige Aussagenlogik kann, wie ein anderer von meinen Schülern, *J. Słupecki*, in einer unveröffentlichten Arbeit gezeigt hat, auf folgende sechs Axiome gegründet werden:

1 *CqCpq*
2 *CCpqCCqrCpr*
3 *CCCpNppp*
4 *CCNqNpCpq*
5 *CTpNTp*
6 *CNTpTp*

Die Einsetzungsregel muß dahin erweitert werden, daß für die Variablen auch Ausdrücke vom Typus »*Tp*« eingesetzt werden können. Die Abtrennungsregel bleibt unverändert. Das System ist ebenso, wie die zweiwertige Aussagenlogik, widerspruchsfrei, unabhängig und vollständig.

Das hier in axiomatischer Form dargestellte System der vollen dreiwertigen Aussagenlogik ist von dem zweiwertigen nicht weniger verschieden als die nicht-Euklidische Geometrie von der Euklidischen.

Aus dieser gedrängten Darstellung der wichtigsten Ergebnisse der Logistik ergeben sich nach meinem Urteil u. a. folgende Schlußfolgerungen, die ich hier als Postulate aufstellen möchte:

I. Die Aussagenlogik muß fortan sowohl im Schulunterricht als auch in wissenschaftlichen Forschungen als der Kern der formalen Logik betrachtet werden.

II. Die Aristotelische Theorie des Syllogismus darf nicht mehr als »die« formale Logik gelten und als Grundlage logisch-philosophischer Spekulationen genommen werden.

III. Die Geschichte der Logik muß neu geschrieben werden, und zwar von einem Historiker, der die Logistik gründlich beherrscht.

IV. Die logistische Durchbildung der künftigen Forscher und Denker auf dem Gebiete der Philosophie ist ein dringendes und unabweisbares Postulat, wenn man Wert darauf legt, eine wissenschaftliche Philosophie zu schaffen.

1 Der Beweis ist unten, Punkt 9, durchgeführt.

2 Diese Auffassung der stoischen Logik vertrete ich seit 1923 (vgl. Łukasiewicz, *Philosophische Bemerkungen zu mehrwertigen Systemen des Aussagenkalküls,* Comptes Rendus des séances de la Société des Sciences et des Lettres de Varsovie XXIII. 1930. Cl. III, S. 77). [Vgl. Beitrag n. 7 in diesem Band]. Ich freue mich, in H. Scholz (*Geschichte der Logik*, S. 31) einen Anhänger dieser Ansicht gewonnen zu haben.

3 Für die Unpünktlichkeit der bisherigen historischen Darstellungen der Logik ist dieser Umstand höchst charakteristisch, daß alle mir bekannten Autoren, die über die Aristotelische

Logik geschrieben haben, u. a. Prantl (*Geschichte der Logik im Abendlande,* I, S. 273) und Maier (*Die Syllogistik des Aristoteles,* II, 1, S. 75) die Aristotelischen Syllogismen in der traditionellen Form darstellen, ohne auch nur den grundsätzlichen Unterschied, der zwischen diesen Formen besteht, zu merken.

4 *Begriffsschrift,* 1879, S. 25 ff. Vgl. dazu: Łukasiewicz und Tarski, *Untersuchungen über den Aussagenkalkül,* Comptes Rendus des séances de la Société des Sciences et des Lettres de Varsovie, XXIII. 1930. Cl. III, S. 35, Anm. 9.

5 Diese einfachste Formulierung der Einsetzungsregel verdanke ich Dr. A. Tarski. Die gewöhnliche Einsetzungsregel, die viel stärker ist, benötigt den Begriff des »sinnvollen Ausdrucks«.

6 Die hier dargestellte Axiomatisierung der Aristotelischen Syllogistik sowie die Ableitungen aller Modi findet man in einer lithographierten Ausgabe meiner im Herbsttrimester 1928/29 an der Universität Warszawa gehaltenen Vorlesungen, *Elementy logiki matematycznej* (Elemente der mathematischen Logik), bearbeitet von M. Presburger, Warszawa, 1929, S. 170 ff. [A. (24)]

7 Zur Technik der Ableitungen vgl. Łukasiewicz, *Ein Vollständigkeitsbeweis des zweiwertigen Aussagenkalküls,* Comptes Rendus des séances de la Société et des Lettres de Varsovie, XXIV. 1931. Cl. III. S. 157.

8 Vgl. die oben zitierte Mitteilung von Łukasiewicz und Tarski, *Untersuchungen über den Aussagenkalkül,* S. 32 ff.

9 Vgl. dazu meine oben zitierte Mitteilung: *Philosophische Bemerkungen zu mehrwertigen Systemen des Aussagenkalküls,* S. 64 ff. [Beitrag N. 7 in diesem Band]

10 M. Wajsberg, *Aksjomatyzacja trójwartościowego rachunku zdań* (Axiomatisierung des dreiwertigen Aussagenkalküls), Comptes Rendus des séances de la Société des Sciences et des Lettres de Varsovie, XXIV. 1931. Cl. III.

Jan Łukasiewicz

Philosophische Bemerkungen zu mehrwertigen Systemen des Aussagenkalküls

In der Mitteilung: »Untersuchungen über den Aussagenkalkül«, die in diesem Heft unter meinem und Hrn. Tarski's Namen erschienen sind, ist § 3 den von mir aufgestellten »mehrwertigen« Systemen des Aussagenkalküls gewidmet. Indem ich, was die logischen Fragen anbetrifft, den Leser auf jene Mitteilung zurückweise, möchte ich hier die Entstehung und Bedeutung der genannten Systeme vom philosophischen Standpunkt beleuchten.

§ 1. Modale Aussagen. Das dreiwertige System des Aussagenkalküls verdankt seine Entstehung gewissen Untersuchungen, die ich über die s. g. »modalen Aussagen« und die mit ihnen eng verknüpften Begriffe der Möglichkeit und Notwendigkeit anstellte.[1]

Unter modalen Aussagen verstehe ich Aussagen, die einem der folgenden vier Ausdrücke nachgebildet sind:

(1) Es ist möglich, daß *p* – in Zeichen: *Mp*
(2) Es ist nicht möglich, daß *p* – in Zeichen: *NMp*
(3) Es ist möglich, daß nicht-*p* – in Zeichen: *MNp*
(4) Es ist nicht möglich, daß nicht-*p* – in Zeichen: *NMNp*

Der Buchstabe *»p«* bezeichnet hier eine beliebige Aussage, *»N«* ist das Symbol der Negation (*»Np«* = *»nicht-p«*). *»M«* entspricht den Worten: »es ist möglich, daß«. Statt zu sagen: »es ist nicht möglich, daß nicht-*p*«, kann man auch die Redensart gebrauchen: »es ist notwendig, daß *p*«.

Die hier aufgezählten Ausdrücke sind mit den »problematischen« und »apodiktischen« Urteilen im Sinne Kant's nicht identisch. Sie entsprechen vielmehr den von Aristoteles herstammenden modalen Aussagen der mittelalterlichen Logik, die mit Hilfe der folgenden vier »Modi« gebildet wurden: *»possibile«* (z. B.: *»Socratem currere est possibile«*), *»impossibile«*, *»contingens«* und *»necessarium«*. Außer den vier genannten Modi wurden gewöhnlich von den Logikern des Mittelalters noch zwei weitere Modi angeführt, nämlich *»verum«* und *»falsum«*; doch wurden diese Modi nicht weiter berücksichtigt, da man die ihnen entsprechenden modalen Aussagen: »es ist wahr, daß *p*« und »es ist falsch, daß *p*«, als äquivalent mit den Aussagen *»p«* und *»Np«* betrachtete.[2]

Der Ausdruck: »es ist möglich, daß«, wird hier nicht definiert; sein Sinn erhellt aus Sätzen, die für modale Aussagen gelten.

2. *Sätze über modale Aussagen.* In der Geschichte der Logik begegnen uns drei Gruppen von Sätzen, die modale Aussagen betreffen.

Zur ersten Gruppe rechne ich die wohlbekannten Sätze, die von der klassischen

Logik überliefert sind und von ihr als evidente Wahrheiten ohne Beweis dahingestellt werden:

(a) *Ab oportere ad esse valet consequentia.*

(b) Ab esse ad posse valet consequentia.

Durch Kontraposition bekommt man aus (b) einen dritten Satz:

(c) *A non posse ad non esse valet consequentia.*

Der letzte Satz bedeutet: »Vom Nichtmöglichsein auf Nichtsein ist die Folgerung gültig«. Beispiel: Es ist nicht möglich, daß eine Primzahl durch 4 teilbar ist; also ist keine Primzahl durch 4 teilbar. Das Beispiel ist einleuchtend, und ebenso einleuchtend ist der nachstehende allgemeine Satz, den wir uns als Repräsentanten der ersten Gruppe merken wollen:

I. *Wenn es nicht möglich ist, daß p, so nicht-p.*

Weniger bekannt, aber nicht minder intuitiv, scheint der folgende Satz zweiter Gruppe zu sein, der von Leibniz in der *Théodicée* zitiert wird:[3]

(d) *Unumquodque, quando est, oportet esse.*

»Was auch immer, wann es ist, ist notwendig«. Der Satz geht auf Aristoteles zurück, dem zufolge zwar nicht alles Seiende notwendig, sowie nicht alles Nichtseiende unmöglich ist; aber wann ein Seiendes ist, dann ist es auch notwendig, und wann ein Nichtseiendes nicht ist, dann ist es auch unmöglich.[4]

Die eben angeführten Sätze sind nicht leicht zu interpretieren. Ich lasse zunächst Beispiele folgen.

Es ist zwar nicht notwendig, daß ich heute abends zu Hause bin; aber wenn ich schon heute abends zu Hause bin, so ist es unter dieser Voraussetzung notwendig, daß ich heute abends zu Hause bin. Ein zweites Beispiel: Es geschieht zwar selten, daß ich kein Geld in der Tasche habe, aber wenn ich nun (in einem gewissen Zeitmoment *t*) kein Geld in der Tasche habe, so ist es unter dieser Voraussetzung nicht möglich, daß ich (in ebendemselben Moment *t*) Geld in der Tasche habe.

Zweierlei ist an diesen Beispielen zu beachten: Erstens, die Aussagen: »ich bin heute abends zu Hause«, sowie »ich habe (im Zeitmoment *t*) kein Geld in der Tasche«, werden als wahr vorausgesetzt, und unter dieser Voraussetzung wird auf die Notwendigkeit resp. Unmöglichkeit geschlossen. Zweitens, das Wörtchen *»quando«* in (d), sowie das ihm entsprechende »ὅταν« bei Aristoteles, ist keine konditionale, sondern eine temporale Partikel; doch geht das Temporale in das Konditionale über, wenn in den temporal verbundenen Aussagen die Zeitbestimmung in den Inhalt der Aussagen einbezogen wird.

Die gegebenen Beispiele sind übrigens genug einleuchtend, um folgenden allgemeinen Satz zu begründen, den wir uns als Repräsentanten der zweiten Gruppe merken wollen:

II. *Wird vorausgesetzt, daß nicht-p, so ist es (unter dieser Voraussetzung) nicht möglich, daß p.*

Die dritte Gruppe besteht nur aus einem Satz, der auf dem Aristotelischen Begriff der »beiderseitigen« Möglichkeit beruht. Es gibt nach Aristoteles manches, was nach beiden Seiten hin möglich ist, was also sein kann, aber nicht sein muß. So ist es z. B. möglich, daß dieses Kleid zerschnitten wird, aber es ist auch möglich, daß es nicht zerschnitten wird.[5] Wir sagen ja auch: es ist möglich, daß der Kranke stirbt, aber es ist auch möglich, daß er gesund wird, also nicht stirbt.

Dieser Begriff der beiderseitigen Möglichkeit ist im alltäglichen Denken und Sprechen tief eingewurzelt. Folgender Satz, den wir uns wieder merken wollen, scheint daher ebenso einleuchtend zu sein, wie die beiden vorhergehenden:

III. *Für ein gewisses p: es ist möglich, daß p, und es ist möglich, daß nicht-p.*

§ 3. Konsequenzen der zwei ersten Sätze über modale Aussagen. Wir wollen nunmehr einige Folgerungen aus den soeben angeführten Sätzen I und II ziehen. Zu diesem Zwecke werden wir zuerst die genannten Sätze in Zeichen des Aussagenkalküls darstellen.

Sei *»Cpq«* das Symbol der Implikation: »wenn *p,* so *q*«, wobei *»p«* und *»q«* beliebige Aussagen bezeichnen. Es ist ohne weiteres klar, daß Satz I in Form einer Implikation ausgedrückt werden kann, die ich als »These« 1 notiere:[6]

1 CNMpNp

Das bedeutet: »Wenn es nicht möglich ist daß *p,* so nicht-*p*«.

Es ist zwar nicht ebenso klar, aber es kann bewiesen werden, daß Satz II als eine Implikation dargestellt werden kann, die die Umkehrung von *1* ist. Gilt nämlich unter der Voraussetzung »α« eine Aussage »β«, so heißt das nichts anderes, als daß »β« wahr ist, wenn »α« wahr ist. Die Implikation »wenn α, so β« gilt daher, wenn »α« wahr ist. Da nun diese Implikation auch dann gelten muß, wenn »α« falsch ist, so gilt sie in jedem Falle. Wir bekommen somit die These:

2 CNpNMp

Das heißt: »Wenn nicht-*p,* so ist es nicht möglich, daß *p*«. Auf eine andere Weise kann der Satz II im zweiwertigen Aussagenkalkül nicht ausgedrückt werden.

Auf diese Thesen gestützt, werden wir unter Zugrundelegung des gewöhnlichen Aussagenkalküls einige Folgesätze beweisen. Alle nachfolgenden Beweise sind streng formalisiert und mit Hilfe zweier Schlußregeln, der Einsetzung und Abtrennung durchgeführt. Auf diese wohlbekannten Schlußregeln wird hier nicht eingegangen; ich möchte nur erklären, wie formalisierte Beweise in der von mir eingeführten Symbolik aufgezeichnet werden.

Von einer jeden zu beweisenden These, die alle mit laufenden Nummern versehen und dadurch als Thesen kenntlich sind, befindet sich eine nicht-numerierte Zeile, die von mir die »Beweiszeile« genannt wird. Eine jede Beweiszeile besteht aus zwei Teilen, die durch das Zeichen »×« getrennt sind. Die Zeichen vor und nach dem Trennungszeichen bezeichnen denselben Ausdruck, nur auf eine andere Weise. Vor dem Trennungszeichen ist die Einsetzung angegeben, die allenfalls an einer bereits gegebenen These ausgeführt werden soll. Z. B.: in der ersten Beweiszeile bedeutet der Ausdruck: *»3q/Mp«,* daß in *3* statt *»q« »Mp«* eingesetzt werden soll. Die These, die durch diese Einsetzung entsteht, ist im Beweisgang der Kürze halber weggelassen; sie sieht folgendermaßen aus:

3' CCNMpNpCpMp

Der Ausdruck nach dem Trennungszeichen *»C1−7«* deutet die Konstruktion ebenderselben These *3'* an, und zwar in einer solchen Weise, die einleuchtend klar macht, daß auf *3'* die Abtrennungsregel angewendet werden kann. Die These *3'* ist als Einsetzung der These *3* in unseren Ausführungen anerkannt; da sie aber eine Implikation ist, deren Vordersatz als These *1* auch anerkannt ist, so darf der Nachsatz von ihr abgetrennt und als These *7* anerkannt werden. In der zweiten Beweiszeile bezeichnet die Ziffer *»8«* die durch Einsetzung *»p/Np«* aus *7* entstandene These. In der Beweiszeile, die zur These *10* gehört, wird die Abtrennungsregel zweimal angewendet. Ich glaube, daß nach diesen Erklärungen das Verständnis der nachstehenden Beweise dem Leser keine Schwierigkeiten bereiten wird.

Außer den beiden Thesen *1* und *2*, die als Axiome auftreten, kommen noch im Beweisgang vier wohlbekannte Hilfsthesen aus dem gewöhnlichen Aussagenkalkül vor, und zwar drei Transpositionsgesetze, die mit den Nummern *3–5* bezeichnet sind, sowie das Prinzip des hypothetischen Syllogismus, These *6*. Alle diese Thesen stelle ich als Prämissen an die Spitze des Beweisgangs.

1 CNMpNp
2 CNpNMp
3 CCNqNpCpq
4 CCNpqCNqp
5 CCpNqCqNp
6 CCpqCCqrCpr

3q/Mp × C1–7
7 CpMp
7p/Np × 8
8 CNpMNp
4q/MNp × C8–9
9 CNMNpp
6p/NMNp, q/p, r/Mp × C9–C7–10
10 CNMNpMp
4p/MNp, q/Mp × C10–11
11 CNMpMNp

3q/p, p/Mp × C2–12
12 CMpp
12p/Np × 13
13 CMNpNp
5p/MNp, q/p × C13–14
14 CpNMNp
6p/Mp, q/p, r/NMNp × C12–C14–15
15 CMpNMNp
5p/Mp, q/MNp × C15–16
16 CMNpNMp

Thesen *7–11* sind Konsequenzen von *1*, *12–16* ergeben sich aus *2*. In Worten ausgedrückt besagt *7:* »wenn *p*, so ist es möglich, daß *p*«. These *9* besagt: »wenn es nicht möglich ist, daß nicht-*p*, so *p*«. Die letztere These entspricht dem oben angeführten Satz (a) der klassischen Logik, die erstere dem Satz (b). Beide sind evident. Überhaupt sind alle Thesen der ersten Gruppe, *7–11*, evident.

Nicht ebenso evident sind Thesen der zweiten Gruppe, *12–16*. These *12* lautet:

»wenn es möglich ist, daß *p,* so *p*«. Auf Grund dieser These kann geschlossen werden: Es ist möglich, daß der Kranke stirbt; also stirbt er. Diesen Schluß wird nur derjenige anerkennen, für den zwischen Möglichsein und Sein kein Unterschied besteht. Überhaupt sind Thesen der zweiten Gruppe, *12–16*, entsprechend Umkehrungen der Thesen der ersten Gruppe, *7–11*. Wer beide Gruppen von Thesen anerkennt, der muß annehmen, daß folgende Aussagen: *»p«,* »es ist möglich, daß *p*«, und »es ist nicht möglich, daß nicht-*p*« oder »es ist notwendig, daß *p*«, untereinander äquivalent sind; ebenso müssen auch die Aussagen: »nicht-*p*«, »es ist möglich, daß nicht-*p*« und »es ist nicht möglich, daß *p*«, als äquivalent betrachtet werden. Dadurch aber werden die Begriffe der Möglichkeit und Notwendigkeit entbehrlich. Zu dieser Unannehmlichkeit führt die von uns angenommene symbolische Formulierung des Satzes II, der in der Wortsprache einleuchtend ist und ohne Bedenken als wahr anerkannt werden kann. Es scheint mir jedoch nicht möglich zu sein, den Satz II in der Zeichensprache des zweiwertigen Aussagenkalküls anders auszudrücken, als in Gestalt einer einfachen Implikation, die die Umkehrung der These *1* darstellt.

§ 4. Konsequenzen des dritten Satzes über modale Aussagen. Zu einer anderen Unannehmlichkeit führt die symbolische Formulierung des dritten Satzes.

Satz III kann nur mit Hilfe der Symbolik des erweiterten Aussagenkalküls ausgedrückt werden. Sei »Σ« der partikulare Quantifikator und bezeichne »Σ*p*« die Redewendung: »für ein gewisses *p*«. Sei ferner *»Kpq«* das Symbol der Konjunktion: *»p* und *q«,* wobei *»p«* und *»q«* beliebige Aussagen bezeichnen. Satz III läßt sich dann symbolisch folgendermaßen darstellen:

17 ΣpKMpMNp

Das bedeutet wörtlich: »Für ein gewisses *p:* es ist möglich, daß *p*, und es ist möglich, daß nicht-*p*«.

Der partikulare Quantifikator »Σ« kann durch den universalen Quantifikator »Π« ausgedrückt werden. Bezeichnet »Π*p*« die Redewendung: »für ein jedes *p*« und stellt »α(*p*)« irgend eine Aussage dar, in der *»p«* vorkommt, so ist die nachstehende Definition einleuchtend:

D1 $\quad \Sigma p\alpha(p) = N\Pi pN\alpha(p)$

D1 besagt nämlich, daß die Ausdrücke: »für ein gewisses *p* (gilt) α*(p)*« und »es ist nicht wahr, daß für ein jedes *p* nicht-α*(p)* (gilt)«, gleichbedeutend sind. These *17* geht alsdann in die folgende These über:

18 NΠpNKMpMNp

Nun gibt es außer dem erweiterten Aussagenkalkül ein noch allgemeineres logisches System, das von Hrn. Lesniewski geschaffen und von ihm »Protothetik« genannt wurde.[7] Und zwar unterscheidet sich die Protothetik vom erweiterten Aussagenkalkül vornehmlich dadurch, daß in ihr neben konstanten auch variable »Funktoren«[8] auftreten.

Bezeichnen wir mit »φ« einen variablen Funktor, zu dem nur eine Aussage als Argument gehört; folgender Satz kann in der Protothetik bewiesen werden:

$$C K \varphi p \varphi N p \varphi q.$$

Das heißt in Worten: »Wenn φ von *p* und φ von nicht-*p*, so φ von *q*«.

Da der Satz für alle Funktoren mit einem Argument gilt, so gilt er auch für den Funktor »*M*«. Wir bekommen somit:

19 CKMpMNpMq

These *18* und *19*, sowie zwei Hilfsthesen aus dem gewöhnlichen Aussagenkalkül, nämlich das schon oben angeführte Transpositionsgesetz *4* und ein anderes Transpositionsgesetz, These *20,* sind Prämissen des nachfolgenden formalisierten Beweises, in dem außer den Schlußregeln der Einsetzung und Abtrennung noch die Schlußregel der Hinzufügung des Quantifikators angewendet wird. Diese Schlußregel lautet: Befindet sich im Nachsatz einer anerkannten Implikation eine freie Aussagenvariable *»p«*, die als freie Variable im Vordersatz der Implikation nicht vorkommt, so darf vor dem Nachsatz der genannten Implikation das Zeichen »Π*p*« gesetzt werden. Diese Schlußregel wird unten mit »+ Π« bezeichnet. Der Beweis, den wir jetzt führen wollen, lautet samt den Prämissen folgendermaßen:

*18 N*Π*pNKMpMNp*
19 CKMpMNpMq
20 CCpqCNqNp

20p/KMpMNp, q/Mq × *C19–21*
21 CNMqNKMpMNp
21 + Π × 22
22 CNMqΠ*pNKMpMNp*
*4p/Mp, q/*Π*pNKMpMNp* × *C22q/p–C18–23*
23 Mp

Das erzielte Resultat, These *23,* muß als wahr anerkannt werden. Diese These, die in Worten ausgedrückt besagt: »es ist möglich, daß *p*«, gilt für ein beliebiges *p*. Wir müssen daher sowohl die Aussage: »es ist möglich, daß *2* eine Primzahl ist«, als auch die Aussage: »es ist möglich, daß *2* keine Primzahl ist«, als wahr anerkennen. Frei gesprochen, auf Grund des Satzes III sind wir dazu geführt worden, daß wir alles als möglich anerkennen müssen. Wenn aber alles möglich ist, so ist nichts unmöglich und nichts notwendig. Denn ist die Aussage *»Mp«* anerkannt, so bekommt man aus ihr durch Einsetzung die Aussage *»MNp«,* und die Ausdrücke *»NMp«* sowie *»NMNp«* müssen als Negation der vorhergehenden verworfen werden.

Das sind Konsequenzen, die allen unseren Intuitionen zuwidergehen. Doch sehe ich wiederum keine Möglichkeit, den Satz III in der Zeichensprache des erweiterten Aussagenkalküls anders auszudrücken als in der Gestalt der These *17* resp. *18.*

§ 5. Unverträglichkeit der Sätze über modale Aussagen im zweiwertigen Aussagenkalkül. Führten schon die Sätze II und III, einzeln genommen, zu Unannehm-

lichkeiten, so steigert sich diese Unannehmlichkeit zur Unannehmbarkeit, falls wir die beiden Sätze zusammen betrachten.

In der Tat, wenn wir die These *12*, die aus der symbolischen Fassung des Satzes II sich ergibt, mit der These *23* zusammenstellen:

12 CMpp
23 Mp

so erhalten wir sofort:

12 × C23−24
24 p

Gelten daher die Thesen *12* und *23*, so gilt auch eine beliebige Aussage *p*. Wir bekommen somit das widerspruchsvolle System aller Aussagen. Die Sätze II und III sind in ihren symbolischen Darstellungen als Thesen *2* und *18* unvereinbar.

Dasselbe Resultat können wir erreichen, ohne uns der These *19* zu bedienen, die einen Satz der Protothetik voraussetzt. Im nachfolgenden Beweis stützen wir uns auf die Thesen *12, 13,* und *20,* sowie auf weitere Hilfsthesen des gewöhnlichen Aussagenkalküls:

25 CpCqp
26 NKpNp.
27 CCpqCCrsCKprKqs

27p/Mp, q/p, r/MNp, s/Np × C12−C13−28
28 CKMpMNpKpNp
20p/KMpMNp, q/KpNp × C28−C26−29
29 NKMpMNp
25p/NKMpMNp × C29−30
30 CqNKMpMNp
30 + Π × 31
31 CqΠpNKMpMNp
31q/CpCqp × C25−32
32 ΠpNKMpMNp

These *18* und *32* widersprechen einander. Die Sätze II und III sind daher unvereinbar.

Den oben dargestellten Beweis könnte man minder streng in folgender Weise plausibel machen: Wären nach Satz III für eine gewisse Aussage »α« die Ausdrükke »*M*α« und »*MN*α« zugleich wahr, so müßten nach These *12* und *13* auch die Aussagen »α« und »*N*α« zugleich wahr sein. Nun ist das aber nicht möglich, denn »α« und »*N*α« widersprechen einander.

In Anbetracht dieser Tatsache könnte man unter Zugrundelegung des zweiwertigen Aussagenkalküls das Problem der modalen Aussagen auf zweifache Weise lösen: Satz I und die mit ihm zusammenhängenden Thesen der ersten Gruppe (These *1* sowie *7−11*) sind unbedingt anzuerkennen; sie wurden auch niemals in Frage gestellt. Von den Sätzen II und III kann nur einer gewählt werden. Entscheidet man sich für den Satz II und die mit ihm zusammenhängenden Thesen der zweiten Gruppe (These *2* sowie *12–16*), so werden alle modalen Aussagen den nicht-modalen äquivalent, was die Folge nach sich zieht, daß es sich überhaupt nicht lohnt, modale Aussagen in die Logik einzuführen; überdies muß dann auch der höchst intuitive Begriff der beiderseitigen Möglichkeit als widerspruchsvoll abgelehnt werden. Entscheidet man sich dagegen für den Satz III, so ist man genötigt, die paradoxe Konsequenz anzuerkennen, daß alles möglich ist, und unter dieser Bedingung hat es wiederum keinen Sinn, modale Aussagen in die Logik einzuführen; überdies muß man dann auch auf den einleuchtenden Satz II verzichten, um Widersprüche zu vermeiden. Keine von diesen Lösungen kann als befriedigend gelten.

Ein anderes Resultat war auch nicht zu erwarten. Das wird besonders klar, wenn man das System des zweiwertigen Aussagenkalküls mittels der sog. Matrizen-Methode definiert. Auf Grund dieser Methode wird vorausgesetzt daß alle Aussagenvariablen nur zwei konstante Werte annehmen können, nämlich *»0«* oder »das Falsche« und *»1«* oder »das Wahre«.

Im zweiwertigen System können nur vier verschiedene Funktionen mit einem Argument gebildet werden. Und zwar, bezeichnet »φ« einen Funktor, zu dem nur eine Aussage als Argument gehört, so können folgende Fälle vorkommen: (1) $\varphi 0 = 0$ und $\varphi 1 = 0$; diese Funktion bezeichnen wir mit *»Fp« (»falsum von p«)*. (2) $\varphi 0 = 0$ und $\varphi 1 = 1$; φp ist mit *p* äquivalent. (3) $\varphi 0 = 1$ und $\varphi 1 = 0$; das ist die Negation von *p, »Np«*. (4) $\varphi 0 = 1$ und $\varphi 1 = 1$; diese Funktion bezeichnen wir mit *»Vp« (»verum* von *p«)*.

Das *»Mp«* muß mit einem dieser vier Fälle identisch sein. Eine jede von den Thesen *1, 2* und *18* schließt nun gewisse Fälle aus. Man kann sich leicht überzeugen durch direkte Verifizierung mittels *»0«* und *»1«*, daß folgende Verhältnisse vorliegen:

	1	*CNMpNp*	gilt nur für $Mp = p$ oder $Mp = Vp$.
(A)	*2*	*CNpNMp*	gilt nur für $Mp = p$ oder $Mp = Fp$.
	18	*NΠpNKMpMNp*	gilt nur für $Mp = Vp$.

These *18* verifiziert man auf Grund des Ansatzes: $\Pi p\alpha(p) = K\alpha(0)\alpha(1)$. Man bekommt alsdann:

$$\begin{aligned} N\Pi pNKMpMNp &= NKNKM0MN0NKM1MN1 = \\ = NKNKM0M1NKM1M0 &= NKNKM0M1NKM0M1 = \\ &= NNKM0M1 = KM0M1. \end{aligned}$$

Die zuletzt angegebene Konjunktion gilt nur unter der Bedingung, daß $M0 = M1 = 1$.

Aus der Zusammenstellung (A) ersieht man sofort, daß Thesen *1* und *2* nur für $Mp = p$ zugleich gelten können, ebenso wie Thesen *1* und *18* nur für $Mp = Vp$. Die Thesen *2* und *18* sind unverträglich, denn es gibt keine Funktion für *»Mp«*, die beide Thesen zugleich verifizieren würde.

§ 6. Modale Aussagen und das dreiwertige System des Aussagenkalküls. Als ich im Jahre 1920 die Unverträglichkeit der überlieferten Sätze über modale Aussagen erkannte[9], war ich gerade damit beschäftigt, das System des gewöhnlichen

»zweiwertigen« Aussagenkalküls mittels der Matrizen-Methode aufzubauen.[10] Ich überzeugte mich damals, daß alle Thesen des gewöhnlichen Aussagenkalküls bewiesen werden können, wenn man voraussetzt, daß die in ihnen enthaltenen Aussagenvariablen nur zwei Werte, »*0*« oder »das Falsche« und »*1*« oder »das Wahre« annehmen dürfen.

Dieser Voraussetzung entspricht nun der Grundsatz, *daß eine jede Aussage entweder wahr oder falsch ist.* Ich möchte diesen Grundsatz kurz den »Zweiwertigkeitssatz« nennen. Zwar wird er manchmal als der Satz vom ausgeschlossenen Dritten bezeichnet; doch finde ich es für besser, diesen letzteren Namen für das bekannte Prinzip der klassischen Logik beizubehalten, dem zufolge zwei kontradiktorische Aussagen nicht zugleich falsch sein können.

Der Zweiwertigkeitssatz ist die tiefste, jedoch schon im Altertum heftig umstrittene Grundlage unserer gesamten Logik. Von Aristoteles gekannt, aber für Aussagen, die auf zukünftige zufällige Ereignisse sich beziehen, bestritten, von den Epikuräern entschieden geleugnet, tritt der Zweiwertigkeitssatz in seiner vollen Schärfe erst bei Chrysippos und den Stoikern auf, und zwar als Prinzip ihrer Dialektik, die den antiken Aussagenkalkül repräsentiert.[11] Der Streit um den Zweiwertigkeitssatz hat einen metaphysischen Hintergrund: die Anhänger dieses Satzes sind entschiedene Deterministen, während die Widersacher des Satzes zur indeterministischen Weltanschauung hinneigen.[12] Damit sind wir wieder in den Kreis der Begriffe der Möglichkeit und Notwendigkeit geraten.

Der tiefste Grundsatz der Logik scheint nach alledem nicht ganz evident zu sein. Auf altehrwürdige Beispiele gestützt, die bis Aristoteles hinaufreichen, versuchte ich den Zweiwertigkeitssatz zu überwinden, indem ich mich in nachfolgende Gedankengänge einfühlte:

Ich kann ohne Widerspruch annehmen, daß meine Anwesenheit in Warschau in einem bestimmten Zeitmoment des nächsten Jahres, z. B. mittags den 21. Dezember, heutzutage weder im positiven noch im negativen Sinne entschieden ist. Es ist somit möglich, aber nicht notwendig, daß ich zur angegebenen Zeit in Warschau anwesend sein werde. Unter dieser Voraussetzung kann die Aussage: »ich werde mittags den 21. Dezember nächsten Jahres in Warschau anwesend sein«, heutzutage weder wahr noch falsch sein. Denn wäre sie heutzutage wahr, so müßte meine zukünftige Anwesenheit in Warschau notwendig sein, was der Voraussetzung widerspricht; und wäre sie heutzutage falsch, so müßte meine zukünftige Anwesenheit in Warschau unmöglich sein, was ebenfalls der Voraussetzung widerspricht. Der betrachtete Satz ist daher heutzutage weder wahr noch falsch und muß einen dritten, von »*0*« oder dem Falschen und von »*1*« oder dem Wahren verschiedenen Wert haben. Diesen Wert können wir mit »*1/2*« bezeichnen; es ist eben »das Mögliche«, das als dritter Wert neben »das Falsche« und »das Wahre« an die Seite tritt.

Diesem Gedankengang verdankt das dreiwertige System des Aussagenkalküls seine Entstehung. Es hieß nun die Matrix anzugeben, auf deren Grund das neue System der Logik definiert werden könnte. Es war mir sofort klar, daß wenn die Aussage, die meine zukünftige Anwesenheit in Warschau betrifft, den Wert 1/2 besitzt, so muß auch deren Negation denselben Wert 1/2 haben. Ich erhielt somit die Gleichung: $N\tfrac{1}{2} = \tfrac{1}{2}$. Es mußten noch die fünf Gleichungen für die Implikation bestimmt werden, in denen der Wert $\tfrac{1}{2}$ vorkommt, nämlich: $C0\tfrac{1}{2}$, $C\tfrac{1}{2}0$, $C\tfrac{1}{2}\tfrac{1}{2}$, $C\tfrac{1}{2}1$ und $C1\tfrac{1}{2}$. Gleichungen, in denen der Wert $\tfrac{1}{2}$ nicht vorkommt, habe ich alle aus dem zweiwertigen System des Aussagenkalküls übernommen, ebenso wie die Werte für »*N0*« und »*N1*«. Die gesuchten Gleichungen erhielt ich auf Grund eingehender Überlegungen, die für mich mehr oder minder einleuchtend waren. Auf diese Weise kam ich schließlich zur Bildung eines dreiwertigen Systems des Aussagenkalküls, das durch die nebenstehende Matrix definiert ist. Das System stammt aus dem Jahre 1920[13].

C	0	$\tfrac{1}{2}$	1	
0	1	1	1	1
$\tfrac{1}{2}$	$\tfrac{1}{2}$	1	1	$\tfrac{1}{2}$
1	0	$\tfrac{1}{2}$	1	0

§ 7. *Definition des Begriffs der Möglichkeit.* Auf Grund dieses Systems versuchte ich nunmehr eine solche Definition des Begriffs der Möglichkeit zu konstruieren, die mir gestatten würde, alle für modale Aussagen überlieferten intuitiven Sätze widerspruchsfrei zu begründen. Ich berücksichtigte dabei den Begriff der »reinen« Möglichkeit, und fand auch bald eine Definition, die mich befriedigte.[14]. Später jedoch kam ich zu der Überzeugung, daß dem engeren Begriff der reinen Möglichkeit der allgemeinere Begriff der Möglichkeit überhaupt vorzuziehen sei, und ich bespreche daher im Folgenden eine Definition dieses letzten Begriffs, die den vorher in den Sätzen I–III gestellten Anforderungen vollkommen entspricht.

Die hier besprochene Definition fand Hr. Tarski noch im Jahre 1921, als er als Student der Warschauer Universität an meinen Seminarübungen teilnahm. Die Definition des Hrn. Tarski ist die folgende:

D2 Mp = CNpp

In Worten ausgedrückt, heißt das: »es ist möglich, daß *p*« bedeutet soviel als: »wenn nicht-*p*, so *p*«.

In den intuitiven Sinn dieser Definition muß man sich einfühlen. Der Ausdruck »*CNpp*« ist auf Grund der dreiwertigen Matrix dann und nur dann falsch, wenn »*p*« das Falsche ist. Sonst ist »*CNpp*« wahr. Wir bekommen somit die Gleichungen:

$$M0 = 0, \qquad M\tfrac{1}{2} = 1, \qquad M1 = 1.$$

Wenn also irgend eine Aussage »α« falsch ist, dann ist auch die Aussage: »es ist möglich, daß α« falsch. Ist aber »α« wahr oder hat es den dritten Wert, »das Mögliche«, dann ist die Aussage: »es ist möglich, daß α« wahr. Das stimmt mit unseren Intuitionen ganz gut überein.

In der zweiwertigen Logik ist der Ausdruck »*CNpp*« dem Ausdruck »*p*« äquivalent; nicht aber im dreiwertigen Aussagenkalkül. Und zwar ist die im zweiwertigen Aussagenkalkül gültige These »*CCNppp*«, die in meinem System des gewöhnlichen Aussagenkalküls als Axiom auftritt[15], im dreiwertigen System für $p = \tfrac{1}{2}$ ungültig. Über die These »*CCNppp*« hat Vailati eine interessante Monographie verfaßt[16], aus der hervorgeht, daß schon Euklides diese These zum Beweis eines seiner Theoreme verwendet hatte, ohne sie ausdrücklich formuliert zu haben.[17] Erst Clavius, ein Kommentator des Euklides aus der zweiten Hälfte des

XVI. Jahrhunderts, Mitglied des Jesuitenordens und Konstruktor des Gregorianischen Kalenders, lenkte seine Aufmerksamkeit auf die besagte These.[18] Seit dieser Zeit scheint sie in gelehrten Jesuitenkreisen unter dem Namen *»consequentia mirabilis«* eine gewisse Popularität erlangt zu haben.[19] Insbesondere war für die These *»CCNppp«* der bekannte Jesuit Gerolamo Saccheri so sehr eingenommen, daß er versuchte, auf Grund dieser These das Euklidische Postulat von den Parallelen zu beweisen. Der Beweis mißlang, aber Saccheri erwarb sich den Namen eines Vorläufers der nicht-euklidischen Geometrie.[20]

Die These *»CCNppp«* besagt, daß wenn für eine gewisse Aussage, sagen wir »α«, die Implikation »CNαα« gilt, dann gilt auch »α«. Die Implikation »wenn nicht-α, so α« bedeutet zwar nicht dasselbe wie der Ausdruck: »aus nicht-α folgt α«; doch schließt der allgemeinere Begriff der Implikation den spezielleren Fall des Folgens in sich ein. Kann also aus einer Aussage »nicht-α« die Aussage »α« gefolgert werden, so ist »α« wahr. Es wäre jedoch nicht mit Sacceri anzunehmen, daß die Tatsache: »aus nicht-α folgt α« die Aussage »α« zu einer *»prima veritas«* stempelt[21]. Im Gegenteil, die These *»CCNppp«* mutet uns geradezu paradox an, worauf auch ihr Name *»consequentia mirabilis«* hinzudeuten scheint. Eines ist nur sicher: kann irgend eine Aussage aus ihrem kontradiktorischen Gegenteil gefolgert werden, so ist sie gewiß nicht falsch, also auch nicht unmöglich. Sie ist eben möglich, was gerade die Definition des Hrn. Tarski feststellt. Diese Definition wird vielleicht noch einleuchtender erscheinen, wenn sie auf den Begriff der Notwendigkeit angewendet wird. Wir bekommen nämlich im Einklang mit *D2*:

D3 NMNp = NCpNp

Das heißt: »es ist notwendig, daß *p*« bedeutet soviel als: »es ist nicht wahr, daß wenn *p*, so nicht-*p*«. Wir können also, frei gesprochen, von einer Aussage »α« dann und nur dann behaupten, daß sie notwendig ist, wenn ihre eigene Negation in ihr nicht enthalten ist.

Ohne übrigens auf den intuitiven Charakter der oben angegebenen Definition Nachdruck zu legen, werden wir jedenfalls anerkennen müssen, daß jene Definition allen in den Sätzen I–III gestellten Anforderungen entspricht, und zwar, wie Hr. Tarski nachgewiesen hat, daß es die einzige im dreiwertigen System mögliche Definition ist, die jene Bedingungen erfüllt. Wir gehen nunmehr zum Nachweis dieses letzteren Satzes über.

§ 8. Konsequenzen der Definition des Begriffs der Möglichkeit. Es ergibt sich zunächst, daß auf Grund der Definition *D2* alle Thesen der ersten Gruppe, d. h. These 1, die dem Satz I entspricht, sowie Thesen 7–11, verifiziert sind. Im dreiwertigen Aussagenkalkül gilt nämlich die These:

T1 CpCqp

Wir bekommen somit:

T1q/Np × T2
T2 CpCNpp
T2. D2 × T3
T3 CpMp

In der Beweiszeile, die zur These *T3* gehört, ist eine Schlußregel angewendet, die uns erlaubt, die rechte Seite einer Definition durch ihre linke Seite zu vertreten. Da im dreiwertigen Aussagenkalkül sowohl alle Transpositionsgesetze als auch das Prinzip des Syllogismus richtig sind, so erhalten wir aus *T3* alle übrigen Thesen der ersten Gruppe. Alle diese Thesen sind vollkommen evident.

Die Thesen der zweiten Gruppe sind nicht verifiziert. Nicht alle von diesen Thesen sind übrigens evident. Doch sind zwei von ihnen, von denen eine dem Satz II entspricht, im gewissen Sinne gültig, wenn auch nicht als einfache Implikationen. Es gelten nämlich auf Grund der Definition *D2* im dreiwertigen Aussagenkalkül die Sätze:

CpCpNMNp und *CNpCNpNMp,*

obwohl die Ausdrücke:

CpNMNp und *CNpNMp*

nicht gültig sind. Das kommt daher, daß im dreiwertigen Aussagenkalkül die These »*CCpCpqCpq*« nicht gültig ist und deshalb die Ausdrücke »CαCαβ« sowie »Cαβ« nicht einander äquivalent sind, wie im gewöhnlichen zweiwertigen Aussagenkalkül. Die oben erwähnten Sätze können auf Grund folgender Hilfsthesen, die auch im dreiwertigen Aussagenkalkül richtig sind, bewiesen werden:

T4 CpCCpqq
T5 CpCCNNpqq
T6 CCpCqrCpCNrNq
T7 CCpCqNrCpCrNq

T6p/Np, q/CNpp, r/p × *CT4p/Np, q/p–T8*
T8 CNpCNpNCNpp
T8. D2 × *T9*
T9 CNpCNpNMp
T7q/CNNpNp, r/p × *CT5q/Np–T10*
T10 CpCpNCNNpNp
T10. D2p/Np × *T11*
T11 CpCpNMNp

Ist nun die Aussage »nicht-α« anerkannt, so ergibt sich aus ihr gemäß These *T9* durch zweimalige Abtrennung die Aussage: »es ist nicht möglich, daß α«; und ist die Aussage »α« anerkannt, so ergibt sich ihr gemäß These *T11* ebenfalls durch zweimalige Abtrennung die Aussage: »es ist nicht möglich, daß nicht-α«, was soviel bedeutet als: »es ist notwendig, daß α«. Man kann demnach richtig schließen, »Ich habe kein Geld in der Tasche; also ist es nicht möglich, daß ich Geld in der Tasche habe«. Oder: »Ich bin heute abends zu Hause; also ist es notwendig, daß ich heute abends zu Hause bin«. Der einleuchtende Satz II ist als gültig erwiesen, und zwar in einer solchen Weise, daß auch der Ausspruch des Aristoteles, dem zufolge nicht alles Seiende notwendig und nicht alles Nichtseiende unmöglich ist, gewahrt bleibt. Die Ausdrücke nämlich »α« und »*NMN*α«, sowie »*N*α« und NMα« sind nicht einander äquivalent. Es kann auch nicht aus dem Möglichsein auf das Sein geschlossen werden, denn weder »*CMpp*« noch »*CMpCMpp*« sind im dreiwertigen Aussagenkalkül gültig, sofern »*MP*« dasselbe bedeutet, wie »*CNpp*«.

Endlich ist auch der Satz III verifiziert in Gestalt von Thesen:

T12 $\Sigma pKMpMNp$

oder

T13 $N\Pi pNKMpMNp$

wobei folgende Definitionen angenommen werden:

D4 $Apq = CCpqq$
D5 $Kpq = NANpNq$.

Thesen *T12* und *T13* lassen sich am leichtesten verifizieren, wenn man die Matrix des dreiwertigen Aussagenkalküls und die für »*M*« im vorigen Paragraphen angegebenen Gleichungen zu Hilfe nimmt. Man bekommt nämlich für $p = 1/2$:

$$KM1/2MN1/2 = K1M1/2 = K11 = 1.$$

Es gibt demnach einen Wert für p, für den der Ausdruck »*KMpMNp*« richtig ist.

Als Zusammenfassung der vorstehenden Ergebnisse können wir nunmehr den folgenden Satz aufstellen:

Unter Zugrundelegung der Definition »Mp=CNpp« sind im dreiwertigen Aussagenkalkül alle für modale Aussagen überlieferten Sätze widerspruchsfrei erwiesen.

Dieses Resultat scheint mir im hohen Grade bemerkenswert zu sein. Es hat nämlich den Anschein, als ob unsere, mit den Begriffen der Möglichkeit und Notwendigkeit verbundenen Intuitionen auf ein logisches System hinweisen würden, das von der gewöhnlichen, auf dem Zweiwertigkeitssatz gegründeten Logik grundsätzlich verschieden ist.

Es bleibt noch nachzuweisen, daß die von Hrn. Tarski angegebene Definition im dreiwertigen Aussagenkalkül die einzige ist, die den in den Sätzen I–III gestellten Anforderungen genügt. Dieser Beweis kann leicht in folgender Weise geführt werden: Da laut Satz I aus der Aussage »$NM\alpha$« die Aussage »$N\alpha$« folgt, so muß auch auf Grund des Transpositionsgesetzes aus »α« die Aussage »$M\alpha$« folgen. Ist daher $\alpha = 1$, so ist auch $M\alpha = M1 = 1$. Wir erhalten somit die Gleichung: $M1 = 1$. Andererseits folgt gemäß Satz II aus der Aussage »$N\alpha$« die Aussage »$NM\alpha$«. Ist nun $\alpha = 0$, oder $N\alpha = 1$, so ist auch $NM\alpha = NM0 = 1$. Nun kann $NM0$ nur unter dieser Begründung gleich *1* sein, wenn $M0 = 0$ ist. Wir bekommen somit die zweite Gleichung: $M0 = 0$. Schließlich muß auch der Satz III: »$\Sigma pKMpMNp$« wahr sein; für $p = 0$ und $p = 1$ ist er aber nicht wahr, denn in beiden Fällen ist eines von den Gliedern der Konjunktion falsch, also muß auch die Konjunktion selbst falsch sein. Wir müssen daher annehmen, daß $M1/2 = 1$ ist, denn nur dann ist die Konjunktion »*KMpMNp*« für $p = 1/2$ gleich *1*. Damit aber ist die Funktion »*Mp*« im dreiwertigen Aussagenkalkül vollständig bestimmt und kann nur durch »*CNpp*« oder eventuell durch einen anderen, mit »*CNpp*« äquivalenten Ausdruck definiert werden.

§ 9. Philosophische Bedeutung der mehrwertigen Systeme des Aussagenkalküls. Neben dem dreiwertigen System des Aussagenkalküls erfand ich im Jahre 1922 eine ganze Klasse eng miteinander verbundener Systeme, die ich mittels der Matrizen-Methode auf folgende Weise definierte:

Bezeichnen »*p*« und »*q*« gewisse Zahlen des Intervalls (0–1), so ist:

$$Cpq = 1 \quad \text{für} \quad p \leqslant q,$$
$$Cpq = 1 - p + q \quad \text{für} \quad p > q,$$
$$Np = 1 - p.$$

Werden aus dem Zahlenintervall *(0–1)* nur die Grenzwerte *0* und *1* ausgewählt, so stellt die obige Definition die Matrix des gewöhnlichen zweiwertigen Aussagenkalküls dar. Wird außerdem noch die Zahl ½ hinzugenommen, so erhalten wir die Matrix des dreiwertigen Systems. In ähnlicher Weise können *4, 5, ... n*-wertige Systeme gebildet werden.

Es war mir von vornherein klar, daß unter allen mehrwertigen Systemen nur zwei eine philosophische Bedeutung beanspruchen können: das dreiwertige und das unendlichwertige System. Denn werden die von »*0*« und »*1*« verschiedenen Werte als »das Mögliche« gedeutet, so können aus guten Gründen nur zwei Fälle unterschieden werden: entweder nimmt man an, daß das Mögliche keine Gradunterschiede aufweist, und dann erhält man das dreiwertige System; oder man setzt das Gegenteil voraus, und dann ist es am natürlichsten, ebenso wie in der Wahrscheinlichkeitsrechnung anzunehmen, daß unendlich viele Gradunterschiede des Möglichen bestehen, was zum unendlichwertigen Aussagenkalkül führt. Ich glaube, daß gerade dieses letztere System vor allen anderen den Vorzug verdient. Leider ist dieses System noch nicht genau untersucht; insbesondere ist auch das Verhältnis des unendlichwertigen Systems zur Wahrscheinlichkeitsrechnung noch nicht geklärt[22].

Wird im unendlichwertigen System die von Hrn. Tarski aufgestellte Definition der Möglichkeit angenommen, so ergeben sich aus ihr, ebenso wie im dreiwertigen System, alle im vorigen Paragraphen angeführten Thesen. Die evidenten Sätze I–III sind demnach auch im unendlichwertigen Aussagenkalkül verifiziert.

Das dreiwertige System ist ein echter Teil des zweiwertigen, ebenso wie das unendlichwertige System ein echter Teil des dreiwertigen ist. Das heißt, alle Thesen des drei- und unendlichwertigen Systems (ohne Quantifikatoren) sind im zweiwertigen System gültig; es gibt jedoch Thesen, die im zweiwertigen Aussagenkalkül gültig sind, ohne im dreiwertigen System zu gelten; und es gibt wiederum Thesen des dreiwertigen Systems, die im unendlichwertigen System nicht gültig sind. Handelt es sich aber um die bekanntesten Thesen des Aussagenkalküls, ich meine z. B. diejenigen, die in dem Werke »Principia mathematica« zusammengestellt sind[23], dann ist der Unterschied zwischen dem dreiwertigen und dem unendlichwertigen Aussagenkalkül minimal. Ich finde nämlich in jenem Werke keine einzige These, die im dreiwertigen Aussagenkalkül gültig wäre, ohne auch im unendlichwertigen System gültig zu sein.

Die wichtigsten Thesen des zweiwertigen Aussagenkalküls, die im drei- und unendlichwertigen System nicht gelten, betreffen gewisse apagogische Schlußweisen, die seit jeher verdächtig waren. Beispielweise mögen folgende, in mehrwertigen Systemen nicht gültige Thesen angeführt werden: *»CCNppp«*, *»CCpNpNp«*, *»CCpqCCpNqNp«*, *»CCpKqNqNp«*, *»CCpEqNqNp«*. Die erste von diesen Thesen wurde schon früher besprochen; die zweite unterscheidet sich von der ersten nur durch die Umstellung der Negation. Die zwei weiteren Thesen berechtigen uns eine Aussage »*Nα*« für wahr zu halten, wenn aus ihrem kontradiktorischen Gegenteil »*α*« zwei einander widersprechende Aussagen ableitbar sind. Die letzte These besagt, daß eine Aussage, aus der die Äquivalenz zweier kontradiktorischer Aussagen folgt, unrichtig ist. Es gibt in der Mathematik Schlußweisen, unter anderen gehört zu ihnen das s. g. »Diagonalverfahren« in der Mengentheorie, die auf solchen, im drei- und unendlichwertigen System des Aussagenkalküls nicht anerkannten Thesen beruhen. Es wäre interessant, nachzuforschen, ob mathematische Theoreme, die auf dem Diagonalverfahren gegründet sind, auch ohne derartige Thesen des Aussagenkalküls bewiesen werden können.

Sind mehrwertige Systeme des Aussagenkalküls nur Fragmente des gewöhnlichen Aussagenkalküls, so ändert sich die Sachlage gänzlich, wenn die genannten Systeme durch Hinzufügung des universalen Quantifikators erweitert werden. In erweiterten mehrwertigen Systemen des Aussagenkalküls gibt es Thesen, die im zweiwertigen System nicht gültig sind. *T13* kann als Beispiel einer solchen These dienen. Wird in *T13* der Ausdruck *»Mp«* gemäß *D2* durch *»CNpp«* und *»MNp«* durch *»CNNpNp«* ersetzt, so erhalten wir die These:

T14 NΠpNKCNppCNNpNp,

die im zweiwertigen Aussagenkalkül falsch ist. Das dreiwertige System des Aussagenkalküls mit Quantifikatoren, das dank den Forschungen der Hrn. Tarski und Wajsberg auch mittels der axiomatischen Methode dargestellt werden kann, ist das einfachste Beispiel eines widerspruchsfreien logischen Systems, das von dem gewöhnlichen zweiwertigen System des Aussagenkalküls ebenso verschieden ist wie irgend ein System der nichteuklidischen Geometrie von der euklidischen.

Ich glaube die Behauptung aufstellen zu dürfen, daß das erwähnte System das erste vom gewöhnlichen Aussagenkalkül verschiedene System ist, das eine intuitive Basis aufzuweisen vermag. Das Hauptziel der vorliegenden Mitteilung war eben den Nachweis zu liefern, daß diese intuitive Basis in den für modale Aussagen evidenten Sätzen I–III besteht, die in der gewöhnlichen Logik ohne Widerspruch nicht vereinbar sind. Zwar hat schon Hr. Post mehrwertige Systeme des Aussagenkalküls von einem rein formalen Standpunkt untersucht, doch hat er sie logisch nicht zu deuten vermocht[24]. Die bekannten Versuche Hrn. Brouwers, der die Allgemeingültigkeit des Satzes vom ausgeschlossenen Dritten bestreitet und auch sonst verschiedene Thesen des gewöhnlichen Aussagenkalküls verwirft, haben bisher zu einem intuitiv begründeten System nicht geführt; das sind nur Bruchstücke eines Systems, dessen Konstruktion und Bedeutung noch völlig im Unklaren liegt[25].

Es wäre vielleicht nicht richtig, die von mir aufgestellten mehrwertigen Systeme des Aussagenkalküls »nicht-aristotelische« Logik zu nennen. Aristoteles hat gerade als erster den Gedanken gefaßt, daß der Zweiwertigkeitssatz für gewisse Aussagen nicht gültig sein könnte. Die neu entstandene Logik könnte man eher als die »nicht-chrysippische« bezeichnen. Chrysippos nämlich scheint der erste Logiker gewesen zu sein, der den Satz, daß eine jede Aussage entweder wahr oder falsch ist, mit vollem Bewußtsein aufgestellt und hartnäckig verteidigt hat, und dieser Chrysippische Satz bildet bis auf den heutigen Tag die tiefste Grundlage unserer gesamten Logik.

Es ist nicht leicht, vorauszusehen, welchen Einfluß die Entstehung nicht-chrysippischer Systeme der Logik auf die philosophische Spekulation ausüben wird. Es dünkt mich jedoch, daß die philosophische Bedeutung der hier darsgestellten Systeme der Logik mindestens ebenso groß sein dürfte als die Bedeutung der nicht-euklidischen Systeme der Geometrie.

Anhang: Zur Geschichte des Zweiwertigkeitssatzes.

Den Zweiwertigkeitssatz, d. h. den Satz, demzufolge eine jede Aussage entweder wahr oder falsch ist, hat schon Aristoteles gekannt, indem er die Aussage, »ἀπόφανσις«, geradezu als eine Rede charakterisierte, die entweder wahr oder falsch ist. Wir lesen nämlich in *de interpr.* 4. 17a 2: ἀποφαντικὸς δὲ (scil. λόγος; λόγος ἀποφαντικός = ἀπόφαντις) οὐ πὰς, ἀλλ' ἐν ᾧ τὸ ἀληθεύειν ἢ ψεύδεσθαι ὑπάρχει. Aristoteles läßt jedoch diesen Satz nicht für Aussagen gelten, die zukünftige zufällige Ereignisse betreffen. Dieser Untersuchung ist das berühmte Kap. 9 der Hermeneutik gewidmet. Aristoteles glaubt, daß der Zweiwertigkeitssatz den Determinismus als notwendige Folge nach sich zieht und diese Folge mag er nicht anerkennen. Deshalb muß er den Zweiwertigkeitssatz einschränken. Doch tut er es nicht genug entschieden, und daher ist seine Ausdrucksweise nicht ganz klar. Die wichtigste Stelle lautet folgendermaßen: *De interpr.* 9. 19a 36: τούτων γὰρ (scil. τῶν μὴ ἀεὶ ὄντων ἢ μὴ ἀεὶ μὴ ὄντων) ἀνάγκη μὲν θάτερον μόριον τής ἀντιφάσεως ἀληθὲς εἶναι ἢ ψεῦδος, οὐ μέντοι τόδε ἢ τόδε ἀλλ' ὁπότερ' ἔτυχε, καί μᾶλλον μὲν ἀληθῆ τὴν ἑτέραν, οὐ μέντοι ἤδη ἀληθῆ ἢ ψευδῆ. Eine andere Stelle der Hermeneutik, nämlich 18b 8: τὸ γὰρ ὁπότερ' ἔτυχεν οὐδὲν μᾶλλον οὕτως ἢ μὴ οὕτως ἔχει ἢ ἕξει, gab den Stoikern Anlaß zu behaupten, daß Aristoteles den Zweiwertigkeitssatz leugnet. Wir finden nämlich bei Boëthius, *ad Arist. de interpr.* ed. secunda, rec. Meiser p. 208 (ed. Bas. p. 364), die Stelle: *putaverunt autem quidam, quorum Stoici quoque sunt, Aristotelem dicere in futuro contingentes nec veras esse nec falsas.* Diesem Einwand gegenüber versuchten die Peripatetiker den Aristoteles zu verteidigen, indem sie eine beim Stagiriten gar nicht vorhandene »Distinktion« zwischen dem *»definite verum«* und *»indefinite verum«* ausklügelten. So schreibt z. B. Boëthius, *ad Arist. de interpr.* ed. prima, rec. Meiser p. 125: *manifestum esse non necesse omnes adfirmationes et negationes definite veras esse (sed deest »definite« atque ideo subaudiendum est).* Der Satz in Parenthesen ist beinahe wörtlich aus griechischen Kommentatoren entnommen. Vgl. Ammonius, *in librum Arist. de interpr.* ed. Busse p. 141, 20: προσυπακουομένου δηλονότι τοῦ »ἀφωρισμένως«.

Es unterliegt keinem Zweifel, daß die Epikuräer, die einer indeterministischen Weltanschauung huldigten, den Aristotelischen Gedanken sich zu eigen machten. Eine der wichtigsten Stellen, die davon zeugt, ist uns von Cicero überliefert, *de fato* 37: *Necesse est enim in rebus contrariis duabus (contraria autem hoc loco ea dico, quorum alterum ait quid, alterum negat) ex his igitur necesse est, invito*

Epicuro, alterum verum esse, alterum falsum: ut »sauciabitur Philocteta«, omnibus ante seculis verum fuit, »non sauciabitur«, falsum. Nisi forte volumus Epicureorum opinionem sequi, qui tales enuntiationes nec veras nec falsas esse dicunt: aut, cum id pudet, illud tamen dicunt, quod est impudentius, veras esse ex contrariis disiunctiones; sed, quae in his enuntiata essent, eorum neutrum esse verum. Cicero bekämpft diese Ansicht und fährt dann weiter fort: *Tenebitur ergo id quod a Chrysippo defenditur: omnem enuntiationem aut veram aut falsam esse.* Daß nicht allein die Epikuräer die Ansicht des Aristoteles teilten, ergibt sich aus einer Stelle des Simplicius, *in Arist. cat.* ed. Kalbfleisch, p. 406 (f. 103 A ed. Bas.): Ὁ δὲ Νικόστρατος αἰτιᾶται κανταῦθα λέγων μὴ ἴδιον εἶναι τῶν κατὰ ἀντίφασιν ἀντικειμένων τὸ διαιρεῖν τὸ ἀληθὲς καὶ τὸ ψεῦδος. – – αἱ γὰρ εἰς τὸν μέλλοντα χρόνον ἐγκεκλιμέναι προτάσεις οὔτε ἀληθεῖς εἰσιν οὔτε ψευδεῖς διὰ τὴν τοῦ ἐνδεχομένου φύσιν· οὔτε γὰρ τὸ »ἔσται ναυμαχία« ἀληθὲς οὔτε τὸ »οὐκ ἔσται«, ἀλλ' ὁπότερον ἔτυχεν. Das letztere Beispiel ist aus Aristoteles *de interpr.* 9, 19a 30 entlehnt. Über Nikostratos vgl. Prantl, Bd. I, S. 618–620.

Im bewußten Gegensatz dazu haben die Stoiker, als ausgesprochene Deterministen, und vor allem Chrysippos, den Zweiwertigkeitssatz als den fundamentalen Grundsatz ihrer Dialektik aufgestellt. Als Belegstellen mögen folgende Zitate angeführt werden, die aus der Sammlung J. v. Arnims: *Stoicorum veterum fragmenta,* vol. II, entnommen sind: 1) Pag. 62, fr. 193: *Diocles Magnes apud Diog. Laërt.* VII 65: ἀξίωμα δέ ἐστιν ὅ ἐστιν ἀληθὲς ἢ Φεύδος. 2) Pag. 63, fr. 196: *Cicero Acad. Pr.* II 95: *Fundamentum dialecticae est, quidquid enuntietur (id autem appellant* ἀξίωμα –) *aut verum esse aut falsum.* 3) Pag. 275, fr. 952: *Cicero de fato 20: Concludit enim Chrysippus hoc modo: »Si est motus sine causa, non omnis enuntiatio, quod* ἀξίωμα *dialectici appellant, aut vera aut falsa erit; causas enim efficientis quod non habebit, id nec verum nec falsum erit. Omnis autem enuntiatio aut vera aut falsa est. Motus ergo sine causa nullus est. 21. Quod si ita est, omnia, quae fiunt, causis fiunt antegressis. Id si ita est, fato omnia fiunt. Efficitur igitur fato fieri, quaecunque fiant«. – – – Itaque contendit omnis nervos Chrysippus ut persuadeat omne* ἀξίωμα *aut verum esse aut falsum.*

Ich habe absichtlich die vielen Zitate zusammengestellt, denn obwohl sie eine der wichtigsten Fragen der Logik beleuchten, so scheint es trotzdem, daß viele der oben angeführten Stellen den Historikern der Logik entweder gar nicht bekannt waren oder wenigstens von ihnen nicht gehörig gewürdigt wurden. Der Grund davon liegt meiner Ansicht darin, daß die Geschichte der Logik bisher von Philosophen behandelt wurde, die keine genügende logische Vorbildung hatten. Übrigens kann daraus den älteren Autoren kein Vorwurf gemacht werden, denn eine wissenschaftliche Logik besteht erst seit wenigen Jahrzehnten. Die Geschichte der Logik muß neu geschrieben werden, und zwar von einem Historiker, der die moderne mathematische Logik gründlich beherrscht. So verdienstvoll auch das Werk Prantl's als eine Sammlung von Quellen und Materialien ist, vom logischen Standpunkt hat es kaum einen Wert. Zur Beleuchtung dieser Behauptung mag nur eines angeführt werden. Sowohl Prantl, als auch alle späteren Autoren, die über die Logik der Stoa geschrieben haben, wie Zeller oder Brochard, haben diese Logik gänzlich mißverstanden. Für einen jeden Kenner der mathematischen Logik ist ohne weiteres klar, daß die stoische Dialektik die antike Form des modernen Aussagenkalküls ist[26]. Nun unterscheidet sich aber der Aussagenkalkül, in dem nur Aussagenvariablen vorkommen, von der Aristotelischen Syllogistik, die nur mit Namenvariablen operiert, nicht weniger als die Arithmetik von der Geometrie. Die stoische Dialektik ist keine Fortbildung oder Ergänzung der Aristotelischen Logik, sondern eine Leistung, die der Aristotelischen ebenbürtig an die Seite tritt. Es scheint nach alledem billig zu sein, von einem Historiker der Logik zu verlangen, daß er auch etwas von der Logik versteht; es reicht überhaupt heutzutage bei weitem nicht aus, nur Philosoph zu sein, um über die Logik mitreden zu dürfen.

1 Über diese Untersuchungen habe ich am 5. Juni 1920 in der »Polnischen Philosophischen Gesellschaft« zu Lwów einen Bericht erstattet, dessen wesentlicher Inhalt in der polnischen Zeitschrift »*Ruch Filozoficzny*«, Jahrg. V., Nr. 9, S. 169 u. 170, Lwów 1920, erschienen ist.

2 Vgl. Prantl, *Geschichte der Logik im Abendlande,* Bd. III, S. 14, Anm. 42, S. 117, Anm. 542.

3 *Phil. Schriften,* hrsg. v. Gerhardt, Bd. VI, S. 131.

4 *De interpr.* 9, 19a, 23: Τὸ μὲν οὖν εἶναι τὸ ὂν ὅταν ᾖ, καὶ τὸ μὴ ὂν μὴ εἶναι, ὅταν μὴ ᾖ, ἀνάγκη· οὐ μὴν οὔτε τὸ ὂν ἅπαν ἀνάγκη εἶναι οὔτε τὸ μὴ ὂν μὴ εἶναι.

5 *De interpr.* 9, 19a, 9: ὅλως ἔστιν ἐν τοῖς μὴ ἀεὶ ἐνεργοῦσι τὸ δονατὸν εἶναι καὶ μὴ ὁμοίως· ἐν οἷς ἄμφω ἐνδέχεται, καὶ τὸ εἴναι καὶ τὸ μὴ εἴναι... οἷον ὅτι τουτὶ τὸ ἱμάτιον δυνατόν ἐστι διατμηθῆναι... ὅμοίως δέ καὶ τὸ μὴ διατμηθῆναι δυνατόν.

6 Unter »Thesen« verstehe ich, dem Beispiel Hrn. Leśniewskis folgend, sowohl Axiome als auch Theoreme eines deduktiven Systems.

7 S. Leśniewski, *Grundzüge eines neuen Systems der Grundlagen der Mathematik.* Einleitung und §§ 1–11. *Fund. Math.*, Bd. XIV, Warszawa 1929.

8 In der Funktion »*Cpq*« heißt »*C*« der »Funktor«, »*p*« und »*q*«, sind die »Argumente«. Das Wort »Funktor« stammt von Hrn. Kotarbinski.

9 In dem Anm. 1 zitierten Bericht habe ich den Begriff der beiderseitigen Möglichkeit schärfer gefaßt, indem ich annahm, daß die Aussagen: »es ist möglich, daß *p*« und »es ist möglich, daß nicht-*p*«, immer zugleich gelten müssen, was in Verbindung mit Sätzen der zwei ersten Gruppen zu mannigfachen Widersprüchen führt. Ich habe dabei den Aristotelischen Begriff der »reinen« Möglichkeit im Auge gehabt. Aristoteles nämlich scheint zwei wesensverschiedene Arten der Möglichkeit unterschieden zu haben: die Möglichkeit im eigentlichen Sinne oder reine Möglichkeit, nach der nur dann etwas möglich ist, wenn es nicht notwendig ist, und die Möglichkeit im uneigentlichen Sinne, die mit der Notwendigkeit verbunden ist und sich aus ihr (laut unserer These *10*) ergibt. Vgl. H. Maier, *Die Syllogistik des Aristoteles,* T. 1, Tübingen 1896, S. 180, 181.

10 Die Ergebnisse dieser Untersuchungen sind in meinem Artikel »*Logika dwuwartościowa*« *(Zweiwertige Logik)* niedergelegt, der in der poln. philos. Revue »*Przeglad Filozoficzny*«, Jahrg. 23 (Gedenkbuch zu Ehren des Hrn. Prof. Twardowski), Lwów 1921, S. 189–205 erschienen ist.

11 Vgl. dazu den Anhang: *Zur Geschichte des Zweiwertigkeitssatzes.*

12 In der Inaugurationsrede, die ich als Rektor der Warschauer Universität im J. 1922 gehalten habe, versuchte ich das Problem der indeterministischen Weltanschauung auf Grund der dreiwertigen Logik zu lösen. Eine Bearbeitung dieser Rede erscheint demnächst im Druck in polnischer Sprache.

13 Über dieses System habe ich am 19. Juni 1920 in der »Polnischen Philosophischen Gesellschaft« zu Lwów einen Bericht erstattet, dessen wesentlicher Inhalt im »*Ruch Filozoficzny*«, Jahrg. V, Nr. 9, S. 170, Lwów 1920, erschienen ist.

14 Die gefundene Definition war ziemlich kompliziert und lautete folgendermaßen:

*D*1 Mp = AEpNpΠqNCpKqNq*

Das heißt: Der Ausdruck: »es ist möglich, daß *p*« bedeutet soviel als: »entweder sind *p* und nicht-*p* einander äquivalent oder es gibt kein Paar kontradiktorischer Aussagen, die aus *p* sich ergeben«. »*A*« ist das Zeichen der Alternative, »*E*« das Zeichen der Äquivalenz. In der dreiwertigen Logik gelten folgende Definitionen:

*D*2 Apq = CCpqq*
*D*3 Kpq = NANpNq*
*D*4 Epq = KCpqCqp*

Einleuchtender ist die Definition der »Unmöglichkeit«:

*D*5 NMp = KNEpNpΣqCpKqNq*

Das heißt: Der Ausdruck: »es ist nicht möglich, daß *p*« bedeutet soviel als: »*p* und nicht-*p* sind einander äquivalent und es gibt ein Paar kontradiktorischer Aussagen, die aus *p* sich ergeben«.

Aus *D*1* bekommt man für »*M*« folgende Gleichungen: $M0 = 0$, $M\,{}^1\!/_2 = 1$, $M1 = {}^1\!/_2$. Auf Grund dieser Gleichungen sowie auf Grund der Matrix des dreiwertigen Systems des Aussagenkalküls können leicht folgende Thesen verifiziert werden:

(1) *CpCpNMNp*
(2) *CNpCNpNMp*
(3) *CMpCMpMNp*
(4) *CMNpCMNpMp*
(5) *CNMpCNMpNp*
(6) *CNMNpCNMNpp*

These (5) erlaubt uns gemäß Satz I auf Grund der anerkannten Aussage: »es ist nicht möglich, daß α« (»*NM*α«), die Aussage »nicht-α« (»*N*α«) durch zweimalige Abtrennung zu gewinnen. Umgekehrt bekommt man nach These (2) und gemäß Satz II auf Grund der anerkannten Aussage »nicht-α« (»*N*α«) durch zweimalige Abtrennung die Aussage: »es ist nicht möglich, das α« (»*NM*α«). Ist ferner eine von den Aussagen: »es ist möglich, daß α« (»*M*α«) und »es ist möglich, daß nicht-α« (»*MN*α«) anerkannt, so muß auch laut These (3) und (4) die andere von diesen Aussagen anerkannt sein. Aus anerkannten Aussagen »α« und »es ist notwendig, daß α«, kann auf die Aussage »es ist möglich, daß α« nicht geschlossen werden; denn wir haben hier eben mit der »reinen« Möglichkeit zu tun, die mit der Notwendigkeit nicht vereinbar ist. Vgl. Anm. 9.

15 Vgl. »*Elementy logiki matematycznej« (Elemente der mathematischen Logik,* eine lithographierte Ausgabe meiner im Herbsttrimester 1928/29 an der Universität Warszawa gehaltenen Vorlesungen, bearbeitet von M. Presburger), Warszawa 1929, S. 45.

16 *Scritti di G. Vailati,* Leipzig-Firenze 1911. CXV, *A proposito d'un passo del Tecteto e di una dimostrazione di Euclide,* S. 516–527.

17 Vgl. Vailati, I. c. S. 518 ff. – Es scheint Vailati entgangen zu sein, daß die erwähnte These schon den Stoikern bekannt war, wenn auch nicht in ihrer reinen Form. Wir lesen nämlich bei Sextus Empiricus *adv. math.* VIII. 292: εἰ τὸ πρῶτον, τὸ πρῶτον· εἰ οὐ τὸ πρῶτον, τὸ πρῶτον· ἤτοι τὸ πρῶτον ἢ οὐ τὸ πρῶτον· τὸ πρῶτον ἄρα. Werden in diesem Schema die evidenten Prämissen: εἰ τὸ πρῶτον, τὸ πρῶτον sowie ἤτοι τὸ πρῶτον ἢ οὐ τὸ πρῶτον gestrichen, so bekommen wir die Konsequenzen: εἰ οὐ τὸ πρῶτον, τὸ πρῶτον· τὸ πρῶτον ἄρα, die der These »*CCNppp*« entspricht.

18 Vgl. Vailati, l. c. S. 521.

19 Den Namen »*consequentia mirabilis*« für die erwähnte These finde ich in Werken polnischer Jesuiten. So schreibt z. B. Adam Krasnodebski, *Philosophia Aristotelis explicata,* Varsaviae 1676, *Dialecticae Prolegomenon 21,* folgendes: *Artificium argumentandi per consequentiam mirabilem in hoc positum est (uti de re speculativa optime in Polonia meritus R. P. Tho. Młodzianowski Tr. I de Poenit. disp. 1. quae 1. difficul. 1 nr. 20 refert), ut ex propositione quam tuetur respondens, ab argumentante eliciatur contradictoria.*

20 Vgl. Vailati, I. c. CIX, *Di un'opera dimenticata del P. Gerolamo Saccheri (»Logica demonstrativa«* 1967), S. 477–484.

22 Das von mir in deutscher Sprache verfaßte Werkchen: *Die logischen Grundlagen der Wahrscheinlichkeitsrechnung,* Krakau 1913, Akad. d. Wiss., versucht den Begriff der Wahrscheinlichkeit auf eine ganz andere Idee zu gründen.

23 Vgl. A. N. Whitehead and B. Russell. *Principia mathematica,* Cambridge 1910. Vol. I, S. 94–131.

24 Vgl. E. L. Post. *Introduction to a general theory of elementary propositions.* Am. Journ. of Math., Vol. XLIII, 1921, S. 182: »... the highest dimensioned intuitional proposition space is two«.

25 Vgl. z. B.: L. F. J. Brouwer. *Intuitionistische Zerlegung mathematischer Grundbegriffe,* Jahresber. d. deutsch. Math.-Vereinigung, Bd. 33, 1925, S. 251 ff. *Zur Begründung der intuitionistischen Mathematik.* I. Math. Anm. Bd. 93, 1925, S. 244 ff.

26 Diesen Gedanken habe ich schon im J. 1923 in einem Vortrag ausgesprochen, den ich auf dem I. Kongreß der polnischen Philosophen zu Lwów gehalten habe. Eine kurze Zusammenfassung dieses Vortrags ist im »*Przeglad Filozoficzny*«, Jahrg. 30, Warszawa 1927, S. 278 erschienen.

Jan Łukasiewicz

Die Logik und das Grundlagenproblem

1. Die grundlegende logische Disziplin ist der Aussagenkalkül. Auf dem Aussagenkalkül sind die anderen logischen Disziplinen aufgebaut, insbesondere der Prädikatenkalkül, und auf der Logik wiederum ruht die gesamte Mathematik. Der Aussagenkalkül ist somit die tiefste Grundlage aller deduktiven Wissenschaften. Diesem grundlegenden Kalkül und seiner Bedeutung für die Mathematik ist mein Vortrag gewidmet.

2. Die Aussagenlogik war immer vernachlässigt. Dem *Aristoteles* war sie nicht bekannt, erst die Stoiker haben sie erfunden. Die stoische Aussagenlogik wurde jedoch sowohl im Altertum wie auch im Mittelalter und in der Neuzeit immer wieder von der Aristotelischen Syllogistik verdrängt. Das Werk des genialen deutschen Logikers *Frege,* der im Jahre 1879 den Aussagenkalkül in beinahe vollendeter Gestalt erschuf, fand zunächst gar keine Beachtung. Erst seitdem im Jahre 1910 die Herren *Russell* und *Whitehead* in ihrem grundlegenden Werk »Principia Mathematica« den Aussagenkalkül an die Spitze der mathematischen Logik gestellt hatten, da wurde man inne, welche grundsätzliche Bedeutung dieser Disziplin innerhalb der mathematischen Wissenschaften zukommt.

3. Trotzdem scheinen bis zum heutigen Tag die meisten Mathematiker vom Aussagenkalkül nicht viel zu wissen. Sie bedienen sich ganz intuitiv, wie es schon *Aristoteles* getan hatte, einiger einfachster Schlußregeln dieser Logik, ohne auch nur zu ahnen, wie reich an Sätzen diese Logik ist und welche Fülle von Problemen sie darbietet. Um meine verehrten Zuhörer in diese Probleme einzuführen, will ich beispielsweise zwei von den Mathematikern am häufigsten gebrachte Schlußregeln nennen, die zur Aussagenlogik gehören.

4. Sind zwei Prämissen folgender Gestalt gegeben: »wenn *p,* so *q*« und »wenn *q,* so *r*«, so darf man aus ihnen den Schluß ziehen: »wenn *p,* so *r*«. In Zeichen (»*C*« entspricht den Wörtern »wenn so«):

$$\begin{array}{ll} Cpq & P_1 \\ Cqr & P_2 \\ \hline Cpr & S \end{array}$$

Bezeichnet man die erste Prämisse mit P_1, die zweite mit P_2 und den Schlußsatz mit S, so gilt offenbar die Formel:

$$(1) \qquad CP_1\,CP_2\,S.$$

D. h., »wenn P_1, so wenn P_2, so S«. Werden in dieser Formel an Stelle der Buchstaben P_1, P_2 und S die von ihnen bezeichneten Ausdrücke eingesetzt, so bekommt man die folgende These des Aussagenkalküls:

$$(2) \qquad CCpqCCqrCpr.$$

In Worten: »Wenn (wenn *p*, so *q*), so [wenn (wenn *q*, so *r*), so (wenn *p*, so *r*)]«. Das ist der Satz vom hypothetischen Syllogismus, die bekannteste direkte Schlußweise.

5. Eine andere sehr häufig benutzte Schlußregel ist der indirekte Schluß. Man beweist indirekt einen Satz *p*, indem man dessen Negation *Np* (»*N*« bedeutet »nicht«) zum Ausgangspunkt der Beweisführung nimmt und aus *Np* einen Satz *q* folgert, der bekanntermaßen falsch ist. Also, folgert man weiter, muß auch *Np* falsch und daher *p* wahr sein. Der indirekte Schluß hat somit die Form:

$$\begin{array}{ll} CNpq & P_1 \\ Nq & P_2 \\ \hline p & S \end{array}$$

Wird auf diese Schlußweise die Formel (1) angewendet, so bekommt man eine andere These des Aussagenkalküls:

$$(3) \qquad CCNpqCNqp.$$

Diese These, die in Worten lautet: »wenn (wenn nicht-*p*, so *q*), so (wenn nicht-*q*, so *p*)«, ist eine Abart des Transpositionssatzes.

6. Die letztere Schlußweise ist von einem berühmten Mathematiker, Herrn Prof. *Brouwer*, angefochten worden. Sie läßt sich nämlich auch dazu verwenden, die Existenz von solchen Zahlen nachzuweisen, die effektiv, also durch Konstruktion, nicht hergestellt werden können. Effektiv beweist man z. B. die Existenz von geraden Primzahlen auf Grund des folgenden Satzes aus der Prädikatenlogik:

$$(4) \qquad CFa\Sigma xFx.$$

In Worten: »Wenn *F* von *a*, so gibt es ein *x*, so daß *F* von *x*.« Bedeutet nun »*Fx*« – »*x* ist eine gerade Primzahl«, und wird in (4) statt *a* die Zahl 2 eingesetzt, so bekommt man die folgende Ableitung:

$$\begin{array}{ll} [1] & CF2\Sigma xFx \\ [2] & F2 \\ & [1] = \mathrm{C}[1][2] \\ [3] & \Sigma xFx \end{array}$$

In freien Worten:

1. Ist 2 eine gerade Primzahl, so gibt es gerade Primzahlen.
2. 2 ist eine gerade Primzahl.

Also durch Abtrennung:

3. Es gibt gerade Primzahlen.

7. Der Existenzialsatz ΣxFx kann aber auch indirekt bewiesen werden. Man nimmt dann die Negation dieses Satzes, also $N\Sigma xFx$, zum Ausgangspunkt der Beweisführung, erschließt aus dieser Negation einen falschen Satz *a* und bekommt auf Grund der These (3) den Existenzialsatz. Die Ableitung sieht folgendermaßen aus:

$$\begin{array}{ll} [1] & CCNpqCNqp \\ [2] & CN\Sigma xFx\alpha \end{array}$$

[3] *N*α
[1]*p*/Σ*xFx*, *q*/α = [4]
[4] *CCN*Σ*xFx*α*CN*$\alpha\Sigma$*xFx*
[4] = C[2][5]
[5] *CN*$\alpha\Sigma$*xFx*
[5] = C[3][6]
[6] Σ*xFx*.

Es wird hier vorausgesetzt, daß [2] und [3] wahre Prämissen sind. Durch Einsetzung in [1] bekommt man [4], und aus [4] gewinnt man durch zweimalige Abtrennung den Existenzialsatz [6].

8. Einen nur auf diesem Wege, also nicht effektiv gewonnenen Existenzialsatz wollen die Anhänger der intuitionistischen Logik nicht gelten lassen. Demgemäß sind sie gezwungen, auch den Transpositionssatz *CCNpqCNqp* abzulehnen. Es gibt auch andere Thesen der Aussagenlogik, die nach Ansicht der Intuitionisten nicht allgemeingültig sind. Unter diesen proskribierten Thesen befindet sich eine weitere Abart des Transpositionssatzes *CCNpNqCpq,* ferner der Satz von der doppelten Verneinung mit den Negationen im Vordersatz *CNNpp,* sowie insbesondere der Satz vom ausgeschlossenen Dritten *ApNp* (»*A*« ist das Zeichen der Alternative »oder«; »*ApNp*« heißt »*p* oder nicht-*p*«). Gültig dagegen bleiben die zwei übrigen Transpositionssätze, *CCpqCNqNp* sowie *CCpNqCqNp,* der Satz von der doppelten Verneinung mit den Negationen im Nachsatz *CpNNp,* und der Satz vom ausgeschlossenen Widerspruch *NKpNp* (»*K*« ist das Zeichen der Konjunktion »und«; »*NKpNp*« heißt »nicht zugleich *p* und nicht-*p*«). Die Sache wird ernst: Man sieht, es ist ein Streit innerhalb der einfachsten und grundsätzlichsten logischen Disziplin, ein wahrer Grundlagenstreit.

9. Nun ist der Aussagenkalkül kein Haufen von Steinen, der bestehen bleibt, auch wenn man einige Steine wegnimmt; vielmehr ist es ein Mechanismus von der allergrößten Präzision, der schon bei Entfernung eines einzigen Rädchens in sich zusammenbricht und umgebaut werden muß. So sind wir denn alle Herrn *Heyting* zu großem Dank verpflichtet, daß er es im Jahre 1930 unternommen hat, den Aussagenkalkül im Sinne des Intuitionismus zu formalisieren. Es ist ihm gelungen, für den intuitionistischen Aussagenkalkül ein Axiomensystem aufzustellen, das ich hier zwar nicht anführen werde; dafür aber werde ich Ihnen ein Ergebnis mitteilen, zu dem ich im Mai dieses Jahres auf Anregung meines hochverehrten Freundes, Herrn Prof. *Scholz* in Münster, gekommen bin, und das uns den Vergleich zwischen der gewöhnlichen und der intuitionistischen Aussagenlogik erleichtern wird.

10. Folgendes unabhängige Axiomensystem, das aus vier Gruppen von Axiomen besteht, reicht zum Aufbau des gewöhnlichen Aussagenkalküls aus:

I. 1 *CpCqp*
2 *CCpCpqCpq*
3 *CCpqCCqrCpr*
II. 4 *CKpqp*
5 *CKpqq*
6 *CCpqCCprCpKqr*

III. 7 *CpApq*
8 *CpApq*
9 *CCprCCqrCApqr*
IV. 10 *CCpNqCqNq*
11 *CNpCpq*
12 *CCCpNpqCCpqq*

Die Axiome der I. Gruppe enthalten nur das Implikationszeichen »*C*«. Sie charakterisieren die sogenannte »positive Logik« im Sinne des Herrn Prof. *Bernays.* Die Axiome der II. Gruppe enthalten außerdem das Konjunktionszeichen »*K*«, die Axiome der III. Gruppe das Zeichen für die Alternative »*A*«. Die Axiome der drei ersten Gruppen sind schon von Prof. *Bernays* aufgestellt worden. Die Axiome der IV. Gruppe betreffen das Negationszeichen »*N*«. Zum System gehören zwei Schlußregeln: Die Einsetzungsregel, die uns gestattet, an Stelle der Variablen beliebige sinnvolle Ausdrücke einzusetzen, und die Abtrennungsregel, die besagt, daß aus den Ausdrücken Cαβ und α jedesmal β abgeleitet werden kann.

11. Das obige System von 12 Axiomen gilt, wie gesagt, für den gewöhnlichen oder klassischen Aussagenkalkül. Wird das letzte Axiom 12 weggelassen, so bekommt man ein Axiomensystem der intuitionistischen Aussagenlogik, das mit dem von Herrn *Heyting* aufgestellten Axiomensystem samt allen dazugehörigen Schlußregeln äquivalent ist. Werden die beiden letzten Axiome, 11 und 12, weggelassen, so entsteht der sogenannte Minimalkalkül von Herrn *Johannsson.* Das Verhältnis der klassischen Aussagenlogik zur intuitionistischen Aussagenlogik ist nunmehr klar: Die intuitionistische Aussagenlogik umfaßt einen echten, präzis abgegrenzten Teil von Thesen des klassischen Aussagenkalküls und ist daher ein wesentlich schwächeres System als dieser. Es liegt den Mathematikern ob, zu erforschen, was auf dieser schwächeren Grundlage der Mathematik geleistet werden kann. Die darüber bereits angestellten und noch anzustellenden Untersuchungen können ebenso dankbar und für das Grundlagenproblem wichtig sein, wie die von meinem hochverehrten Warschauer Kollegen Herrn Prof. *Sierpinski* angebahnten Untersuchungen über das Auswahlpostulat des Herrn *Zermelo* und dessen Rolle in der Mengenlehre und Analysis.

12. Auf die Frage, ob die Ablehnung irgendwelcher Schlußweisen der klassischen Aussagenlogik berechtigt ist, will ich hier nicht eingehen. Eines ist mir klar: eine Entscheidung in dieser Streitfrage läßt sich zur Zeit nicht erzwingen, weder auf dem Boden der Logik, noch dem der Mathematik. Philosophische Argumente, die allenfalls von der einen oder der anderen Seite angeführt werden, sind nach meinem Ermessen erst recht nicht ausschlaggebend. Das Problem muß erst vertieft werden. Ich will es tun, obwohl ich mir bewußt bin, wie schwer dieser Weg in die Tiefe ist. Vier Momente, gleich wie vier Wegweiser, möchte ich dabei hervorheben: a) Es gibt aussagenlogische Matrizen. b) Jedem aussagenlogischen System entspricht eine adäquate Matrix. c) Auch mehrwertige aussagenlogische Matrizen können intuitiv gedeutet werden. d) In intuitiv gedeuteten Matrizen müssen alle in Bezug auf die Matrix möglichen logischen Funktionen berücksichtigt werden.

13. Die Matrizenmethode hat im Jahre 1885 der berühmte amerikanische Logi-

ker *Charles Peirce* erfunden. In der Aussagenlogik hängt die Wahrheit der Thesen nicht von ihrem Inhalt ab, sondern von ihrem Wahrheitswert. Im klassischen Aussagenkalkül gibt es zwei Wahrheitswerte: das Wahre und das Falsche. Wird das Wahre mit »1« und das Falsche mit »2« bezeichnet, so können folgende Gleichungen aufgestellt werden:

Negation	Implikation	Konjunktion	Alternative
$N1 = 2$	$C11 = 1$	$K11 = 1$	$A11 = 1$
$N2 = 1$	$C12 = 2$	$K12 = 2$	$A12 = 1$
	$C21 = 1$	$K21 = 2$	$A21 = 1$
	$C22 = 1$	$K22 = 2$	$A22 = 2$

Die Gesamtheit dieser Gleichungen, die in Form von folgenden Tabellen kürzer dargestellt werden kann (bei zweistelligen Funktionen ist das erste Argument links, das zweite oben angeschrieben):

N	
1	2
2	1

C	1	2
1	1	2
2	1	1

K	1	2
1	1	2
2	2	2

A	1	2
1	1	1
2	1	2

heißt die Matrix für *N, C, K* und *A*. Jede Matrix hat wenigstens einen ausgezeichneten Wert; hier ist es das Wahre, also 1.

14. Mit jeder Matrix ist eine Verifikationsmethode verbunden. Wir sagen nämlich, daß ein Ausdruck des Aussagenkalküls eine Matrix erfüllt, wenn bei allen Bewertungen der in ihm vorkommenden Aussagevariablen mit den Werten der Matrix der Ausdruck nach Reduktion gemäß der Matrix in einen ausgezeichneten Wert übergeht. So erfüllt z. B. These *CCCpNpqCCpqq* die oben angegebene Matrix, denn wir bekommen:

für $p/1$, $q/1$: $CCC1N11CC111 = CCC121C11 = CC211 = C11 = 1$,
für $p/1$, $q/2$: $CCC1N12CC122 = CCC122C22 = CC221 = C11 = 1$,
für $p/2$, $q/1$: $CCC2N21CC211 = CCC211C11 = CC111 = C11 = 1$,
für $p/2$, $q/2$: $CCC2N22CC222 = CCC212C12 = CC122 = C22 = 1$.

Alle Matrizen sind in Bezug auf die Einsetzungsregel erblich. D. h., erfüllt ein Ausdruck eine gegebene Matrix, so ist die Matrix auch von allen Einsetzungen dieses Ausdrucks erfüllt. Soll die Matrix in Bezug auf die Abtrennungsregel erblich sein, so ist es hinreichend, wenn auch nicht notwendig, daß diejenige zweistellige Funktion $F\alpha\beta$, die der Abtrennungsregel zugrunde liegt, gewöhnlich ist es die Implikation, bei ausgezeichnetem α nur dann einem ausgezeichneten Wert gleichgesetzt ist, wenn auch β ausgezeichnet ist. So ist oben $C1\beta$ nur dann gleich 1, wenn auch β gleich 1 ist. Eine solche Matrix wird von meinem Warschauer Kollegen, Herrn *Tarski,* als normal bezeichnet. Alle normalen Matrizen sind in Bezug auf die Abtrennungsregel erblich; ist nämlich eine normale Matrix von $F\alpha\beta$ und α erfüllt, so muß sie auch von β erfüllt sein.

15. Die Matrizenmethode wurde zunächst zur Verifikation von Thesen des klassischen Aussagenkalküls verwendet. Es hat sich aber bald herausgestellt, daß dieser Methode eine ungleich höhere Bedeutung zugesprochen werden muß. Sie

ermöglicht uns nämlich, im Gebiete der Aussagenlogik Unabhängigkeitsbeweise zu führen, die *Frege* und *Russell* noch unbekannt waren. Das Verdienst, gezeigt zu haben, wie die Matrizenmethode für Unabhängigkeitsbeweise verwertet werden kann, gebührt Herrn Prof. Bernays. Dieselbe Methode war aber auch mir, noch vor ihrer Veröffentlichung durch Herrn *Bernays*, bekannt. Die Idee dieser Unabhängigkeitsbeweise kann am besten an einem Beispiel erläutert werden. Soll für das oben angegebene Axiomenssystem die Unabhängigkeit des letzten Axioms 12 von den übrigen Axiomen nachgewiesen werden, so reicht es offenbar aus, eine Eigenschaft zu finden, die in Bezug auf die Schlußregeln erblich ist und allen Axiomen mit Ausnahme des letzten zukommt. Daß nun ein Axiom eine normale Matrix erfüllt, ist eben eine Eigenschaft dieses Axioms, die in Bezug auf die Einsetzungs- und Abgrenzungsregel erblich ist. Wir konstruieren die folgende dreiwertige Matrix für *N*, *C*, *K* und *A*:

N	
1	3
2	3
3	1

C	1	2	3
1	1	2	3
2	1	1	3
3	1	1	1

K	1	2	3
1	1	2	3
2	2	2	3
3	3	3	3

A	1	2	3
1	1	1	1
2	1	2	2
3	1	2	3

1 ist wiederum der ausgezeichnete Wert. Die Matrix ist normal, denn $C1\beta$ ist nur dann gleich 1, wenn auch β gleich 1 ist. Man überzeugt sich leicht, daß die Matrix von den elf ersten Axiomen erfüllt ist; denn bei allen Bewertungen der Variablen mit 1, 2 oder 3, gehen diese Axiome nach Reduktion gemäß der Matrix in 1 über. Nur das letzte Axiom erfüllt die Matrix nicht, denn wir bekommen für *p*/2 und *q*/2:

$$CCC2N22CC222 = CCC232C12 = CC322 = C12 = 2.$$

16. Das erste von den vorher erwähnten vier Momenten wäre damit erledigt. Es gibt aussagenlogische Matrizen und sie spielen im Aussagenkalkül eine hervorragende Rolle. Ich komme zum zweiten Moment. Dank den von Herrn *Tarski* angestellten metalogischen Untersuchungen sind wir imstande, den Begriff des aussagenlogischen Systems streng zu definieren. Wir verstehen nämlich unter einem aussagenlogischen System eine in Bezug auf gegebene Schlußregeln abgeschlossene Menge von sinnvollen aussagenlogischen Ausdrücken. Als Schlußregeln kommen dabei in erster Linie die Einsetzungs- und die Abtrennungsregel in Betracht. Es bilden also beliebige sinnvolle Ausdrücke, z. B. *CCppp* und *CCCpqqCCqpp*, samt allen Folgerungen, die aus ihnen auf Grund der genannten Schlußregeln gezogen werden können, ein aussagenlogisches System. Es ist nun klar, daß jede normale Matrix ein aussagenlogisches System definiert. Merkwürdigerweise gilt auch der umgekehrte Satz. Einer von meinen Kollegen in Warschau, Herr *Lindenbaum*, hat nämlich bewiesen, daß für jedes aussagenlogische System eine adäquate normale Matrix mit höchstens abzählbarer Menge von Werten existiert. Eine Matrix heißt in Bezug auf ein System adäquat, wenn sie von allen Ausdrücken des Systems und nur von ihnen erfüllt ist. Dieser wichtige Satz ist ohne Beweis in den

von mir gemeinsam mit Herrn *Tarski* im Jahre 1930 gemachten »Untersuchungen über den Aussagenkalkül« veröffentlicht worden.

17. Aus diesem Satz möchte ich einige Folgerungen ziehen. Zunächst ist es klar, daß alle axiomatisch aufgebauten Systeme des Aussagenkalküls aussagenlogische Systeme im Sinne der Definition des Herrn *Tarski* sind. Nach dem Satz von Herrn *Lindenbaum* müssen somit alle solchen Systeme eine adäquate normale Matrix haben. Für den axiomatisch aufgebauten klassischen Aussagenkalkül ist die oben angegebene zweiwertige normale Matrix adäquat. Es wurde nämlich zu wiederholten Malen bewiesen, daß diese Matrix von allen Thesen des klassischen Aussagenkalküls und nur vor ihnen erfüllt ist. Deshalb wird der klassische Aussagenkalkül auch der zweiwertige genannt. Für jedes diesem gegenüber schwächere System, d. h. für jedes solche System, in dem gewisse Thesen des zweiwertigen Kalküls nicht gelten, ist die adäquate Matrix nicht mehr zweiwertig, sondern mehrwertig. Ein solches System ist u. a. auch der von Herrn *Heyting* axiomatisierte intuitionistische Aussagenkalkül. Dieser Kalkül muß demnach eine mehrwertige adäquate Matrix haben. Tatsächlich hat Herr *Gödel* bewiesen, daß für das Heytingsche System keine adäquate normale Matrix mit einer nur endlichen Menge von Werten existiert. Zu demselben Ergebnis ist unabhängig von *Gödel* einer von meinen ehemaligen Schülern in Warschau, Herr *Jaskowski*, gekommen, der die unendlichwertige Matrix der intuitionistischen Aussagenlogik auch wirklich konstruiert hat.

18. Ich kann hier auf die sehr komplizierte Frage der adäquaten Matrix des intuitionistischen Aussagenkalküls nicht näher eingehen. Für den Zweck, den ich vorhabe, genügt es, ein einfacheres Beispiel zu wählen. Ich habe schon oben eine dreiwertige normale Matrix angegeben, die von den elf ersten Axiomen des von mir aufgestellten Axiomensystems erfüllt ist. Nun stellen diese elf ersten Axiome die intuitionistische Aussagenlogik dar. Die erwähnte Matrix, die übrigens von Herrn *Heyting* stammt, ist jedoch für den intuitionistischen Kalkül nicht adäquat. Sie ist zwar von allen Thesen dieses Kalküls erfüllt, aber auch von anderen Thesen, die zum intuitionistischen Kalkül nicht gehören. Durch diese Matrix ist daher ein stärkeres System definiert. Es gelang mir, dieses System zu axiomatisieren.

19. Wird in dem unter Punkt 10 angeführten Axiomensystem an Stelle des Axioms 12 das folgende Axiom 12a angenommen:

12a *CCNpqCCCqpqq*,

so bilden die Axiome 1–11 und 12a ein unabhängiges System, für welches die von *Heyting* angegebene, unter Punkt 15 angeführte dreiwertige normale Matrix adäquat ist. Axiom 12a läßt sich einerseits aus den Axiomen des intuitionistischen Kalküls nicht ableiten, was mit Hilfe einer vierwertigen Matrix bewiesen werden kann, andererseits erfüllt dieses Axiom die dreiwertige von *Heyting* angegebene Matrix, reicht also samt den übrigen Axiomen nicht aus, um den zweiwertigen Kalkül zu begründen. Wir haben somit ein einfaches Beispiel eines aussagenlogischen, in axiomatischer Form dargestellten Systems gewonnen, das schwächer ist als der klassische Aussagenkalkül, aber ebenso wie dieser Kalkül eine adäquate normale Matrix besitzt, jedoch keine zweiwertige, sondern eine dreiwertige. Für alle Systeme, die schwächer sind als der zweiwertige Aussagenkalkül, existieren adäquate, normale, mehrwertige Matrizen. Es ist kein Zufall, es ist ein Gesetz. Dieses Gesetz verleiht der Matrizenmethode eine grundsätzliche Bedeutung. Damit hätten wir auch das zweite von den vorhin erwähnten vier Momenten erschöpft.

20. Die Matrix für den zweiwertigen Aussagenkalkül ist auf einer intuitiven Basis entstanden. Die Werte der Matrix wurden als Wahrheitswerte gedeutet: 1 war das Wahre, und 2 war das Falsche. Später aber, als man begonnen hatte, die Matrizenmethode zu Unabhängigkeitsbeweisen zu verwenden, und zu diesem Zwecke zahlreiche mehrwertige Matrizen erfand, ist die intuitive Deutung der Matrizenwerte verloren gegangen. Es war ja nicht nötig, diese Werte irgendwie intuitiv zu deuten. Die Matrizen dienten dazu, für gegebene Thesen Eigenschaften aufzufinden, die in Bezug auf die Schlußregeln erblich wären. Die Matrizenwerte sind zu bedeutungslosen Konstanten herabgesunken, und die Matrizenbildung gestaltete sich zu einem rein formalen Vorgang. Nun ist es aber möglich, auch in mehrwertigen Matrizen die Werte intuitiv zu deuten. Als erstes Beispiel dazu möchte ich die oben besprochene, von Herrn *Heyting* eingeführte dreiwertige Matrix heranziehen.

21. In seiner grundlegenden Abhandlung über »die formalen Regeln der intuitionistischen Logik« sagt Herr *Heyting* folgendes: »Gruppe XII – das ist eben die in Rede stehende Matrix, nur sind die Werte umbenannt – kann wie folgt interpretiert werden: 2 bedeutete einen beliebigen richtigen Satz, der nicht falsch sein kann, dessen Richtigkeit aber nicht bewiesen ist. Man erhält dann eben die obigen Tabellen.« Aus dieser Erklärung des Verfassers geht hervor, daß er auf Grund gewisser intuitiver Gedankengänge der Meinung war, die erwähnte Matrix mit evidenter Sicherheit konstruieren zu können. Versuchen wir diesen Gedankengängen nachzugehen.

22. Von den 30 Gleichungen, die die Matrix umfaßt, sind die folgenden 14 dem zweiwertigen Kalkül entnommen:

$N1 = 3$	$C11 = 1$	$K11 = 1$	$A11 = 1$
$N3 = 1$	$C13 = 3$	$K13 = 3$	$A13 = 1$
	$C31 = 1$	$K31 = 3$	$A31 = 1$
	$C33 = 1$	$K33 = 3$	$A33 = 3$

1 ist nämlich das Wahre, und 3 ist das Falsche. Weitere 10 Gleichungen, für die Konjunktion und die Alternative, gewinnt man auf Grund folgender Erwägungen: Der neue Wert 2 kommt Sätzen zu, die nicht falsch sein können, aber nicht bewiesen sind. Dieser Wert ist also offenbar schwächer als das Wahre, aber stärker als das Falsche. Nun richtet sich evidentermaßen der Wert der Konjunktion nach dem schwächeren Argumentswert, und der Wert der Alternative nach dem stärkeren Argumentswert. Bei gleichen Argumentswerten ist der Wert der beiden Funktionen gleich dem Wert der Argumente. So bekommt man die evidenten Gleichungen:

$K12 = 2$	$K23 = 3$	$A12 = 1$	$A23 = 2$
$K21 = 2$	$K32 = 3$	$A21 = 1$	$A32 = 2$
$K22 = 2$		$A22 = 2$	

Zwei weitere Gleichungen, und zwar für die Implikation:

$$C21 = 1 \text{ und } C32 = 1,$$

erhält man auf Grund der im zweiwertigen Kalkül geltenden Regl, daß die Implikation bei wahrem Nachsatz oder falschem Vordersatz ohne Rücksicht auf den Wert des anderen Arguments wahr sein muß.

Eine dritte Gleichung für die Implikation:

$$C22 = 1,$$

ergibt sich aus dem eminent intuitiven Identitätssatz. Eine Schwierigkeit könnte höchstens bei der Wertbestimmung der Ausdrücke C12, C23 und *N*2 entstehen. C12 kann nicht das Wahre sein, denn sonst müßte auch 2 das Wahre sein. Es kann aber auch nicht das Falsche sein, da sie einen nicht falschen Nachsatz hat. Wir bekommen also:

$$C12 = 2.$$

Dagegen ist in evidenter Weise C23 das Falsche; denn ein Vordersatz, der nicht falsch sein kann, kann keinen falschen Nachsatz nach sich ziehen. Man bekommt daher:

$$C23 = 3.$$

Als letzte Gleichung ergibt sich:

$$N2 = 3,$$

denn es ist klar, daß die Negation eines Satzes, der nicht falsch sein kann, eben das Falsche ist.

23. Ich konnte mich in diese Gedankengänge um so eher einfühlen, als ich selbst vor Jahren, und zwar als erster, eine intuitive dreiwertige Matrix aufgestellt hatte. Nur bin ich von anderen Ideen geleitet worden. Nach dem berühmten Vorbild des *Airstoteles* bin ich zu der Einsicht gekommen, daß Aussagen über zufällige zukünftige Ereignisse gegenwärtig weder wahr noch falsch sind. Daß ich mittags am 8. Dezember 1939 in Warschau sein werde, ist eine Aussage, die heute mit guten Gründen weder als wahr noch als falsch bezeichnet werden kann. Sie muß also einen dritten Wahrheitswert haben. Dieser dritte Wahrheitswert verhält sich zum Möglichen in ähnlicher Weise wie das Wahre zum Wirklichen oder das Falsche zum Nichtwirklichen. Auf Grund dieser Idee habe ich bereits 1920 die folgende dreiwertige Matrix aufgestellt:

N	
1	3
2	2
3	1

C	1	2	3
1	1	2	3
2	1	1	2
3	1	1	1

K	1	2	3
1	1	2	3
2	2	2	3
3	3	3	3

A	1	2	3
1	1	1	1
2	1	2	2
3	1	2	3

1 ist der ausgezeichnete Wert – das Wahre, 3 ist das Falsche, 2 ist der dritte Wert, das »Mögliche«. Die Matrix ist normal.

24. Der Vergleich der obigen Matrix mit der Heytingschen ist äußerst lehrreich.

Da auch hier der dritte Wert, also das Mögliche, schwächer ist als das Wahre und stärker ist als das Falsche, so müssen für die Konjunktion und die Alternative dieselben Gleichungen gelten. Ein Unterschied ergibt sich dagegen in den Gleichungen für die Implikation und Negation, wenn auch nur in zwei Punkten: für die Ausdrücke *C*23 und *N*2. *C*23 = 2 und nicht = 3, wie bei *Heyting*, denn das Mögliche kann entweder in das Wahre oder in das Falsche umschlagen. Im ersten Fall geht *C*23 in *C*13, also in das Falsche über, im zweiten Fall verwandelt es sich in *C*33, also in das Wahre. So ist *C*23 weder wahr noch falsch, hat also den dritten Wert. Den dritten Wert muß auch *N*2 haben, denn es ist evident, daß sobald die Aussage »mittags am 8. Dezember 1939 werde ich in Warschau sein« heute weder wahr noch falsch, sondern nur möglich ist, auch die Verneinung dieser Aussage »mittags am 8. Dezember 1939 werde ich nicht in Warschau sein« weder wahr noch falsch sein kann, sondern nur möglich ist. Damit wäre an zwei Beispielen das dritte von den vier erwähnten Momenten erledigt: Auch mehrwertige Matrizen können intuitiv gedeutet werden.

25. Es gibt partielle Systeme des zweiwertigen Aussagenkalküls, d. h. Systeme, in denen nicht alle Funktionen dieses Kalküls definiert werden können. So ist das implikative System, das auf der Implikation als dem einzigen Term und auf der These *CCCpqrCCrpCsp* (es ist die kürzeste These, die alle wahren implikativen Thesen nach sich zieht) als dem einzigen Axiom aufgebaut ist, ein partielles System. Partielle Systeme sind unvollständig, also unvollkommen. So ist im implikativen System weder die Negation noch die Konjunktion definierbar. Wollen wir eine in allen Fällen brauchbare und vollständige Logik haben, so müssen wir danach trachten, solche aussagenlogische Systeme zu bauen, in denen alle im System möglichen Funktionen definierbar sind. Im zweiwertigen Aussagenkalkül gibt es $2^2 = 4$ möglche Funktionen von einem Argument, und $2^{2^2} = 16$ mögliche Funktionen von zwei Argumenten. Wenn auch nicht alle von diesen Funktionen für das praktische Schließen brauchbar sind und in Worten der Umgangssprache ausgedrückt werden können, so sind sie doch alle im implikativ-negativen System definierbar. Dieses System ist somit vollständig.

26. Wie sieht nun diese Frage in mehrwertigen Systemen aus? Wächst die Zahl der Matrizenwerte, so wächst auch die Zahl der möglichen Funktionen. Eine elementare kombinatorische Überlegung ergibt für n-wertige Matrizen n^n mögliche Funktionen von einem Argument und n^{n^2} mögliche Funktionen von zwei Argumenten. Die Zahlen steigen rapid. In dreiwertigen Systemen beträgt die Anzahl der möglichen Funktionen von einem Argument $3^3 = 27$, von zwei Argumenten $3^{3^2} = 3^9 = 19\,683$. In vierwertigen Systemen betragen die entsprechenden Zahlen $4^4 = 256$ und $4^{4^2} = 4^{16} = 4\,294\,967\,296$, also über vier Milliarden. In Matrizen mit abzählbar vielen Werten ist die Menge der möglichen Funktionen nicht abzählbar.

27. Kehren wir jetzt zu unseren Beispielen zurück. In einer dreiwertigen Aussagenlogik, insbesondere in einer solchen, in der die Wahrheitswerte intuitiv gedeutet werden können, dürfen wir ebenso wie im zweiwertigen Kalkül verlangen, daß alle Funktionen definierbar sind. Das trifft aber auf die beiden oben angegebenen dreiwertigen Systeme nicht zu. Es kann z. B. leicht nachgewiesen werden, daß in keinem von diesen Systemen die Funktion »*Tp*« (gelesen »tertium von *p*«), die

den konstanten Wert 2 annimmt (also $Tp = 2$), definiert werden kann. Beide Systeme sind somit unvollständig. Ebenso unvollständig ist der intuitionistische Kalkül, an dem übrigens gar nicht abzusehen ist, wie die unendlich vielen Werte der ihm angehörenden Matrix intuitiv gedeutet werden könnten. Versuchen wir eines von den beiden oben angeführten dreiwertigen Systemen zu vervollständigen. Da die diesbezüglichen Arbeiten für das auf der Heytingschen Matrix gegründete System noch nicht abgeschlossen sind, so muß das von mir aufgestellte dreiwertige System als Grundlage für die nachfolgenden Betrachtungen dienen.

28. Zunächst möchte ich feststellen, daß in dem von mir geschaffenen dreiwertigen Aussagenkalkül sowohl die Konjunktion als auch die Alternative definierbar sind. Die beiden Definitionen lauten folgendermaßen:

$$Apq = CCpqq \text{ und } Kpq = NANpNq.$$

(Ich möchte hier hinzufügen, daß im Heytingschen dreiwertigen Kalkül die Alternative definierbar ist, und zwar

$$Apq = KCCpqqCCqpp,$$

nicht aber die Konjunktion; im intuitionistischen Aussagenkalkül ist keine von den vier Funktionen *N, C, K* und *A* durch die übrigen definierbar.) Ferner muß hervorgehoben werden, daß in meinem Kalkül die Menge der Thesen in *C* und *N*, die die Matrix erfüllen, axiomatisierbar ist. Den Beweis dafür hat einer von meinen ehemaligen Schülern, Herr *Wajsberg,* gegeben, der für diesen Kalkül das folgende Axiomensystem aufgestellt hat:

[1] *CpCqp*
[2] *CCpqCCqrCpr*
[3] *CCCpNppp*
[4] *CCNpNqCqp.*

Für dieses Axiomensystem ist die von mir geschaffene dreiwertige Matrix adäquat.

29. Der von mir auf Grund einer Matrix definierte und von Herrn Wajsberg *axiomatisierte* dreiwertige Aussagenkalkül ist, wie gesagt, nicht vollständig, denn nicht alle von den 27 Funktionen von einem Argument und 19 683 Funktionen von zwei Argumenten sind in ihm definierbar. Es ist einem anderen von meinen Schülern, Herrn *Słupecki,* gelungen, dieses System durch Hinzufügung einer neuen Funktion zu vervollständigen und das so vervollständigte System zu axiomatisieren. Herr *Słupecki* hat nachgewiesen, daß nach Hinzufügung der schon oben erwähnten Funktion Tp alle Funktionen des System definiert werden können, und hat für diese neue Funktion zwei neue Axiome aufgestellt. Ich möchte hier noch einmal meinen hochverehrten Zuhörern sowohl die vollständige Axiomatik des Systems wie auch dessen adäquate Matrix vor Augen führen:

[1] *CpCqp*
[2] *CCpqCCqrCpr*
[3] *CCCpNppp*
[4] *CCNpNqCqp*
[5] *CTpNTp*
[6] *CNTpTp*

N	
1	3
2	2
3	1

T	
1	2
2	2
3	2

C	1	2	3
1	1	2	3
2	1	1	2
3	1	1	1

In diesem System gelten die Einsetzungs- und die Abtrennungsregel. Das Axiomensystem ist unabhängig, widerspruchsfrei und in dem Sinne vollständig, daß jeder im System sinnvolle Ausdruck entweder aus den Axiomen ableitbar ist oder zu den Axiomen hinzugefügt einen Widerspruch ergibt, d. h. alle sinnvollen Ausdrücke nach sich zieht. Vollständig ist das System auch in dem Sinne, daß alle im System möglichen Funktionen definierbar sind. Es weist also dieses System alle Eigenschaften auf, die dem klassischen zweiwertigen Aussagenkalkül zukommen. So hätten wir auch das letzte von den oben erwähnten vier Momenten erschöpft.

30. Wir sind einen schweren Weg in die Tiefe gegangen. Schwer war der Weg nicht nur deshalb, weil die zu lösenden Probleme technisch kompliziert sind – ich habe Ihnen überall das Technische erspart und nur die fertigen Ergebnisse mitgeteilt –, sondern auch insbesondere deshalb, weil es sich hier um ganz neue Begriffsbildungen und ganz neue Methoden handelt. Ich möchte sagen dürfen, daß viele gute Köpfe sich unsägliche Mühe gegeben hatten, um zu diesen Ergebnissen zu gelangen. So will ich denn zum Schluß meines Vortrages ganz kurz auf die Bedeutung dieser Resultate hinweisen und ihren Zusammenhang mit dem Grundlagenproblem beleuchten.

31. Zu Anfang meines Vortrages habe ich betont, daß die intuitionistische Aussagenlogik, die verschiedene Thesen des zweiwertigen Aussagenkalküls ablehnt, ein schwächeres System ist als dieser Kalkül. Auf unzählig verschiedene Weisen kann dieses System verstärkt werden, indem man unter den abgelehnten Thesen des zweiwertigen Kalküls immer wieder neue auswählt und zu ihm hinzufügt, bis man schließlich das stärkste System, die zweiwertige Aussagenlogik bekommt. Das von mir aufgestellte und von Herrn *Słupecki* axiomatisierte vollständige System der dreiwertigen Aussagenlogik, sagen wir kurz das S-System, ist ganz anders beschaffen. Wird zu den Axiomen dieses Systems eine in ihm nicht ableitbare, aber im zweiwertigen Kalkül gültige These hinzugefügt, so bekommt man kein stärkeres System, sondern einen Widerspruch. Diese wichtige Tatsache möchte ich an einem Beispiel erläutern.

[7] *CCNppp*
[7]*p*/*Tp* = C[6][8]
[8] *Tp*
[5] = C[8][9]
[9] *NTp*
[2]*q*/*Cqp* = C[1][10]
[10] *CCCqprCpr*
[10]*q*/*Np*, *p*/*Nq*, *r*/*Cqp* = C[4][11]

[11] *CNqCqp*

[11]*q*/*Tp* = C[9]C[8][12]

[12] *p*

32. These *CCNppp* gilt weder im intuitionistischen noch im S-System. Wird diese These zum intuitionistischen System hinzugefügt, so bekommt man den zweiwertigen Kalkül, wird sie an das S-System angeschlossen, so entsteht ein Widerspruch. Der Widerspruch kann wie folgt aufgezeigt werden:

Zum Axiomensystem *Słupecki's* wird *CCNppp* als These [7] hinzugefügt. Aus dieser These und aus den Axiomen [6] und [5] bekommt man durch Einsetzung und Abtrennung zwei Thesen, *Tp* und *NTp,* die einander widersprechen. Dieser Widerspruch kann noch verschärft werden, indem auf Grund der These *CNqCqp,* die im System ableitbar ist, aus [8] und [9] die Aussagevariable p erschlossen werden kann, aus der durch Einsetzung alle sinnvollen Ausdrücke entstehen.

33. Es ergibt sich daraus, daß das S-System nicht schwächer ist als der zweiwertige Kalkül, sondern ein von ihm verschiedenes System ist. Einerseits gibt es im S-System Thesen, die im zweiwertigen Kalkül überhaupt nicht interpretiert werden können, wie *CTpNTp* und *CNTpTp,* andererseits können Thesen des zweiwertigen Kalküls angegeben werden, wie *CCNppp,* die im S-System zum Widerspruch führen. Eine ganz neue Logik ist vor unseren Augen entstanden, eine Modalitätenlogik, wie sie schon *Aristoteles* und die Scholastiker angestrebt hatten. Es ist nicht die einzige mögliche Form einer dreiwertigen Aussagenlogik; es gibt verschiedene Typen von dreiwertigen Systemen, die aufeinander nicht zurückführbar sind, und unzählige Formen von höheren mehrwertigen Systemen. Diese verschiedenen Formen der mehrwertigen Aussagenlogik verhalten sich zum zweiwertigen klassischen Aussagenkalkül ungefähr in derselben Weise wie verschiedene Systeme der nicht-euklidischen Geometrie zur euklidischen. Es besteht nur ein Unterschied: während nicht-euklidische Geometrien in der euklidischen interpretiert werden können, so scheint eine Interpretation von mehrwertigen Systemen im zweiwertigen System ausgeschlossen zu sein. Umgekehrt ist es möglich, die zweiwertige Aussagenlogik innerhalb des S-Systems auf mannigfache Weise zu deuten, so daß sich der dreiwertige Kalkül als der stärkere und reichere erweist als der zweiwertige.

34. So sind wir zu der einschneidendsten Grundlagenfrage gekommen, die je in der Mathematik gestellt worden ist. Der Aussagenkalkül ist die grundlegende logische Disziplin. Auf diesem Kalkül ist die ganze Logik aufgebaut, und auf der Logik die Mathematik. Gibt es verschiedene, auf einander nicht zurückführbare Systeme der Ausssagenlogik, so muß es auch verschiedene Systeme der Prädikatenlogik geben, und von diesen logischen Systemen werden irgendwie andersgeartete Systeme der Mengenlehre und der Arithmetik abhängen. Es liegen noch keine Arbeiten in dieser Richtung vor. Bisher ist es uns nur gelungen, mehrwertige Systeme der Aussagenlogik formal mit der größten Präzision herzustellen. Sollen diese Systeme auf die Mathematik anwendbar sein, so müssen sie auch von der intuitiven Seite her durchgearbeitet werden. Daß dies möglich ist, zeigt das Beispiel der intuitionistischen Aussagenlogik. So mögen denn diese grundlegenden Untersuchungen allen Logikern und Mathematikern ans Herz gelegt werden.

JAN ŁUKASIEWICZ

Über naturwissenschaftliches Schließen

33. Es wird behauptet, daß im Gegensatz zur Mathematik, die auf deduktivem Schließen beruht, die Naturwissenschaften die Induktion benützen. Wir halten dies für falsch. Wir sind der Meinung, daß die sogenannte Induktion überhaupt keine Form der Schlußfolgerung in dem Sinne ist, daß sie auf eine klar definierte Art und Weise die Akzeptierung einer Aussage auf Grund einer anderen, schon akzeptierten Aussage legitimieren würde. Trotz der Forschung, die mit dem Ziel unternommen wurde (Keynes, Nicod), eine Theorie des induktiven Schließens aufzubauen, bleibt die Induktion ohne wissenschaftliche Grundlage. Alles was zu tun bleibt, ist deshalb, diejenigen induktiven Methoden, die gewöhnlich in den Lehrbüchern der induktiven Logik behandelt werden, einer Kritik zu unterziehen.

In der induktiven Logik werden zwei grundlegende Typen des induktiven Schließens unterschieden: vollständige und unvollständige Induktion. In beiden Fällen dienen singuläre Aussagen, d. h. Aussagen der Form »A_1 ist B« – wo »A_1« ein individueller Name ist –, als Prämissen. Angenommen wir wissen hinsichtlich eines Klassenterms »A«, daß A entweder A_1 oder A_2 ... A_n ist – wobei »A_1«, »A_2«, ... »A_n« individuelle Namen sind. Die vollständige Induktion berechtigt uns auf Grund der schon akzeptierten Aussagen »A_1 ist B«, »A_2 ist B« ... »A_n ist B« die Aussage »Alle A sind B« zu akzeptieren. Dies ist ein gültiges Argument, aber es ist deduktiv, und kann in jeder Theorie der Deduktion gefunden werden, in der »ist« ein primitiver Term ist, z. B. in Professor Lesniewskis »Ontologie«.

Anders verhält es sich im Falle der unvollständigen Induktion. In seiner primitivsten Form läßt das Prinzip der unvollständigen Induktion es zu, »Alle A sind B« auf der Grundlage von Prämissen der Form »A_1 ist B«, »A_2 ist B« ... »A_n ist B« zu akzeptieren, obwohl mit A_1, A_2 ... A_n nicht alle Objekte in A vollständig aufgezählt sind. In dieser Formulierung ist das Prinzip der unvollständigen Induktion natürlich ungültig; wenn wir z. B. nur von einigen Personen, die jetzt in diesem Raum anwesend sind, wissen, daß sie unter 30 sind, können wir nicht berechtigterweise behaupten, daß jede Person, die jetzt in diesem Raum ist, unter 30 ist. Denn unter den Personen, die jetzt in diesem Raume sind, und über deren Alter wir nichts wissen, können einige sein, die 30 Jahre oder älter sind.

Diejenigen, die die unvollständige Induktion verteidigen, argumentieren, daß es in unserem Beispiel jedoch möglich ist, mit einer Wahrscheinlichkeit zu behaupten, daß jede Person, die jetzt in diesem Raum ist, unter 30 ist. Wenn es sich herausstellt, daß diese Wahrscheinlichket größer ist als die Wahrscheinlichkeit, daß nicht alle Personen, die jetzt in diesem Raum sind, unter 30 sind, dann wird das Prinzip der unvollständigen Induktion uns erlauben, die fragliche Verallgemeinerung mit einiger Zuversicht zu akzeptieren.

Sollte das so modifizierte Prinzip der unvollständigen Induktion von wissenschaftlichem Wert sein, müßten die betreffenden Wahrscheinlichkeiten meßbar sein. Die Vertreter der unvollständigen Induktion verweisen auf die mathematische Theorie der Wahrscheinlichkeit. In der großen Mehrzahl der Fälle jedoch, die in den Naturwissenschaften vorkommen, und in denen es um die Akzeptierung eines universellen Gesetzes auf Grund seiner beobachteten Einzelfälle geht, ist es unmöglich, die mathematische Wahrscheinlichkeit zu berechnen. Durch die Jahrhunderte hindurch haben wir festgestellt, daß Körper, deren Dichte größer ist als die der Luft, zur Erde fallen. Wie aber berechnet man die Wahrscheinlichkeit der Aussage »Alle Körper, deren Dichte größer ist als die der Luft, fallen zur Erde«, wenn sich diese Aussage auf alle möglichen Körper bezieht, die je existiert haben oder je existieren werden? Wir sind nicht in der Lage, diese Wahrscheinlichkeit zu bestimmen, und die induktiven Logiker geben uns entweder keinerlei Anhaltspunkte dafür, wie man es tun könnte, oder sie geben Antworten, die auf einem Mißverständnis beruhen. Das modifizierte Prinzip der unvollständigen Induktion, das vielleicht auf einer abstrakten Ebene eine gewisse Berechtigung hat, ist wertlos bei spezifischen Problemen in den Naturwissenschaften, bei denen wir nicht wissen, wie es anzuwenden ist.

Unsere Bemerkungen gelten auch für andere Methoden der Induktion, insbesondere für die sogenannten Millschen Gesetze, die wir hier nicht formulieren werden. Keine der uns bekannten Versuche, die induktive Logik auf ein sicheres Fundament zu stellen, haben zu einer Formulierung ihrer Prinzipien geführt, die wissenschaftliche Gültigkeit hätten und die anwendbar auf die Naturwissenschaften wären.

34. Wenn die induktive Logik keine wissenschaftliche Gültigkeit hat, wie haben dann die Naturwissenschaften ihre enorm wichtigen Resultate erreicht?

Die Naturwissenschaften formulieren bestimmte allgemeine Gesetze, deren direkte Überprüfung unmöglich ist. Denn ein experimenteller Test kann nur eine singuläre Aussage stützen, z. B. »Dieser Körper befindet sich im freien Fall und hat eine Geschwindigkeit, die proportional zur Zeit des Falles ist«. Auf der Grundlage einer endlichen Anzahl solcher singulärer Aussagen ist es unmöglich, die Allaussage »Jeder Körper, der im freien Fall ist, hat eine Geschwindigkeit, die proportional zur Zeit des Falles ist« zu beweisen. Andererseits ist von der gegebenen universellen Allaussage jede singuläre Aussage der erwähnten Art ableitbar.

Die universellen Gesetze der Naturwissenschaften sind Hypothesen, aus denen experimentell überprüfbare, singuläre Aussagen folgen. Das Verfahren der Naturwissenschaften besteht in der Suche nach universellen Gesetzen, die als Konsequenz auf die Erfahrung gegründete, singuläre Aussagen haben. Dieses als Reduktion bekannte Verfahren der Suche nach universellen Gesetzen, die den Erfahrungstatsachen entsprechen, folgt überhaupt keinen Prinzipien der Induktion. Andererseits ist die Deduktion wesentlich für die wissenschaftliche Methode, nämlich an der Stelle, an der aus angenommenen Hypothesen Aussagen über Erfahrungstatsachen abgeleitet werden.

Wie schon gesagt, haben wir keine wissenschaftlichen Kriterien, die uns dazu führen würden, bestimmte Hypothesen zu akzeptieren; jedoch ermöglichen uns die Gesetze der Deduktion, früher einmal akzeptierte Hypothesen zu widerlegen. Dies passiert, wenn unter den Konsequenzen einer Hypothese *H* eine singuläre Aussage *F* existiert, die mit der Erfahrung inkompatibel ist. In Übereinstimmung mit dem Gesetz der Transposition: C*CHF*C*N*F*NH*, können wir schließen, daß die Hypothese *H* falsch ist.

Um das bisher Gesagte zusammenzufassen: wir behaupten, daß unserer Meinung nach die sogenannte Induktion weder wissenschaftliche Gültigkeit hat, noch auf die Naturwissenschaften anwendbar ist. Wesentlich für letztere ist die Deduktion, zusammen mit der reduktiven Methode bei der Suche nach Hypothesen. Die reduktive Methode folgt jedoch keinen strengen wissenschaftlichen Kriterien, sondern der freien Intuition des Forschers. Die Suche nach universellen Naturgesetzen ist vergleichbar dem Dechiffrieren einer Botschaft, die in einem Code geschrieben ist, für den wir keinen Schlüssel haben.

(Übersetzt von Mark Herterich nach der englischen Übersetzung von Jerzy Giedymin)

Stanisław Leśniewski

Grundzüge eines neuen Systems der Grundlagen der Mathematik (Auszüge)

Bei bibliographischen Berufungen werden unten folgende Abkürzungen gebraucht:

»Ajdukiewicz$_1$« für »*Przegląd Filozoficzny.* Jahrbuch 29 (für das Jahr 1926). Heft III–IV. 1927. Kazimierz Ajdukiewicz. *Voraussetzungen der traditionellen Logik«* (polnisch).

»Ajdukiewicz$_2$« für »*Przegląd Filozoficzny.* Jahrbuch 30. Heft II–III. 1927. Kazimierz Ajdukiewicz. *Berichtigung wichtigerer Irrtümer, die im Artikel u. d. T. ›Voraussezungen der traditionellen Logik‹ enthalten sind. ›Przegląd Filozoficzny‹. ›Jahrbuch 29. Heft III und IV. Ss. 200–229«* (polnisch).

»Chwistek$_1$« für »Leon Chwistek. *The Theory of Constructive Types (Principles of Logic and Mathematics).* Part I. *General Principles of Logic. Theory of Classes and Relations.* Extracted from the ›*Annales de la Société Mathématique de Pologne*‹. Cracow. 1923«.

»Chwistek$_2$« für »Leon Chwistek. *The Theory of Constructive Types. (Principles of Logic and Mathematics).* Part II. *Cardinal Arithmetic«* (Sonderabdruck aus »*Rocznik Polskiego Tow. Matematycznego. Annales de la Société Polonaise de Mathématique.* Tome III. Année 1924. 1925«).

»Frege$_1$« für »G. Frege. *Grundgesetze der Arithmetik.* Begriffsschriftlich abgleitet. Erster Band. Jena. 1893«.

»Frege$_2$« für »G. Frege. *Grundgesetze der Arithmetik.* Begriffsschriftlich abgeleitet. Zweiter Band. Jena. 1903«.

»Hilbert-Ackermann$_1$« für »*Die Grundlehren der mathematischen Wissenschaften in Einzeldarstellungen mit besonderer Berücksichtigung der Anwendungsgebiete.* Band XXVII. D. Hilbert und W. Ackermann. *Grundzüge der theoretischen Logik.* Berlin. 1928«.

»Husserl$_1$« für »Edmund Husserl. *Logische Untersuchungen.* Zweiter Band. *Untersuchungen zur Phänomenologie und Theorie der Erkenntnis.* I. Teil. Zweite, umgearbeitete Auflage. Halle a. d. S. 1913«.

»Leśniewski$_1$« für »*Przegląd Filozoficzny.* Jahrbuch 30. Heft II–III. 1927. Stanisław Leśniewski. *Über die Grundlagen der Mathematik«* (polnisch).

»Łukasiewicz$_2$« für »Jan Łukasiewicz, *Zweiwertige Logik.* Sonderabdruck aus dem Gedenkbuch zu Ehren von Prof. Twardowski (*Przegląd Filozoficzny,* J. 23). Lemberg. 1921« (polnisch).

»v. Neumann$_1$« für »*Mathematische Zeitschrift.* Sonderabdruck aus Band 26, Heft 1. J. v. Neumann, *Zur Hilbertschen Beweistheorie.* Berlin. 1927«.

»Nicod$_1$« für »*Proceedings of the Cambridge Philosophical Society.* Volume XIX. 30 October 1916–24 November 1919. 1920. J. G. P. Nicod. *A Reduction in the number of the Primitive Propositions of Logic.* (Communicated by G. H. Hardy)«.

»Peano$_1$« für »*Formulaire de Mathématiques.* Tome II – § 1. G. Peano. *Logique mathématique.* 11–VIII–1897«.

»$Post_1$« für »*American Journal of Mathematics.* Vol. XLII, nr. 3, July 1921. Emil L. Post. *Introduction to a General Theory of Elementary Propositions*«.

»$Russell_1$« für »Bertrand Russell. *Introduction to mathematical Philosophy.* London, New York. Second Edition April 1920«.

»$Schröder_1$« für »Ernst Schröder. *Vorlesungen über die Algebra der Logik (exakte Logik).* Zweiter Band. Erste Abteilung. Leipzig. 1891«.

»$Sheffer_1$« für »*Transactions of the American Mathematical Society.* Volume 14. Number 4. October 1913. Henry Maurice Sheffer. *A set of five independent postulates for Boolean Algebras, with application to logical constants*«.

»$Tarski_1$« für »*Fundamenta Mathematicae.* Band IV. 1923. Alfred Tajtelbaum. *Sur le terme primitif de la logistique*«.

»$Tarski_2$« für »Alfred Tajtelbaum-Tarski. *Über das primitive Wort der Logistik.* Doktorthese. Sonderabdruck aus »*Przegląd Filozoficzny*« J. 1923. Warschau – 1923« (polnisch).

»$Tarski_3$« für »*Fundamenta Mathematicae.* Band V. 1924. Alfred Tajtelbaum-Tarski. *Sur les truth-functions au sens de MM. Russell et Whitehead*«.

»W. P. I_1« für »*Przegląd Filozoficzny.* Jahrbuch 24 (1921). Heft III und IV. 1921. *Bericht des Warschauer Philosophischen Instituts für die Zeit vom 1. Juli 1920 bis 25. Juni 1921*« (polnisch).

»Whitehead-$Russell_1$« für »Alfred North Whitehead and Bertrand Russell. *Principia mathematica.* Volume I. Second Edition. Cambridge, 1925«.

»$Żyliński_1$« für »*Przegląd Filozoficzny.* Jahrbuch 30 (1927). Heft IV. *Denkbuch des Ersten Polnischen Philosophischen Kongresses. Lemberg, 1923.* Eustachy Żyliński. *Über die Darstellbarkeit der einen »truth-functions« durch andere*« (polnisch).

»$Żyliński_2$« für »*Fundamenta Mathematicae.* Band VII. 1925. E. Żyliński. *Some remarks concerning the theory of deduction*«.

Einleitung

Im Jahre 1927 begann ich im »*Przegląd Filozoficzny*« den Druck einer größeren Arbeit unter dem Titel »*Über die Grundlagen der Mathematik*«[1]. In der Einleitung zu dieser Arbeit schrieb ich:[2]

»Das Ziel dieser Arbeit ist die Liquidierung einer peinlichen Situation, in welcher ich mich seit einer Reihe von Jahren befinde. Die Situation besteht darin, daß ich ziemlich viel im Drucke nicht veröffentlichte wissenschaftliche Resultate aus verschiedenen Gebieten der Grundlagen der Mathematik besitze, daß die Zahl dieser im Drucke nicht veröffentlichten Resultate immer wächst, und daß diese Resultate, da sie sich miteinander und mit den Resultaten anderer Forscher verflechten, die auf diesem Gebiete arbeiten, immer mehr technisch-redaktionelle Schwierigkeiten, die mit ihrer Vorbereitung zum Drucke verbunden sind, auftürmen.

Indem ich verschiedene Weisen der Bearbietung der wissenschaftlichen Ergebnisse, zu denen ich gekommen bin, versuchte, bin ich unter anderem zu ihrer Auslegung auf dem Wege der systematisch-kompendiellen Methode herangetreten und habe mir in dieser Beziehung das bekannte Werk von Herren Whitehead und Russell (Alfred North Whitehead and Bertrand Russell. Principia mathematica. Cambridge, Vol. I. 1910. Vol. II. 1912. Vol. III. 1913. Vol. I. Second edition. 1925.) zum Vorbild genommen. Jedoch verteilt sich eine solche Arbeit wiederum auf eine Reihe von Jahren, und es ist mir schwer näher festzusetzen, wie viel Zeit ich noch brauchen würde, um auf diesem Wege die Gesamtheit der Resultate, zu welchen mich ein schon mehr als zehnjähriges Nachdenken über die Grundlagen der Mathematik geführt hat, einer breiteren Fachdiskussion zu unterwerfen.

Die peinliche Situation kompliziert sich noch durch den Umstand, daß, ähnlich wie ich unter dem Einfluß der Gespräche mit meinen Fachkollegen und im Zusammenhang mit ihren bisher nicht veröffentlichten wissenschaftlichen Ergebnissen einige meiner Anschauungen erarbeitet und einige wissenschaftliche Resultate erworben habe, so auch meine Anschauungen und Bemerkungen, die ich seit einer Reihe von Jahren vom Universitätskatheder und in zahlreichen wissenschaftlichen Diskussionen formulierte, zum Entstehen einiger Anschauungen und Resultate meiner Fachkollegen beigetragen haben, welche aus vornehmer Loyalität mir gegenüber mit dem Drucken einer Reihe ihrer wissenschaftlichen Ergebnisse bis zu dem Augenblicke zurückhalten, wo meine diesbezüglichen Resultate im Drucke veröffentlicht werden.

Da ich die Herausgabe der Ergebnisse meiner Forschungen aus dem Gebiete der Grundlagen der Mathematik gerne beschleunigen wollte, fühlte ich mich gezwungen, noch einmal meine Weise ans Werk zu gehen zu ändern. Ich habe mich diesmal entschlossen, eine Darstellungsmethode anzuwenden, welche man eine autobiographisch-konspektive im Gegensatz zu einer systematisch-kompendiellen Methode nennen könnte. Ich habe beschlossen, vorläufig die Mehrzahl der Konsequenzen, welche ich zuvor aus meinen verschiedenen Voraussetzungen *explicite* abzuleiten beabsichtigte, mit Schweigen zu übergehen und mich auf eine möglichst durchsichtige Darstellung der Grundlagen und der Grundkonture der einzelnen Theorien, die ich aufbaue, zu konzentrieren. In meinem Vortrage werde ich mir Mühe geben, daß der Leser sich von der chronologischen Ordnung und der gegenseitigen Abhängigkeit gewisser wissenschaftlicher Tatsachen Rechenschaft geben und sich insbesondere darüber orientieren könne, auf welche bisher im Drucke nicht veröffentlichten Ergebnisse der Forschungen anderer Gelehrten ich diese oder jene meiner Behauptungen oder Konstruktionen gestützt habe.

Das in gewissen Beziehungen sachlich und methodisch neue System der Grundlagen der Mathematik, dessen Grundriß ich in dieser Arbeit darstellen will, umfaßt drei deduktive Theorien, deren Vereinigung ich als eines der möglichen Fundamente der Gesamtheit des Systems der mathematischen Wissenschaften betrachte. Diese Theorien sind:

1) die Theorie, die von mir *Protothetik* genannt wird (Früher gebrauchte ich zu ihrer Bezeichnung das Wort »Logistik«; vgl.: Comptes rendus de séances de la Société des Sciences et de lettres de Varsovie XIX. 1926. Classe III. Adolf Lindenbaum und Alfred Tarski. Mitteilung über Forschungen aus dem Gebiete der Mengenlehre. Vorgelegt von W. Sierpiński. S. 322.) und die in Bezug auf den Inhalt, zwar in sehr groben Umrissen, den Theorien entspricht, die in der Wissenschaft als *»calculus of equivalent statements«*. (Vgl.: Ernst Schröder. Vorlesungen über die Algebra der Logik (exakte Logik). Erster Band. Leipzig. 1890. S. 161.), als *»Aussagenkalkul«* (Vgl.: Schröder. *Op. cit.* Zweiter Band. Erste Abteilung. Leip-

zig. 1891. SS. 1–84 und 256–276.), als »*Theorie der Deduktion*« (Vgl.: Whitehead und Russell. *Op. cit.* Volume I. Second edition. SS. 90–126.) in Verbindung mit der »*Theorie der scheinbaren Variablen*« (Vgl. *l. c.*, SS. 127–186.) u.s.w., bekannt sind;

2) die von mir als *Ontologie* bezeichnete Theorie, die eine modernisierte »traditionelle Logik« gewisser Art bildet und die – was ihren Inhalt und ihre »Mächtigkeit« anbetrifft – am meisten sich dem Schröderschen »*Klassenkalkul*« (Vgl.: Schröder.*Op. cit.* Erster Band. SS. 160 und 161.) nähert, wenn man ihn inklusive der Theorie der »Individuen« (Vgl.: *Op. cit.* Zweiter Band. Erste Abteilung. SS. 318–349.) betrachtet;

3) die Theorie, die ich *Mereologie* nenne und deren ersten und in vielen Beziehungen unvollkommenen Grundzug ich in einer Arbeit u. d. T. »*Die Grundlagen der allgemeinen Mengenlehre. I*« (Arbeiten des Polnischen Wissenschaftlichen Kreises in Moskau. Mathematisch-naturwissenschaftliche Sektion. N° 2. Stanisław Leśniewski. Die Grundlagen der allgemeinen Mengenlehre. I. (Teil. Ingrediens. Menge. Klasse. Element. Untermenge. Einige interessante Arten von Klassen.) Moskau. 1916. (Polnisch.)) veröffentlicht habe.

Die am meisten imponierende Verkörperung der Eroberungen, die in der Geschichte der Begründung der Mathematik im Gebiete der Solidität der deduktiven Methode erreicht worden sind, und die seit den griechischen Zeiten wertvollste Quelle dieser Eroberungen – sind für mich bisher die »*Grundgesetze der Arithmetik*« von Gottlob Frege (Grundgesetze der Arithmetik. Begriffsschriftlich abgeleitet von G. Frege. Jena. Erster Band. 1893. Zweiter Band. 1903.). Das System Freges ist jedoch kein widerspruchsfreies System, was bekanntlich Herr Bertrand Russell nachgewiesen hat, indem er seine berühmte »Antinomie« aufbaute, die »die Klasse der Klassen, welche nicht eigene Elemente sind« betrifft (Vgl.: Frege. *Op. cit.* Zweiter Band. SS. 253 und 254).

Das Problem der »Antinomien« ist unter dem übermächtigen Einfluß der Forschungen des Herrn Russell das zentrale Problem in den intellektuellen Bemühungen einer Reihe hervorragender Mathematiker geworden. Diese Bemühungen entfernten sich manchmal beträchtlich von der historisch-intuitiven Basis, aus der die »Antinomien« herausgewachsen sind. Dieses begünstigte ein Verschwinden des Gefühls des Unterschiedes zwischen den mathematischen Wissenschaften, verstanden als deduktive Theorien, die zur Fassung der verschiedenartigen Wirklichkeit der Welt in möglichst exakte Gesetze dienen, und solchen widerspruchsfreien deduktiven Systemen, welche zwar die Möglichkeit sichern, in ihnen eine Fülle immer neuer Theoreme zu erhalten, sich jedoch gleichzeitig durch das Fehlen irgendwelcher sie mit der Wirklichkeit verbindender intuitiv-wissenschaftlicher Vorzüge auszeichnen.

Frege gibt im Nachwort zu dem zweiten Band der oben erwähnten »*Grundgesetze der Arithmetik*« die Weise einer solchen Umgestaltung seines Systems an, bei welcher in ihm die »Antinomie« des Herrn Russell schon nicht konstruiert werden kann; diese Weise besteht in der Ersetzung eines der Axiome des Systems durch ein gewisses anderes Axiom (Vgl. *l. c.*, SS. 262–265.), von welchem man auf Grund des allgemeinen Tons des erwähnten Nachwortes annehmen könnte, daß es sogar in den Intuitionen des Autors selbst keine ausreichende intuitive

Unterstützung besitzt. – Die architektonisch raffinierte Konstruktion des Herrn Ernst Zermelo (Mathematische Annalen. 65. Band. 1908. E. Zermelo. Untersuchungen über die Grundlagen der Mengenlehre I.) führt in die »Mengenlehre« eine Reihe von Verboten ein, die, einer intuitiven Begründung entbehrend, auf die Verdrängung der »Antinomien« aus der Mathematik hinzielen. – Die Frage, ob das System Freges, auf die oben angezeigte Weise verändert, oder auch die »Mengenlehre« des Herrn Zermelo jemals zum Widerspruch führen wird, ist eine vollkommen gleichgültige Frage vom Gesichtspunkte der Zustände einer auf die Wirklichkeit gerichteten intellektuellen Mühsal, die aus einer unwiderstehlichen intuitiven Notwendigkeit des Glaubens an die »Wahrheit« gewisser Voraussetzungen und an die »Korrektheit« gewisser Schlußfolgerungen fließen, welche in Verbindung mit diesen Voraussetzungen zum Widerspruch führen. Von diesem Gesichtspunkte aus ist die einzige Methode einer wirklichen »Auflösung« der »Antinomien« die Methode einer intuitiven Unterminierung der Schlußfolgerungen oder Voraussetzungen, welche zusammen zum Widerspruch beitragen (Vgl.: Abhandlungen der Fries'schen Schule. Neue Folge. Zweiter Band. 3. Heft. 1908. VIII. K. Grelling und L. Nelson. Bemerkungen zu den Paradoxien von Russell und Burali Forti. S. 314.). Eine außerintuitive Mathematik enthält keine wirksamen Remedien für die Übel der Intuition.

Herr Russell, indem er zur Beseitigung der »Antinomien« seine »Typentheorie« schafft, beruft sich unter anderem auf Rücksichten intuitiver Natur. (Vgl.: American Journal of Mathematics. Volume XXX, Number 3. July 1908. Betrand Russell. Mathematical Logic as based on the Theory of Types. S. 222. Vgl. gleichfalls: Whitehead und Russell. *L. c.* S. 37.). Die »Typentheorie« ist bekanntlich eines der Kardinalelemente des oben erwähnten Werkes der Herren Whitehead und Russell (Vgl. *l. c.*, S. VII.). Sie stellt auf dem Gebiete des Kampfes gegen die »Antinomien« eine bisher am meisten repräsentative Synthese dar. Jedoch sind mit ihr in ihrer gegenwärtigen Gestalt nicht einmal die Herren Whitehead und Russell zufrieden (Vgl. *l. c.*, S. XIV.).

Beide Ausgaben des Systems der Herren Whitehead und Russell besitzen auffällige Mängel (Im Zusammenhang mit der ersten Ausgabe des Systems vgl. z. B.: Leon Chiwstek. The Theory of constructive Types (Principles of Logic and Mathematics). Part I. General Principles of Logic. Theory of Classes and Relations. Extracted from the »Annales de la Société Mathématique de Pologne«. Cracow 1923. S. 22, Anmerkung 3. – Die Arbeit des Herrn Chwistek enthält eine Reihe interessanter und sachlich empfindsamer kritischer Bemerkungen über die erste Ausgabe des Systems der Herren Whitehead und Russell). Insbesondere – ist auf dem Grunde dieses Systems die Sache der Festsetzung der Bedingungen fatal gestellt, denen irgendein Ausdruck genügen soll, damit man ihn als eine Definition annehmen oder als ein neues Theorem zu dem System hinzufügen darf (Vgl. Freges »Grundsätze«, die bei der Aufstellung der Definitionen, und »Regeln«, die beim Beweisen der Theoreme bindende Kraft haben (Frege, *op. cit.*, Erster Band, SS. 51, 52 und 61–64). Vgl. gleichfalls *l. c.*, SS. VI und VII. Vgl. auch: 1) Bertrand Russell. Introduction to mathematical Philosophy. London, New York. Second Edition April 1920. S. 151. 2) Chwistek. *L. c.*, S. 21.).

Herr Leon Chwistek bemüht sich in seinem System der Grundlagen der Mathematik (Vgl. *op. cit.* Es ist auch bereits die Fortsetzung dieser Arbeit im Drucke erschienen: Rocznik Polskiego Tow. Matematycznego. Annales de la Société Polonaise de Mathématique. Tome III. Année 1924. 1925. Leon Chwistek. The Theory of Constructive Types. (Principles of Logic and Mathematics). Part II. Cardinal Arithmetic. Es bestehen Abdrucke des Teiles II mit einer besonderen Pagination, welche die Fortsetzung der Pagination der Abdrucke des Teils I bildet. Mich auf *»The Theory of Constructive Types«* berufend, werde ich beständig die Seitenzahl nach der Pagination der Abdrucke angeben.) die »Direktiven«, welche die Aufstellung der Definitionen und die Hinzufügung neuer Theoreme zu dem System betreffen, skrupulöser zu formulieren, als es die Herren Whitehead und Russell tun (Vgl.: Chwistek. *Op. cit.*, SS. 20–33.). Das System des Herrn Chwistek werde ich in dieser Arbeit einer Kritik unterziehen.

Es ist mir in der wissenschaftlichen Literatur keine solche theoretische Konzeption begegnet, die, den Anforderungen genügend, welche ich an die deduktiven Theorien stelle, zugleich auf eine für mich ausreichende Weise die bestehenden »Antinomien« »auflösen« würde. Sowohl in der einen, wie auch in der anderen Beziehung, befriedigt mich augenblicklich die Konzeption, welche ich im folgenden entwickeln will.

Das von mir konstruierte System der Grundlagen der Mathematik verdankt eine Reihe bedeutender Vervollkommnungen dem Herrn Alfred Tarski, Dozenten der Philosophie der Mathematik aus der Warschauer Universität, meinem Schüler an dieser Universität aus den Jahren 1919–1923 und »meinem« Doktor aus dem Jahre 1924. Die konkreten Ergebnisse der Erwägungen, welche Herr Tarski im Zusammenhang mit meinem System durchgeführt hat, berücksichtigend, werde ich mich bemühen, dieses *explicite* zu veranschaulichen; von Natur der Dinge vermag ich jedoch nicht, alle kritischen Gelegenheitsbemerkungen des Herrn Tarski zu veranschaulichen, welche dieses oder jenes Kettenglied meiner theoretischen Konzeptionen in den verschiedenen Stadien des Entstehens des Systems untergraben haben, sowie alle subtilen und wohlgemeinten Ratschläge und manchmal ungreifbaren Suggestionen, aus welchen ich in den zahlreichen Gesprächen mit Herrn Tarski Gelegenheit hatte Nutzen zu ziehen.

Das einzige Axiom der Theorie, die ich Protothetik nenne, verdankt in bedeutendem Grade seine gegenwärtige Gestalt, welche das Resultat einer Reihe aufeinanderfolgender Vereinfachungen der Urform dieses Axioms bildet, den Ergebnissen der Forschungen des Herrn Mordchaj Wajsberg, Studenten der Warschauer Universität[3].

Bis heute sind im Druck nur die Einleitung und die drei ersten Abschnitte meiner eben zitierten Arbeit *»Über die Grundlagen der Mathematik«* erschienen, die die Titel tragen – *»Über gewisse Fragen, die den Sinn ›logistischer‹ Thesen betreffen«*[4], *»Über die ›Antinomie‹ des Herrn Russell, die die ›Klasse der Klassen, welche nicht eigene Elemente sind‹ betrifft«*[5] und *»Über die verschiedenen Weisen des Verstehens der Worte ›Klasse‹ und ›Menge‹«*[6]. Bei der geringen Seitenzahl, welche in Anbetracht des reichlichen laufenden »philosophischen« Materials die Redaktion des *»Przegląd Filozoficzny«* jedesmal in ihren Spalten meiner Arbeit einräumen kann, die immerhin einen mathematischen Charakter hat, wird der Druck dieser Arbeit gewiß noch gut ein paar Jahre dauern. Dieser Umstand bewegt mich, schon im jetzigen Termin eine kürzere Mitteilung aus demselben Gebiete zu veröffentlichen, in der ich die einzelnen theoretischen Positionen meines Systems der Grundlagen der Mathematik nur zu »markieren« beabsichtige. In Fragen, die zahlreiche Einzelheiten betreffen, erlaube ich mir den Leser auf die Arbeit zu verweisen, welche im »*Przegląd Filozoficzny*« gedruckt wird.

Abschnitt I.

Die Grundlagen der Protothetik

§ 1. Herr Henry Maurice Sheffer hat im Jahre 1912 nachgewiesen, daß sich in der Theorie der Deduktion der Herren Whitehead und Russell solche Funktionen zweier Satzvariablen definieren lassen, die die Eigenschaft besitzen, daß mit Hilfe jeder einzelnen von ihnen, in der Theorie der Deduktion als die primitive Funktion angenommen anstatt Alternative und Negation, welche in dem System der Herren Whitehead und Russell als zwei primitive Funktionen auftreten[7], man Alternative und Negation definieren kann. Die eine der Funktionen, welche nach der Entdeckung von Herrn Sheffer die gesagte Eigenschaft haben, ist die Funktion, die bei allen Werten der Variablen mit der Funktion » $\sim (p \vee q)$«, die zweite von ihnen – die Funktion, die bei allen Werten der Variablen mit der Funktion » $\sim p . \vee \sim q$« äquivalent ist[8].

Indem sich J. G. P. Nicod der zweiten von den erwähnten Funktionen des Herrn Sheffer bediente, hat er im J. 1916 die Theorie der Deduktion auf ein einziges Axiom gestützt[9]. Wenn man zum Ausdrücken der Funktion des Herrn Sheffer, die im System Nicods die primitive Funktion ist, in Übereinstimmung mit Nicod den senkrechten Strich »|« gebrauchen und sich der Punkte nach dem Muster des Systems der Herren Whitehead und Russell bedienen würde[10], könnte man das einzige Axiom der Nicodschen Theorie der Deduktion mittels des Satzes »*p*|.*q*|*r*:|::*t*|.*t*|*t*:| ∴. *s*|*q*.|:*p*|*s*.|.*p*|s« aufschreiben[11]. (Ich bemerke hier gelegentlich, daß das Axiom von Nicod im J. 1925 von Herrn Dr. Jan Łukasiewicz, Professor der Philosophie an der Warschauer Universität, vereinfacht worden ist: Herr Łukasiewicz hat, ohne daß er die Schlußdirektiven von Nicod änderte, in dem Nicodschen Axiom die Zahl der verschiedenen Variablen von fünf auf vier verringert, indem er in diesem Axiom die Variable »t« durch die Variable »s« ersetzte; die in Rede stehende Vereinfachung ist keineswegs eine banale Vereinfachung, wie es jemandem beim ersten Blick scheinen könnte: der vollständige Beweis des Nicodschen Axioms auf Grund des Axioms des Herrn Łukasiewicz beruht auf vierundzwanzig aufeinanderfolgenden Anwendungen der Direktiven des Systems von Nicod einschließlich der vermutlichen Einsetzungsdirektive[12].)

Beim Definieren der einen Funktionen der Theorie der Deduktion durch andere gebrauchen sowohl Herr Sheffer wie auch Nicod spezielle definitorische Gleichheitszeichen, welche sie nicht mittels der primitiven Funktion des Systems definieren. Die Definitionen des Herrn Sheffer haben die Gestalt der Ausdrücke vom Typus »$p = q$«, die Definitionen Nicods – die Gestalt der Ausdrücke vom Typus »$p = q$Df«, die von den Herren Whitehead und Russell gebraucht werden[13]. Dieser Umstand bedingt es, daß es schwer ist zu sagen, daß z. B. die Nicodsche Theorie der Deduktion in der Tat auf dem einzigen primitiven Termin »|« konstruiert ist.

Im J. 1921 habe ich bemerkt, daß die Bedingung dafür, daß ein System der Theorie der Deduktion, welches Definitionen enthält, wirklich auf einem einzigen Termin aufgebaut würde, das Aufschreiben der Definitionen mittels eben dieses primitiven Termins ist, ohne sich zu einem speziellen definitorischen Gleichheitszeichen zu flüchten. Wenn man die gesagte Reform im besonderen in das System von Nicod einführen würde, könnte man in diesem System die Definitionen mittels irgendeiner ausgewählten Funktion aufschreiben, die nur mit Hilfe der primitiven Funktion »p|q« konstruiert und bei allen ihren Werten mit der gewöhnlichen Äquivalenzfunktion vom Typus »r ≡ s« äquivalent ist. Erwägend z. B., daß im Einklang mit den diesbezüglichen Nicodschen Definitionen p ≡ q. ≡ ::p|.q|q:|:q|.p|p.∴. | ∴. p|.q|q:|:q|.p|p, könnte man statt der Ausdrücke vom Typus »p = qDf«, die Nicod gebraucht, als Definitionen entsprechende Ausdrücke vom Typus »p|.q|q:|:q|.p|p ∴. | ∴.p|.q|q:|:q|.p|p« formulieren. Die Definition der Negation könnte bei so bewandten Umständen die Gestalt des Satzes » ~ p.|:p|p.|.p|p ∴. | ∴. p|p.|: ~ p.|. ~p ::|:: ~ p.|:p|p.|.p|p ∴. | ∴. p|p.|: ~ p.|. ~ p« haben, die Definition der Alternative – die Gestalt des Satzes »p v q.| ∴. p|p.|.q|q:|:p|p.|.q|q::| ∴. p|p.|.q|q:|:p v q.|.p v q:∵|:∵p v q.| ∴. p|p.|.q|q:| p|p.|.q|q::| ∴. p|p.|.q|q:|:p v q.|.p v q« u.s.w.

Im J. 1922 hat Herr Tarski die paradoxe Entdeckung gemacht, die in der Feststellung bestand, daß bei entsprechender Verwertung der Funktionsvariablen und Quantifikatoren alle bekannten Funktionen der Theorie der Deduktion mittels der Äquivalenzfunktion, angenommen als die einzige primitive Funktion, definiert werden könnte. In der Arbeit u. .d. T. *»Sur le terme primitif de la Logistique«* schrieb Herr Tarski:

»Je me propose dans cette Note d'établir un théorème de la Logistique concernant des rapports, inconus jusqu'à présent, qui existent entre les termes de cette discipline. Mes raisonnements sont basés sur des propositions généralement admises par les logisticiens. Cependant je ne les fais pas dépendre de telle ou autre théorie des types logiques; d'ailleurs, parmi toutes les théories des types qui peuvent être construites (La possibilité de construire des différentes théories des types logiques est reconnue également par l'inventeur de la plus connue d'entre elles. Cf. A. N. Whitehead and B. Russell, *Principia Mathematica,* Cambridge 1910, p. VII.) il en existe de telles, par rapport auxquelles mes raisonnements, dans leur forme actuelle, sont parfaitement légitimes (Une telle théorie a été développée en 1920 par M. le Professeur S. Leśniewski dans son cours des Principes d'Arithmétique à l'Université de Varsovie).

Le problème dont je prèsent la solution est le suivant: *est-il possible de construire un système de la Logistique, en admettant le signe d'équivalence comme le seul terme primitif* (bien entendu, outre les quantificateurs (Au sens de Peirce (*On the Algebra of Logic,* American Journal of Mathematics, vol. VII, 1885, p. 197) qui appelle ainsi les symboles »Π« (quantificateur général) et »Σ« (quantificateur particulier) représentant les abréviations des expressions: *»pour toute signification des termes...«* et *»pour quelque signification des termes...«*))?[14]

Und etwas weiter:

»Le théorème, qui va être démontré (Th. 10), présente une solution affirmative du problème considéré. Il peut servir, en effet, comme définition du signe de la multiplication logique par le signe d'équivalence et par le quantificateur général. Or, lorsqu'on opère déjà avec le signe de la multiplication logique, les autres termes de Logistique peuvent être facilement définis à l'aide des propositions suivants. (J'adopte dans cette Note les notations des MM. Whitehead et Russell avec quelques légères modifications; en particulier, au lieu des expressions de la forme »φχ« j'écris »φ(χ)«.):

$$[p] \therefore \sim (p) \,.\, \equiv : p \equiv . [q] \,.\, q$$
$$[p, q] \therefore p \supset q \,.\, \equiv : p \equiv . p \,.\, q$$
$$[p, q] : p \vee q \,.\, \equiv . \sim (p) \supset q$$

(Les termes »O« et »1« qui figurent p. ex. chez L. Couturat, *L'Algèbre de la Logique,* Paris 1905, peuvent être définis comme suit:

$$0 \equiv . [q] \,.\, q$$
$$1 \equiv . [q] \,.\, q \equiv q)$$«[15]

Das Theorem 10, von dem im zitierten Abschnitt die Rede ist, lautet folgendermaßen: »$[p,q] :: p. \; q. \equiv \therefore [f] \therefore p \equiv : [r] \,.\, p \equiv f(r) \,.\, \equiv . [r] \,.q \equiv f(r)$«[16]. In derselben Abhandlung hat Herr Tarski bewiesen, daß in den Systemen der Logistik, die unter ihren Axiomen oder Theoremen die These enthalten, welche besagt, daß $[p,q,f] : p \equiv q \,.\, f(p) \,.\, \supset f(q)$, gleichfalls die These, nach welcher $[p,q] \therefore p \,.\, q \,. \equiv : [f] : p \equiv . f(p) \equiv f(q)$, gelten muß[17].

§ 2. Meine »Typentheorie«, die Herr Tarski in einem der oben zitierten Abschnitte seiner Arbeit erwähnt, habe ich im J. 1921 konstruiert[18]. Sie stellte etwas in der Art der »Typentheorie« der Herren Whitehead und Russell[19] dar, welche von mir auf eine gewisse Weise verallgemeinert und vereinfacht worden ist. Ich betrachtete meine »Typentheorie« schon in dem Augenblicke, als ich sie aufbaute, nur als ein unzureichendes Palliativ, welches mir, ohne mich mit den »Antinomien« zu bedrohen, wenigstens einstweilen bei der Auslegung der grundlegenden mathematischen Theorien (insbesondere der schon damals in Grundzügen fertigen »Ontologie« und »Mereologie«) das Operieren mit allen Arten der Funktionsvariablen, mit welchen ich operieren wollte, ermöglichen sollte und mir in gewissem Grade die auffälligen Lücken im Gebiete der Definitionsdirektiven ausfüllen könnte, die in den verschiedenen mir bekannten Systemen der mathematischen Logik auf ungenügende Weise formuliert oder auch überhaupt nicht formuliert werden.

Im J. 1922 habe ich eine Konzeption der »semantischen Kategorien« skizziert, die mir diese oder jene einer jeden intuitiven Begründung für mich entbehrenden »Hierarchien der Typen« ersetzen sollten, und die, wenn ich überhaupt mit Sinn reden wollte, ich heute mich gezwungen fühlen würde anzunehmen, auch wenn keine »Antinomien« auf der Welt beständen. Indem meine Konzeption der »semantischen Kategorien« in Bezug auf ihre theoretischen Konsequenzen in enger formaler Verwandtschaft mit den bekannten Theorien der logischen Typen«[20]

blieb, knüpfte sie, was ihre intuitive Seite anbetrifft, eher den Faden der Tradition der *»Kategorien«* von Aristoteles, der »Redeteile« der traditionellen Grammatik und der »Bedeutungskategorien« von Herrn Edmund Husserl[21] an. Die in Rede stehende Konzeption auf die Mathematik im allgemeinen und auf die mathematische Logik im besonderen anwendend, brauchte ich für diese Konzeption nichts vom Grade der Allgemeinheit meiner Intuitionen opfern, die diese oder jene theoretischen Themen betreffen.

In demselben J. 1922 bin ich vom Gesichtspunkte der erwähnten Konzeption der »semantischen Kategorien« an die Formulierung der Definitions- und Schlußdirektiven für die grundlegenden mathematischen Theorien, insbesondere für die »Protothetik« und »Ontologie«, herangetreten. Das Prüfen und Modifizieren verschiedener Einzelheiten dieser Direktiven dauerte einige Jahre, aber schon im J. 1922 waren die Direktiven mit einem solchen Grade von Genauigkeit gefaßt, daß man auf ihrer Grundlage an eine Reihe axiomatischer Forschungen herantreten konnte. Die Erforschung der Axiome und Direktiven der Protothetik und Ontologie kehrte ich in jener Zeit bei naher Mitarbeit von Herrn Tarski durch, dessen einzelne wichtige Beiträge aus diesem Gebiet weiter unten veranschaulicht werden.

Die Definitions- und Schlußdirektiven bemühte ich mich in einer solchen Weise zu formulieren, daß man sie mit Leichtigkeit den verschiedenen Systemen der Protothetik anpassen könnte – in Abhängigkeit von den verschiedenen primitiven Terminen, auf welchen die erwähnten Systeme aufgebaut werden sollten; in den axiomatischen Forschungen konzentrierte ich mich auf die Aufgabe der Konstituierung eines möglichst einfachen Axiomensystems für das nach der oben besprochenen Entdeckung des Herrn Tarski ermöglichte, wenn auch in der Praxis noch nicht realisierte, System der Protothetik, welches auf das Äquivalenzzeichen, als den einzigen primitiven Termin, gestützt ist.

Ich bemerke hier bei Gelegenheit, daß ich der »Formalisierung« des Systems der Protothetik durch deutliche Formulierung seiner Direktiven mit Hilfe einer Reihe von Hilfsterminen, deren Bedeutung von mir in den oben angegebenen terminologischen Erklärungen festgesetzt wurde, – einen bedeutenden Aufwand systematischer vielmonatlicher Arbeit gewidmet habe. Da ich keine Vorliebe für verschiedene »Mathematikspiele« habe, welche darin bestehen, daß man nach diesen oder jenen konventionellen Regeln verschiedene mehr oder minder malerische Formeln aufschreibt, die nicht notwendig sinnvoll zu sein brauchen oder auch sogar, wie es einige der »Mathematikspieler« lieber haben möchten, notwendig sinnlos sein sollen, – hätte ich mir nicht die Mühe der Systematisierung und der vielmaligen skrupulösen Kontrollierung der Direktiven meines Systems gegeben, wenn ich nicht in die Thesen dieses Systems einen gewissen ganz bestimmten, eben diesen und nicht einen anderen, Sinn legen würde, bei dem für mich die Axiome des Systems und die in den Direktiven zu diesem System kodifizierten Schluß- und Definitionsmethoden eine unwiderstehliche intuitive Geltung haben. Ich sähe keinen Widerspruch darin, wenn ich behaupten wollte, daß ich eben deshalb beim Aufbau meines Systems einen ziemlich radikalen »Formalismus« treibe, weil ich ein verstockter »Intuitionist« bin: indem ich mich beim Darstellen von verschiedenen deduktiven Theorien bemühe, in einer Reihe sinnvoller Sätze eine Reihe von Gedanken auszudrücken, welche ich über dieses oder jenes Thema hege, und die einen Sätze aus den anderen Sätzen auf eine Weise abzuleiten, die mit den Schlußweisen harmonisieren würde, welche ich »intuitiv« als für mich bindend betrachte, kenne ich keine wirksamere Methode, den Leser mit meinen »logischen Intuitionen« bekannt zu machen, als die Methode der »Formalisierung« der darzulegenden deduktiven Theorien, die jedoch keineswegs unter dem Einfluß solch einer »Formalisierung« aufhören, aus lauter sinnvollen Sätzen zu bestehen, welche für mich intuitive Geltung haben. Die Methode der Durchführung von mathematischen Deduktionen auf der »intuitionistischen« Basis verschiedener logischer Geheimnisse sehe ich auf jeden Fall als eine bedeutend weniger zweckmäßige Methode an.

1 Leśniewski$_1$.
2 Die Anmerkungen, die selbst zu den zitierten Abschnitten gehören, gebe ich in entsprechend eingerückten Parenthesen »(«, »)« an.
3 Vgl.: Leśniewski$_1$, SS. 164–169.
4 *Op. cit.*, SS. 169–181.
5 *Op. cit.*, SS. 182–189.
6 *Op. cit.*, SS. 190–206.
7 Vgl.: Whitehead–Russell$_1$, SS. 91–93.
8 Vgl.: Sheffer$_1$, SS. 487 und 488. Vgl. gleichfalls: 1)Żyliński$_1$, 2) Żyliński$_2$, S. 208.
9 Vgl.: Nicod.
10 Vgl.: Whitehead–Russell$_1$, SS. 9–11.
11 Vgl.: Whitehead–Russell$_1$, S. XIX.
12 Vgl.: Russell$_1$, S. 151.
13 Vgl.: Whitehead–Russell$_1$, S. 9f.
14 Tarski$_1$, S. 196. Vgl.: Tarski$_2$, SS. 4 und 5.
15 Tarski$_1$, S. 197. Vgl.: Tarski$_2$, S. 6.
16 Tarski$_1$, S. 199. Vgl.: Tarski$_2$, S. 9.
17 Vgl.: Tarski$_1$, SS. 199 und 200, Tarski$_2$, SS. 9 und 10. Ich bemerke hier nebenbei, daß die von Herrn Tarski in seinen logistischen Arbeiten angewandte Weise des Aufschreibens von Beweisen mit Hilfe eines einzigen Konditionalsatzes der Weise nachgebildet ist, welche ich seit dem J. 1921 in der täglichen Praxis meiner Universitätsvorlesungen anwende.
18 Das Datum, das von Herrn Tarski im zitierten Abschnitt angegeben ist, ist das Resultat eines kleinen Irrtums zu meinen Gunsten. Vgl.: Tarski$_2$, S. 4. Außer den Universitätsvorlesungen habe ich die erwähnte »Typentheorie« in dem Vortrag u. d. T. »*Über die Stufen der grammatischen Funktionen*« (polnisch) dargelegt, den ich in der wissenschaftlichen Sitzung der Logischen Sektion des Warschauer Philosophischen Instituts vom 10. III d. J. 1921 gehalten habe. Vgl.: W P I$_1$, S. 248.
19 Vgl.: Whitehead–Russell$_1$, SS. 161–167.
20 Außer dem in der letzten Anmerkung erwähnten Abschnitt aus den »*Principia mathematica*« vgl. hier noch im Zusammenhang mit diesen Theorien: 1) Chwistek$_1$, SS. 12–14 und 26–33. 2) Chwistek$_2$, SS. 49, 50 und 54–56.
21 Vgl.: Husserl$_1$, SS. 194, 295, 305–312, 316–321 und 326–342.

Kazimierz Ajdukiewicz

Sprache und Sinn

§ 1. Ziel der Untersuchung

In der vorliegenden Arbeit beabsichtigen wir, einige semasiologische Begriffe zu klären, welche nach unserer Ansicht eine große Bedeutung für die Methodologie der Wissenschaften bzw. für die Erkenntnistheorie haben. Es wird hier u. a. eine Definition des Sinns eines Ausdrucks vorgeschlagen. Dieser Begriff des »Sinns«, den wir hier ins Auge fassen werden, ist nicht der Begriff des subjektiven Sinns, der in gewissen psychischen Akten besteht, welche das Verstehen eines Ausdrukkes durch ein Individuum ausmachen. Unter »Sinn eines Ausdruckes« wollen wir vielmehr etwas Intersubjektives verstehen, das einem Sprachlaute in bezug auf eine Sprache, nicht aber in bezug auf ein menschliches Individuum zukommt. Daß dieser Begriff des intersubjektiven Sinns der Ausdrücke von großer Bedeutung für die Methodologie und Erkenntnistheorie ist, läßt sich schon aus diesem Grunde plausibel machen, da ja die Theoreme der Wissenschaften nichts anderes als der Sinn gewisser Sätze sind, welcher diesen Sätzen in den betreffenden Sprachen zukommt, und da ja die Erkenntnis (zum Unterschied vom Erkennen), wenigstens in ihrer reifsten Form, aus eben diesem Sinn gewisser Sätze und eventuell anderer Ausdrücke besteht.

Trotz dieser großen Wichtigkeit, welche diesem Begriff des Sinns für die Erkenntnistheorie zukommt, ist er meines Wissens noch nirgends exakt definiert worden, man hat sich meistens begnügt, eine »Schau«, eine »Intuition« dessen, was unter »Sinn« verstanden wird, zu erwecken. Unser Verfahren, welches wir auf dem Wege zu einer Definition des »Sinns« anwenden werden, wird zum Teil analytisch, zum Teil aber synthetisch und arbiträr sein. Dies soll heißen, daß wir mit unserer Definition des »Sinns« soweit wie möglich der allgemein angenommenen Bedeutung dieses Terminus gerecht werden wollen. Dies wird aber nur bis zu einem Grade möglich sein. Wir streben nämlich eine Definition an, welche einen exakten und strengen Begriff definieren soll. Der Umfang des gewöhnlichen Begriffs des »Sinns« hat aber keine scharfen Umrisse. Deshalb werden wir uns, wenn wir diesen Begriff scharf umgrenzen wollen, die Freiheit nehmen müssen, die scharfen Grenzlinien seines Umfangs innerhalb der verwaschenen Umrisse des gewöhnlichen Begriffs beliebig zu ziehen. Sie könnten so oder auch anders gezogen werden, wobei jeder gewählte Linienzug angesichts des landläufigen unscharfen Begriffs gleichberechtigt ist. Nicht jeder ist aber gleichwertig in bezug auf seine Anwendbarkeit, d. h. in bezug auf die Ergebnisse, die mit seiner Hilfe erreicht werden können.

Die von uns vorgeschlagene Definition des »Sinns« ist eben eine solche, welche weitgehende Konsequenzen nach sich zieht. Sie führt nämlich zu einem erkenntnistheoretischen Standpunkt, den wir als radikalen Konventionalismus bezeichnen. Diesen Folgerungen aus den Ergebnissen der vorliegenden Arbeit haben wir einen besonderen Artikel gewidmet, der unter dem Titel »Das Weltbild und die Begriffsapparatur« demnächst in der »Erkenntnis« erscheinen soll.

Da wir mit dem vorliegenden Artikel diesen erkenntnistheoretischen Konsequenzen vorarbeiten wollen, wenden wir uns zunächst gewissen Unterscheidungen unter den Erkenntnisprozessen, insbesondere unter den Urteilsprozessen zu.

§ 2 Das Urteil und seine Arten

Man unterscheidet zwischen Urteilen in psychologischer und in logischer Hinsicht. Urteile in psychologischer Hinsicht sind gewisse psychische Erscheinungen, über deren Charakteristik viel geschrieben und gestritten wurde. Wir beabsichtigen nicht uns in diesen Streit einzumengen, sondern wollen die Aufmerksamkeit des Lesers auf gewisse Arten der Urteilsprozesse lenken, ohne dabei strenge Definitionen dieser Arten aufstellen zu wollen. Wir begnügen uns mit einem Hinweis.

Es gibt Urteilsprozesse (so wollen wir die Urteile als psychische Erscheinungen nennen, zum Unterschied von den Urteilen in logischer Hinsicht, die wir von nun an kurz als Urteile bezeichnen), die sich adäquat in Sätzen einer Sprache ausdrükken lassen. Solche Urteilsprozesse wollen wir artikulierte Urteilsprozesse nennen. Diesen stehen solche Urteilsprozesse gegenüber, welche sich nicht adäquat in Sätzen ausdrücken lassen; wir wollen sie nichtartikulierte Urteilsprozesse nennen. Fassen wir ein Beispiel ins Auge, in welchem wir einen Fall eines nichtartikulierten Urteilsprozesses erblicken: Mein Diener tritt ins Zimmer und überreicht mir die Post, während ich an meinem Tische diese Worte schreibe. Ich werde dessen gewahr, ohne mich bei der Arbeit stören zu lassen, und indem ich dessen gewahr werde, vollziehen sich in mir verschiedene Erlebnisse, darunter auch gewisse Urteilsprozesse. Will ich sie aber zum sprachlichen Ausdruck bringen, so sehe ich, daß, welche Worte auch immer zu diesem Zweck von mir gewählt werden, ich mit ihnen nicht adäquat die in mir abgelaufenen Prozesse zum Ausdruck bringe. Diese Urteilsprozesse hatten eine ziemlich nebelhafte Gestalt, der jeweilig in Worten zum Ausdruck gekommene Urteilsprozeß hat dagegen viel schärfere Umrisse. Versuchen wir unseren Urteilsprozeß in sprachliche Form zu kleiden. Es kämen hier etwa folgende Sätze in Betracht: »Mein Diener tritt ins Zimmer«, »Eugen tritt ins Zimmer«, »Eugen öffnet die Tür«, »Eugen ist da«, »er ist da« usw. Jeder dieser Sätze eignet sich als adäquater Ausdruck für einen anderen Urteilsprozeß, denn alle durch diese Sätze adäquat ausdrückbaren Urteilsprozesse unterscheiden sich in bezug auf ihren Inhalt. Aber das, was ich dachte, als ich meines eintretenden Dieners gewahr wurde, läßt sich ebensogut durch jeden dieser Sätze ausdrükken, woraus folgt, daß es durch keinen vollkommen exakt ausgedrückt wird. Es ist hier so, als wenn man im Sonnenspektrum eine Grenzlinie zwischen rot und orange ziehen wollte. Man kann es verschiedentlich versuchen. Jeder Versuch ist aber gleich gut, und da jeder von den anderen verschieden ist, auch gleich schlecht wie die anderen.

Auf Schritt und Tritt haben wir es im täglichen Leben mit solchen Urteilsprozessen zu tun. Wenn ich beim Passieren der Straße ein herannahendes Auto erblicke, urteile ich, aber kein Satz der Sprache dürfte meinem Urteil genau entsprechen. Mit derselben Sachlage haben wir es zu tun, wenn wir uns an ein zu erledigendes Geschäft erinnern. So ist es auch, wenn uns der erste Gedanke zur Lösung eines wissenschaftlichen Problems einfällt. Man weiß ja, wieviel Mühe es kostet, bis man den gar nicht ausdrückbaren ersten Einfall soweit im Kopfe geklärt hat, daß er sprachreif wird.

Wir wollen nicht darüber streiten, ob die von uns hier unter dem Namen der unartikulierten Urteilsprozesse gemeinten psychischen Prozesse überhaupt den Namen eines Urteilsprozesses verdienen. Es genügt uns, auf sie hingewiesen zu haben. Dies ist für unsere Untersuchung wichtig, denn wir wollen betonen, daß wir in ihrem Verlauf einzig artikuliertes Urteilen ins Auge fassen werden.

Artikuliertes Urteilen vollzieht sich meistens (wenn nicht immer) in Anlehnung an ein stilles oder lautes Sprechen (bzw. Lesen, Schreiben, Hören usw.). D. h. das artikulierte Urteilen ist ein zusammengesetzter psychischer Prozeß, in welchem man meistens eine mehr oder weniger fragmentarische anschauliche Vorstellung eines Wortgebildes unterscheiden kann. Diese anschauliche Vorstellung verflicht sich dann mit gewissen anderen, kaum durch Analyse hervorhebbaren Komponenten zur Ganzheit des artikulierten Urteilens. Nach unserer Ansicht ist es falsch, die Sachlage so zu charakterisieren, als ob in diesen Fällen das Urteilen von der Vorstellung des Satzes bloß auf Grund einer Assoziation begleitet wäre. Diese Vorstellung geht in den Urteilsprozeß völlig ein und bildet seinen wesentlichen Teil. Dies wurde von Husserl[1] überzeugend dargetan.

Ein artikuliertes Urteilen, dessen wesentlichen Teil die anschauliche Vorstellung eines Satzes bildet, wollen wir ein verbales Urteilen nennen. Ob es überhaupt artikuliertes, aber nichtverbales Urteilen gibt, lassen wir hier dahingestellt. Das wissenschaftliche Urteilen in seinem reifen Stadium vollzieht sich immer in verbalem Denken. Unter den unanschaulichen Komponenten eines verbalden Urteilsprozesses wollen wir auf das Überzeugungs- oder Assertionsmoment hinweisen. Dieses kann positiv oder negativ sein, je nachdem das Urteilen im Anerkennen oder Verwerfen besteht, wobei das Assertionsmoment verschiedene Stärkegrade haben kann. Fehlt dieses Assertionsmoment gänzlich, so haben wir es mit der Meinongschen Annahme zu tun. Einen Urteilsprozeß mit einem positiven Assertionsmoment nennen wir eine positive Überzeugung, einen Urteilsprozeß mit negativem Assertionsmoment – eine negative Überzeugung.

Wir werden im weiteren Verlauf uns oft der Ausdrücke »*X* anerkennt den Satz *Z*« und »*X* verwirft den Satz *Z*« bedienen. Die erste dieser Redewendungen bedeutet soviel als »*X* drückt mit dem Satz *Z* eine positive Überzeugung aus«. Dabei braucht *X* den Satz *Z* weder auszusprechen noch zu schreiben, er kann ihn auch hören oder lesen, er braucht ihn aber auch überhaupt nicht sinnlich wahrzunehmen, sondern den Satz bloß vorzustellen. *X* erlebt dann immer einen verbalen Urteilsprozeß mit positiver Assertion, dessen anschaulichen Bestandteil die Vorstellung des Satzes *Z* ausmacht.

»*X* verwirft den Satz *Z*« heißt »*X* erlebt eine solche negative Überzeugung, daß er eine positive Überzeugung, welche aus der ersteren durch die Ersetzung des in ihr enthaltenen negativen Assertionsmoments durch das positive Assertionsmoment entstehen würde, mit dem Satze *Z* auszudrücken bereit wäre«. Eine negative

Überzeugung, welche im Verwerfen eines Satzes besteht, und eine positive, welche im Anerkennen desselben Satzes sich vollzieht, werden entgegengesetzte Überzeugungen genannt. Den obigen Definitionen fügen wir noch folgende Bemerkung hinzu. Wenn wir sagen, daß *X* den Satz »es schneit« anerkennt, so wollen wir dadurch im allgemeinen nicht verstanden haben, daß *X* ein solches Urteilen zum Ausdruck bringt, welches der Deutsche gewöhnlich mit dem Satze »es schneit« ausdrückt. Denn wenn wir sagen »*X* anerkennt den Satz ›es schneit‹ «, so lassen wir es noch dahingestellt, ob er sich dieses Satzes, so wie es die deutsche Sprache vorschreibt, oder anders bedient. Sagt man also »*X* anerkennt den Satz ›es schneit‹ «, so folgt daraus noch nicht, daß *X* daran glaubt, daß es schneit. Es heißt nur soviel, daß *X* mit diesem Satzlaut irgendeine positive Überzeugung ausdrückt; diese Überzeugung mag vielleicht von der Art sein, welche diesem Satzlaut durch die deutsche Sprache zugeordnet ist, sie mag aber auch einer anderen Art sein.

Man ist durch Brentano an Sätze von der Form »*X* anerkennt *Y*« gewöhnt und versteht darunter, daß *Y* der Gegenstand ist, an dessen Existenz *X* glaubt. Unsere obengegebene Erläuterung dieser Redewendung hat es deutlich gezeigt, daß wir uns ihrer in einer vollständig anderen Bedeutung bedienen. Dies soll noch einmal hier mit Nachdruck betont werden. Soviel über das Urteil als psychischen Prozeß.

Nunmehr wollen wir uns dem Urteil in logischer Hinsicht zuwenden. Unter Urteil in logischer Hinsicht verstehen wir den Sinn, welcher einem Satze in irgendeiner Sprache zukommt. Haben wir es mit einem artikulierten Urteilsprozeß zu tun, welcher in einem Satz *Z* der Sprache *S* ausdrückbar ist, dann wollen wir den Sinn, den dieser Satz in dieser Sprache besitzt, auch Inhalt dieses Urteilsprozesses nennen. (Ob unartikulierten Urteilen auch so etwas wie ihr Inhalt zugeordnet werden kann, wollen wir hier nicht entscheiden.) Ein Urteil (in logischer Hinsicht) kann bejahend oder verneinend sein, es kann aber kein anerkennendes oder verwerfendes sein, da die Assertionsmomente nur in dem psychologischen Urteilsprozeß, nicht aber in seinem Inhalt enthalten sind.

§ 3 Die Sinngebung als notwendiges Charakteristikum einer Sprache

Eine Sprache wird nicht allein durch ihren Wortschatz und die Regeln ihrer Syntax eindeutig charakterisiert, sondern auch durch die Art und Weise, in welcher den Worten und den Ausdrücken der Sprache ihr Sinn zugeordnet ist. Würde sich jemand der Wortlaute der deutschen Sprache bedienen, aber mit ihnen einen anderen als den gewöhnlichen Sinn verknüpfen, so würden wir wohl seine Sprache nicht der deutschen Sprache gleichsetzen, sondern sie als irgendeine Decksprache betrachten.

Zur eindeutigen Charakteristik einer Sprache gehört also die Angabe der Zuordnung zwischen ihren Lauten (bzw. Schriftzeichen oder dergl.) und dem Sinn derselben. Diese Zuordnung wollen wir Sinngebung der Sprache nennen. Diese ist noch nicht festgestellt, wenn die Zuordnung zwischen den Worten bzw. Ausdrükken der Sprache und den etwa durch sie bezeichneten Gegenständen fixiert wird.

Denn erstens: nicht alle Ausdrücke bezeichnen Gegenstände, sondern nur diejenigen unter ihnen, welche nominalen Charakter besitzen, d. h. Namen; einen Sinn besitzen aber alle Worte und Ausdrücke einer Sprache. Zweitens: können zwei Ausdrücke denselben Gegenstand bezeichnen und doch verschiedenen Sinn besitzen, so z. B. bezeichnen die Ausdrücke: »die höchste Bergspitze in Europa« und »die höchste Bergspitze in der Schweiz« denselben Gegenstand und haben doch einen anderen Sinn. Die Schullogik befaßte sich nicht mit dem Sinn aller Ausdrükke, sondern beschränkte sich in ihren Ausführungen auf den Sinn der Namen, welchen sie mit dem Inhalt der diesen Namen zugeordneten Begriffe gleichsetzte. Dasselbe Beispiel, welches oben den Unterschied zwischen dem Sinn eines Namens und dem Gegenstand, welchen dieser Name bezeichnet, klären sollte, könnte auch in der Schullogik zur Festlegung des Unterschiedes zwischen Inhalt und Umfang eines (nominellen) Begriffs dienen. Begriffsinhalt und Sinn eines Namens sind auch ziemlich verwandte, obgleich verschiedene Begriffe.

§ 4 Die Regeln des Sinns

Es würde zu weit führen, wenn wir schon hier eine Definition des Terminus »Sinn eines Ausdrucks« geben wollten[2]. Die wenigen Worte, welche wir oben diesem Terminus widmeten, strebten nur an, die gröbsten Mißverständnisse zu beseitigen.

In diesem Paragraphen beabsichtigen wir eine für den weiteren Verlauf dieser Untersuchung fundamentale These aufzustellen, die wir vorläufig und noch sehr ungenau so ausdrücken können: Der Sinn, den die Ausdrücke in einer Sprache besitzen, bestimmt gewissermaßen die Regeln ihres Gebrauches. Diese These, welche erst später eine präzise Formulierung erhalten wird, wollen wir nun erläutern und begründen.

Der Sinn, den jemand mit einem Ausdruck verknüpft, hängt von der Art der Gedanken ab, zu deren Äußerung er sich dieses Ausdrucks bedient oder zu bedienen pflegt. Durch den Sinn, der einem Ausdruck eigen ist, ist also eine Zuordnung zwischen dem Ausdruck und einer Gedankenart festgelegt. Selbstverständlich müssen nicht alle, die sich des gleichen Ausdrucks in demselben Sinn bedienen, numerisch denselben Gedanken (als psychisch realen Individualvorgang aufgefaßt) mit diesem Ausdruck verknüpfen. Dies wäre natürlich bei verschiedenen Personen und auch bei einer, die sich zu verschiedener Zeit des gleichen Ausdrucks bedient, unmöglich. Alles, was verlangt wird, besteht darin, daß, falls sie sich immer in demselben Sinne des gleichen Ausdrucks bedienen sollen, sie allemal mit diesem Ausdruck Gedanken verknüpfen, die zu einer durch den Sinn dieses Ausdrucks eindeut bestimmten Gedankenart gehören.

Wir werden hier nicht zu bestimmen versuchen, von welchem Standpunkt aus diese Gedankenarten, die den Ausdrücken durch ihren Sinn zugeordnet sind, gebildet werden. Wir wollen dagegen etwas näher ein Verfahren untersuchen, das man zur Aufdeckung von Mißverständnissen anwendet. Es wird sich also um ein Verfahren handeln, welches dazu dient, um zu erkennen, daß jemand mit einem

Ausdruck, also z. B. mit einem Satz, einen anderen Sinn als wir verknüpft. Betrachten wir zunächst ein Beispiel dieses Verfahrens.

Nehmen wir an, daß man einen entblößten und noch empfindlichen Zahnnerv einer Person unsanft berührt. Sie zuckt dabei zusammen und stößt einen Schrei aus. Es wäre in dieser Lage vielleicht entbehrlich, zu fragen, ob die betreffende Person einen Schmerz empfunden hat. Denken wir uns aber, daß diese Frage gestellt wurde und daß unsere Versuchsperson auf diese Frage mit der Verwerfung des Satzes »es schmerzt« geantwortet hat. Wie ist dieses Verhalten zu beurteilen? Erstens kann man vermuten, daß unsere Versuchsperson gelogen hat, also den Satz »es schmerzt« nicht in Wirklichkeit verworfen hat, sondern sich nur den Schein des Verwerfens gab. Es ist auch zweitens möglich, daß sie nicht gelogen hat, also tatsächlich den betreffenden Satz verwarf, aber auch keinen Schmerz empfunden hat. Endlich ist es auch möglich, daß unsere Versuchsperson nicht gelogen hat, also den Satz »es schmerzt« tatsächlich verworfen hat und auch tatsächlich Schmerz empfunden hat, aber daß sie mit diesem Satz einen anderen Sinn als wir verknüpfte. Jedenfalls schließen wir die Möglichkeit aus, daß jemand eine Schmerzempfindung erlebt und dabei den Satz »es schmerzt« verwirft, wenn er mit diesem Satze denselben Sinn wie wir verknüpft. Läßt es sich einmal also feststellen, daß jemand eine Schmerzempfindung erlebt und den Satz »es schmerzt« verwirft, so schließen wir daraus, daß er mit diesem Satze einen anderen Sinn als wir verknüpft.

Hiermit wäre ein Verfahren zur Aufdeckung von Mißverständnissen aufgedeckt, dessen Schema wir folgendermaßen formulieren können: Will man darüber entscheiden, ob jemand einen bestimmten Satz in demselben Sinn als wir gebraucht, so suchen wir für diesen Satz eine gewisse besonders ausgezeichnete Art von Erlebnissen aus, die so beschaffen ist, daß Erlebnisse dieser Art uns zu einer entschlossenen Anerkennung des gegebenen Satzes genügen. Stellen wir dann fest, daß die betreffende Person trotz des Innewerdens eines Erlebnisses dieser Art den betreffenden Satz verwirft, so schließen wir daraus, daß sie mit ihm einen anderen Sinn als wir verknüpft. Es sei noch bemerkt, daß diese Erlebnisart für den gegebenen Satz eine besonders ausgezeichnete sein soll, und daß diese Auszeichnung nicht allein darin besteht, daß Erlebnisse dieser Art mir vollkommen zur Anerkennung dieses Satzes genügen. Sie müssen mir noch *unmittelbar* dazu genügen, d. h. der Übergang von solch einem Erlebnis zum Anerkennen des betreffenden Satzes darf sich nicht in mehrere Schritte spalten lassen. Wenn mir z. B. die Anerkennung gewisser Prämissen (sie läßt sich ja auch als ein Erlebnis bezeichnen) zu einer entfernten Schlußfolgerung genügt, ein anderer aber den Satz, in dem ich diesen Schluß ausgedrückt habe, trotz der Anerkennung derselben Prämissen verwirft, so werde ich dies noch nicht für Beweis dafür halten, daß zwischen mir und ihm ein Mißverständnis bezüglich der Prämisse-Sätze oder des Schlußsatzes besteht, sondern ich werde mir es anders deuten können. Welches die Art des für einen Satz im obigen Sinne ausgezeichneten Erlebnisses ist, dies läßt sich von Fall zu Fall auf Grund des Sprachgefühls feststellen.

Das oben geschilderte Verfahren würde ganz unbezweifelbare Resultate liefern, wenn ihre praktische Anwendung nicht immer geschwächt würde durch die Unmöglichkeit vollkommen sicherer Feststellung dessen, ob der andere tatsächlich

Erlebnisse der betreffenden Art hat und ob er tatsächlich den betreffenden Satz verwirft oder bloß zu verwerfen scheint. Nichtsdestoweniger ist der diesem Verfahren zugrunde liegende Satz, daß, wenn jemand trotz des Innewerdens von Erlebnissen von der Art *D* den Satz *Z* verwirft, er mit diesem Satz einen anderen Sinn als wir verknüpft, apodiktisch gewiß, wenn nur diese Erlebnisart entsprechend für diesen Satz gewählt wurde. Es braucht wohl nicht gesagt zu werden, daß auf diese Weise nur ein Mißverständnis, aber kein Einverständnis festgestellt werden kann. D. h. in dem obigen Verfahren ist bloß ein notwendiges, aber kein hinreichendes Kriterium angegeben, daß zur Entscheidung darüber dient, ob der andere mit einem Satz denselben Sinn wie ich verknüpft.

Wir wollen jetzt noch ein anderes Beispiel der Aufdeckung von Mißverständnissen betrachten. Nehmen wir an, jemand erkenne einen Satz von der Form »wenn *A* so *B*« und gleichzeitig den Vordersatz »*A*« dieses hypothetischen Satzes an, er verwerfe aber seinen Nachsatz »*B*«. Tut er es wirklich und stellt er sich nicht bloß so, als ob er es täte, so können wir uns dieses Verhalten etwa dadurch erklären, daß der Betreffende, als er den Nachsatz »*B*« verwarf, bereits seine beiden positiven Überzeugungen vergessen hat. Behält er sie aber im Bewußtsein, während er den Nachsatz »*B*« verwirft, so ist dies für uns ein untrügliches Zeichen dafür, daß er sich wenigstens eines der Sprachlaute: »wenn *A* so *B*«, »*A*« und »*B*« nicht in demselben Sinne wie wir bedient hat. Wir halten es nämlich für ausgeschlossen, daß jemand, der sich der Sprachlaute der deutschen Sprache in demselben Sinn wie wir bedient, einen Satz von der Form »wenn *A* so *B*« und seinen Vordersatz »*A*« anerkennt und gleichzeitig seinen Nachsatz »*B*« verwirft.

Wir wollen die Thesen, auf welche man sich in den beiden obenangeführten Beispielen stützt, näher betrachten. Die erste These erklärt, daß es unmöglich ist, gleichzeitig mit einer Schmerzempfindung eine negative Überzeugung, welche im Verwerfen des richtig deutsch verstandenen Satzes »es schmerzt« besteht, zu erleben. Sie erklärt es also für ausgeschlossen, daß mit einem Erlebnis einer gewissen Art (Schmerzempfindung) gleichzeitig ein anderes Erlebnis (negative Überzeugung einer bestimmten Art) im Bewußtsein erscheinen kann. Bezeichnen wir mit »*H*« die Gedankenart, welche dem Satz »wenn *A* so *B*« durch seinen deutschen Sinn zugeordnet ist, mit »*V*« die seinem Vorsatz »*A*« durch seinen deutschen Sinn zugeordnete Gedankenart und mit »*N*« die dem Nachsatz »*B*« durch seinen deutschen Sinn zugeordnete Gedankenart. Die zweite These läßt sich dann so formulieren: Gleichzeitiges Erleben positiver Überzeugungen von der Art *H* und *V* schließt sich im Bewußtsein aus mit gleichzeitigem Erleben einer negativen Überzeugung, welche einem Gedanken der Art *N* entgegengesetzt ist.

So gefaßt, bekommen die Thesen, welche dem zur Aufdeckung von Mißverständnissen dienenden Verfahren zugrunde liegen, den Anschein, als handelte es sich in ihnen um bloß psychologisch-empirische Wahrheiten. Nach unserer Meinung ist aber diese Möglichkeit ausgeschlossen, denn die beiden oben aufgestellten Thesen sind nicht aus der Erfahrung gewonnen, sondern sind analytisch. Es besteht für sie keine Gefahr, daß sie jemals von der Erfahrung umgestoßen werden, genauso wie z. B. für den Satz, daß jedes Wasser auf 100°C erwärmt bei normalen Druckverhältnissen siedet.

Ein allgemeiner Satz von der Form »jedes *A* ist ein *B*« bedarf nur dann empirischer Nachprüfung und kann durch die Erfahrung nur dann umgestoßen werden, wenn es möglich ist, von einem *X* festzustellen, daß es ein *A* ist, ohne sich dabei darauf, daß *X* ein *B* sei, oder auf irgendein anderes Datum, aus dem das *B*-Sein des *X* sich deduzieren ließe, stützen zu müssen. Läßt sich über das *A*-Sein eines *X* nicht entscheiden, ohne im obigen Sinn zuvor über das B-Sein von X entschieden zu haben, dann sagen wir, daß die Eigenschaft, ein *B* zu sein, für den Begriff des *A* konstitutiv ist. Der Satz »alle Hähne krähen«, bedarf einer empirischen Nachprüfung und kann durch die Erfahrung umgestoßen werden. Der Satz »jeder Hahn ist ein Vogel« ist nicht auf die Erfahrung angewiesen. Denn es ist unmöglich, von einem *X* festzustellen, daß es ein Hahn sei, solange man darüber im Zweifel ist, ob *X* ein Vogel ist. So ist auch der Satz »jedes Wasser, welches auf 100°C erwärmt ist, siedet bei normalen Druckverhältnissen«, kein empirischer Satz und hat von der Erfahrung nichts zu befürchten. Die Eigenschaft »bei normalen Druckverhältnissen zu sieden« ist nämlich für den Begriff des auf 100°C erwärmten Wassers konstitutiv.

Verhält es sich nicht ebenso mit unseren zwei obenerwähnten Thesen? Betrachten wir die These: »Jeder, welcher den Satz ›wenn *A* so *B*‹ richtig deutsch versteht, darf den Nachsatz ›*B*‹ nicht verwerfen, wenn er den hypothetischen Satz, ›wenn *A* so *B*‹ und seinen Vordersatz ›*A*‹ anerkennt«. Läßt es sich denn irgendwie mit Sicherheit feststellen, daß jemand den Satz »wenn *A* so *B*« richtig deutsch versteht, solange es noch nicht ausgemacht ist, ob er es zustande bringt, den Nachsatz zu verwerfen, wenn er den hypothetischen Satz und seinen Vordersatz anerkennt? Oder ist es möglich, festzustellen, daß jemand mit dem Satze »es schmerzt« den ihm in der deutschen Sprache zugeordneten Sinn verknüpft, wenn es noch nicht ausgeschlossen zu sein scheint, daß er diesen Satz verwerfen wird, obgleich er eine Schmerzempfindung gleichzeitig erlebt? Wir glauben, daß dies unmöglich ist, daß also in den oben besprochenen Thesen konstitutive Eigenschaften für den Begriff des sinngemäßen Gebrauchs der betreffenden Sätze angegeben sind. Die obige Behauptung können wir auf dieser Stelle noch nicht streng beweisen, da wir in unserer Untersuchung uns noch in einem Stadium befinden, wo die Begriffe noch nicht präzisiert sind, wo also noch nichts streng bewiesen werden kann. Wir sind aber von der Wahrheit der obigen Behauptung überzeugt und muten es auch dem Leser zu, daß er mit uns darüber übereinstimmt. Wir wollen uns aber dabei nicht länger aufhalten. Die Analyse des Verfahrens, das zur Aufdeckung von Mißverständnissen dient, hat uns gezeigt, daß zwischen dem Sinn, den man mit den Ausdrücken einer Sprache verknüpft, und der Art, wie man sich ihrer bedient, ein Zusammenhang besteht, welcher z. B. in folgenden Regeln formuliert werden kann: Nur derjenige verbindet mit den Ausdrücken der deutschen Sprache (also auch mit dem Satze »es schmerzt«) den ihnen in dieser Sprache zugeordneten Sinn, der beim Innewerden einer Empfindung so und so zu charakterisierender Art (Schmerzempfindung) bereit ist, diesen Satz anzuerkennen. Die Analyse des zweiten Beispiels führte auf folgende Behauptung: Nur derjenige verbindet mit den Ausdrücken der deutschen Sprache den ihnen in dieser Sprache zukommenden Sinn, welcher, sobald er Sätze von der Form »wenn *A* so *B*« und »*A*« anerkennt, auch den Satz »*B*« anzuerkennen bereit ist.

Es scheinen sich also für jede Sprache, in welcher der Sinn ihrer Ausdrücke eindeutig bestimmt ist, Regeln aufstellen zu lassen, welche etwa nach folgendem Schema verfaßt wären: Nur derjenige verbindet mit den Worten und Ausdrücken der Sprache *S* den ihnen durch jene Sprache zugeordneten Sinn, der in Situationen vom Typus *L* einen Satz vom Typus *Z* anzuerkennen bereit ist (wobei »*Z*« eventuell eine Funktion von »*L*« bzw. eines Bestandteils von »*L*«, wie dies in unserem zweiten Beispiel der Fall war, sein kann). Dabei heißt »*X* ist bereit, in der Situation *L* den Satz *Z* anzuerkennen« soviel also »wenn *X* in der Situation *L* die Entscheidungsfrage, welche den Satz *Z* zum Problem macht, beantwortet, so wird er den Satz *Z* anerkennen«. Da ferner die Beantwortung der Entscheidungsfrage, welche *Z* zum Problem macht, nur entweder in der Anerkennung oder der Verwerfung des Satzes *Z* bestehen kann, so kann man statt »*X* beantwortet die Entscheidungsfrage, welche *Z* zum Problem macht« auch sagen, »*X* anerkennt den Satz *Z* oder *X* verwirft den Satz *Z*«. Und so können wir auch unsere Auffassung dieser Bereitschaft folgendermaßen erklären: »*X* ist bereit, in der Lage *L* den Satz *Z* anzuerkennen« heißt soviel, als »wenn *X* sich in der Lage *L* befindet und entweder den Satz *Z* anerkennt oder verwirft, so wird *X* den Satz *Z* anerkennen«. Die letzte Erklärung eliminiert aus dieser »Bereitschaft« vollkommen den mythologischen Begriff einer psychischen Disposition. Es ist möglich, für eine Sprache derartige Regeln aufzustellen. Solche Regeln wollen wir Regeln des Sinns oder kurz Sinnregeln nennen. Diese Sinnregeln ordnen bestimmten Sätzen jene früher genannten besonders ausgezeichnete Datenarten zu, bei deren Erleben die Verwerfung dieses Satzes nur durch Verletzung seines Sinns zustande kommen kann.

Nicht für alle Sprachen lassen sich aber alle ihre Sinnregeln exakt und ohne Zweifel zu erregen formulieren. Der Grund dafür wird später angegeben. Für die künstliche Sprache der symbolischen Logik läßt sich aber diese Aufgabe leicht und im vollen Maß durchführen. Der gewöhnliche Satzkalkül mit den primären Zeichen »$\supset$« und »$\sim$« besitzt zwei sog. Schlußregeln: die Regeln der Abtrennung, welche aus »$A \supset B$« und »*A*« das »*B*« abzuleiten gestattet, und die Substitutionsregel. Außerdem bilden noch die Definitionen (wenn sie als Regeln der Vertretung gewisser Ausdrücke durch gewisse andere aufgefaßt werden) andere Schlußregeln. Alle diese Schlußregeln lassen sich leicht in die Regeln des Sinns umformen. So z. B. läßt sich aus der Abtrennungsregel eine Regel für den Sinn des Zeichens »$\supset$« folgendermaßen bilden: Nur der verbindet mit den Zeichen der Sprache des logistischen Systems den diesen Zeichen durch diese Sprache zugeordneten Sinn, der den Satz »*B*« anzuerkennen bereit ist, falls er Sätze der Form »$A \supset B$« und »*A*« anerkennt. Aus der Definition des Zeichens »v«, welche für »$\sim A \supset B$« das »$A \vee B$« einzusetzen gestattet, läßt sich wieder folgende Regel des Sinns bilden: Nur der verbindet mit den Zeichen der Sprache des Systems den diesen Zeichen in der Sprache des Systems zukommenden Sinn, der bereit ist, jeden Satz S_1, welcher aus dem Satze S_2 durch Vertretung eines Ausdrucks der Form »$\sim A \supset B$« durch »$A \vee B$« entsteht, anzuerkennen, falls er den betreffenden Satz S_2 anerkennt. Wie für diese künstliche Sprache ließen sich auch für natürliche Sprachen ähnliche Regeln des Sinns aufstellen, obgleich dieses Unternehmen auf große Schwierigkeiten stoßen würde und sich nicht erschöpfend vollziehen ließe.

Der Sinn der Worte und der Ausdrücke einer gewissen Sprache bestimmt also die obenbesprochenen Regeln des Sinns, welche von einem jeden sich dieser Sprache Bedienenden ein bestimmtes Verfahren in bezug auf die Anerkennung der Sätze dieser Sprache in gewissen Situationen verlangen. Wer jene Regeln des Sinns nicht befolgt, beweist damit, daß er mit den Wortlauten, welche zur gegebenen Sprache gehören, nicht den ihn in jener Sprache zugeordneten Sinn verknüpft, daß er also sich nicht dieser Sprache, sondern einer gleichlautenden anderen bedient. Das Befolgen dieser Regeln des Sinns verläuft ähnlich wie das Befolgen der Regeln der Phonetik oder der Syntax. Man befolgt sie, obgleich man sie nicht ausdrücklich zu kennen braucht. Daß in einem gegebenen Falle die Anerkennung eines Satzes von den Regeln des Sinns verlangt wird, kann man daraus erkennen, daß die entgegengesetzte Haltung, d. h. die Verwerfung dieses Satzes an Stelle der Anerkennung als eine Verletzung der Sinngebung der Sprache aufgefaßt werden muß. Die Anerkennung der Sätze, welche sich nach den Regeln des Sinns vollzieht, ist durch eine strenge Evidenz und unwiderrufliche Bestimmtheit gekennzeichnet.[3]

§ 5. Deduktive, axiomatische und empirische Sinnregeln

Wir wollen nun einige Arten der Regeln des Sinns, wie sie in vorhandenen Sprachen vorkommen, aufzählen. Ich glaube deren drei angeben zu können, welche ich als 1. deduktive, 2. axiomatische und 3. empirische Regeln bezeichne, ohne Anspruch auf Vollzähligkeit zu erheben.

Die vorhin nach dem Muster der Abtrennungsregel angeführte Regel des Sinns stellt ein Beispiel einer deduktiven Sinnregel dar. Sie lautet etwa: »Nur derjenige verbindet mit den deutschen Sprachlauten den ihnen in der deutschen Sprache zugeordneten Sinn, der bereit ist, den Satz ›*B*‹ anzuerkennen, wenn er einen Satz von der Form ›wenn *A* so B‹ und seinen Vordersatz ›*A*‹ anerkennt«. Andere Beispiele deduktiver Regeln des Sinns lassen sich – wie schon oben bemerkt – von Definitionen ableiten. Ist z. B. in der Sprache der Arithmetik »2« als »1 + 1« definiert, so gilt für diese Sprache die Regel: »Nur derjenige verbindet mit den Zeichen der Arithmetik den ihnen in der Sprache der Arithmetik zukommenden Sinn, der bereit ist, einen Satz *Z*, welcher das Zeichen ›2‹ enthält, anzuerkennen, falls er einen Satz anerkennt, welcher sich von *Z* nur dadurch unterscheidet, daß in ihm statt das Zeichen ›2‹ das Zeichen ›1 + 1‹ steht«.

Jede deduktive Regel des Sinns einer Sprache verlangt von jedem, der sich der Laute dieser Sprache gemäß der in ihr geltenden Sinngebung bedienen will, daß er bereit sei, auf Grund von Prämissen eines gewissen Typus einen in bestimmter Weise aus diesen Prämissen zu bildenden Schluß zu ziehen. Eine deduktive Sinnregel ordnet demnach jedem zu einem gewissen Typus gehörenden Satze als Prämisse einen Satz eines anders bestimmten Typus als Schluß zu. (Oder wenn die Sinnregel eine Schlußbereitschaft aus mehreren Prämissen verlangt, dann ordnet sie jeder Klasse von – zu gewissen Typen gehörenden – Sätzen als Prämissen einen bestimmten Satztypus als Schluß zu.) Daraus erhellt, daß von jeder deduktiven Sinnregel eine Relation, welche Sätze (bzw. Satzklassen) zu Gliedern hat, bestimmt wird, daß aber auch diese Satzrelation (bzw. Satzklasse-Satz-Relation) dieser Sinnregel eigentümlich ist. Wir wollen den Vorbereich, den Nachbereich und das Feld dieser Relation auch Vorbereich, Nachbereich resp. Feld dieser deduktiven Sinnregel nennen. Umfang einer deduktiven Sinnregel wollen wir dagegen eine Klasse nennen, deren Element ein geordnetes Satz-Paar (bzw. Satzklasse-Satz-Paar) dann und nur dann ist, wenn zwischen dem ersten und dem zweiten Gliede jenes Paares die durch jene deduktive Sinnregel bestimmte Relation besteht.

In den Sprachen der axiomatischen Systeme gibt es ganz bestimmt Beispiele für das, was wir axiomatische Regeln des Sinns nennen. Es wird nämlich von jedem, der sich der Worte eines solchen Systems in dem ihnen durch die Sprache des Systems zugeordneten Sinn bedienen will, unbedingt verlangt, daß er die als Axiome des Systems aufgestellten Sätze ohne weiteres anzuerkennen bereit sei. Ich glaube aber, solche axiomatische Regeln des Sinns gelten auch in den gewöhnlichen Umgangssprachen. Es scheint z. B. von jedem, der mit den Worten »jedes« und »ist« den ihnen in der deutschen Sprache zukommenden Sinn verbindet, verlangt zu werden, daß er bereit sei, ohne weiteres irgendeinen Satz von der Form »jedes *A* ist ein *A*« anzuerkennen. Und überhaupt scheinen alle sogenannten a priori evidenten Sätze auf eine axiomatische Regel des Sinns hinzuweisen, welche derartige Sätze anzuerkennen jedem befiehlt, der nicht gegen die Sinngebung der Sprache verstoßen soll. Ähnlich wie den deduktiven Sinnregeln eine bestimmte Relation zwischen Sätzen eigentümlich ist, so ist wieder für eine axiomatische Sinnregel die Klasse der nach ihr anzuerkennenden Sätze charakteristisch. Diese Klasse von Sätzen wollen wir den Umfang dieser axiomatischen Sinnregel nennen.

Die dritte Klasse bilden die empirischen Regeln des Sinns. Diese Regeln kennzeichnen sich dadurch, daß sie als Situation, in welcher von der Sinngebung der Sprache die Bereitschaft zur Anerkennung eines Satzes verlangt wird, eine Situation angeben, welche ausschließlich oder unter anderem in dem Erleben einer Empfindung besteht. Nach einer solchen Regel scheint man zu verfahren, wenn man beim Erleben von Zahnschmerzen den Satz »es schmerzt« anerkennt. Würden wir von jemand erfahren, daß er bei starker Reizung des entblößten empfindlichen Zahnnervs, die für uns in dieser Lage normale Empfindung erlebt und trotzdem nicht bereit ist, den Satz »es schmerzt« anzuerkennen, sondern diesen Satz verwirft und etwa den Satz »es tut wohl« anerkennt, so würden wir – wie schon erläutert – in seinem Verhalten einen Beweis dafür sehen, daß er mit den Sätzen »es schmerzt«, »es tut wohl« nicht denselben Sinn wie wir verknüpft.

Es gibt zweierlei empirische Sinnregeln, die wir einfache und zusammengesetzte empirische Sinnregeln nennen. Einfach ist eine empirische Sinnregel, wenn sie aussagt: Nur derjenige verletzt die Sinngebung der Sprache nicht, welcher einen so und so lautenden Satz angesichts des Erlebens einer solchen und solchen Empfindung anzuerkennen bereit ist. Zusammengesetzte empirische Sinnregel nennen wir dagegen eine solche, welche die Bereitschaft zur Anerkennung so und so lautender Sätze bei Erfüllung gewisser Bedingungen, die u. a. im Erleben einer Empfindung bestehen, verlangt. Die Ganzheit solcher Bedingungen wie auch einzelne

Empfindungen wollen wir Erfahrungsdata nennen. Diese können z. B. in der Gegenwart von Empfindungen und von unartikulierten Urteilen, in welchen die Situation als »normal« aufgefaßt wird, bestehen. Es mag auch sein, daß zusammengesetzte empirische Sinnregeln die Anerkennung gewisser Sätze auf Grund einer Reihe von aufeinanderfolgenden Empfindungen und gewisser anderen Data verlangen. Dies scheint auch bei sog. »Sätzen über die Außenwelt« der Fall zu sein. Wenn es ein vergebliches Unternehmen sein dürfte, in den gewöhnlichen Umgangssprachen zweifellose Fälle von empirischen Sinnregeln aufzudecken, nach welchen wir uns in unseren Aussagen über die sog. Außenwelt richten, und die sicher nicht einfache empirische Sinnregeln sind, so scheint der Grund dafür darin zu liegen, daß die sog. Umgangssprachen keine Sprachen im strengsten Sinne sind, da ihre Sinngebung schwankend und fließend ist. (Siehe den Schlußparagraphen dieses Aufsatzes.)

Worte, auf deren Gebrauch sich empirische Sinnregeln (wesentlich) beziehen, nennen wir Worte von empirischem Sinn und teilen sie in Worte mit zusammengesetztem und einfachem empirischen Sinn ein, je nachdem, ob die auf sie bezugnehmenden empirischen Sinnregeln sämtlich zusammengesetzt sind oder ob unter ihnen auch einfache empirische Sinnregeln vorkommen. Worte, welche Namen der äußeren Dinge und ihrer Eigenschaften sind, scheinen einen zusammengesetzten, wenn überhaupt einen empirischen Sinn zu haben. Einen einfachen empirischen Sinn scheinen nur Namen der zur psychischen Welt gehörenden Wesenheit und ihrer Eigenschaften zu besitzen. Da in den Umgangssprachen die Namen der Eigenschaften der äußeren Dinge und die Namen der Eigenschaften der psychischen Wesenheiten oft gleichlautend sind (so z. B. wird »rot« von einer Rose und von einem Empfindungsinhalt ausgesagt), so entstanden dadurch bei den darauf nicht achtenden Erkenntnistheoretikern verschiedene Schwierigkeiten und Paradoxien, welche sie dazu führten, die sogenannten Sinnesqualitäten den äußeren Dingen abzusprechen. Doch sei dies nur nebenbei bemerkt; ich beabsichtige, darauf in einem anderen Zusammenhang näher einzugehen.

Die axiomatischen wie auch die deduktiven Sinnregeln werden wir zusammenfassend diskursive Sinnregeln nennen. Sprachen, für welche bloß diskursive Sinnregeln gelten (z. B. die Sprache der reinen Logik und der reinen Mathematik), nennen wir diskursive Sprachen. Sprachen, für welche empirische Regeln des Sinns gelten, sollen empirische Sprachen heißen.

Wie wir bei den deduktiven Sinnregeln, welche Sätze (bzw. Satzklassen) mit Sätzen verknüpfen, eine Satz-Satz-Relation für jede dieser Regeln als eigentümlich feststellen, so können wir auch für die empirischen Sinnregeln eine Relation zwischen Erfahrungsdaten und Sätzen als charakteristisch erklären. Der Vorbereich dieser Relation besteht aus Empfindungsdaten, der Nachbereich aus Sätzen. Umfang einer empirischen Sinnregel wollen wir eine Klasse nennen, zu welcher ein Empfindungsdatum-Satz-Paar dann und nur dann als Element gehört, wenn zwischen den Gliedern dieses Paares die für jene empirische Sinnregel charakteristische Relation besteht.

§ 6 Terminologische Erläuterungen

Ist ein Satz 1. entweder Element des Umfangs einer axiomatischen Sinnregel, oder 2. Element des Vorbereiches einer deduktiven oder des Nachbereiches einer deduktiven oder einer empirischen Sinnregel, oder 3. Element einer Satzklasse, welche zum Vorbereich einer deduktiven Sinnregel als Element gehört, so wollen wir sagen, die betreffende Sinnregel umschließe diesen Satz.

Gehört irgendein Ausdruck zu einem von einer Sinnregel umschlossenen Satz, so wollen wir sagen, diese Sinnregel betreffe diesen Ausdruck.

Für den Ausdruck *A* ist die Sinnregel *R* dann und nur dann unwesentlich, wenn sie diesen Ausdruck überhaupt nicht betrifft, oder wenn der Umfang jener Sinnregel unverändert bleibt, falls man in allen durch diese Sinnregel umschlossenen Sätzen den Ausdruck *A* durch einen beliebigen, zu demselben logischen Typus wie *A* gehörenden Ausdruck *A'* und vice versa ersetzt. Ist eine Sinnregel für einen Ausdruck, den sie betrifft, nicht unwesentlich, dann sagen wir: diese Sinnregel ist für diesen Ausdruck wesentlich. So ist z. B. die oben angeführte axiomatische Sinnregel der deutschen Sprache, welche jeden Satz von der Form »jedes *A* ist ein *A*« ohne weiteres anzuerkennen gestattet, für das Wort »jedes«, wie auch für das Wort »ist« wesentlich. Denn ersetzen wir z. B. in allen Sätzen, welche die Form »jedes *A* ist ein *A*« haben, »ist« durch »liebt« (vorausgesetzt, daß »liebt« zu demselben logischen Typus wie »ist« gehört) und das etwa in jenen Sätzen noch vorkommende »liebt« durch »ist«, so wird dadurch der Umfang der genannten Sinnregel geändert. Dieselbe Sinnregel ist für jeden Namen, den man für »*A*« einsetzen kann, unwesentlich.

Es ist evident, daß, wenn für irgendeinen Ausdruck *A* eine Sinnregel unwesentlich ist, sie dann auch für alle Ausdrücke, welche zu demselben logischen Typus wie *A* gehören, unwesentlich ist.[4]

Kommen zwei Ausdrücke *A* und *A'* in demselben Element des Umfangs einer Sinnregel der Sprache *S* gleichzeitig vor, so wollen wir sagen: zwischen *A* und *A'* besteht in der Sprache *S* eine unmittelbare Sinnbeziehung. Läßt sich eine endliche aus mindestens drei Gliedern bestehende Reihe von Ausdrücken bilden, deren erstes Glied der Ausdruck *A* und letztes der Ausdruck *B* ist, und besteht zwischen je zwei einander folgenden Gliedern jener Reihe eine unmittelbare Sinnbeziehung, dann sagen wir: zwischen *A* und *B* besteht eine mittelbare Sinnbeziehung.

Es sei hier noch ganz kurz bemerkt, daß die Sinnregeln einer Sprache nicht nur Ausdrücke, sondern auch syntaktische Formen betreffen. Dieses Verhältnis könnte man ähnlich wie bei den Ausdrücken definieren. Weiter könnte man zwischen syntaktischen Formen, für welche eine Sinnregel wesentlich, und solchen, für welche sie unwesentlich ist, unterscheiden. Schließlich könnte man auch ein Verhältnis der Sinnbeziehung zwischen Ausdrücken und syntaktischen Formen untereinander ähnlich wie oben definieren. Doch dabei wollen wir uns nicht aufhalten.

§ 7. Die Bestimmung der Sinnregeln durch den Sinn

Wenden wir uns jetzt zu der Frage, ob eine Änderung irgendeiner Sinnregel einer Sprache die Änderung der Sinngebung dieser Sprache unbedingt nach sich ziehen muß. Wir haben oben behauptet, daß durch die Sinngebung einer Sprache ihre Sinnregeln eindeutig bestimmt seien. Es scheint also, daß mit dieser Behauptung die oben gestellte Frage beantwortet ist. Doch müssen gewisse Mißverständnisse beseitigt werden. Wir behaupten nämlich nicht, daß durch die Sinngebung der Sprache die einzelnen Sinnregeln bestimmt seien; das, was durch die Sinngebung der Sprache eindeutig bestimmt ist, das ist gewissermaßen die Gesamtheit der Sinnregeln. Wir wollen uns klarer fassen. Wie früher gesagt, ist jeder Sinnregel ihr Umfang eindeutig zugeordnet. Die Umfänge der einzelnen Sinnregeln, soweit sie von demselben logischen Typus sind, lassen sich summieren. Es ist nun klar, daß diese Summen unverändert bleiben können, obgleich ihre Komponenten, d. h. die Umfänge einzelner Sinnregeln auf verschiedene Weise gebildet werden. M. a. W., verschiedene Sinnregeln können doch Umfänge haben, deren Summen identisch sind. Mit unserer Behauptung, daß die Sinngebung der Sprache die Sinnregeln bestimmt, wollten wir nichts anderes sagen als bloß dieses, daß durch die Sinngebung einer Sprache die Summen der Umfänge aller Sinnregeln bestimmt seien.

Um dies durch ein Beispiel zu erläutern, nehmen wir an, es gäbe eine Sprache, in welcher es bloß drei, und zwar axiomatische Sinnregeln gibt, von welchen die erste den Satz »$2 \times 2 = 4$«, die zweite den Satz »$1 + 1 = 2$« und die dritte den Satz »$1 \times 1 = 1$« in ihrem Umfange enthält. Die Summe aller Umfänge dieser Sinnregeln besteht in der Klasse, die jene drei Sätze als Elemente enthält. Denken wir uns nun, daß es statt dieser drei Sinnregeln bloß zwei gibt, von denen die erste in ihrem Umfang die Sätze »$2 \times 2 = 4$« und »$1 \times 1 = 1$« enthält, die zweite nur den Satz »$1 + 1 = 2$«. Die Summe der Umfänge dieser zwei Regeln ist dieselbe wie die Summe der drei vorher erwähnten Regeln. Nun behaupten wir nicht, daß die erwähnte Änderung der Sinnregeln eine Änderung der Sinngebung der Sprache nach sich zieht, denn diese Änderung läßt die Summe der Umfänge jener Regeln unverändert.

Wir werden ferner der Kürze halber die Gesamtheit der Summen der Umfänge aller Sinnregeln mit dem Namen »Gesamtumfang der Sinnregeln« bezeichnen, obgleich dies nicht ganz korrekt ist. Beachten wir nun, daß die Änderung des Gesamtumfanges der Sinnregeln auf zweierlei Weise zustande kommen kann. Entweder dadurch, daß in den Gesamtumfang Elemente eintreten, welche Ausdrücke enthalten, die früher zu der Sprache nicht gehörten, oder auch ohne daß neue Ausdrücke in den Gesamtumfang eintreten. Wenn wir vorhin sagten, daß die Änderung des Gesamtumfangs der Sinnregeln eine Änderung des Sinns irgendeines Ausdrucks nach sich ziehe, so meinten wir damit nur solche Änderungen, welche ohne Einführung neuer Ausdrücke zustande kommen. Bevor wir uns mit der anderen Art der Änderung des Gesamtumfangs der Sinnregeln und mit ihrem Einfluß auf die Sinngebung der Sprache befassen, müssen wir noch gewisse Unterscheidungen zwischen den Sprachen durchführen.

§ 8. Geschlossene und offene Sprachen

Nehmen wir an, es gäbe zwei Sprachen S und S', wobei jedem Wort und jedem Ausdruck der Sprache S ein gleichlautender in der Sprache S', nicht aber vice versa entspricht[5]. Es sollen überdies die gleichlautenden Ausdrücke beider Sprachen füreinander Übersetzungen sein. Nun soll es der Fall sein, daß ein Ausdruck A der reicheren Sprache S', welcher eine Übersetzung A in S besitzt, mit einem anderen Ausdruck A'_1 in unmittelbarer Sinnbeziehung steht, daß aber der Ausdruck A'_1 in der Sprache S keine Übersetzung hat. Ist dies der Fall, so werden wir die Sprache S eine in bezug auf die Sprache S' offene Sprache nennen. Wollen wir sagen, daß eine Sprache offen sei in bezug auf irgendeine Sprache, so werden wir einfach sagen, die Sprache sei offen. Ist eine Sprache nicht offen, dann sagen wir, sie sei eine geschlossene Sprache.

Wir wählen die Bezeichnung »offene Sprache«, weil eine derartige Sprache eine Vermehrung ihres Ausdrucksschatzes zuläßt, ohne dabei den Sinn der in ihr schon bestehenden Ausdrücke zu ändern. Eine solche Sprache S kann man nämlich durch Vermehrung ihres Ausdrucksschatzes in die Sprache S' überführen, ohne daß dabei der Sinn der in der Sprache S vorkommenden Ausdrücke eine Änderung erlitte. Dies wird bei einer geschlossenen Sprache nicht immer möglich sein. In einer offenen Sprache sind einige Sinnregeln gewissermaßen im Sinne der Ausdrücke latent enthalten. Denn der Ausdruck A ist schon in seinem Sinn so an den Sinn der in der Sprache S noch fehlenden Übersetzung von A'_1 angepaßt, daß er, falls diese Übersetzung zum Ausdrucksschatz der Sprache S hinzugefügt wird, in entsprechende Sinnbeziehungen eintritt, ohne dabei eine Veränderung seines Sinnes zu erleiden. Aber obgleich diese Anpassung an den anderen Sinn schon gewissermaßen vorbereitet ist, gibt sie sich infolge der Armut der Sprache im Sprachgebrauch noch nicht kund. Das Gegenteil gilt für die geschlossenen Sprachen. In ihnen treten alle etwaigen Momente, welche der Sinn ihrer Ausdrücke in sich birgt, in dem Sprachgebrauch zutage.

Jetzt können wir auf das am Schluß des vorherigen Paragraphen aufgestellte, jedoch dort unerledigte Problem eingehen, ob eine Abänderung des Gesamtumfanges der Sinnregeln, welche in der Einführung neuer Ausdrücke besteht, eine Änderung der Sinngebung der Sprache nach sich ziehen muß. Wir müssen dieses Problem gesondert für geschlossene und für offene Sprachen behandeln. Wir beginnen mit den geschlossenen.

Nehmen wir an, S sei eine geschlossene Sprache; im Wege der Vermehrung ihres Ausdrucksschatzes durch irgendeinen Ausdruck W gehen wir zu einer ausdrucksreicheren Sprache S_w über. Die Sprache S_w enthält alle Ausdruckslaute der Sprache S, enthält aber außerdem noch den Ausdruckslaut W. Der Gesamtumfang der Sinnregeln der Sprache S_w enthält außer den Ausdruckslauten der Sprache S – wir wollen sie alte Ausdrücke nennen – noch den Ausdruck W. Nun handelt es sich darum, ob alle alten Ausdruckslaute der Sprache S_w denselben Sinn haben können, den sie in der Sprache S hatten. Hier ist zweierlei zu unterscheiden. Entweder ist W mit den alten Ausdrücken in der Sprache S_w unmittelbar sinnverknüpft oder nicht. Ist er es, so können die alten Ausdrücke in S_w nicht denselben Sinn haben wie in S, sonst wäre S eine offene Sprache oder W wäre mit einem der alten Ausdrücke sinngleich, also hätte er in einem alten seine Übersetzung. Daraus folgt, daß die alten Ausdrücke in S_w nur dann denselben Sinn haben können wie in S, wenn entweder W mit den alten Ausdrücken in S_w nicht unmittelbar sinnverknüpft ist, oder mit einem von ihnen sinngleich ist. Ist aber der Ausdruck W mit keinem der alten Ausdrücke unmittelbar sinnverknüpft, so ist er auch mit keinem mittelbar sinnverknüpft.

Eine nicht leere Teilklasse der Ausdrücke einer Sprache (wir werden dafür auch »Teil einer Sprache« sagen), deren Elemente mit keinem der Ausdrücke des übrigen Teils der Sprache sinnverknüpft sind, werden wir einen isolierten Teil dieser Sprache nennen. Besitzt eine Sprache keinen isolierten Teil, dann nennen wir sie eine zusammenhängende Sprache. Wir können demnach aus dem Obigen folgenden Schluß ziehen: wird eine geschlossene Sprache S durch einen neuen Ausdruck W bereichert, welcher nicht mit einem der alten Ausdrücke sinngleich ist, und behalten die alten Ausdrücke in der reicheren Sprache S_w denselben Sinn, den sie in der Sprache S hatten, so ist die reichere Sprache S_w nicht zusammenhängend.

Wenden wir uns jetzt den offenen Sprachen zu und fragen wir, ob irgendein Ausdruck einer solchen Sprache seinen Sinn ändern muß, wenn dieser Sprache neue Ausdrücke hinzugefügt werden, wenn also auf diese Weise der Gesamtumfang der Sinnregeln dieser Sprache verändert wird. Aus dem Begriff einer offenen Sprache folgt, daß eine offene Sprache durch Hinzufügung neuer Ausdrücke den Sinn der alten nicht zu ändern braucht, ohne dadurch zu einer nichtzusammenhängenden Sprache zu werden, und zwar ist dies dann der Fall, wenn sie durch Einführung neuer Ausdrücke in eine Sprache übergeht, in bezug auf welche sie offen war. Bei einem solchen Übergang gelangt man zu einer reicheren Sprache, in welcher der Gesamtumfang ihrer Sinnregeln den Gesamtumfang der Sinnregeln der ärmeren Sprache als Teil in sich enthält.

Zusammenfassend werden wir jetzt sagen: die Änderung des Gesamtumfangs der Sinnregeln einer Sprache, welche durch Einführung neuer Ausdrücke in die Sprache erfolgt, zieht immer eine Änderung der Sinngebung der Sprache nach sich, insofern als die neue Sinngebung außer den Zuordnungen zwischen den alten Ausdrücken und ihrem Sinn noch Zuordnungen zwischen den neuen Ausdrücken und ihrem Sinn enthält. In der Sinnzuordnung der alten Ausdrücke erfolgt aber nur dann keine Änderung, wenn entweder 1. die neue Sprache nicht zusammenhängend ist, oder 2. der neueingeführte Ausdruck mit einem der alten sinngleich ist, oder 3. die alte Sprache offen in bezug auf die neue ist.

Wird eine Sprache S durch Hinzufügung eines oder mehrerer Ausdrücke in eine Sprache S' überführt, in bezug auf welche sie offen war, so sagen wir: die Sprache S wurde zur Sprache S' geschlossen. Beim umgekehrten Prozeß sagen wir: die Sprache S' wird zur Sprache S geöffnet. Wird eine Sprache S zur Sprache S' geschlossen, und ist S' selbst eine geschlossene Sprache, so sagen wir: die Sprache S wurde zur Sprache S' vollständig geschlossen.

Kann eine offene Sprache S zu verschiedenen zusammenhängenden Sprachen geschlossen werden? Dies ist sehr wohl möglich, wenn die Sprache nicht schon durch Hinzufügung eines einzigen Ausdrucks vollständig geschlossen wird. Dann können wir der offenen Sprache S einen Ausdruck W oder einen Ausdruck V oder beide zugleich hinzufügen, und wir schließen sie teilweise zu S_w oder S_v oder $S_{w,v}$

usw., solange, bis wir durch Hinzufügen immer neuer Ausdrücke auf eine vollständig geschlossene Sprache kommen. Ist dies aber der einzige Weg, auf welchem man eine offene Sprache zu einer zusammenhängenden schließen kann? Wäre dies der Fall, so gäbe es für eine offene Sprache bloß eine einzige geschlossene und zusammenhängende Sprache, zu welcher sie geschlossen werden kann. Dies würde aber zu ganz paradoxen Konsequenzen führen. Und zwar aus folgendem Grunde: Nehmen wir an, die offene Sprache S ließe sich zur Sprache S' durch Hinzufügung mehrerer Ausdrücke, darunter der Ausdrücke W_1 und W_2 vollständig schließen. Es sei nun durch Sinngebung der Sprache S' dem Ausdruck W_1 der Sinn δ_1, dem Ausdruck W_2 der Sinn δ_2 zugeordnet. Betrachten wir jetzt eine andere Sprache S" , welche sich von der Sprache S' in dem einzigen Punkte unterscheidet, daß in S" dem Ausdruck W_1 der Sinn δ_2 und dem Ausdruck W_2 der Sinn δ_1 zugeordnet ist. Es ist klar, daß die Schließung der offenen Sprache S zur Sprache S" ebenso möglich ist wie ihre Schließung zu S'. Würde dies nicht der Fall sein, so würde dies heißen, daß es bei einer offenen Sprache, sagen wir etwa bei der Sprache des gewöhnlichen Satzkalküls mit den primären Zeichen »$\supset$«, » $\sim$ «, aber ohne definierte Zeichen, wohl möglich ist, das Zeichen » v « und das Zeichen » . « mit dem ihnen gewöhnlich beigelegten Sinn einzuführen, daß es aber unmöglich ist, diese Zeichen mit vertauschtem Sinn einzuführen. Diese Konsequenz widerspricht vollständig dem, was man allgemein unter Sinn versteht, wir nehmen sie also nicht an. Es ist somit möglich, eine offene Sprache zu zwei verschiedenen zusammenhängenden Sprachen vollständig zu schließen.

Wir wollen jetzt untersuchen, in welchem Verhältnis zwei verschiedene, geschlossene und zusammenhängende Sprachen S' und S" stehen müssen, wenn es eine offene Sprache S gibt, die sowohl zu S' wie zu S" vollständig geschlossen werden kann. In dem oben untersuchten Fall entstand S" aus S' dadurch, daß der Sinn der Ausdrücke W_1 und W_2 vertauscht wurde. Wir hatten es also dort mit zwei ineinander übersetzbaren Sprachen zu tun. Wir nennen die Sprache S' eine Übersetzung der Sprache S", wenn sich alle Ausdrücke der einen Sprache eindeutig den Ausdrücken der anderen so zuordnen lassen, daß den einander zugeordneten Ausdrücken derselbe Sinn zukommt. Nun fragt es sich, ob zwei geschlossene und zusammenhängende Sprachen S' und S", zu welchen sich eine offene Sprache S vollständig schließen läßt, notwendig ineinander übersetzbar sein müssen.

Um diese Frage zu beantworten, müssen wir uns mit dem Begriff der Übersetzung etwas näher befassen.

§ 9. Synonyma und Übersetzungen

Wir wollen zunächst eine Bedingung als notwendig für die Sinngleichheit oder Synonymität zweier Ausdrücke A und A' derselben Sprache S aufstellen. Sie lautet: Haben A und A' in der Sprache S denselben Sinn, so müssen sie sich »isotop« im Gesamtumfang der Sinnregeln der Sprache verhalten, d. h. der Gesamtumfang der Sinnregeln darf dadurch keine Veränderung erleiden, daß in allen seinen Elementen A' für A und A für A' gesetzt wird. D. h. 1. wenn einer axiomatischen

Sinnregel gemäß ein Satz Z ohne weiteres anzuerkennen ist, so gibt es auch eine axiomatische Sinnregel, der gemäß ein aus Z durch Einsetzung von A' für A und von A für A' entstehender Satz ohne weiteres anzuerkennen ist. 2. Wenn es eine deduktive Sinnregel gibt, nach welcher aus einem Satze Z_1 (bzw. Satzklasse) ein anderer Satz Z_2 zu folgern ist, so gibt es auch eine deduktive Sinnregel, nach welcher aus einem aus dem Satze Z_1 durch Einsetzung von A' für A und von A für A' entstehenden Satze ein aus Z_2 durch Einsetzung von A für A' und von A' für A entstehender Satz zu folgern ist. 3. Wenn nach einer empirischen Sinnregel auf Grund gewisser Daten ein Satz Z anzuerkennen ist, so gibt es auch eine empirische Sinnregel, nach welcher auf Grund derselben Daten ein aus Z durch Einsetzung von A' für A und von A für A' entstehender Satz anzuerkennen ist.

Es sei hier bemerkt, daß Sinngleichheit und Äquivalenz zweier Ausdrücke nicht dasselbe sind. Äquivalent sind zwei Ausdrücke A und A', wenn jedem wahren Satze, welcher A enthält, ein aus ihm durch Einsetzung von A' für A und von A für A' entstehender wahrer Satz entspricht und vice versa. Zwei im obigen Sinne äquivalente Ausdrücke brauchen aber nicht sinngleich zu sein. So sind z. B. in dem logistischen Satzkalkül von Whitehead und Russell die Ausdrücke »$a \supset b$« und »$\sim a \vee b$« äquivalent, aber nicht sinngleich, da es z. B. eine deduktive Sinnregel gibt, die auf Grund von »$a \supset b$« und »a« die Bereitschaft »b« zu folgern verlangt, wogegen es eine analoge Sinnregel für »$\sim a \vee b$« nicht gibt. Aus der oben eingeführten Definition der Äquivalenz zweier Ausdrücke läßt sich durch Abstraktion die Definition der Valenz eines Ausdruckes gewinnen, welche z. B. bei Namen eine Definition des Umfangs (in Mills Terminologie: der Denotation) eines Namens ergibt.

Die oben angegebene notwendige Bedingung der Sinngleichheit zweier Ausdrücke derselben Sprache hat gewisse Konsequenzen, die wir nicht unerwähnt lassen wollen. Es handelt sich nämlich um die Frage, ob zwei Ausdrücke A und B, welche durch eine Definition gleichgesetzt werden, auch denselben Sinn haben. Die Antwort hängt davon ab, wie man solch eine Definition auffaßt. Besteht die Definition in einer Schlußregel, welche etwa erklärt, daß, so oft ein Satz anerkannt ist, es auch gestattet sei, den aus ihm durch Ersetzung von A durch B oder vice versa entstehenden Satz anzuerkennen, so brauchen die Ausdrücke A und B nicht den gleichen Sinn zu haben. Dies folgt wenigstens auf der obenaufgestellten notwendigen Bedingung für die Sinngleichheit zweier Ausdrücke derselben Sprache.

Nehmen wir an, es gäbe in einer Sprache eine axiomatische Sinnregel, welche den Satz »F [a]« in ihrem Umfange enthält, es gäbe aber keine axiomatische Sinnregel, welche »F [b]« in ihrem Umfang enthielte. Es gelte außerdem eine deduktive Sinnregel, welche sich auf eine Definition stützt, die in der obenerläuterten Weise die Zeichen »a« und »b« gleichsetzt. Es ist nun klar, daß, so oft die Sinnregeln der Sprache mittelbar oder unmittelbar zur Anerkennung irgendeines Satzes »Φ [a]« führen, sie dann auch nach der obengenannten (auf der Definition »$a = b$« basierten) Sinnregel zur Anerkennung von »Φ [b]« hinführen werden. Denn laut jener Sinnregel dürfen »a« und »b« überall vertauscht werden. Trotzdem aber erfüllen »a« und »b« nicht die oben für die Sinngleichheit aufgestellte Bedingung. Obgleich es nämlich eine axiomatische Sinnregel gibt, welche die unbedingte Bereitschaft zur Anerkennung von »F [a]« (als eines Axioms) verlangt, gibt es keine solche, welche die unbedingte Anerkennung von »F [b]« (als eines Axioms) verlangt, wenn auch »F [b]« aus »F [a]« deduktiv folgt und als Folge des Axioms »F [a]« eine These darstellt.

Ganz anders fällt die Antwort auf die Frage aus, ob zwei durch eine Definition gleichgesetzte Ausdrücke die für die Sinngleichheit als notwendig aufgestellte Bedingung erfüllen, wenn man eine derartige Definition nicht als eine Schlußregel auffaßt, sondern wenn man sie als eine Aussage über die Schlußregeln und Axiome versteht. Fassen wir eine die Ausdrücke »A« und »B« gleichsetzende Definition als eine Aussage auf, welche erklärt: »Jede Schlußregel soll (von jetzt an) dasselbe, was sie von ›A‹ aussagt, auch von ›B‹ aussagen, und jedem Axiom, ›Φ [A]‹, welches für ›A‹ gilt, entspricht ein für ›B‹ geltender Satz, ›Φ [B]‹ welcher ebenfalls Axiom ist«, dann erfüllen die Ausdrücke »A« und »B«, welche eine so verstandene Definition gleichsetzt, auch die notwendige Bedingung der Sinngleichheit (wenigstens in den diskursiven Sprachen).

Es scheint, daß die Definitionen – zumindest in den deduktiven Systemen – niemals in der zweiten Art, d. h. als Aussagen über die Schlußregeln und Axiome aufgefaßt werden, sondern immer entweder als Schlußregeln oder (dies kommt seltener vor) als Thesen des Systems gelten. Die von uns als für die Sinngleichheit notwendig aufgestellte Bedingung wird also durch zwei durch eine Definition eines deduktiven Systems gleichgesetzte Ausdrücke nicht erfüllt. Wir notieren diese Konsequenz, welche vielleicht jemand als eine *Instantia contraria* gegen unsere im Text ausgesprochene Behauptung auffassen wird. Es würde nicht schwer sein, diese möglicherweise angezweifelte Bedingung derartig umzuformen, daß sie von der obenerwähnten Konsequenz frei wäre. Man brauchte nur die angegebene Bedingung als eine bloß alternative Bedingung aufzufassen, der als die andere Alternative die definitorische Gleichheit gegenüberstände.Wir wollen uns jetzt dem Problem der Sinngleichheit zweier Ausdrücke, die zu verschiedenen Sprachen gehören, zuwenden. Hat ein Ausdruck A in der Sprache S denselben Sinn wie der Ausdruck A' in der Sprache S', so wollen wir den Ausdruck A eine Übersetzung von A' aus der Sprache S in die Sprache S' nennen. Die Übersetzungsbeziehung ist eine reflexive, symmetrische und transitive Beziehung. Nehmen wir an, es sei irgendein Ausdruck A' eine Übersetzung eines Ausdrucks A aus der Sprache S in die Sprache S'. Der Ausdruck A stehe in der Sprache S mit anderen Ausdrücken A_1, A_2, ... A_n wie auch mit gewissen syntaktischen Formen und vielleicht auch mit gewissen Empfindungsdaten in mannigfaltigen unmittelbaren Sinnbeziehungen. Nun scheint es dem allgemein angenommenen Begriff der Übersetzung vollkommen zu entsprechen, wenn wir folgende Behauptung aufstellen: »Ist der Ausdruck A' eine Übersetzung von A aus der Sprache S in die Sprache S', steht ferner A in S mit A_1, A_2, ... A_n in unmittelbaren Sinnbeziehungen und haben die Ausdrücke A_1, A_2, ... A_n ebenfalls ihre Übersetzungen in der Sprache S' (die wir entsprechend mit A_1', A_2', ... A'_n bezeichnen), so muß A' in der Sprache S' mit A_1', A_2', ... A'_n in analogen unmittelbaren Sinnbeziehungen stehen, wie A mit A_1, A_2, ... A_n in der Sprache S. Schreibt also z. B. eine axiomatische Sinnregel vor, daß ein Satz, welcher aus dem Ausdruck A und anderen Ausdrücken A_1, A_2 nach der syntaktischen Form K aufgebaut ist, ohne weiteres anzuerkennen sei, und soll A' eine Übersetzung von A sein, so muß, falls es auch Übersetzungen von A_1 und

A_2 (wir bezeichnen sie mit A_1', A_2') wie auch eine Übersetzung der syntaktischen Form K (wir bezeichnen sie mit K') gibt, für die Sprache S' eine Sinnregel gelten, der gemäß ein Satz, welcher aus A', A_1', A_2' nach der syntaktischen Form K' gebildet ist, ohne weiteres anzuerkennen ist. Die in einer Sprache zulässigen syntaktischen Formen der mehrwortigen Ausdrücke sind von den syntaktischen Regeln der Sprache bestimmt und sind den Sprachen ebenso wie ihr Wortschatz eigentümlich, erfahren also gleich den Worten eine Übersetzung[6].

Ähnlich wie den axiomatischen, müssen auch den übrigen Sinnregeln einer Sprache analoge Sinnregeln in der anderen Sprache zugeordnet sein, wenn ein Ausdruck der einen Sprache, auf welchen diese Sinnregeln sich beziehen, in die andere Sprache übersetzbar sein soll.

Ehe wir der eben aufgestellten Behauptung eine strengere Formulierung geben, wollen wir folgendes bemerken. Wir stellten vorhin als Bedingung dafür, daß der Ausdruck A' eine Übersetzung von A aus S in S' sei, auf, daß, wenn A mit A_1, A_2, ... A_n in unmittelbarer Sinnbeziehung steht, auch A' mit den Übersetzungen von A_1, A_2, ... A_n in analogen Sinnbeziehungen stehe, falls es Übersetzungen der Ausdrücke A_1, A_2, ... A_n in der Sprache S' gibt. Nun ist die Einschränkung dieser Behauptung durch die Bemerkung »falls es Übersetzungen von A_1, ... A_n in der Sprache S' gibt« nur dann nötig, wenn wir uns nicht auf geschlossene Sprachen beschränken, sondern auch offene Sprachen mit in Betracht ziehen. Es folgt ja unmittelbar aus der Definition einer geschlossenen Sprache S', daß, falls es in ihr die Übersetzung eines Ausdruckes A aus S in S' gibt, es in ihr gleichfalls Übersetzungen aller jener Ausdrücke gibt, mit welchen A in S in unmittelbaren Sinnbeziehungen steht. Handelt es sich also um geschlossene Sprachen, so kann die erwähnte Einschränkung der oben aufgestellten Behauptung weggelassen werden.

Wir behaupteten vorhin, daß, wenn ein Ausdruck A in der Sprache S mit gewissen Ausdrücken A_1, A_2, ... A_n in unmittelbaren Sinnbeziehungen steht, die Übersetzung des A aus S in S' mit den Übersetzungen der Ausdrücke A_1, A_2, ... A_n in analogen Sinnbeziehungen stehen muß. Da die Sinnbeziehungen sich in den Umfängen der Sinnregeln, also auch in ihrem Gesamtumfang widerspiegeln, können wir – uns auf geschlossene Sprachen beschränkend – der erwähnten Behauptung folgende Fassung geben: Ist A' eine Übersetzung von A aus S in S' und sind S und S' geschlossene Sprachen, dann müssen alle Elemente des Gesamtumfanges der Sinnregeln der Sprache S', welche A' enthalten, sich aus den Elementen des Gesamtumfanges der Sinnregeln der Sprache S, welche A enthalten, dadurch bilden lassen, daß man in den zweitgenannten überall A durch A' und die übrigen in ihnen enthaltenen Ausdrücke (und syntaktischen Formen) durch ihre Übersetzungen vertritt[7].

Wir wollen uns jetzt mit ineinander übersetzbaren und unübersetzbaren Sprachen beschäftigen. Wir werden dabei immer an wörtliche oder Wort für Wort und nicht etwa Satz für Satz getreue Übersetzungen denken. Zwei Sprachen nennen wir dann und nur dann ineinander übersetzbar, wenn jedem Ausdruck der einen Sprache ein oder mehrere Ausdrücke der anderen Sprache entsprechen, die seine Übersetzungen aus der einen Sprache in die andere sind und vice versa.

Wir behaupten nun folgendes: Sind zwei Sprachen S und S' beide geschlossene und zusammenhängende Sprachen, und gibt es in der Sprache S' einen Ausdruck A', welcher Übersetzung eines Ausdrucks A aus S in S' ist, so sind beide Sprachen ineinander übersetzbar. Denn würde dies nicht der Fall sein, so würde es in S einen Ausdruck A_n geben, dem in der Sprache S' keine Übersetzung entspräche oder vice versa. Ist aber ein Ausdruck einer geschlossenen Sprache in eine andere geschlossene unübersetzbar, so müssen auch alle mit ihm unmittelbar sinnverknüpften Ausdrücke unübersetzbar sein. Sei z. B. A_x irgendein mit A_n unmittelbar sinnverknüpfter Ausdruck. Ist A_n aus S in S' unübersetzbar, so muß auch A_x unübersetzbar sein. Denn hätte A_x seine Übersetzung in S', so müßten auch (da S', laut Voraussetzung, eine geschlossene Sprache ist) die mit A_x unmittelbar sinnverknüpften Ausdrücke, darunter auch A_n, ihre Übersetzung in S' haben. A_n hat aber – laut Voraussetzung – keine Übersetzung. Aus demselben Grunde werden auch die etwaigen A_y, welche mit A_x unmittelbar sinnverknüpft sind, unübersetzbar sein. Und weiter könnten wir ebenso beweisen, daß die mit den unübersetzbaren A unmittelbar sinnverknüpften Ausdrücke selbst wieder unübersetzbar sind usw. Alle diese Ausdrücke sind aber mit A_n ein- oder mehrstufig mittelbar sinnverknüpft. Ist also A_n unübersetzbar, so sind alle mit A_n unmittelbar und mittelbar sinnverknüpften Ausdrücke unübersetzbar.

Betrachten wir jetzt die Klasse der Ausdrücke der Sprache S, welche mit A_n sinnverknüpft sind (wir bezeichnen sie mit S_1) und die Klasse der übrigen Ausdrücke der Sprache S (wir bezeichnen sie mit S_2). Die erste dieser Klassen besteht ausschließlich aus unübersetzbaren Ausdrücken, enthält also nicht den Ausdruck A, weil dieser – laut Voraussetzung – übersetzbar ist. Die Klasse S_2 ist also nicht leer. Jeder zu ihr gehörende Ausdruck kann auch nicht mit irgendeinem Ausdruck der Klasse S_1 sinnverknüpft sein, weil er sonst zu A_n in Sinnbeziehung treten, also zu S_1 gehören würde. Ist also der Ausdruck A übersetzbar, A_n aber nicht, so folgt daraus, daß man die Klasse der Ausdrücke der Sprache S in zwei nicht leere Klassen einteilen kann, wobei zwischen den Ausdrücken beider Klassen keine Sinnbeziehung bestehen, d. h. die Sprache S ist nicht zusammenhängend, was der Voraussetzung, die wir über die Sprache S machten, widerspricht.

Hiermit ist bewiesen, daß, wenn S und S' zusammenhängende und geschlossene Sprachen sind, und wenn ein Ausdruck der einen in die andere übersetzbar ist, dann alle Ausdrücke dieser Sprache in die andere übersetzbar sind.

Jetzt können wir zu der Frage zurückkehren, ob eine offene Sprache zu zwei geschlossenen und zusammenhängenden, ineinander unübersetzbaren Sprachen geschlossen werden kann. Nach dem obigen ist es klar, daß dies nicht der Fall sein kann. Denn wäre es so, dann würde es zwei geschlossene und zusammenhängende Sprachen geben, in welchen einige Ausdrücke übersetzbar wären (nämlich jene, welche sie mit der offenen Sprache gemeinsam haben), andere aber nicht. Dies widerspricht der eben bewiesenen Behauptung.

Aus den obigen Untersuchungen folgt, daß jeder Sinn, welcher in einer geschlossenen und zusammenhängenden Sprache vorkommt, in allen mit ihr gegenseitig übersetzbaren Sprachen sich vorfindet, sonst aber in keiner anderen geschlossenen und zusammenhängenden Sprache zu finden ist. Das System aller in einer geschlossenen und zusammenhängenden Sprache sich vorfindenden Sinne kreuzt sich mit keinem anderen solchen System. So ein System der Sinne wollen wir eine Begriffsapparatur nennen. Man kann sich keiner Sprache bedienen, in welcher gleichzeitig Sinne aus zwei verschiedenen Begriffsapparaturen vorkommen, ohne damit zu einer nichtzusammenhängenden Sprache überzugehen.

§ 10. Versuch einer Definition des »Sinns«

Wir sind in den bisherigen Erwägungen so vorgegangen, daß wir, ohne eine Definition des Terminus »Sinn« einzuführen, uns an seine allgemein angenommene Auffassung anlehnend, gewisse den Sinn betreffende Behauptung aufstellten, aus welchen wir im Fortschritt der Untersuchung nach Einführung von willkürlichen Definitionen einiger *termini technici* weitere Schlüsse zogen. Jetzt wollen wir eine Definition des Terminus »Sinn« vorschlagen, auf Grund welcher sich alle oben aufgestellten Behauptungen streng begründen lassen. Diese Definition wollen wir nicht etwa »beweisen«, d. h. ihre Übereinstimmung mit dem allgemein angenommenen Begriffe des Sinns aufzeigen. Der »allgemein angenommene Begriff des Sinns« ist nämlich ein sehr vager Begriff. Aus diesem Grund ist es unmöglich, daß eine scharf umgrenzende Definition einen derartigen Begriff decke. Es würde auch für uns, da wir eben einen scharf umrissenen Begriff anstreben, gar nicht erwünscht sein, daß unsere Definition dem »landläufigen« Begriff des Sinns vollkommen entspreche. Nichtsdestoweniger möchten wir in dem Leser das Gefühl erwecken, daß die von uns aufgestellte Definition der wesentlichsten unter den vielen Intentionen, die sich unter dem Namen »Sinn« verbergen, wenigstens dem Umfang nach gerecht wird. Es sei noch bemerkt, daß wir die vorgeschlagene Definition bloß skizzenhaft entwerfen wollen, ohne Anspruch auf vollkommene Korrektheit zu erheben. Und noch eine Bemerkung: Wenn wir weiter unten von Sprachen reden werden, so werden wir nur geschlossene und zusammenhängende Sprachen ins Auge fassen, denn die früher genannten offenen Sprachen sind eigentlich nur Fragmente geschlossener, welche allein den Namen einer ganzen Sprache verdienen. Nichtzusammenhängende Sprachen sind auch keine Sprachen im prägnanten Sinne, sondern lose Zusammenfügungen mehrerer zusammenhängender Sprachen.

Nun wollen wir mit unseren Definitionsskizzen beginnen. Wir nennen Sprache ein Gebilde, welches durch eine Klasse von Zeichen und eine aus ihnen und eventuell auch aus Empfindungsdaten gebildete Matrix (welche dem früher besprochenen Gesamtumfang der Sinnregeln entspricht) eindeutig bestimmt ist. Die Elemente jener eine Sprache mitbestimmenden Klasse der Zeichen nennen wir Ausdrücke der Sprache.

Die Matrix einer Sprache ist eine Tabelle, welche aus drei Teilen besteht, von denen der eine der Summe der Umfänge aller axiomatischen Sinnregeln, der zweite der Summe der Umfänge aller deduktiven Sinnregeln und der dritte der Summe der Umfänge aller empirischen Sinnregeln entspricht. Der erste Teil besteht aus Zeilen, von denen jede eine geordnete Folge ist. Die einzelnen Glieder dieser Folge bilden alle Ausdrücke, welche in einem Axiom dieser Sprache (d. h. in einem zum Umfang einer axiomatischen Sinnregel gehörenden Satze) auftreten, sowie dieses

Axiom selbst. Das Prinzip der Ordnung, in welcher diese Ausdrücke in den Zeilen einander folgen, hängt von der syntaktischen Stellung der Ausdrücke in dem Satze ab und wird in allen Zeilen in gleicher Weise befolgt. Dies Prinzip könnte lauten: zuerst der ganze Ausdruck, dann sein Hauptfunktionszeichen, dann sein erstes, dann sein zweites usw. Argument. Nach diesem Prinzip geordnet, würden dann z. B. die Ausdrücke, welche im konjunktiven Satze »Johann liebt Marie und Joseph liebt Anna« vorkommen, folgende Reihenfolge bilden: 1. »Johann liebt Marie und Joseph liebt Anna«, 2. »und«, 3. »Johann liebt Marie«, 4. »liebt«, 5. »Johann«, 6. »Marie«, 7. »Joseph liebt Anna«, 8. »liebt«, 9. »Joseph«, 10. »Anna«. Oder z. B. die Symbole des Satzes »p v q · ≡ · ~ p ⊃ q« würden nach diesem Prinzip folgendermaßen geordnet werden: 1. »p v q · ≡ · ~ p ⊃ q«, 2. » ≡ «, 3. »p v q«, 4. » v «, 5. »p«, 6. »q«, 7. » ~ p ⊃ q«, 8. » ⊃ «, 9. » ~ p«, 10. » ~ «, 11. »p«, 12. »q«.

Der zweite Teil der Matrix, welcher den deduktiven Sinnregeln entspricht, besteht aus Zeilen, von denen jede ein geordnetes Paar von Folgen ist. Dabei sind diese Folgen aus dem Vorbereich resp. Nachbereich der deduktiven Sinnregeln so aufgebaut, wie die den ersten Teil unserer Matrix bildenden Zeilen aus dem Umfang der axiomatischen Sinnregeln aufgebaut sind.

Der dritte Teil der Matrix besteht aus Paaren, von denen jedes als erstes Glied ein Erfahrungsdatum, als zweites eine Folge der Ausdrücke des diesem Erfahrungsdatum durch eine empirische Sinnregel zugeordneten Satzes (diesen Satz mit eingeschlossen) enthält.

Ein Beispiel einer Matrix einer faktisch vorhandenen Sprache anzugeben, würde zu schwer fallen. Wir wollen aber eine Sprache fingieren, in der es nur eine kleine Anzahl von Ausdrücken (sagen wir elf) gibt, die wir mit den elf ersten Buchstaben des Alphabets bezeichnen. Es soll auch die Zahl der für diese Sprache wesentlichen Erfahrungsdaten auf drei beschränkt sein, etwa auf α, β,γ. Die Matrix dieser Sprache könnte dann z. B. folgendermaßen aussehen.

Der axiomatische Teil	a b c
	d k a b c e f g
Der deduktive Teil	a b c, e f g
	d k a d c e f g, i j b
	e f g, h
Der empirische Teil	α, h
	β, e f g
	γ, h

Aus dieser Tabelle ist ersichtlich, daß es in dieser Sprache nur fünf Sätze gibt, und zwar a, d, e, h, i; hierbei enthält der Satz a die Ausdrücke b, c; der Satz e die Ausdrücke f, g; h ist ein aus einem Wort bestehender Satz, und d ein Satz, welcher den Satz a mit dem Satz e durch das Funktionszeichen k verknüpft; der Satz i endlich enthält die Ausdrücke j und b.

Man sieht auch aus dieser Matrix, 1. daß die axiomatischen Sinnregeln zwei Sätze in ihrem Umfang enthalten, nämlich a und d, d. h. man muß diese Sätze ohne Rücksicht auf die Umstände anzuerkennen bereit sein, wenn man die Sinngebung dieser Sprache nicht verletzen soll; 2. daß die deduktiven Sinnregeln die Bereitschaft zur Folgerung von e aus a, von i aus d und von h aus e verlangen, wenn die Sinngebung der Sprache nicht verletzt werden soll; und schließlich, 3. daß die empirischen Sinnregeln die Bereitschaft zur Anerkennung des Satzes h sowohl angesichts des Erfahrungsdatums α wie auch des γ, und zur Anerkennung des Satzes e angesichts des Erfahrungsdatums β verlangen, wenn die Sinngebung der Sprache nicht verletzt werden soll.

Nun stellen wir eine Definition der Übersetzbarkeit zweier Sprachen auf, wobei wir der Einfachheit halber absichtlich solche Sprachen, in welchen Synonyma vorkommen, nicht berücksichtigen. Eine solchen Sprachen gerecht werdende Definition führen wir unten im Kleindruck an.

S und S' sind durch R ineinander dann und nur dann übersetzbar, wenn sowohl S wie S' Sprachen sind, R eine eineindeutige Relation ist, welche jedem Ausdruck von S einen Ausdruck von S' und vice versa derart zuordnet, daß die Matrix von S (resp. S') in die Matrix von S' (resp. S) übergeht, wenn man in ihr alle Ausdrükke durch die ihnen durch R zugeordneten Ausdrücke ersetzt.

Zwei Ausdrücke einer Sprache nennen wir synonym, wenn sie in der Matrix der Sprache isotop sind, d. h. wenn die Matrix bis auf die Ordnung der Zeilen unverändert bleibt, falls man in ihr beide Ausdrücke vertauscht.

Eine Definition der Übersetzbarkeit, welche auch solche Sprachen berücksichtigt, die Synonyma enthalten, würde lauten: S und S' sind dann und nur dann ineinander durch R übersetzbar, wenn 1. S und S' Sprachen sind und die Klassen aller ihrer Ausdrücke sich in zwei Teilklassen so einteilen lassen, daß die Ausdrücke der ersten Teilklasse sämtlich untereinander nicht synonym sind und jeder Ausdruck der zweiten Teilklasse (welche eventuell leer sein kann) mit einem Ausdruck der ersten Teilklasse synonym ist; 2. wenn R eine eindeutige Relation ist, welche jedem der Ausdrücke der ersten Teilklasse der Sprache S einen Ausdruck der ersten Teilklasse der Sprache S' derart zuordnet, daß, wenn man in der Matrix der Sprache S (resp. S') jeden zum Felde der Relation R gehörenden Ausdruck der Sprache S (resp. S') durch den ihm durch R zugeordneten Ausdruck der Sprache S' (resp. S) ersetzt, man eine Matrix erhält, welche sich von der Matrix der Sprache S' (resp. S) höchstens bezüglich isotoper Ausdrücke unterscheidet. Wir sagen, daß eine Matrix sich von einer anderen höchstens bezüglich isotoper Elemente unterscheidet, wenn beide Matrizen in dieselbe Matrix durch folgende Operation umgebildet werden können: man wählt in jeder Klasse miteinander isotoper Elemente eines davon, sagen wir a, und streicht aus der Matrix alle Zeilen, welche ein mit a isotopes Element enthalten, läßt aber jene Zeilen ungestrichen, welche a, nicht aber ein mit a isotopes Element enthalten.

Jetzt definieren wir: A in S ist sinngleich mit A' in S' dann und nur dann, wenn S und S' beides Sprachen sind, A ein Ausdruck der S, A' ein Ausdruck der S' ist und es eine Relation R gibt, durch welche S in S' übersetzbar ist und A zu A' in der Relation R steht.

Die oben definierte Beziehung der Sinngleichheit ist eine Gleichheitsrelation, d. h. sie ist reflexiv, symmetrisch und transitiv; man kann also auf Grund dieser Beziehung eine Abstraktionsklasse oder Abstraktionseigenschaft der Paare A in S, welche wir ihren »Sinn« nennen wollen, definieren. Populär gefaßt würde diese Definition etwa lauten: Der Sinn von A in S ist diejenige Eigenschaft von A in S, welche einem A' in S' dann und nur dann zukommt, wenn A' in S' sinngleich mit A in S ist.

Da die Matrizen aller ineinander übersetzbaren Sprachen ineinander abbildbar sind, so können wir auch sagen, alle solche Matrizen seien isomorph, oder auch, sie haben dieselbe Struktur. Um uns den Gedanken dieser Struktur einer Matrix besser zu verdeutlichen, wollen wir die in den Zeilen der Matrix enthaltenen Folgen der Ausdrücke mit Nummern bezeichnen, und zwar auf folgende Weise: Die Folgen, welche in den Zeilen des ersten (axiomatischen) Teils auftreten, bezeichnen wir mit laufenden arabischen Ziffern, mit »1« beginnend. Die in den Zeilen des zweiten (deduktiven) Teils enthaltenen Folgen beziffern wir auch, mit »1« beginnend, arabisch, jedoch erhält die in einer Zeile zuerst vorkommende Folge eine einmal gestrichene Ziffer, während die in derselben Zeile weiter rechts stehende Folge dieselbe, aber zweimal gestrichene Ziffer erhält. Die im dritten (empirischen) Teil auftretenden Ausdrucksfolgen bezeichnen wir mit römischen Ziffern, wieder mit »I« beginnend. Das in derselben Zeile am Anfang stehende Erfahrungsdatum bekommt dieselbe römische Ziffer, der wir eine Null rechts beifügen wollen, indem wir sie zugleich durch einen Beistrich von der römischen Ziffer trennen (also etwa »II,0«).

Außerdem seien noch die Ausdrücke einer jeden Folge fortlaufend (unabhängig von den anderen Folgen) in jeder Folge arabisch, mit »1« beginnend, numeriert. Will man jetzt eine einzelne Stelle, die ein Ausdruck in unserer Matrix einnimmt, eindeutig charakterisieren, so genügt die Angabe der Nummer der diese Stelle enthaltenden Folge und der Nummer, welche jener Stelle innerhalb dieser Folge zukommt. Auf diese Weise ist jede Stelle in einer Matrix durch ein Nummernpaar eindeutig bestimmt. Wenn wir also z. B. alle Stellen, welche der Ausdruck *e* in der oben angeführten Matrix einnimmt, angeben wollen, so tun wir dies durch die Angabe folgender Nummernpaare:

(2,6) (1'',1) (2',6) (3',1) (II,1).

Diese Nummernpaare wollen wir von jetzt an Stellen einer Matrix nennen. Nehmen wir nun an, daß wir jemand soweit über die Bedeutung dieser Nummernpaare informiert haben. Jetzt wollen wir ihm noch mitteilen, welche Stellen durch miteinander gleichlautende Ausdrücke auszufüllen sind. Dies können wir etwa so tun, daß wir alle Stellen der Matrix in Klassen einteilen, so daß alle zu derselben Klasse gehörenden Stellen in gleicher Weise auszufüllen sind, dagegen zwei zu verschiedenen Klassen gehörende Stellen verschieden auszufüllen sind. Teilen wir ihm noch zweitens mit, durch welche Empfindungsdaten er die »römische Nummer, Null«-Stellen auszufüllen hat. Er wird jetzt imstande sein, verschiedene Matrizen zu entwerfen, welche sich aber alle untereinander höchstens durch den Wortlaut der einzelnen Ausdrücke unterscheiden werden und durch eine eineindeutige Wörterbuch-Relation ineinander übergeführt werden können. Er wird also Matrizen aller in eine gegebene Sprache übersetzbaren Sprachen auf Grund der angegebenen Informationen entwerfen können. Diese Informationen enthielten alles und nur das, was den Matrizen aller in eine gegebene Sprache übersetzbaren Sprachen gemeinsam ist, und verschwiegen ausschließlich die ihnen individuell zukommenden Eigenschaften.

Dies allen solchen Matrizen Gemeinsame haben wir als ihre Struktur bezeichnet. Was haben wir aber in unseren Informationen angegeben? Die Klassen der gleichlautend auszufüllenden Stellen und die Zuordnungen zwischen gewissen Erfahrungsdaten und »römische Nummer, Null«-Stellen. Wir können also sagen: Die Zusammenfassung[8] aller Klassen gleichlautend auszufüllender Ausdrucksstellen (wir werden sie auch kurz Gleichklassen der Stellen nennen) und der Zuordnungen zwischen den Erfahrungsdaten und den »römische Nummer, Null«-Stellen ist die Struktur der Matrix. Wir nannten diejenige Eigenschaft, welche A in S mit allen mit ihm sinngleichen A' in S' und nur mit ihnen gemeinsam hat, den Sinn von A und S. Aus dem obigen ist ersichtlich, daß diese Eigenschaft im Ausfüllen einer jener Stellen besteht, die zu einer gegebenen Gleichklasse der Stellen in einer Matrix von gegebener Struktur gehören. Ein gegebener Sinn ist also durch die Angabe einer Gleichklasse von Stellen und einer Matrix-Struktur eindeutig bestimmt. Man könnte auch geneigt sein, den Sinn einem Paare: »Gleichklasse, Struktur« gleichzusetzen. Ist eine Matrix-Struktur angegeben, so ist dadurch auch die Klasse aller »Gleichklasse, Struktur«-Paare, also die Klasse aller Sinne, die den Ausdrücken einer Sprache von dieser Struktur eigen sind, eindeutig bestimmt. Aber auch umgekehrt.

Wir haben oben die Bezeichnung »Begriffsapparatur« eingeführt und darunter die Klasse aller den Ausdrücken einer geschlossenen und zusammenhängenden Sprache zukommenden Sinne verstanden. Wir können also auch das eben Gesagte folgendermaßen formulieren: Eine Matrix-Struktur und eine Begriffsapparatur bestimmen sich gegenseitig.

Es drängt sich nun die Frage auf, was für Matrizen jemand würde bilden können, wenn ihm zwar alle Klassen in gleicher Weise auszufüllender Ausdrucksstellen, jedoch anstatt der Zuordnungen zwischen den »römische Nummer, Null«-Stellen und Erfahrungsdaten, bloß Klassen in gleicher Weise auszufüllender »römische Nummer, Null«-Stellen angegeben wären. Die auf Grund dieser Angaben zu bildenden Matrizen würden sich nicht nur in bezug auf den Wortlaut der Ausdrücke unterscheiden, sondern könnten auch an denselben »römische Nummer, Null«-Stellen andere Erfahrungsdaten enthalten. Sie müßten also nicht Matrizen ineinander übersetzbarer Sprachen sein. Alle diese Sprachen würden sich aber untereinander höchstens in bezug auf ihre empirischen Sinnregeln unterscheiden, in den diskursiven Sinnregeln (so nennen wir – wie erwähnt – alle nichtempirischen Sinnregeln) würden sie aber übereinstimmen. Wir wollen die Klasse aller Klassen, zu welchen in gleicher Weise auszufüllende Ausdrucksstellen, d. h. die Klasse der Gleichklassen gehören, die diskursive Struktur einer Sprache nennen. Dagegen bezeichnen wir die Klasse aller Klassen in gleicher Weise auszufüllender »römische Nummer, Null«-Stellen als empirische Struktur einer Sprache.

Bei den Sprachen der reinen mathematischen Systeme (etwa der Geometrie) deckt sich ihre Struktur mit ihrer diskursiven Struktur, weil für sie keine empirischen Sinnregeln gelten. Jede Sprache, welche eine empirische Struktur besitzt und in ihrer diskursiven Struktur mit der Struktur eines mathematischen Systems übereinstimmt, bildet eine empirische Interpretation der Sprache dieses Systems.

§ 11. Der übliche Begriff einer »Sprache«

Viele unserer Behauptungen, die wir hier unseren Schlußfolgerungen zugrunde gelegt haben, werden dem Leser als falsch erscheinen, wenn er unter »Sprache« das versteht, woran man denkt, wenn man von »*der* deutschen«, »*der* französischen«, »*der* polnischen« usw. »Sprache« spricht. Nehmen wir gleich eine der ersten Thesen, welche behauptet, daß, wenn zwei Menschen mit denselben Ausdrücken einen verschiedenen Sinn verknüpfen, sie sich nicht derselben Sprache bedienen. Wird man denn von zwei Menschen, die sich der Sprache bedienend, weder die deutsche Phonetik noch die Syntax verletzen, von denen aber der eine unter »Stern« bloß die Fixsterne, der andere aber auch die Planeten versteht, die aber sonst bei anderen Worten in der Sinngebung übereinstimmen, etwa sagen, daß der eine von ihnen deutsch, der andere nicht deutsch spricht? Ich glaube nicht. Wenn sich zwei Menschen derselben Sprachlaute bedienen und mit ihnen einen verschiedenen Sinn verknüpfen, so werden wir erst dann sagen, sie sprechen beide nicht dieselbe »Sprache«, falls die Sinngebung bei ihnen ziemlich stark abweicht. Ist ihre Sinngebung, obgleich etwas verschieden, doch sehr ähnlich, so wird man von beiden sagen, daß sie dieselbe Sprache sprechen, wenn man das Wort »Sprache« in der üblichen Weise versteht.

Es ist infolgedessen der übliche Begriff »*einer* Sprache« in eben dem Grade fließend wie der Begriff der »ziemlich großen Ähnlichkeit«. Darum ist für solche semasiologische Untersuchungen, wie wir sie durchgeführt haben, der gewöhnliche Begriff einer »Sprache« ebenso unbrauchbar wie der Begriff »heiß« und »kalt« für die Physik oder »groß« und »klein« für die Mathematik. Der Begriff einer Sprache, den wir im Auge hatten, ist dem üblichen Begriff einer Sprache ebenso nachgebildet, wie etwa der Begriff »Wasser« in der Chemie dem im täglichen Leben vorkommenden Begriff »Wasser«.

Wir fassen den Begriff »Sprache« so auf, daß zu ihrer eindeutigen Charakterisierung eine mehrweniger bestimmte Zuordnung zwischen Wort und Sinn noch nicht genügt, sondern eine ganz strenge Sinngebung verlangt ist. Halten wir an diesem strengen Begriff einer Sprache fest, so werden wir nicht sagen können, es gäbe *eine* deutsche Sprache, sondern wir müssen behaupten, es gäbe viele deutsche Sprachen, die alle gleichlautend sein können, die sich aber durch die Zuordnung von Wort und Sinn – wenn auch nicht sehr stark – unterscheiden. Man kann in der Tat mehrere deutsche Sprachen aufzählen (abgesehen von den verschiedenen Dialekten und den geschichtlichen Phasen); es gibt mehrere deutsche gleichlautende Umgangssprachen, es gibt eine physikalische deutsche Sprache, eine medizinische deutsche Sprache usw. Daß eine Sprache im gewöhnlichen Sinne dieses Wortes nicht *eine* Sprache (in unserem Sinn), sondern im strengen Sinn eine Mehrheit von Sprache ist, dies vergessen die Erkenntnistheoretiker, und es ist ihnen oft zum Verhängnis geworden. Gemäß unserer Terminologie, in der es zur eindeutigen Bestimmung einer Sprache einer eindeutigen Zuordnung zwischen Ausdruck und Sinn bedarf, gibt es also in keiner Sprache ein zweideutiges Wort. Ein einziges zweideutiges Wort deutet auf das Bestehen zweier gleichlautender Sprachen hin, die sich bloß in *einem* Punkte in bezug auf die Zuordnung zwischen Wort und Sinn unterscheiden.

Vergessen wir nicht den Unterschied zwischen unserer Auffassung des Wortes »Sprache« und dem, was man gewöhnlich unter »Sprache« versteht, so werden wahrscheinlich auch die Bedenken gegen die Behauptung, daß in jeder Sprache gewisse Sinnregeln eindeutig bestimmt sind, wegfallen. Denn da in einer »Sprache« (dies Wort im gewöhnlichen Sinn genommen) ihre Sinngebung nicht streng fixiert ist, so sind in ihr auch die Sinnregeln, in denen sich die Sinngebung kundgibt, nicht eindeutig bestimmt. Die Sinnregeln sind in den so aufgefaßten Sprachen genau so fließend wie ihre Sinngebung. Dies ist aber nicht mehr dort der Fall, wo die Sinngebung genau bestimmt ist, also z. B. in den Sprachen der streng deduktiven Systeme, in erster Linie in den Sprachen der symbolischen Logik. Auch lassen sich die Sinnregeln für diese Sprachen leicht auf Grund ihrer Axiomatik und ihrer Schlußregeln angeben. Die Sprache eines logistischen Systems ist also eine Sprache im prägnanten Sinn, obgleich sie fast immer eine offene Sprache ist.

1 E. Husserl, Logische Untersuchungen. Halle, Niemeyer, 1913. II. Bd., I. Teil, Unt. I: Ausdruck und Bedeutung.

2 Ich habe eine solche Definition in meiner in polnischer Sprache verfaßten Abhandlung: »O znaczeniu wyrażeń« (»Über den Sinn der Ausdrücke«), – Lwów 1931, Sonderabdruck aus der Festschrift der Polnischen Philosophischen Gesellschaft, 12. 2. 1904 bis 12. 2. 1929 – aufzustellen versucht. In der vorliegenden Abhandlung wird an einer weiteren Stelle eine Definition des Sinns vorgeschlagen, die etwas von der in meiner polnischen Abhandlung gegebenen abweicht.

3 Auf den Zusammenhang zwischen dem Sinn eines Ausdrucks und den Kriterien für Sätze, in welchen er auftritt, machte neulich R. Carnap aufmerksam. Siehe seine »Überwindung der Metaphysik durch logische Analyse der Sprache«, Erkenntnis, Bd. 2, H. 4, S. 221 ff. Carnap beruft sich an der zitierten Stelle auf analoge Ansichten in Wittgensteins Traktatus logicophilosophicus, 1922, der ausgesprochen haben soll: »Der Sinn eines Satzes liegt in seinem Wahrheitskriterium«. Ich vermute, daß diese »Wahrheitskriterien« unseren Sinnregeln verwandt sind.

4 Nehmen wir an, *Z* sei ein Satz der Sprache *S*, in welcher es keine für *Z* wesentliche Sinnregel gibt. Ist ein derartiger Satz prinzpiell entscheidbar? Prinzipiell entscheidbar nennen wir einen Satz einer Sprache, wenn er entweder positiv oder negativ prinzipiell entscheidbar ist. Nun sagen wir, ein Satz einer Sprache ist prinzipiell positiv entscheidbar, wenn er entweder zum Umfang einer axiomatischen Sinnregel gehört oder im Nachbereich einer empirischen Sinnregel als ihr Element enthalten ist oder in einem zum Umfang einer deduktiven Sinnregel als Element gehörenden Paar, dessen erstes Glied aus lauter positiv prinzpiell entscheidbaren Sätzen besteht, sein zweites Glied bildet. (Der scheinbare Zirkel dieser Definition läßt sich durch ihre Umbildung in eine Ketten-Definition ausschalten.) Ist die Verneinung eines Satzes prinzipiell positiv entscheidbar, so nennen wir den Satz prinzipiell negativ entscheidbar. Wäre nun ein Satz *Z*, für welchen keine Sinnregel der Sprache wesentlich ist, doch prinzipiell entscheidbar, so müßte entweder jeder Satz dieser Sprache positiv oder jeder negativ entscheidbar sein, je nachdem ob *Z* positiv oder negativ entscheidbar ist. Dies müßte darum der Fall sein, weil dann alle diesen Satz betreffenden Sinnregeln für ihn unwesentlich wären und als solche über ihn dasselbe aussagen würden, wie über alle anderen Sätze. Sprachen, in welchen alle Sätze in derselben Richtung entscheidbar sind, sind, falls in ihnen die Negation auftritt, widerspruchsvolle Sprachen. Schalten wir solche Sprachen, in welchen alle Sätze in derselben Richtung entscheidbar sind, aus, so müssen wir sagen, daß Sätze, für welche keine Sinnregeln wesentlich

sind, prinzipiell unentscheidbar sein müssen. Die Umkehrung dieser Behauptung ist aber nicht richtig, denn es kann z. B. für einen Satz weder eine axiomatische noch eine empirische Sinnregel, jedoch eine deduktive wesentlich sein, wobei sie ihn nur in ihrem Vorbereich anders behandelt als alle anderen Sätze. Ein solcher Satz wäre dann – obgleich für ihn eine Sinnregel wesentlich ist – doch prinzipiell unentscheidbar. Nennen wir einen Satz, für den keine Sinnregel der Sprache wesentlich ist, sinnleer (sinnlos nennen wir einen Ausdruck, wenn ihn überhaupt keine Sinnregel betrifft; er gehört dann nicht zur Sprache), so müssen wir sagen, jeder sinnleere Satz sei prinzipiell unentscheidbar, jedoch nicht jeder prinzipiell unentscheidbare sei sinnleer.

Der prinzipiellen Entscheidbarkeit stellt man die tatsächliche Entscheidbarkeit gegenüber. Diese muß – nach unserer Ansicht – immer zu einem gegebenen Gebiet der Empfindungsdaten relativisiert werden. Die Definition des tatsächlich in bezug auf das Gebiet *G* der Erfahrungsdaten entscheidbaren Satzes würde ähnlich wie die des prinzipiell entscheidbaren Satzes lauten, es müßte nur anstatt der Alternative »er gehört zum Nachbereich einer empirischen Sinnregel« gesagt werden »er bildet in einem Paare, das zum Gebiet einer empirischen Sinnregel gehört und ein Erfahrungsdatum des Gebietes *G* als sein erstes Glied enthält, sein zweites Glied«.

5 Von nun an wollen wir unter »Ausdruck« auch einfache Worte verstehen und nicht allein zusammengesetzte Ausdrücke.

6 Es gibt logistische Satzkalkülsprachen, in welchen gewisse Satzfunktionen so geschrieben werden, daß in der Mitte das Funktionszeichen, links davon sein erstes Argument, rechts sein zweites Argument zu stehen kommt (etwa »p ⊃ q«). Es gibt auch andere logistische Sprachen, welchen eine solche Aufbauart fremd ist, in welchen dagegen Satzfunktionen auftreten, die zuerst das Funktionszeichen, dann ihr erstes und erst dann ihr zweites Argument aufweisen (z. B. in der Schreibweise von Łukasiewicz »C p q« – vgl. Jan Łukasiewicz, Philosophische Bemerkungen zu mehrwertigen Systemen des Aussagenkalküls. Warszawa 1930. Comptes rendus de Séances de la Société des Sciences et des Lettres de Varsovie. XXIII. Cl. III.). (Vgl. Beitrag n. 7 in diesem Band.) Nun ist die eine Aufbauart eine Übersetzung der anderen, also »p F q« eine Übersetzung von »F p q«.

7 In dieser Abhandlung verstehen wir unter »Übersetzung« die vollkommene oder wörtliche Übersetzung. Man kann aber auch von einer unvollkommenen Übersetzung sprechen, z. B. dann, wenn sich ein ganzer Satz übersetzen läßt, ohne daß sich die einzelnen ihn bildenden Worte übersetzen ließen. Um diesem Begriffe gerecht zu werden, müßten wir die oben aufgestellte Bedingung dafür, daß ein Ausdruck eine Übersetzung eines anderen sei, etwas liberaler fassen, indem wir nicht mehr verlangen würden, daß *alle* für den einen Ausdruck in der Sprache S geltenden Sinnbeziehungen sich in der Sprache, in welche er übersetzt wird, widerspiegeln, sondern diese Forderung auf nur einige Sinnbeziehungen einschränken würden, die dann genauer bestimmt sein müßten. Wir können aber hier auf dieses Thema nicht näher eingehen.

8 Wir wählen den nicht streng definierten Terminus »Zusammenfassung« anstatt »Klasse«, weil eine Zuordnung (d. h. ein geordnetes Paar) nicht demselben logischen Typus wie eine Klasse angehört und es deshalb keine Klasse gibt, welche als ihre Elemente Klassen und Zuordnungen enthielte. Statt von einer »Zusammenfassung« könnten wir von einem geordneten Paar, d. h. von einer Relation sprechen, deren Vorbereich als ihr einziges Element die Klasse aller Klassen in gleicher Weise auszufüllender Ausdrucksstellen, und deren Nachbereich als ihr einziges Element die Klasse aller obengenannten Zuordnungen enthielte.

Kazimierz Ajdukiewicz

Das Weltbild und die Begriffsapparatur

§ 1. Ziel der Untersuchung

Die Hauptthese des gewöhnlichen Konventionalismus, wie er etwa von Poincaré vertreten wird, besteht in der Behauptung, daß es Probleme gibt, die durch die Erfahrung so lange nicht lösbar sind, als nicht eine willkürliche Konvention eingeführt wird, welche erst dann, im Verein mit den Erfahrungsdaten, das Problem zu lösen gestattet. Die Urteile, in welchen diese Lösung besteht, sind uns also nicht durch die Erfahrungsdaten allein aufgezwungen, ihre Annahme hängt teilweise von unserer Willkür ab, da wir die angenommene Konvention, welche die Lösung des Problems mitbestimmt, willkürlich ändern können, wodurch wir dann zu anderen Urteilen kommen.

In dieser Abhandlung beabsichtigen wir diese These des gewöhnlichen Konventionalismus zu verallgemeinern und zu radikalisieren. Wir wollen hier nämlich die Behauptung aufstellen und begründen, daß nicht nur einige, sondern alle Urteile, die wir annehmen, und die unser ganzes Weltbild ausmachen, durch die Erfahrungsdaten noch nicht eindeutig bestimmt sind, sondern von der Wahl der Begriffsapparatur abhängen, durch die wir die Erfahrungsdaten abbilden. Diese Begriffsapparatur können wir aber so oder anders wählen, wodurch unser ganzes Weltbild geändert wird. Dies soll heißen: So lange sich jemand einer bestimmten Begriffsapparatur bedient, so lange wird ihm die Anerkennung gewisser Urteile von den Erfahrungsdaten aufgezwungen. Dieselben Erfahrungsdaten zwingen ihn aber nicht absolut zur Anerkennung dieser Urteile, denn er kann zu einer anderen Begriffsapparatur greifen, auf deren Boden dieselben Erfahrungsdaten ihn nicht mehr zur Anerkennung jener Urteile zwingen, denn in der neuen Begriffsapparatur finden sich jene Urteile überhaupt nicht mehr vor.

Dies ist in aller Kürze und ohne besondere Sorge um exakte Formulierung die Hauptthese der vorliegenden Arbeit. Die offizielle Fassung wird erst weiter unten erteilt. Wir möchten sie als »radikalen Konventionalismus« bezeichnen und vermuten, daß sie den Ansichten des französischen Philosophen Le Roy und vielleicht auch anderer verwandt ist.

In dem obigen Gedankengang haben wir über Urteile gesprochen als von etwas, das sich in einer Begriffsapparatur vorfinden kann. Diese Behauptung bezieht sich aber nicht auf alle Urteile, sondern nur auf eine Klasse von Urteilen, die wir artikulierte Urteile nennen. Die Bedeutung dieses Ausdrucks haben wir in der vor kurzem in der »Erkenntnis« veröffentlichten Arbeit unter dem Titel »Sprache und Sinn« erklärt (Beitrag 11 in diesem Band). Es wurde dort auch der Terminus »Begriffsapparatur« definiert. Die vorliegende Arbeit stützt sich nämlich überhaupt auf die Ergebnisse, zu welchen wir dort gekommen sind, und setzt ihre Kenntnis voraus.

Wir wollen hier die wichtigsten Begriffe und Resultate, zu denen wir dort gelangt sind, und von welchen wir hier Gebrauch machen werden, in aller Kürze in Erinnerung bringen. Es wurde zunächst die Behauptung aufgestellt, daß zur eindeutigen Bestimmung einer Sprache die Angabe ihres Wortschatzes und ihrer Regeln der Syntax noch nicht genügen, sondern daß hierzu noch die Angabe der Sinngebung der Sprache, d. h. der Art, auf welche in dieser Sprache den Worten und Ausdrücken deren Sinn zugeordnet wird, unentbehrlich ist. Hierauf wurde festgestellt, daß man das, ob eine Person mit einem gewissen Satze einer Sprache den ihm in eben dieser Sprache zugeordneten Sinn verknüpft oder nicht, daran erkennen kann, daß man diese Person in eine für eben diesen Satz ausgewählte Lage bringt und zusieht, ob sie diesen Satz in dieser Lage anzuerkennen bereit ist oder nicht. Ist jemand z. B. in der Lage, in welcher er eine Schmerzempfindung tatsächlich erlebt, nicht bereit, den Satz »es schmerzt« anzuerkennen, so können wir daraus schließen, daß er mit dem Satze »es schmerzt« nicht den ihm durch die Sinngebung der deutschen Sprache zugeordneten Sinn verknüpft. Es lassen sich also Regeln aufstellen, welche etwa besagen: Nur derjenige bedient sich der Sätze der Sprache *S* in dem ihnen durch die Sinngebung dieser Sprache zugeordneten Sinne, welcher immer, wenn er sich in der Lage *L* befindet, einen Satz vom Typus *T* anzuerkennen bereit ist. Derartige Regeln haben wir als *Sinnregeln* der Sprache bezeichnet.

Es wurden drei Arten von Sinnregeln unterschieden, und zwar: 1. axiomatische Sinnregeln, welche die Sätze angeben, deren Verwerfung unabhängig von der Lage, in welcher sich der Verwerfende befindet, auf eine Verletzung der Sinngebung der Sprache hinweist, 2. deduktive Sinnregeln, welche Satzpaare von der Art angeben, daß man bei Anerkennung des ersten Satzes den zweiten Satz anzuerkennen bereit sein muß, wenn man die Sinngebung der Sprache nicht verletzen soll, und 3. empirische Sinnregeln, welche gewissen Erfahrungsdaten gewisse Sätze zuordnen, die man angesichts dieser Erfahrungsdaten anzuerkennen bereit sein muß, wenn man die Sinngebung der Sprache nicht verletzen soll.

Die Sinnregeln einer Sprache halten wir für charakteristisch für diese Sprache. Gilt nämlich in der Sprache *S*, deren Wort- und Ausdrucksschatz mit demjenigen der Sprache *S'* identisch ist, eine (sagen wir z. B. axiomatische) Sinnregel, welche besagt, daß derjenige, welcher einen bestimmten Satz *Z* verwirft, die Sinngebung dieser Sprache verletzt, gilt aber eine solche Sinnregel für die Sprache *S'* nicht, so müssen die Sinngebungen beider Sprachen verschieden sein. Denn dasselbe Verhalten (die Verwerfung desselben Satzes Z) verletzt die Sinngebung von *S*, verletzt aber die Sinngebung von *S'* nicht.

Es ist des weiteren folgende Terminologie festgesetzt worden. Wir nennen zwei Ausdrücke unmittelbar sinnverknüpft, wenn entweder 1. beide zugleich in ein und demselben von irgendeiner axiomatischen Sinnregel diktierten Satze vorkommen oder 2. beide zugleich zu ein und demselben Satzpaare, welches von einer deduktiven Sinnregel angegeben ist, enthalten sind oder 3. beide zugleich Bestandteile ein und desselben Satzes bilden, welcher einem Erfahrungsdatum durch eine empirische Sinnregel zugeordnet ist. Eine Sprache heißt zusammenhängend, wenn ihr Ausdrucksschatz sich nicht so in zwei nichtleere Klassen zerlegen läßt, daß kein Ausdruck der ersten Klasse mit irgendeinem der zweiten Klasse unmittelbar sinnverknüpft ist.

Wir haben ferner offene und geschlossene Sprachen unterschieden. Eine Sprache heißt offen, wenn es eine andere Sprache gibt, welche alle Ausdruckslaute der ersten enthält und ihnen denselben Sinn, den sie in der ersten Sprache haben, erteilt, in der aber auch Ausdrücke auftreten, welche weder ihrem Laut noch ihrem Sinn nach in der ersten vorkommen, und von welchen mindestens einer mit einem auch in der ersten Sprache vorhandenen Ausdruck unmittelbar sinnverknüpft ist. Eine nichtoffene Sprache heißt geschlossen.

Offenen Sprachen können neue Ausdrücke beigefügt werden, welche nicht synonym mit einem schon vorhandenen sind und welche unmittelbar mit einem solchen sinnverknüpft sind, ohne daß der Sinn der schon vorhandenen Ausdrücke dadurch eine Änderung erleide. Geschlossene Sprachen werden dagegen zu nichtzusammenhängenden, wenn man ihnen einen neuen Ausdruck hinzufügt, der mit keinem schon vorhandenen synonym ist.

Des weiteren wurde ausgeführt, daß wenn sowohl *S* wie *S'* geschlossene und zusammenhängende Sprachen sind und wenn ein bestimmter Ausdruck der einen Sprache in der anderen Sprache seine Übersetzung findet, daß dann beide Sprachen ineinander übersetzbar sind, d. h. jeder Ausdruck der einen in der anderen seine Übersetzung findet. Die Klasse aller Sinne, die irgendeinem Ausdruck zukommen, der in einer bestimmten geschlossenen und zusammenhängenden Sprache enthalten ist, nennen wir eine Begriffsapparatur. Zwei Begriffsapparaturen sind also entweder identisch oder sie sind einander elementenfremd. Es wird behauptet, daß jeder Sinn Element einer Begriffsapparatur ist.

Zum Schluß wurde der unserer Untersuchung zugrunde liegende Begriff der Sprache mit dem, was man gewöhnlich unter Sprache versteht, wenn man von einer deutschen, einer englischen, einer polnischen usw. Sprache redet, verglichen. Es hat sich gezeigt, daß das, was man z. B. die deutsche Sprache nennt, nach unserer Auffassung des Begriffes »Sprache« nicht *eine* Sprache ist, sondern daß es eine Mehrheit von Sprachen (in unserem Sinne) in sich begreift, die sich zu mindestens in ihrer Sinngebung unterscheiden. Denn, wenn zwei Personen sich derselben deutschen Sprachlaute bedienen, aber beide mit ihnen einen etwas aber nicht sehr verschiedenen Sinn verknüpfen, so wird man doch sagen, daß beide dieselbe Sprache (das Wort gemäß dem gewöhnlichen Gebrauch verstanden) sprechen. Nach der von uns vertretenen Auffassung des Wortes »Sprache« sprechen aber beide nicht dieselbe Sprache, denn dazu wäre es unentbehrlich, daß beide mit gleichen Sprachlauten *genau* denselben Sinn verknüpfen.

§ 2. Hypothesen, Theorien und Tatsachenberichte

Aus dem eben Gesagten folgt, daß es sehr leicht möglich ist, von einer Sprache zu einer anderen überzugehen, ohne den Boden einer gegebenen sogenannten »Sprache« zu verlassen. Der Sinn, den man mit den Worten verbindet, erleidet in diesem Falle eine Änderung, oft ohne daß man sich dieser Änderung bewußt wird. Dies geschieht im täglichen Leben, aber noch öfter in den Wissenschaften im Laufe ihrer Entwicklung. Wir wollen jetzt den Übergang von einer Sprache zu einer anderen, wie er sich in den Wissenschaften vollzieht, wenigstens an einem Beispiele erläutern.

Als Kriterium, welches auf einen Sprachwechsel trotz Beibehaltung ungeänderter Sprachlaute hinweist, kann – im Geiste unserer Ausführungen – die Änderung der Sinnregeln dienen. Wenn man z. B. einen Satz aufweisen kann, dessen Verwerfung zunächst nicht von einer Verletzung der Sinngebung der Sprache zeugt, später aber als eine solche Verletzung aufgefaßt werden muß, so ist dies ein Beweis, daß eine axiomatische Sinnregel zu gelten begonnen hat, welche früher in dieser Sprache nicht gegolten hat. Dies wird etwa im folgenden Beispiel klargelegt.

In der Zeit vor Newton wurde der Satz »ein Körper, auf welchen eine Kraft wirkt, der keine andere Kraft das Gleichgewicht hält, verändert seine Geschwindigkeit« wahrscheinlich schon angenommen. Er stützte sich aber ausschließlich auf eine Induktion. Das Wort »Kraft« wurde anthropomorphisch gedeutet, und man fand einzelne Fälle, auf Grund welcher man zu jener Verallgemeinerung gelangte. Dieser Satz war aber, wie jeder, welcher sich bloß auf eine Induktion stützt, nur eine ziemlich starke Vermutung. Es hätte in diesem Stadium der Sprache nicht von einer Verletzung ihrer Sinngebung gezeugt, wenn jemand diesen Satz, statt ihn anzuerkennen, verworfen hätte. Hätte man eine Instantia contraria gefunden, dann hätte man diesen Satz ohne zu zögern verworfen. Heute jedoch würde – soweit ich urteilen kann – kein Physiker diesen Satz verwerfen, und man wird von jedem, der diesen Satz nicht anerkennt, sagen, er verstehe unter »Kraft« nicht das, was die Sprache der Physik darunter zu verstehen gebietet.

Der geschilderte Fall zeugt davon, daß sich die Sprache, obgleich sie gleichlautend geblieben, doch in bezug auf ihre Sinngebung geändert hat. Zunächst war die Verwerfung des angeführten Satzes noch immer möglich, man hätte in ihr keine Verletzung der Sprache gesehen. Es gab also keine axiomatische Sinnregel, nach welcher dieser Satz anzuerkennen gewesen wäre. Im zweiten Stadium der Sprache hat sich die Lage diesbezüglich vollständig geändert. Der Sinn, der in diesem Satze verwendeten Worte ist jetzt ein derartiger, daß er unbedingt die Anerkennung dieses Satzes verlangt. In unserer Terminologie können wir die vollzogene Änderung der Sprache so schildern, daß wir sagen, in der Sprache des späteren Stadiums beginne eine axiomatische Sinnregel zu gelten, zu deren Umfang jener Satz gehört, die in der Sprache des früheren Stadiums nicht gegolten hat. Diesen Prozeß, der darin besteht, daß Sätze, die zunächst als induktive Verallgemeinerungen gegolten haben, auf das Niveau eines Axioms gehoben werden, kann man an mehreren Beispielen erläutern. Dieser Prozeß beweist aber, daß eine Änderung der Sinngebung der Sprache, also auch eine Änderung der Sprache stattgefunden hat. Es wäre vielleicht gut, solche Sätze, die auf einem früheren Stadium bloß als induktive Verallgemeinerungen mit der Bereitschaft, sich ihrer Anerkennung gegebenenfalls zu entziehen, angenommen wurden und die später durch Änderung der Sprache zu axiomatisch angenommenen Thesen wurden, Prinzipien zu nennen, den Namen Hypothese aber für die induktiven Verallgemeinerungen zu reservieren, deren Verwerfung durch die Sinnregeln der Sprache nicht verboten ist (d. h. deren Verwerfung nicht in einer Sinnverletzung besteht)[1].

Ich glaube, daß viele der gegenwärtig als evident geltenden Sätze der euklidischen Geometrie, wenn man sie als einen Zweig der Physik (nicht aber als eine mathematische Disziplin) betrachtet, einst auch bloß sehr wahrscheinliche induktive Vermutungen waren, daß sich aber später ein derartiger Wechsel der Sprache vollzog, daß neue axiomatische Sinnregeln hinzukamen, welche eine Bereitschaft zur unbedingten Anerkennung dieser geometrischen Sätze verlangten und sie zu Axiomen machten.

Zwischen den auf dem Boden einer bestimmten Sprache anerkannten Sätzen kann es zum Widerspruch kommen. Besteht er zwischen einem Satze, dessen Anerkennung von einer Sinnregel verlangt wird, dessen Verwerfung also von ihr verboten ist, und einem Satze, der anerkannt wurde, obgleich seine Anerkennung von keiner Sinnregel gefordert war, so kann man den Widerspruch leicht beseitigen, ohne den Boden jener Sprache zu verlassen. Es genügt nämlich, sich der Anerkennung jenes Satzes zu enthalten, welcher von den Sinnregeln nicht diktiert war. Dieser Fall liegt vor, so oft eine induktive Hypothese, welche noch nicht zur Dignität eines Prinzips erhoben wurde, zu Sätzen in Widerspruch gerät, welche nach empirischen und deduktiven Sinnregeln gewonnen sind. Um den Widerspruch zu entfernen, verzichtet man einfach auf die Hypothese. Anders steht die Sache, wenn der Konflikt zwischen zwei Sätzen eintritt, welche beide von Sinnregeln diktiert werden. Dann kann man diesen Konflikt nicht anders lösen als in der Weise, daß man den Boden dieser Sprache verläßt, deren Sinnregeln die Anerkennung zweier einander widersprechender Sätze verlangen.

Mit einem solchen Falle können wir es zu tun haben, wenn ein als Prinzip angenommener Satz und ein durch die empirischen Sinnregeln und die Erfahrungsdaten diktierter Satz auf deduktivem Wege zum Widerspruch führen. Will man sich von ihm befreien, so muß man die Sprache, auf deren Boden der Konflikt entstanden ist, verlassen und zu einer anderen Sprache übergehen. Dieser Übergang kann uns aber nicht zu einer in die Ausgangssprache übersetzbaren Sprache führen, denn, wenn die Sinnregeln der Ausgangssprache im Verein mit den Erfahrungsdaten einen Widerspruch ergeben haben, so müssen auch die Sinnregeln jeder in sie übersetzbaren Sprache auf Grund derselben Erfahrungsdaten zum Widerspruch führen, welcher sich höchstens in anders lautenden Sätzen kundgibt. Will man einen solchen durch die Sinnregeln der Sprache und etwa die Empfindungsdaten uns aufgebürdeten Widerspruch vermeiden, so muß man zu einer in die erste unübersetzbaren Sprache greifen, man muß also die der ersten Sprache eigene Begriffsapparatur verlassen und zu einer anderen Begriffsapparatur greifen. Dabei kann der Sprachlaut eines der beiden sich in der ersten Sprache widersprechenden Sätze erhalten bleiben, es können sich auch die Sprachlaute beider wieder in der neuen Sprache als Laute anerkannter Sätze vorfinden. Jedoch geht der Sinn, den diese Sätze in der ersten Sprache hatten, bei beiden verloren. Da wir den Sinn eines Satzes ein Urteil genannt haben, so behalten wir bei dem Übergang von einer Begriffsapparatur zur anderen weder das empirische Urteil noch das in dem Prinzip-Satz der ersten Sprache ausgesagte Urteil bei[2].

§ 3. Der radikale Konventionalismus

Somit gelangen wir zu der Hauptthese dieser Untersuchung. Es wird uns kein artikuliertes Urteil durch die Daten der Erfahrung absolut aufgezwungen. Die Erfahrungsdata zwingen uns wohl zur Anerkennung gewisser Urteile, wenn wir auf dem Boden einer gegebenen Begriffsapparatur stehen; wechseln wir aber diese Begriffsapparatur, so steht es uns trotz der Anwesenheit derselben Erfahrungsdata frei, uns der Anerkennung dieser Urteile zu enthalten.

Diese Formulierung unserer These war eine bildliche und wird jemand, der pedantisch strenge Formulierungen verlangt, wohl nicht zufriedenstellen. Wer nicht pedantisch genug ist, möge das hier zwischen den Sternzeichen Angeführte überschlagen.

Man könnte uns mit Recht fragen: Was bedeutet es, wenn wir sagen, »ein Urteil sei uns nicht von der Erfahrung aufgezwungen«? Was versteht man hier unter »Zwang«? Handelt es sich um kausalen Zwang, dann scheint unsere oben aufgestellte Behauptung in ihrem negativen Teil einfach trivial zu sein. In ihrem positiven Teil dagegen, in welchem zugegeben wird, daß uns die Erfahrung, wenn wir auf dem Boden einer Begriffsapparatur stehen, zum Anerkennen gewisser Urteile zwingt, scheint sie falsch zu sein. Denn es ist klar, daß man beim Erleben eines sich selbst noch so stark der Aufmerksamkeit aufdrängenden Erfahrungsdatums (etwa beim Zahnziehen) keine artikulierten, d. h. in Worten adäquat ausdrückbaren Urteile fällen muß, auch dann nicht, wenn man auf eine Begriffsapparatur eingestellt ist.

Eine solche Auffassung unserer These wollen wir entschieden zurückweisen. Wenn wir in ihr bildlich von einem Zwange gesprochen haben, so haben wir dabei an keinen kausalen Zwang gedacht. Die Redeweise, die von einem Zwang spricht, haben wir bloß deshalb gewählt, damit der allzu schwere Stil unserer Abhandlung etwas verdaulicher werde. Mit dem »Zwang« war aber ein hypothetischer Zusammenhang gemeint.

Wollen wir zunächst das von uns Gemeinte in einer noch nicht ganz pedantischen Weise, jedoch schon etwas exakter kommentieren: Wenn wir sagen: »die Erfahrungsdaten *E* zwingen uns, falls wir auf dem Boden der Begriffsapparatur *B* stehen, zur Anerkennung des Urteils *U*«, so hieß das: »Man kann in der Begriffsapparatur *B* auf ein solches Entscheidungsproblem stoßen, daß die Lösung dieses Problems bei Gegebenheit der Erfahrungsdaten *E* nur in der positiven Assertion des Urteils *U* erfolgen kann, da sie sonst nicht die Lösung eben dieses Problems wäre«.

Die Redewendung »die Empfindungsdaten *E* zwingen uns, absolut (also abgesehen von der Begriffsapparatur) das Urteil *U* anzuerkennen«, bedeutet aber: »in jeder Begriffsapparatur gibt es ein solches Entscheidungsproblem, dessen Lösung bei Gegebenheit der Erfahrungsdaten *E* nur in der positiven Assertion des Urteils *U* erfolgen kann«.

Diese Formulierung kann noch vereinfacht werden, wenn wir bedenken, daß ein Entscheidungsproblem soviel wie eine Frage ist, welche nur zwei Antworten zuläßt, von welchen die eine in der positiven, die andere in der negativen Assertion ein und desselben Urteils besteht. (Für »Entscheidungsproblem« sagen wir deshalb auch oft: »Frage, welche ein Urteil zum Problem macht«). Ein solches Entscheidungsproblem ist z. B. die im Fragesatz »Ist Europa ein Kontinent?« ausgedrückte Frage. Wenn wir sagen, es gäbe ein Entscheidungsproblem in einer Begriffsapparatur, so bedeutete dies, daß das Urteil, auf welches sich dieses Problem bezieht, in dieser Begriffsapparatur vorhanden ist. Eine Lösung eines Entscheidungsproblems gibt also jemand dann und nur dann, wenn er ein Urteil entweder mit positiver oder mit negativer Assertion fällt. Nach dem Obigen können wir die vorher gegebenen Erklärungen folgendermaßen vereinfachen: »Die Erfahrungsdaten *E zwingen* jemand, der auf dem Boden der Begriffsapparatur *B* steht, das Urteil *U* mit positiver Assertion zu fällen« bedeutet: »Es gibt in der Begriffsapparatur *B* ein solches Urteil *X*, daß, wenn jemand bei Gegebenheit der Data *E* das Urteil *X* mit positiver oder negativer Assertion fällt, er hiermit das Urteil *U* mit positiver Assertion fällt«. Lassen wir die Relativisierung zu einer Begriffsapparatur in unserer »Zwangsredeweise« fallen, sagen wir also »die Erfahrungsdaten *E* zwingen uns (abgesehen von der Begriffsapparatur), das Urteil *U* mit positiver Assertion zu fällen«, so soll dies heißen: »in jeder Begriffsapparatur gibt es ein solches Urteil *X*, daß, wenn jemand bei Gegebenheit der Daten *E* das Urteil *X* mit positiver oder negativer Assertion fällt, er hiermit das Urteil *U* mit positver Assertion fällt«.

Der radikale Konventionalismus gibt zu, daß Erfahrungsdaten uns zum Fällen gewisser Urteile »zwingen«, jedoch nur relativ zu einer gegebenen Begriffsapparatur. Er leugnet aber, daß die Erfahrungsdaten uns, abgesehen von der Begriffsapparatur, auf deren Boden wir stehen, zu irgendeinem Urteil zwingen. Die Bedeutung beider Behauptungen ist jetzt nach dem Obigen klar.

Nach den gegebenen Erklärungen scheint aber die positive These eines Beweises bedürftig. Sie behauptet nämlich: Für gewisse Erfahrungsdata *E* gibt es ein solches Urteil *U* und eine solche Begriffsapparatur *B*, daß in dieser Begriffsapparatur ein derartiges Urteil *X* vorkommt, daß, wenn jemand bei Gegebenheit der Data *E* das Urteil *X* mit positiver oder negativer Assertion fällt, er hiermit das Urteil *U* mit positiver Assertion fällt. Wir wollen annehmen, daß es eine Begriffsapparatur *B*, gibt, die einer solchen Sprache *S* eigen ist, für welche eine empirische Sinnregel gilt, laut welcher nur derjenige die Sinngebung von *S* nicht verletzt, der bei Gegebenheit der Empfindungsdaten *E* den Satz Z anzuerkennen bereit ist (also zum mindesten bei ihrer Gegebenheit den Satz Z nicht verwirft). Sei *U* der Sinn von Z in *S*. Wird dies als erfüllt vorausgesetzt, so behaupten wir ferner, daß die Erfahrungsdaten *E* jeden, der auf dem Boden der Begriffsapparatur *B* steht, das Urteil *U* anzuerkennen zwingen. Das heißt, es gibt in *B* ein solches Urteil *X*, daß die positive oder negative Assertion von *X* bei Gegebenheit von *E* der positiven Assertion von *U* gleichkommt. Nämlich *U* selbst ist ein solches Urteil *X*. Denn erstens gehört *U* zur Begriffsapparatur *B*. Zweitens aber soll gezeigt werden, daß, wenn jemand bei Gegebenheit von *E* das Urteil *U* mit positiver oder mit negativer Assertion fällt, er das Urteil *U* mit positiver Assertion fälle. Ein bei Gegebenheit von *E* mit negativer Assertion gefälltes Urteil könnte nämlich nicht eine Assertion von *U* sein, d. h. es könnte nicht *U* zum Inhalt haben. Würde nämlich jemand ein negatives Urteil vom Inhalt *U* fällen, so müßte er dies auf die Weise tun, daß er einen Satz *W* verwirft, dessen Sinn in einer Sprache *S*' von *U* gebildet wird (wir haben ja hier nur verbale Urteilsprozesse im Auge), ohne hierdurch die Sinngebung von *S'* zu verletzen. Hat aber der Satz *W* in *S'* den Sinn *U*, dann ist er eine Übersetzung von Z aus *S* in *S'*. Es wurde aber vorausgesetzt, daß, wer bei Gegebenheit von *E* den Satz Z verwirft, hiermit die Sinngebung der Sprache *S* verletzt. Man kann also weder den Satz Z bei Gegebenheit von *E* verwerfen, noch eine Übersetzung von Z aus *S* in *S'* verwerfen, ohne hierdurch die Sinngebung von *S* resp. *S'* zu verletzen. Daraus folgt, daß man bei Gegebenheit von *E* kein negatives Urteil vom Inhalt *U* fällen kann. Fällt also jemand bei Gegebenheit von *E* das Urteil *U* mit positiver oder negativer Assertion, so kann er es nur mit positiver Assertion tun.

Hiermit ist bewiesen, daß es unter den gegebenen Voraussetzungen in der Begriffsapparatur *B* ein solches Urteil *X* gibt, daß, wenn jemand dieses Urteil mit positiver oder negativer Assertion fällt, er das Urteil *U* mit positiver Assertion fällt. Denn wir haben gezeigt, daß *U* selbst ein solches *X* ist.

Es wäre also bewiesen, daß es Urteile gibt, zu deren Anerkennung jeder, der auf dem Boden einer Begriffsapparatur steht, durch gewisse Erfahrungsdaten gezwungen wird, wenn nur die bei obigem Beweis gemachte Voraussetzung zugegeben wird, d. h. wenn zugegeben wird, daß es eine Sprache gibt, in welcher es eine empirische Sinnregel gibt. Dies halten wir aber für gesichert (wenigstens für die einfachen empirischen Sinnregeln).

Wir gehen jetzt zu der zweiten These über, welche den absoluten »Zwang« der Erfahrungsdaten zur Anerkennung eines Urteils leugnet. Wir behaupten also, es gäbe kein solches Urteil *U* und kein solches Erfahrungsdatum *E*, daß es in jeder Begriffsapparatur ein solches Urteil*X* gäbe, daß, wenn jemand *X* mit positiver oder negativer Assertion bei Gegebenheit von *E* fällt, er hiermit das Urteil *U* mit positiver Assertion fällt.

Nehmen wir an, es gäbe ein solches Urteil *X* in der Begriffsapparatur *B*; dann kann es in einer anderen Begriffsapparatur *B'* kein solches mehr geben. Denn würde es in *B* ein solches *X* und in *B'* ein solches *X'* geben, daß die positive oder negative Assertion von *X* bei Gegebenheit von *E* der positiven Assertion von *U* gleichkäme, und daß auch die positive oder negative Assertion von *X'* der positiven Assertion von *U* gleichkäme, so müßte eine Assertion von *X* einer Assertion von *X'* gleichkommen. Es müßte also ein Urteilsprozeß vom Inhalte *X* einem Urteilsprozeß vom Inhalte *X'* gleichkommen. Sind aber zwei Urteilsprozesse gleich, so ist ihr Inhalt identisch. Es müßte also *X* identisch mit *X'* sein. *X* gehört aber der Begriffsapparatur *B*, *X'* der Begriffsapparatur *B'* an, die wir als verschieden angenommen haben. Zwei verschiedene Begriffsapparaturen als Klassen aller Sinne zweier zusammenhängender und geschlossener, unübersetzbarer Sprachen sind aber elementenfremd. Es muß also *X* von *X'* verschieden sein. Kommt also die positive Assertion des *U* der bei Gegebenheit von *E* gefällten Entscheidung der Frage »ob X?« gleich, so kann sie nicht der bei Gegebenheit von *E* gefällten Entscheidung der Frage »ob X'?« gleichkommen, wenn *X* zu einer anderen Begriffsapparatur als *X'* gehört. Somit wäre auch die negative These des radikalen Konventionalismus bewiesen, wenn nur zugegeben wird, daß es zwei verschiedene Begriffsapparaturen gibt. Dies läßt sich leicht durch den Hinweis auf die Begriffsapparaturen eines streng deduktiven Systems und einer mit empirischen Sinnregeln ausgerüsteten Sprache zeigen. Diese Begriffsapparaturen können nicht identisch sein, da die eine keine »empirischen Sinne«, die andere wohl aber solche Sinne enthält. Ich glaube aber, es wäre auch nicht schwer, zu zeigen, daß es zwei »empirische« und doch verschiedene Begriffsapparaturen gibt. Ich glaube z. B., daß die Begriffsapparatur der klassischen Physik und der relativistischen Physik verschiedene Begriffsapparaturen sind. Um dies klarzulegen, müßte aber eine besondere Abhandlung geschrieben werden.

Ehe wir weiter gehen, möchten wir noch ein eventuelles Mißverständnis beseitigen. Vielleicht faßt jemand unsere Behauptung so auf, als ob wir meinten, daß man durch den Übergang von einer Sprache zu einer in sie unübersetzbaren Sprache, also von einer zu einer anderen Begriffsapparatur, dies erreichen könnte, daß, obgleich ein gewisser Satz in der einen Sprache wahr wäre, in der anderen ein mit ihm sinngleicher Satz zu einem falschen würde, daß man also durch den Hokuspokus des Sprachwechsels das erreichen könnte, daß z. B. der Satz »dies Papier ist weiß« in einer Sprache wahr, daß aber seine Übersetzung in eine andere Sprache falsch wäre. Dies wäre ein vollständiges Mißverständnis. Über Wahrheit und Falschheit haben wir bisher nicht gesprochen. Wir haben auch nicht behauptet, daß wir, obgleich man, auf dem Boden einer Sprache *S* stehend, einen Satz Z auf Grund der Erfahrungsdaten anzunehmen verpflichtet wäre, durch entsprechende Wahl einer anderen Sprache *S'* die Berechtigung erlangen könnten, die Übersetzung des Satzes Z aus *S* in *S'* trotz derselben Erfahrungsdaten zu verwerfen. Dies ist auf keinen Fall unsere Meinung. Was wir behaupten, ist bloß dies, daß man es durch einen Sprachwechsel erreichen kann, daß, obgleich man bei Gegebenheit gewisser Erfahrungsdaten einen Satz, auf dem Boden einer Sprache stehend, anzuerkennen gezwungen war, in der geänderten Sprache keinen sinngleichen Satz mehr findet und deshalb auch die Sinngebung dieser geänderten Sprache nicht verletzt, wenn man sich der Anerkennung dieses Satzes und seiner Übersetzungen enthält.

Man soll nicht etwa meinen, daß dieser Übergang zu einer anderen Sprache, der uns von dem Zwang einen Satz anzuerkennen befreit, darin bestehe, daß die neue Sprache zu wortarm ist, um das Urteil, welches der Sinn des uns von den Erfahrungsdaten auf Grund der Sinnregeln der ursprünglichen Sprache diktierten Satzes war, in eine Sprachform zu kleiden. Würde dieser Übergang von der einen Sprache in die andere im Öffnen der ersten Sprache bestehen, dann wäre eben dies der Fall. Es würden uns nach der Öffnung der ersten Sprache nur vielleicht die Worte fehlen, um das Urteil, welches wir früher anerkannt hatten, auszudrükken. Dieser Übergang von einer Sprache in die andere, den wir meinen, besteht aber nicht im Öffnen der Ausgangssprache. Wir meinen einen Übergang von einer Sprache in eine in die erste prinzipiell unübersetzbare, und das Öffnen einer Sprache führt uns immer zu einer prinzipiell übersetzbaren Sprache[3]. Dieser Übergang besteht nicht einfach in einem Wechsel der Worte oder in der Verarmung der Begriffsapparatur. Er besteht in der Wahl einer neuen Begriffsapparatur, welche in keinem einzigen Punkte sich mit der alten Begriffsapparatur deckt. Auf diesen Punkt werden wir noch weiter unten zu sprechen kommen.

§ 4. Der gewöhnliche Konventionalismus

Nunmehr wollen wir etwaige Einwände erwägen, welche gegen unsere Behauptung erhoben werden können. Einer dieser Einwände mag sich vielleicht auf die Unterscheidung zwischen solchen Sätzen stützen, die über Tatsachen berichten, und solchen, welche bloß eine Interpretation der Tatsachen sind. Wir wollen sie kurz Berichtssätze und Interpretationssätze nennen. Diese Unterscheidung treffen wir bei den gewöhnlichen Konventionalisten an, welche behaupten, daß, falls ein angenommener Satz, z. B. eine Hypothese, mit einer Interpretation in Widerspruch gerät, man bei gleichbleibenden Erfahrungsdaten jenen Satz aufrechterhalten und auf die Interpretation verzichten kann. Wenn sich aber ein Widerspruch zwischen irgendeinem Satze und einem Berichtssatze zeigt, so sei es nicht mehr möglich, jenen Satz auf Kosten des Berichtssatzes zu retten.

Sehen wir näher zu, was die Konventionalisten unter Berichtssatz und Interpretation verstehen. Betrachten wir zu diesem Zweck ein Beispiel. Ein Satz, der besagt: »die Stange *A* ist ebenso lang wie die Stange *B*«, ist ein Berichtssatz, wenn er in einer Situation anerkannt wird, in welcher der ihn Anerkennende die beiden Stangen koinzidieren, d. h. sich in unmittelbarer Nähe decken sieht. Ein Satz »die Stange C ist ebenso lang wie die Stange D« würde aber kein Berichtssatz sein, falls der ihn Anerkennende beide Stangen nicht in unmittelbarer Nähe sieht. Die Anerkennung eines solchen Satzes würde eine Interpretation sein. Es ist nämlich nach den Konventionalisten unmöglich, und zwar prinzipiell unmöglich, über diesen Satz zu entscheiden, ohne daß eine Konvention für das Vergleichen entfernter Stangen angenommen würde. Dagegen bedarf es für die Entscheidung über die Gleichheit zweier koinzidierender Stangen keiner Konvention; sie läßt sich auch ohne jede Konvention treffen.

Der Unterschied zwischen einem Berichtssatze und einer Interpretation besteht darin, daß für die Entscheidung über einen Berichtssatz gewisse ursprüngliche Kriterien genügen, wogegen für die Entscheidung über einen Interpretationssatz diese ursprünglichen Kriterien nicht genügen, es bedarf noch weiterer Kriterien, deren Wahl von uns abhängt. Aus diesem Grunde sei es möglich, je nach der Wahl der hinzugefügten Kriterien, diese Entscheidung bei den Interpretationssätzen verschieden zu treffen, was angesichts der Berichtssätze nicht möglich sein soll.

Versuchen wir nunmehr über diesen Unterschied zwischen Berichtssätzen und Interpretationen ins klare zu kommen. Dieser Unterschied wird durch die Art charakterisiert, auf welche man zur Entscheidung über sie gelangt. Sowohl die einen wie die anderen sind empirische Sätze, d. h. solche, daß es zur Entscheidung über sie der Erfahrungsdaten bedarf. Der Unterschied besteht nur darin, daß Kriterien, welche zur Anerkennung eines Berichtssatzes auf Grund gewisser Erfahrungsdaten genügen, noch nicht zur Entscheidung (d. h. Anerkennung oder Verwerfung) über die Interpretationssätze hinreichend sind, was immer für Erfahrungsdaten uns zur Verfügung stehen mögen. Deshalb bedarf es zur Entscheidung über die Interpretationssätze auf empirischem Wege unbedingt der Hinzufügung neuer Kriterien.

Was sind nun diese Kriterien, von welchen hier die Rede ist? Ich glaube es sagen zu dürfen, daß es sich hier um empirische Sinnregeln handelt. Jenes Kriterium, welches für den oben angeführten Berichtssatz genügt, ist nichts anderes als die empirische Sinnregel, welche erklärt, daß, wer beim Anblick, den man Anblick zweier koinzidierender Stangen *A* und *B* nennt, nicht bereit wäre, den Satz »die Stange *A* ist ebenso lang wie die Stange *B*« anzuerkennen, den Ausdrücken nicht jenen Sinn beilegen würde, welcher ihnen durch die Sprache zugeordnet ist. Aber durch welche Sprache? Ich glaube, es handelt sich hier um eine der gewöhnlichen deutschen Umgangssprachen. Diese Sinnregeln sollen nach der Meinung der Konventionalisten zur Stellungnahme bezüglich eines Satzes, der Interpretation heißt, noch nicht genügen, was immer für Erfahrungsdaten uns zur Verfügung stehen mögen.

Nach dem Obigen scheinen wir das Recht zu haben, die Berichtssätze und Interpretationssätze etwa so zu definieren: Ein Satz heißt ein Berichtssatz, wenn die empirischen Sinnregeln einer der gewöhnlichen Umgangssprachen bei gewissen Erfahrungsdaten genügen, um über diesen Satz zu entscheiden. Ein Satz ist dagegen ein Interpretationssatz, wenn bei keinen Erfahrungsdaten alle Sinnregeln einer der gewöhnlichen Umgangssprachen zur Entscheidung über ihn genügen, wenn es aber dank der Hinzufügung gewisser neuer Sinnregeln zu den Sinnregeln einer Umgangssprache Erfahrungsdaten gibt, auf Grund welcher die so bereicherten Sinnregeln unmittelbar oder mittelbar (d. h. in einem oder mehreren Schritten) zu einer Entscheidung über diesen Satz führen. Diese hinzuzufügenden Sinnregeln nennt man dann Konventionen, Zuordnungsdefinitionen usw. (»Zuordnungsdefinition« wird eine Konvention genannt, wenn sie in einer empirischen Sinnregel besteht. Konventionen können aber auch deduktive und axiomatische Sinnregeln sein.)

Sehen wir nun zu, ob sich angesichts der oben durchgeführten Analyse der konventionalistischen Unterscheidung zwischen Berichtssätzen und Interpretationssätzen die höhere Dignität der ersteren erhalten kann. Behalten wir mit unserer Auffassung der Berichts- und Interpretationssätze Recht, so besteht der einzige Unterschied zwischen ihnen darin, daß zur empirischen Entscheidung über die Berichtssätze die Sinnregeln einer gewöhnlichen Umgangssprache genügen, während sie zu irgendeiner Entscheidung über die Interpretationssätze nicht hinreichen, welche aber aufgrund der durch Konventionen bereicherten Sinnregeln empirisch entscheidbar sind. Eine höhere Dignität käme also den Berichtssätzen nur insofern zu, als die Sinnregeln der Umgangssprachen auf ihre Beibehaltung höheren Anspruch erheben dürften als die zu ihnen hinzugefügten Konventionen. Wenn man zugibt, daß man sich trotz unveränderter Erfahrungsdaten von gewissen Interpretationen dadurch befreien könne, daß man eine Konvention durch eine andere ersetzt, so soll man auch dessen gewahr werden, daß man sich ebensogut durch Änderung der Sinnregeln der Umgangssprache von den Berichtssätzen befreien kann.

Der einzige Unterschied zwischen den Berichtssätzen und den Interpretationen besteht also darin, daß die ersteren in Sprachen entschieden werden, in welchen wir ohne unser bewußtes Hinzutun aufgewachsen sind, während die zweiten erst in solchen Sprachen entschieden werden können, bei deren Aufbau wir bewußt mitgewirkt haben. Aus diesem Grunde erscheinen auf den ersten Blick die Sinnregeln, die über Berichtssätze zu entscheiden gestatten, unantastbar zu sein, während die zur Entscheidung über Interpretationen nötigen Konventionen als von unserem Willen eingeführt, auch durch unseren Entschluß widerrufbar erscheinen.

Unser Standpunkt ist bedeutend radikaler als der des besprochenen Konventionalismus. Wir sehen keinen wesentlichen Unterschied zwischen den Berichtssätzen und den Interpretationen. Nach unserer Meinung sind wir durch die Erfahrungsdaten allein weder zur Anerkennung der einen noch der anderen gezwungen. Wir können uns der Anerkennung sowohl ihrer selbst als auch ihrer Übersetzungen enthalten, falls es uns beliebt, eine Begriffsapparatur zu wählen, in welcher ihr Sinn nicht vorkommt. Unseren Standpunkt bezeichnen wir also mit Recht als den eines radikalen Konventionalismus.

§ 5. Ablehnung der Universalitätstendenz

Jetzt wollen wir noch ein anderes Bedenken, welches gegen unsere Hauptthese erhoben werden kann, erwägen. Wir haben in ihr behauptet, daß wir uns dem von gewissen Erfahrungsdaten ausgeübten Zwange zur Anerkennung eines gewissen Satzes einer Sprache dadurch entziehen können, daß wir zu einer anderen Sprache übergehen, in welcher jener Satz der ersten Sprache keine Übersetzung besitzt. Wir haben schon früher betont, daß dieser Übergang nicht in einer Öffnung der ersten Sprache besteht, d. h. daß die neue Sprache sich von der alten nicht nur in bezug auf den Reichtum des Ausdrucksschatzes unterscheidet, so daß uns nach dem Übergang nur die Worte für das Urteil fehlen würden, welches wir, auf dem Boden der ersten Sprache stehend, anzuerkennen uns gezwungen sahen. Wir haben gesagt, bei diesem Übergange werde nicht nur der Ausdrucksschatz geändert; er braucht nicht einmal geändert zu werden. Dieser Übergang führt uns in ein anderes Sinngebiet, in welchem der Sinn des in der Ausgangssprache anerkannten Satzes nicht mehr vorkommt.

Doch fragt es sich jetzt, ob der scheinbare Erfolg dieses Überganges nicht daher stamme, daß wir uns in ein zu armes Sinngebiet flüchten? Würde denn dieses Urteil, welches wir auf dem Boden der ersten Begriffsapparatur angenommen haben, nicht wieder in dem neuen Sinngebiet erscheinen, wenn dieses Gebiet entsprechend erweitert würde, und würden dann die Daten der Erfahrung uns nicht doch wieder zur Annahme jenes Urteils zwingen? Mit anderen Worten, verdanken wir unsere Befreiung vom Zwange der Erfahrung nicht allein dem Umstand, daß wir in ein zu armes Sinngebiet übergegangen sind?

Wir nennen die Klasse aller Sinne, die den Ausdrücken einer Sprache zugeordnet sind, das Sinngebiet dieser Sprache. Setzen wir noch voraus, daß die Sprache, auf deren Boden stehend wir von den Erfahrungsdaten zur Anerkennung des Urteils U gezwungen waren, eine zusammenhängende, jedoch nicht notwendig eine geschlossene war. Der Übergang, der uns vom Zwange der Erfahrung zur Anerkennung des Urteils U befreien sollte, besteht im Übergange vom Sinngebiet Σ_1, welches das Urteil U enthält und ein Teil einer Begriffsapparatur B_1 ist, zum

Sinngebiet Σ_2, welches zur Begriffsapparatur B_2 gehört, die von B_1 verschieden ist. Wir haben ja diesen Übergang als einen solchen bezeichnet, der von einer Sprache zu einer prinzipiell unübersetzbaren Sprache führt. Die Begriffsapparatur B_2 enthält also als eine von B_1 verschiedene Begriffsapparatur das Urteil U nicht, und um so weniger ist U in Σ_2 enthalten. Will man also Σ_2 zu Σ_2' so erweitern, daß dann das Urteil U in Σ_2' vorkommt, dann muß Σ_2' aus zwei Sinngebieten bestehen, die zu verschiedenen Begriffsapparaturen gehören. Das bedeutet aber, daß die Sprache S_2', deren Ausdrücke den im Sinngebiet Σ_2' enthaltenen Sinnen zugeordnet sind, aus Ausdrücken bestehen müßte, die sich in zwei Klassen einteilen lassen, so daß die Ausdrücke der einen Klasse zu einer geschlossenen und zusammenhängenden Sprache G_1, die der anderen zu einer geschlossenen und zusammenhängenden Sprache G_2 gehören, wobei G_1 und G_2 unübersetzbar sind. Eine solche Sprache muß aber eine nichtzusammenhängende sein. Denn wäre sie zusammenhängend, so könnte man einer der Sprachen G_1 oder G_2 die ihr sinnfremden Ausdrücke der anderen, welche in S_2' auftreten, hinzufügen, ohne sie dadurch in eine nichtzusammenhängende Sprache zu verwandeln, und ohne den Sinn ihrer Ausdrücke dadurch zu ändern. Dies ist aber unmöglich, wie wir es in dem Aufsatz »Sprache und Sinn« l. c. bewiesen haben.

Aus dem Obigen erhellt, daß, wenn man, um dem Zwang zur Anerkennung eines gewissen Urteils zu entgehen, von einer Sprache, in welcher dieses Urteil sich ausdrücken ließ, zu einer prinzipiell unübersetzbaren übergeht, man diese neue Sprache nur dann um den Ausdruck dieses Urteils wird bereichern können, wenn man es für zulässig hält, daß die später von uns gesprochene Sprache zu einer nichtzusammenhängenden Sprache wird. Man soll sich aber darüber im klaren sein, was dies hieße.

In einer nichtzusammenhängenden Sprache würde es z. B. nicht möglich sein, etwa die Formelsätze der Logik allgemein anzuwenden. Die Anwendung dieser Formeln erfolgt nach der Regel der Substitution. Diese Regel gestattet z. B. aufgrund der Formel »$p \supset p$« einen Satz von der Form »$A \supset A$« anzuerkennen, wobei »A« ein beliebiger Satz sein kann. Zu dem Umfang der der Substitutionsschlußregel nachgebildeten Substitutionssinnregel würden alle solchen Satzpaare gehören, welche an erster Stelle den Formelsatz »$p \supset p$« und an zweiter einen Satz von der Form »$A \supset A$«, wobei »A« ein beliebiger Satz ist, enthielten. Gilt in einer Sprache eine solche Regel, dann stehen in ihr alle Sätze, die an Stelle des »A« auftreten können, mit dem Formelsatze »$p \supset p$« in unmittelbarer und dadurch untereinander in mittelbarer Sinnbeziehung. Eine solche Sprache müßte also zusammenhängend sein, wenigstens dann, wenn jeder ihrer Ausdrücke in einem ihrer Sätze auftritt. Wir beschäftigen uns aber hier nur mit solchen Sprachen. Eine nichtzusammenhängende Sprache müßte eine Mehrheit von Logiken besitzen, die zueinander in keiner Beziehung stünden und von denen jede in einem anderen Satzgebiete Geltung hätte, wenn es überhaupt in ihr für jedes Satzgebiet logische Formeln geben soll[4]. Ein Sinngebiet, welches einer nichtzusammenhängenden Sprache entspricht, würde aus Urteilen bestehen, die sich in verschiedene Gebiete einteilen lassen, zwischen welchen es keinerlei logische Beziehungen gäbe.

Nennen wir eine Sprache, in welcher sich jedes Urteil ausdrücken läßt, eine universelle Sprache, das ihr entsprechende Sinngebiet Universalsinngebiet. Eine solche Sprache müßte, wie aus dem eben Gesagten folgt, eine nichtzusammenhängende Sprache sein. Ihr Sinngebiet würde ein loses Gefüge von Begriffsapparaturen sein. Wir glauben nicht, daß die Entwicklung der Wissenschaft eine Tendenz zur Universalsprache oder zum Universalsinngebiet aufweist. Die Entwicklung der Wissenschaft scheint im Gegenteil auf ein zusammenhängendes Weltbild hinzuzielen, das sich mit der Universalitätstendenz nicht verträgt. Ist dies wahr, so müssen wir zugeben, daß sich die Wissenschaft gewissermaßen Scheuklappen vor die Augen nimmt und nur solche Urteile in ihr System einschließt, welche zu einer und derselben Begriffsapparatur gehören, Urteile, die zu anderen Begriffsapparaturen gehören, beiseite lassend. Und sagt ihr irgendeine Begriffsapparatur nicht zu, dann mag sie sie durch eine ihren Zielen besser entsprechende ersetzen, ohne sich noch um Urteile zu kümmern, welche zu der verlassenen Begriffsapparatur gehören.

Wir haben oben davon gesprochen, daß die empirischen Urteile nicht allein durch die Erfahrungsdata bestimmt sind, sondern daß sie auch von der gewählten Begriffsapparatur abhängen. Wir haben uns zunächst auf empirische Urteile beschränkt. Es ist aber klar, daß das Gesagte ebensogut auf nichtempirische Urteile bezogen werden kann. So scheint uns auch die Logik, der wir in einem gewissen Stadium huldigen, nur solange zwingend zu sein, als wir auf dem Boden einer bestimmten Begriffsapparatur stehen. Mit dem Wechsel der Begriffsapparatur wird auch die Logik eine andere. Hierin liegt eine Verallgemeinerung der im vorigen Paragraphen aufgestellten These des radikalen Konventionalismus[5].

§ 6. Die »Wahrheit« verschiedener Weltbilder

Wir haben oben von der Möglichkeit der Wahl der Begriffsapparatur gesprochen, in welcher wir unser Weltbild entfalten wollen. Nehmen wir an, zwei Menschen – wir nennen den einen Johann, den andern Peter – bedienen sich zweier zusammenhängender und geschlossener Sprachen, die ineinander nicht übersetzbar sind. Jeder von beiden entfaltet ein Weltbild, doch jeder ein anderes. Es gibt kein von Johann angenommenes Urteil, welches Peter annehmen würde und umgekehrt, es wird aber kein von Johann angenommenes Urteil von Peter verworfen und umgekehrt. Die zwei Weltbilder sind verschieden, sie kollidieren aber nicht miteinander. Nun drängt sich vielleicht jemand die Frage auf: Sind beide Weltbilder wahr, oder gibt es unter ihnen nur eines, welches wahr genannt zu werden verdient[6]?

Wir wollen diese Frage nicht auf eigene Rechnung erwägen, da die Prädizierung des Attributs »wahr« durch mehrfache Antinomien (man denke nur an die Eubulidsche Antinomie) bedroht ist. Überlassen wir lieber die Untersuchung jemand anderem, einem Erkenntnistheoretiker, den wir *E* nennen und von dem wir folgendes voraussetzen wollen. *E* spricht eine zusammenhängende Sprache S_e, in welcher die Wortlaute der Sprache, in welcher diese Abhandlung geschrieben ist, vorkommen, und richtet sich im Gebrauch dieser Worte nach denselben Sinnregeln wie wir, verfügt aber noch über das Wort »wahr«, dessen Gebrauch u. a.

durch folgende Sinnregel bestimmt ist: nur derjenige verletzt nicht die Sinngebung der Sprache S_e, der aufgrund der Anerkennung eines Satzes Z der Sprache S_e bereit ist, den Satz »Z ist in S_e wahr« anzuerkennen.

Ich glaube, daß sich die Erkenntnistheoretiker, die das Attribut »wahr« von Sätzen aussagen, dieser Sinnregel, welche von der Anerkennung eines Satzes Z zur Anerkennung des Satzes »Z ist in meiner Sprache wahr« hinführt, tatsächlich unterzuordnen bereit sind. Wenn jemand mit Überzeugung den Satz »die Weichsel ist ein Fluß« aussagt, so wird er auch bereit sein, mit Überzeugung den Satz auszusprechen: »Der Satz ›die Weichsel ist ein Fluß‹ ist in meiner Sprache wahr«, und wenn jemand diese Verhaltungsweise nicht befolgt, so wird man wohl darin ein untrügliches Zeichen dessen erblicken, daß er unter »wahr« nicht das versteht, was allgemein darunter verstanden wird.

Der Zusatz »in meiner Sprache« ist wesentlich, denn »wahr« wird hier von einem Satze (nicht von einem Urteil) ausgesagt, welcher in verschiedenen Sprachen vorkommen kann und als Satz einer Sprache vielleicht »wahr« ist, dagegen als Satz einer anderen vielleicht nicht »wahr« sein kann.

Man soll nicht meinen, daß ein Erkenntnistheoretiker, der sich zu dieser Sinnregel bekennt, hiermit eine Unfehlbarkeitsdeklaration ablege. Diese würde in der Erklärung, »wenn ich einen Satz anerkenne, so ist dieser Satz auch wahr«, bestehen. Das Bekenntnis zu der angegebenen Sinnregel unterscheidet sich aber von dieser Erklärung; es würde nämlich lauten: »wenn ich einen Satz anerkenne, so bin ich auch bereit, von diesem Satz auszusagen, daß er wahr sei«. Diese Bereitschaft, jeden mit Überzeugung ausgesagten Satz als »wahr« zu bezeichnen, verträgt sich aber ganz gut mit dem bescheidenen Zweifel, ob denn alles, was ich mit Überzeugung aussage und demnach als »wahr« bezeichne, auch wahr sei.

Die oben angegebene Sinnregel würde dem Erkenntnistheoretiker E nur Wahrheitsaussagen über Sätze seiner eigenen Sprache gestatten. Wir glauben, daß wir unserem E noch eine Sinnregel bezüglich des Wortes »wahr« zumuten dürfen, welche ihn befähigt, auch von Sätzen anderer als seiner eigenen Sprache das Attribut »wahr« auszusagen. Diese Sinnregel lautet: Will man die Sinngebung der Sprache S_e nicht verletzen, so muß man aufgrund der Anerkennung der Prämisse »Z ist eine Übersetzung des Satzes Z_x aus S_x in S_e« und der gleichzeitigen Anerkennung des Satzes Z bereit sein, den Satz »Z_x ist in S_x wahr« anzuerkennen. Nach dieser Sinnregel verfahrend, kommt man z. B. dazu, den Satz »The sun is larger than the earth« als wahr zu bezeichnen, wenn man weiß, daß der Satz »die Sonne ist größer als die Erde« eine Übersetzung des obigen Satzes aus der englischen in die deutsche Sprache ist und wenn man diesen deutschen Satz mit Überzeugung ausspricht.

Mit diesen Sinnregeln ausgerüstet, kann jetzt E an das Problem der »Wahrheit« der Sätze seiner Sprache und jener Sätze anderer Sprachen herantreten, von denen er zu wissen glaubt, in welchen Satz seiner eigenen Sprache sie zu übersetzen sind. Wir wollen noch annehmen, daß E möglichst reich an Erfahrung ist, also aller Erfahrungsdaten, welche ein Mensch überhaupt erlebt, einmal gewahr wird.

Man möge unseren E veranlassen, über eine Frage, welche einen durch eine axiomatische Sinnregel der Sprache S_e diktierten Satz zum Problem macht, in seiner Sprache zu entscheiden. Diese Entscheidung muß in der Anerkennung dieses

Satzes bestehen, denn sonst würde E nicht die Sprache S_e sprechen. Man möge nun in dem Augenblick, da E ein Erfahrungsdatum D erlebt, dem eine empirische Sinnregel der Sprache S_e den Satz Z in bekannter Weise zuordnet, E veranlassen, über eine Frage, welche Z zum Problem macht, zu entscheiden. Fällt dann E diese Entscheidung, so muß sie in der Anerkennung von Z bestehen, denn sonst würde E nicht die Sprache S_e sprechen. Nun möge man, dem E einige der von ihm bereits anerkannten Sätze Z_1 vor Augen haltend, ihn zur Entscheidung einer Frage veranlassen, welche den Satz Z_2 zum Problem macht, wobei es eine Sinnregel der S_e gibt, welche in bekannter Weise den Z_1 als Prämissen Z_2 als Folgerung zuordnet. Tut man dies, dann wird E auch den Satz Z_2 anerkennen, sonst würde er nicht die S_e sprechen. Daraus ist ersichtlich, daß es prinzipiell möglich ist, E irgend einmal (wenn er nur nicht früher stirbt) zur Anerkennung eines jeden einzelnen Satzes seiner Sprache zu bewegen, der zu einem sprachlichen Weltbild des Sinngebiets von E gehört. Er wird dazu auf dem Boden seiner Begriffsapparatur durch entsprechend gewählte Situationen gezwungen (im Sinne des § 3 dieses Aufsatzes). Um diese Prozedur an einem Beispiel zu erläutern, denken wir uns, unser E werde zur Entscheidung der Frage »ob ein jedes A ein A sei«, d. h. entweder zur Anerkennung oder Verwerfung des Satzes »jedes A ist ein »A«, der ein Axiom in der Sprache S_e sei, veranlaßt. Unser E – von dem wir voraussetzen, daß er die S_e spricht – muß diesen Satz anerkennen, sonst würde er ja die Sinngebung der S_e verletzen, also nicht die S_e sprechen.

Sobald nun E einen Satz, der zum Weltbilde seiner Sprache gehört, anerkennt, stellen wir ihn vor die Frage: »Ist dieser Satz in S_e auch wahr?« Es ist klar, daß E diese Frage bejahen muß, wenn er die erwähnte Sinnregel, welche sich auf den Gebrauch des Wortes »wahr« bezieht, nicht verletzen will, also wenn er die S_e spricht. So wird denn E der Reihe nach dazu gebracht, alle Sätze, die das Weltbild seiner Sprache ausmachen, als »wahr« zu bezeichnen.

Zu demselben Resultat wird man auch gelangen können, wenn man den E um die Wahrheit der Sätze fragt, welche ein in einer anderen Sprache als S_e, aber in einer in S_e übersetzbaren Sprache verfaßtes Weltbild ausmachen. Er wird diese Sätze in seine eigene Sprache übersetzen und, sich nach der zweiten der oben angegebenen Sinnregel richtend, sie als »wahr« anerkennen müssen.

Die beiden angegebenen Sinnregeln geben ihm aber kein Mittel in die Hand, welches ihm erlauben würde, über die »Wahrheit« der in seine eigene Sprache unübersetzbaren Sätze zu entscheiden. Und sollte es ihm, solange er auf dem Boden der Sprache S_e bzw. der ihr entsprechenden Begriffsapparatur steht, überhaupt möglich sein, von in seine Sprache unübersetzbaren Sätzen »wahr« oder »nicht wahr« auszusagen, so müßte bei ihm für das Wort »wahr« eine Sinnregel gelten, welche sich gar nicht auf den Sinn jener Sätze bezieht, da sich ja dieser Sinn in seiner Begriffsapparatur nicht vorfindet. Es müßte eine Sinnregel sein, welche von Sätzen etwa aufgrund der äußeren Form dieser Sätze »wahr« auszusagen gestattet. Ob jemand über eine solche, vom Sinn absehende, das Wort »wahr« betreffende Sinnregel verfügt, ist zu bezweifeln. Immerhin würde wahrscheinlich jeder Erkenntnistheoretiker eine solche Sinnregel als mit seiner Auffassung des Wortes »wahr« nicht übereinstimmend bezeichnen[7].

Wir können uns aber denken, daß es einen anderen Erkenntnistheoretiker gibt, welcher eine in die des ersten Erkenntnistheoretikers unübersetzbare Sprache spricht. In dieser Sprache gäbe es wieder den Sprachlaut »wahr« (oder einen anderen), auf den sich Sinnregeln beziehen, welche den oben angeführten, das »wahr« des ersten Erkenntnistheoretikers betreffenden Sinnregeln analog sind. Dieser zweite Erkenntnistheoretiker würde dann auch mit der Bezeichnung »wahr« die sein Weltbild bildenden Sätze belegen, obgleich dieses zweite »wahr« nicht dasselbe bedeuten würde wie das erste.

Um zum Schluß die Moral dieses Abschnitts zum Ausdruck zu bringen, erbitten wir uns vom Leser die Erlaubnis, freier sprechen zu dürfen, so daß wir nicht für jedes Wort verantwortlich gemacht werden. Wir werden dann folgendes sagen: Will der Erkenntnistheoretiker artikuliert urteilen, d. h. seine Urteile in irgendeiner Sprache ausdrücken können, so muß er sich einer gegebenen Begriffsapparatur bedienen und sich den Sinnregeln einer dieser Begriffsapparatur zugeordneten Sprache unterordnen. Er kann nicht sprechen, ohne irgendeine Sprache zu sprechen, er kann nicht artikuliert urteilen, ohne auf dem Boden einer Begriffsapparatur zu stehen. Ordnet er sich tatsächlich den Sinnregeln einer Sprache unter, und gelingt ihm diese Unterordnung, dann wird er auch alle Sätze, zu welchen die Sinnregeln dieser Sprache im Verein mit den Erfahrungsdaten hinleiten, anerkennen und in weiterer Konsequenz auch für »wahr« erklären müssen. Er kann die Begriffsapparatur und die Sprache wechseln. Tut er dies, so wird er andere Urteile annehmen und andere Sätze anerkennen und für »wahr« erklären, obgleich dies zweite »wahr« nicht dasselbe bedeutet wie das erste. Wir sehen aber für den Erkenntnistheoretiker keine Möglichkeit, sich auf einen unparteiischen Standpunkt zu stellen, auf welchem er keine Begriffsapparatur dadurch bevorzugte, daß er sie zu seiner eigenen machte. Er muß in irgendeiner Haut stecken, obgleich er seine Haut wie ein Chamäleon wechseln kann.

§ 7. Evolutionstendenzen der Begriffsapparaturen

Soll aus dem Obigen der Schluß gezogen werden, daß alle Begriffsapparaturen und alle in ihnen dargestellten Weltbilder gleich gut seien? Dies wollen wir noch zum Schluß unserer Abhandlung erwägen, wobei wir den Leser des ferneren um Nachsicht in bezug auf Exaktheit des Ausdrucks und Beweiskräftigkeit unserer Ausführung ersuchen.

»Gut« ist vielleicht mit der einzigen Ausnahme des moralischen »Gut« eine relative Bezeichnung: gut für etwas. Will man unter den Begriffsapparaturen schlechte, gute und bessere unterscheiden, so drängt sich die Frage auf »wozu?«. Für die biologische Wohlfahrt der menschlichen Gattung oder vielleicht für die Sättigung des Wissensdurstes oder noch für etwas anderes? An dieser Stelle hat, wie es scheint, der Pragmatismus angeknüpft, dem unsere letzten Ausführungen nicht fremd klingen werden[8].

Am natürlichsten scheint es uns, einen evolutionistischen Standpunkt einzunehmen und die Frage so zu stellen: welche Begriffsapparatur ist dem Ziele, dem die Entwicklung der Wissenschaft tatsächlich zustrebt, näher gekommen? Wenn wir hier auch vom Ziele sprechen, dem die Entwicklung der Wissenschaft zustrebt, so wollen wir doch das Wort »Ziel« nicht anthropomorphisch als etwas von jemand bewußt Angestrebtes verstehen. Unter dem Ziel der Entwicklung der Wissenschaft wollen wir ein idealisiertes Endstadium verstehen, dem sich die einzelnen Stadien der Wissenschaft, ähnlich wie die Glieder einer Folge ihrer Grenze, allmählich nähern. Dieses Endstadium läßt sich nun aufgrund der sich in der Entwicklung kundgebenden Tendenzen vermutlich feststellen. Wir wollen hier einige Haupttendenzen dieser Entwicklung, die wir tatsächlich zu finden glauben, nur kurz anführen und jene Begriffsapparatur als eine bessere bezeichnen, in welcher diese Tendenzen im höheren Grade realisiert sind.

Ich glaube, vier solche Tendenzen unterscheiden zu dürfen. Die eine gibt sich darin kund, daß wir eine Sprache bzw. Begriffsapparatur sofort verlassen, wenn sie sich als widerspruchsvoll erweist. Dies ließe sich nicht nur in der Modifikation der wissenschaftlichen Theorien, sondern auch in der Entwicklung der gewöhnlichen »Umgangssprache« nachweisen. Die Schwierigkeiten, auf welche die traditionelle Erkenntnistheorie in der Frage der sog. Realität der Sinnesqualitäten stößt, lassen sich von diesem Standpunkt ziemlich gut lösen.

Die zweite Tendenz wollen wir Tendenz zur Rationalisierung nennen. Sie besteht darin, die Begriffsapparatur so zu wählen, daß sich in ihr so viele Probleme als möglich ohne Rekurs auf die Erfahrungsdaten lösen lassen. Die Tendenz zur Umbildung der Hypothesen in Prinzipien scheint einen Spezialfall dieser Tendenz darzustellen.

Die dritte Tendenz, die wir Tendenz zur Vervollkommnung der Begriffsapparatur nennen, gibt sich in dem Übergang von Sprachen, in welchen gewisse Probleme prinzipiell unlösbar sind, zu solchen kund, in denen unlösbare Probleme immer seltener werden. Als Beispiel dieser Tendenz könnte man die Einführung von Konventionen oder Zuordnungsdefinitionen betrachten, auf welche die Konventionalisten uns aufmerksam gemacht haben. Durch ihre Einführung können »Interpretationssätze« entschieden werden, welche ohne sie unentscheidbar waren.

Die vierte Tendenz wollen wir Tendenz zur Steigerung der empirischen Empfindlichkeit einer Begriffsapparatur nennen. Wir werden sagen, daß man bei dem Übergang von der Sprache S_1 zur Sprache S_2 zu einer empirisch empfindlicheren Begriffsapparatur gelangt, wenn *erstens* die Sinnregeln der Sprache S_2 allen Erfahrungsdaten, auf welche die Sinnregeln der Sprache S_1 mit einem Satze zu antworten befehlen, ebenfalls einen Satz als Antwort auf diese Daten zuordnen, wenn *zweitens,* so oft der Unterschied zweier Erfahrungsdaten sich in der Sprache S_1 verschieden auswirkt, er sich auch in der Sprache S_2 verschieden auswirkt, und wenn es endlich *drittens* entweder ein Erfahrungsdatum gibt, für welches die Sinnregeln der Sprache S_1 keine Reaktion (in Gestalt der Anerkennung eines Satzes) vorsehen, die Sinnregeln der Sprache S_2 aber eine solche Reaktion vorsehen, oder wenn es zwei verschiedene Erfahrungsdaten D_1 und D_2 gibt, deren Unterschied für die Sinnregeln der Sprache S_1 unwesentlich, für die der Sprache S_2 aber wesentlich ist. Die Tendenz zur Steigerung der empirischen Empfindlichkeit besteht also darin, daß wir solchen Begriffsapparaturen den Vorzug geben, welche möglichst wenige Erfahrungsdaten unbeachtet lassen und welche verschiedenen

Daten auf möglichst verschiedene Weise gerecht werden. Diese Tendenz darf nicht mit der Universalitätstendenz verwechselt werden, welche wir vorher abgewiesen haben.

Für diese vier Evolutionstendenzen, welche wir hier ohne nähere Begründung und ohne besondere Sorge um die Strenge ihrer Formulierung lediglich versuchsweise aufgestellt haben, erheben wir nicht im mindesten den Anspruch auf Vollständigkeit.

Wenn wir also die verschiedenen Begriffsapparaturen bezüglich ihres Wertes rangieren wollten, so würden wir eine Rangierung nach dem Grade vorschlagen, in welchem sich jene Tendenzen in ihnen realisieren, wobei wir in dieser Rangierung den verschiedenen Tendenzen nicht gleich große Wichtigkeit zuschreiben.

§ 8. Schluß

Wir wollen unsere Abhandlung mit einer Charakterisierung des in ihr eingenommenen Standpunktes schließen.

Wir haben ihn schon früher als radikalen Konventionalismus bezeichnet. Er unterscheidet sich von dem gewöhnlichen nicht nur durch seine Radikalität, sondern auch dadurch, daß in ihm nicht – wie es z. B. bei Poincaré der Fall ist – behauptet wird, daß die durch freien Entschluß axiomatisch angenommenen Prinzipien wie auch die auf Konventionen basierten Interpretationen weder wahr noch falsch, sondern bequem (commodes) sind. Wir sind im Gegenteil geneigt, diese Prinzipien und Interpretationen, sofern sie in unserer Sprache vorkommen, als wahr zu bezeichnen. Unser Standpunkt verbietet uns auch nicht, dies oder jenes als Tatsache anzunehmen, obgleich wir auf die Abhängigkeit der empirischen Urteile von der gewählten Begriffsapparatur, nicht nur von dem rohen Erfahrungsmaterial hingewiesen haben. In diesem Punkte nähern wir uns dem kopernikanischen Gedanken Kants, nach welchem die Erfahrungserkenntnis nicht nur von dem Erfahrungsmaterial, sondern auch von dem dasselbe bearbeitenden Kategoriensystem abhängt. Bei Kant ist jedoch diese Kategorienapparatur ziemlich steif mit der menschlichen Natur verknüpft (wobei er es aber nicht ausschließt, daß sie sich beim Menschen ändern könne), nach der vorliegenden Abhandlung ist dagegen diese Begriffsapparatur ziemlich plastisch. Der Mensch ändert sie fortwährend, sei es ohne seinen Willen und unbewußt, sei es nach seinem Willen und bewußt. Er muß aber, solange er ein artikuliertes Erkennen betätigt, in irgendeiner solchen Begriffsapparatur stecken. Es besteht aber zwischen der Kantischen und der von uns vertretenen Auffassung der Erkenntnis noch ein wesentlicher Unterschied, den wir hier nur bildlich andeuten wollen. Bei Kant besteht das Weltbild, welches wir in unserem Erkennen entwerfen, gewissermaßen aus den Empfindungsdaten, welche durch die reinen Anschauungsformen und die Kategorien geformt werden. Die Empfindungsdaten bilden sozusagen die Farben, mit welchen das Weltbild, obgleich nur streng nach den Schablonen der Anschauungsformen und der Kategorien, gemalt wird. Das Weltbild, welches nach unserer Meinung das Produkt der erkenntnismäßigen Tätigkeit bildet, ist aber kein buntes Bild, wenn man unter Farben die Empfindungsdaten verstanden haben will. Das Weltbild, das wir im Auge haben, besteht allein aus dem Sinn der Ausdrücke, in diesem sind aber die Empfindungsdaten in keiner Weise enthalten. Dieses Weltbild ist allein aus bloß abstrakten Elementen konstruiert. Die Rolle der Empfindungsdaten besteht einzig darin, daß sie nach der bereits erfolgten Wahl der Begriffsapparatur es bestimmen, welche von den in dieser Begriffsapparatur enthaltenen Elementen in das Weltbild eingehen sollen.

Den Gedanken, daß die Wissenschaft sich nicht einfach ihre Thesen von der Erfahrung diktieren läßt, sondern, daß sie aus dem rohen Erfahrungsmaterial die »Tatsachen der Wissenschaft« erst durch sprachlich-begriffliche Verarbeitung herstellt, findet man auch bei Le Roy. (»Tout fait est le résultat d'une collaboration entre la Nature et nous; tout fait est symbolique d'un point de vue adopté pour regarder le réel.« Le Roy, L'organisation scientifique, Revue de Métaphysique et de Morale. Septembre, 1899; zitiert nach einem Abdruck in »Cahiers de la nouvelle journée«. No. 5. »Qu'est ce que la science?« Paris, 1926. p. 148. Vgl. auch Poincaré, La valeur de la sciene, Paris, 1929, wo er sich im Abschnitt »La science est-elle artificielle?« mit dem radikalen Konventionalismus von Le Roy auseinandersetzt und dessen These im Satze »le savant crée le fait« [S. 221] formuliert.) Le Roy verbindet mit dem Standpunkt des radikalen Konventionalismus den Bergson'schen Intuitionismus, indem er meint, daß es außer der wissenschaftlichen Erkenntnis, welche es nur mit künstlichen Konstruktionen zu tun hat, noch eine philosophische Erkenntnis gibt, die sich nicht mit menschlichen Konstruktionen, sondern nach einer ganz anderen Methode als die Wissenschaften mit der »wirklichen Wirklichkeit« befaßt.

Mit noch einer, diesmal apologetischen Bemerkung wollen wir unsere Abhandlung schließen. Vielleicht wird man der Meinung sein, daß das, was hier unter dem Namen »Sprache« behandelt worden ist, ganz »weltfremd« ist. Es werde ja hier von einem Gebilde, das den Namen »Sprache« verdienen soll, so viel verlangt, daß sich mit der vielleicht einzigen Ausnahme der Sprachen der logistischen Systeme nichts wird finden lassen, was »Sprache« genannt werden dürfte. Dies ist ja in der Abhandlung ausdrücklich betreffs der sogenannten »gewöhnlichen Sprachen« erklärt worden und betreffs der sogenannten »ethnischen Sprachen« erklärt worden und wird sich auch sicher von den »Sprachen« fast aller Wissenschaften sagen lassen. Infolgedessen mag das hier Ausgeführte vielleicht als ein Begriffsspiel interessant und korrekt sein, es wird aber in der Methodologie und Erkenntnislehre, welche es mit wissenschaftlicher Wirklichkeit, nicht aber mit Idealfiktionen zu tun haben, keine Anwendung finden können. Um diesem Einwand zu begegnen, wollen wir bemerken, daß man in fast allen Wissenschaften eine solche »Idealisierungstendenz« findet. Die Physik stellt ihre Thesen z. B. für ideale Gase auf, obgleich sie weiß, daß kein Gas ein ideales ist; sie befaßt sich in der Mechanik mit Bewegungen, welche unter Bedingungen verlaufen sollen, wie sie niemals in der Wirklichkeit realisiert sind. Sie tut dies vielleicht deshalb, weil dies der einzig mögliche Weg ist, sich der Wirklichkeit mit der Erkenntnis zu nähern. Man stellt zuerst Behauptungen auf, welche nur für ideale Gase streng gelten, für wirkliche Gase aber mit einem ziemlich großen Näherungsfehler. Erst als dies geschehen war, ging man daran, diese Gesetze so umzubilden, daß der

Näherungsfehler kleiner wurde. Hätte man sofort mit dem Postulat absoluter Angepaßtheit an die Wirklichkeit begonnen, so hätte man sich eine zu schwierige Aufgabe gestellt. Dies wollen wir zugunsten unserer Abhandlung geltend machen. Wir beginnen mit der Betrachtung eines idealen Falles, der nur näherungsweise für die erkenntnismäßige Wirklichkeit zutrifft. Vielleicht ist es der erste Schritt, welchem weitere folgen, die diesen Näherungsfehler herabdrücken werden.

1 Ich glaube, diesen Unterschied hat Poincaré im Auge, wenn er sagt: »Quand une loi a reçue une confirmation suffisante de l'expérience ... on peut l'ériger en *principe*, en adoptant des conventions telles, que la proposition soit toujours vraie ... Le principe n'est pas plus soumis au controle de l'expérience«. Valeur de la science. Paris, Flammarion, S. 235 f.

2 Ich möchte hier kurz einen subtilen Einwand besprechen, welcher gegen unsere Ausführungen erhoben werden kann. Was versteht man unter zwei in unmittelbarem Widerspruch stehenden Sätzen? Die Frage kann folgendermaßen beantwortet werden: Zwei Sätze einer Sprache stehen dann und nur dann in unmittelbarem Widerspruch, wenn einer von ihnen zusammengesetzt ist aus einem Funktionszeichen, welches die Übersetzung des logistischen Zeichens »~« ist, und aus dem anderen Satz, den er als Argument dieses Funktionszeichens enthält. Führt die Annahme zweier Sätze, welche nicht in unmittelbarem Widerspruch stehen, auf dem Wege der deduktiven Sinnregeln zu zwei in unmittelbarem Widerspruch stehenden Sätzen, so sagen wir von den ersten zwei Sätzen, daß sie in mittelbarem Widerspruch stehen.

Nimmt man diese Definition an, dann sieht man sich zur Konsequenz gezwungen, daß es einander unmittelbar widersprechende Sätze nur in solchen Sprachen gibt, in welchen sich die Übersetzung des logistischen Zeichens »~« vorfindet. Dies könnten aber nur solche Sprachen sein, welche entweder ineinander übersetzbar sind oder sich wenigstens zu übersetzbaren Sprachen schließen lassen. Wenn sich also in einer Sprache widersprechende Sätze bilden lassen, so lassen sich widersprechende Sätze in einer in die erste unübersetzbaren Sprache nicht mehr bilden.

Wir können aber den Begriff zweier widersprechenden Sätze so fassen, daß sich auch innerhalb jeder von gewissen zweien ineinander unübersetzbaren Sprachen widersprechende Sätze finden können. Wir erreichen dies, indem wir erklären: Wir sagen, zwei Sätze Z und Z_1 einer Sprache *S* stehen in unmittelbarem Widerspruch, wenn es für diese Sprache eine deduktive Sinnregel gibt, laut welcher die Anerkennung des einen Satzes die Verwerfung des anderen verlangt. Bei dieser Auffassung des Widerspruchs können zwei widersprechende Sätze sowohl in der einen wie auch in der anderen von zwei unübersetzbaren Sprachen vorkommen. Die vorgeschlagene Auffassung des Widerspruchs erfordert aber, daß es nicht nur Sinnregeln gibt, welche die Bereitschaft zur Anerkennung, sondern auch solche, welche die Bereitschaft zur Verwerfung von Sätzen verlangen. Dies würde auf eine Modifikation des oben über den Umfang einer Sinnregel und die Matrix einer Sprache Gesagten führen.

3 Wir sagen, daß zwei Sprachen prinzipiell übersetzbar sind, wenn sie entweder übersetzbar sind oder sich zu zwei übersetzbaren Sprachen durch Schließung umbilden lassen.

4 Ein dem geschilderten ähnliches Bild finden wir in der Sprache der Principia Mathematica von Whitehead und Russell, wo es infolge der Einteilung der Sätze in verschiedene logische Typen eine »systematical ambiguity« der Zeichen des Satzkalküls und eine Mehrheit von Satzkalkülen gibt.

5 Diese Universalitätstendenz, von welcher oben gesprochen worden ist, hat nichts mit dem gemein, worüber R. Carnap in seinem Aufsatz »Die physikalische Sprache als Universalsprache der Wissenschaft« (Erkenntnis Bd. 2, H. 5 und 6) schreibt.

6 Sprachliches Weltbild eines Sinngebiets (bzw. einer Begriffsapparatur) wird hier eine Klasse von Sätzen dann und nur dann genannt, wenn sie aus allen und nur solchen Sätzen besteht, die 1. zu einer und derselben Sprache gehören, welcher dieses Sinngebiet zugeordnet ist, und die

2. als Sätze einer solchen Sprache faktisch in bezug auf beliebige von irgendeinem Menschen erlebte Erfahrungsdata positiv entscheidbar sind. (Siehe »Sprache und Sinn« l. c. Note zu § 6.) (Vgl. Beitrag 11 in diesem Band.) Wir verstehen unter Weltbild einer Sprache *S* das in Sätzen der Sprache *S* verfaßte Weltbild des Sinngebiets dieser Sprache. Daraus ist ersichtlich, daß zu einem Sinngebiet mehrere sprachliche Weltbilder gehören, welche aber aus Sätzen bestehen, die ineinander übersetzbar sind. Die Klasse der Urteile, welche den Sinn der Sätze eines der sprachlichen Weltbilder ausmachen, ist für alle sprachlichen Weltbilder eines Sinngebiets dieselbe, und wir wollen sie das Weltbild des Sinngebiets schlechthin nennen.

7 Dies soll nicht etwa heißen, daß es keine strukturelle Eigenschaft der Sätze gibt, welche nur wahren Sätzen zukommt. Es ist nur zweifelhaft, ob in der gewöhnlichen Redeweise eine entsprechende Sinnregel waltet.

8 Vgl. z. B. G. Simmel, Über eine Beziehung der Selektionstheorie zur Erkenntnistheorie. Arch. f. syst. Phil. N. F. Bd. I. 1895. S. 35 ff.

Kazimierz Ajdukiewicz

Die wissenschaftliche Weltperspektive

Im folgenden sei ein Gedankengang skizziert, der, einer gründlichen Darstellung bedürfend, vielleicht schon in diesem Stadium geeignet ist, gewisse Fragen zur Diskussion zu stellen, die innerhalb unseres Problemkreises immer wieder auftreten und durch eine Aussprache ihrer Lösung näher gebracht werden können.

Jedes Urteil und jede Frage der Wissenschaft ist aus Begriffen aufgebaut. Diese Begriffe sind sprachlich fixiert und machen den Sinn der Ausdrücke der Sprache aus. Durch den Sinn, den die Ausdrücke in einer Sprache besitzen, sind aber gewisse Kriterien festgesetzt, nach welchen man sich bei dem Anerkennen und Verwerfen der Sätze, die aus diesen Ausdrücken bestehen, richten muß, wenn man diesen Sinn nicht verletzen soll. Diese Kriterien wollen wir Sinnregeln der Sprache nennen. (Siehe hierzu K. Ajdukiewicz, »Sprache und Sinn«, Erkenntnis IV, 2, S. 100 ff.) (Vgl. Beitrag 11 in diesem Band.)

Eine solche Regel der deutschen Sprache verlangt z. B., daß man einen beliebigen Satz von der Form »jedes *A* ist ein *A*« ohne weiteres anzuerkennen bereit sei. Würde jemand einen Satz von dieser Form verwerfen, würde er also z. B. mit Überzeugung sagen, »nicht jeder Mensch ist ein Mensch«, so wäre dies ein untrüglicher Beweis dafür, daß der Betreffende zwar deutsche Sprachlaute gebraucht, daß er aber mit ihnen nicht *den* Sinn verknüpft, der ihnen in der deutschen Sprache zukommt. Eine andere Sinnregel der deutschen Sprache erklärt wieder, daß ein jeder, welcher einen hypothetischen Satz von der Form »wenn *a* so *b*« und seinen Vordersatz »*a*« als wahr anerkennt und, diese Anerkennung im Sinne behaltend, den Nachsatz »*b*« als falsch verwirft, es nur dann tun kann, wenn er mit der Kopula »wenn, so« nicht denjenigen Sinn verknüpft, welchen ihr die deutsche Sinngebung zuordnet. Zum Schluß noch ein Beispiel. Wenn jemand eine heftige Schmerzempfindung erlebt und gleichzeitig den Satz »es schmerzt« tatsächlich also mit Überzeugung verneint, so kann er dies nur dann tun, wenn er mit dem Satze »es schmerzt« nicht denjenigen Sinn verknüpft, welcher ihm in der deutschen Sprache zukommt.

Mir scheint das Bestehen solcher Sinnregeln vollkommen evident zu sein. Solche Sinnregeln werden auch von uns stillschweigend als Prämissen verwendet, wenn wir bei einer Person den Mißbrauch der Worte, d. h. ihre Verwendung in einem anderen als dem vorgeschriebenen Sinn konstatieren. Wenn wir eine Person des Mißbrauches eines bestimmten Wortes verdächtigen, so veranlassen wir sie dazu, unter gewissen Voraussetzungen (oder auch ohne solche) einen Fragesatz zu beantworten, in welchem sie dies Wort verwendet. Fällt die Antwort auf diese Frage in einer – nach unserer Meinung – sinnwidrigen Richtung aus, so sehen wir darin einen untrüglichen Beweis, daß die betreffende Person sich der Worte in einem anderen als dem vorgeschriebenen Sinn bedient hat.

Es gibt drei Arten von Sinnregeln. Zur ersten Art gehören solche, welche eine voraussetzungslose Bereitschaft zur Anerkennung gewisser Sätze verlangen. Dies tat zum Beispiel die erste der von uns angeführten Sinnregeln. Sinnregeln erster Art nenne ich axiomatische Sinnregeln, da durch sie die Sätze bestimmt werden, welche in einer Sprache die Geltung der Axiome besitzen.

Sinnregeln der zweiten Art verlangen keine unbedingte Bereitschaft zur Anerkennung gewisser Sätze, sondern nur unter der Voraussetzung, daß gewisse andere Sätze anerkannt sind. Solche Sinnregeln nenne ich deduktive Sinnregeln, da durch sie die zwingenden deduktiven Schlußweisen bestimmt werden. In der Sprache der symbolischen Logik sind z. B. die Abtrennung und die Substitution solche Schlußweisen, welche durch den Sinn der Symbole bestimmt sind.

Die dritte Art von Sinnregeln verlangt die Bereitschaft zur Anerkennung gewisser Sätze angesichts gewisser Erfahrungsdaten. Ich nenne solche Regeln empirische Sinnregeln, da durch sie die auf rein empirischem Wege mit Sicherheit feststellbaren Sätze bestimmt werden.

Die Gesamtheit der Sinnregeln einer Sprache im Verein mit gewissen Erfahrungsdaten zeichnet gewisse Sätze dieser Sprache und die ihren Sinn bildenden Urteile in besonderer Weise aus. Es sind zunächst die nach den axiomatischen Sinnregeln anzuerkennenden Sätze, die dadurch ausgezeichnet sind, daß man sie nicht als falsch verwerfen kann, wenn man sie in demjenigen Sinne nimmt, welchen sie in der gegebenen Sprache besitzen. Zweitens sind es Sätze, die durch die empirischen Sinnregeln und durch die Erfahrungsdaten als solche ausgezeichnet sind, daß man sie angesichts jener Erfahrungsdaten nicht verwerfen kann, ohne dadurch den ihnen in der gegebenen Sprache zukommenden Sinn zu verletzen. Die dritte Klasse der ausgezeichneten Sätze bildet die Gesamtheit solcher Sätze, welche aus den durch die axiomatischen und empirischen Sinnregeln in oben angedeuteter Weise ausgezeichneten Sätzen nach den deduktiven Sinnregeln ableitbar sind.

Die Gesamtheit aller in einer der drei oben angegebenen Weisen durch die Sinnregeln der gegebenen Sprache und gewisse Erfahrungsdaten ausgezeichneten Sätze nennen wir die jenen Erfahrungsdaten entsprechende Weltperspektive dieser Sprache.

Die Gesamtheit der Urteile, durch welche der Sinn derjenigen Sätze gebildet wird, die zu der gewissen Erfahrungsdaten entsprechenden Weltperspektive einer Sprache gehören, wollen wir die diesen Erfahrungsdaten entsprechende Weltperspektive desjenigen Begriffsapparats nennen, mittels dessen der Sinn der Ausdrükke der betreffenden Sprache aufgebaut ist.

Sätze, welche zur Weltperspektive einer Sprache gehören, bilden (eventuell unter gewissen Umständen) den unanzweifelbaren Bestandteil der Erkenntnis eines jeden, welcher sich dieser Sprache bedient. Die von den axiomatischen Sinnregeln diktierten Sätze können unter keinen Umständen verworfen werden, solange sie in dem ihnen durch die Sprache vorgeschriebenem Sinn gebraucht werden. Die von den empirischen Sinnregeln diktierten Sätze können manchmal verworfen werden, ohne daß ihr Sinn verletzt würde, dies aber nur dann, wenn nicht die entsprechenden Erfahrungsdaten gegenwärtig sind. In Gegenwart solcher Erfahrungsdaten ist das Verwerfen solcher Sätze nur dann möglich, wenn man mit ihnen einen anderen Sinn verknüpft, als diesen Sätzen in der betreffenden Sprache zugeordnet ist. Auch die zur Weltperspektive einer Sprache gehörenden Sätze, zu welchen man von den axiomatischen oder empirischen Sätzen nach deduktiven Sinnregeln gelangen kann, dürfen manchmal ohne Sinnverletzung verworfen werden. Wenn aber jemand gerade Sätze anerkennt, welchen als Prämissen eine der deduktiven Sinnregeln diese Sätze als Folge zuordnet, so können sie ohne Sinnverletzung nicht verworfen werden.

Die einer Menge von Erfahrungsdaten zugeordnete Weltperspektive einer Sprache besteht also aus Sätzen, welche wenigstens potentiell den unerschütterlichen Bestandteil der Erkenntnis bilden, zu der man gelangen kann, wenn man sich dieser Sprache bzw. des ihr entsprechenden Begriffsapparats als Erkenntnismittel bedient. Die Erkenntnis braucht aber nicht allein aus den bereits nach den Sinnregeln der Sprache erworbenen Sätzen zu bestehen, sondern sie kann auch solche Sätze enthalten, welche anerkannt werden, obgleich sie aufgrund des bisher erlangten Teils der Weltperspektive und der bisher erlebten Erfahrungsdaten von keiner Sinnregel gefordert (und auch nicht verboten) sind. Zu dieser Klasse der Erkenntnisse gehören alle aufgrund der Induktionsschlüsse erworbenen Sätze. Mit ihrer Hilfe wollen wir die uns bisher nicht bekannten Teile der Weltperspektive vorgreifend erraten.

Die Weltperspektive hängt von zwei Faktoren ab. Einerseits ist sie von dem Erfahrungsmaterial abhängig, auf dem sie sich aufbaut, andererseits aber von dem Begriffsapparat und den mit ihm verknüpften Sinnregeln. Der erste Teil dieser Behauptung ist evident. Nicht minder aber auch der zweite. Mit dem Wechsel des Begriffsapparats ändern sich auch die Probleme, die man, gestützt auf dieselben Erfahrungsdaten, löst. Verschiedene Wissenschaften bedienen sich verschiedener Begriffsapparate, die sich nur teilweise überdecken können. Aber auch eine und dieselbe Wissenschaft ändert im Laufe ihrer geschichtlichen Entwicklung den Begriffsapparat, dessen sie sich bedient. Dieser Wechsel wird aber oft dadurch maskiert, daß man zwar die Begriffe ändert, aber die Worte unverändert läßt.

Solange man sich eines beschränkten Begriffsapparats bedient, der eine Bereicherung nicht ausschließt, kann man durch noch so vollständige Ausnutzung des Erfahrungsmaterials nur zu einer Weltperspektive und niemals zu einem vollständigen Weltbild gelangen. Schränkt also jemand seinen Begriffsapparat ein und lehnt gewisse Arten seiner Erweiterung ab, so legt er sich selbst Scheuklappen an und beachtet absichtlich gewisse Teile des Weltbildes nicht, d. h. er begnügt sich mit der Betrachtung einer ausgewählten Weltperspektive.

Nun scheint uns die Wissenschaft als ein Ganzes auf eben diese Weise zu verfahren. Sie wählt sich ihren Begriffsapparat nach gewissen Richtlinien und lehnt jede Erweiterung ab, sofern sie diesen Richtlinien widerspricht. Wir wollen diese Behauptung durch Beispiele begründen.

Der Begriffsapparat wird durch Festsetzung der Sinnregeln bestimmt. Nun können aber die Sinnregeln so gewählt werden, daß ihr Befolgen aufgrund der erlebten Erfahrungsdaten oder auch immanent, d. h. ohne Berücksichtigung der Erfahrungsdaten, zu Widersprüchen führt. Wir können Begriffe durch Festsetzung von axiomatischen und deduktiven Sinnregeln bestimmen. Auf diese Weise vollzieht sich die Begriffsbildung in den formalisierten deduktiven Systemen. Auf diesem Wege kann aber ein Begriffsapparat bestimmt werden, mit welchem Sinnregeln verknüpft sind, welche zum Widerspruch führen. Die Wissenschaft lehnt eine solche Begriffsbildung ab und greift zu verschiedenen Vorschriften (wie z. B. die Typentheorie), um sich vor solchem Begriffsapparat zu schützen, der Widersprüche erzeugt. Dies ist aber eine absichtliche Einschränkung des Begriffsapparats.

Der empirische Teil des wissenschaftlichen Begriffsapparats ist auf natürlichem Wege, aus dem Begriffsapparat des alltäglichen Lebens erwachsen. Dieser hat im Laufe seiner Entwicklung Phasen durchschritten, in welchen sein Handhaben, angesichts der faktischen Erfahrungsdaten, zu Widersprüchen führte, die unter dem Namen von Sinnestäuschungen bekannt sind. Es bestanden wohl einst empirische Sinnregeln, welche dem optischen Erfahrungsdatum, das man beim Anblick eines geknickten Stabes erlebt, den Satz »dies ist geknickt« zuordnete. Es bestand auch eine empirische Sinnregel, welche gewissen haptischen Daten den Satz »dies ist gerade« zuordnete. Nun führte die Befolgung dieser Sinnregeln im Falle eines in Wasser getauchten Stabes zu gegenseitig sich ausschließenden Sätzen. Man verwarf also diese Sinnregeln, indem man diese Begriffe beseitigte, welche mit jenen Sinnregeln verknüpft waren. Man hat sich also von der Sinnestäuschung dadurch befreit, daß man den Begriffsapparat einschränkte, wodurch ein Teil des vollen Weltbildes außer acht gelassen wurde.

Es läßt sich vielleicht allgemein sagen: wir haben es nur dann mit sogenannten Sinnestäuschungen zu tun, wenn die Befolgung gewisser empirischen Sinnregeln angesichts gewisser Erfahrungsdaten entweder unmittelbar zum Widerspruch führt, oder wenn dieser Widerspruch sich erst aufgrund der von den Erfahrungsdaten nach den empirischen Sinnregeln diktierten Sätze mit Hilfe von axiomatischen und deduktiven Sinnregeln, manchmal auch mit Hilfe von induktiven Hypothesen, ableiten läßt. Im letzteren Falle könnte der Widerspruch durch Streichung dieser Hypothesen vermieden werden, ohne daß man zur Einschränkung des Begriffsapparats und der empirischen Sinnregeln greifen müßte. Sieht man aber in solchen Fällen nicht eine *instantia contraria* gegen jene Hypothese, sondern spricht man von »Sinnestäuschung«, so beweist dies, daß man sich im gegebenen Fall für den Wechsel der empirischen Sinnregeln und damit des Begriffsapparats entschieden hat.

Noch eines ist an den Sinnestäuschungen lehrreich. Es stehen sich hier zwei aufgrund der Erfahrungsdaten nach den empirischen Sinnregeln erlangte Sätze gegenüber, welche unter Heranziehung von anderen Sinnregeln und eventuell auch von gewissen Hypothesen zum Widerspruch führen. Löst man den Widerspruch auf solche Weise, daß man den Richterspruch der empirischen Sinnregeln aufhebt, so tut man dies für gewöhnlich so, daß man nach dem vollzogenen Wechsel der Sinnregeln einen von den beiden empirischen Sätzen verwirft und den anderen aufrechterhält. Welcher von den beiden aufrechterhalten bleibt, hängt davon ab, welcher sich besser in die Gesamtheit der von uns bereits auf Grund von Sinnregeln oder nur hypothetisch angenommenen Sätze einreihen läßt.

Dieses fortwährend andauernde gegenseitige Anpassen der »Tatsachen an die Theorien« hat unser ganzes ursprüngliches Handhaben der Sprache, welches sich zunächst in einfacher und naiver Weise an das erlebte Erfahrungsmaterial anschloß, in Schwanken gesetzt. Man würde sicher in Verlegenheit kommen, wenn man empirische Sinnregeln angeben wollte, nach welchen sich ein bestimmter

Mensch in seinem Sprachgebrauch richtet. Dies beweist aber nicht, daß es für eine Sprache, die ihrem Begriff nach durch ihr Wörterbuch, ihre Syntax und ihre Sinngebung erst eindeutig bestimmt wird, keine empirischen Sinnregeln gäbe. Die Unmöglichkeit der Angabe der empirischen Sinnregeln, welche für den Sprachgebrauch eines Individuums gelten, beweist nur, daß dieser Sprachgebrauch zwischen verschiedenen Sprachen schwankt.

Aus dem Gesagten erhellt wohl über das nach Erkenntnis strebende menschliche Treiben, daß nicht etwa der Mensch vor ein Tatsachenmaterial gestellt wäre, das er mit einer Theorie umspannen soll, sondern daß er nach einem Begriffsapparat sucht, durch welchen erst die empirischen Sätze bestimmt werden und mit dessen Hilfe man aus dem vollständigen Weltbild nur einen Ausschnitt, d. h. eine Weltperspektive erhält, welche gewisse Bedingungen erfüllen soll. Wir haben die Widerspruchsfreiheit und die systematische Ordnung als zwei solche Bedingungen erwähnt, denen sicher noch viele andere beizufügen wären. Das eben Gesagte bezieht sich sowohl auf die alltägliche wie auch auf die wissenschaftliche Erkenntnis.

Wir haben also behauptet, daß die Wissenschaft ihren Begriffsapparat absichtlich einschränkt, und unter vielen möglichen Begriffsapparaten einen besonders gearteten anstrebt, wodurch sie auf ein vollständiges Weltbild verzichtet und nur auf eine Weltperspektive, welcher viele andere zur Seite stehen, hinzielt.

Weshalb sucht sich die Wissenschaft gerade diesen und nicht einen anderen Begriffsapparat aus? Warum zieht sie gerade diese Weltperspektive den anderen vor? Tut sie dies vielleicht aus dem Grunde, weil allein jene Urteile, welche die von ihr angestrebte Weltperspektive bilden, wahr sind, und die Urteile, welche zu den anderen Weltperspektiven gehören, als falsch zu verwerfen seien? Ein Urteil als falsch verwerfen, kann zweierlei bedeuten: erstens daß dieses Urteil mit negativer Assertion gefällt wird. Zweitens aber kann es die Prädizierung der Falschheit des verworfenen Urteils bedeuten. Nun scheint es klar zu sein, daß man ein Urteil nur dann fällen kann, wenn man sich des diesem Urteil entsprechenden Begriffsapparats bedient. Daraus folgt, daß man ein Urteil, das zu einem fremden Begriffsapparat gehört, nur so als falsch verwerfen kann, daß man ein Urteil über jenes Urteil fällt und seine Falschheit prädiziert. Es scheint allerdings sehr zweifelhaft, ob man die Falschheit eines Urteils prädizieren kann, wenn uns der Begriffsapparat dieses Urteils fremd ist, wenn wir also den Satz, mit dessen Hilfe das betreffende Urteil ausgedrückt ist, in die eigene Sprache nicht übersetzen können. Wir können diesen Fall aber nicht für unmöglich erklären. Es mag also sein, daß man, sich selbst des Begriffsapparats B_1 bedienend, über Urteile, die zur Weltperspektive eines uns fremden Begriffsapparats B_2 gehören, die Falschheit prädizieren kann. Diese Prädikation geschieht aber entweder aufs Geratewohl, oder sie gehört zu unserer eigenen Weltperspektive, und als solche leitet sie ihren ganzen Wert und ihre ganze Würde von dem Wert und der Würde unserer eigenen Weltperspektive ab.

Wir müssen aber bedenken, daß unserer eigenen abfälligen Beurteilung der Sätze einer uns fremden Weltperspektive eine entgegengesetzte positive seitens desjenigen, der sich des Begriffsapparats bedient, welchem diese Weltperspektive entspricht, gegenübersteht. Denn es läßt sich zeigen, daß ein jeder, der sich des

Begriffsapparats *B* bedient, wenn er nur entsprechend reich an Erfahrungsdaten ist und über genug scharfen deduktiven Blick verfügt, jedes Urteil, welches zu der Weltperspektive seines Begriffsapparats gehört, als wahr anerkennen muß, wenn er zu ihm überhaupt Stellung nimmt. Denn würde er einen Satz seiner Sprache verwerfen, dessen Sinn jenes Urteil in dieser Sprache bildet, so würde er hiermit den Sinnregeln jener Sprache entgegenhandeln, also mit jenem verworfenen Satze nicht das betreffende, sondern ein anderes Urteil verwerfen. Indem er aber die Urteile seiner Weltperspektive als wahr anerkennt, wird er auch, dem Sinn der Worte »wahr« und »falsch« gemäß, die Prädizierung der Falschheit von diesen Urteilen verwerfen müssen. (Siehe hierzu K. Ajdukiewicz, »Das Weltbild und die Begriffsapparatur«, Erkenntnis IV, 4, S. 278 ff.) (Vgl. Beitrag 12 in diesem Band.)

So stünden sich zwei entgegengesetzte, die Wahrheit einer Weltperspektive betreffende Beurteilungen gegenüber. Jede von ihnen ist selbst Teil einer Weltperspektive. Nun drängt sich dem Erkenntnistheoretiker die Rolle eines unparteiischen Schiedsrichters auf. Welcher der beiden Weltperspektiven soll er den Wahrheitsvorzug einräumen? Ist aber der Erkenntnistheoretiker wirklich ein unparteiischer Richter, ist er selbst nicht in einem Begriffsapparat, der ihm seine Weltperspektive diktiert, befangen? Auch der Erkenntnistheoretiker kann nicht ohne Sprache sprechen, kann nicht ohne Begriffsapparat denken. Er wird also seinen Richterspruch über die Wahrheit so fällen, wie dies seiner Weltperspektive entspricht.

Der Erkenntnistheoretiker eignet sich also nicht zum unparteiischen Richter im Streit zwischen zwei Weltperspektiven um den Wahrheitsanspruch. Er soll sich also nicht aufdrängen, um diese Rolle zu übernehmen. Statt dessen soll er sich eine andere Aufgabe stellen: er soll dem tatsächlich sich vollziehenden Wechsel des wissenschaftlichen Begriffsapparats und der ihm entsprechenden Weltperspektiven seine Aufmerksamkeit schenken und zu ermitteln trachten, welches die Triebfedern sind, die diesen Wechsel in Bewegung setzen. Vielleicht läßt sich dieser Weltperspektivenwandel als ein auf ein Endstadium hin zustrebender Prozeß auffassen, der sich so vollzieht, als ob jemand bewußt durch diesen Wandel jenes Endstadium erreichen wollte. Die Aufgabe einer solchen Auffassung der Geschichte der Wissenschaften bildet den gefundenen Kern des geisteswissenschaftlichen Verstehens des Entwicklungsprozesses der Wissenschaft.

Kazimierz Ajdukiewicz

Sinnregeln, Weltperspektive, Welt

Im ersten Teil der Bemerkungen von H. Hempel finde ich eigentlich keine These, die irgendeiner der von mir aufgestellten Behauptungen widerspricht. Der Haupteinwand dieses Teiles scheint sich darauf zurückführen zu lassen, daß ich in der Formulierung meiner »Sinnregeln« in die Semantik unnötigerweise Komplikationen einführe, indem ich mich des »als Ausgangspunkt kaum präzisierbaren Begriffs ›Sinn‹ bediene«, auf einen Menschen, der gewisse Sätze anerkennt, Bezug nehme usw., während für die Betreibung der Semantik die »Formbestimmungen« und »Umformungsbestimmungen« Carnaps, die sich rein formal definieren lassen, hinreichend sind. Dabei scheint H. den Unterschied, welcher zwischen meinen Sinnregeln und den »Umformungsbestimmungen« besteht, nicht recht klar erfaßt zu haben. Die Umformungsbestimmungen (etwa die Schlußregeln) stellen eine hinreichende Bedingung dafür auf, damit ein Satz eine »These« sei. Dagegen enthalten die Sinnregeln notwendige Bedingungen dafür, daß ein Ausdruck einer Sprache, gemäß dem ihm in dieser Sprache zukommenden Sinn (also als Ausdruck eben dieser Sprache), gebraucht werde. Die deduktiven Sinnregeln besagen z. B., daß die Einhaltung der Schlußregeln einer Sprache für die Einhaltung des Sinns der Ausdrücke dieser Sprache notwendig ist.

Nun ist die Einführung der Sinnregeln für die formalen Untersuchungen der sprachlichen Syntax sicher entbehrlich; die Zwecke aber, die ich in meinem Vortrag verfolge, reichen über die formale Syntax hinaus und für diese Zwecke brauche ich meine Sinnregeln.

Die Behauptung, daß die Einhaltung der Umformungsregeln einer Sprache für die Einhaltung des Sinns der Ausdrücke dieser Sprache notwendig ist, läßt sich leicht aufgrund der formalen Definition des »Sinns« (die sich mit Hilfe des Begriffs der Umformungsregeln bilden läßt) beweisen. Ein solcher Weg zur Aufstellung der Sinnregeln würde aber zu umständlich für einen kurzen Vortrag sein. Da es mir andererseits daran liegt, daß die in den Sinnregeln formulierten Behauptungen auch dann Anerkennung finden, wenn man den Terminus »Sinn« in der herkömmlichen, unanalysierten Weise auffaßt (da ich ja mit den Formulierungen meiner Probleme an ihre gewöhnliche Deutung anknüpfen will), so müßte ich – wenn ich mit der formalen Definition des »Sinns« begönne – zunächst zeigen, daß die formale Definition dieses Terminus »meritorisch korrekt«, d. h. der herkömmlichen Bedeutung dieses Terminus angepaßt ist. Dies ist aber ein langer Weg (den ich übrigens in meiner Arbeit »Sprache und Sinn« verfolgt habe). Nun trifft es sich aber günstig, daß die Formulierung der Sinnregel auch dann sofort einleuchtet, wenn man in ihr den Terminus »Sinn« in der gewöhnlichen, herkömmlichen Weise auffaßt. (Übrigens ist eben dieser Umstand, daß die formale Difinition des »Sinns« Folgerungen nach sich zieht, welche bei der herkömmlichen Deutung dieses Wortes als wesentlich für diesen Begriff einleuchten, ein Grund dafür, daß man die formale Definition des »Sinns« für meritorisch korrekt halten darf.) Ich kann also meine Sinnregeln auch ohne den Umweg über die Konstruktion einer Definition des »Sinns« aufstellen, und da ich sie für meine weiteren Zwecke brauche, so stelle ich sie auch auf.

Ins einzelne übergehend bemerke ich zunächst, daß ich keineswegs einsehe, wie sich die empirischen Sinnregeln auf Definitionen bzw. Übersetzungsregeln zurückführen ließen. Eine Übersetzungsregel ist immer eine Aussage über die beiden Ausdrücke, welche als gegenseitige Übersetzungen erklärt werden. Dagegen ist eine empirische Sinnregel immer eine Aussage über nur einen Ausdruck, für dessen sinngemäßen Gebrauch sie eine notwendige Bedingung aufstellt, in deren Formulierung von keinem anderen Ausdruck die Rede ist. Ob eine empirische Sinnregel sich gegebenenfalls auf eine Definition zurückführen läßt, das hängt davon ab, wie weit man den Begriff der Definition faßt. Man könnte nämlich die empirischen Sinnregeln mit den sog. »Zuordnungsdefinitionen« vergleichen, dies würde sie aber kaum auf formale Umformungsbestimmungen zu reduzieren erlauben.

Zur Frage, ob man lieber sagen soll, daß die Regeln der Sprache den Sinn bestimmen, anstatt daß der Sinn die Regeln bestimmt, bemerke ich, daß diese Bestimmung eine gegenseitige ist. Dies bedeutet: wenn der Sinn eines Ausdrucks der und der ist, so beziehen sich auf den Ausdruck die und die Regeln, aber auch umgekehrt, wenn sich auf den Ausdruck die und die Regeln beziehen, so hat er den und den Sinn.

Im zweiten Teil seiner Bemerkungen stellt H. die Behauptung auf, daß »selbst ein bestimmter Begriffsapparat, ein bestimmtes System der Sinnregeln und ein bestimmtes Erfahrungsmaterial« noch keinen unerschütterlichen Bestandteil der Erkenntnis festlege. Unter einem unerschütterlichen Bestandteil der Erkenntnis verstehe ich Sätze, die zur Weltperspektive einer Sprache und eines Erfahrungsmaterials gehören, also derartige Sätze, daß ihre Verwerfung (evtl. beim Gewahrwerden gewisser Erfahrungsdaten) gegen den Sinn, den diese Sätze in dieser Sprache haben, verstößt. Nun bilden sicher die nach den axiomatischen bzw. deduktiven Sinnregeln einer Sprache einen Teil der Weltperspektive dieser Sprache, sind also »unerschütterlich«, solange diese Sprache nicht verlassen wird. Ob es außer dieser »tautologischen« Bestandteile in der Weltperspektive einer Sprache und eines Erfahrungsmaterials noch andere, nichttautologische Bestandteile gibt, dies hängt davon ab, ob für die betreffende Sprache außer den axiomatischen und deduktiven noch empirische Sinnregeln gelten. Gelten sie, so wird es auch Sätze geben, die angesichts eines Teils dieses Erfahrungsmaterials ohne Sinnverletzung nicht verworfen werden dürfen, also zur Weltperspektive gehören und also solche »unerschütterlich« sind. Auch dann, wenn dies der Fall ist, bleibt noch immer ein weites Feld für Aufstellung von »mehreren einander widersprechenden Satzsystemen« innerhalb der Sprache offen, nämlich Systemen aus Sätzen, auf welche sich beim gegebenen Erfahrungsmaterial keine Sinnregeln der Sprache beziehen. Alles, was bloß hypothetisch angenommen wird und auch ohne Sinnverletzung verworfen werden kann, drückt sich in solchen Sätzen aus. Die sich nun aufdrängende Frage, ob es denn empirische Sinnregeln gäbe, bedarf zu ihrer eindeutigen Stellung einer Relativisierung auf eine bestimmte Sprache. Es sind jedenfalls Sprachen denkbar, für welche empirische Sinnregeln Geltung hätten. Für unsere gewöhnliche Sprache, wie auch für die Sprache der Naturwissenschaft ist es nicht leicht, irgendwelche empirischen Sinnregeln mit Bestimmtheit aufzudecken. Hält man dabei die gewöhnliche Sprache für *eine* Sprache, so kann der obige Umstand zur Meinung führen, daß ein bestimmtes Erfahrungsmaterial keineswegs gewisse Satzsysteme bei Einhaltung der Form dieser Sprache ausschließt. Das Erfahrungsmaterial scheint dann keinen Einfluß auf die Bestandteile der Weltperspektive dieser Sprache auszuüben. Eine solche Auffassung unserer gewöhnlichen Sprache, nach welcher zu ihrer Charakterisierung allein die innersprachlichen Umformungsbestimmungen gehören und die Beziehung zum Erfahrungsmaterial ins Psychologische verbannt wird, scheint mir nicht zweckmäßig zu sein. Faßt man aber die gewöhnliche Sprache nicht als *eine* Sprache auf, sondern als ein Schwanken zwischen mehreren echten Sprachen, so wird man zugeben können, daß für jede dieser echten Sprachen gewisse empirische Sinnregeln Geltung haben und die Verletzung der empirischen Sinnregeln einer dieser echten Sprachen dem Verlassen eben dieser Sprache gleichkommt, uns aber innerhalb des zwischen mehreren echten Sprachen schwankenden gewöhnlichen Sprachgebrauches zurückläßt.

Zum Schluß tadelt H. die Zuhilfenahme des Begriffs eines Endstadiums, dessen ich mich, zwecks Beschreibung der sich im Entwicklungsprozeß der Wissenschaft kundgebenden Tendenzen, bedient habe. Es ist wohl oft die bequemste Art der Beschreibung eines in der Zeit verlaufenden Prozesses. Damit wird aber weder behauptet, daß dieses Endstadium jemals erreicht werde, noch daß es nur *ein* solches Stadium gäbe, in welchem die angedeuteten Entwicklungstendenzen voll verwirklicht wären. Ob sich die von mir erwähnten Tendenzen wirklich in der Entwicklung der Wissenschaft aufdecken lassen, ist eine auf historischem Wege empirisch feststellbare Angelegenheit.

Was den Begriff des vollständigen Weltbildes im Gegensatz zur Weltperspektive betrifft, so hängt er zusammen mit der Unterscheidung geschlossener und offener Sprachen, den ich in meinem Aufsatz »Sprache und Sinn« eingeführt habe, und er scheint mir vollkommen zu Recht zu bestehen. Die Ängstlichkeit von Herrn Hempel, »über eine Welt mit bestimmten wohldefinierten Eigentümlichkeiten« zu sprechen, teile ich keinesfalls. Solange ich über Sachen rede, werde ich nicht den mindesten Zweifel empfinden, wenn ich sage: es gibt die Erde und die Sonne und die ganze Welt mit »wohlbestimmten Eigentümlichkeiten«. Der ganze Relativismus läßt sich nur dann verantworten, wenn wir um eine Stufe höher steigen und statt über die Sachen, über unsere Sprachen zu reden anfangen. Erst in der metatheoretischen Schicht kann man von verschiedenen Sprachen, verschiedenen Begriffsapparaten, verschiedenen gleichberechtigten Weltbildern sprechen.

Kazimierz Ajdukiewicz

Die syntaktische Konnexität

I.

1. Die Probleme der sprachlichen Syntax sind durch die Aufdeckung der Antinomien und die Art ihrer Lösung zu den wichtigsten Fragen der Logik (dieses Wort so weit verstanden, daß es auch die metatheoretischen Untersuchungen mitumfaßt) geworden. Unter diesen Problemen besitzt aber die Frage der syntaktischen Konnexität für die Logik die größte Bedeutung. Es handelt sich in ihr um die Angabe der Bedingungen, unter welchen ein aus sinnvollen Einzelworten zusammengesetztes Wortgefüge einen sinnvollen Ausdruck bildet, der selbst einen einheitlichen, obgleich aus dem Sinn der zu ihm gehörenden Einzelworte zusammengesetzten, Sinn besitzt. Ein solches Wortgefüge ist syntaktisch konnex.

So ist z. B. das Wortgefüge *»Johann liebt Anna«* syntaktisch konnex aus sinnvollen Worten der deutschen Sprache aufgebaut und gehört zu den sinnvollen Ausdrücken der deutschen Sprache. Dagegen ist *»vielleicht Pferd wenn werde jedoch scheinen«* zwar aus sinnvollen Worten der deutschen Sprache aufgebaut, entbehrt aber der syntaktischen Konnexität und gehört nicht zu den sinnvollen Ausdrücken der deutschen Sprache.

Es gibt mehrere Lösungen des Problems der syntaktischen Konnexität. So liefert z. B. die Russell'sche Typentheorie eine solche Lösung. Der Begriff der syntaktischen Konnexität läßt sich aber besonders schön und einfach mit Hilfe der von Prof. Stanisław Leśniewski ausgearbeiteten Lehre von den Bedeutungskategorien fassen. Wir werden uns hier auf die diesbezüglichen Resultate von Leśniewski stützen[1] und werden unsererseits eine Symbolik vorschlagen, die sich prinzipiell fast auf alle Sprachen anwenden läßt und mit deren Hilfe die syntaktische Konnexität eines Wortgefüges kalkülmäßig definiert und untersucht werden kann.

2. Der Begriff und das Wort »Bedeutungskategorie« ist zuerst von E. Husserl eingeführt worden. E. Husserl[2] bemerkt in seinen »Logischen Untersuchungen«, daß sich die einzelnen Worte und zusammengesetzten Ausdrücke einer Sprache in solche Klassen einteilen lassen, daß zwei zu derselben Klasse gehörende Worte bzw. Ausdrücke einander in einem Kontext, welcher einen einheitlichen Sinn besitzt, vertreten können, ohne daß dadurch der geänderte Kontext zu einem zusammenhanglosen Wortgefüge wird und überhaupt einen einheitlichen Sinn verliert, während zwei zu verschiedenen Klassen gehörende Worte bzw. Ausdrükke diese Eigenschaft nicht besitzen. Nehmen wir den Satz *»die Sonne scheint«* als Beispiel eines Kontextes, der einen einheitlichen Sinn besitzt. Ersetzen wir in ihm das Wort *»scheint«* durch *»brennt«* oder durch *»pfeift«* oder durch *»tanzt«*, so erhalten wir auf diese Weise aus dem Satze *»die Sonne scheint«* andere wahre bzw. falsche Sätze, welche einen einheitlichen Sinn besitzen. Substituieren wir aber für *»scheint«* z. B. *»wenn«* oder *»grün«* oder *»vielleicht«*, so erhalten wir zusammenhanglose Wortgefüge. Husserl nennt die eben bezeichneten Klassen der Worte bzw. Ausdrücke Bedeutungskategorien.

Wir wollen diesen Begriff ein wenig genauer definieren: Das Wort bzw. der Ausdruck *A*, im Sinn *x* genommen, und das Wort bzw. der Ausdruck *B*, im Sinne *y* genommen, gehören dann und nur dann zu derselben Bedeutungskategorie, wenn es einen Satz (bzw. eine Satzfunktion) S_A gibt, in welchem *A* mit dem Sinn *x* auftritt und welcher nach Ersetzung seines Bestandteiles *A* durch den Ausdruck *B*, im Sinne *y* genommen, bei strenger Einhaltung des Sinns der übrigen Worte und der Gliederung des Satzes A_A in den Ausdruck S_n umgestaltet wird, welcher ebenfalls ein Satz (bzw. eine Satzfunktion) ist.

Die Stufenleiter der Bedeutungskategorien ist eng mit der vereinfachten Hierarchie der logischen Typen verwandt – obgleich sie in einem viel höheren Grade als diese verzweigt ist – und bildet im Grunde genommen ihr grammatikalisch semantisches Gegenstück[3].

Unter allen Bedeutungskategorien lassen sich zwei Arten unterscheiden, die wir als Grundkategorien und Funktoren-Kategorien bezeichnen wollen.(Die Bezeichnung »Funktor« stammt von Kotarbiński, der Begriff und der Terminus »Grundkategorie« von mir.) Wir sind leider nicht im Stande, diese Begriffe mit leidlicher Genauigkeit zu definieren. Eine Verständigung darüber, um was es sich dabei handelt, läßt sich aber leicht erzielen. »Funktor« heißt dasselbe wie »Funktionszeichen«. Es ist also das »ungesättigte Zeichen«, das »Klammern neben sich führt«. Funktoren-Kategorien sind jene Bedeutungskategorien, zu welchen Funktoren gehören. Grundkategorie will ich jede Bedeutungskategorie nennen, die keine Funktorkategorie ist.

Aus der oben angegebenen Definition der Bedeutungskategorie folgt unmittelbar, daß zwei beliebige Sätze zu derselben Bedeutungskategorie gehören. Sätze sind selbstverständlich keine Funktoren, die Bedeutungskategorie der Sätze gehört also zu den Grundkategorien. Außer der Satz-Kategorie kann es auch andere Grundkategorien geben. Bei Leśniewski gibt es neben der Satzkategorie nur eine einzige Grundkategorie, nämlich die der Namen, wobei zu ihr sowohl Einzelnamen, wie auch allgemeine Namen gehören. Wenn man die vereinfachte Typentheorie mit der Theorie der Bedeutungskategorien zusammenstellen darf, so müßte man in ihr den Typus der Sätze und den Typus der Eigennamen zu den Grundkategorien zählen. Die übrigen Typen würden zu den Funktoren-Kategorien gehören. Es scheint, daß in der gewöhnlichen Sprache nicht alle Namen eine einzige Bedeutungskategorie bilden. Nach unserer Auffassung lassen sich in der gewöhnlichen Sprache unter den Namen zumindestens zwei Bedeutungskategorien unterscheiden, u. zw. die Bedeutungskategorie, zu welcher die Einzelnamen der Individuen und die allgemeinen Namen der Individuen, insofern sie *in suppositione personali* genommen werden, gehören, und zweitens die Bedeutungskategorie der allgemeinen Namen, insofern sie *in suppositione simplici* (d. h. als Namen von Universalien) auftreten.

Wollte man den Begriff der syntaktischen Konnexität in strenger Allgemeinheit fassen, so dürfte nichts über die Zahl und Art der Grundbedeutungskategorien und Funktoren-Kategorien entschieden werden, da sie in verschiedenen Sprachen verschieden sein können. Wir wollen uns aber der Einfachheit halber auf solche Sprachen beschränken, in welchen (wie bei Leśniewski) nur zwei Grundbedeutungskategorien vorkommen, und zwar die der Sätze und die der Namen. Außer diesen zweien Grundbedeutungskategorien wollen wir nach Leśniewski eine grundsätzlich nach oben uneingeschränkt und vielästige Hierarchie der Funktoren-Kategorien annehmen, die sich durch zweierlei kennzeichnen: erstens durch die Zahl und die Bedeutungskategorie ihrer Argumente nebst ihrer Ordnung, zweitens durch die Bedeutungskategorie des ganzen zusammengesetzten Ausdrucks, den sie mit ihren Argumenten bilden. Es würden also z. B. die Funktoren, welche mit einem Namen als Argument einen Satz bilden, eine abgeschlossene Bedeutungskategorie darstellen, ferner die Funktoren, welche mit zwei Namen als ihren Argumenten einen Satz bilden, eine andere Bedeutungskategorie formieren usw. Die Funktoren, welche mit einem Namen als ihrem Argument einen Namen bilden, würden sich wieder zu einer anderen Bedeutungskategorie zusammenschließen. Es wären auch satzbildende Funktoren, welche einen Satz als ihr einziges Argument annehmen (z. B. das »$\sim$«-Zeichen in der Logistik), als eine besondere Bedeutungskategorie zu nennen usw.

3. Wir nehmen an, daß durch den Sinn, den ein einzelnes Wort besitzt, seine Bedeutungskategorie bestimmt ist. Wir wollen nun den einzelnen Worten, je nach der Bedeutungskategorie, zu der sie gehören, einen Index beifügen, u. zw. den einzelnen Worten, welche zur Satz-Kategorie gehören, den einfachen Index »*s*«, den Worten, welche zur Namen-Kategorie gehören, den einfachen Index »*n*«. Den einzelnen Worten, welche zu keiner Grundkategorie, sondern zu Funktoren-Kategorien gehören, werden wir einen Index in Bruchform anschließen, der aus einem Zähler und aus einem Nenner gebildet ist, u. zw. so, daß im Zähler der Index der Bedeutungskategorie steht, zu welcher der aus dem Funktionszeichen samt seinen Argumenten zusammengesetzte Ausdruck gehört, im Nenner aber der Reihe nach die Indexe der Bedeutungskategorien auftreten, zu welchen die Argumente gehören, mit denen der Funktor zu einem sinnvollen Ganzen verschmelzen kann. So z. B. bekommt ein Wort, das mit zwei Namen als Argumenten einen Satz bildet, den gebrochenen Index $\frac{s}{nn}$. Jede Bedeutungskategorie hätte auf diese Art einen Index, der für sie charakteristisch ist. Die Hierarchie der Bedeutungskategorien würde sich in einer Index-Reihe von folgender Gestalt (beiweitem nicht vollständig) widerspiegeln:

$$s,\ n,\ \frac{s}{n},\ \frac{s}{n\,n},\ \frac{s}{n\,n\,n},\ \ldots,\ \frac{s}{s},\ \frac{s}{s\,s},\ \frac{s}{s\,s\,s},\ \ldots,\ \frac{s}{n,\,s},\ \frac{s}{s,\,n},\ \ldots,\ \frac{s}{\frac{s}{n}},\ \frac{s}{\frac{s\,s}{n\,n}},\ \ldots,$$

$$\frac{n}{n},\ \frac{n}{n\,n},\ \frac{n}{s\,n},\ \ldots,\ \frac{\frac{s}{n}}{\frac{s}{n}}\ usw.$$

Nehmen wir zur Illustrierung dieser Index-Symbolik einen Satz aus der Logistik z. B.

$$\sim p \supset p \cdot \supset \cdot p$$

und fügen den einzelnen Worten ihre Indexe bei, so erhalten wir:

$$\begin{array}{cccccc} \sim & p & \supset & p \cdot & \supset \cdot & p \\ \frac{s}{s} & s & \frac{s}{s\,s} & s & \frac{s}{s\,s} & s \end{array}$$

Will man die Indexsymbolik auf die gewöhnliche Sprache anwenden, so wird man mit den Bedeutungskategorien, die wir (nach Leśniewski) angenommen haben, nicht immer das Auslangen finden, da, wie es scheint, die gewöhnlichen Sprachen reicher an Bedeutungskategorien sind. Außerdem wird die Entscheidung darüber, zu welcher Bedeutungskategorie ein Wort zu zählen ist, durch das Schwanken des Sinns der Worte erschwert. Unsicher ist es manchmal auch, was als ein Wort behandelt werden soll. In einfachen und günstigen Fällen wird aber die oben angegebene Indexapparatur sich ziemlich gut dem Sprachgebrauche anpassen lassen, wie dies folgendes Beispiel veranschaulicht:

Der	*Flieder*	*duftet*	*sehr*	*stark*	*und*	*die*	*Rose*	*blüht.*
$\frac{n}{n}$	n	$\frac{s}{n}$	$\dfrac{\dfrac{\frac{s}{n}}{\frac{s}{n}}}{\dfrac{\frac{s}{n}}{\frac{s}{n}}}$	$\dfrac{\frac{s}{n}}{\frac{s}{n}}$	$\frac{s}{s\,s}$	$\frac{n}{n}$	n	$\frac{s}{n}$

4. Es ist nun in jedem sinnvollen zusammengesetzten Ausdruck durch irgendwelche Mittel angedeutet, welche Ausdrücke als Argumente auftreten und zu welchen als Funktoren auftretenden Ausdrücken sie gehören. Wenn der Funktor mehrere Argumente besitzt, muß es auch angedeutet sein, welches von diesen Argumenten das erste, welches das zweite usw. ist. Die Reihenfolge der Argumente spielt nämlich eine wesentliche Rolle; der Unterschied zwischen Subjekt und Prädikat oder von Vordersatz und Nachsatz eines hypothetischen Satzes sind Spezialfälle des wichtigen Unterschieds, den die Reihenfolge der Argumente schafft. Diese Reihenfolge ist also – allgemein gesprochen – nicht mit der äußeren Ordnung identisch, in welcher die Argumente im entsprechenden Ausdruck auftreten. Sie ist überhaupt, allgemein gesprochen, keine rein strukturelle, d. h. rein äußerliche Angelegenheit, sondern gründet sich auf die im Sinn gründenden Eigenschaften des ganzen Ausdrucks. Nur in den symbolischen Sprachen und in einigen gewöhnlichen Sprachen entspricht der Reihenfolge der Argumente ihre rein äußerliche Ordnung.

Zwecks Andeutung dieser mannigfachen gegenseitigen Zugehörigkeiten der Teile eines Ausdrucks greifen die symbolischen Sprachen zu Konventionen, welche die »Bindungsstärke« verschiedener Funktoren betreffen, zur Anwendung von Klammern und zu dem Mittel der Wortfolge. In der gewöhnlichen Sprache ist diese Zugehörigkeit mittels Wortfolge, Flexionsformen, Präpositionen und Interpunktionszeichen angedeutet.

Ein Wortgefüge, in welchem diese Zugehörigkeit überhaupt nicht oder nicht vollständig angedeutet ist, entbehrt eines einheitlichen Sinns.

In jedem sinnvollen zusammengesetzten Ausdruck müssen diese Zugehörigkeitsbeziehungen, welche zwischen den Funktoren und ihren Argumenten bestehen, so gestaltet sein, daß sich der ganze Ausdruck derartig in Teile zerlegen läßt, daß einer von diesen Teilen ein Funktor ist (der selbst auch ein zusammengesetzter Ausdruck sein kann), und die übrigen Teile zu ihm als seine Argumente gehören. Diesen Funktor nennen wir den Hauptfunktor dieses Ausdruckes. (Den Begriff des Hauptfunktors und die Grundidee seiner Definition verdanken wir St. Leśniewski.) In dem oben angeführten logistischen Beispiel ist das zweite Implikationszeichen der Hauptfunktor des ganzen Satzes, in dem Beispiel aus der gewöhnlichen Sprache ist das Wort *»und«* der Hauptfunktor. Läßt sich ein zusammengesetzter Ausdruck in einen Hauptfunktor und seine Argumente zerlegen, so sagen wir von einem solchen Ausdruck, er sei gut gegliedert. Den Hauptfunktor eines Ausdrucks und seine Argumente wollen wir Glieder erster Stufe dieses Ausdrucks nennen. Wenn die Glieder erster Stufe eines Ausdrucks *A* entweder schon aus einzelnen Worten bestehen oder, falls sie wieder zusammengesetzte Ausdrücke sind, selbst wieder gut gegliedert sind, und wenn man beim weiteren Herabsteigen zu den Gliedern der Glieder und zu den Gliedern der Glieder der Glieder usw., kurz zu den Gliedern *n*-ter Stufe, stets entweder auf einzelne Worte oder auf gut gegliederte Ausdrücke stößt, so nennen wir den Ausdruck *A* durchgehend gut gegliedert.

Es sei bemerkt, daß die gewöhnliche Sprache oft elliptische Ausdrücke zuläßt, wodurch in ihr manchmal ein sinnvoller zusammengesetzter Ausdruck sich nicht durchgehend gut gliedern läßt, wenn man sich nur auf die explicite in ihm enthaltenen Worte beschränkt. Die durchgehend gute Gliederung läßt sich aber leicht herstellen, wenn man die weggelassenen aber hinzuzudenkenden Worte einführt. Größere Schwierigkeiten entstehen, wenn eine Sprache, wie z. B. die deutsche, trennbare Worte zuläßt. Das Kriterium eines Wortes läßt sich dann nicht mehr rein strukturell angeben.

5. Die durchgehend gute Gliederung eines zusammengesetzten Ausdrucks ist eine zwar notwendige jedoch noch nicht ausreichende Bedingung dafür, daß der betreffende Ausdruck einen einheitlichen Sinn besitzt, daß er also ein sinnvoller Ausdruck ist. Diese Bedingung muß noch durch andere ergänzt werden. Denn damit ein durchgehend gut geliederter Ausdruck sinnvoll sei, müssen die in ihm enthaltenen und aufeinander als Funktoren und Argumente bezogenen Glieder gleicher Stufe auch zueinander passen. D. h. jedem Glied *n*-ter Stufe, das als ein Hauptfunktor des ganzen Ausdrucks beziehungsweise des Gliedes *n*-1-ter Stufe dieses Ausdrucks auftritt und ein Funktor ist, der – seiner Bedeutungskategorie gemäß – so und so vieler Argumente, die zu bestimmten Bedeutungskategorien gehören, bedarf, um mit ihnen einen sinnvollen Ausdruck zu bilden, müssen ebenso viele zu den entsprechenden Bedeutungskategorien gehörende Glieder *n*-ter Stufe als Argumente zugeordnet sein. Es müssen also z. B. einem Glied, welches zu der Bedeutungskategorie gehört, die mit dem Index $\frac{s}{ns}$ bezeichnet ist (falls es als ein Hauptfunktor auftritt), erstens zwei Argumente entsprechen und zweitens muß das erste Argument zur Bedeutungskategorie der Namen und das zweite zur Bedeutungskategorie der Sätze gehören. Einen durchgehend gut gegliederten Ausdruck, der beide oben genannte Bedingungen erfüllt, wollen wir syntaktisch konnex nennen.

Diese Bedingungen können wir nun noch anders und mehr präzis mit Hilfe unserer Index-Symbolik formulieren. Wir müssen zu diesem Zwecke den Begriff des Exponenten eines Ausdrucks einführen, den wir zunächst an einem Beispiel erläutern wollen. Nehmen wir z. B. den Ausdruck

$$p \vee p \cdot \supset \cdot p$$

und fügen den einzelnen Worten ihre Indexe bei. Wir erhalten:

$$\begin{array}{ccccc} p & \vee & p \cdot & \supset \cdot & p \\ s & \frac{s}{s\,s} & s & \frac{s}{s\,s} & s \end{array} \quad \ldots\ldots\ldots\ldots\ldots\ldots\ldots\ldots \quad (A)$$

Nun wollen wir die Glieder dieses Ausdrucks nach folgendem Prinzip ordnen. Zunächst schreiben wir den Hauptfunktor des ganzen Ausdrucks auf und dann der Reihe nach sein erstes, dann sein zweites (ev. drittes, viertes usw.) Argument. Wir erhalten dann:

$$\begin{array}{ccccc} \supset, & p & \vee & p, & p \\ \frac{s}{s\,s} & s & \frac{s}{s\,s} & s & s \end{array} \quad \ldots\ldots\ldots\ldots\ldots\ldots\ldots\ldots \quad (B)$$

Ist irgend ein Glied, welches in dieser Folge auftritt, noch immer ein aus einem Hauptfunktor und seinen Argumenten zusammengesetzter Ausdruck, so zerlegen wir dieses Glied in Glieder der nächst höheren Stufe und ordnen sie nach demselben Prinzip, indem wir zuerst den Hauptfunktor und dann sein erstes, zweites usw. Argument anführen. In unserem Beispiel bekommen wir also:

$$\begin{array}{ccccc} \supset, & \vee & p, & p, & p \\ \frac{s}{s\,s} & \frac{s}{s\,s} & s & s & s \end{array} \quad \ldots\ldots\ldots\ldots\ldots\ldots\ldots\ldots \quad (C)$$

Stünde in dieser Folge noch ein aus mehreren Worten zusammengesetztes Glied, so würden wir es nach demselben Prinzip zerlegen und wir würden das Verfahren so lange fortsetzen, bis endlich als Glieder der Folge nur einfache Einzelworte erscheinen. Eine so geordnete Folge, die aus den Worten eines Ausdrucks besteht, nennen wir die eigentliche Wortfolge dieses Ausdrucks. In unserem Beispiel ist die eigentliche Wortfolge schon im zweiten Schritt erreicht worden, d. h. *C* ist die eigentliche Wortfolge des *A*. Trennen wir jetzt von den Worten, die gemäß der eigentlichen Wortfolge eines Ausdrucks geordnet sind, ihre Indexe ab und schreiben jetzt die Indexe dieser Worte in derselben Reihenfolge auf, so bekommen wir die sogenannte eigentliche Indexfolge des betreffenden Ausdrucks.

Die eigentliche Indexfolge des Ausdrucks *(A)* hat also folgende Gestalt:

$$\frac{s}{s\,s}\,\frac{s}{s\,s}\;s\;s\;s \quad \ldots\ldots\ldots\ldots\ldots\ldots\ldots\ldots\ldots\ldots \quad (1)$$

Nun untersuchen wir, ob wir in dieser Indexfolge, von links nach rechts gehend, eine solche zusammenhängende Indexzusammenstellung finden, die an erster Stelle einen gebrochenen Index hat, auf den unmittelbar eben solche Indexe folgen, wie sie im Nenner dieses gebrochenen Index auftreten. Finden wir eine oder mehrere solche Indexzusammenstellungen, so streichen wir die erste von ihnen (von links nach rechts gerechnet) aus der Indexfolge und ersetzen sie durch den Zähler des gebrochenen Index. Die auf diese Weise erhaltene neue Indexfolge nennen wir die erste Ableitung der eigentlichen Indexfolge des gegebenen Ausdrucks *A*. Sie sieht folgendermaßen aus:

$$\frac{s}{s\ s}\,\frac{s}{s\ s}\ s\ s \quad \ldots\ldots\ldots\ldots\ldots\ldots \quad (2)$$

Diese erste Ableitung besteht aus einem gebrochenen Index, auf den unmittelbar eine gleiche Indexzusammenstellung folgt, wie die, welche den Nenner dieses gebrochenen Index bildet. Wir können sie also in der oben angegebenen Weise transformieren, indem wir von ihr die zweite Ableitung bilden, welche die Gestalt des einfachen Index

$$s \quad \ldots\ldots\ldots\ldots\ldots\ldots \quad (3)$$

hat, und, da sie keine weiteren Ableitungen besitzt, die letzte Ableitung heißen soll.

Die letzte Ableitung der eigentlichen Indexfolge eines gegebenen Ausdrucks nennen wir den Exponenten dieses Ausdrucks.

Wir wollen noch den Exponenten des auf Seite 6 angeführten, in der gewöhnlichen Sprache formulierten Satzes bestimmen. Seine eigentliche Indexfolge und ihre sukzessiven Ableitungen sehen folgendermaßen aus:

$$\frac{s}{s\ s}\ \frac{\dfrac{\frac{s}{n}}{\frac{s}{n}}}{\dfrac{\frac{s}{n}}{\frac{s}{n}}}\ \frac{\frac{s}{n}}{\frac{s}{n}}\ \frac{s}{n}\ \frac{n}{n}\ n\ \frac{s}{n}\ \frac{n}{n}\ n \qquad \textit{(eigentliche Indexfolge)}$$

$$\frac{s}{s\ s}\ \frac{\frac{s}{n}}{\frac{s}{n}}\ \frac{s}{n}\ \frac{n}{n}\ n\ \frac{s}{n}\ \frac{n}{n}\ n \quad \ldots\ldots\ldots \quad \textit{(1. Ableitung)}$$

$$\frac{s}{s\ s}\ \frac{s}{n}\ \frac{n}{n}\ n\ \frac{s}{n}\ \frac{n}{n}\ n \quad \ldots\ldots\ldots \quad \textit{(2. Ableitung)}$$

$$\frac{s}{s\ s}\ \frac{s}{n}\ n\ \frac{s}{n}\ \frac{n}{n}\ n \quad \ldots\ldots\ldots \quad \textit{(3. Ableitung)}$$

$$\frac{s}{s\ s}\ s\ \frac{s}{n}\ \frac{n}{n}\ n \quad \ldots\ldots\ldots \quad \textit{(4. Ableitung)}$$

$\frac{s}{s\,s}\; s\; \frac{s}{n}\; n$ .... *(5. Ableitung)*

$\frac{s}{s\,s}\, s s$ .... *(6. Ableitung)*

s .... *(7. und letzte Ableitung)*

Nun können wir definieren: ein Ausdruck ist dann und nur dann syntaktisch konnex, wenn 1) er durchgehend gut gegliedert ist, 2) jedem in diesem Ausdrucke in der Rolle eines Hauptfunktors irgendeiner Stufe auftretenden Funktor genau so viel Argumente zugeordnet sind, als der Nenner seines Index Buchstaben enthält, und 3) er einen Exponenten besitzt, welcher aus einem einzigen Index besteht[4]). Dieser Index mag die Gestalt eines einzelnen Buchstaben haben, er mag aber auch in Bruchgestalt auftreten. So hat z. B. der Ausdruck

$$\begin{array}{ccc} \text{duftet} & \text{sehr} & \text{schön} \\ \frac{s}{n} & \dfrac{\dfrac{\frac{s}{n}}{\frac{s}{n}}}{\dfrac{\frac{s}{n}}{\frac{s}{n}}} & \dfrac{\frac{s}{n}}{\frac{s}{n}} \end{array}$$

dessen eigentliche Indexfolge

$$\dfrac{\dfrac{\frac{s}{n}}{\frac{s}{n}}}{\dfrac{\frac{s}{n}}{\frac{s}{n}}} \qquad \dfrac{\frac{s}{n}}{\frac{s}{n}} \qquad \frac{s}{n}$$

ist, als Exponenten den gebrochenen Index

$$\frac{s}{n}$$

Als Beispiel eines syntaktisch nicht konnexen Ausdrucks führen wir folgendes Wortgefüge an:

$$\begin{array}{cccccccc} F & (\varphi) & : & \equiv & : & \sim & \varphi & (\varphi) \\ \dfrac{s}{\frac{s}{n}} & \frac{s}{n} & & \frac{s}{s\,s} & & \frac{s}{s} & \frac{s}{n} & \frac{s}{n} \end{array}$$

Seine eigentliche Indexfolge und ihre Ableitungen sind:

$$\frac{s}{s\,s}\quad \frac{s}{\frac{s}{n}}\quad \frac{s}{n}\quad \frac{s}{s}\quad \frac{s}{n}\quad \frac{s}{n}$$

$$\frac{s}{s\,s}\quad s\quad \frac{s}{s}\quad \frac{s}{n}\quad \frac{s}{n}$$

Die zweite Ableitung, welche hier zugleich die letzte ist, bildet den Exponenten, welcher wie ersichtlich aus mehreren Indexen besteht. Der angeführte Ausdruck ist also syntaktisch nicht konnex.

(Das im letzten Beispiel untersuchte Wortgefüge bildet die bekannte »Definition«, welche zur Russell'schen Antinomie der Klasse der sich selbst als Element nicht enthaltenden Klassen führt.)

Der Exponent eines syntaktisch konnexen Ausdrucks gibt die Bedeutungskategorie an, zu welcher dieser zusammengesetzte Ausdruck als Ganzes gehört.

6. Eine Symbolik, welche den einzelnen Worten ihre Indexe beifügen würde, bedürfte keiner Klammern oder sonstiger Mittel, um die Gliederung ihrer syntaktisch konnexen Ausdrücke (die gegenseitige Zugehörigkeit der Funktoren und ihrer Argumente) kenntlich zu machen. Es genügte hierzu die strenge Wahrung desselben Prinzips der Wortfolge wie jenes, nach welchem die Reihenfolge der Indexe in der eigentlichen Indexfolge eines Ausdrucks bestimmt ist. D. h. man müßte die Worte jedes zusammengesetzten Ausdrucks so ordnen, daß immer zunächst das Hauptfunktionszeichen, dann sein erstes, dann sein zweites u. s. w. Argument auf einander folgen. Der Satz z. B., der in der Russell'schen Symbolik lautet:

$$p \cdot q \cdot \supset r : \equiv : \sim r \cdot q \cdot \supset \sim p \quad \ldots\ldots\ldots\ldots\ldots\ldots \quad (A)$$

müßte nach diesem Prinzip folgendermaßen angeschrieben werden:

$$\underset{\frac{s}{s\,s}}{\equiv}\ \underset{\frac{s}{s\,s}}{\supset}\ \underset{\frac{s}{s\,s}}{.}\ \underset{s}{p}\ \underset{s}{q}\ \underset{s}{r}\ \underbrace{\overset{5}{\overbrace{\underset{\frac{s}{s\,s}}{\supset}}}\ \overbrace{\overset{3}{\overbrace{\underset{\frac{s}{s\,s}}{.}\ \underset{\frac{s}{s}}{\sim}\ \underset{s}{r}\ \underset{s}{q}}}\ \overset{4}{\overbrace{\underset{\frac{s}{s}}{\sim}\ \underset{s}{p}}}}^{1}}_{2} \quad \ldots\ldots \quad (B)$$

Wir wollen einen Funktor n-stellig nennen, wenn der Nenner seines Indexes n Indexe enthält. Wir können dann sagen: der Ausdruck A bildet dann und nur dann das k-te Argument des n-stelligen Funktors F in dem Ausdruck B, wenn sich I⁰ aus dem Ausdruck B ein lückenloser, unmittelbar an F rechts anschließender Teil T herausheben läßt, dessen Exponent dieselbe Gestalt besitzt wie der Nenner des Exponenten von F, II⁰ dieser Teil T sich derart in n lückenlose Unterteile restlos zerlegen läßt, daß die Exponenten dieser Unterteile der Reihe nach dieselben sind, wie die im Nenner des Index von F enthaltenen Indexe, III⁰ A der k-te dieser Unterteile ist und IV⁰ F mit T zusammen entweder den ganzen Ausdruck B oder ein Glied des B bilden. (Streng gefaßt müßte diese Erklärung durch eine rekurrente Definition ersetzt werden.)

Nach dieser Erklärung ist z. B. der mit *3* bezeichnete Teil des Ausdrucks *B* das erste, der mit *4* bezeichnete das zweite Argument des mit *5* bezeichneten Implikationszeichens im Ausdruck *B*. Denn I^0 läßt sich aus dem Ausdruck *B* der mit *1* bezeichnete Teil herausheben, der ein lückenloser und unmittelbar an *5* rechts anschließender ist und dessen Exponent mit dem Nenner des Index von *5* gleichgestaltig ist, und II^0 läßt sich *1* restlos in solche zwei lückenlose Unterteile spalten, deren Exponenten der Reihe nach dieselben sind wie die im Nenner des Index von *5* enthaltenen Indexe, wobei III^0 *3* der erste dieser Unterteile, *4* der zweite ist und IV^0 *5* mit *1* zusammen ein Glied des Ausdrucks *B* bilden.

Dieser Vorteil der Indexsymbolik, welche alle Klammerzeichen entbehrlich macht, mag vielleicht geringfügig erscheinen, wenn man nur Sätze aus dem Satzkalkül als Beispiele ins Auge faßt. Für den Satzkalkül hat Prof. J. Łukasiewicz eine Symbolik eingeführt, welche auch ohne Hilfe von Indexen keiner Klammern oder ähnlicher Hilfszeichen zur Kenntlichmachung der Gliederung der syntaktisch konnexen Ausdrücke bedarf[5]. Die Möglichkeit der Beseitigung der Klammern ohne Einführung von Indexen erklärt sich aber dadurch, daß es der Satzkalkül mit wenigen (in der Praxis nur mit dreien) Bedeutungskategorien zu tun hat, wobei alle Variablen zu nur einer Bedeutungskategorie gehören und die Zahl der Konstanten eine beschränkte ist, was die Bedeutungskategorie eines gegebenen Ausdrucks durch eine spezielle Gestalt der Symbole anzudeuten gestattet. Die Regeln der Gliederung lassen sich in diesem Falle auch einfach aufzählen. Hat man es aber mit einer großen, theoretisch nicht absehbaren Anzahl verschiedener Bedeutungskategorien zu tun, so muß man zu einer systematischen Kenntlichmachung dieser verschiedenen Bedeutungskategorien greifen, wie eine solche unsere Indexsymbolik darstellt.

Die bisher durchgeführten Untersuchungen beziehen sich nur auf Ausdrücke welche keine Operatoren enthalten (s. u. § 7). Jetzt wollen wir uns mit solchen Ausdrücken befassen, in welchen Operatoren enthalten sind.

II.

7. Es wurde oben vorausgesetzt, daß man ein jedes Wort der Sprache, dank dem Sinn, den es besitzt, in eine bestimmte Bedeutungskategorie einreihen und infolgedessen mit einem Index versehen kann. Nur bei Erfüllung dieser Voraussetzung darf man alle zusammengesetzten Ausdrücke nach dem Schema »Funktoren und ihre Argumente« analysieren. Nun mag vielleicht diese Voraussetzung für einige Sprachen erfüllt sein, sie scheint aber für gewisse symbolische Sprachen nicht zuzutreffen. Wir meinen hier solche Sprachen, welche sich der sogenannten Operatoren bedienen. Unter dieser Bezeichnung verstehen wir solche Zeichen, wie z. B. das logische Allgemeinheitszeichen in der Gestalt »(Πx)«, bzw. »(x)«, welches auch als Alloperator bezeichnet wird (vgl. Carnap, Abriß der Logistik. Wien 1929. S. 13), weiter das logistiche Existenzzeichen, bzw. den Existenzoperator »$(\exists x)$«, weiter das algebraische Summationszeichen »$\sum\limits_{k=1}^{10}$«, das Produktzeichen

»$\prod_{x=1}^{100}$«, das bestimmte Integralzeichen »$\int_0^1 dx$« u. s. w. Allen diesen Zeichen ist folgende Eigenschaft gemein: Sie werden immer auf einen, eine oder mehrere Variable enthaltenden Ausdruck bezogen und drücken eine oder mehrere von diesen Variablen zur Rolle einer scheinbaren Variablen herab. Wenn also ein Operator z. B. auf einen Ausdruck bezogen wird, welcher bloß eine einzige Variable enthält, so entsteht ein zusammengesetzter Ausdruck, welcher einen konstanten Wert besitzt. So haben z. B. »$(\exists x).$ *x ist ein Mensch*«, »$\sum_{x=1}^{10} x^2$« konstante Werte, obgleich in ihnen Variable vorkommen. Diese Variablen werden also durch den Operator zu scheinbaren Variablen herabgesetzt, oder wie man auch sagt, diese Variablen werden durch den Operator »gebunden«.

Nun ist es eben die Zerlegung eines Ausdrucks, der einen Operator enthält, also z. B. eines generellen Satzes »$(\Pi x).fx$« in Funktoren und ihre Argumente, deren Bedeutungskategorien einander angepaßt wären, die auf unüberwindliche Schwierigkeiten zu stoßen scheint.

Ohne in den inneren Aufbau des zusammengesetzten Operators »(Πx)« einzudringen, wollen wir zunächst die naheliegende Auffassung des syntaktischen Aufbaus des generellen Satzes »$(\Pi x).fx$« zurückweisen, nach welcher in einem solchen Satz der Operator »(Πx)« die Rolle des Hauptfunktors und die zu ihm gehörige Satzfunktion die Rolle seines Arguments spielte. Wäre dies die richtige syntaktische Analyse des generellen Satzes, so müßte man den Alloperator »(Πx)« zu jenen Funktoren rechnen, welche mit einem Satze als ihrem Argument einen Satz bilden, also zur $\frac{s}{s}$-Kategorie gehören. Dem gegenüber ist aber zu erwägen, daß in einer extensionalistischen Logik ein $\frac{s}{s}$-Funktor ein Wahrheitsfunktor (truth functor) sein muß. Sein Verlauf muß also einer der vier Tabellen entsprechen:

p	f_1p
0	0
1	1

p	f_2p
0	1
1	0

p	f_3p
0	1
1	1

p	f_4p
0	0
1	0

Mit anderen Worten, wäre der Alloperator ein $\frac{s}{s}$-Funktor, so müßte der Satz

$$(\Pi x).fx$$

entweder 1) mit »fx«, oder 2) mit »$\sim fx$« äquivalent sein, oder 3) er müßte unabhängig von »x« immer wahr, oder 4) immer falsch sein. Alle diese Fälle sind aber ausgeschlossen. In einer extensionalistischen Logik darf also der »(Πx)«-Operator nicht als ein $\frac{s}{s}$-Funktor aufgefaßt werden. Da er aber mit einem Satz »fx« zusammen einen Satz bildet, so kann er auch kein anderer Funktor sein. Nun drängt sich aber der Gedanke auf, daß der syntaktische Aufbau eines generellen Satzes

$$(\Pi x) \, . \, fx$$

auch anders als vorhin gedeutet werden kann. Vielleicht ist nicht »Πx« der Hauptfunktor in diesem Satz und »fx« sein Argument, sondern es mag vielleicht das »Π«-Zeichen der Hauptfunktor und *»x«* sein erstes, *»fx«* dagegen sein zweites Argument sein. Es wäre dann der generelle Satz in folgender Form richtig anzuschreiben:

$$\Pi\,(x,\ fx).$$

Da *»x«* zu verschiedenen Bedeutungskategorien gehören kann, so müßte auch »Π« typikalisch vieldeutig sein. Wenn z. B. *»x«* zur Namenskategorie gehört und *f* zur $\frac{s}{n}$-Kategorie, so müßte Π zur $\frac{s}{n\,s}$-Kategorie gehören. Gehörte aber *»x«* zur Satzkategorie und *»f«* zur $\frac{s}{s}$-Kategorie, so müßte »Π« zur $\frac{s}{s\,s}$-Kategorie gehören, damit »Π *(x, fx)«* ein Satz sei. In diesem Fall müßte »Π« in einer extensionalistischen Logik ein zweistelliger Wahrheitsfunktor sein, müßte also einer von den bekannten 16 Tabellen für zweistellige Wahrheitsfunktoren entsprechen. Es läßt sich aber leicht zeichen, daß dies ebenfalls mit der Bedeutung des generellen Satzes *»(Πx) . f x«* unvereinbar ist.

Es gelingt also weder auf die erste noch auf die zweite Weise, den syntaktischen Aufbau des generellen Satzes nach dem Schema der Funktoren und Argumente zu deuten.

8. Für eine Variable, auf die sich in einem anerkannten Satz ein Operator erstreckt (der nicht als Alloperator ein Hauptglied des ganzen Satzes bildet), darf nichts eingesetzt werden. Dies ist der Sinn der »Scheinbarkeit« bzw. »Gebundenheit« der Variablen. Ganz entgegengesetzt verhalten sich diesbezüglich die Funktoren.

Legt man also schon die nichtbindende Rolle in den Begriff des Funktors und die bindende in den Begriff des Operators hinein, so sieht man unmittelbar ein, daß ein Operator nicht zu den Funktoren gezählt werden kann.

Als ein sekundärer Unterschied zwischen einem Funktor und einem Operator wäre noch anzuführen, daß ein Funktor auch als Argument eines anderen Funktors auftreten, ein Operator dagegen niemals Argument eines Funktors sein kann.

Trotz der genannten Unterschiede besteht aber zwischen einem Operator und einem Funktor eine Ähnlichkeit. Ein Operator kann mit einem Ausdruck, auf den er sich bezieht, ebenso wie ein Funktor mit seinen Argumenten, ein zusammengesetztes mit einheitlichem Sinn ausgestattetes Ganzes bilden. Man könnte also auch den Operatoren Indexe beifügen, die aber von den Indexen, die wir den Funktoren zugeordnet haben, zu unterscheiden wären, und zwar aus dem Grunde, weil sie in der Bestimmung des Exponenten nicht genau so wie die Funktorenindexe zu behandeln sind. Da nämlich ein Operator niemals Argument sein kann, so darf auch sein Index nicht mit einem in der eigentlichen Indexfolge oder in ihren Ableitungen ihm vorangehenden Index verschmelzen, sondern muß immer mit den auf ihn folgenden Indexen zusammengefaßt werden. Wir schlagen also für Operatorenindexe die Gestalt eines entsprechenden Bruches vor, dem links ein senkrechter Strich beigefügt ist. Der Alloperator *»(Πx)«* erhielte also, da er mit einem Satz einen Satz bildet, den Index $\left|\frac{s}{s}\right.$.

Wir ordnen dem Operator als Ganzem im vorhinein einen Index zu, obgleich der Operator aus mehreren Worten zu bestehen scheint. Wir verletzen aber hierdurch nicht das Prinzip, daß ein Index nur einem Einzelwert im vorhinein zuzuordnen sei und Indexe für zusammengesetzte Ausdrücke nur als Exponenten (d. h. als letzte Ableitungen ihrer Indexfolge) in Betracht kommen. Denn ein Operator darf nicht als ein aus mehreren Worten bestehender Ausdruck behandelt werden. Im Grunde genommen ist der Operator ein aus mehreren Buchstaben zusammengesetztes Einzelwort. Es gibt auch Schreibarten für Operatoren, bei welchen dies klar zum Vorschein kommt. So schreibt z. B. Prof. Scholz »$\tilde{x}$« für »(Πx)«. Auch bei der üblichen Schreibweise, in welcher man »(x)« statt »(Πx)« oder »Πx« statt »(Πx)« schreibt, kommt der Einzelwortcharakter des Operators zum Vorschein.

9. Enthält ein Ausdruck einen Operator, so muß sein Exponent in einer von der oben angegebenen abweichenden Weise berechnet werden. Denn würden wir mit den Operatorindexen ebenso verfahren wie mit den Funktorenindexen, so könnte es geschehen, daß man den Operatorindex mit einem ihm vorangehenden Index verschmelzen ließe, was, wie bereits erwähnt, unzulässig ist.

Nehmen wir z. B. folgenden Ausdruck:

$$\begin{array}{llll} F & .\,\Pi x & .\,x & \ldots\ldots\ldots\ldots\ldots\ldots \quad (A) \\ \frac{\frac{s}{n}}{\frac{s}{s}} & \left|\frac{s}{s}\right. & n & \end{array}$$

Würden wir seinen Exponenten nach der früher angegebenen Vorschrift bilden, so würden wir folgende Ableitungen erhalten:

$$1°)\quad \frac{\frac{s}{n}}{\frac{s}{s}} \left|\frac{s}{s}\right. n, \qquad 2°)\quad \frac{s}{n}\, n, \qquad 3°)\quad s$$

Es würde sich also der Satzindex als Exponent ergeben, während doch offenbar der Ausdruck *A* einen syntaktischen Unsinn darstellt.

Die neue Vorschrift für Bildung des Exponenten eines Ausdrucks verlangt, daß zunächst jener Teil seiner eigentlichen Indexfolge, welcher mit dem am weitesten nach rechts vorgeschobenen senkrechten Strich beginnt, getrennt behandelt werde, u. zw. daß für diesen Teil, der nur am Anfang einen gestrichenen Index hat, nach der früheren Vorschrift die letzte Ableitung ermittelt werde. Dabei wird der gestrichene Index ebenso wie nicht gestrichene Indexe behandelt, d. h. z. B., für

»$\left|\frac{s}{s}\right. s$« wird ebenso wie für »$\frac{s}{s}\, s$« der Index »s« gesetzt, und ähnlich in anderen Fällen.

Ist die letzte Ableitung dieser Teilindexfolge berechnet, so wird diese Ableitung an Stelle der Teilindexfolge in die ganze Indexfolge eingesetzt. Dabei sind zwei Fälle zu unterscheiden. Entweder hat sich bei der Berechnung der letzten Ableitung der Teilindexfolge der an ihrer Spitze stehende gestrichene Index aufgelöst (d. h. bei der Bildung der *n*-ten Ableitung aus der *n−1*-ten wurde er in der n−1-ten Ableitung samt den auf ihn folgenden Indexen durch seinen Zähler ersetzt) oder nicht.

Wenn der zweite Fall eintritt, d. h. der die Teilindexfolge beginnende gestrichene Index keine Auflösung erfährt, machen wir halt und erklären die infolge Ersetzung der abgetrennten Teilindexfolge durch ihre letzte Ableitung umgewandelte ganze Indexfolge für die letzte Ableitung der ganzen eigentlichen Indexfolge des untersuchten Ausdrucks, also auch für seinen Exponenten.

Tritt aber der erste Fall ein, d. h. löst sich der die Teilindexfolge eröffnende gestrichene Index auf, so verschwindet sein senkrechter Strich aus der ganzen Indexfolge und die Zahl aller ihrer senkrechten Striche hat sich um einen verkleinert. Das Verfahren wird in diesem Fall nach derselben Vorschrift weiter fortgesetzt. Diese Fortsetzung dauert solange an, bis entweder irgend ein gestrichener Index keine Auflösung mehr erfährt, oder bis alle gestrichenen Indexe verschwunden sind und wir zu einer strichlosen Indexfolge gelangen, die keine weitere Ableitung mehr zuläßt. Die als letzte Etappe dieses Verfahrens erreichte Indexfolge bezeichnen wir als letzte Ableitung der anfänglichen eigentlichen Indexfolge des untersuchten Ausdrucks und als seinen Exponenten. Wir wollen dieses neue Verfahren an dem Beispiel des folgenden Ausdrucks aufweisen:

$$(\Pi f g) : . (\Pi x) . f\; x \;\supset\; g\; x : \;\supset\; : (\Pi x) . f\; x \;.\; \supset \;.\; (\Pi x) . g\; x \quad \ldots\ldots \quad (A)$$
$$\Big|\frac{s}{s} \qquad \Big|\frac{s}{s} \quad \frac{s}{n}\, n \quad \frac{s}{s\,s} \quad \frac{s}{n}\, n \quad \frac{s}{s\,s} \quad \Big|\frac{s}{s} \quad \frac{s}{n}\, n \quad \frac{s}{s\,s} \quad \Big|\frac{s}{s} \quad \frac{s}{n}\, n$$

Seine eigentliche Indexfolge hat die Gestalt

$$\Big|\frac{s}{s} \quad \frac{s}{s\,s} \Big|\frac{s}{s} \quad \frac{s}{s\,s} \quad \frac{s}{n}\; n \;\frac{s}{n}\; n \quad \frac{s}{s\,s} \Big|\frac{s}{s} \quad \frac{s}{n}\; n \Big|\frac{s}{s} \quad \frac{s}{n}\; n \quad \ldots\ldots\ldots\ldots \quad (I)$$

Wir bilden zunächst die letzte Ableitung des rechts vom letzten senkrechten Strich stehenden Teils:

$$1)\; \Big|\frac{s}{s} \quad \frac{s}{n}\, n, \qquad\qquad 2)\; \Big|\frac{s}{s}\; s \qquad\qquad 3)\; s$$

Nun ersetzen wir in *I* den durch den letzten Strich abgetrennten Teil durch seine letzte Ableitung und wir haben nun um einen Strich weniger. Wir erhalten auf diese Weise:

$$\Big|\frac{s}{s} \quad \frac{s}{s\,s} \Big|\frac{s}{s} \quad \frac{s}{s\,s} \quad \frac{s}{n}\, n \,\frac{s}{n}\, n \quad \frac{s}{s\,s} \Big|\frac{s}{s} \,\frac{s}{n}\, n \; s \quad \ldots\ldots\ldots\ldots\ldots\ldots \quad (II)$$

Mit *II* verfahren wir in derselben Weise wie mit *I* und erhalten

$$\Big|\frac{s}{s} \quad \frac{s}{s\,s} \Big|\frac{s}{s} \quad \frac{s}{s\,s} \,\frac{s}{n}\, n \,\frac{s}{n}\, n \,\frac{s}{s\,s} \quad s \;\; s \quad \ldots\ldots\ldots\ldots\ldots\ldots \quad (III)$$

das in derselben Weise weiter behandelt wird. Es wird also die letzte Ableitung des durch den letzten Strich in *III* abgetrennten Teils ermittelt. Da dies ein längeres Verfahren ist, führen wir es durch:

$$\Big|\frac{s}{s}\ \frac{s}{ss}\ \frac{s}{n}\ n\ \frac{s}{n}\ n\ \frac{s}{ss}\ s\ s \quad \ldots\ldots\ldots\ldots \quad (1)$$

$$\Big|\frac{s}{s}\ \frac{s}{ss}\ s\ \frac{s}{n}\ n\ \frac{s}{ss}\ s\ s \quad \ldots\ldots\ldots\ldots \quad (2)$$

$$\Big|\frac{s}{s}\ \frac{s}{ss}\ s\ s\ \frac{s}{ss}\ s\ s \quad \ldots\ldots\ldots\ldots \quad (3)$$

$$\Big|\frac{s}{s}\ s\ \frac{s}{ss}\ s\ s \quad \ldots\ldots\ldots\ldots \quad (4)$$

$$\Big|\frac{s}{s}\ s\ s \quad \ldots\ldots\ldots\ldots \quad (5)$$

$$s\ s \quad \ldots\ldots\ldots\ldots \quad (6)$$

Diesen Wert setzen wir für den durch den letzten Strich in III abgetrennten Teil ein und erhalten

$$\Big|\frac{s}{s}\ \frac{s}{ss}\ s\ s \quad \ldots\ldots\ldots\ldots \quad (IV)$$

Die letzte Ableitung der zurückgebliebenen Indexfolge errechnen wir leicht als

$$s.$$

Die auf diese Weise ermittelte letzte Ableitung der anfänglichen Indexfolge bildet den Exponenten des Ausdrucks *(A)*.

Als ein anderes Beispiel untersuchen wir einen Fall, in welchem sich nicht alle gestrichenen Indexe auflösen. Nehmen wir z. B. den Ausdruck

$$\begin{array}{cccccccc} (\Pi x)\,. & f & x & :\ \supset\ : & (\Pi x)\,. & g & (x, & z) \\ \Big|\frac{s}{s} & \frac{s}{n} & n & \frac{s}{ss} & \Big|\frac{s}{s} & \frac{n}{nn} & n & n \end{array}$$

Seine eigentliche Indexfolge ist

$$\frac{s}{ss}\ \Big|\frac{s}{s}\ \frac{s}{n}\ n\ \Big|\frac{s}{s}\ \frac{n}{nn}\ n\ n \quad \ldots\ldots\ldots\ldots \quad (I)$$

Wir bilden die letzte Ableitung ihres durch den letzten Strich abgetrennten Teiles. Sie hat die Gestalt

$$\Big|\frac{s}{s}\ n$$

Dabei hat sich aber der gestrichene Index nicht aufgelöst. Infolgedessen wird der letzte Strich nicht fortgelassen, und die letzte Ableitung von *I*, also auch der Exponent von *B*, hat die Gestalt

$$\frac{s}{s\,s} \Big| \frac{s}{s}\ \frac{s}{n}\ n \Big| \frac{s}{s}\ n$$

Der Ausdruck *B* hat also nicht nur einen einzelnen Index zum Exponenten.

Wir haben jetzt die Methode der Bildung des Exponenten für Operatoren enthaltende Ausdrücke kennengelernt. Es ist klar, daß sie die vorher besprochene Methode, die wir für operatorenfreie Ausdrücke angegeben haben, als Spezialfall in sich enthält. (Man müßte nur in ihrer Formulierung von »eventuell« vorkommenden gestrichenen Indexen sprechen.) Wir könnten jetzt die früher angeführte Definition der syntaktischen Konnexität wörtlich wiederholen und sie würde jetzt auch für Ausdrücke gelten, welche Operatoren enthalten.

10. Bei operatorenfreien Ausdrücken deckt sich ihre syntaktische Konnexität mit ihrer syntaktischen Korrektheit. Bei solchen Ausdrücken aber, in welchen Operatoren vorkommen, muß sich an diese syntaktische Konnexität noch die Erfüllung einer weiteren Bedingung schließen. Diese Bedingung verlangt, daß in dem Argument eines jeden Operators, d. h. in dem Ausdruck, auf welchen sich der Operator bezieht[6], jeder durch die Gestalt des Operators angezeigten Veränderlichen eine innerhalb dieses Arguments nicht gebundene gleichgestaltete Variable entspricht. Erst wenn diese Bedingung erfüllt ist, ist der syntaktisch konnexe, mit Operatoren behaftete Ausdruck auch syntaktisch korrekt.

III.

11. Wir haben die bindende Rolle der Operatoren als die ihnen eigentümliche und sie von den Funktoren unterscheidende Eigenschaft bezeichnet. Das Binden einer oder mehrerer Variablen ist die allen Operatoren gemeinsame Eigenschaft. Außer dieser bindenden Rolle spielen verschiedene Operatoren noch andere Rollen, durch welche sie sich unterscheiden. Es gibt aber einen Operator, dessen Rolle sich im Binden einer oder mehrerer Variablen erschöpft. Ein solcher Operator scheint das von Whitehead und Russell eingeführte Circumflexzeichen »ˆ« zu sein. Russell verwendet das Circumflexzeichen zwecks Unterscheidung von dem, was er den »unbestimmten Wert einer Funktion« nennt, und dem, was er als »die Funktion selbst« bezeichnet. Wenn »fx« den unbestimmten Wert einer Funktion symbolisiert, so stellt »$f\hat{x}$« diese Funktion selbst vor. Bei näherer Betrachtung zeigt es sich aber, daß das, was Russell den »unbestimmten Wert einer Funktion« nennt, dasselbe ist wie das, was man sonst als »Wert der abhängigen Veränderlichen« bezeichnet. Dagegen ist das, was Russell »die Funktion selbst« nennt, keine Variable, sondern etwas Konstantes. Ein näheres Eindringen in die Erläuterungen, mit deren Hilfe Russell den Begriff der »Funktion selbst« erklärt, führt auf die Vermutung, daß er mit dieser Bezeichnung dasjenige treffen will, was wir als objektives Korrelat eines Funktors bezeichnen würden. Es ist also $f\hat{x}$ dasselbe wie f und die Symbole »$f\hat{x}$« und »f« bezeichnen dasselbe. Wenn diese Auffassung richtig ist, so kann man das Circumflexzeichen zu den Operatoren rechnen, denn seine Rolle besteht im »Streichen« bzw. »Binden« einer Variablen. Es wäre noch zu erwähnen, daß mit Hilfe des Circumflexzeichens mehrere Variable in einem

Ausdruck gleichzeitig gebunden werden können. So stellt z. B. »$f\hat{x}\hat{y}$« den Funktor »f« zweier Argumente dar.

In den einfachsten Fällen, wo das Circumflexzeichen auf sämtliche Argumente des Hauptfunktors des ganzen Ausdrucks aufgesetzt wird, also z. B. in den schematischen Beispielen »fx« oder »$f\hat{x}\hat{y}$«, übt das Circumflexzeichen dieselbe Wirkung aus wie ein Strich, mit dessen Hilfe die akzentuierte (d. h. die mit dem Circumflexzeichen versehene) Variable durchstrichen und auf diese Weise ausgemerzt würde. Werden aber nicht alle Argumente des Hauptfunktors des ganzen Ausdrucks akzentuiert, so kann die Rolle des Circumflexzeichens nicht mehr mit derjenigen eines gewöhnlichen Strichs verglichen werden. So stellt z. B. »$\hat{p} \supset .a . \sim a$« (dabei soll »$a$« ein konstanter Satz sein) einen $\frac{s}{s}$-Funktor »f« vor, für welchen folgende Äquivalenz gilt:

$$f\mathrm{p}. \equiv . \mathrm{p} \supset . a . \sim a$$

Man sieht sofort, daß das Negationszeichen an Stelle des »f« dieser Äquivalenz genügt. Das »$\hat{p} \supset . a . \sim a$« bedeutet also dasselbe wie » $\sim$ «. Dagegen stellt » $\supset . a . \sim a$«, das mit »$\mathrm{p} \supset . a . \sim a$« bei durchgestrichenem »p« gleichbedeutend ist, keinen $\frac{s}{s}$-Funktor dar; es ist überhaupt kein syntaktisch konnexer Ausdruck.

12. Gehört der ganze Ausdruck, innerhalb dessen das Circumflexzeichen auf eine Variable angewendet wird, zur Satzkategorie, so finden wir in der Russell'schen Symbolik ein anderes Zeichen, mit dem das Circumflexzeichen gleichgesetzt werden kann. Es ist das Präfix $(\hat{x})$, welches zu der Bildung der Klassensymbole verwendet wird, bzw. die Präfixe $(\hat{x}, \hat{y})$, die man bei den Relationssymbolen verwendet. Denn wenn »fx« eine Satzfunktion darstellt, so bezeichnet das Symbol »$(\hat{x}) . fx$« (wenn man von gewissen Komplikationen absieht, welche durch die Zulassung von intentionalen Funktionen entstehen, die aber von Russell in der zweiten Auflage der Principia fallen gelassen wurde) dasselbe wie der Funktor »f«, also auch dasselbe wie »$f\hat{x}$«. Dasselbe läßt sich auch bezüglich der Bedeutungsgleichheit der Symbole »$(\hat{x}\hat{y}) . fxy$« und »$f\hat{x}\hat{y}$« sagen.

Wir wollen uns der Präfixe $(\hat{x})$ bzw. $(\hat{x}\hat{y})$ auch in solchen Fällen bedienen, in welchen der Ausdruck, auf welchen sie sich beziehen, nicht zur Satzkategorie gehört, so daß wir allgemein für die »$f\hat{x}$«Symbole »$(\hat{x}) . fx$« schreiben dürfen und die »$f\hat{x}\hat{y}$«-Symbole durch »$(\hat{x}\hat{y}), fxy$« ersetzen können. Die abgeänderte Schreibweise des Circumflexoperators hat den Vorteil, daß durch sie der ganze Ausdruck, auf welchen sich die Circumflexoperation ausdehnt, deutlich gekennzeichnet werden kann, während dies bei der früheren Schreibweise nicht möglich war, was in komplizierten Fällen zu Mehrdeutigkeiten führen konnte. Außerdem gestattet uns die neue Schreibweise, die Circumflexoperation mehrmals sukzessive auf einen Ausdruck anzuwenden, also »$(\hat{x}) : (\hat{y}) . fxy$« zu schreiben, was nicht dasselbe wie »$(\hat{x}\hat{y}) . fxy$« (in der früheren Schreibweise »$f\hat{x}\hat{y}$«) ist. In der neuen Schreibart tritt auch der Charakter des Circumflexsymbols als eines Operators deutlicher zu Tage.

13. Das Circumflexsymbol $(\hat{x})$ (bzw. $(\hat{x}\hat{y})$ u. s. w.) erhält als Operator in unserer Indexsymbolik einen gestrichenen Index. Da aber die Circumflex-Operatoren auf Ausdrücke verschiedener Bedeutungskategorien angewendet werden können

und sie überdies zu Ausdrücken verschiedener Bedeutungskategorien umbilden, so erhalten die Circumflexsymbole nicht immer denselben gestrichenen Index.

Die allgemeine Worterklärung des (einstelligen) Circumflexoperators lautet folgendermaßen: Ein Operator »$(\hat{x})$«, bezogen auf eine Variable X in einem Ausdruck A, bildet mit diesem Ausdruck einen Funktor, der mit der Variablen X als seinem Argument einen dem Ausdruck A äquivalenten Ausdruck bildet. Dies kann man durch folgendes Beispiel veranschaulichen, in welchem der Ausdruck A die Gestalt »fx« und die Variable X die Gestalt »x« hat:

$$(\hat{x})\ .\ fx : x.: \ \equiv\ .\ fx.$$

Aus Obigem erhellt, daß wenn der Ausdruck A, auf welchen sich der Operator bezieht, den Exponenten »E_1« und Die Variable X den Index »E_2« hat, der Operator den gestrichenen Index

$$\left| \frac{\frac{E_1}{E_2}}{E_1} \right.$$

haben muß. Je nachdem, welche Indexe für »E_1« und »E_2« einzusetzen sind, wird der gestrichene Index des Circumflexoperators verschiedene Gestalt annehmen.

Analog verhält es sich bei den mehrstelligen Circumflexoperatoren.

Wie bereits erwähnt, scheint sich die Rolle des Circumflexoperators im Binden der Variablen zu erschöpfen. Die der anderen Operatoren reicht aber weiter. Nun haben wir den Hauptunterschied zwischen einem Funktor und einem Operator darin erblickt, daß ein Operator die bindende Rolle spielt, welche ein Funktor nicht leistet. Dadurch wird der Gedanke nahegelegt, daß sich vielleicht die Rolle der nicht nur bindenden Operatoren in zwei Teile zerlegen läßt, wobei die bindende Rolle des Operators durch den Circumflexoperator, die andere aber durch einen Funktor erfüllt wird. Führen wir z. B. den Funktor »Π« ein, dem wir den Index $\frac{s}{\frac{s}{n}}$ verleihen, d. h. den wir als einen solchen Funktor syntaktisch auffassen, welcher mit einem $\frac{s}{n}$-Funktor als seinem Argument einen Satz bildet. Hierbei fügen wir noch folgende Worterklärung dieses Funktors hinzu: »$\Pi(f)$« wird an der Stelle des »f« durch alle und nur solche $\frac{s}{n}$-Funktoren erfüllt, welche mit jedem Namen einen *wahren* Satz bilden. Es gilt also:

$$\Pi(f). \equiv .(\Pi x).\ fx.$$

Wir wollen einen solchen Funktor Universalfunktor nennen. Durch den Universalfunktor könnten wir also den Alloperator überall dort ersetzen, wo wir für die Satzfunktion, auf welche sich der (Πx)-Operator bezieht, einen Funktor angeben könnten, der mit der Variablen, welche von dem Operator gebunden wird, als seinem Argument einen dieser Satzfunktion äquivalenten Ausdruck bildet. Dies kann uns aber der Circumflexoperator immer leisten. Denn »$(\hat{x}).\ fx$« ist eben ein solcher für die Satzfunktion »fx« gesuchter Funktor, in welcher Gestalt immer diese Satzfunktion auch auftreten mag. Wir können also für »$(\Pi x).\ fx$« immer $\Pi((\hat{x}).\ fx)$ schreiben. Auf diese Weise würde sich die Rolle des Alloperators durch eine Kombination der Rolle des Universalfunktors und des Circumflexoperators ersetzen lassen. Wir brauchen es nicht speziell zu betonen, daß es nicht nur einen Universalfunktor, sondern deren mehrere geben wird, die sich in ihrer Bedeutungskategorie unterscheiden, je nach der Bedeutungskategorie des Funktors, den sie als ihr Argument annehmen. Dank der Äquivalenz

$$\Pi(f). \equiv. (\Pi x). fx$$

läßt sich der Universalfunktor leicht mit Hilfe des Alloperators definieren. Seine Definition stößt aber auf unüberwindliche Schwierigkeiten, wenn man sich in ihr nicht des Alloperators bedienen will. Nach unserer Meinung könnte jedoch die Definition des Universalfunktors einen Ersatz in der Angabe von Schlußregeln, die sich auf seine deduktive Verwendung beziehen, finden. Das »Π«-Symbol wäre also mit offenem Visir als ein primäres Zeichen in die Logik eingeführt und hätte eine klarere Stellung in dem System dieser Wissenschaft als der eingeschmuggelte Alloperator, der weder zu den definierten noch zu den primären Zeichen der Logik gehört.

Es wäre dann aber der Circumflexoperator entweder zu definieren oder er müßte nach Art des Alloperators in die Logik eingeschmuggelt werden. Wir wollen hier dieses Dilemma nicht entscheiden. Sollte es aber beim Einschmuggeln des Circumflexoperators bleiben, so erlauben wir uns die Vermutung auszusprechen, daß sich vielleicht dieser Schmuggel besser bezahlt machen würde, denn es besteht die Möglichkeit, daß sich alle anderen Operatoren, deren es in den deduktiven Wissenschaften eine Menge gibt, durch den Circumflexoperator und durch entsprechende Funktoren ersetzen lassen werden. Und es würde nach unserer Meinung einen nicht zu verachtenden Vorteil darstellen, wenn man überall mit einer einzigen Art von Operatoren, nämlich mit den Circumflexoperatoren, das Auslangen finden könnte.

1 Dr. Phil. Stanisław Leśniewski, Grundzüge eines neuen Systems der Grundlagen der Mathematik (Sonderabdruck aus d. XIV. Bande, d. Fundamenta Mathematicae. Warszawa 1929.) S. 13. f., S. 67 f. (Vgl. Beitrag 10 in diesem Band.) Wir entlehnen von Leśniewski nur die Grundidee der Bedeutungskategorien und ihrer Arten. Für den Wortlaut der von uns vorgeschlagenen diesbezüglichen Definitionen und Erklärungen, wie auch für die Details des Inhalts, den wir diesem Begriffe geben, darf aber Leśniewski nicht verantwortlich gemacht werden, da er seine Definitionen nicht allgemein, sondern für seine spezielle Symbolik, in einer ganz anderen, höchst präzisen, rein strukturellen Weise aufstellt.

2 Edmund Husserl, Logische Untersuchungen, Zweiter Band. I. Theil. Zweite, umgearbeitete Auflage. Halle a. d. S. 1913, SS. 294, 295, 305–312, 316–321, 326–342.

3 R. Carnap, Abriß der Logistik. Wien 1929. S. 30. – A. Tarski, Pojęcie prawdy w językach nauk dedukcyjnych. Warszawa 1933, S. 67. Deutsche Übersetzung A. (31).

4 Die Erfüllung der ersten und dritten Bedingung sichert die syntaktische Konnexität noch nicht. Denn z. B. »$\sim (\varphi, \varkappa)$« ist nicht syntaktisch konnex

$$\frac{s}{s}\ \frac{s}{n}\ n$$

obgleich dieser Ausdruck durchgehend gut gegliedert ist, und sein Exponent, den wir auf folgende Weise ermitteln:

$$\begin{array}{l} \frac{s}{s}\ \frac{s}{n}\ n \\ \frac{s}{s}\ s \\ s \end{array}$$

ein einfacher Index ist.

5 Vgl. Jan Łukasiewicz, Philosophische Bemerkungen zu mehrwertigen Systemen des Aussagenkalküls. Warszawa 1930. (Comptes rendus des Séances de la Société des Sciences et des Lettres de Varsovie. XIII, Cl. III). Vgl. Beitrag 7 in diesem Band.

6 Streng genommen sollte man nicht vom »Argument« eines Operators sprechen, sondern statt dessen etwa das Wort »Operand« verwenden. Unsere früheren sich auf die »gute Gliederung« eines Ausdrucks beziehenden Bemerkungen müssen offenbar auch auf die Operator-Operand-Beziehungen erstreckt werden.

Kazimierz Ajdukiewicz

Über die Anwendbarkeit der reinen Logik auf philosophische Probleme

Ich möchte das im Titel dieses Referats erwähnte Problem zunächst am Beispiel der Beziehung zwischen dem logischen Extensionalismus und dem psychophysischen Identitätsproblem erläutern.

In dem Identitätsproblem handelt es sich darum, ob die psychischen Erscheinungen und die mit ihnen unabtrennbar verknüpften physischen Erscheinungen miteinander identisch sind oder nicht. Wir fassen dies Problem hier nicht so auf, daß wir fragen, ob jede psychische Erscheinung mit einer physischen identisch sei, denn wir kümmern uns hier nicht, ob es für eine jede psychische Erscheinung eine von ihr unabtrennbare physische gibt. Wir fragen nur, ob, falls eine psychische Erscheinung mit einer physischen unzertrennlich verbunden ist, jene psychische Erscheinung mit dieser physischen identisch sei.

Wollen wir zunächst eine Mehrdeutigkeit des Ausdrucks »Erscheinung« beachten. Man kann die Tatsache, daß ich hier jetzt spreche, eine Erscheinung nennen. Man kann aber das Sprechen überhaupt ebenfalls mit dem Namen »eine Erscheinung« belegen. Wenn ich die Tatsache, daß ich hier jetzt spreche, eine Erscheinung nenne, so verstehe ich unter »Erscheinung« einen Sachverhalt, der darin besteht, daß einem Individuum die Eigenschaft des Sprechens zu einer bestimmten Zeit und an einem bestimmten Ort zukommt. Nenne ich aber das Sprechen überhaupt eine Erscheinung, so nenne ich jetzt »eine Erscheinung« gerade diese Eigenschaft, deren Vorkommen an einem Gegenstand ich vorhin eine Erscheinung genannt habe. Wir werden des weiteren das Wort »Erscheinung« nur in der zweiten Bedeutung verwenden; statt »Erscheinung« in der ersten Bedeutung werden wir uns des Wortes »Ereignis« bedienen.

Infolge der angezeigten Doppeldeutigkeit des Wortes »Erscheinung« gibt es nicht eine, sondern zwei Identitätsthesen, je nachdem es sich in ihnen um die Identität der psychischen und der physischen Ereignisse, d. h. Sachverhalte, oder um die Identität psychischer und physischer Erscheinungen, d. h. Eigenschaften, handelt.

Die obige Analyse ist nicht die einzig mögliche. Sie wurde unter der Voraussetzung durchgeführt, daß der Mensch ein »object« im Whitehead'schen Sinn ist, und die physischen resp. psychischen Erscheinungen nicht zu demselben logischen Typus wie er selbst gehören. Es besteht aber noch die Möglichkeit, den Menschen als einen Whitehead'sches »event« aufzufassen, d. h. als einen vierdimensionalen raumzeitlichen Körper. Man könnte dann auch die physischen bzw. psychischen Erscheinungen des Menschen ebenfalls als »events« auffassen. Sie wären dann raumzeitliche Stücke des »events« Mensch und gehörten zu demselben logischen Typus wie er selbst. Wäre also der Mensch, als »event« aufgefaßt, vom Typus des Individuums, so würden seine physischen und psychischen Erscheinungen ebenfalls Individuen sein. Bei dieser Auffassung des Menschen und seiner Erscheinungen läßt sich kein Zusammenhang zwischen dem Extensionalismus und dem psycho-physischen Identitätsproblem aufzeigen. Wir wollen aber diese ziemlich fernliegende Auffassung beiseite lassen und uns auf die zuerst erwähnte beschränken.

Nun gibt es auch nicht eine, sondern mehrere Extensionalitätsthesen, die in ontologische und semantische Thesen zerfallen. Eine der ontologischen Extentionalitätsthesen besagt in logischen Symbolen:

$$\varphi x \underset{x}{\equiv} \psi x . \supset . F\varphi \underset{F}{\equiv} F\psi$$

Sie ist angesichts der Leibniz'schen Definition der Identität folgender Formel äquivalent:

$$\varphi x \underset{x}{\equiv} \psi x . \supset . \ \varphi = \psi$$

Diese Formel pflegt man in der gewöhnlichen Sprache so zu paraphrasieren: Zwei umfangsgleiche Eigenschaften sind identisch. Die zweite ontologische Extensionalitätsthese lautet:

$$p \equiv q . \supset . \ Fp \underset{F}{\equiv} Fq$$

Wenn man die Identitätsdefinition auch auf Sätze erstreckt, kann man die obige These in folgende Formel umgestalten: $p \equiv q . \supset . p = q$, die sprachlich paraphrasiert folgendes besagt: zwei äquivalente Sachverhalte sind identisch.

Wir bezeichneten die obigen Extensionalitätsthesen als ontologische Thesen, von welchen die semantische Extensionalitätsthese zu unterscheiden ist. Die letztere erklärt, daß alle Funktionszeichen einer gegebenen Sprache Zeichen extensionaler Funktionen sind, d. h. solcher Funktionen, welche eine ontologische Extensionalitätsthese erfüllen. In der obigen Gestalt ist diese These unbestimmt, solange nicht die Sprache, von welcher in ihr die Rede ist, näher bestimmt wird.

Nun ist es für den ersten Blick evident, daß die beiden oben erwähnten Auffassungen der Identitätsthese Spezialfälle der beiden oben angeführten ontologischen Extensionalitätsthesen bilden. Denn sind zwei umfangsgleiche Eigenschaften immer identisch, dann muß auch jede Eigenschaft, welche eine psychische Erscheinung ist, mit der ihr umfangsgleichen, d. h. von ihr unabtrennbaren Eigenschaft, welche eine physische Erscheinung ist, identisch sein.

Derselbe Zusamenhang besteht zwischen der zweiten, die Sachverhalte, bzw. Sätze betreffenden Extentionalitätsthese und der zweiten, die Ereignisse (zum Unterschied zu den Erscheinungen) betreffenden Identitätsthese. Aus der genannten Extensionalitätsthese folgt die Identität psychischer und physischer Ereignisse. Es folgt aus ihr noch mehr, u. zw. die Identität aller faktischen Ereignisse überhaupt.

Daraus scheint es mit voller Klarheit zu folgen, daß die Extensionalitätsthese nach sich die Identitätsthese als Konsequenz zieht, obgleich man die Extensionalitätsthese verneinen kann und sich trotzdem zur Identitätsthese bekennen.

Das Extensionalitätsproblem ist vom Boden der modernen formalen Logik, die sich mathematische Logik oder Logistik nennt, aufgewachsen. Es hat sich nämlich gezeigt, daß die für den ersten Blick plausible Annahme der Existenz intentionaler Funktionen, d. h. solcher, für welche die Extensionalitätsthese nicht gilt, weitgehende Komplikationen in dem Aufbau gewisser Teile der Logik nach sich zieht. Aus diesem Grund haben die Logiker das Extensionalitätsproblem ihrer Analyse unterzogen. Als faktisches Resultat dieser Analyse ergab sich die Tatsache, daß die Mehrheit der heutigen Logiker zu Anhängern einer extensionalistischen Logik wurden.

Wenn wir eine Logik als extensionalistisch bezeichnen, so kann es zweierlei bedeuten. Es kann erstens heißen, daß in der Sprache dieser Logik nur solche Funktionszeichen auftreten, welche Zeichen extensionaler Funktionen sind. Zweitens aber kann dies bedeuten, daß unter den Thesen dieser Logik die ontologischen Extensionalitätsthesen sich befinden.

Darf sich nun ein Philosoph, der sich zu einer extensionalistischen Logik bekennt, auf die Extensionalitätsthese beim Lösen seiner philosophischen Probleme, die in der gewöhnlichen Sprache formuliert sind, berufen? Dies Recht glauben wir ihm absprechen zu müssen. Denn besteht der Extensionalismus jener Logik darin, daß in ihrer Sprache keine intentionalen Funktionszeichen auftreten, so folgt daraus keineswegs, daß auch in der gewöhnlichen Sprache, in welcher der Philosoph seine Probleme aufstellt, keine intentionalen Funktionszeichen vorkommen.

Ist aber die von dem Philosophen angenommene Logik in dieser Bedeutung extensionalistisch, daß sie die Extensionalitätsthese als eine Behauptung enthält, so darf er nicht in diese These für die in ihr enthaltenen veränderlichen Funktionszeichen Ausdrücke aus der gewöhnlichen Sprache einsetzen. M. a. W. nimmt der Philosoph eine Logik an, in welcher »$\varphi x \underset{x}{\equiv} \psi x . \supset . \varphi = \psi$« als These auftritt, so darf er nicht für »φ« z. B. »denken«, für »ψ« – »sprechen« einsetzen und auf diesem Wege zur Folgerung gelangen; wenn x dann und nur dann denkt, wenn x spricht, so ist das – Denken – dasselbe wie das – Sprechen. Diesen Gebrauch dürfte der Philosoph von den logischen Theoremen nicht machen, ohne dadurch den Sinn dieser Theoreme zu verändern. Die bestehende Logik ist nämlich eine reine und keine angewandte Logik; d. h., zum Umfang der in den Theoremen der Logik auftretenden Variablen gehören als Werte nur solche Ausdrücke, welche sich aus den logischen Konstanten und Variablen aufbauen lassen. Daraus folgt, daß aus den Theoremen der reinen Logik durch Substitution nur solche Konsequenzen rechtmäßig gezogen werden dürfen, welche durch Einsetzung von Ausdrücken, die allein aus logischen Konstanten und Variablen aufgebaut sind, aus diesen Theoremen entstehen. Die Ausdrücke »denken« oder »sprechen« sind aber keineswegs aus bloß logischen Konstanten und Variablen aufgebaut, infolgedessen dürfen diese Ausdrücke nicht in die Theoreme der reinen Logik eingesetzt werden. Aus der logischen Extensionalitätsthese darf also die psycho-physische Identitätsthese nicht abgeleitet werden.

Die obigen Bemerkungen erstrecken sich auf alle Theoreme der reinen Logik. Man darf sie nicht außerhalb ihres Geltungsbereiches verwenden. Nicht einmal ein konkreter Syllogismus: »Wenn alle Menschen sterblich sind und Sokrates ein Mensch ist, so ist Sokrates sterblich« darf sich auf die reine Logik berufen.

Die scheinbare Anwendung der Logik auf die sprachlich formulierten philosophischen Probleme besteht also nicht darin, daß aus den Sätzen der Logik berechtigte Schlüsse zur Lösung jener Probleme durch zulässige Substitution gezogen werden. Das Verfahren, welches den Anschein solcher Anwendung besitzt, besteht im Grunde darin, daß in der gewöhnlichen Sprache Sätze aufgestellt werden, welche eine mit den logischen Sätzen isomorphe Struktur haben, also gewisse Paraphrasen der logischen Sätze darstellen, und in welchen die Variablen ein anderes Anwendungsgebiet als die entsprechenden logischen Variablen haben. Erst aus diesen Paraphrasen lassen sich durch Substitution Konsequenzen für sprachlich formulierte philosophische Probleme ziehen. Es besteht ein dringendes Bedürfnis eines Systems solcher Sätze, denn erst sie würden die Logik der gewöhnlichen Sprache bilden. Da aber jene Sätze sprachliche Paraphrasen der verallgemeinerten logischen Sätze darstellen, bedürfen sie einer Rechtfertigung, welche sie nicht aus der bestehenden Logik schöpfen können. Diese Rechtfertigung können sie entweder aus der Bedeutungsanalyse der in ihnen enthaltenen Worte auf dem Boden der gewöhnlichen Sprache als analytische Sätze schöpfen. Eine solche Rechtfertigung dürfte sich der phänomenologischen Methode bedienen. Oder aber könnten jene Sätze ihre Rechtfertigung dadurch erhalten, daß man sie zum Rang von Postulaten erhebt, welche unbekümmert um den Sinn der Worte, welchen sie in der gewöhnlichen Sprache gehabt haben, diesen Worten eine arbiträre Bedeutung erteilen. Dieses zweite Verfahren, das dem Muster der formalisierten axiomatischen Methode entspricht, scheint uns das bei weitem mehr verheißende zu sein als das phänomenologische, das aber jedenfalls zunächst versucht werden sollte. Man darf aber nicht verschweigen, daß bei Anwendung dieser Methode die Worte der Sprache eine andere Bedeutung, als sie zuerst hatten, erhalten können und daß infolgedessen mit denselben Worten vielleicht nicht mehr dieselben Probleme getroffen werden. Dies müßte aber nicht unter allen Umständen zu bedauern sein.

Kazimierz Ajdukiewicz

Die Definition

Das Referat soll einen Beitrag zum philosophischen Wörterbuch liefern; es handelt sich nämlich um eine Präzisierung derjenigen Begriffe, welche der Praxis des Definierens halbbewußt die Richtung geben und welche den sog. Definitionsregeln, die man in den logischen Systemen aufstellt zugrundeliegen. Es handelt sich also in erster Linie um die Definition der Definition.

Es gibt aber verschiedene methodologische Verfahrensweisen, welche mit dem Namen »Definition« bezeichnet werden. Wollen wir also zunächst unter den verschiedenen Definitionsbegriffen den fundamentalen herausfinden, welcher den anderen zugrundeliegt. Dies ist der relative Begriff der Definition des Wortes *W* in Bezug auf die Sprache *S*, den wir jetzt erklären wollen.

D ist eine Definition des Wortes *W* in Bezug auf die Sprache *S* dann und nur dann, wenn 1° *D* ein Satz oder eine Gruppe von Sätzen einer von *S* verschiedenen Sprache *S'* ist, 2° *W* kein Wort der Sprache *S* ist, 3° durch *D* die syntaktische Rolle des Wortes *W* festgestellt wird und 4° jeder aus den Worten der Sprache *S* und aus dem Worte *W* aufgebaute Ausdruck, welcher syntaktisch ein Satz ist, sich mit Hilfe der in der Sprache *S* geltenden Schlußregeln und Thesen und mit Hilfe von *D* in einen Satz der Sprache *S* übersetzen läßt.

Einer Erläuterung bedarf der hier verwendete Begriff einer Übersetzung; er kann weiter oder enger gefaßt werden. Wir verwenden ihn hier in seiner weitesten Fassung, in welcher er sich mit der sog. inferentiellen Äquivalenz, das heißt mit der gegenseitigen Ableitbarkeit, deckt. Wir sagen nämlich, daß der Satz *A* sich mit Hilfe der Umformungsregel *U* und der Sätze *C* in den Satz *B* übersetzen läßt, wenn sich aus den Sätzen *A*, *C* nach den Regeln *U* der Satz *B* und aus den Sätzen *B*, *C* nach denselben Regeln der Satz *A* ableiten läßt. Die Definition kann dabei entweder die Rolle eines das zu definierende Wort enthaltenden Satzes spielen oder sie kann den Namen dieses Wortes, nicht aber dieses Wort selbst, enthalten. Im ersten Fall schließt sich die Definition den Thesen der Sprache, auf welche sie sich bezieht, an, im zweiten Fall bereichert sie die Schlußregeln dieser Sprache. Enthält die Definition das zu definierende Wort selbst, so kann sie als innersprachliche Definition bezeichnet werden, enthält sie bloß den Namen dieses Wortes, so kann man sie als metasprachliche Definition bezeichnen. Wir finden in der Praxis der Wissenschaft sowohl inner- wie auch metasprachliche Definitionen.

Nach dem bereits Gesagten ist die Definition eines Wortes in Bezug auf eine Sprache ihrem Wesen nach ein Übersetzungsmittel. Die Definition leistet aber ihre Übersetzungsfunktion nicht allein, sondern erst zusammen mit den Thesen und Schlußregeln der Sprache, auf die sie sich bezieht. Es folgt daraus, daß man nicht allgemein eine bestimmte Form den Definitionen für alle Fälle vorschreiben kann, sondern daß die Form der Definition von den Thesen der Sprache, ihren Form- und Schlußregeln abhängt. Es läßt sich leicht durch Beispiele belegen, daß Definitionen von gewisser Form, die in Bezug auf eine Sprache ihre Übersetzungsfunktion leisten, in Bezug auf anders geartete Sprachen unzulässig sind. Jede Wissenschaft, die ihre Sprache mit Sorgfalt aufbaut, z. B. jede streng nach axiomatischer Methode verfahrende Wissenschaft, stellt also Regeln für das Definieren auf, deren Aufgabe es ist, solche Form ihren Definitionen vorzuschreiben, dank welcher sie, im Zusammenhang mit den Thesen und Schlußregeln der Sprache, die von ihr verlangte Übersetzungsfunktion erfüllt.

Die Regeln des Definierens haben aber nicht die alleinige Aufgabe, den Definitionen die Erfüllung ihrer Übersetzungsrolle zu verbürgen, und lassen sich von diesem Gesichtspunkt allein nicht vollständig verstehen. Die Definitionsregeln sollen nämlich außerdem den Definitionen ihre Widerspruchsfreiheit verbürgen. Wir sagen: eine Definition ist in Bezug auf eine Sprache widerspruchsfrei, wenn sich aus den Thesen der Sprache nach den ihr eigentümlichen Schlußregeln und mit Hilfe der Defintion kein Widerspruch ableiten läßt, falls er sich ohne Hilfe der Definition nicht hat ableiten lassen.

Oft, wenn auch nicht immer, trachtet man außerdem, durch die Regeln des Definierens schöpferische Definitionen auszuschließen. Eine Definition heißt in Bezug auf eine Sprache schöpferisch, wenn sich ein Satz dieser Sprache aus ihren Thesen nach ihren Schlußregeln mit Hilfe der Definition ableiten läßt, der ohne ihre Hilfe unableitbar ist.

Dieselben Gründe, die eine allgemeine Formbestimmung der Definitionen unmöglich machen, welche ihnen die Erfüllung der Übersetzungsbedingung verbürgen würde, verhindern auch eine ganz allgemeine Angabe formaler Bedingungen für ihre Widerspruchsfreiheit und ihren nichtschöpferischen Charakter. In unseren Ausführungen, welche sich nicht auf eine bestimmte Sprache beschränken wollen, können diese Bedingungen nur so angegeben werden, daß man sie von der veränderlichen Struktur der Sprache abhängig macht. Wir wollen uns daran im weiteren Verlauf halten.

Für die Erfüllung der Übersetzungsbedingung ist die sog. Normalform der Definition hinreichend. Es kann sowohl von der Normalform der inner- wie auch der metasprachlichen Definitionen die Rede sein. Hier beschränken wir uns aber nur auf die innersprachlichen.

Die Normalform einer innersprachlichen Definition ist je nach der Sprache, auf die sich die Definition bezieht, verschieden. Man kann sie aber allgemein durch folgende Merkmale charakterisieren: Damit eine Defintion des Wortes *W* in Bezug auf die Sprache *S* die Normalform habe, muß sie *erstens* eine auf Grund der Schlußregeln und Thesen der Sprache *S* eliminierende Gleichheit sein. D. h. sie muß ein Satz sein, dessen Hauptfunktor »*R*« das Zeichen einer symmetrischen und transitiven Relation ist und die Eliminationsbedingung erfüllt, d. i. es muß sich auf Grund der Thesen der Sprache *S* aus »*aRb*« und einem beliebigen aus den Worten der Sprache *S* und dem Ausdruck »*a*« gebildeten Satze *Z* nach den Schlußregeln der Sprache *S* der Satz ableiten lassen, der aus *Z* durch Einsetzung des Ausdrucks »*b*« für den Ausdruck »*a*« entsteht. Die beiden Argumente des Gleichheitszeichens »*R*« heißen »Seiten« der Definition. *Zweitens* muß eine und nur eine Seite der Definition (das sog. Definiendum) das zu definierende Wort enthalten, die andere Seite muß ein Ausdruck der Sprache *S* sein, d. h. es muß der

Circulus in Definiendo vermieden werden. *Drittens* muß das Definiendum das zu definierende Wort *W* im allgemeinsten Kontext enthalten, d. h. es muß jeder Satz, der aus den Worten der Sprache *S* und dem Worte *W* gebildet werden kann, sich aus dem Definiendum resp. aus einer Substitution des Definiendum nach den Formregeln der Sprache *S* aufbauen lassen. Diese drei Eigenschaften: 1° die Gestalt einer eliminierenden Gleichheit, 2° Vermeidung des Circulus und 3° der allgemeinste Kontext des Definiendum sind für die Normalform charakteristisch.

Es ist leicht zu sehen, daß die Normalform für die Erfüllung der Übersetzungsbedingung hinreicht. Sie ist aber dafür nicht unentbehrlich; wir kennen Definitionen, die als solche die Übersetzungsbedingung erfüllen aber nicht die Normalform besitzen: die Kettendefinition ist zwar eine eliminierende Gleichheit, vermeidet aber nicht den Circulus; die Definition durch Abstraktion enthält im Definiendum das zu definierende Wort nicht im allgemeinsten Kontext; die rekursive Definition ist überhaupt keine Gleichheit; nichtsdestoweniger erfüllen sie die Übersetzungsbedingung in Bezug auf Sprachen, welche die gewöhnliche Logik voraussetzen. Man kann sich davon auf diesem Wege überzeugen, daß man aus ihnen auf Grund der gewöhnlichen Logik eine Normaldefinition des durch sie definierten Wortes ableitet. Die Normalform, bzw. die Ableitbarkeit der Normalform ist also hinreichend für die Erfüllung der Übersetzungsbedingung.

Wir gehen zu den Bedingungen der Widerspruchsfreiheit über. Normaldefinitionen, deren Definiendum allein aus dem zu definierenden Wort besteht, sind immer widerspruchsfrei. Dagegen können andere Normaldefinitionen zum Widerspruch führen. Um ein allgemeines hinreichendes Kriterium der Widerspruchsfreiheit der Definition aufzustellen, das nicht nur auf Normaldefinitionen anwendbar ist, wollen wir voraussetzen, daß das zu definierende Wort *W* in Bezug auf die Schlußregeln der betreffenden Sprache irrelevant ist. Dies soll heißen, daß sooft sich aus irgend einem Satze Z_w, der das Wort *W* enthält, ein Satz P_w nach den Schlußregeln der Sprache ableiten läßt, sich aus jedem Satze Z_x, der aus Z_w durch Ersetzung von *W* durch einen beliebigen Ausdruck *X* entsteht, nach denselben Schlußregeln ableiten läßt, welcher, falls P_w das Wort *W* nicht enthält, mit P_w identisch ist, sonst aber durch Einsetzung von *X* für *W* aus P_w entsteht. Diese Voraussetzung ist fast immer erfüllt, denn das zu definierende Wort ist fast immer für die Schlußregeln der Sprache irrelevant. Nehmen wir nun an, eine Defintion des Wortes *W* in Bezug auf die Sprache *S* wäre nicht widerspruchsfrei, es ließe sich also aus den Thesen der Sprache *S* und dieser Definition nach den Schlußregeln der Sprache *S* ein Widerspruch ableiten. Ist das Wort *W* aber für die Schlußregeln der Sprache irrelevant, so folgt daraus, daß sobald sich aus den Thesen der Sprache *S* und der Definition des Wortes *W* ein Widerspruch ergibt, sich ein Widerspruch auch aus den Thesen dieser Sprache und einem beliebigen Satze, welcher aus der Definition durch Einsetzung irgend eines Ausdrucks für das definierte Wort entsteht (und den man Beispiel der Definition nennt), ableiten läßt. Daraus erhellt, daß die Ableitung eines Beispiels der Definition als Beweis ihrer Widerspruchsfreiheit genügt.

Ein Beispiel genügt auch um zu zeigen, daß eine Definition nicht schöpferisch ist. Ist nämlich eine Definition des Wortes *W* in Bezug auf die Sprache *S* schöpferisch, so läßt sich aus den Thesen *T* der Sprache *S* und aus der Definition D_w ein

Satz *Z* der Sprache *S* ableiten, der aus den Thesen der Sprache *S* allein nicht folgt. Es muß sich dann aber aus den Thesen *T* und einem Satze D_x, der aus der Definition durch Ersetzung des Wortes *W* durch ein beliebiges Wort *X* entsteht, derselbe Satz *Z* ebenfalls ableiten lassen, weil ja – laut Voraussetzung – das Wort *W* für die Schlußregeln irrelevant ist. Leitet man also aus den Thesen *T* irgendein Beispiel der Definition ab, so wird dadurch gezeigt, daß jeder Satz *Z* der Sprache *S*, der aus den Thesen *T* und der Definition D_w ableitbar ist, aus den Thesen *T* allein schon folgt, daß also die Definition nicht schöpferisch ist.

Wir wollen jetzt die Unterscheidung zwischen den sog. Wort- und Sachdefinitionen besprechen. Diese Unterscheidung wird zwischen den innersprachlichen Definitionen gemacht. Die Begriffe der Wort- bzw. Sachdefinition bedürfen einer noch weitergehenden Relativisierung als der allgemeine Begriff der Definition; sie müssen nämlich auf eine Schichtung der Sprache bezogen werden.

Betrachten wir eine Sprache, die durch einige explicite angenommenen und nicht abgeleiteten Sätze, d. h. durch ihre Axiome, durch einige Definitionen, durch die Regeln zur Bildung sinnvoller zusammengesetzter Ausdrücke und durch ihre Schlußregeln charakterisiert ist. Die Thesen der Sprache, die aus den erwähnten explizite angenommenenen und aus allen aus ihnen nach den Schlußregeln ableitbaren Sätzen bestehen, teilen wir nach folgendem Prinzip in Schichten ein: zur ersten Schicht zählen wir die Axiome, zu jeder anderen Schicht rechnen wir alle Sätze der unmittelbar vorhergehenden Schicht und außerdem nur noch einen Satz, der entweder aus den Sätzen der unmittelbar vorhergehenden Schicht nach den Schlußregeln ableitbar ist oder eine Definition eines Wortes in Bezug auf die Sprache der unmittelbar vorhergehenden Schicht darstellt. Ein und dieselbe Sprache läßt sich nach diesem Prinzip auf verschiedene Weise in Schichten einteilen, denn ein Satz, der bei einer gewissen Schichtung eine Definition in bezug auf die letzte Schicht, in der er noch nicht erscheint, ist, kann bei einer anderen Schichtung aus den Sätzen der letzten ihn noch nicht enthaltenden Schicht nach den Schlußregeln ableitbar sein.

Den Begriff der Schichtung einmal eingeführt wollen wir erklären: *D* ist eine Wortdefinition innerhalb der Sprache *S* relativ zu ihrer Schichtung *U* dann und nur dann, wenn *D* eine These der Sprache *S* ist, die bei der Schichtung *U* eine Definition in Bezug auf die Sprache der letzten Schicht, in der *D* noch nicht erscheint, ist. Dagegen wollen wir sagen: *D* ist eine Sachdefinition innerhalb der Sprache *S* relativ zur Schichtung *U*, wenn *D* eine Definition in Bezug auf einen Teil der Sprache *S* ist und wenn sie relativ zu der Schichtung *U* keine Wortdefinition ist.

Es ist sofort ersichtlich, daß die oben besprochene Schichtung der Nummernfolge der Thesen eines deduktiven Systems entspricht. Sie entspricht auch der zeitlichen Folge, in welcher bei der graduellen Entwicklung unseres Wissens immer neue Behauptungen auftreten. Wenn wir die besprochene Schichtung zeitlich auffassen, so ist die Sachdefinition ein Satz, den wir zu jener Zeit aufstellten, als wir bereits in unserer Sprache alle in ihm vorkommenden Worte schon besaßen und als wir ihn nicht mehr als eine die Bedeutung eines Wortes festsetzende Konvention einführen durften, sondern ihn beweisen mußten. Eine Sachdefinition ist aber nichtsdestoweniger dazu geeignet, einen Teil der Sätze unserer Sprache, die ein bestimmtes Wort enthalten, in andere Sätze der Sprache, in welchen dieses Wort nicht vorkommt, zu übersetzen, und hätte vielleicht – dank dieser ihrer Eigenschaft – bei einer anderen Reihenfolge, in welcher wir unsere Erkenntnisse erworben hätten, als eine Konvention eingeführt werden können.

Sowohl Wort- wie Sachdefinitionen sind also in dem am Anfang erläuterten Sinne Definitionen eines Wortes in Bezug auf eine Sprache, nämlich in Bezug auf einen Teil der Sprache, innerhalb welcher sie relativ zu einer ihrer Schichtung Wort- resp. Sachdefinitionen sind. Davon ob sie Wort- oder Sachdefinitionen sind, entscheidet nicht ihre Form und nicht ihre inferentiellen Beziehungen zu anderen Sätzen der Sprache, sondern die Art und Weise, wie wir zu ihnen gelangten.

Es besteht ein Vorurteil bezüglich der Wortdefinitionen, wonach sie weder wahr noch falsch, sondern bequem oder unbequem seien. Diese Ansicht ist vollkommen unrichtig. Wahrheit und Falschheit sind erstens nicht absolute, sondern relative Attribute der Sätze, die ihnen nur relativ zu einer Sprache zukommen. Nun ist eine Wortdefinition weder wahr noch falsch relativ zur Sprache, auf die sie sich bezieht, sondern sie ist in ihr sinnlos. Dasselbe läßt sich aber auch von den Sachdefinitionen sagen: sie sind ebenfalls relativ zur Sprache, auf die sie sich beziehen, sinnlos. Dagegen relativ zur Sprache, zu welcher die Wortdefinition gehört und rücksichtlich deren Schichtung sie eben als eine Wortdefinition anzusprechen ist, ist die Wortdefinition als eine These dieser Sprache immer wahr. Sachdefinitionen sind relativ zu einer solchen Sprache, zu der sie gehören, auch immer wahr oder falsch. Sie müssen aber weder Thesen noch wahre Sätze jener Sprache sein; sie können auch falsche Sätze abgeben. Man spricht dann von zu engen oder zu weiten Definitionen usw. Aus diesem Grunde müssen Sachdefinitionen bewiesen werden, während Wortdefinitionen eines Beweises nicht bedürfen. Sie bedürfen nur einer Untersuchung, ob sie widerspruchslos und überhaupt erwünscht sind oder nicht. Es besteht also kein Unterschied zwischen den Wort- und Sachdefinitionen bezüglich ihrer Wahrheit bzw. Falschheit, sondern nur bezüglich ihrer Beweisbedürftigkeit.

Ich glaube somit die wichtigsten Begriffe, die mit der Lehre von der Definition zusammenhängen, besprochen zu haben. Die von uns vorgeschlagenen Formulierungen entbehren noch in manchen Punkten der nötigen Präzision, die sie haben sollten und könnten. Der knappe Raum, der uns hier zur Verfügung stand, soll manches entschuldigen.

Kazimierz Ajdukiewicz

Erkenntnistheorie und Semiotik

I. Die weltanschauliche Bedeutung der Erkenntnistheorie liegt vor allem in den aus ihren Ergebnissen gezogenen Schlußfolgerungen, die die Welt als Objekt der Erkenntnis betreffen. Eine solche weltanschauliche Schlußfolgerung aus erkenntnistheoretischen Erwägungen ist der metaphysische Idealismus, welcher der von uns zu erkennenden Welt das »unabhängige Sein«, wie man zu sagen pflegt, abspricht, und sie zu einem Gedankenkorrelat (psychologisch oder logisch verstanden) herabsetzt, wobei er meistens die Begründung aus der Erkenntnistheorie ableitet.

Das Ziel des Aufsatzes ist die Prüfung der Frage, ob metaphysische Schlußfolgerungen aus erkenntnistheoretischen zulässig sind. Hierbei stützen wir uns auf eine Analogie zwischen der Erkenntnistheorie und der Sprachtheorie, d. h. der Semiotik. In der Semiotik ist eine ähnliche Frage, nämlich ob und unter welchen Bedingungen man aus Sätzen über die Sprache Sätze als Schlußfolgerungen ableiten kann, die außersprachliche Gegenstände betreffen, über die man mittels dieser Sprache spricht, bereits bis zum gewissen Grade geklärt worden. Diese Frage ist geklärt worden im Laufe der Untersuchung von Bedingungen, unter denen die Aufstellung der sog. adäquaten Definition der Wahrheit, resp. der adäquaten Definition der Bezeichnung, möglich ist. Unter einer adäquaten Definition des wahren Satzes versteht man eine solche Definition des Terminus »der wahre Satz«, aus der Konsequenzen folgen, wie z. B. der Satz: »Die Sonne scheint« ist dann und nur dann wahr, wenn die Sonne scheint; der Satz: »Hans ist älter als Peter« ist dann und nur dann wahr, wenn Hans älter als Peter ist.

Unter einer adäquaten Definition der »Bezeichnung« versteht man eine Definition, aus der Konsequenzen folgen, wie z. B. der Name »Mensch« bezeichnet x dann und nur dann, wenn x ein Mensch ist.

Die adäquate Definition der Wahrheit, ähnlich wie die adäquate Definition der Bezeichnung, erlaubt es, von Aussagen über Ausdrücke zu Aussagen über Gegenstände, die diese Aussagen betreffen, überzugehen. Dank der adäquaten Definition des Wortes »wahr« kann man z. B. aus dem Satz: Der Satz »die Sonne scheint« ist wahr, den Schluß ziehen, daß die Sonne scheint. Dieser Übergang ist jedoch erst dann möglich, wenn die Logik der Sprache über Mittel verfügt, die adäquaten Definitionen von Begriffen, wie der Begriff des wahren Satzes oder der Begriff der Bezeichnung, aufbauen zu können.

Zur Aufstellung der adäquaten Definition der Wahrheit und der Bezeichnung muß die Logik der Sprache über ein Vokabular verfügen, das nicht nur die Namen für die durch sie untersuchten Ausdrücke, sondern auch die Ausdrücke dieser Sprache selbst erhält. Die Sprache, deren sich die Semiotik bedient, und die als solche immer die Namen für die untersuchten Ausdrücke beinhalten muß, heißt gewöhnlich Metasprache, die untersuchte Sprache dagegen heißt Objektsprache. Die oben genannte Bedingung der Aufstellung der adäquaten Definition der

Wahrheit und der Bezeichnung kann man also auch folgendermaßen formulieren: Die Logik der Sprache kann die adäquate Definition der Wahrheit und die adäquate Definition der Bezeichnung nur unter der Bedingung aufstellen, daß die von der Logik der Sprache verwendete Metasprache auch die Objektsprache umfaßt. Der Bereich der Logik der Sprache (Semiotik), der eine Metasprache verwendet, welche auch die Objektsprache als Teil der Metasprache umfaßt, heißt Semantik. Der Bereich der Logik der Sprache dagegen, die eine Metasprache verwendet, welche die Objektsprache nicht umfaßt, heißt Syntax. Die adäquate Definition der Wahrheit und die adäquate Definition der Bezeichnung sind also innerhalb der Semantik, nicht aber innerhalb der Syntax möglich. Von daher ist auch der Übergang zu einer Aussage, welche die Gegenstände betrifft, von einer, welche die sich auf diese Gegenstände beziehenden Ausdrücke betrifft, nur in der Semantik, nicht aber in der Syntax möglich.

Diese Bedingung, welche die Verwendung der die Ausdrücke betreffenden Aussagen möglich macht, um Aussagen über die Dinge zu erreichen, auf die sich diese Ausdrücke beziehen, kann man, per analogiam, aus dem Bereich der Logik der Sprache auf den parallelen Bereich der Erkenntnistheorie übertragen. Dabei ist (in Form einer Vermutung) folgender Satz zu formulieren: In der Erkenntnistheorie kann man die die Gedanken betreffenden Sätze verwenden, um Schlußfolgerungen über die Dinge zu ziehen, auf welche sich diese Gedanken beziehen; dieses jedoch unter der Bedingung, daß man von Anfang an eine Sprache verwendet, die nicht nur über die Namen dieser Gedanken, sondern auch über Ausdrücke für die Dinge verfügt, auf die sich diese Gedanken beziehen.

Im Hinblick auf diesen, sich auf die Analogie zur Logik der Sprache stützenden Satz steht vor den Philosophen, die sich mit der Erkenntnistheorie befassen, folgende Alternative: Der Philosoph kann erstens in seiner erkenntnistheoretischen Reflexion, von Anfang an, auf die Objektsprache verzichten und nur die Sprache der im weitesten Sinne verstandenen Syntax verwenden, d. i. eine Sprache, die nur die Namen für die Ausdrücke der Objektsprache oder Namen für Gedanken, die die Bedeutung dieser Ausdrücke ausmachen, umfaßt. Der Erkenntnistheoretiker, der bei dieser Sprache ansetzt, ist nicht im Stande – wenn der oben formulierte Satz richtig ist – Aussagen der Objektsprache zu erreichen, d. i. Aussagen über die Gegenstände der Erkenntnis, die der Erkenntnistheoretiker untersucht. Der Philosoph kann zweitens in seiner erkenntnistheoretischen Reflexion, von Anfang an, neben der Sprache der Syntax auch die Objektsprache verwenden. In diesem Falle muß er die dieser Sprache eigenen Kriterien beachten. Die in der Objektsprache formulierten Fragen wird er dann nach denselben Regeln entscheiden müssen, nach welchen sie der allein auf die Dinge orientierte Denker (Wissenschaftler) entscheidet, der sich nicht mit Erkenntnistheorie beschäftigt.

Der Philosoph, der den zweiten Weg wählt, muß Realist werden, der, in Übereinstimmung mit den Naturforschern, behaupten wird, daß Gebäude, Bäume, Berge usw. existieren, wobei er diese Behauptung wörtlich versteht, d. h. so, wie sie auch die Naturforscher verstehen, die die Objektsprache sprechen.

Sich auf die Analogie zu den Ergebnissen semiotischer Untersuchungen stützend, wäre zu erwarten, daß bei der Wahl des ersten Weges, d. h. bei der Annahme der Sprache der Syntax als Ausgangspunkt, der Philosoph in seiner Untersuchung keine Aussagen der Objektsprache, also Aussagen über Dinge, die Gegenstand seiner erkenntnistheoretischen Aktivität sind, auf eine korrekte Weise erreichen kann. Im besonderen wird er also auch weder eine Verneinung, noch eine Bejahung der existentiellen Thesen der Objektsprache, in ihrem wörtlichen Sinne, erreichen. Es wäre also zu erwarten, daß unabhängig davon, welchen von den oben beschriebenen Wegen der Philosoph wählt, er nie zu Schlußfolgerungen gelangen wird, die die existentiellen Thesen der Objektsprache verneinen.

Entgegen dieser Erwartung verneinen die Idealisten diese, im wörtlichen Sinne verstandenen, Thesen und sind bereit, ihre Gültigkeit nur dann anzuerkennen, wenn man ihnen einen anderen Sinn verleiht. So ist z. B. Berkeley bereit, die These, daß Berge, Gebäude und Bäume existieren, nur dann anzuerkennen, wenn wir sie als Synonyme der Aussage verstehen, daß jemand diese oder jene Wahrnehmung empfindet. Er lehnt sie jedoch ab, wenn sie anders, d. h. im wörtlichen Sinne verstanden werden, so wie sie jemand, der ausschließlich eine Objektsprache spricht, versteht, der sie nicht erkenntnistheoretisch verwendet, sondern sie so wie ein Naturforscher versteht.

Im Hinblick auf das oben Ausgeführte kommt der Verdacht auf, daß die Idealisten zu ihrem Standpunkt auf einem falschen Wege kommen. Es scheint nämlich, daß sie von der Sprache der Syntax (in dem verallgemeinerten Sinne dieses Wortes) ausgehen, in der es keine Ausdrücke der Objektsprache gibt und sich darauf stützend eine Sprache konstruieren, die nur scheinbar Objektsprache ist, in Wirklichkeit aber, nach wie vor, nur Sprache der Syntax ist. In dieser Quasiobjektsprache begründen sie dann einige Thesen (z. B. esse = percipi), und durch eine unbewußte Mystifikation halten sie sie für Thesen der Objektsprache, in der diese Thesen offensichtlich falsch sind. Hier hat auch die Widersinnigkeit der idealistischen Thesen ihre Quelle, denn einerseits scheinen diese Thesen eine unwiderlegbare Begründung zu haben und andererseits scheinen sie wider die Vernunft zu stehen.

II. Wir werden diese Art des Vorgehens bei Berkeley analysieren, um zu erfahren, ob sie in das oben aufgestellte Schema paßt. Berkeleys Ausgangsbasis ist die Welt der psychischen Entitäten, die er Ideen nennt. In seiner Sprache treten zuerst nur die Namen der Ideen, also Namen der ersten Glieder des intentionalen Verhältnisses auf. Berkeleys sprachliche Basis ist analog zur Basis der Sprache der Syntax. In Anlehnung an diese Analogie kann man die Vermutung hegen, daß es Berkeley nicht gelingen wird, zu der Objektsprache zu gelangen, was in unserem Fall so viel bedeutet wie die Alltagssprache, der wir uns zu Hause bedienen, wenn wir über Häuser, Berge, Steine sprechen, kurz, darüber, was wir im alltäglichen Leben für wirkliche »Körper« halten. Berkeley stellt jedoch die Definition des Terminus »Körper« auf. Laut dieser Definition ist »Körper« nichts anderes als nur eine Idee oder ein System von Ideen. Schon auf den ersten Blick fällt auf, daß diese Definition den Autor nicht über den Bereich der ersten Glieder des intentionalen Verhältnisses hinausführt und also keinen Übergang von der Sprache der Syntax (im erweiterten Sinne dieses Begriffes) zu der Objektsprache herstellt. Diese Definition führt zwar den Begriff »Körper« ein, der gleichlautend mit dem Begriff der Objektsprache ist, sie verleiht ihm aber eine solche Bedeutung, daß er nach wie vor ein Begriff der Sprache der Syntax (im erweiterten Sinne) bleibt. In Wirklichkeit ist der Sinn, den Berkeley dem Begriff »Körper« mit seiner Definition verliehen hat, von der Art, daß derjenige, der behaupten würde, daß »Körper« existieren, obgleich sie von niemandem wahrgenommen werden, gleichzeitig den Beweis liefern würde, daß er dem Begriff »Körper« nicht dieselbe Bedeutung verleiht, wie ihm Berkeley (in seiner Definition) verliehen hat. Die Behauptung, daß es »Körper« gibt, die nicht wahrgenommen werden, würde, im Hinblick auf die Definition des »Körpers«, dasselbe bedeuten wie die Behauptung, daß es Ideen gibt, die nicht wahrgenommen werden; unter einer Idee versteht aber Berkeley nur eine bewußte psychische Erscheinung. Allein der Umstand, daß nach der Berkeleyschen Definition des Begriffes »Körper« die Körper nur dann existieren können, wenn sie von jemandem wahrgenommen werden, ist ein ausreichender Beweis dafür, daß Berkeley dem Wort »Körper« eine andere Bedeutung verleiht, als es in der Objektsprache, d. h. in diesem Falle in der Alltagssprache, hat.

Das Wort »Körper«ist in die Alltagssprache nicht vermittels einer Definition eingegangen; es gehört zu den sog. usuellen Termini, die wir dadurch kennengelernt haben, daß wir gelernt haben, sie auf eine bestimmte Art zu verwenden. Jeder und nur derjenige versteht das Wort »Körper« auf die in der deutschen Sprache richtigen Weise, der es so versteht, daß er dieses Wort auf eine Weise verwendet, die der deutschen Alltagssprache entspricht. Wer dieses Wort anders verwenden würde, der würde dadurch beweisen, daß er das Wort »Körper« nicht in Übereinstimmung mit der deutschen Alltagssprache versteht. Ein anderes Wort wird nur dann mit dem Wort »Körper« in der Alltagssprache gleichbedeutend sein, wenn die Alltagssprache von jedem, der diese Wörter in der für die Alltagssprache richtigen Weise verstehen will, dieselbe Verwendung des anderen Wortes verlangt, wie sie dem Wort »Körper« eigen ist. Wie wir also gesehen haben, versteht Berkeley in seiner Definition den Begriff »Körper« so, daß das *esse* der Körper gleichzeitig ihr *percipi* bedeutet. Jedoch wird dieser Begriff in der Umgangssprache anders verstanden. Derjenige nämlich, der an die Existenz nicht wahrnehmbarer Körper glaubt, beweist mit diesem Glauben noch nicht, daß er den Begriff »Körper« nicht auf die für die Umgangssprache richtige Art versteht. Das läßt die Schlußfolgerung zu, daß der Begriff »Körper« bei Berkeley eine andere Bedeutung als in der Umgangssprache hat; daß Berkeley also mit dem Begriff »Körper« nur scheinbar den Übergang zu der Objektsprache herstellt. Er spricht eine Quasiobjektsprache. Die idealistische These Berkeleys, daß das *esse* der Körper gleichzeitig ihr *percipi* bedeutet, ist eine apriorische These aus einer Quasiobjektsprache und ist keine Aussage der Objektsprache. In der Objektsprache kann man die Frage stellen, ob Körper existieren können, obgleich sie nicht wahrgenommen werden. Diese Frage ist, wenn man sie in der Objektsprache richtig versteht, *a priori* nicht zu beantworten. Hier kann man nur eine empirische Antwort finden. Wir glauben auch, daß Körper existieren, ohne wahrgenommen zu werden, aber dieser Glaube ist eine sehr wahrscheinlich gemachte naturwissenschaftliche Hypothese. Berkeleys *esse* = *percipi* ändert nichts an diesem Glauben, denn es betrifft gar nicht die Frage, welche diese Hypothese beinhaltet. Es betrifft die Existenz von Ideen bzw. eines Systems von Ideen, welche Berkeley Körper nennt, und nicht das, was man in der Alltagssprache Körper nennt.

Die Quelle für Berkeleys Fehler, der meinte, daß der Terminus »Körper« in seiner Sprache, wenn auch nicht dieselbe Bedeutung so zumindest denselben Umfang wie in der Umgangssprache hat, liegt in seinem fehlerhaften Verständnis des Wortes »wahrzunehmen«. Seine Definition, nach der Körper Ideen bzw. ein System von Ideen sind, führt Berkeley aus der Annahme heraus, daß Körper das sind, was wir wahrnehmen. Das Wort »wahrnehmen« aber bedeutet für Berkeley so viel wie »bewußt erleben«. Nun ist Wahrnehmung ein intentionales Verhältnis, das der Relation der Bezeichnung ähnlich ist, das aus der psychischen in die außerpsychische Welt führt. Das Erleben dagegen ist ein Verhältnis, in dem die einzelnen Komponenten des Bewußtseins sich zu dem Subjekt des Bewußtseins verhalten, es ist dem Verhältnisse der Eigenschaft zum Gegenstand, der mit dieser Eigenschaft ausgestattet ist, ähnlich, oder vielleicht ähnlich, wie das Verhältnis eines Teils zum Ganzen. Um Körper als das zu bezeichnen, was bewußt erlebt wird, brauchte sich Berkeley nicht der Namen der Objektsprache zu bedienen. Er hat sie auch nicht von vorn herein verwendet und ist nicht zu ihnen gelangt, so daß sein idealistischer Satz gar nicht die Dinge betrifft, über die in der Objektsprache die Rede ist.

III. Wir gehen jetzt zu der Analyse des logischen Idealismus über. Ich werde die Version erörtern, welche ich vor 12 Jahren in der Abhandlung »Der transzendentale Idealismus in semantischer Formulierung«[1] analysiert habe. Der Gedankengang dieses Idealismus fängt mit der Ablehnung der klassischen Definition der Wahrheit als Übereinstimmung von Gedanken und Wirklichkeit an, welche man Korrespondenzdefinition der Wahrheit nennt. Es gab verschiedene Gründe, die die Denker zur Ablehnung dieser Definition bewogen haben. So z. B. wurde manchmal hervorgehoben, daß der Begriff der Übereinstimmung, dessen sich die Definition bedient, angeblich nicht ganz klar wäre, denn diese Übereinstimmung zwischen Gedanken und Wirklichkeit – sagen die Opponenten –, von der in der Definition die Rede ist, ist weder Identität noch Ähnlichkeit zwischen Gedanken und Wirklichkeit, noch irgend eine Adäquatheit. Manche Gegner der klassischen Definition der Wahrheit, indem sie dieses für die Wahrheit grundlegende Verhältnis zwischen Gedanken und Wirklichkeit nicht definieren können, kommen zu der Ansicht, daß diese Definition keinen tatsächlichen Inhalt hat. Deswegen lehnen sie sie ab und führen an ihrer Stelle eine andere ein. Anderwärtig schöpft die Opposition gegen die klassische Definition der Wahrheit ihre Argumente aus Ausführungen mancher Skeptiker, die behaupten, daß man Gedanken unmittelbar mit der Wirklichkeit nicht vergleichen kann, denn um dies zu können, müßte man die Wirklichkeit in einen anderen Gedanken fassen. Im Endeffekt wäre das aber kein Vergleich zwischen Gedanken und Wirklichkeit, sondern ein Vergleich eines Gedanken mit einem anderen. Das Ergebnis dieses Vergleichs wird nur dann über die Übereinstimmung des ersten Gedankens mit der Wirklichkeit aussagen, wenn der zweite Gedanke mit der Wirklichkeit übereinstimmt. Um die Übereinstimmung des zweiten Gedankens mit der Wirklichkeit jedoch nachprüfen zu können, müßte man ihn mit der Wirklichkeit vergleichen, und dies würde wiederum die Vermittlung eines dritten Gedankens erfordern usw. *ad infinitum.* Solche Erwägungen – dies sei hier deutlich gesagt –, die nicht über Flüchtigkeiten hinausgehen, bewogen manch einen Denker zum Verzicht auf die klassische Definition der Wahrheit.

An Stelle dieses Begriffes der Wahrheit erscheinen andere, die sich angeblich auf unsere Art der Verwendung dieses Begriffes stützen: Tatsächlich bedienen wir uns des Terminus »Wahrheit« auf eine solche Weise, daß wir von jedem Satz, den wir anerkennen, sagen können, daß er wahr ist, und umgekehrt. Trotzdem wird niemand behaupten, daß ein wahrer Satz dasselbe ist wie ein Satz, an den wir glauben, denn niemand hält sich für allwissend und unfehlbar. Wir sind uns dessen bewußt, daß wir nicht unfehlbar sind, denn wir haben nicht alle unsere Überzeugungen durch ausreichend sorgfältige und vorsichtige Untersuchungen erlangt, sondern wir haben sie mit Hilfe von Methoden, d. h. Kriterien erlangt, deren Ergebnis vor dem Ergebnis anderer, Kriterien höherer Instanz, zurücktreten muß. Wir könnten erst dann vorbehaltlos alle Sätze, an die wir glauben, als wahre Sätze anerkennen, wenn wir wüßten, daß wir zu ihnen mit Hilfe von Kriterien gelangt sind, über die es keine höhere Instanz gibt, dessen Ergebnis letztgültig und unwiderruflich ist. Solche Kriterien nennen wir Kriterien der Wahrheit. Tatsächlich bedienen wir uns des Begriffes der Wahrheit auf die Art und Weise, daß wir unter einem wahren Satz den Satz verstehen, der den Kriterien der Wahrheit Rechnung trägt. Diese Konzeption der Wahrheit als Übereinstimmung mit dem Kriterium der Wahrheit nimmt bei ihren verschiedenen Befürwortern verschiedene Gestalten an, je nach dem, was sie als Kriterium der Wahrheit nehmen. So z. B. definiert die Kohärenztheorie der Wahrheit die Wahrheit als Übereinstimmung der Gedanken untereinander; andere definieren sie als eine unmittelbare oder mittelbare Evidenz, andere wieder als Übereinstimmung mit der transzendentalen Norm usw. Alle diese nicht klassischen Konzeptionen der Wahrheit kann man in eine Formel fassen: »die Wahrheit« der Gedanken besteht in der Übereinstimmung mit dem Kriterium der »Wahrheit«.

Von dieser Definition der Wahrheit ist es nur noch ein Schritt zum Idealismus. Man kann nämlich, indem man die Erwägungen in diesem flüchtigen Stil fortsetzt, folgendes sagen: wenn darüber, ob ein Satz wahr ist oder nicht, seine Übereinstimmung mit den Kriterien und nicht mit einer von den Gedanken unabhängigen Wirklichkeit entscheidet, so unterscheidet sich auch die Welt, die wir in den wahren Gedanken erkennen, von der Welt der Fiktion nicht dadurch, daß sie eine wirkliche Welt ist, sondern dadurch, daß sie in den Gedanken gedacht ist, die den Kriterien der Wahrheit Rechnung tragen, während Fiktionen Gedanken sind, die den Kriterien der Wahrheit keine Rechnung tragen. Demnach ist die in den wahren Gedanken erkannte Welt und die Welt der Fiktionen nur das Produkt unserer Denkanstrengung, und es ist sehr zweifelhaft, ob sie etwas mehr ist, ob sie wirkliche Wirklichkeit ist. Kant nannte die in den wahren Gedanken erkannte Welt die Welt der Phänomene und stellte sie einerseits der Welt der Dinge an sich und andererseits der Welt des Scheins gegenüber. Sowohl die Welt der Phänomene als auch die Welt des Scheins sind, nach Kant, nur das Produkt unserer Denkanstrengung; sie sind die Welten der nur intentionalen und nicht transzendentalen Gegenstände. Die Welt der Phänomene unterscheidet sich von der Welt des Scheins nur dadurch, daß für die erste die Erfahrung spricht, die ein Kriterium der Wahrheit ist, die zweite dagegen entspricht nicht diesem Kriterium.

Darin, daß die in wahren Gedanken erkannte Welt sich von der Welt der Fiktion nicht dadurch unterscheidet, daß sie tatsächlich existiert, während Fiktionen nicht existieren, sondern nur dadurch, daß man sie in Gedanken fassen kann, die dem Kriterium der Wahrheit Rechnung tragen, während das im Falle der Fiktionen unmöglich ist, scheint der Kern des logischen oder objektiven Idealismus, im Gegensatz zu dem psychologischen oder subjektiven Idealismus zu liegen. Diese These wird oft anders formuliert, z. B. daß die von uns erkannte Welt nicht im absoluten Sinne existiert, sondern nur eine durch logische Faktoren bedingte Existenz hat, z. B. das Kriterium der Wahrheit, transzendentale Normen, denen sie ihre Hervorhebung, ihre – wie es Kant zu sagen pflegte – empirische und nicht transzendentale Realität verdankt.

Wir haben oben an einen Gedankengang erinnert, ohne uns besonders um eine richtigere und veranwortlichere Argumentation zu bemühen, als sie im allgemeinen bei Philosophen vorzufinden ist. Es ging uns lediglich darum, bestimmte Intuitionen zu wecken, von denen sich die Idealisten haben leiten lassen. Im Folgenden wollen wir versuchen, das, was in diesen Intuitionen verborgen lag, greifbar zu machen.

Aus verschiedenen Gründen kommen die Philosophen zu einer anderen als der klassischen Definition der Wahrheit. Sie definieren nämlich: »Die Aussage A ist wahr, das bedeutet, daß die Aussage dem Kriterium der Wahrheit entspricht«. Unter dem Kriterium der Wahrheit versteht man eine solche Eigenschaft der Aussage, die man formulieren kann, ohne etwas über die Dinge auszusagen, die diese Aussage betrifft, sondern nur über die Aussage selbst. Z. B. besteht das Kohärenzkriterium der Wahrheit darin, daß zwischen der gegebenen Aussage und anderen schon akzeptierten Aussagen kein Widerspruch besteht, d. h. daß diese Aussage keine der bereits akzeptierten Aussagen negiert, daß man diese Aussage mit den früher akzeptierten durch logische Folgerung usw. verbinden kann. Dies sind alles Eigenschaften der Aussagen, die man nennen kann, ohne sich dabei anderer Namen als Namen der Aussagen, Gestalt, usw. zu bedienen. Das also, was die Autoren dieser Definition der Wahrheit als Kriterium der Wahrheit verstehen, läßt sich in der Sprache der Syntax formulieren und bedarf keiner Objektsprache. Eine solche Definition der Wahrheit können wir eine syntaktische nennen. Der Ausgangspunkt des logischen Idealismus ist also die Sprache der Syntax und die syntaktische Definition der Wahrheit.

Das Wesen dieses Idealismus besteht darin, daß seine Befürworter, indem sie zum Ausgangspunkt die Sprache der Syntax und die syntaktische Definition des Terminus »die wahre Aussage« nehmen, darauf, als auf einer Definitionsbasis, den Bau der Objektsprache stützen wollen. Sie bauen sie, indem sie eine Umkehrung der semantischen Definition der Wahrheit anwenden, d. h. sie vertauschen das definiendum mit dem definiens. Auf der Grundlage der Äquivalenz, die sich aus der semantischen Definition der Wahrheit ableiten läßt, kann jeder, der die Objektsprache spricht und den Terminus »die wahre Aussage« nicht kennt, jede diesen Terminus enthaltende Aussage in eine Aussage der Objektsprache übersetzen, so kann er z. B. die metasprachliche Aussage »die Aussage ›die Sonne scheint‹ ist wahr« in die Aussage der Objektsprache übersetzen: »die Sonne scheint«. Dazu aber brauchen unsere Philosophen diese Äquivalenz nicht, denn sie haben mit Hilfe syntaktischer Mittel den Terminus »die wahre Aussage« bereits definiert. Sie verwenden aber noch nicht die Objektsprache und brauchen deswegen diese Äquivalenz, um in ihre bisher syntaktische Sprache Aussagen der Objektsprache einführen zu können; sie definieren nämlich: »die Sonne scheint« – das bedeutet – die Aussage »die Sonne scheint« ist wahr; die Erde ist rund – das bedeutet – die Aussage »die Erde ist rund« ist wahr, usw. Da sie aber »die wahre Aussage« mit Hilfe syntaktischer Mittel als die Aussagen definiert haben, die dem Kriterium der Wahrheit entsprechen, so nehmen die oben angeführten Definitionen folgende Gestalt an: die Sonne scheint, das bedeutet – die Aussage »die Sonne scheint« erfüllt das Kriterium der Wahrheit; die Erde ist rund – das bedeutet – die Aussage »die Erde ist rund« erfüllt das Kriterium der Wahrheit. Allgemein ausgedrückt: es ist soundso – das bedeutet, – daß die Aussage, die besagt, daß es soundso ist, das Kriterium der Wahrheit erfüllt.

Im Hinblick darauf wird wohl die Feststellung, daß sich die Wirklichkeit von der Fiktion dadurch unterscheidet, daß die Aussagen, die die Wirklichkeit feststellen, das Kriterium der Wahrheit erfüllen und die, welche Fiktionen feststellen, dieses Kriterium nicht erfüllen, folgenden Sinn annehmen: Wenn ich behaupte, daß Pferde existieren und Zentauren nur eine Fiktion sind, dann bedeutet das, daß die Aussage »die Pferde existieren« das Kriterium der Wahrheit erfüllt und die Aussage »Zentauren existieren« dieses Kriterium nicht erfüllen. Die Feststellung dagegen, daß sowohl Pferde als auch Zentauren, also sowohl Wirklichkeit als auch Fiktion Produkt unserer Denkanstrengung sind, kann man wohl nur so verstehen, daß wenn wir die Aussagen »Pferde existieren«, »Zentauren existieren« in dem Sinne interpretieren wollen, wie sie nicht philosophierende, eine Alltagssprache, Objektsprache sprechende Menschen verstehen, die diese Aussagen nicht durch entsprechende Definition auf eine syntaktische Aussage zurückführen, die darüber entscheidet, ob diese Aussagen das Kriterium der Wahrheit erfüllen oder nicht, so existieren weder Pferde noch Zentauren. Die Aussagen der Idealisten, die den Entitäten der von uns zu erkennenden Welt die sog. autonome Wirklichkeit absprechen, bedeuten wohl gerade so viel, daß diese Entitäten in dem Sinne nicht existieren, in welchem man über die Existenz in der Objektsprache entscheidet.

Wenn die oben durchgeführte Analyse der Darlegung des logischen Idealismus richtig ist, dann bestätigt sie vollkommen, daß sie in dasselbe Schema fällt, welches wir am Anfang als typisch für die idealistischen Darlegungen skizziert haben. Die logischen Idealisten gehen von der Sprache der Syntax aus, d. h. von der Sprache, in welcher nur die Namen der ersten Glieder des intentionalen Verhältnisses vorhanden sind, z. B. Namen von Ausdrücken der Objektsprache. In dieser Sprache stellen sie die syntaktische Definition der wahren Aussage auf. Im nächsten Schritt führen sie in ihre Sprache Aussagen ein, die mit den Aussagen der Objektsprache gleichlautend sind; dieses tun sie mit Hilfe einer Definition, wie z. B. die Sonne scheint – das bedeutet – die Aussage »die Sonne scheint« erfüllt das Kriterium der Wahrheit. Obgleich diese Aussagen genauso wie die Aussagen der Objektsprache lauten, sind sie mit ihnen keinesfalls gleichbedeutend, denn die Aussage: S ist P dann und nur dann, wenn die Aussage »S ist P« das Kriterium der Wahrheit erfüllt, muß nicht allgemein wahr sein, wenn wir die Aussage »S ist

P« als eine Aussage der Objektsprache verstehen. In jeder entsprechend reichen Objektsprache gibt es Aussagen, über die man nach dem Kriterium nicht entscheiden kann, ob sie wahr sind oder nicht, also Aussagen, von denen weder sie selbst noch ihre Negation das Kriterium erfüllt. Nehmen wir an, daß wir mit solch einem Fall in der Aussage »A ist B« zu tun haben. Nach dem Satz vom ausgeschlossenen Dritten verfahrend, können wir feststellen, daß entweder A ist B oder daß A ist nicht B. In einer der beiden Äquivalenzen: 1) A ist B dann und nur dann wenn die Aussage »A ist B« das Kriterium der Wahrheit erfüllt; 2) A ist nicht B dann und nur dann, wenn die Aussage »A ist nicht B« das Kriterium erfüllt, ist die linke Seite wahr, die rechte dagegen – nachdem wir angenommen haben, daß man über die Aussage »A ist B« nach dem Kriterium nicht entscheiden kann, ob sie wahr ist oder nicht – ist in beiden Äquivalenzen falsch. Eine dieser Äquivalenzen wird in diesem Falle nicht aufgehen. Die Definition also, nach der »S ist P« bedeutet, daß die Aussage »S ist P« das Kriterium der Wahrheit erfüllt, faßt den Satz »S ist P« nicht in dem Sinne, den diese Aussage in der Objektsprache hat.

Es folgt daraus, daß die von den Idealisten in ihre syntaktische Sprache eingeführten, mit den Aussagen der Objektsprache gleichlautenden Aussagen nicht die Aussagen dieser Sprache, sondern Aussagen einer Quasiobjektsprache sind, welche trotz allen Anscheins weiterhin nur die Sprache der Syntax ist. Die These der Idealisten, nach welcher sich die Wirklichkeit von der Fiktion nur dadurch unterscheidet, daß Aussagen, die die Existenz dessen, was wirklich ist, feststellen, das Kriterium der Wahrheit erfüllen und die, welche die Existenz der Fiktion feststellen, dieses Kriterium nicht erfüllen, bleibt so lange paradox, so lange wir dem Schein unterliegen, daß der Idealist, wenn er Aussagen verwendet, die gleichlautend mit Aussagen der Objektsprache sind, sie auch in derselben Bedeutung verwendet, die sie in der Objektsprache haben.

Die Idealisten gehen jedoch noch weiter und sagen, daß die sog. wirklichen Dinge, also Bäume, Häuser, Pferde usw., nur in Abhängigkeit von dem Subjekt (psychologischen oder transzendentalen) existieren, daß sie, den Fiktionen gleich, Produkte unserer Denkanstrengung sind. Ich kann keinen anderen Sinn finden, den man dem Begriff »unabhängig existieren« geben könnte, als nur den, welchen diejenigen, die in der Erkenntnistheorie nicht tätig sind, mit dem Wort Existenz verbinden. Wenn ich im alltäglichen Leben sage, daß Pferde existieren und Zentauren nicht, so verbinde ich gerade mit den Pferden eine von dem Subjekt, von den Kriterien usw. unabhängige Existenz. Deswegen fasse ich auch die Aussage der Idealisten, daß sowohl die Wirklichkeit als auch die Fiktion keine unabhängige Existenz haben, als eine Aussage der Objektsprache auf, welche besagt, daß z. B. Pferde genauso wie Zentauren nicht existieren.

Im Hinblick darauf muß man sagen, daß der Erkenntnistheoretiker zu diesem Satz nicht befähigt ist. Der Erkenntnistheoretiker verwendet entweder die Sprache der Syntax, die keine Objektsprache enthält, und in der es auch keinen Übergang zu der Objektsprache gibt, oder er verwendet die Sprache der Semantik, deren Bestandteil die Objektsprache ist. Verwendet er die Sprache, die keine Objektsprache enthält, so darf er auch keinen Satz dieser Sprache aussprechen; er darf auch in dieser Sprache nicht sagen, daß Pferde nicht existieren. Verwendet er aber die Sprache der Semantik, deren Bestandteil die Objektsprache ist, so muß er sich auch an die Regeln dieser Sprache halten, und wenn diese Regeln zur Anerkennung der Aussage »die Pferde existieren« führt, so muß er auch diese Aussage anerkennen.

Oft distanzieren sich die Philosophen programmatisch von der Objektsprache und verwenden dabei verschiedene Griffe, die sie »epoche«, »Einklammerung« u. dgl. nennen, und die nichts anderes bedeuten als nur den Verzicht auf die Objektsprache für die Zeit der erkenntnistheoretischen Reflexion, und Einschränkung auf eine Art der Sprache der Syntax. Die These der vorliegenden Abhandlung ist die, daß der Philosoph, der auf die Objektsprache, also auf die Sprache, in der wir uns im alltäglichen Leben unterhalten und in der wir darüber sprechen, was wir Wirklichkeit nennen, verzichtet hat, uns nichts über die Welt sagen kann. Tut er das dennoch und setzt damit unsere Welt dadurch herab, daß er sie der Würde der Wirklichkeit beraubt und an ihrer Stelle irgendeine abhängige Existenz setzt, so macht er das durch eine unbewußte Mystifikation, indem er eine Quasiobjektsprache an die Stelle der Objektsprache schiebt.

(Aus dem Polnischen übersetzt von Roman Polsakiewicz.)

1 Vgl. *Przeglad Filozoficzny* XL (1937), S. 271–87; englische Übersetzung in A. (5).

Tadeusz Kotarbinski

Grundgedanken des Pansomatismus

Es gibt mindestens einen Gegenstand und jeder Gegenstand ist etwas Körperliches oder etwas Empfindendes. Beispiel eines körperlichen Etwas: eine Taschenuhr der Firma »Omega« Nr. 3945614 vom 1. I. 1934 bis zum 31. XII. 1934 einschließlich (oder irgendein Bestandteil derselben, z. B. der Minutenanzeiger vom 5. III. 34 bis zum 7. IV. 34 einschließlich). Nun ein Beispiel eines empfindenden Etwas: ich – von 8 bis 13 Uhr einschließlich am 20. III. 34 (oder irgendeiner von den zeitlichen Bestandteilen dieses Gegenstandes, z. B. ich – von 9 bis 10 Uhr einschließlich am selben Tag). Statt »etwas Körperliches« wollen wir kürzer »Körper« sagen, statt »etwas Empfindendes« – kürzer – »Seele«. Jeder Gegenstand ist also ein Körper oder eine Seele. Anstatt »Körper oder Seele« wollen wir kürzer sagen: »Ding«, wonach jeder Gegenstand ein Ding ist. Es ist nicht wahr, daß gewisse Gegenstände »leere Raumteile« sind. Dagegen widerstandleistend und nicht nur zeitlich und räumlich ist ein beliebiger Ausschnitt eines Magnetfeldes im Barometervacuum. Wir glauben, daß alles, was wir körperlich nennen, entweder:

1) ein gravitierender Klumpen (als Tier, Baum, Stein, See, Wolke u. a.), also Körper im üblichen Sinne der populären Physik ist, oder

2) ein Ganzes, zusammengesetzt aus solchen Klumpen (als z. B. das Sonnensystem oder die Sonne samt ihren Planeten), oder

3) ein Gegenstand, aus welchem solche Klumpen bestehen (z. B. ein Molekül, ein Atom, ein Elektron u. a), oder

4) schließlich ein Ganzes, zusammengesetzt aus Elementen, von denen jedes einem der obigen drei Gebiete angehört.

Wenn jeder Gegenstand ein Ding ist, wenn demnach nur Dinge existieren, so müssen wir jede Aussage mit den Worten »Merkmal«, »Beziehung«, »Verhältnis«, »Tatsache« oder deren Spezialfällen, jede Aussage, welche die Folgerung enthält, daß bestimmte Dinge Merkmale oder Beziehungen oder Tatsachen seien, zurückweisen. Dabei gibt es zwei Fälle, je nach dem zweideutigen Sinn dieser Terme. Nämlich, entweder versteht man die Wörter »Merkmal«, »Beziehung«, »Tatsache« als eigentliche Namen, oder als Scheinnamen. Der erstere Fall liegt vor, wenn jemand z. B. das Wort »Merkmal« so bestimmt: »Ein Merkmal bedeutet soviel als ein Gegenstand, der gleichsam in einem Dinge oder in den Dingen steckt und den man sich abstrahierend vergegenwärtigen kann«. Die so bestimmten Wörter sind eigentliche Namen, also ohne einen strukturalen Widersinn in der Rolle eines Subjekts oder Prädikats gebraucht werden können in Sätzen nach folgender Art: »A ist B«, bestimmte »A sind B«, »alle A sind B«, »es gibt A«, wenn die hier auftretenden logischen Konstanten keine andere Bedeutung haben, als in den Sätzen: »Johann ist ein Schneider«, »bestimmte Felsen sind zerbrechlich«, »jedes Insekt ist ein Sechsfüßler«. Bei einem solchen Sinne der Wörter »Merkmal« und »Beziehung« werden Aussagen: »es gibt Merkmale« und »bestimmte

Gegenstände sind Beziehungen« – Sätze sein, richtig gebaut, sinnvoll und der Bewertung in Bezug auf Wahrheit und Unwahrheit unterliegend, ähnlich wie z. B. die Sätze: »es gibt Wehrwölfe« und »gewisse Gegenstände sind Pegase«. Jedoch werden sie, ebenso wie diese Sätze, unwahre Sätze sein, und die in denselben gebrauchten Namen »Merkmal«, »Beziehung«, ebenso wie die Namen »Wehrwolf«, »Pegasus«, werden gegenstandslose, leere, obwohl eigentliche Namen sein. Indem wir also die Terme »Merkmal«, »Beziehung«, »Tatsache« in diesem Sinne verstehen, beruht die »Ablehnung – unsererseits – jeder Aussage, welche die Folgerung enthält, daß bestimmte Gegenstände Merkmale oder Zustände oder Tatsachen seien«, einfach darauf, daß wir jede solche Aussage für einen unwahren Satz halten, und demgemäß die Verneinung eines jeden solchen Satzes annehmen. Aber man kann auch einer anderen Auffassung der besprochenen Terme begegnen. Bei dieser Auffassung ist die Aussage: »Je zwei Gegenstände haben gemeinsame Merkmale« – vertretende Abkürzung für den Satz: »Für jedes X und für jedes Y: bei einem bestimmten Z: ist X ein Gegenstand und ist Y ein Gegenstand, so ist X–Z und ist Y–Z« (z. B. für X-Paris, Y-London, Z-Hauptstadt). Im Allgemeinen kommen bei dieser Interpretation die Wörter: »Merkmal«, »Beziehung«, »Tatsache« nur in abkürzend-vertretenden Redewendungen vor und können außerhalb derselben nicht sinnvoll gebraucht werden; besonders aber wäre jede Aussage, in der bei Beibehaltung der logischen Konstanten (»ist«, »bestimmte«, »jeder«, »existiert«) in derselben Rolle, wie bei den Namen »Johann«, »Felsen«, »Insekt«, an Stelle des Subjekts oder des Prädikats eins von diesen Wörtern stünde, ein strukturaler Widersinn. Die Wörter »Merkmal« oder »Beziehung«, ohne hier Namen zu sein, sehen doch wie Namen aus. Sie sind demnach keine Namen, sondern Onomatoide, keine eigentlichen Namen, sondern Scheinnamen. Bei der Interpretierung der Wörter »Merkmal«, »Beziehung«, »Tatsache« als Scheinnamen beruht die »Ablehnung aller Aussagen, welche die Folge implizieren, daß bestimmte Gegenstände Merkmale, oder Beziehungen, oder Tatsachen seien, nicht darauf, daß sie als unwahre Sätze erkannt werden und daß deren Verneinung anerkannt wird, sondern sie beruht auf der Liquidierung solcher Aussagen dadurch, daß sie als maskierte Nonsense erkannt werden, d. h. als Aussagen, die nur dem Anschein nach Sätze sind und die daher der Bewertung als wahr oder falsch nicht unterliegen. Nach diesen Unterscheidungen und Erklärungen werden wir wohl keinen Anlaß zu Mißverständnissen geben, wenn wir die Ablehnung der besprochenen Aussagen in beiden Fällen in der Formel ausdrücken: »Es gibt weder ›Merkmale‹ noch ›Beziehungen‹ noch ›Tatsachen‹«. Und obwohl wir in den bisherigen Auseinandersetzungen bloß gegen »Merkmale«, »Beziehungen«, und »Tatsachen« aufgetreten sind, so reichen doch unsere Absichten offenbar weiter. Ebenso verhalten wir uns gegenüber jeder anderen angeblichen ontologischen Kategorie, die keine Dingkategorie wäre, also z. B. gegenüber der angeblichen Welt der »Klassen«, wenn jemand eine solche annimmt, indem er das Wort »Klasse« für einen eigentlichen, nicht Scheinnamen hält, indem er meint, daß dieser Name dabei nicht gegenstandslos sei, sondern sich auf Bezeichnete beziehe und indem er schließlich diese bezeichneten Gegenstände nicht als Dinge (Körper oder Seelen) anerkennt.

Der Vorsicht halber sind hier jedoch drei Vorbehalte am Platze. Erstens, wenn wir sagen, daß die und die Sache existiert, so verleihen wir derselben dadurch noch keine Gegenwärtigkeit. In unserem Sinne existiert ebenso wohl die Erdkugel aus der Zeit des XX-sten Jahrhunderts wie der vergangene Gaius Julius Cäsar oder (wagen wir eine Prophezeiung) der künftige älteste Einwohner Roms vom 25. VII. 2300. Denn »X existiert« – heißt soviel, als »etwas ist X«: Df II X [exX = ΣY (Y est X)][1] – und der Term »etwas«, der dem Term »Gegenstand« gleichbedeutend und vom Standpunkte des Reismus dem Term »Ding« dem Umfange nach äquivalent ist, ist Name eines jeden Dinges, unabhängig davon, ob es ein vergangenes, gegenwärtiges oder künftiges Ding ist. Zweitens, indem wir »die Existenz der Merkmale, Beziehungen, Tatsachen« u. dgl. ablehnen, leugnen wir durchaus nicht, daß die Dinge irgendwie beschaffen sind, noch daß die Dinge sich irgendwie zu den anderen verhalten, noch daß die Dinge sich so und so ändern (besonders, daß die empfindenden Personen handeln). Durchaus nicht; wir sind damit einverstanden, daß die Billardkugeln rund sind, daß die Erde größer ist als der Mond, daß eiserne Stäbe rosten, nur sind wir nicht einverstanden damit, daß eine »Rundheit« der Billardkugel existiere, daß ein bestimmter Gegenstand »die Beziehung des Größerseins zwischen Erde und Mond« sei, daß etwas »die Tatsache des Rostens der Eisenstäbe« sei. Drittens, wir leugnen nicht Sätze, die lauten »Merkmale existieren«, »etwas ist Beziehung«, »ein bestimmter Gegenstand ist eine Tatsache« u. dgl., wenn die darin gebrauchten Worte in einer anderen Bedeutung genommen werden, als oben gesagt wurde, z. B. wenn jemand unter der Aussage »es gibt ein Merkmal der X-heit« soviel verstehen wollte, als: »die Aussage« irgend ein Ding ist X »ist sinnvoll« (z. B. wenn unter »es gibt ein Merkmal der Schmelzbarkeit« jemand soviel verstehen wollte, als »die Aussage« irgend ein Ding ist schmelzbar »ist sinnvoll«). Mehr noch, wir verstehen sogar die Notwendigkeit, Wendungen zu gebrauchen, deren Auffassung in der Grundbedeutung die Existenz von Merkmalen, Beziehungen, Tatsachen einbegreifen würde, – nämlich zum Zweck der Ökonomie des Stils, vorausgesetzt, daß dies immer geschieht mit dem Bewußtsein einer sekundären, abkürzend-vertretenden Auffassung dieser Wendungen im gegebenen Falle ihrer Anwendung.

Es entsteht die Frage nach der Existenz der »Farben«, »Töne«, »Drücke«, »Gerüche«, »Geschmäcke«, und anderer sogenannter »Inhaltselemente der Vorstellungen«, sowie überhaupt der Inhalte der Vorstellungen, anders »der immanenten Bilder«. Es ist klar, daß es vom Standpunkt des Reismus nicht wahr ist, daß irgend ein Ding Farbe, oder Ton, oder Druck wäre... Wir stehen in diametralem Gegensatz zu den Idealisten, die sowohl Körper als auch Personen für Systeme von Inhaltselementen halten. Unser Standpunkt verdient demnach als radikaler Realismus bezeichnet zu werden.[2] Keinesfalls schließt der radikale Realismus als solcher die Ansicht aus, daß die Dinge bunt, laut, rauh, salzig u. a. seien. Innerhalb des radikalen Realismus ist Raum für die Ansicht, daß es ein weißes und süßes Stück Zucker gebe, obwohl es keine Weiße noch Süße gibt, und daß der Zitronensaft sauer sei, obwohl nichts saurer Geschmack ist.

Der Reismus ist als solcher noch kein Somatismus, aber der Somatismus ist im Rahmen des Reismus als Spezialfall enthalten. Jede Seele ist ein Körper – das ist die These des Somatismus. Seine Konsequenz auf dem Hintergrunde des Reismus ist der Pansomatismus, welcher lehrt, daß jeder Gegenstand ein Körper sei. Mit anderen Worten, nach der Ansicht des Pansomatismus gibt es nur Körper. Die ganze Wirklichkeit besteht gänzlich aus Körpern. Die Seele ist identisch mit einem gewissen Fragment der physischen Person. Welches Fragment es ist, das setzt der Somatismus als solcher nicht voraus.

Ist der Pansomatismus nicht einfach Materialismus? Jawohl, er ist eine gewisse Abart des Materialismus, und wenn wir nicht bei diesem Term stehen bleiben, so tun wir das nur wegen seiner Dehnbarkeit, denn sehr verschiedene Lehren werden oft unter diesem gemeinsamen Namen gebraucht. So z. B. identifiziert der gewöhnliche Materialist die »psychischen Tatsachen« (»Ereignisse«, »Vorgänge«, »Phänomene«) mit den »physischen Tatsachen«, indem er dabei die Tendenz verrät, diese Frage so zu behandeln, als ob gewisse Gegenstände Tatsachen wären. Der Reist dagegen, also auch der Pansomatist, hält das Wort »Tatsache« für einen Scheinnamen, er muß die Behauptung »jede psychische Tatsache ist identisch mit einer bestimmten physischen Tatsache« – als bloß scheinbar sinnvoll zurückweisen, solange keine Interpretation gegeben wird, in deren Licht diese Behauptung sich als eine abgekürzt-vertretende Aussage erweisen würde.

Im Einklang mit dem Somatismus steht folgende Interpretation der psychologischen Aussagen[3], die wir annehmen. Jede elementare psychologische Aussage ist in dem Schema enthalten: »A empfindet so: p«, wo »A« ein variabler Name ist, und »p« – eine Variable, die jede Art Aussagen als Substitute zuläßt, im Einzelfall – Sätze (jedoch können es auch z. B. Interjektionen sein). Dieses Ganze ist keine extensionale Formel in Bezug auf »p«. In der gewöhnlichen Sprache formulieren wir die psychologischen Einzelaussagen z. B. so: »Johann sieht, daß es hell ist«. In diesem Falle haben wir statt »A« – »Johann«, statt »empfindet« – ein Wort von engerem Umfang: »sieht«, statt »p« – einen Satz »es ist hell«, und das Bindewort »daß« (mit dem in der Schrift vorausgehenden Beistrich) ist hier ein Spezialfall des Doppelpunktes. In anderen Beispielen kann hier z. B. das Bindewort »daß« einen Wunschsatz einleiten, wie z. B. in der Aussage »Peter will, daß es warm sein möge«. Wir behaupten nicht, daß diese zwei Fälle alle Möglichkeiten der Zusammenfügung von komponenten Sätzen zu einer psychologischen Einzelaussage in der Umgangssprache erschöpfen. Um die Struktur der psychologischen Aussagen intuitiv zu erfassen, wollen wir eine analoge Struktur betrachten. Nehmen wir an, daß jemand ein Tintenfaß zeigt und sagt: »das enthält Tinte«. Bilden wir jetzt ein Ganzes, zusammengesetzt aus dieser Inschrift an erster Stelle, einem Doppelpunkt an zweiter und endlich aus dem gezeigten Tintenfaß – an der dritten Stelle. Es wird so aussehen: »das enthält Tinte«: (Möge das Quadrat hier das Tintenfaß vertreten: es ist nicht die Benennung des Tintenfasses; sondern gleichsam das Tintenfaß selbst, etwas, was wir hierher setzen, da wir das Tintenfaß selbst aus technischen Gründen nicht setzen können). Ähnlich ist nun die Struktur der psychologischen Aussage, wie z. B.: »Johann sieht so: es ist hell«. Der Unterschied besteht u. a. darin, daß in dem Beispiel mit dem Tintenfaß nach dem Doppelpunkt das steht, was durch das Wort »das« bezeichnet wird, was sein Bezeichnetes (Designat) ist, dem dieses Wort als Name dient; und in dem Beispiel mit Johann ist es nicht so: hier sind die Worte »es ist hell« nicht das Bezeichnete eines der vorausgehenden Worte, sie sind vielmehr eine Aussage der Person, die eben derart sieht, wie uns das Wort »so« andeuten will. Gemeinsam ist etwas,

was in dem Beispiel mit Johann verkappt ist, aber in dem Beispiel mit dem Tintenfaß (das übrigens, wie wir hier betonen, kein Beispiel für die Struktur eines psychologischen Satzes ist, sondern ein Beispiel für eine ziemlich verwandte Struktur) auffällt, daß nämlich das Ganze in diesen beiden Fällen keinen Satz bildet, obwohl es im zweiten Fall (mit Johann) aus zwei auf bekannte Weise zusammengefügten Sätzen besteht. (Im ersteren Falle besteht dieses Ganze aus einem Satze und dem Tintenfaß, auf bekannte, jener ziemlich ähnliche Weise zusammengefügt). Diese zwei komponenten Sätze einer psychologischen Aussage bilden jedoch keinen Satz, ebenso wie ihn jenes aus einem Satz, einem Doppelpunkt und ... dem von dem Fürwort im Satz bezeichneten Tintenfaß selbst zusammengesetzte Ganze nicht bildet. Wenn das in dem Beispiel mit dem Tintenfaß klar ist (denn wie sollte das Tintenfaß selbst, durchaus nicht in der Rolle irgendeines Zeichens, Bestandteil eines Satzes werden), so ist das in dem Falle mit Johann verkappt, insofern hier eine der Rolle des Tintenfasses ähnliche Rolle allenfalls ein Satz spielt. Dieser Unterschied ist jedoch nicht wesentlich. Wenn aber alle psychologischen Einzelaussagen so sind, so folgt daraus der Schluß, daß sie Ganzheiten sind, die keine Sätze sind, die also auch der Klassifikation in wahre und falsche Aussagen nicht unterliegen. Und doch gibt es psychologische Wahrheiten! Auch gibt es Irrtümer in der Psychologie! Das ist klar. Jedoch unterliegt in diesen Fällen der logischen Bewertung eigentlich bloß der vor dem Doppelpunkt liegende Teil der psychologischen Aussage: »Johann sieht so«, »Peter will so« u. dgl. Das steht völlig im Einklang damit, daß die Wahrheit der psychologischen Aussage (eigentlich ihres Teiles vor dem Doppelpunkt) nicht von der Wahrheit oder Unwahrheit des Teiles nach dem Doppelpunkt abhängt. Ob es wirklich hell war oder nicht, ist nicht wichtig für die Wahrheit des Satzes, daß Johann es eben so gesehen hat (im Falle, wenn er es so gesehen hat) oder für die Unwahrheit des Satzes, daß Johann es eben so gesehen hat (im Falle, wenn er so nicht gesehen hat). Die psychologische Einzelaussage ist also in ihrer Tendenz gleichsam zweistöckig. Der erste Teil weist darauf hin, was der zweite ausdrückt (nämlich auf jemanden irgendwie empfindenden – z. B. sehenden – als solchen), und der andere Teil, indem er den so und so sehenden als solchen mittelbar ausdrückt, tut er das, indem er die Umgebung so beschreibt, wie der Sehende sie beschreiben würde.

Im ersten Teil sagt der Sprechende gleichsam die Nachahmung des in Frage kommenden Sehenden an, im zweiten Teil – vollzieht er gleichsam diese Nachahmung, indem er gleichsam die Umgebung des in Frage kommenden so beschreibt, wie jener sie beschreiben würde. Und wenn der Redende selbst der zu Beschreibende ist, wenn z. B. im Besonderen der psychologische Satz introspektiv erreicht ist, so wird die Nachahmung zur Selbstnachahmung, und die eigentümliche Sicherheit der introspektiven Sätze erklärt sich durch die beinahe unfehlbare Fähigkeit der empfindenden Personen zu einer solchen sofortigen Selbstnachahmung. Die hier vorgetragene Ansicht über das Wesen der psychologischen Aussagen könnte man demnach Imitationismus nennen.

Der Imitationismus läßt eine Reduktion der inneren Erfahrung auf die sogenannte äußere Erfahrung zu. Wir betonen, daß wir die Aussagen der äußeren Erfahrung so weit fassen, daß auch das Innere unseres eigenen Körpers eben dank dem Sinne für »Organempfindungen«, »Gelenkempfindungen«, »Muskelempfindungen« u. s. w. der Sphäre angehört, die der Extraspektion zugänglich ist, d. h. der äußeren sinnlichen Erfahrung. Extraspektiv sind daher für uns solche Beschreibungen wie: »das Blut ist rot«, »das Brom ist salzig«, »hier bläht es auf«, »hier beklemmt es«, »hier juckt es«. In den letzten drei bezeichnet das Wort »hier« die Gegend im Innern des Körpers der aussagenden Person, wo diese »das eigentümliche qualitative Charakteristikum« lokalisiert. Solche Aussagen muß man aber von den psychologischen Aussagen unterscheiden, die entsprechend lauten würden: »Johann (und im Spezialfall – ich) empfindet so: ›hier bläht es auf‹« (»hier beklemmt es«, »hier juckt es«). Also jeder psychologische Einzelsatz läßt sich, wie wir oben vorausgesetzt haben, folgenderweise aussagen: »A empfindet so: p«. Betrachten wir zum Beispiel den Satz: »Johann sieht, daß es hell ist«. Mittels des Wortes »sieht« wollen wir zu verstehen geben, sowohl daß er schaut, d. h. daß sein Sehapparat auf eine bestimmte Weise tätig ist, sowie daß dieses oder jenes aus diesem Grunde irgendwie bunt, irgendwie hell, irgendwie gestaltet erscheint (nicht aber süß, rauh u. s. w.). Die Aussage »Johann sieht, daß es hell ist«, ist ein Pleonasmus gegenüber der Aussage »Johann empfindet, daß es hell ist«, welche eine Spezialisierung der Aussage bildet »Johann empfindet so: es ist hell«. Diese Spezialisierung ist wieder pleonastisch in einer anderen Beziehung, denn das Bindewort »daß« fungiert außer im Sinne des Wörtchens »so«, noch als Ankündigung des feststellenden Charakters der unmittelbar nachher folgenden Aussage, im Gegensatz zu vielen anderen Bindewörtern, z. B. im Lateinischen »ut«, im Polnischen »by«, welche den optativen Charakter der Aussage antizipieren. Ob jedoch eine bestimmte Aussage feststellend oder optativ ist, ist schon aus derselben genügend ersichtlich (oder man kann sie so aussagen, daß dies aus derselben genügend ersichtlich wäre). Wir sind so zur ökonomischsten Aussageweise unseres Satzes, als eines psychologischen, gelangt, nämlich zu der Form: »Johann empfindet so: es ist hell«. Den zweiten Teil dieser Aussage »es ist hell«, bildet die allgemeine Beschreibung der Umgebung, in extraspektiven Termen vollzogen. Es erübrigt sich also, den ersten Teil zu betrachten »Johann empfindet«, »Peter empfindet« ... »Empfindet« heißt soviel als »ist empfindend«. Wir versuchen, den Term »empfindend« wie folgt zu interpretieren. Er ist bloß eine Ankündigung der Nachahmung der in Frage kommenden Person durch den Sprechenden und gibt allgemein darüber Auskunft, in welcher Beziehung die Nachahmung stattfinden soll: also, daß der zu besprechenden Person nachgeahmt werden soll, als einer schauenden oder hörenden oder durch den Tastsinn untersuchenden u. s. w., kurz als einer sich auf eine eigene, allen diesen und anderen in Betracht kommenden Fällen gemeinsame Art einstellenden Person, auf eine Art, die sich beschreiben läßt unter ausschließlicher Verwendung von coenästhetischen Termen, d. h. solchen, die dem Gebiet des Sinnes für »Organempfindungen«, dem Muskelsinn und verwandten angehören. Es ist aber bekannt, daß es uns auf diesem Gebiet an exakten Bezeichnungen grundsätzlich fehlt. Wenn also hier der Term »nachahmend« soviel heißt, wie »sich so verhaltend, wie sich jemand anders erhält«, wenn »sich verhaltend« hier soviel heißt, als »sich bewegend«, wenn weiter das, wie man sich den sich Bewegenden denkt, ebenfalls in extraspektiven Termini gegeben ist, – dann ist unser erster Teil der psychologischen Aussage, ebenso wie der zweite, wenn es sich um Bezeichnungen handelt, auf extraspektive Termini zurückgeführt worden, – insofern wir als solche, unserer Annahme gemäß, auch alle Bezeichnungen für Personen halten, die Bezeichnung »ich« eingeschlossen, Bezeichnungen, die im Prinzip einer analytischen Definition mittels coenästhetischer und anderer extraspektiver Terme zugänglich sind. War die obige Analyse der Beispiele für psychologische Einzelsätze zutreffend, so würde sie den Weg zu einem gewissen Monismus höheren Grades bahnen, als der Monismus des Pansomatismus als eines solchen. Denn nicht nur alle Gegenstände wären auf Körper zurückgeführt, sondern es gäbe nur eine einzige Erfahrensquelle – die Extraspektion. Vielleicht wäre es dann am Platze, eben diese These Extraspektionismus zu nennen.

1 Zu vergleichen d. V-s. »Elemente der Erkenntnistheorie, formalen Logik und Methodologie der Wissenschaften« (»Elementy teorji poznania, logiki formalnej i metodologji nauk«, poln.), Lwów (Lemberg), 1929, besonders Ss. 227 seq., wo der Namenkalkül von *St. Leśniewski* vorgetragen wird (die betreffende Formel ist S. 235 zu finden). [Engl. Übersetzung A. (18)].

2 Zu vergleichen des V-s. »Le réalisme radical« (in dem Gesamtbericht des VIII-ten Intern. Philos. Kongresses in Oxford), 1930. (A. (15)).

3 Zu vergleichen d. V-s. »Vom Wesen der inneren Erfahrung« (»O istocie doswiadczenia wewnetrznego«, poln.), Warszawa, 1922, »Przeglad Filozoficzny«.

ALFRED TARSKI

Der Wahrheitsbegriff in den Sprachen der deduktiven Disziplinen

[23] In dieser Mitteilung habe ich vor, die Hauptgedanken und Ergebnisse einer ausführlichen Abhanldung, welche in der polnischen Sprache unter demselben Titel demnächst erscheinen wird[1], kurz zusammenzufassen.

Das Grundproblem ist die Konstruktion einer methodologisch korrekten und meritorisch adäquaten Definition der wahren Aussage. In dieser Definition sollen diejenigen Intuitionen realisiert werden, die in der sogenannten klassischen Auffassung des Wahrheitsbegriffes enthalten sind, also in derjenigen Auffassung, derzufolge »wahr« so viel als »mit der Wirklichkeit übereinstimmend« bedeutet[2]. Genauer gesagt, als adäquat in bezug auf eine gegebene Sprache betrachte ich eine solche Wahrheitsdefinition, aus der sich alle Thesen von der folgenden Gestalt ergeben: »*x* ist wahr dann und nur dann, wenn *p*«, wo anstatt »*p*« eine beliebige Aussage der untersuchten Sprache und anstatt »*x*« ein beliebiger Individualname dieser Aussage[3] zu setzen ist. Beim Konstruieren der Definition vermeide ich, von den Begriffen semasiologischen Inhalts Gebrauch zu machen, deren Präzisierung zumindest dieselben Schwierigkeiten bietet wie diejenige des Wahrheitsbegriffes.

Zunächst bin ich bemüht, diejenigen Schwierigkeiten zum Ausdruck zu bringen, welche bei Lösungsversuchen des in Frage stehenden Problems bezüglich der natürlichen Umgangssprache zum Vorschein kommen; insbesondere legt die Analyse der bekannten Antinomie vom Lügner den Schluß nahe, daß auf dem Boden der Umgangssprache (und in bezug auf sie) nicht nur eine exakte Definition, sondern auch die konsequente Anwendung des Wahrheitsbegriffes schlechthin unmöglich sind[4].

Im folgenden beschränke ich mich auf die Betrachtung von Kunstsprachen der formalisierten deduktiven Disziplinen. Es ergibt sich, daß für unser Problem diese Sprachen in zwei umfassende Klassen zerfallen. Zu der ersten Klasse gehören die Sprachen der endlichen Stufe, d. h. diejenigen, in welchen die Stufen aller Variablen – in der Terminologie der Typentheorie[5] [24] – von oben beschränkt sind, also eine vorgegebene natürliche Zahl nicht überschreiten. Die zweite Klasse bilden die Sprachen der unendlichen Stufe, d. h. diejenigen, welche die Variablen beliebig hoher Stufen enthalten. Entsprechend dieser Klassifikation lassen sich auch zwei Klassen formalisierter deduktiver Disziplinen unterscheiden.

Ich zeige, daß bezüglich der Sprachen der endlichen Stufe das Grundproblem positiv entscheidbar ist: es gibt allgemeine Methoden, die die Konstruktion einer korrekten und adäquaten Wahrheitsdefinition für jede von diesen Sprachen einzeln ermöglichen. Es reichen dabei vollständig aus die Ausdrücke vom allgemeinlogischen Charakter, ferner die Ausdrücke der betrachteten Sprache selbst und endlich die Ausdrücke aus dem Bereiche der sogenannten Morphologie der Sprache, d. i. die Termini, welche die Ausdrücke dieser Sprache und die unter ihnen bestehenden Gestaltrelationen bezeichnen.

Was die Sprachen der unendlichen Stufe betrifft, so läßt hier das Problem der Wahrheitsdefinition eine negative Entscheidung zu: die Annahme, daß man für beliebige von diesen Sprachen eine adäquate Definition der wahren Aussage konstruieren kann, indem man sich ausschließlich der oben genannten Mittel bedient, führt notwendigerweise zum Widerspruche[6]. Daraus darf aber selbstverständlich noch nicht geschlossen werden, daß in bezug auf diese Sprache der konsequente Gebrauch des Wahrheitsbegriffs unmöglich wäre. Im Gegenteil, es läßt sich wohl ein Versuch der Begründung einer »Wahrheitstheorie« als einer besonderen deduktiven Disziplin skizzieren, dieser Theorie liegt die Morphologie der untersuchten Sprache zugrunde, der Wahrheitsbegriff tritt hier als primitiver Begriff auf, und seine Grundeigenschaften werden axiomatisch festgelegt. Das Problem der inneren Konsistenz dieser Disziplin bietet große Schwierigkeiten; die von mir darüber gewonnenen Ergebnisse sind noch nicht abschließend.

Alle diese Resultate lassen sich auf andere Begriffe semiologischen Inhalts übertragen. Auf diesem Wege sind wir imstande, eine Reihe von allgemeinen Thesen über Grundlegung der Semasiologie einer Sprache festzustellen. So erweist sich die Begründung einer wissenschaftlichen Semasiologie der Umgangssprache als aussichtslos; die Semasiologie einer beliebigen formalisierten Sprache der endlichen Stufe läßt sich wohl als ein Teil der Morphologie der Sprache, d. h. dessen, was man öfters »Metadisziplin« nennt, begründen; hinsichtlich der Sprachen der unendlichen Stufe ist ein solcher Aufbau der Semasiologie ausgeschlossen, dagegen dürfen wir wohl versuchen, die Semasiologie als eine selbständige [25] deduktive Theorie zu begründen, welche auf ihren eigenen Grundbegriffen und Axiomen beruht und als ihren logischen Unterbau die Morphologie der Sprache hat. – Unter den Begriffen, auf die diese Resultate anwendbar sind, verdient eine besondere Beachtung der des Erfüllens einer Aussagenfunktion durch bestimmte Gegenstände eines gegebenen Bereichs: er leistet nämlich wesentliche Dienste bei der Präzisierung anderer semasiologischer Begriffe und spielt bekanntlich – sowie er selbst wie auch einige seiner Sonderfälle (zumal der Begriff einer in einem gegebenen Individuenbereich allgemeingültigen Aussagenfunktion[7]) – eine wichtige Rolle in den gegenwärtigen metamathematischen Forschungen.

Als Nebenergebnis dieser Betrachtungen gewinne ich eine allgemeine Methode der Widerspruchsfreiheitsbeweise für alle deduktiven Systeme endlicher Stufe, welche ausschließlich aus wahren Sätzen bestehen. Diese Beweise (ähnlich wie z. B. der bekannte Beweis der Widerspruchsfreiheit des Aussagenkalküls) besitzen keinen großen Erkenntniswert, weil sie mindestens so »starke« Voraussetzungen fordern, wie die des untersuchten Systems. Nichtsdestoweniger scheint das Ergebnis insofern interessant zu sein, als es – wie wir bereits wissen[8] – prinzpiell unmöglich ist, für eine umfassende Kategorie von deduktiven Disziplinen der unendlichen Stufe einen analogen Beweis auf dem Boden der entsprechenden Metadisziplin zu liefern.

1 Diese Arbeit wurde am 21. März 1931 der Warschauer Gesellschaft der Wissenschaften vorgelegt und soll in den Veröffentlichungen derselben erscheinen.

2 Eine gute Analyse verschiedener intuitiver Auffassungen des Wahrheitsbegriffs enthält das Buch von T. Kotarbiński: *Elemente der Erkenntnistheorie, der formalen Logik und der Methodologie der Wissenschaften* (polnisch), Lemberg, 1929, p. 125 und ff.

3 In der Umgangssprache bilden wir gewöhnlich den Individualnamen einer Aussage (oder eines beliebigen Ausdrucks), indem wir diese Aussage in Anführungszeichen (» «) setzen.

4 Für den großen Teil der Ausführungen über die Umgangssprache bin ich St. Leśniewski verpflichtet.

5 Vgl. z. B. R. Carnap, *Abriß der Logistik,* Wien 1929, p. 30 und ff.

6 Dieses Ergebnis habe ich gewonnen in wesentlicher Anlehnung an den Gedankengang K. Gödels in seiner jüngst veröffentlichten Abhandlung: *Über formal unentscheidbare Sätze der Principia Mathematica und verwandter Systeme. I.*, Monatshefte f. Math. u. Phys. XXXVIII. p. 174 u. 175 [vgl. *X. 5.*].

7 Vgl. P. Bernays und M. Schönfinkel, *Zum Entscheidungsproblem der mathematischen Logik,* Math. An. 99, p. 342 und ff. [vgl. *X. 1.*].

8 Vgl. K. Gödel, op. cit., pp. 196–198.

Alfred Tarski

Grundlegung der wissenschaftlichen Semantik

Das Wort *»Semantik«* wird hier in einem engeren Sinne gebraucht als üblich: unter Semantik werden wir die Gesamtheit der Betrachtungen verstehen, die sich auf diejenigen Begriffe beziehen, in denen – frei ausgesprochen – gewisse Zusammenhänge zwischen den Ausdrücken einer Sprache und den durch sie angegebenen Gegenständen und Sachverhalten ihren Ausdruck finden. Als typische Beispiele der semantischen Begriffe sind die Begriffe des Bezeichnens, des Erfüllens und des Definierens anzuführen, die z. B. in folgenden Sätzen auftreten: *der Ausdruck »der Sieger von Jena« bezeichnet den Napoleon Bonaparte; der Schnee erfüllt die Bedingung »x ist weiß«; die Gleichung* »$x^3 = 2$« definiert (bestimmt eindeutig) die kubische Wurzel der Zahl 2. Auch der Begriff der *Wahrheit* – was man gewöhnlich nicht bemerkt – ist hier einzureihen, zumindest in seiner klassischen Auffassung, nach der »wahr« so viel wie *»mit der Wirklichkeit übereinstimmend«* bedeutet.

Die Begriffe aus dem Gebiete der Semantik spielten von alters her eine hervorragende Rolle in den Erwägungen der Philosophen, der Logiker und der Sprachwissenschaftler. Nichtsdestoweniger hat man sich seit jeher ihnen gegenüber mit gewisser Skepsis benommen. Vom historischen Standpunkte aus ist diese Skepsis als völlig begründet anzusehen: obzwar nämlich der in der Umgangssprache vorgefundene Inhalt der semantischen Begriffe recht klar und verständlich zu sein scheint, sind doch alle Versuche einer genaueren Charakterisierung und Präzisierung dieses Inhaltes gescheitert, und verschiedene Überlegungen, in denen die betrachteten Begriffe auftraten und die sonst auf ganz plausibele, scheinbar evidente Prämissen gestützt waren, haben mehrmals zu Paradoxien und Antionomien geführt. Es genügt hier, die Antinomien des Lügners, des Ausdrucks »heterologisch« (von Grelling-Nelson), der endlichen Bezeichnung (von Richard) zu erwähnen.

Der wesentliche Grund der angetroffenen Schwierigkeiten scheint in folgendem zu liegen: man hatte nicht immer vor Augen, daß die semantischen Begriffe einen relativen Charakter haben, daß sie immer auf eine bestimmte Sprache bezogen werden sollten; man war sich dessen nicht bewußt, daß die Sprache, über die man spricht, sich mit der Sprache, in der man spricht, keineswegs decken muß; man hat die Semantik einer Sprache in der Sprache selbst betrieben, und im allgemeinen hat man sich so benommen, als ob in der Welt nur eine einzige Sprache existierte. Die Analyse der angeführten Antinomien zeigt dagegen, daß die semantischen Begriffe im Rahmen der Sprache, auf die sie sich beziehen, einfach keinen Platz finden, daß die Sprache, die ihre eigene Semantik enthält und innerhalb deren die üblichen Gesetze der Logik gelten, unvermeidlich widerspruchsvoll sein muß. Erst in letzten Jahren hat man allen diesen Tatsachen Aufmerksamkeit geschenkt (so viel ich weiß, hat das zum ersten Mal vor 15 Jahren mit vollem Bewußtsein Leśniewski getan).

Wenn man sich nun aller obrigen Umstände völlig bewußt ist und die bisher begangenen Fehler sorgfältig vermeidet, so bietet die Aufgabe, eine wissenschaftliche Semantik zu begründen, d. h. die semantischen Begriffe präzis zu charakterisieren und eine logisch einwandfreie und sachlich zutreffende Verwendungsweise dieser Begriffe aufzustellen, keine unüberwindlichen Schwierigkeiten mehr. Selbstverständlich muß man dabei recht vorsichtig verfahren, den Forschungsapparat, den uns die moderne Logik liefert, in weitem Maße ausnützen und den Erfordernissen der gegenwärtigen Methodologie sorgfältig Rechnung tragen.

Bei der Lösung der gestellten Aufgabe kann man mehrere Schritte unterscheiden. Man muß mit der Beschreibung der Sprache beginnen, deren Semantik man treiben will. Und zwar muß man die Grundzeichen der Sprache anführen und die Definitionsregeln angeben, auf Grund deren man neue, von den Grundzeichen verschiedene Zeichen in die Sprache einführen kann; man muß ferner diejenigen Ausdrücke der Sprache charakterisieren, die als Aussagen bezeichnet werden, aus der Gesamtheit aller Aussagen die Axiome (Grundsätze) aussondern und schließlich die Schlußregeln formulieren, mit deren Hilfe man aus den Axiomen andere Lehrsätze ableiten kann. Die Beschreibung einer Sprache ist nur dann genau und klar, wenn sie rein strukturellen Charakter trägt, d. h. wenn in ihr nur solche Begriffe verwendet werden, die sich auf die Gestalt und die Anordnung von Zeichen und anderen Ausdrücken der Sprache beziehen. Nicht jede Sprache läßt sich rein strukturell beschreiben; die Sprachen, für die wir eine derartige Beschreibung angeben können, werden, wie bekannt, als formalisierte Sprachen bezeichnet. Da aber von der Klarheit und Genauigkeit der Beschreibung der Exaktheitsgrad aller weiteren Untersuchungen wesentlich abhängt, so sind wir imstande, nur die Semantik formalisierter Sprachen mit ganz exakten Methoden zu treiben.

Der nächste Schritt ist die Konstruktion der Sprache, auf deren Boden wir die Semantik der gegebenen Sprache treiben wollen und die wir der Kürze halber Metasprache nennen werden. Der wichtigste Punkt in dieser Konstruktion ist das Problem, die Metasprache mit genügend reichem Wortschatz auszustatten. Übrigens ist die Lösung dieses Problems durch den eigentümlichen Charakter der semantischen Begriffe vorgezeichnet: da in diesen Begriffen gewisse Beziehungen zwischen den Gegenständen und Sachverhalten, von denen in der untersuchten Sprache »die Rede ist«, und den Ausdrücken der Sprache zum Ausdruck kommen, so müssen in den Sätzen, die die wesentlichen Eigenschaften semantischer Begriffe feststellen, sowohl die Bezeichnungen jener Gegenstände und Sachverhalte, also die Ausdrücke der Sprache selbst, als auch die Termini auftreten, die bei der strukturellen Beschreibung der Sprache verwendet werden und die zu dem Gebiete der sog. Morphologie der Sprache gehören, und zwar die Bezeichnungen einzelner Ausdrücke der Sprache, struktureller Eigenschaften von Ausdrücken, struktureller Relationen zwischen Ausdrücken u. s. w. Die Metasprache, die ja den Boden für die semantischen Untersuchungen bilden soll, muß also die beiden Arten von Ausdrücken enthalten: die Ausdrücke der ursprünglichen Sprache und die Ausdrücke aus der Morphologie der Sprache; daneben müssen in der Metasprache – sowie in jeder anderen Sprache – die rein logischen Ausdrücke in weiterem oder engerem Umfange auftreten. Es entsteht nun die Frage, ob die Metasprache, die ausschließlich mit den Ausdrücken der angegebenen Arten ausgestattet ist, eine hinreichende Basis für die semantischen Untersuchungen bildet; auf diese Frage werden wir noch in weiteren Überlegungen zurückkehren.

Unsere nächstfolgende Aufgabe besteht darin, die Bedingungen zu präzisieren, unter denen wir geneigt wären, eine Verwendungsweise der semantischen Begriffe als sachlich zutreffend und mit dem üblichen Sprachgebauch übereinstimmend zu betrachten. Wir wollen dies am Beispiel des Wahrheitsbegriffs näher aufklären. Die Wahrheit einer Aussage wollen wir als ihre »Übereinstimmung mit der Wirklichkeit« auffassen. Diese ziemlich vage Wendung, die sicher zu verschiedenen Mißverständnissen führen kann und schon mehrmals geführt hat, deuten wir folgendermaßen: wir wollen alle derartigen Sätze als gültig anerkennen wie: *die Aussage »es schneit« ist dann und nur dann wahr, wenn es schneit; die Aussage »im Jahre 1936 wird der Weltkrieg beginnen« ist wahr dann und nur dann, wenn im Jahre 1936 der Weltkrieg beginnen wird;* im allgemeinen jeden Satz von der Form: *die Aussage x ist wahr dann und nur dann, wenn p,* wo *»p«* durch eine beliebige Aussage der untersuchten Sprache und *»x«* durch einen beliebigen Einzelnamen dieser Aussage zu ersetzen ist, wobei dieser Einzelname zu dem Gebiet der Metasprache gehört (auf dem Boden der Umgangssprache werden solche Einzelnamen üblicherweise mit Hilfe der Anführungszeichen gebildet). Die Sätze von der angegebenen Form können als Teildefinitionen des Wahrheitsgebegriffs betrachtet werden: sie klären in einer präzisen und mit dem Sprachgebrauch übereinstimmenden Weise den Sinn aller speziellen Wendungen vom Typus: *die Aussage x ist wahr.* Gelingt es nun uns, in die Metasprache den Terminus *»wahr«* in der Weise einzuführen, daß sich jeder Satz von der angegebenen Form auf Grund der Axiome und Schlußregeln der Metasprache beweisen läßt, so wollen wir sagen, daß die dadurch festgelegte Verwendungsweise des Wahrheitsbegriffs sachlich zutreffend ist; erfolgt insbesondere eine solche Einführung des Wahrheitsbegriffs auf definitorischem Wege, so wollen wir auch die entsprechende Definition als sachlich zutreffend bezeichnen. Eine analoge Methode können wir auf beliebige andere semantische Begriffe anwenden: für jeden solchen Begriff können wir ein System von Sätzen angeben, die die Form einer Aquivalenz haben, den Charakter von Teildefinitionen tragen und – inhaltlich genommen – den Sinn des betrachteten Begriffs in bezug auf alle konkreten, strukturell beschriebenen Ausdrücke der untersuchten Sprache bestimmen. Ferner vereinbaren wir, eine in der Metasprache festgelegte Verwendungsweise (bzw. eine Definition) des betrachteten semantischen Begriffs als sachlich zutreffend zu betrachten, wenn wir imstande sind, alle erwähnten Teildefinitionen auf Grund der Metasprache zu beweisen. Beispielsweise sei hier eine solche Teildefinition des Begriffs des Erfüllens angeführt: *Johann und Peter erfüllen die Aussagefunktion »X und Y sind Brüder« dann und nur dann, wenn Johann und Peter Brüder sind.* Es ist noch zu bemerken, daß – streng genommen – die beschriebenen Konventionen auf Grund der Meta-Metasprache (und nicht der Metasprache selbst) getroffen werden können.

Alle bisherigen Aufgaben hatten eine vorbereitenden, unselbständigen Charakter. Erst nach diesen Vorarbeiten können wir an unsere Hauptaufgabe – an die Festlegung einer sachlich richtigen Verwendungsweise der semantischen Begriffe auf dem Boden der Metasprache – herantreten. Es kommen hier zwei Verfahrungsweisen in Betracht. Die erste besteht darin, daß man die semantischen Begriffe (wenigstens einige von ihnen) als neue Grundbegriffe in die Metasprache aufnimmt und ihre Grundeigenschaften auf axiomatischem Wege festlegt; zu den Axiomen werden jedenfalls alle diejenigen Sätze gezählt, die einen zutreffenden Gebrauch der betrachteten Begriffe gewähren. Die Semantik wird auf diese Weise zu einer selbständigen deduktiven Theorie, die sich auf die Morphologie der Sprache stützt. Gegen diese Methode, die leicht und einfach zu sein scheint, erheben sich bei genauer Durchführung verschiedene Bedenken. Die Angabe eines Axiomensystems, das zur Begründung der ganzen Semantik ausreicht, bietet erhebliche Schwierigkeiten; aus gewissen Gründen, auf die wir hier nicht näher eingehen werden, hat die Wahl der Axiome stets einen sozusagen zufälligen Charakter, der von nicht sehr wesentlichen Faktoren (wie z. B. vom aktuellen Zustand unseres Wissens) abhängig ist: verschiedene objektive Kriterien, die man dabei anwenden möchte, erweisen sich als unbrauchbar. Es entsteht ferner die Frage, ob die axiomatisch aufgebaute Semantik widerspruchsfrei ist; das Problem der Widerspruchsfreiheit taucht zwar in jedem Falle auf, wenn man die axiomatische Methode anwendet, hier jedoch gewinnt es – nach den traurigen Erfahrungen, die wir mit den semantischen Begriffen auf dem Boden der Umgangssprache machen – besondere Bedeutung. Abgesehen von dem Widerspruchsfreiheitsproblem, scheint – vom psychologischen Standpunkte aus – eine solche Aufbaumethode einer Theorie wenig natürlich zu sein, bei der die Rolle der Grundbegriffe – also der Begriffe, deren Sinn sozusagen einleuchten soll, – solche Begriffe spielen, die in der Vergangenheit schon mehrmals zu Mißverständnissen geführt haben. Schließlich würde die betrachtete Methode – falls sie sich als einzig mögliche Methode des Aufbaus der Semantik erwiese und nicht nur als provisorisches Stadium anzusehen wäre – gewisse Zweifel vom allgemein philosophischen Standpunkte wecken; wie mir scheint, würde es dann schwer fallen, diese Methode mit den Postulaten der Einheitswissenschaft und des Physikalismus in Einklang zu bringen (da doch die Begriffe der Semantik weder logische noch physikalische Begriffe wären).

Bei der zweiten Verfahrungsweise, die keine von den oben erwähnten Nachteilen aufweist, werden die semantischen Begriffe mit Hilfe der üblichen Begriffe der Metasprache definiert und dadurch auf die rein logischen Begriffe, auf die Begriffe der untersuchten Sprache selbst und auf die spezifischen Begriffe der Morphologie der Sprache zurückgeführt; so wird die Semantik zu einem Teile der – genügend weit aufgefaßten – Morphologie der Sprache. Es entsteht nun die Frage, ob sich diese Methode überhaupt anwenden läßt. Wie mir scheint, ist schon heute dieses Problem als endgültig gelöst anzusehen. Es hat sich herausgestellt, daß das betrachtete Problem mit der Theorie der logischen Typen eng verknüpft ist. Das betreffende Hauptergebnis läßt sich nämlich folgendermaßen formulieren:

Man kann aufgrund der Metasprache dann und nur dann methodologisch konkrete und sachlich zutreffende Definitionen der semantischen Begriffe angeben, wenn in der Metasprache Variablen von höheren logischen Typen vorkommen als alle Variablen der Sprache, die den Gegenstand der Untersuchung bildet.

Es wäre unmöglich, auch nur in großen Zügen die eben formulierte These hier näher zu begründen. Es sei nur darauf hingewiesen, daß es sich beim Definieren der semantischen Begriffe als nützlich erwiesen hat, den Begriff des Erfüllens an die Spitze zu stellen, und zwar sowohl aus dem Grunde, weil eine Definition dieses Begriffes verhältnismäßig geringe Schwierigkeiten macht, wie auch aus dem, daß sich die übrigen semantischen Begriffe auf den Begriff des Erfüllens leicht zurückführen lassen. Es ist noch zu bemerken, daß man aus den konstruierten Definitionen verschiedene wichtige Sätze allgemeiner Natur ableiten kann, die die definierten Begriffe betreffen; so lassen sich z. B. auf Grund der Wahrheitsdefinition die Sätze vom Widerspruch und vom ausgeschlossenen Dritten (in ihrer metalogischen Fassung) beweisen.

Damit ist die Aufgabe einer wissenschaftlichen Grundlegung der Semantik vollständig gelöst. Ob sich weitere Untersuchungen auf diesem Gebiete als fruchtbar für die Philosophie und für die Fachwissenschaften herausstellen werden, was für eine Stelle sich die Semantik in dem gesamten Wissen zu erringen vermögen wird, diese Fragen kann nur die Zukunft in definitiver Weise beantworten. Es scheint aber, daß die bisher erreichten Ergebnisse einen gewissen Optimismus in dieser Hinsicht rechtfertigen. Die Tatsache selbst, daß es gelungen ist, zumindest für die formalisierten Sprachen die semantischen Begriffe in korrekter und zutreffender Weise zu definieren, scheint mir vom philosophischen Standpunkte aus nicht ganz unwichtig zu sein: das Problem der Wahrheitsdefinition war ja z. B. mehrmals als eines der fundamentalen Probleme der Erkenntnislehre hervorgehoben. Auch gewisse Anwendungen der Semantik und speziell der Theorie der Wahrheit im Gebiete der Methodologie der deduktiven Wissenschaften oder der Metamathematik verdienen nach meiner Meinung die Aufmerksamkeit. Dank der Wahrheitsdefinition sind wir imstande, für deduktive Theorien, in denen nur inhaltlich wahre Sätze beweisbar sind, die Widerspruchsfreiheitsbeweise durchzuführen, und zwar unter der Bedingung, daß die Metasprache, auf deren Boden der Widerspruchsfreiheitsbeweis durchgeführt wird, mit Variablen von höheren Typen ausgestattet ist als alle Variablen, die in den Sätzen der untersuchten Theorie auftreten. Ein solcher Beweis besitzt zwar keinen großen Erkenntniswert, da er sich auf logisch stärkere Prämissen stützt als die Voraussetzungen der Theorie, deren Widerspruchsfreiheit bewiesen wird; nichtsdestoweniger scheint das Resultat aus dem Grunde gewissermaßen interessant zu sein, daß es sich nicht verschärfen läßt: aus den Untersuchungen von K. Gödel folgt nämlich, daß sich der Widerspruchsfreiheitsbeweis nicht durchführen läßt, falls die Metasprache keine Variablen von höheren Typen enthält. Die Wahrheitsdefinition zieht noch eine andere Konsequenz nach sich, die ebenfalls mit den Untersuchungen Gödels zusammenhängt. Gödel hat wie bekannt eine Methode angegeben, die es ermöglicht in allen Theorien, die die Arithmetik der natürlichen Zahlen als einen Teil enthalten, solche Aussagen zu konstruieren, die sich auf Grund dieser Theorien weder beweisen noch widerlegen lassen; er hat aber auch darauf hingewiesen, daß die auf diese Weise konstruierten unentscheidbaren Aussagen zu entscheidbaren werden, wenn man die untersuchte Theorie mit den Variablen von höheren logischen Typen bereichert. Der Beweis, daß die fraglichen Aussagen tatsächlich auf diesem Wege entscheidbar werden, stützt sich wiederum auf die Definition der Wahrheit. Ebenso kann man – wie ich es mit Hilfe der bei der Grundlage der Semantik verwendeten Methoden gezeigt habe – für die deduktiven Theorien solche Begriffe angeben, die sich in der Theorie selbst nicht definieren lassen, die inhaltlich aber zu dieser Theorie gehören und auf Grund der durch die Einführung höherer Typen bereicherten Theorie definierbar werden. Zusammenfassend könnte man sagen, daß die Grundlegung der wissenschaftlichen Semantik und insbesondere die Definition der Wahrheit es gestattet, den negativen Ergebnissen im Gebiete der Metamathematik die entsprechenden positiven Resultate gegenüberzustellen und dadurch die Lücken, die in der deduktiven Methode und im Gebäude des deduktiven Wissens selbst aufgedeckt wurden, im gewissen Grade auszufüllen[1].

1 Zu den meisten der hier behandelten Fragen finden sich nähere Hinweise in meiner Arbeit: *Der Wahrheitsbegriff in den formalisierten Sprachen* (vorgelegt der Gesellschaft der Wissenschaften in Warschau am 21. März 1934; erschienen in polnischer Sprache unter dem Titel: *Pojecie prawdy w jezykach nauk dedukcyjnych,* Travaux de la Société des Sciences et des Lettres de Varsovie, Classe III. Nr. 34, Warszawa 1933, S. VIII + 116; deutsche Übersetzung in Studia Philosophica, 1. Band, Lwów, 1935, S. 261–405). Wegen des Zeitmangels war es mir leider versagt, das wichtige Problem der Bedeutung der Semantik und insbesondere des Wahrheitsbegriffs für die Methodologie der empirischen Wissenschaften hier zu berühren; ich hoffe in absehbarer Zeit Gelegenheit zu finden, einige Gedanken, die mir in diesem Zusammenhang aufgetaucht sind, mitteilen zu können.

Alfred Tarski

Über den Begriff der logischen Folgerung

Der Begriff der *logischen Folgerung* gehört zu jener Art von Begriffen, deren Einführung in das Gebiet der streng formalen Untersuchungen keine Sache eines willkürlichen Entschlusses seitens dieses oder jenes Forschers war: bei der Präzisierung dieses Begriffs hat man sich bemüht, sich seiner üblichen, in der Umgangssprache vorgefundenen Verwendungsweise anzupassen. Diese Aufgabe war von den Schwierigkeiten begleitet, die in solchen Fällen gewöhnlich auftreten: der übliche Folgerungsbegriff zeichnet sich gegenüber anderen Begriffen der Umgangssprache hinsichtlich der Klarheit seines Inhalts keineswegs vorteilhaft aus, sein Umfang ist nicht scharf umgerissen und sein Sprachgebrauch ist schwankend; ein Versuch, alle möglichen verworrenen, manchmal widersprechenden Tendenzen, die sich an den Gebrauch dieses Begriffes knüpfen, in Einklang zu bringen, ist bestimmt undurchführbar, und man muß sich schon im voraus damit abfinden, daß jede präzise Definition des betrachteten Begriffs in höherem oder geringerem Grade willkürliche Züge aufweisen wird.

Noch vor kurzem glaubten viele Logiker, es sei ihnen gelungen, mit Hilfe eines verhältnismäßig geringen Aufwandes von Begriffen den üblichen Inhalt des Folgerungsbegriffs fast genau zu erfassen oder vielmehr einen neuen Begriff zu definieren, der sich seinem Umfang nach mit dem üblichen deckt. Ein solcher Glaube konnte sich nämlich auf dem Boden der neueren Errungenschaften der Methodologie der deduktiven Wissenschaft entwickeln. Dank den Fortschritten der mathematischen Logik haben wir im Laufe der letzten Jahrzehnte gelernt, die mathematischen Disziplinen in Gestalt von formalisierten deduktiven Theorien darzustellen. In diesen Theorien wird, wie bekannt, der Beweis jedes Satzes auf ein- oder mehrmalige Anwendung einiger einfacher Schlußregeln – nach Art der Einsetzungs- oder der Abtrennungsregel – zurückgeführt, Regeln, die uns belehren, welchen Umformungen von rein strukturellem Charakter (d. h. Umformungen, bei denen ausschließlich die äußere Struktur der Aussagen in Betracht kommt) man Axiome oder bereits bewiesene Sätze der Theorie unterziehen soll, damit die als Resultat der Umformungen gewonnenen Sätze ihrerseits als bewiesen anerkannt werden können. Die Logiker meinten nur, daß diese wenigen Schlußregeln den Inhalt des Folgerungsbegriffs erschöpfen: wann immer eine Aussage aus anderen folgt, ließe sie sich aus ihnen – so meinte man – auf mehr oder minder kompliziertem Wege mit Hilfe der in den Regeln angegebenen Umformungen erhalten. Um diese Auffassung gegenüber Skeptikern zu verteidigen, die daran zweifelten, daß der auf diese Weise formalisierte Folgerungsbegriff sich seinem Umfang nach mit dem üblichen deckt, konnten die Logiker ein wichtiges Argument ins Treffen führen: den Umstand, daß es tatsächlich gelungen war, alle exakten Überlegungen, die auf dem Boden der Mathematik von alters her durchgeführt worden waren, in Gestalt von formalisierten Beweisen darzustellen.

Dennoch sind wir heute dessen bewußt, daß die Skepsis sehr am Platze war und daß die skizzierte Auffassung nicht aufrecht erhalten werden kann. Schon vor mehreren Jahren habe ich ein Beispiel, übrigens ein ganz elementares, einer derartigen Theorie gegeben, die folgende Eigentümlichkeit aufweist: unter den Lehrsätzen dieser Theorie kommen solche Sätze vor wie:

A_0. 0 *besitzt die gegebene Eigenschaft E,*
A_1. *1 besitzt die gegebene Eigenschaft E,*

u. s. w., im allgemeinen alle speziellen Sätze von der Form:

A_n. *n besitzt die gegebene Eigenschaft E,*

wobei »*n*« ein beliebiges Symbol vertritt, das eine natürliche Zahl in einem bestimmten (z. B. dekadischen) Zahlensystem bezeichnet; dagegen läßt sich der allgemeine Satz:

A. Jede natürliche Zahl besitzt die gegebene Eigenschaft E,

auf Grund der betrachteten Theorie mit Hilfe der normalen Schlußregeln nicht beweisen[1]. Diese Tatsache spricht, wie mir scheint, für sich selbst: sie zeigt, daß der formalisierte Folgerungsbegriff, so wie er von den mathematischen Logikern allgemein verwendet wurde, sich mit dem üblichen keineswegs deckt. Inhaltlich scheint es doch sicher zu sein, daß der allgemeine Satz *A* aus der Gesamtheit aller speziellen Sätze A_0, A_1, ... A_n, ... im üblichen Sinne folgt: falls nur alle diese Sätze wahr sind, so muß auch der Satz *A* wahr sein.

Im Zusammenhang mit der eben besprochenen Tatsache erwies es sich als möglich, neue Schlußregeln anzugeben, die sich hinsichtlich ihrer logischen Struktur von den älteren nicht unterscheiden, die inhaltlich ebenso unfehlbar sind, d. h. stets von wahren Aussagen zu neuen wahren Aussagen führen, die sich aber auf die älteren Regeln nicht zurückführen lassen. Ein Beispiel derartiger Regeln ist die sog. Regel der unendlichen Induktion, dergemäß man den Satz *A* als bewiesen betrachten darf, falls nur alle Sätze A_0, A_1, ... A_n ... bewiesen wurden (die Symbole »A_0«, »A_1« u. s. w. werden hier in demselben Sinne wie vorhin verwendet)[1]. Diese Schlußregel unterscheidet sich jedoch durch ihren »infinitistischen« Charakter noch wesentlich von den älteren Regeln: sie kann nur dann beim Bau einer Theorie angewendet werden, wenn es schon vorher gelungen ist, unendlich viele Sätze dieser Theorie zu beweisen, – eine Sachlage, die ja in der Praxis niemals vorkommt. Es geht jedoch leicht, durch eine gewisse Umformung der in Rede stehenden Regel diesem Mangel abzuhelfen; zu diesem Zweck betrachten wir den Satz *B*, der besagt, daß alle Sätze A_0, A_1 ..., A_n ... auf Grund der bisherigen Schlußregeln *beweisbar* sind (und nicht, daß sie tatsächlich bewiesen wurden), und stellen dann folgende Regeln auf: wenn nur der Satz *B* bewiesen ist, so kann auch der entsprechende Satz *A* als bewiesen anerkannt werden. Hier könnte uns noch der Vorwurf treffen, daß der Satz *B* keineswegs ein Satz der Theorie ist, die aufgebaut wird, sondern daß er zu der sog. Metatheorie (d. h. zu der Lehre *von* der betrachteten Theorie) gehört und daß infolgedessen die praktische Anwendung der fraglichen Regel immer einen Übergang von der Theorie zu der Metatheorie erfordert[2]. Um diesen Vorwurf zu vermeiden, wollen wir uns nur auf diejenigen deduktiven Theorien beschränken, in denen die Arithmetik der natürlichen Zahlen begründet werden kann, und bemerken, daß sich in jeder solchen Theorie alle Begriffe und Sätze der entsprechenden Metatheorie interpretieren lassen (da man eine eineindeutige Zuordnung zwischen den Ausdrücken einer Sprache und den natürlichen Zahlen aufstellen kann)[2]. Wir können also in der betrachteten Regel den Satz *B* durch den Satz *B'* ersetzen, der die Interpretation des Satzes *B* auf Grund der Arithmetik ist; auf diese Weise kommen wir zu einer Regel, die weder hinsichtlich der Bedingungen ihrer Anwendbarkeit, noch hinsichtlich des Charakters der in ihrer Formulierung auftretenden Begriffe, noch schließlich hinsichtlich ihrer inhaltlichen Unfehlbarkeit wesentlich von den bisher üblichen Schlußregeln abweicht (obzwar sie erheblich komplizierter ist).

Es ist nun möglich, noch andere Regeln von gleichem Charakter und sogar beliebig viele anzugeben. Es genügt tatsächlich, darauf Aufmerksamkeit zu lenken, daß die zuletzt formulierte Regel von dem Umfang des Begriffs *»auf Grund der bisherigen Regeln beweisbarer Satz«* wesentlich abhängig ist; wenn man aber diese Regel annimmt, so erweitert man dadurch den Umfang des genannten Begriffs, für den erweiterten Umfang kann man also eine neue analoge Regel aufstellen u. s. w. ad infinitum. Es wäre interessant zu untersuchen, ob den bisher verwendeten Regeln aus diesen oder jenen objektiven Gründen eine ausgezeichnete Stellung zuzuschreiben ist.

Die Vermutung liegt nun nahe, daß es auf oben skizziertem Wege – durch Vervollständigung der beim Bau der deduktiven Theorien angewendeten Schlußregeln – das Inhaltliche des Folgerungsbegriffs schließlich ganz zu erfassen gelingt. Gestützt auf die Untersuchungen von *K. Gödel*[3], kann man zeigen, daß diese Vermutung hinfällig ist: abgesehen von gewissen Theorien von besonders elementarem Charakter, wie auch immer die bisherigen Schlußregeln durch neue rein strukturelle Regeln vervollständigt werden, ist es möglich, in jeder deduktiven Theorie Aussagen zu konstruieren, die im üblichen Sinne aus den Sätzen der betrachteten deduktiven Theorie folgen, die sich jedoch in dieser Theorie auf Grund der angenommenen Schlußregeln nicht beweisen lassen[4]. Um zu dem eigentlichen, dem üblichen wesentlich nahe stehenden Folgerungsbegriff zu gelangen, muß man bei seiner Definition zu ganz anderen Methoden greifen, ganz anderen Begriffsapparat verwenden. – Es ist vielleicht nicht überflüssig, im vorhinein zu bemerken, daß – im Vergleich mit dem neuen – der alte, bisher von den mathematischen Logikern üblich verwendete Folgerungsbegriff keineswegs seine Wichtigkeit einbüßt: dieser Begriff wird wahrscheinlich immer eine entscheidende Bedeutung für den praktischen Aufbau deduktiver Theorien behalten – als Instrument, das einzelne Aussagen dieser Theorien zu beweisen oder zu widerlegen gestattet; es scheint dagegen, daß der eigentliche Folgerungsbegriff in den Überlegungen von allgemeinem, theoretischem Charakter in den Vordergrund zu stellen sei[5].

Der erste Versuch zur Formulierung einer präzisen Definition des eigentlichen Folgerungsbegriffs stammt von *R. Carnap*[6]; dieser Versuch hängt jedoch ziemlich wesentlich mit den speziellen Eigentümlichkeiten derjenigen formalisierten Sprache zusammen, die als Gegenstand der Untersuchung gewählt wurde. Die von *Carnap* vorgeschlagene Definition läßt sich folgendermaßen wiedergeben: *Die*

Aussage X folgt logisch *aus den Aussagen der Klasse K dann und nur dann, wenn die Klasse, die aus allen Aussagen der Klasse K und aus der Negation der Aussage X besteht, kontradiktorisch ist.*

Der Schwerpunkt der eben formulierten Definition liegt ersichtlicherweise im Begriffe *»kontradiktorisch«;* die von *Carnap* angegebene Definition dieses Begriffs weist jedoch einen zu komplizierten und speziellen Charakter auf, daß es möglich wäre, sie hier ohne lange und ziemlich mühsame Vorbetrachtungen anzuführen[6].

Ich möchte hier eine allgemeine Methode skizzieren, die es ermöglicht, wie mir scheint, für eine umfassende Klasse von formalisierten Sprachen eine zutreffende Definition des Folgerungsbegriffs zu konstruieren. Dabei will ich betonen, daß die hier zu entwickelnde Auffassung des Folgerungsbegriffs keinen allzu hohen Anspruch auf völlige Originalität erhebt: die ihr anhaftenden Tendenzen werden sicher als etwas wohlbekanntes oder sogar als etwas eigenes von manchem Logiker empfunden, der den Begriff der logischen Folgerung einer genaueren Untersuchung unterworfen und ihn näher zu charakterisieren versucht hat. Es scheint mir jedoch, daß erst die in letzten Jahren bei der Grundlegung der wissenschaftlichen Semantik entwickelten Methoden und die mit ihrer Hilfe präzisierten Begriffe es gestatten, diese Tendenzen in eine exakte Form zu fassen[7].

Den Ausgangspunkt bilden für uns gewisse Überlegungen inhaltlicher Natur. Betrachten wir eine beliebige Aussagenklasse *K* und eine Aussage *X*, die aus den Aussagen dieser Klasse folgt. Vom inhaltlichen Standpunkte aus kann es niemals vorkommen, daß die Klasse *K* aus lauter wahren Sätzen besteht, zugleich aber die Aussage *X* falsch ist. Da es sich hier ferner um den Begriff der logischen, d. i. *formalen* Folgerung handelt, also um eine Beziehung, die durch die Form der Aussagen, zwischen denen sie besteht, eindeutig bestimmt werden soll, so kann diese Beziehung durch empirisches Wissen und insbesondere durch das Wissen von den Gegenständen, von denen in den Aussagen der Klasse *K* oder in der Aussage *X* »die Rede ist«, in keiner Weise beeinflußt werden: die Folgerungsbeziehung kann nicht dadurch zerstört werden, daß man die Bezeichnungen der erwähnten Gegenstände in den betrachteten Aussagen überall durch Bezeichnungen irgendwelcher anderer Gegenstände ersetzt. Die beiden angeführten Umstände, die für den eigentlichen Folgerungsbegriff sehr charakteristisch und wesentlich zu sein scheinen, können wir in dem Satz zusammenfassen:

(F) ersetzt man in den Aussagen der Klasse K und in der Aussage X die Konstanten – mit Ausnahme der rein logischen – durch beliebige andere Konstanten (wobei überall gleiche Zeichen durch gleiche ersetzt werden), und bezeichnet man die dadurch aus K erhaltene Aussagenklasse mit »K'« und die aus X erhaltene Aussage mit »X'«, so muß die Aussage X' wahr sein, falls nur alle Aussagen der Klasse K' wahr sind.

[Zwecks Vereinfachung der Betrachtung wird – hier und im folgenden – von gewissen nebensächlichen Komplikationen abgesehen, die einerseits mit der Theorie der logischen Typen zusammenhängen, andrerseits mit der Notwendigkeit, die in den betrachteten Aussagen eventuell vorkommenden definierten Zeichen zu eliminieren, d. h. durch die undefinierten zu ersetzen.]

Im Satze *(F)* haben wir eine notwendige Bedingung dafür erhalten, daß die Aussage X aus der Aussagenklasse K folgt. Es entsteht nun die Frage, ob diese Bedingung auch hinreichend ist. Wäre diese Frage zu bejahen, so wäre damit das Problem, eine zutreffende Definition des Folgerungsbegriffs anzugeben, positiv entschieden. Die einzige Schwierigkeit wäre noch mit dem Terminus »wahr« verbunden, der in der Bedingung *(F)* auftritt; dieser Terminus läßt sich aber auf Grund der Semantik exakt und sachlich richtig definieren[7].

Leider steht aber nicht die Sache so günstig. Es kann und es wird nämlich vorkommen – es ist nicht schwer, dies an konkreten Beispielen formalisierter Sprachen zu zeigen –, daß die Aussage X aus den Aussagen der Klasse K im üblichen Sinne nicht folgt, obzwar die Bedingung *(F)* erfüllt ist: diese Bedingung kann ja nur deswegen erfüllt sein, weil die Sprache, auf die sich die Betrachtung bezieht, keinen ausreichenden Bestand an außerlogischen Konstanten aufweist. Nur dann könnte man die Bedingung *(F)* als hinreichend ansehen, damit die Aussage X aus der Aussagenklasse K folge, wenn in der betrachteten Sprache die Bezeichnungen aller möglichen Gegenstände aufträten; diese Voraussetzung ist jedoch fiktiv und läßt sich keinesfalls realisieren[8]. Wir müssen also ein Mittel suchen, das die Intentionen, die in der Bedingung *(F)* stecken, wiederzugeben gestattet und das dabei von jener fiktiven Voraussetzung vollkommen unabhängig ist.

Ein solches Mittel liefert uns die Semantik. Zu den fundamentalen Begriffen der Semantik gehört der Begriff des *Erfülltseins einer Aussagefunktion* durch einzelne Gegenstände, bzw. durch eine Folge von Gegenständen. Es wäre überflüssig, den Inhalt dieses Begriffs hier näher zu klären; der inhaltliche Sinn solcher Redewendungen wie: *Johann und Peter erfüllen die Bedingung »X und Y sind Brüder«, das Trippel von Zahlen 2, 3 und 5 erfüllt die Gleichung »$x + y = z$«* kann doch keinen Zweifel hervorrufen. Der Begriff des Erfülltseins – so wie andere semantische Begriffe – muß immer in bezug auf eine bestimmte Sprache relativiert werden; seine präzise Definition hängt in ihren Einzelheiten von dem Bau der betreffenden Sprache ab. Man kann jedoch eine allgemeine Methode angeben, die das Konstruieren solcher Definitionen für eine umfassende Kategorie formalisierter Sprache ermöglicht; leider wäre es aus technischen Gründen unmöglich, die erwähnte Methode – es sei nur in großen Zügen – hier zu skizzieren[7].

Einer der Begriffe, die sich mit Hilfe des Begriffs des Erfülltseins definieren lassen, ist der Begriff des *Modells*. Nehmen wir an, daß in der Sprache, die wir betrachten, jeder außerlogischen Konstante gewisse Variablen entsprechen, und zwar in der Weise, daß eine beliebige Aussage in eine Aussagefunktion übergeht, falls darin Konstanten durch entsprechende Variablen ersetzt werden. Es sei nun L eine beliebige Klasse von Aussagen. Wir ersetzen alle außerlogischen Konstanten, die in den Aussagen der Klasse L auftreten, durch entsprechende Variablen, und zwar gleiche Konstanten durch gleiche Variablen, verschiedene durch verschiedene; dadurch gelangen wir zu einer Klasse L von Aussagefunktionen. Eine beliebige Folge von Gegenständen, die jede Aussagefunktion der Klasse L ersetzt, wollen wir als *Modell oder Realisierung der Aussagenklasse L* bezeichnen (in eben diesem Sinne wird üblicherweise vom Modell des Axiomensystems einer deduktiven Theorie gesprochen). Wenn insbesondere die Klasse L aus der einzigen Aussage X besteht, so werden wir das Modell der Klasse L auch *Modell der Aussage X* nennen.

Auf Grund dieser Begriffsbildung läßt sich der Begriff der logischen Folgerung folgendermaßen definieren:

Die Aussage X folgt logisch *aus den Aussagen der Klasse K dann und nur dann, wenn jedes Modell der Klasse K zugleich ein Modell der Aussage X ist.*

Wie mir scheint, muß jemand, der den Inhalt der eben angeführten Definition begreift, gestehen, daß sie dem üblichen Sprachgebrauch recht gut angepaßt ist; das erleuchtet noch in stärkerem Grade aus ihren verschiedenen Konsequenzen. So kann man insbesondere auf Grund dieser Definition beweisen, daß jede Folgerung aus lauter wahren Aussagen wahr sein muß; ferner, daß die Folgerungsbeziehung, die zwischen gewissen Aussagen besteht, von dem Sinne der in diesen Aussagen auftretenden außerlogischen Konstanten völlig unabhängig ist; mit einem Wort: man kann zeigen, daß die oben formulierte Bedingung *(F)* notwendig ist, damit die Aussage *X* aus der Aussagenklasse *K* logisch folgt. Dagegen ist diese Bedingung im allgemeinen nicht hinreichend, da der hier definierte Folgerungsbegriff – im Einklang mit dem vom uns eingenommenen Standpunkt – vom kleineren oder größeren Bestand der untersuchten Sprache unabhängig ist.

Schließlich ist es nicht schwer, die vorgeschlagene Definition mit der von *Carnap* in Einklang zu bringen. Denn wir können vereinbaren, eine Aussagenklasse *kontradiktorisch* zu nennen, wenn sie kein Modell besitzt; analog kann man eine Aussagenklasse als *analytisch* bezeichnen, wenn jede Folge von Gegenständen ihr Modell ist, wobei diese beiden Begriffe nicht nur auf Aussagenklassen, sondern auch auf einzelne Aussagen bezogen werden können. Nehmen wir ferner an, daß in der Sprache, die unsere Betrachtungen betreffen, jeder Aussage *X* eine Negation dieser Aussage entspricht, d. i. eine solche Aussage *Y*, die als Modelle die und nur die Folgen von Gegenständen hat, die keine Modelle der Aussage *X* sind (diese Annahme ist für die *Carnapsche* Konstruktion ziemlich wesentlich). Auf Grund aller dieser Vereinbarungen und Voraussetzungen läßt sich die *Äquivalenz beider Definitionen* leicht nachweisen. Auch kann man zeigen, daß – ebenso wie bei Carnap – die und nur die Aussagen analytisch sind, die aus jeder Aussagenklasse (und insbesondere aus der leeren Klasse) logisch folgen, kontradiktorisch dagegen die und nur die Aussagen, aus denen jede Aussage folgt[9].

Ich bin gar nicht der Meinung, daß im Resultat der durchgeführten Überlegungen das Problem einer sachlich zutreffenden Definition des Folgerungsbegriffs ganz erledigt ist; im Gegenteil: ich sehe noch mehrere offene Fragen. Es soll hier nur auf eine dieser Fragen – vielleicht die wichtigste – hingewiesen werden.

Unserer ganzen Konstruktion liegt die Einteilung aller Termini der betrachteten Sprache in logische und außerlogische zugrunde. Sicher ist diese Einteilung nicht ganz willkürlich: wenn wir z. B. zu den außerlogischen Termini das Implikationszeichen oder das Allzeichen zählen wollten, so würde die angegebene Definition des Folgerungsbegriffs zu Konsequenzen führen, die dem üblichen Sprachgebrauch offenbar widersprechen. Andrerseits aber sind mir keine objektiven Gründe bekannt, die eine scharfe Grenze zwischen beiden Gruppen von Termini zu ziehen gestatten; es scheint möglich zu sein, zu den logischen auch solche Termini zu rechnen, die von den Logikern gewöhnlich als außerlogisch betrachtet werden, ohne dabei auf Konsequenzen zu stoßen, die mit dem üblichen Sprachgebrauch in starkem Kontrast stehen würden. Im äußeren Fall könnte man alle Termini der

Sprache als logische betrachten: der Begriff der *formalen* Folgerung würde sich dann mit dem der *materialen* decken – die Aussage *X* würde in diesem Falle aus der Aussagenklasse *K* schon dann folgen, wenn entweder *X* wahr oder mindestens eine Aussage der Klasse K falsch wäre.[10].

Um die Bedeutung des betrachteten Problems für gewisse allgemeine philosophische Anschauungen anzusehen, genügt es zu bemerken, daß die Einteilung der Termini in logische und außerlogische auch bei der Präzisierung des Begriffs »analytisch« eine wesentliche Rolle spielt; dieser Begriff wird aber nach manchen Logikern als exaktes, formales Korrelat des Begriffs der *Tautologie* (d. h. einer Aussage, die »nichts über die Wirklichkeit besagt«) angesehen, eines Begriffs, der mir persönlich ziemlich vage erscheint, der jedoch für die philosophischen Erwägungen L. *Wittgensteins* und des ganzen *Wiener Kreises* von grundsätzlicher Bedeutung war[11].

Die weitere Forschung kann freilich das uns interessierende Problem in starkem Grade aufklären; vielleicht wird es gelingen, wichtige Argumente von objektivem Charakter zu finden, die es gestatten werden, die traditionelle Grenze zwischen logischen und außerlogischen Ausdrücken zu rechtfertigen. Ich halte es aber durchaus für möglich, daß auch die künftigen Untersuchungen keine positiven Ergebnisse in dieser Richtung bringen werden und daß man infolgedessen gezwungen sein wird, solche Begriffe wie »logische Folgerung«, »analytische Aussage« bzw. »Tautologie« als relative Begriffe anzusehen, die jeweils auf eine bestimmte, im weiteren oder engeren Maße willkürliche Einteilung der Termini in logische und außerlogische bezogen werden muß. In dieser Zwangslage würde sich – teilweise zumindest – das Schwanken im üblichen Gebrauch des Folgerungsbegriffs in einer ganz natürlichen Weise abspiegeln.

1 Das Beispiel einer deduktiven Theorie mit der oben besprochenen Eigentümlichkeit sowie die Formulierung der – eng damit zusammenhängenden – Schlußregel der unendlichen Induktion habe ich bereits im Jahre 1927 angegeben, und zwar in einem während der II. Polnischen Philosophentagung in Warschau gehaltenen Vortrag u. d. T.: *Über die Widerspruchsfreiheit und Vollständigkeit der deduktiven Wissenschaften.* Denselben Problemen habe ich später einen besonderen Aufsatz gewidmet: *Einige Betrachtung über die Begriffe der ω-Widerspruchsfreiheit und der ω-Vollständigkeit.* Monatshefte für Mathematik und Physik, 40. Band, Leipzig 1933, S. 97–112 (dieser Aufsatz wird weiter unten als T_1 zitiert). Die erwähnten Probleme erörtere ich außerdem ziemlich ausführlich in meiner Arbeit: *Der Wahrheitsbegriff in den formalisierten Sprachen,* Studia Philosophica, I. Band, Lwów 1935, S. 261–405 (polnisch Warszawa 1933; im folgenden als T_2 zitiert); vgl. insbesondere S. 383 ff.

2 Zu dem Begriff der Metatheorie sowie zu dem Problem der Interpretation einer Metatheorie in der entsprechenden Theorie vgl. z. B. T_2, S. 281 ff., 301 und 370 ff.

3 Vgl. K. Gödel, *Über formal unentscheidbare Sätze der Principia Mathematica und verwandter Systeme I,* Monatshefte für Mathematik und Physik. 38. Band, Leipzig 1931, S. 173–198, insbesondere S. 190 f.

4 Um etwaige Beanstandungen zu vermeiden, sollte man den Anwendungsbereich der eben formulierten These genauer festlegen und die logische Natur der gemeinten Schlußregeln näher präzisieren; insbesondere sollte man es exakt beschreiben, worin der »strukturelle Charakter« dieser Regeln besteht.

5 Eine deutliche Gegenüberstellung der beiden betrachteten Begriffe ist schon in T_1, S. 110 ff. enthalten. Im Gegensatz jedoch zu meinem jetzigen Standpunkt habe ich mich dort auf ent-

schieden negative Weise über die Möglichkeit ausgesprochen, eine exakte, formale Definition für den eigentlichen Folgerungsbegriff aufzustellen. Meine damalige Stellung erklärt sich dadurch, daß ich in der Zeit, als ich den zitierten Aufsatz verfaßte, irgendwelche Konstruktionsmittel vermeiden wollte, die über den Rahmen der logischen Typentheorie in einer ihrer »klassischen« Fassungen hinausragten; es läßt sich aber nachweisen, daß es unmöglich ist, den eigentlichen Folgerungsbegriff zutreffend zu definieren unter ausschließlicher Verwendung der in der »klassischen« Typentheorie zulässlichen Mittel – es wäre denn, daß man lediglich formalisierte Sprachen von elementarem, fragmentarischen Charakter in Betracht zieht (genau: die sog. Sprachen endlicher Ordnung; vgl. hierzu T_2, insbesondere S. 393 ff.).

In seinem höchst interessanten Buch: *Logische Syntax der Sprache*, Wien 1934 (unten als C_1 zitiert), bezeichnet R. Carnap den alten, bei dem Bau der deduktiven Theorien üblich angewandten Folgerungsbegriff als *(logische)* Ableitung, oder *Ableitbarkeit*, um ihn auf diese Weise von dem Begriff der *Folge* als dem eigentlichen Folgerungsbegriff zu unterscheiden. Die Gegenüberstellung der beiden Begriffe wird von Carnap auf verschiedenste abgeleitete Begriffe ausgedehnt (»f-Begriffe« und »a-Begriffe«, vgl. S. 88 ff. und 124 ff). Dabei betont er – wie mir scheint, mit Recht – die Wichtigkeit des eigentlichen Folgerungsbegriffs und der aus ihm abgeleiteten Begriffe für die allgemeinen, theoretischen Erörterungen (vgl. z. B. S. 128).

6 Vgl. C_1, S. 88 f., sowie desselben Verfassers: *Ein Gültigkeitskriterium für die Sätze der klassischen Mathematik,* Monatshefte für Mathematik und Physik, 42. Band, Leipzig, 1935, S. 163–190, insbesondere S. 181 (im folgenden als C_2 zitiert). In C_1, S. 34 f., findet sich noch eine andere Definition der Folgerung, die einer formalisierten Sprache von elementarem Charakter angepaßt ist; diese Definition wird hier nicht berücksichtigt, da sie sich auf die Sprachen von komplizierter logischer Struktur nicht übertragen läßt. Carnap versucht, den Begriff der logischen Folgerung nicht nur für konkrete Sprachen, sondern auch auf Grund der von ihm benannten, »allgemeinen Syntax« zu definieren; auf diesen Versuch kommen wir nachher, in Anm. 8, zu sprechen.

7 Über die Methoden und Begriffe der Semantik und insbesondere über die Begriffe der Wahrheit und des Erfülltseins berichte ich eingehend in T_2; vgl. auch meine Mitteilung: *Grundlegung der wissenschaftlichen Semantik.* Actes de Congres International de Philosophie Scientifique, Fasc. III, Paris 1936, vgl. Beitrag 21 in diesem Band.

8 Durch die zuletzt angeführten Bemerkungen werden manche frühere Versuche, den Begriff der formalen Folgerung zu definieren, angegriffen. U. a. lassen sich diese Bemerkungen auf Carnaps Definitionen der logischen Folgerung und einer Reihe von abgeleiteten Begriffen beziehen (»L-Folge« und »L-Begriffe«; vgl. C_1, S. 134 ff.); diese Definitionen – soweit sie auf Grund der »allgemeinen Syntax« aufgestellt sind – scheinen mir aus eben diesem Grunde sachlich unzutreffend zu sein, daß die definierten Begriffe ihrem Umfang nach in eine wesentliche Abhängigkeit von dem Reichtum der untersuchten Sprache geraten.

9 Vgl. C_1, S. 135 ff., insbesondere die Sätze 52.7 und 52.8; C_2, S. 182, die Sätze 10 und 11. – Gelegentlich möchte ich bemerken, daß die hier vorgeschlagene Definition des Folgerungsbegriffs den Rahmen der Syntax in Carnaps Auffassung (vgl. z. B. C_1, S. 6 ff.) nicht überschreitet. Zwar läßt sich der allgemeine Begriff des Erfülltseins (bzw. des Modells) nicht in Rahmen der Syntax einfügen; wir brauchen jedoch nur einen Spezialfall dieses Begriffs – das Erfülltsein der Aussagefunktionen, die keine außerlogischen Konstanten enthalten, und dieser Spezialfall kann bereits mit Hilfe der allgemein logischen und spezifisch syntaktischen Begriffe charakterisiert werden. Zwischen dem allgemeinen Begriff des Erfülltseins und dem hier verwendeten Spezialfall dieses Begriffs besteht ungefähr dieselbe Beziehung wie zwischen dem semantischen Begriff der wahren Aussage und dem syntaktischen Begriff der analytischen Aussage.

10 Es wird vielleicht lehrreich sein, die drei Begriffe »Ableitung« (vgl. Anm. 5), »formale Folgerung« und »materiale Folgerung« in dem speziellen Fall aneinander zu reihen, wenn die Klasse K, aus der die gegebene Aussage X folgt, nur aus einer endlichen Anzahl der Aussagen: Y_1, Y_2, ... Y_n besteht. Bezeichnen wir mit dem Symbol »Z« den Bedingungssatz (die Implika-

tion), dessen Vorglied die Konjunktion der Aussagen Y_1, Y_2, ... Y_n und dessen Nachglied die Aussage X bildet. Es lassen sich dann folgende Äquivalenzen feststellen:

Die Aussage X ist (logisch) ableitbar aus den Aussagen der Klasse K und nur dann, wenn die Aussage Z logisch beweisbar (d. h. aus den Axiomen der Logik ableitbar) ist;

die Aussage X folgt formal aus den Aussagen der Klasse K dann und nur dann, wenn die Aussage Z analytisch ist;

die Aussage N folgt material aus den Aussagen der Klasse K dann und nur dann, wenn die Aussage Z wahr ist.

Aus den drei Äquivalenzen kann nur die erste gewisse Bedenken erwecken; vgl. hierzu meinen Aufsatz: *Grundzüge des Systemkalküls (Erster Teil),* Fundamenta Mathematicae, Band 25, Warszawa 1935, S. 503–526, insbesondere S. 507 (Petitdruck). Im Zusammenhang mit den angegebenen Thesen vgl. auch die Arbeiten von K. Ajdukiewicz: *Z metodologji nauk dedukcyjnych (Zur Methodologie der deduktiven Wissenschaften,* polnisch), Lwów 1921, S. 19, [A (2)] sowie *Logiczne podstawy nauczania (Die logischen Grundlagen des Unterrichts,* polnisch), Warszawa, 1934, S. 14 und 42.

Angesichts der hervorgehobenen Analogie zwischen verschiedenen Abarten des Folgerungsbegriffs taucht die Frage auf, ob es nicht zweckmäßig wäre, neben speziellen Begriffen auch den allgemeinen Begriff von relativem Charakter einzuführen, und zwar den Begriff der *Folgerung in Bezug auf eine Aussagenklasse L.* Wenn wir uns weiter der vorigen Bezeichnung bedienen (und uns dadurch auf den Fall beschränken, wo die Klasse *K* endlich ist), so können wir diesen Begriff folgendermaßen definieren:

Die Aussage X folgt aus den Aussagen der Klasse K in bezug auf die Aussagenklasse L dann und nur dann, wenn die Aussage Z zu der Klasse L gehört.

Auf Grund dieser Definition würde sich die Ableitbarkeit mit der Folgerung in bezug auf die Klasse aller logisch beweisbaren Aussagen decken, die formale Folgerung wäre Folgerung in bezug auf die Klasse aller analytischen Aussagen und die materiale Folgerung – in bezug auf die Klasse aller wahren Aussagen.

11 Vgl. L. Wittgenstein, *Tractatus logico-philosophicus,* London 1922; C_1, S. 37–40.

Maria Kokoszyńska

Syntax, Semantik und Wissenschaftslogik[1]

Die philosophischen Untersuchungen aus letzter Zeit behandeln immer öfter Wissenschaftssprachen. Das scheint auf eine mehr oder weniger bewußte Überzeugung der Forscher hinzuweisen, die gelegentlich in der Form ausgesprochen wurde, daß die Philosophie eigentlich eine Theorie der Wissenschaftssprache sei. Die betreffenden Untersuchungen werden gewöhnlich als ein besonderes wissenschaftliches Gebiet aufgefaßt, das – je nach dem Forscher – anders genannt wird; so wird dieses Gebiet z. B. von Tarski als das der Metawissenschaft oder Morphologie der betrachteten Sprache, von Carnap als das der logischen Syntax der Sprache bezeichnet. Diese terminologischen Unterschiede gehen oft mit den sachlichen zusammen. Man kann nämlich eine Theorie der wissenschaftlichen Sprache auf verschiedene Weise aufbauen. An Carnap's Terminologie anknüpfend, können wir sagen, daß es verschiedene Möglichkeiten gibt, die Syntax einer gegebenen Sprache zu konstruieren. Wir wollen diese Möglichkeiten näher ins Auge fassen.

Bei dem Aufbau der logischen Syntax einer Sprache könnte man sich z. B. auf logische Zeichen beschränken (falls man zu ihnen auch arithmetische Zeichen rechnet). Als Bezeichnungen der Ausdrücke aus den betrachteten Sprachen und ihrer strukturellen Beziehungen werden dann Bezeichnungen gewisser Zahlen und ihrer Relationen verwendet; auf diese Weise wird die Syntax arithmetisiert. Eine solche Syntax wird – nach Carnap – *reine Syntax* genannt. Man kann aber auch deskriptive Zeichen in der Syntax einer Sprache zulassen und erhält dann *deskriptive Syntax* im weiteren Sinne (Carnap's deskriptive Syntax ist nämlich ein Spezialfall einer solchen Theorie). Sollen in der Syntax einer wissenschaftlichen Sprache entweder keine oder höchstens *spezifisch syntaktische* deskriptive Zeichen vorkommen (so wollen wir Bezeichnungen von betrachteten Ausdrücken und ihren Relationen nennen), so mag sie eine *eigentliche Syntax* genannt werden.

Enthält sie aber ohne Unterschied alle deskriptiven Zeichen und Ausdrücke der von ihr untersuchten Objektwissenschaft, so soll sie eine *uneigentliche* oder *erweiterte Syntax* heißen. Andere Möglichkeiten, Syntax zu treiben, ergeben sich, wenn man auf die logischen Typen der Ausdrücke Bezug nimmt, die in der Syntaxsprache vorkommen sollen. Wir bekommen nämlich eine Syntax, die *logisch reicher* bzw. logisch *nicht reicher* als die entsprechende Objektwissenschaft ist, je nachdem wir in der Syntax Zeichen, die zu höheren logischen Typen gehören als die der Objektsprache, zulassen bzw. nicht zulassen[2].

Wir werden wohl der Carnapschen Auffassung der Syntax am nächsten kommen, wenn wir seine Syntax als eine *eigentliche Syntax* charakterisieren, und zwar als eine, die *logisch reicher ist als die Objektsprache.* Die Metawissenschaft im Tarski's Sinne scheint dagegen dem zu entsprechen, was wir eine *erweiterte Syntax* (die gleichfalls *logisch reicher ist als die Objektsprache)* nennen würden. Im Folgenden wollen wir den Terminus »Syntax« nur im soeben angegebenen (Carnapschen) Sinne gebrauchen. Wenn wir von der Metawissenschaft sprechen, so werden wir dafür den Ausdruck »erweiterte Syntax« benützen.

Es sollen nun Syntax und erweiterte Syntax einer wissenschaftlichen Sprache einander gegenübergestellt werden. Es leuchtet ein, daß in der erweiterten Syntax Begriffe auftreten werden, über die man innerhalb der Syntax nicht verfügt. Das scheint insbesondere bei allen Begriffen der Fall zu sein, die von Tarski als semantische bezeichnet werden[3]. Bei denjenigen, die sich an den durch die Syntax bestimmten Rahmen hielten – und hier sind mehrere Vertreter des logistischen Positivismus zu rechnen –, ist eine einheitliche Stellungsnahme zu diesen Begriffen nicht zu bemerken. Man hat diese Begriffe manchmal als unwissenschaftlich bezeichnet, manchmal aber wieder versucht, sie in die Syntax aufzunehmen. Keine von diesen Verfahrungsweisen scheint aber die richtige zu sein. Wir wollen das am Beispiel des absoluten Wahrheitsbegriffes näher besprechen.

Als absoluter Wahrheitsbegriff wird letztens der klassische Wahrheitsbegriff bezeichnet, nach dem – wie man zu sagen pflegt – die Wahrheit eines Satzes in seiner Übereinstimmung mit der Wirklichkeit besteht. Man bezeichnet diese Auffassung der Wahrheit bekanntlich als Korrespondenztheorie. Dieser Theorie steht die Kohärenztheorie der Wahrheit gegenüber, nach der die Wahrheit eines Satzes in gewisser Übereinstimmung dieses Satzes mit anderen Sätzen besteht. Bei einigen logischen Positivisten läßt sich in den letzten Jahren ein Übergang von einer Korrespondenztheorie der Wahrheit zu einer Kohärenztheorie nachweisen. In diesem Übergang hat teilweise die Überzeugung Ausdruck gefunden, der absolute Wahrheitsbegriff sei ein unwissenschaftlicher Begriff, der aus den philosophischen Untersuchungen ausgeschaltet werden soll, teilweise aber – wie es scheint – auch die Meinung, er ließe sich durch einen umfangsgleichen syntaktischen ersetzen und auf diese Weise in der Syntaxsprache definieren. Der klassische Wahrheitsbegriff ist jedoch – im allgemeinen – keiner syntaktischen Definition fähig: während er sich – wie neuere Untersuchungen zeigen – in bezug auf logische Sprachen in deren Syntax definieren läßt, ist das (was hier jedoch nicht näher ausgeführt werden soll) für eine umfassende Gruppe der deskriptiven Sprachen keineswegs der Fall[4]. Der absolute Wahrheitsbegriff verdient es aber deshalb nicht, als unwissenschaftlich abgewiesen zu werden. Er läßt sich ja, wie Tarski's Untersuchungen zeigen, für genau angebbare, formalisierte Sprachen in deren erweiterter Syntax ganz korrekt definieren. Der absolute Wahrheitsbegriff kann also als ein Repräsentant jener Begriffe gelten, die für viele wissenschaftliche Sprachen in deren Syntax gar nicht, wohl aber in ihrer erweiterten Syntax einwandfrei definierbar sind.

Als ein anderes Beispiel kann hier der Begriff des Bezeichnens genannt werden. Die Tendenz, ihn als einen unwissenschaftlichen abzulehnen, trat bei den logischen Positivisten, die ihre Untersuchungen innerhalb der Syntax durchführten, vielleicht in schwächerem Grade hervor als die entsprechende Tendenz bezüglich des klassischen Wahrheitsbegriffs. Dagegen war die Bemühung sehr deutlich, ihn auf syntaktische Begriffe zurückzuführen (einen interessanten Versuch hat hier Carnap gemacht); diese Bemühung scheint jedoch keine befriedigende Resultate gegeben zu haben[5]. Der wissenschaftliche Charakter des Begriffes des Bezeichnens bleibt aber trotzdem bestehen, da auch dieser Begriff, wie wir heute wissen, in der erweiterten Syntax der jeweilig untersuchten Sprache in zutreffender Weise definierbar ist.

Sowohl der Wahrheitsbegriff wie der Begriff des Bezeichnens scheinen also das Gebiet der Syntax zu überschreiten und ihre korrekten Definitionen erst in der erweiterten Syntax zu finden. Das Gleiche könnte auch in Bezug auf andere semantische Begriffe nachgewiesen werden. Die Semantik einer Sprache – als Wissenschaft von diesen Begriffen verstanden – ist also im allgemeinen nicht als ein Teil der entsprechenden Syntax anzusehen, obwohl sie in der erweiterten Syntax der untersuchten Sprache enthalten ist. Das Gebiet der erweiterten Syntax ist – wie wir daraus sehen – sowohl in bezug auf die Anzahl als auch die Art der Begriffe, die in ihm behandelt werden können, in einer wesentlichen Weise reicher als das Gebiet der Syntax.

Mit der Möglichkeit, in der erweiterten Syntax mit mehreren Begriffen operieren zu können, hängt folgende Tatsache eng zusammen: manche Probleme, die auf dem Boden der Syntax keine einwandfreie Formulierung finden konnten und deshalb als Scheinprobleme gelten mußten, lassen sich in der erweiterten Syntax wissenschaftlicher, formalisierter Sprachen ganz korrekt ausdrücken und werden auf diese Weise zu wissenschaftlichen Problemen. Es soll hier als ein Beispiel die Wahrheitskriteriumsfrage angeführt werden. Ist eine korrekte Definition des absoluten Wahrheitsbegriffes für Sätze einer bestimmten Sprache angegeben und ist festgesetzt, was unter »Kriterium« überhaupt zu verstehen ist, so braucht die Frage nach dem Kriterium der Wahrheit nicht mehr als ein Scheinproblem erklärt zu werden, sondern wird einer wissenschaftlichen Behandlung zugänglich. Auch die berüchtigte Frage »Wie ist die wirkliche Welt?« – mindestens in einer ihrer möglichen Deutungen – scheint nicht ein Scheinproblem zu sein, und zwar wenn wir sie z. B. so interpretieren: »welchen synthetischen Sätzen einer bestimmten Sprache kommt absolute Wahrheit zu?« Mit der Definition der absoluten Wahrheit wird ja auch diese Frage zu einer ganz korrekt formulierten. Sind in der Sprache, in welcher gefragt wird, irgendwelche physikalische (also synthetische) Sätze gültig, so wird es gegebenenfalls auch möglich sein, diese Frage zu beantworten durch Angabe einzelner wahrer Sätze oder Gruppen von solchen Sätzen.

Gegen unsere Ausführungen könnte man hier einen Einwand erheben, den wir nicht unberücksichtigt lassen wollen. Man könnte nämlich sagen, daß wir den absoluten Wahrheitsbegriff falsch interpretieren, indem wir ihn mit dem von Tarski definierten gleichsetzen, und daß die absolute Wahrheit vor allem als eine Eigenschaft aufzufassen ist, die den Sätzen sozusagen unabhängig von der Sprache, zu welcher sie gehören (und die wir sprechen), zukommt. (Deshalb wird sie ja als eine *absolute* bezeichnet.) Von einem solchen Wahrheitsbegriff würde man vielleicht noch behaupten, daß keine Untersuchungen ihn zu einem wissenschaftlichen machen können.

Wird der Wahrheitsbegriff in dieser Weise aufgefaßt, so wollen wir ihn selbstverständlich, in Übereinstimmung mit dem logischen Positivismus, als einen unwissenschaftlichen erklären und Probleme, in welchen er vorkommt, als Pseudoprobleme bezeichnen. Die These von der Unwissenschaftlichkeit dieses Begriffs scheint ja in diesem Falle fast trivial zu sein: die Wahrheit eines Satzes wurde ja von jeher als eine Eigenschaft angesehen, die von dem Sinn des Satzes abhängig ist; dieser Sinn wird aber eben durch die Sprache, zu welcher der Satz gehört – und zwar durch ihre Umformungsregeln – bestimmt[6]; die Wahrheit, die einem Satze unabhängig von der Sprache zukommt, zu der er gehört, scheint demnach geradezu ein widerspruchsvoller Begriff zu sein. Sofern der Terminus »absoluter Wahrheitsbegriff« dazu beitragen könnte, eine Vorstellung von der »Wahrheit« zu erwecken, die man unserer Meinung nach verwerfen müßte, wären wir geneigt, diesen Terminus abzulehnen, und einfach vom »Wahrheitsbegriff« zu sprechen.

Zum Schluß möchten wir Syntax und Semantik (bzw. Syntax und erweiterte Syntax) der *Wissenschaftslogik* gegenüber stellen. Versteht man – entsprechend dem logischen Positivismus – unter der Wissenschaftslogik das ganze Gebiet der Philosophie, das in streng wissenschaftlicher Weise behandelt werden kann, so ersieht man aus dem Obigen, daß dieses Gebiet durch die Syntax der wissenschaftlichen Sprache allein nicht erschöpft wird, da es noch jedenfalls die Semantik enthält. Wird aber unter der Wissenschaftslogik die logische Syntax der wissenschaftlichen Sprache verstanden, so scheint es klar zu sein, daß sie nicht den ganzen wissenschaftlichen Teil der Philosophie bildet, sondern noch gewisse (z. B. die semantischen, aber auch andere) Probleme außer ihren Grenzen läßt. In jedem der beiden Fälle scheint eine Korrektur der These des logischen Positivismus, alle wissenschaftliche Philosophie sei Syntax, erforderlich zu sein: *der wissenschaftliche Rest der Philosophie,* der nach Ausschaltung echter Scheinprobleme übrig bleibt, *kann nicht mit der Syntax gleichgesetzt werden, sondern man muß für ihn weitere Grenzen ziehen.* Dagegen scheint es mir plausibel zu sein, daß er sich – mindestens seinem Begriffsschatze nach – *schon mit dem Gebiet der erweiterten Syntax deckt.* Tatsächlich würde es schwer fallen, sich Begriffe, beziehungsweise Probleme auszudenken, die Anspruch auf wissenschaftlichen Charakter erheben könnten, und weder in einer Objektwissenschaft noch in der Syntax der wissenschaftlichen Sprachen, noch in einer Zusammenfügung von beiden – also in einer erweiterten Syntax – ausgedrückt werden könnten.

Wollte man die ganze wissenschaftliche Philosophie mit dem Namen »Wissenschaftslogik« belegen, so könnte man in ihr die Syntax einer wissenschaftlichen Sprache als *formale Wissenschaftslogik* aussondern; der übrigbleibende Teil würde u. a. die Semantik enthalten. Es wäre aber vielleicht zweckmäßiger, den Namen »Wissenschaftslogik« auf denjenigen Teil der Syntax zu beschränken, der in rein logischen Zeichen formulierbar ist, und das Ganze der wissenschaftlichen Philosophie einfach als *Wissenschaftstheorie* zu benennen. Dabei würde die Syntax einen formalen (obgleich nicht notwendig logischen) Teil der Wissenschaftstheorie (formale Wissenschaftstheorie) bilden. Die zuletzt gemachten Vorschläge sind natürlich rein terminologischer Natur.

1 Manche Gedankengänge, die hier nur skizziert werden konnten, habe ich näher in einem Aufsatze ausgeführt, der unter dem Titel *»Über den absoluten Wahrheitsbegriff und einige andere semantische Begriffe«* in »Erkenntnis« [vgl. Beitrag 24 in diesem Band] erscheinen soll. Insbesondere wird dort ein Beweis dafür gegeben, daß der Wahrheitsbegriff kein syntaktischer

Begriff ist. Auch die Bemühungen, den Begriff des Bezeichnens in die Syntax aufzunehmen, werden dort einer genauen Analyse unterzogen. – Die bibliographischen Hinweise sind in demselben Aufsatz zu finden.

2 Jeder Syntaxsprache soll natürlich ein bestimmtes System von Axiomen zugrunde gelegt werden, mindestens, wenn man Syntax als deduktive Wissenschaft treiben will. Hier stehen wieder unserer Willkür ziemlich weite Grenzen offen. Auf diese Seite des Problems wollen wir aber in diesem Zusammenhange nicht eingehen.

3 Vgl. hierzu Tarski's Vortrag: *Die Grundlegung der wissenschaftlichen Semantik*. [Vgl. Beitrag 21 in diesem Band.]

4 Sieh die Anmerkung 1.

5 Sieh die Anmerkung 1.

6 Vgl. hierzu z. B. die Untersuchungen über den Sinnbegriff von Ajdukiewicz und Carnap. [Vgl. Beiträge 11, 12 in diesem Band].

Maria Kokoszyńska

Über den absoluten Wahrheitsbegriff und einige andere semantische Begriffe

Einleitung

In letzter Zeit macht sich in manchen philosophischen Untersuchungen die Tendenz geltend, den absoluten Wahrheitsbegriff, der übrigens mit dem üblichen übereinstimmt (und nach dem – ungenau gesagt – die Wahrheit eines Satzes in seiner Übereinstimmung mit der Wirklichkeit besteht), aus der Wissenschaft zu eliminieren oder durch einen anderen zu ersetzen[1]. Dieser Begriff wird dabei gewöhnlich für unwissenschaftlich erklärt und scheint um so mehr verwerflich zu sein, als seine Belanglosigkeit für die Fachwissenschaften behauptet wird. Auch einige andere semantische Begriffe – d. h. Begriffe, in denen sozusagen von gewissen Beziehungen zwischen den Ausdrücken einer Sprache und den durch sie bezeichneten Gegenständen die Rede ist – scheinen Anstoß zu erregen. Es wird auf sie als solche hingewiesen, die uns leicht dazu verführen können, Scheinprobleme aufzustellen[2].

Obwohl wir einigen von den angeführten Behauptungen in gewisser Hinsicht zustimmen, wollen wir einige kritische Bemerkungen über die Art machen, in der man sich von dem absoluten Wahrheitsbegriff zu befreien versucht, und wollen dann überhaupt die Richtigkeit der Anschauung, daß ein solcher Begriff unwissenschaftlich ist, in Frage stellen. Auch mancher anderen verschmähten Begriffe wollen wir uns annehmen, indem wir auf die Möglichkeit hinweisen, sie in einer wissenschaftlichen, ihrem Inhalt angemessenen Weise zu behandeln. Die betreffenden Ausführungen werden einen wesentlichen Gebrauch von den Ergebnissen machen, die in der Arbeit von A. Tarski: »Der Wahrheitsbegriff in den formalisierten Sprachen«[3] enthalten sind. Insofern unser Aufsatz sich darum bemüht, vom Standpunkt dieser Ergebnisse aus sich mit manchen philosophischen Meinungen auseinanderzusetzen, die in der neueren Literatur aufgetaucht sind, kann er als eine Randbemerkung zu der genannten Arbeit gelten. Die Begriffe, die hier verwendet werden, sind hauptsächlich aus Carnaps »Logischer Syntax der Sprache« geschöpft, in der auch ihre genauere Erklärung und teilweise auch die Begründung mancher hier verwerteten Behauptungen zu suchen ist.

§ 1. Objektsprache und Syntaxsprache

Die Unterscheidung zwischen einer Sprache (Objektsprache) und der auf sie bezogenen Metasprache oder Syntaxsprache ist durch die neuesten Untersuchungen aus der Wissenschaftslogik – es seien hier nur die Arbeiten von Carnap und Tarski genannt – üblich geworden. Trotzdem haften ihr einige Unklarheiten an, deren Aufweisung vielleicht nützlich ist. Vor allem kommt hier der Terminus »Syntaxsprache« in Betracht. Fassen wir die Syntaxsprache als diejenige Sprache auf, die notwendig und hinreichend ist, alle Sätze der Syntax zu formulieren, so ist es nämlich nicht ganz klar, welcher Wortschatz der Syntaxsprache eigen sein soll. Sollen z. B. zu dieser Sprache nur logische oder auch deskriptive Zeichen gehören? Und wenn auch deskriptive, sollen es dann nur Bezeichnungen von Ausdrükken und ihren strukturellen Relationen (so wollen wir Gestalt- und Anordnungsrelationen bezeichnen) oder auch Bezeichnungen anderer Gegenstände sein? Besitzt ferner die Syntaxsprache einen ebensolchen Reichtum an logischen Zeichen wie die Objektsprache, oder wird die letztere in dieser Hinsicht von ihrer Syntax übertroffen? Wir finden auf diese Fragen keine eindeutige Antwort; wir wollen somit die Möglichkeiten, die sich hier ergeben, näher ins Auge fassen.

Wir fangen mit der ersten der aufgestellten Fragen an. Wie es aus der Bestimmung der Syntax, eine andere Sprache zu behandeln, erhellt, muß die Syntaxsprache jedenfalls Bezeichnungen der Ausdrücke der untersuchten Sprache und ihrer strukturellen Relationen enthalten. Nun ist die Einführung solcherTermini in die Syntaxsprache auf zweierlei Weise möglich. Man kann z. B. zu den logischen Zeichen, die die Syntaxsprache – wie jede Sprache, in der etwas ausgesagt werden kann – enthalten muß, gewisse nichtlogische (deskriptive) Termini hinzufügen, die die Rolle solcher Bezeichnungen spielen; als Bezeichnungen der Ausdrücke – genauer: der Ausdrucksgestalten – können z. B. eben diese Ausdrücke in Anführungszeichen fungieren. – Man kann sich aber auch mit nur logischen Zeichen begnügen, indem man sich als Bezeichnungen der Ausdrücke der Bezeichnungen bestimmter Zahlen bedient. Dieses Verfahren ist bekanntlich aus dem Grunde möglich, weil alle Ausdrücke einer Sprache und ihre strukturellen Relationen sich in eineindeutiger Weise den natürlichen Zahlen – oder einer Untermenge von ihnen – und ihren Relationen so zuordnen lassen, daß wahre Aussagen über Ausdrücke in wahre arithmetische Aussagen übergehen[4]. Nun wird jede Syntax, welche sich der früher genannten deskriptiven Zeichen bedient, *deskriptive Syntax* genannt, während die andere, die sich auf logische Zeichen beschränkt, als *reine Syntax* gilt[5]. Natürlich kann man bezweifeln, ob die reine Syntax, die einen Teil der Arithmetik bildet, noch als Syntax zu bezeichnen ist; dies ist aber eine terminologische Frage, auf die einzugehen es keinen Zweck hat.

Wir gehen zu der zweiten Frage über. Je nachdem wir von den deskriptiven Zeichen nur die Bezeichnungen der betrachteten Ausdrücke und ihrer strukturellen Relationen – wir sollen sie *spezifische deskriptive Zeichen der Syntax* nennen – oder auch andere (und zwar alle deskriptiven Zeichen der Objektsprache) in der Syntax zulassen, ergibt sich eine andere Unterscheidung zwischen den Syntaxsprachen. Enthält die Syntaxsprache höchstens nur die ihr spezifischen deskriptiven Zeichen, so wollen wir sie *eigentliche Syntaxsprache* nennen. Enthält sie aber die ganze Objektsprache, auf die sie sich bezieht, so werden wir sie als *erweiterte Syntaxsprache* bezeichnen.

Eine reine Syntaxsprache ist natürlich immer eine eigentliche Syntaxsprache, eine eigentliche kann dagegen sowohl rein wie deskriptiv sein. Aber auch für eine erweiterte Syntaxsprache kommen die beiden letzten Möglichkeiten in Betracht, und zwar kann sie zu einer reinen Syntaxsprache werden, wenn die Objektsprache eine logische ist. Enthält die Objektsprache an deskriptiven Zeichen nur spezifische syntaktische Zeichen – dieser Fall kann ja auch vorkommen –, so wird die erweiterte Syntaxsprache identisch. Wie daraus zu ersehen ist, schließen sich die Begriffe der eigentlichen und der erweiterten Syntaxsprache nicht immer aus. Nichtsdestoweniger scheint die Unterscheidung zwischen einer eigentlichen und einer erweiterten Syntaxsprache von grundsätzlicher Bedeutung zu sein[6].

Wir wollen noch einige Aufmerksamkeit der dritten der früher angeführten Fragen widmen. Auch hier bieten sich verschiedene Möglichkeiten, die Syntaxsprache aufzufassen. Handelt es sich nämlich um den Reichtum an logischen Typen von Ausdrücken, über den die Syntaxsprache verfügt (es kommt hier vor allem auf den Reichtum an logischen Typen von Variablen an), so kann man in ziemlich natürlicher Weise annehmen, dieser Reichtum sei nicht kleiner als der Reichtum an logischen Typen von Ausdrücken, welchen die betrachtete Objektsprache besitzt. Nun kann aber die Syntaxsprache an diesen Ausdrucksmitteln so reich sein wie die Objektsprache oder sie in dieser Hinsicht übertreffen. Wir wollen in diesen Fällen sagen, die Syntaxsprache *ist* – bzw. *ist nicht* – *logisch reicher als die Objektsprache*. Enthält die Objektsprache schon unendlich viele Typen, so werden in der Syntaxsprache – im Falle ihres größeren Reichtums an Typen – transfinite Typenstufen vorkommen müssen.

Wenn man die Syntaxsprache als eine Sprache auffaßt, die logisch nicht reicher ist als ihre Objektsprache, so hat das gewisse Nachteile. Wir möchten einige von ihnen anführen. Handelt es sich um diejenigen, welche sich aus einer solchen Auffassung bezüglich der erweiterten Syntaxsprache ergeben, so werden sie ausführlich in Tarskis Arbeit besprochen; es wird dort gezeigt, daß sie in gewissen Fällen die Unmöglichkeit der Wahrheitsdefinition in bezug auf die betrachtete Objektsprache verursachen können. Aber auch die eigentliche Syntaxsprache hat in Fällen, wo sie sich nicht mit der erweiterten Syntaxsprache deckt, unter der obengenannten Auffassung der Syntaxsprache zu leiden. Man kann dann zwar behaupten, sie lasse sich in der Objektsprache formulieren[7], kann aber in ihr keinen von den sich auf die ganze Objektsprache beziehenden Begriffen: »analytisch« (im Sinne von »logisch wahr«), »kontradiktorisch« – ferner »Folge«, »Gehalt«, »Synonimität« usw., falls diese auf die ersteren zurückgeführt werden – definieren. Die Definition dieser Begriffe in einer eigentlichen Syntaxsprache erfordert ja – wie wir heute wissen – reichere Ausdrucksmittel, als es die Sprache, auf die sich diese Begriffe beziehen, besitzt[8]. Die in Rede stehenden Begriffe können somit in der eigentlichen Syntaxsprache gar nicht vorkommen, falls man in ihr keine anderen undefinierten Zeichen haben will als logische Zeichen der Objektsprache und die spezifischen syntaktischen Zeichen; als neue, auf axiomatischem Wege eingeführte Grundbegriffe würden ja die Begriffe »analytisch«, »kontradiktorisch« usw. zu keiner dieser Ausdruckskategorien gehören. Wenn man sich durch den zuletzt genannten Umstand nicht beirren läßt, so kann man – wie es scheint – allerdings über die genannten Begriffe in einer Syntaxsprache verfügen, die nicht reicher ist als die Objektsprache.

Es ist vielleicht interessant hier zu bemerken, daß man die Möglichkeit, über solche Begriffe wie »analytisch«, »kontradiktorisch« usw. zu verfügen, völlig aufgeben muß, wenn man mit der Annahme einer einzigen Sprache auskommen will, die zugleich als Objektsprache behandelt wird. In diesem Falle müßten ja diese

Begriffe – samt allen anderen – in der Sprache vorhanden sein, auf die sie sich beziehen (und zwar würden sie in dem logischen Teile dieser Sprache auftreten, da wir in bezug auf »analytisch« und »kontradiktorisch« die Forderung aufstellen wollen, sie sollen logische Begriffe sein). Eine solche Situation führt nun unvermeidlich zu Widersprüchen, da man in der betrachteten Sprache ein Analogon zu der Antinomie des Lügners konstruieren kann[9]. Daß man im Falle einer einzigen Sprache nicht ohne Widerspruch mit dem Begriff »wahr« operieren kann, soll als festgestellt gelten.

Wenn wir im folgenden von *Syntax* ohne weitere Zusätze sprechen, werden wir – in Anpassung an die überwiegende Tendenz im Gebrauche dieses Wortes – darunter eine Syntax verstehen, deren Sprache eine *eigentliche Syntaxsprache ist, die logisch reicher ist als die Objektsprache*. Eine solche Sprache werden wir kurz »*Syntaxsprache*« nennen. In jenen Fällen, wo speziell die reine oder deskriptive Syntax in Frage kommt, wollen wir dies ausdrücklich andeuten. In unseren Überlegungen wird aber auch die *erweiterte Syntax* eine Rolle – und zwar eine wichtige – spielen. Wir wollen unter ihr auch eine Sprache verstehen, die logisch reicher ist als die Objektsprache; es soll dies aber *eine Sprache sein, die durch die Zusammenfügung einer Objektsprache mit ihrer Syntaxsprache entsteht*. Da wir dem Terminus »Syntaxsprache« schon eine Bedeutung erteilt haben, werden wir zur Bezeichnung der *erweiterten Syntaxsprache* diesen ganzen zusammengesetzten Ausdruck verwenden, bis er durch den Terminus »Sprache der Semantik« ersetzt wird, was am Anfang des § 5 aus Gründen, die dort angegeben werden, geschehen wird.

§ 2. Der absolute Wahrheitsbegriff und die Syntaxsprache

Die Versuche, den Wahrheitsbegriff aus der Wissenschaft zu eliminieren, gehen hauptsächlich in eine bestimmte Richtung. Man versucht nämlich, ihn durch einen syntaktischen Begriff zu ersetzen. Jede Kohärenztheorie der Wahrheit, d. h. jede Theorie, nach der die Wahrheit eines Satzes in seiner Übereinstimmung mit anderen Sätzen besteht (es wird ihr gewöhnlich die Theorie, daß Wahrheit in Übereinstimmung mit der Wirklichkeit besteht, als eine Korrespondenztheorie gegenübergestellt), kann – im Grunde genommen – als ein solcher Versuch aufgefaßt werden. Diese Ersetzung wird aber auf zweierlei Art gemeint. Entweder will man an Stelle des absoluten Wahrheitsbegriffes sich eines syntaktischen Begriffes bedienen ohne Rücksicht darauf, in welchen Beziehungen die neuen Sätze zu den alten, in denen der verschmähte Wahrheitsbegriff vorkam, stehen (wird z. B. statt »Wahrheit« einfach der Begriff »Widerspruchslosigkeit« eingeführt, so scheint dieser Fall vorzuliegen). Dieser Versuch wird uns weiter nicht beschäftigen. Oder man will an die Stelle des Wahrheitsbegriffes einen syntaktischen Begriff so einführen, daß Sätze, in welchen der erstere vorkommt – genauer Vollsätze in bezug auf »– ist wahr« –, sich in syntaktische Sätze, in welchen der eingeführte Begriff auftritt, übersetzen lassen, und zwar gehalttreu, d. h. so, daß Sätze, welche sich entsprechen, Folgen voneinander sind. Unter Verwendung einer von Carnap eingeführten Terminologie wird in diesem Falle behauptet, daß Sätze, in denen der absolute Wahrheitsbegriff vorkommt, als Sätze der inhaltlichen Redeweise anzusehen sind, welche in Wirklichkeit über eine syntaktische Eigenschaft der Sätze sprechen (über ihre Beziehung zu anderen Sätzen), und nur infolge der zu Mißverständnissen führenden Formulierung etwas über die Wirklichkeit (bzw. über die Beziehung der Sätze zur Wirklichkeit) auszusagen scheinen[10].

Wir wollen diesen Versuch näher betrachten. Er kann als ein Versuch aufgefaßt werden, für den absoluten Wahrheitsbegriff in der Syntaxsprache einen umfangsgleichen zu finden, also ihn in dieser Sprache zu definieren. Ist es nun möglich, den absoluten Wahrheitsbegriff, der sich auf eine Sprache bezieht, in der Syntax dieser Sprache zu definieren?

Um diese Frage beantworten zu können, müssen wir vor allem die Unterscheidung zwischen logischen und deskriptiven Sprachen berücksichtigen. Handelt es sich um die logischen Sprachen, so ist eine solche Definition möglich[11]. In diesem Falle lautet also die Antwort auf unsere Frage positiv. Ganz anders steht aber die Sache, wenn es sich um nichtlogische, deskriptive Sprachen handelt. Sehen wir von ganz wenigen Ausnahmsfällen ab, so scheint die Definition des absoluten Wahrheitsbegriffes für diese Sprachen in ihrer Syntax ganz unmöglich zu sein.

Um dies zu beweisen, wollen wir zuerst genauer, als es bisher geschehen ist, angeben, wann wir von einer Definition sagen werden, daß sie den absoluten – d. i. den üblichen – Wahrheitsbegriff definiert. Es scheint angemessen zu sein, die Bedingungen dafür – nach Tarski – folgendermaßen zu formulieren: eine Definition ist als Definition des absoluten Wahrheitsbegriffs in bezug auf Sätze einer bestimmten Sprache anzusehen, wenn – in der zugeordneten erweiterten Syntaxsprache – folgende Sätze gültig (Folgen dieser Definition und der Axiome) sind: 1. der Satz »ist *x* wahr, so ist *x* ein Satz«, 2. alle Sätze der Form »„*p*" ist wahr ≡ *p*«, wo der Buchstabe »*p*« als Abkürzung eines beliebigen Satzes der Objektsprache anzusehen ist. Wesentlich scheint dabei nur die zweite Bedingung zu sein; es kommt in ihr dasjenige zum Ausdruck, was man seit jeher dem klassischen Wahrheitsbegriffe zu entnehmen glaubte: um dies zu begründen, sei hier nur auf die bekannte »Definition« der Wahrheit hingewiesen, die sich bei Aristoteles vorfindet, und zwar auf die Worte »τὸ [μὲν γὰρ λέγειν] . . . τὸ ὂν εἶναι, καὶ τὸ μὴ ὂν μὴ εἶναι, ἀληθὲς«[12]. Die erste Bedingung könnte, wie es scheint, ohne größeren Schaden weggelassen werden.

Wir wollen jetzt unseren Beweis indirekt führen. Nehmen wir an, der Wahrheitsbegriff, der sich auf Sätze einer Sprache bezieht, ließe sich in der entsprechenden Syntaxsprache definieren. Nun ist es entweder so möglich, daß es in der reinen Syntax oder in der deskriptiven geschieht. Geschieht es in der reinen Syntax, so gehört auch jeder Satz von der Form »„*p*" ist wahr« – als »*p*« könnten wir ja ein Zahlzeichen verwenden – in die reine Syntax, ist also ein logischer Satz, also analytisch oder kontradiktorisch. Jeder Satz der Objektsprache ist aber mit einem solchen Satz gehaltgleich nach der gültigen Formel »„*p*" ist wahr ≡ *p*«. Ist nun »„*p*" ist wahr« analytisch oder kontradiktorisch, und die entsprechende Formel »„*p*" ist wahr ≡ *p*« gültig, so ist auch »*p*« in der erweiterten Syntaxsprache gültig oder widergültig. Wir wollen voraussetzen, daß die Objektsprache eine folgeerhaltende Teilsprache der erweiterten Syntaxsprache ist. Sind nun alle Objektsätze in der erweiterten Syntaxsprache gültig oder widergültig, so sind sie es auch in der Objektsprache. Das steht aber im Widerspruch zu dem deskriptiven Charakter der Objektsprache, der vorausgesetzt wurde, und der die Möglichkeit des Vorkommens indeterminierter (also weder gültiger noch widergültiger) Sätze in dieser Sprache garantiert.

Würde die Definition der Wahrheit in der deskriptiven Syntaxsprache angegeben, so müßte jeder Satz der Form »„*p*" ist wahr« in die deskriptive Syntax gehören, und also mit Hilfe höchstens spezifischer deskriptiver Zeichen der Syntax sich formulieren lassen. Nun sind aber die Sätze von der Gestalt »„*p*" ist wahr ≡ *p*« gültig. Jeder Satz der Objektsprache müßte hiernach mit einem Satze, welcher nun von den Zeichen dieser Sprache und ihrer Anordnung spricht, gehaltgleich sein. Das scheint schon – im allgemeinen – eine absurde Folgerung zu sein. – Die Unmöglichkeit unserer Annahme tritt noch schärfer hervor, wenn wir voraussetzen, daß sowohl die betrachtete Objektsprache als auch ihre Syntaxsprache und erweiterte Syntaxsprache *L*-Sprachen sind; der Definition dieser Sprachen gemäß müssen dann die Äquivalenzen »„*p*" ist wahr ≡ *p*« noch gültig bleiben, wenn wir deskriptive Zeichen, die in ihnen vorkommen – nach der Elimination der definierten –, entsprechend durch beliebige andere ersetzen. Enthält dann der Satz, der an der Stelle von »*p*« angeführt wird, die spezifischen deskriptiven Zeichen der Syntax nicht, kommen in ihm aber andere deskriptive Zeichen vor, so muß er gehaltgleich mit allen Sätzen sein, welche wir durch Änderung der deskriptiven Zeichen aus ihm bekommen (alle diese Sätze müssen ja mit demselben Satze aus der deskriptiven Syntax gehaltgleich sein). Hat also einer dieser Sätze z. B. die Form »an der Stelle *a* ist es blau«, so muß – wenn er wahr ist – auch der zu ihm konträre Satz wahr sein: »an der Stelle *a* ist es rot«usw.

In Anlehnung an diese Überlegungen müssen wir behaupten, daß der absolute Wahrheitsbegriff sich im allgemeinen in der Syntaxsprache nicht definieren läßt. Jeder in dieser Richtung gehende allgemeine Versuch muß demnach von vornherein als mißlungen angesehen werden[13].

Diese Konklusionen stellen etwas fest, was schon gelegentlich behauptet wurde; so scheinen sie z. B. mit Carnaps Meinung übereinzustimmen. Carnap behauptet nämlich, daß Wahrheit und Falschheit »keine echten syntaktischen Eigenschaften« sind, denn »ob ein Satz wahr oder falsch ist, ist aus seiner Gestalt, d. h. aus Art und Reihenfolge seiner Zeichen, im allgemeinen nicht zu ersehen«[14]. Er würde also vermutlich auch die Möglichkeit ablehnen, den Wahrheitsbegriff in der Syntaxsprache zu definieren.

Aus Carnaps Behauptung scheint noch mehr zu folgen, und zwar daß Sätze, welche den Wahrheitsbegriff enthalten, überhaupt nicht als Sätze der inhaltlichen Redeweise anzusehen sind, welche sich – sofern sie die Form der Vollsätze haben – in gehaltgleiche syntaktische übersetzen lassen. In diesem Falle wäre ja die Wahrheit bzw. Falschheit der Objektsätze aus formalen Gründen einzusehen, da es für die ihnen zugeordneten – durch die Vermittlung der Formel »„*p*" ist wahr ≡ *p*« – syntaktischen Sätze zutreffen würde; das scheint aber der angeführten Meinung Carnaps zu widersprechen.

§ 3. Die Berechtigung des absoluten Wahrheitsbegriffes

Der absolute Wahrheitsbegriff, der sich auf eine bestimmte Sprache bezieht, läßt sich also im allgemeinen keineswegs auf einen in bezug auf diese Sprache syntaktischen Begriff reduzieren. Er gehört aber auch nicht in die betreffende Objektsprache (falls sie nur widerspruchsfrei ist und die Arithmetik enthält); man könnte ja dann in der Objektsprache die berühmte Antinomie des Lügners oder ihr Analogon konstruieren. Unter diesen Umständen wäre es tatsächlich ziemlich unklar, was mit dem Wahrheitsbegriffe anzufangen ist, würde nicht – falls es sich um wissenschaftliche, formalisierte Sprachen handelt – eine Methode der Definition dieses Begriffes vorliegen, eine Methode, die diesen Begriff in der erweiterten Syntaxsprache der jeweils untersuchten Sprache zu definieren gestattet.

Die Möglichkeit, den absoluten Wahrheitsbegriff, der sich auf eine gewisse Sprache bezieht, in der entsprechenden erweiterten Syntaxsprache zu definieren, bildet das Hauptresultat von Tarskis Arbeit, die wir schon einige Male erwähnt haben. Die Methode der Wahrheitsdefinition, die dort angegeben wird, bedient sich des Begriffes des Erfüllens, der seinerseits mit Mitteln, welche die erweiterte Syntaxsprache zur Verfügung stellt, definiert wird. Der Verfasser führt in seiner Arbeit als Beispiele nur logische Sprachen an, seine Methode der Wahrheitsdefinition läßt sich aber auch auf deskriptive Sprachen übertragen. Wir wollen die Idee dieser Methode am Beispiel einer einfachen *deskriptiven* Sprache erläutern.

Es sei eine Sprache gegeben, die wir als ein Fragment der »Theorie der farbigen Gegenstände« betrachten können. Wir nehmen an, sie enthalte außer Variablen, die alle denselben Typus haben und Individuen darstellen, nur drei logische Konstanten, nämlich das Allzeichen, das Negationszeichen und das Zeichen der Alternative, außerdem aber drei deskriptive Ausdrücke »p_1«, »p_2« und »p_3«, wobei wir »p_1« als »rot«, »p_2« als »blau«, »p_3« als »grün« deuten mögen. Als Variable wollen wir Zeichen von folgender Gestalt verwenden: »x'«, »x''«... usw. Die elementaren Satzfunktionen, die in dieser Sprache formuliert werden können, haben die Form »$p_1(x')$«, »$p_1(x'')$« ...; oder »$p_2(x')$«, »$p_2(x'')$« ...; oder »$p_3(x')$«, »$p3(x'')$« ... Jede elementare Satzfunktion bezeichnen wir mit einem Ausdruck von der Form »$P_{1,k}$« bzw. »$P_{2,k}$« bzw. »$P_{3,k}$«, je nachdem es sich um Satzfunktionen der ersten, der zweiten oder der dritten Reihe handelt; an der Stelle von »k« soll dabei die Nummer der in Betracht kommenden Variablen auftreten. Alle anderen Satzfunktionen lassen sich aus den elementaren durch folgende drei Operationen aufbauen: 1. Negationsbildung, 2. Bildung der Alternative (Oder-Verknüpfung), 3. Generalisationsbildung in bezug auf eine Variable. Satzfunktionen, die keine freien Variablen enthalten, werden Sätze genannt. Nun definieren wir in der erweiterten Syntax dieser Sprache:

Eine Folge f von Gegenständen erfüllt die Satzfunktion x dann und nur dann, wenn einer der folgenden Fälle zutrifft: α) für ein gewisses k gilt: $x = P_{1,k}$ und $p_1 (f_k)$, oder $x = P_{2,k}$ und $p_2 (f_k)$, oder $x = P_{3,k}$ und $p_3 (f_k)$ [d. h. das k-te Glied der Folge hat die Eigenschaft p_1, bzw. p_2, bzw. p_3]; β) für eine gewisse Satzfunktion y gilt: x ist Negation von y und f erfüllt y nicht; γ) für gewisse Satzfunktionen y und z gilt: x ist eine Alternative von y und z und f erfüllt y oder f erfüllt z; δ) für eine gewisse Zahl n und eine Satzfunktion y gilt: x ist eine Generalisation von y in bezug auf die *n*-te Variable und jede Folge, welche von f nur im *n*-ten Gliede sich unterscheidet, erfüllt *y*[15].

Die Defintion der Wahrheit ergibt sich nun ganz einfach: *x* ist wahr dann und nur dann, wenn erstens *x* ein Satz ist, und zweitens jede Folge von Gegenständen *x* erfüllt.

Eine genauere Erklärung einer solchen Wahrheitsdefinition kann der Leser in der Arbeit selbst finden. In analoger Weise läßt sich die Wahrheitsdefinition für andere Sprachen angeben. Das Gesagte gilt natürlich in erster Linie für Sprachen, die endlich viele deskriptive Termini enthalten. Was die Sprachen mit unendlich vielen deskriptiven Termini betrifft, so kann man hier zwei Fälle unterscheiden, je nachdem die Anzahl der *undefinierten* deskriptiven Termini endlich oder unendlich ist. Im ersten Falle läßt sich die Wahrheitsdefinition mittels derselben Methode aufstellen, die für die Sprachen mit endlich vielen deskriptiven Zeichen in Betracht kommt, vorausgesetzt, daß wir ein Verfahren kennen, das die definierten Zeichen aus jedem Satze zu eliminieren gestattet. Größere Schwierigkeiten tauchen im zweiten Falle auf, sie lassen sich aber auch überwinden[16].

Die in oben angegebener Weise aufgestellte Definition der Wahrheit hängt wesentlich von den Besonderheiten der Sprache ab, auf die sie sich bezieht; hierüber kann man sich aber nicht wundern, da derselbe Satz – als Kombination von Schriftzeichen aufgefaßt – sogar in einer Sprache wahr, in einer anderen falsch sein kann.

Es scheint keinem Zweifel zu unterliegen, daß die Sprache der erweiterten Syntax ein wissenschaftliches Gebiet darstellt, falls nur die Objektsprache, die in Betracht kommt, eine wissenschaftliche ist. Die Sprache der erweiterten Syntax soll ja eine Zusammenfügung der betreffenden Objektsprache und der ihr zugeordneten Syntaxsprache, deren wissenschaftlicher Charakter als festgestellt gelten kann, bilden. Es scheint um so notwendiger zu sein, die erweiterte Syntaxsprache als eine wissenschaftliche anzuerkennen, als sie im Falle einer logischen Objektsprache, wie schon gesagt, mit der Sprache ihrer eigentlichen Syntax sich deckt. Wird unter Syntax reine Syntax verstanden, dann unterscheidet sich die Sprache der erweiterten Syntax von der betreffenden Objektsprache nur im Reichtum der logischen Typen. Das letztere ist auch dann der Fall, wenn unter Syntax deskriptive Syntax verstanden wird, die Objektsprache aber alle deskriptiven spezifischen syntaktischen Zeichen enthält.

Ist nun die erweiterte Syntaxsprache eine wissenschaftliche, so muß auch der absolute Wahrheitsbegriff immer, wenn er sich in ihr definieren läßt, als ein wissenschaftlicher anerkannt werden. Daraus folgt, daß der Wahrheitsbegriff, der sich auf Sätze einer wissenschaftlichen, formalisierten Sprache bezieht, als ein wissenschaftlicher gelten muß und deshalb mit vollem Recht in wissenschaftlichen Untersuchungen vorkommen kann.

Mit dem Wahrheitsbegriffe erlangen viele Probleme ihre Berechtigung, in welchen dieser Begriff vorkam und die deshalb öfters abgelehnt wurden. So ist z. B. das Problem des Wahrheitskriteriums keineswegs als »one of the pseudo-problems due to the material mode of speech« – wie z. B. Hempel es beurteilt[17] – abzulehnen. Dieses Problem besteht ja darin, die hinreichenden (oder notwendigen, oder notwendigen und hinreichenden) Bedingungen für die Wahrheit aller

– oder gewisser – Sätze anzugeben, wobei diese Bedingungen noch näher charakterisiert werden. Will man diese Charakterisierung genauer durchführen, so wird man zum Begriffe »definit« oder einem verwandten greifen müssen. In Durchführung dieser Charakterisierung scheint aber die ganze Schwierigkeit zu liegen, die mit der Aufstellung der Wahrheitskriteriumsfrage verknüpft ist. Als solche ist sie allen Kriterienfragen gemeinsam und nicht für die Wahrheitskriteriumsfrage eigentümlich. Das Vorkommen des Begriffes »wahr« – mindestens, wenn es sich um formalisierte Sprachen handelt – erschwert nicht die Formulierung dieser Frage und vermindert auch keineswegs ihren wissenschaftlichen Charakter. – Übrigens kann der Wahrheitsbegriff aus vielen Wahrheitskriteriumsfragen eliminiert werden, indem man sie durch gehaltgleiche Fragen nach gewissen Bedingungen dafür, daß es so und so ist, ersetzt. So kann z. B. die Frage nach dem Wahrheitskriterium des Satzes »es regnet in der und der Gegend« in eine Frage nach Kriterien dafür, daß es in der und der Gegend regnet, umformuliert werden; wir werden später von der »Eliminierbarkeit« des Wahrheitsbegriffes noch ausführlicher sprechen. Die angeführte Wahrheitskriteriumsfrage könnte gegebenenfalls völlig in eine Frage aus der Objektsprache übergehen, falls z. B. die gesuchten Bedingungen dadurch charakterisiert wären, daß sie Vorgänge, welche sich an einem gewissen Individuum – z. B. dem Wetterhahn – abspielen, angeben sollten.

§ 4. Einige andere semantische Begriffe

Außer dem Wahrheitsbegriffe gibt es noch andere Begriffe, deren Definition weder in der Objektsprache noch in der ihr zugeordneten Syntaxsprache im allgemeinen möglich ist oder mindestens auf bedeutende Schwierigkeiten stößt, in der Sprache der erweiterten Syntax dagegen sich ziemlich leicht aufstellen läßt. Einen von ihnen haben wir schon früher genannt: es war der Begriff des Erfüllens. Jetzt wollen wir die Aufmerksamkeit auf einen anderen solchen Begriff lenken, nämlich auf den des Bezeichnens.

Versucht man ihn in der Objektsprache zu definieren, so geht das schon deswegen nicht, weil dazu eine Sprache nötig ist, die Bezeichnungen ihrer eigenen Wörter enthält, was nicht immer der Fall sein muß. Außerdem scheint aber das Vorkommen des Begriffes des Bezeichnens in der Objektsprache, auf deren Zeichen er sich bezieht – und zwar, wenn es sich um Bezeichnen durch allgemeine Namen handelt –, direkt zu einer Antinomie (nämlich der heterologischen Worte) zu führen.

Der Begriff des Bezeichnens scheint aber auch in der Syntax der untersuchten Sprache nicht definierbar zu sein. Wir wollen das am Beispiel des Bezeichnens durch Individualnamen näher betrachten. Um die Schwierigkeiten, diesen Begriff auf einen syntaktischen zurückzuführen, uns zu vergegenwärtigen, werden wir einen vor kurzem auf diesem Gebiete aufgetauchten Versuch kurz besprechen. Es handelt sich um den Versuch Carnaps, jeden Satz der Form »„*a*" bezeichnet *b*« in den entsprechenden syntaktischen Satz von folgender Gestalt gehalttreu zu übersetzen: »„*a*" ist synonym mit „*b*". Es scheint nun, daß diese Sätze im allgemeinen nicht als gehaltgleich angesehen werden können.

Um das zu erweisen, wollen wir vor allem daran erinnern, was Carnap unter »Synonymität« versteht. A_1 ist – nach ihm – synonym mit A_2 dann und nur dann, wenn diese Ausdrücke – in Sätzen durch einander ersetzt – gehaltgleiche Sätze liefern. Gehaltgleich sind aber Sätze, die Folgen voneinander sind. Nun können Sätze *L*-Folgen oder *P*-Folgen sein (d. h. es kann zwischen ihnen die Folgebeziehung weiterbestehen, auch wenn alle deskriptiven Termini in ihnen entsprechend ausgetauscht wurden, oder es kann nicht der Fall sein). Im ersten Falle wird von *L*-Synonymität, im zweiten aber nur von *P*-Synonymität gesprochen.

Wir nehmen an, die Objektsprache sei eine *L*-Sprache. Dann deckt sich die Synonymität der Ausdrücke mit ihrer *L*-Synonymität. Wird von Carnap behauptet, daß zwei Wörter denselben Sinn haben, wenn sie *L*-synonym sind, so besteht nun für ihn keine Möglichkeit, von Ausdrücken auszusagen, daß sie denselben Gegenstand bezeichnen, aber einen verschiedenen Sinn haben. Bezeichnen nämlich A_1 und A_2 denselben Gegenstand *a*, so müssen nach dem Obigen A_1 und A_2 mit »*a*« synonym sein, woraus folgt, daß sie auch untereinander synonym sind. Da Synonymität sich jetzt mit *L*-Synonymität deckt, so sind sie auch *L*-synonym und müssen als sinngleich erklärt werden. Haben also zwei Ausdrücke einen verschiedenen Sinn (z. B. »der Besiegte von Waterloo« und »der Sieger von Jena«), so können sie nach Carnaps Erklärungen keineswegs denselben Gegenstand bezeichnen, möge auch die Behauptung von der Identität der entsprechenden Gegenstände ein wahrer synthetischer Satz sein. Offensichtlich stimmt das mit der Gebrauchsweise des Wortes »bezeichnen« nicht überein.

Betrachten wir nun den Fall, daß die Objektsprache eine *P*-Sprache ist. In diesem Falle kann Carnap schon von manchen Ausdrücken behaupten, daß sie denselben Gegenstand bezeichnen, obwohl sie verschiedenen Sinn haben; er kann hier ja zwischen einer Synonymität, die eine *L*-Synonymität ist, und einer solchen, die keine *L*-Synonymität ist, unterscheiden. Aber auch in diesem Falle führt seine Interpretation der Sätze, die das Wort »bezeichnen« enthalten, zu Schwierigkeiten, die diese Interpretation als unhaltbar erweisen. Es kann nämlich der Fall vorkommen, daß zwei Ausdrücke weder *L*-synonym noch *P*-synonym sind (also überhaupt nicht synonym sind) und die Behauptung von der Identität der von ihnen bezeichneten Gegenstände als ein wahrer indeterminierter (weder gültiger noch widergültiger) Satz besteht[18]. Unter diesen Umständen wird man jedenfalls die Möglichkeit, daß die beiden Ausdrücke denselben Gegenstand bezeichnen, nicht als ausgeschlossen ansehen; nach Carnaps Erklärungen muß man sie aber ohne weiteres ausschließen und behaupten, daß diese Ausdrücke nicht denselben Gegenstand bezeichnen (da sie nicht synonym sind).

Es scheint also keinem Zweifel zu unterliegen, daß man den von Carnap vorgeschlagenen Versuch, Sätze, die das Wort »bezeichnen«enthalten, auf syntaktische zurückzuführen, nicht annehmen kann. Andere Versuche, den Bezeichnungsbegriff in der Syntax auszudrücken, scheinen aber noch weniger der Bedeutung des Wortes angepaßt zu sein, um welche es sich handelt.

Sehen wir uns nun in der erweiterten Syntaxsprache nach einer Definition dieses Ausdrucks um, so scheint sie in einer Form uns entgegenzukommen, die wieder den Begriff des Erfüllens verwendet. Ihre Idee kann folgendermaßen angegeben werden: Der Name *x* bezeichnet den Gegenstand *a* dann und nur dann, wenn *a* eine Satzfunktion erfüllt, welche – falls es sich um eine alltägliche Sprache handelt – als eine Funktion beschrieben werden kann, die aus einer Variblen, dem Worte »ist« und dem Namen *x* besteht[19]. Die spezielle Gestalt dieser Definition wird natürlich von den Besonderheiten der Sprache abhängen, auf die sie sich bezieht. Auf ein konkretes Beispiel einer einfachen Sprache, die als Namen nur endlich viele konstante undefinierte Zeichen – etwa »A_1«, »A_2«, ... »A_n« – enthält, angewendet, würde dieses Schema etwa folgende Form annehmen:

x bezeichnet *a* dann und nur dann, wenn einer der folgenden Fälle zutrifft: 1. x = »A_1« und *a* erfüllt die Satzfunktion »*y* ist A_1«; 2. x = »A_2« und *a* erfüllt die Satzfunktion »*y* ist A_2«, ...; 3. x = »A_n« und *a* erfüllt die Satzfunktion »*y* ist A_n«.

In diesem einfachen Falle kann der Begriff des Erfüllens aus der Definition des Bezeichnens eliminiert werden, indem man statt »*a* erfüllt die Satzfunktion „*y* ist A_1"« (etc.) den Satz »*a* ist A_1« (etc.) gebraucht. In anderen Fällen, wo z. B. auch definierte Termini in Betracht gezogen werden müssen, wird die Definition komplizierter, und dann leistet der Begriff des Erfüllens seinen Dienst.

Wir wollen uns nicht lange damit aufhalten, noch auf andere Begriffe hinzuweisen, die ihren angemessenen Platz erst in der erweiterten Syntaxsprache zu finden scheinen. Es soll hier nur bemerkt werden, daß sich als solche außer dem Worte »bezeichnen« offenbar auch alle Termini erweisen, die mit diesem Worte sinngleich sind. Es scheinen hierher vor allem die Ausdrücke »bedeuten« und »ein Name sein für ...« in ihrem oft verwendeten Sinn zu gehören. Wollen wir von solchen Ausdrücken wie »handeln von« reden, so muß zwischen verschiedenen Bedeutungen dieser Termini deutlich unterschieden werden. Der Ausdruck »handelt von« wird zweifellos manchmal so verwendet, daß die Ausdrücke der Form »*x* handelt von A«, wo an der Stelle von »*A*« ein Gegenstandsname steht, als quasisyntaktische durch »in *x* kommt das Wort „*A*" vor« in gehalttreuer Weise ersetzbar sind. So wird z. B. dieser Ausdruck von Carnap verstanden. Es liegen aber Gebrauchsfälle vor, wo man diese Ersetzung nicht durchführen könnte. Der Satz »der Vortrag handelte von Babylon« kann z. B. so verstanden sein, daß er wahr ist, obwohl das Wort »Babylon« kein einziges Mal in dem Vortrage vorkam (der Vortragende konnte sich ja immer gewisser mehr oder weniger pathetischer Umschreibungen bedient haben, wenn er von dieser Stadt sprach). In diesen Fällen ist »der Vortrag handelte von Babylon« etwa durch den Satz »Im Vortrag kamen Ausdrücke vor, die Babylon bezeichneten« übersetzbar, unser Satz ist also auf einen solchen zurückführbar, der das Wort »bezeichnen« enthält und deshalb der erweiterten Syntaxsprache angehört. Damit erweist sich auch der Ausdrück »handeln von«, soweit er in der zweitgenannten Weise gebraucht wird, als ein Ausdruck der erweiterten Syntaxsprache und nicht als einer, dessen Inhalt sich mit syntaktischen Mitteln erschöpfen ließe.

§ 5. Die Semantik als ein besonderes wissenschaftliches Gebiet

Man kann alle solche Begriffe, die wie »wahr«, »bezeichnen« etc. ihrer Natur nach der erweiterten Syntaxsprache anzugehören scheinen, indem diese sie zu definieren gestattet, (was im allgemeinen weder die betrachtete Objektsprache noch die zugehörende Syntaxsprache zu leisten vermag), in Anlehnung an den üblichen Sprachgebrauch als *semantische* Begriffe bezeichnen; der Begriff des Bezeichnens bzw. des Bedeutens galt ja von jeher als solcher. Demgemäß wollen wir die erweiterte Synatxsprache, in welcher sie einen ihnen angemessenen Platz finden, *Sprache der Semantik* nennen; als *Semantik* soll uns aber – in Übereinstimmung mit Tarski – die wissenschaftliche Theorie jener Begriffe gelten.

Die Existenz der Semantik als einer wissenschaftlichen Theorie kann – nach den Ausführungen der zwei letzten Paragraphen – als festgestellt gelten, wenn nur die betrachtete Objektsprache eine wissenschaftliche ist. Diese Objektsprache kann natürlich auch die Sprache der gesamten Objektwissenschaften sein: ist sie einmal durch entsprechende Formalisierung festgelegt, so kann auch ihre Semantik getrieben werden. Nun läßt sich aber die Semantik – wie aus ihrer Charakterisierung zu ersehen ist – weder in den Rahmen der Objektwissenschaft, noch in den ihrer Syntax einschließen. Sie muß also als ein besonderes Gebiet aufgefaßt werden.

Daraus ergeben sich, wie es scheint, ziemlich weittragende philosophische Konsequenzen. Mit dem Hinweis auf die Existenz einer solchen Semantik wird nämlich die Behauptung widerlegt, daß alle Fragen der Wissenschaftslogik sich durch syntaktische erschöpfen lassen, falls Wissenschaftslogik als derjenige Teil der Philosophie zu gelten hat, der einer wissenschaftlichen Behandlung fähig ist. Wird aber die Wissenschaftslogik *ex definitione* als logische Syntax der Sprache erklärt, so ist durch die Existenz einer Semantik dieser Sprache erwiesen, daß es außerhalb der Wissenschaftslogik noch Gebiete in der Philosophie gibt, die einer wissenschaftlichen Behandlung zugänglich sind. Behauptet also Carnap, daß die Wissenschaftslogik »das letzte wissenschaftliche Gebiet« ist, »das sich von der Philosophie abspaltet«, und daß sie mit der logischen Syntax der Sprache zusammenfällt[20], so scheint seine Meinung nicht zu stimmen.

Es könnte nun scheinen, daß die Wichtigkeit der Semantik wesentlich durch einen Umstand vermindert wird, dem wir jetzt einige Worte widmen wollen. Für viele Sätze, die semantische Begriffe enthalten, lassen sich nämlich mit ihnen gehaltgleiche Objektsätze angeben. Wir wollen diesen Sachverhalt näher beschreiben, indem wir zugleich einige Definitionen aufstellen.

S sei die Objektsprache und S_1 eine Sprache, die sowohl S als die entsprechende Syntaxsprache umfaßt. S_1 ist also Sprache der erweiterten Syntax; als solche enthält sie auch semantische Begriffe. Wir setzen noch voraus, daß den Ausdrücken von S ihre Bezeichnungen auf Grund einer eineindeutigen Zuordnung Q entsprechen; »$Q(A)$« soll dabei als Abkürzung der Bezeichnung des Wortes »A« gelten. Wir werden nun sagen, ein Satzgerüst (Prädikat, Funktor) von S_1 – es soll Sg_1 heißen – sei ein Quasi-Objekt-Satzgerüst (Prädikat, Funktor) dann und nur dann, wenn es 1. einen semantischen Begriff enthält, und wenn es 2. in der Objektsprache S ein Satzgerüst (Prädikat, Funktor) Sg gibt, derart, daß jeder Vollsatz Sg_1 $\{Q(A_1), \ldots Q(A_n)\}$ gehaltgleich mit dem Vollsatz Sg $\{A_1 \ldots A_n\}$ ist. Einen Satz wollen wir *Quasi-Objektsatz* nennen dann und nur dann, wenn er ein Quasi-Objekt-Satzgerüst (Prädikat, Funktor) enthält[21].

Nun ist das Prädikat »ist wahr« ein Quasi-Objekt-Satzgerüst, da jeder Vollsatz »*Q(A)* ist wahr« einen gehaltgleichen in »*A*« hat, wobei dem Satzgerüst »– ist wahr« das leere Satzgerüst entspricht (wir nehmen an, es gehöre immer zu der Objektsprache). Handelt es sich um den Bezeichnungsbegriff, so muß »– bezeichnet *a*«, wobei ein beliebiger Name aus der Objektsprache an der Stelle von »*a*« steht, als ein Quasi-Objekt-Satzgerüst gelten. Jedem Vollsatz der Gestalt »*Q(A)* bezeichnet *a*« läßt sich nämlich der mit ihm gehaltgleiche Satz »*A* ist identisch mit *a*« zuordnen, der einen Vollsatz in bezug auf das Satzgerüst »– ist identisch mit *a*« bildet. Die Sätze von der Form »*x* ist wahr«, »*x* bezeichnet *a*« – wenn nur »*x*« die Form eines »*Q(A)*« hat – sind also nach dem Obigen lauter Quasi-Objektsätze[22]. Aus solchen Sätzen können die Begriffe »ist wahr«, »bezeichnet *a*« etc. gewissermaßen ohne Schaden für unser Wissen, da durch Übergang von Sätzen zu anderen, mit den ersteren gehaltgleichen, ausgeschaltet werden. In diesem Grade scheint die Meinung von der Belanglosigkeit des absoluten Wahrheitsbegriffes, die wir am Anfang gestreift haben – und überhaupt die Behauptung über Belanglosigkeit der Quasi-Objekt-Begriffe für die Wissenschaft – berechtigt zu sein. Vermindert das aber wirklich die Wichtigkeit der Semantik?

Um diese Frage zu beantworten, wollen wir vor allem darauf aufmerksam machen, daß Fälle, in welchen eine solche Ausschaltung der semantischen Begriffe möglich ist, nicht immer vorliegen. Im Gegenteil, sie scheinen ziemlich selten einzutreffen, da man unter den Umständen, unter denen das möglich wäre, lieber den Satz (bzw. den Namen) selbst gebraucht, anstatt über ihn zu sprechen. Häufiger sind die Fälle, in denen die Quasi-Objekt-Zeichen nicht ausgeschaltet werden können. So z. B. kann der Begriff »– ist wahr« nicht aus Sätzen eliminiert werden, in denen die Wahrheit von unendlich vielen Sätzen ausgesagt wird, oder überhaupt von Sätzen, die man aus irgendeinem Grunde nicht anführen kann. Das Gleiche gilt für solche Begriffe, wie »– bezeichnet *a*«, »*a* erfüllt –«, »– handelt von *a*« etc. [Übrigens sind nicht alle semantischen Begriffe als Quasi-Objekt-Begriffe zu erklären. So z. B. sind schon die Begriffe »– bezeichnet –«, »– erfüllt –«, »– handelt von –« nach den angegebenen Definitionen keine Quasi-Objekt-Begriffe, wie sich aus einer leichten Überlegung ergibt. Daraus ist zu ersehen, daß die Semantik keineswegs lauter Quasi-Objekt-Sätze – mindestens im oben angegebenen Sinne – enthalten muß.] Die Semantik scheint also trotz des Quasi-Charakters vieler ihrer Begriffe ihre Wichtigkeit in vollem Maße zu bewahren.

Man könnte nun vielleicht geneigt sein, aus dem Quasi-Objekt-Charakter der semantischen Sätze (und zwar derjenigen, die ihn besitzen) zu schließen, daß sie »eigentlich« von Objekten etwas aussagen, und nur »scheinbar« sich auf sprachliche Gebilde – bzw. Relationen, in welchen diese Gebilde zu Objekten stehen – beziehen. Diese Sprechweise könnte eine Unterstützung in der Carnapschen Ausdrucksweise finden. Die von Carnap definierten quasisyntaktischen Sätze stehen nämlich zu den ihnen zugeordneten syntaktischen Sätzen in völlig analoger Beziehung wie die von uns charakterisierten semantischen Quasi-Objekt-Sätze zu den entsprechenden Objektsätzen. Nun behauptet manchmal Carnap von den quasisyntaktischen Sätzen, daß sie nur scheinbar etwas über Objekte, in Wirklichkeit aber etwas über die Zeichen der betrachteten Sprache aussagen[23]. – Im Hinblick darauf lohnt es sich vielleicht zu bemerken, daß das formale Verhältnis zwischen den quasisyntaktischen Satzgerüsten und den ihnen zugeordneten syntaktischen Satzgerüsten – bzw. zwischen den Quasi-Objekt- und den entsprechenden Objekt-Satzgerüsten – vollkommen symmetrisch ist und deshalb keinen Grund bildet, die Sätze, in welchen die ersteren vorkommen, als solche auszuzeichnen, die nicht von den Gegenständen, über die sie etwas auszusagen scheinen, sondern von ganz anderen, sprechen. Denn hat man z. B. das Quasi-Objekt-Satzgerüst definiert, so kann in ganz analoger Weise etwa die Definition des *quasisemantischen Satzgerüstes* aufgestellt werden, nach der jedes Objektsatzgerüst, das einem semantischen zugeordnet wurde, als quasisemantisch gelten muß. Behauptet man nun, daß die Quasi-Objekt-Sätze in Wirklichkeit dasselbe aussagen wie gewisse Objekt-Sätze (also z. B., daß der Ausdruck »„der Schnee ist weiß" ist wahr« dasselbe aussagt, wie der Ausdruck »der Schnee ist weiß«), so kann man – im Hinblick auf die formalen Verhältnisse – mit gleicher Berechtigung das Analoge von den entsprechenden Objektsätzen, als quasisemantischen Sätzen, behaupten (also von dem Satze »der Schnee ist weiß«, daß er nur scheinbar über den Schnee und die Farbe Weiß, in Wirklichkeit aber von dem Satze »der Schnee ist weiß« und seiner Wahrheit spricht)[24].

Die Kennzeichnung der Quasi-Objekt-Sätze (bzw. der quasisyntaktischen Sätze) als solcher, die nicht davon sprechen, wovon sie zu sprechen scheinen, könnte vielleicht im Hinblick auf andere, nicht rein formale Gründe durchgeführt werden. Es fällt aber schwer, diese Gründe anzugeben; der Ausdruck »scheinbar (bzw. in Wirklichkeit) von etwas sprechen« entbehrt dabei eines klaren Inhalts. Deshalb scheint es angemessen zu sein, solche Redewendungen wie »Quasi-Objekt-Sätze (bzw. quasisyntaktische Sätze) sprechen nur scheinbar von dem und dem, in Wirklichkeit aber von etwas anderem« zu vermeiden und in dieser Hinsicht sich mit der bloßen Feststellung der Gehaltgleichheit verschiedener in Betracht kommender Vollsätze zu begnügen.

Auf dem Übersehen der Möglichkeit der Semantik als eines besonderen wissenschaftlichen Gebietes scheint die Meinung zu beruhen, von der diese Überlegungen ausgegangen sind, nämlich die Meinung, daß der absolute Wahrheitsbegriff unwissenschaftlich, und also aus der Wissenschaft zu eliminieren ist. Denn nimmt jemand an, daß außer den Objektwissenschaften nur ein einziges wissenschaftliches Gebiet besteht, nämlich das ihrer Syntax, so kann er für den absoluten Wahrheitsbegriff tatsächlich keinen Platz finden. Er muß ihn also im allgemeinen als einen unwissenschaftlichen ablehnen. Dasselbe Übersehen scheint auch die Zurückhaltung in bezug auf andere semantische Begriffe – von der wir auch in der Einleitung gesprochen haben – zu erklären. Ist aber einmal die Existenz der Semantik der Wissenschaftssprachen festgestellt, so erweisen sich die Zweifel an dem wissenschaftlichen Charakter sowohl des üblichen Wahrheitsbegriffes als auch anderer semantischer Begriffe als unhaltbar, falls nur diese Begriffe sich auf formalisierte Sprachen beziehen.

1 Vgl. den Aufsatz von C. G. Hempel, On the logical positivist's theory of truth (Analysis, Vol. 2. No. 4.) – Es soll hier auch eine Abhandlung von Poznański und Wundheiler u. d. T. »Der Wahrheitsbegriff im Gebiete der Physik« (polnisch, Fragmenty Filozoficzne, Warszawa, 1934) genannt werden, die eine ähnliche Tendenz verfolgt.

2 Vgl. R. Carnap, Logische Syntax der Sprache (Wien, Springer, 1934) – im folgenden als »Syntax« zitiert – § 78 ff.

3 Diese Arbeit ist in polnischer Sprache im Jahre 1933 in Warschau erschienen; deutsch liegt sie in Studia philosophica, I (Lwów, 1935) vor. Wir zitieren nach der deutschen Ausgabe.

4 Die erwähnten Verfahrungsweisen unterscheiden sich in folgender Hinsicht. Die Zuordnung zwischen Ausdrücken und natürlichen Zahlen, von der im Text die Rede ist, wird so ausgeführt, daß unter Ausdrücken Ausdrucksgestalten und nicht konkrete Zeichen verstanden werden. Wenn man dagegen die Syntax mit Hilfe der Hinzufügung entsprechender deskriptiver Zeichen treibt, so wird die Möglichkeit, von konkreten Zeichen zu sprechen, nicht ausgeschlossen. Aus Gründen der Übersichtlichkeit wird in den Ausführungen des § 1 diese Möglichkeit nicht in Betracht gezogen.

5 Vgl. Carnap, Syntax, Kap. II.

6 Die Auffassung der Syntaxsprache als einer im obigen Sinne eigentlichen Syntaxsprache scheint Carnap im Sinne zu haben, wenn er am Anfang seines Buches schreibt: »Unter der logischen Syntax einer Sprache verstehen wir die *formale Theorie* der Sprachformen dieser Sprache ... *Formal* soll eine Theorie, eine Regel, eine Definition oder dgl. heißen, wenn in ihr auf die Bedeutung der Zeichen (z. B. der Wörter) und auf den Sinn der Ausdrücke (z. B. der Sätze) nicht Bezug genommen wird, sondern nur auf Art und Reihenfolge der Zeichen, aus denen die Ausdrücke aufgebaut sind« (l. c. S. 1). – Werden aber von Carnap als Beispiele syntaktischer Sätze solche Aussagen wie »Karl hat den Satz ›Peter kommt morgen‹ ausgesprochen« angegeben (l. c. S. 218), so scheint diesem Verfahren eine andere Auffassung der Syntax zugrunde zu liegen, eine solche nämlich, nach der zum Bereich der Syntaxsprache, welche sich auf eine Objektsprache bezieht, auch alle Wörter und Ausdrücke dieser Objektsprache – wie »Karl«, »sprechen« etc. – zuzurechnen sind. Mit anderen Worten: die Syntaxsprache scheint in diesem Falle als erweiterte Syntaxsprache aufgefaßt zu sein. Die zuerst angeführte Gebrauchweise des Wortes »Syntax« scheint aber bei diesem Forscher einen ausgesprochenen Vorzug zu haben.

In der Auffassung von Tarski (l. c.) deckt sich die Metawissenschaft mit der Sprache der erweiterten Syntax oder einer in sie übersetzbaren Sprache. Man kann bei ihm eine nähere Beschreibung dieser Sprache – und zwar eine Charakterisierung ihrer Axiome – finden.

7 Vgl. Carnap, Syntax, S. 46.

8 Dies folgt aus Tarskis Ausführungen über den Wahrheitsbegriff, nach denen dieser Begriff sich in einer Metasprache, die logisch nicht reicher ist als die Objektsprache, nicht definieren läßt (falls nur die beiden Sprachen widerspruchsfrei sein sollen und die Arithmetik enthalten); andernfalls würde sich eine Antinomie ergeben. Diese Antinomie besteht nun weiterhin, wenn wir »wahr« durch »analytisch« ersetzen, da der betreffende, zur Antinomie führende Satz ein logischer ist. – Vgl. Tarski, l. c., insb. S. [110] ff.

Dieselbe Tatsache wird von Carnap, Syntax, S. 164 f. und später im Aufsatze »Die Antinomien und die Unvollständigkeit der Mathematik« (Monatshefte für Mathematik und Physik, 41. Bd., 2. Heft; im folgenden als »Antinomien« zitiert) S. 270, konstatiert.

9 Dies folgt unmittelbar daraus, daß man nicht über den Begriff »wahr« in einer Sprache verfügen kann, auf die sich dieser Begriff bezieht. Vgl. hierzu Tarski l. c. (insb. Kap. 8 und V), Carnap, Antinomien, § 3.

10 Ein solcher Versuch findet sich, soweit wir sehen, in Ausführungen von Hempel vor (l. c.). In Anlehnung an die Carnapsche Unterscheidung zwischen der inhaltlichen und der formalen Redeweise schreibt Hempel folgendes: »... the concept of truth may be characterised in this formal mode of speech ... in a crude formulation ... as a sufficient agreement between the system of acknowledged protocol-statements and the logical consequences, which may be deduced from the statement and other statements which are already adopted« und dann: »Saying ... that truth consists in a certain correspondence between statements and the ›facts‹

expressed by them, is a typical form of the material mode of speech« (l. c. S. 54). Es scheint demnach, daß Hempel jeden Satz der Form »*x* stimmt mit der Wirklichkeit überein« – bzw. »*x* ist wahr« – als einen Satz der inhaltlichen Redeweise auffaßt, dessen formales Korrelat lautet »*x* ist ein solcher Satz, daß *A(x)*«, wobei »*A(x)*« folgenden Ausdruck vertritt: »die logischen Konsequenzen des Satzes *x* und schon angenommener Sätze stimmen mit dem System der anerkannten Protokollsätze hinreichend überein«. Dabei wird – wie es scheint – dem Satzgerüst: »– ist wahr« als das ihm entsprechende formale Satzgerüst: »– ist ein solcher Satz, daß *A(–)*« zugeordnet. Besteht nun zwischen diesen Satzgerüsten die angegebene Beziehung, so müssen die entsprechenden Vollsätze gehaltgleich sein (vgl. hierzu Carnap, Syntax, S. 180 ff., S. 213 und S. 179). Die Vollsätze »*x* ist wahr« und »*x* ist ein solcher Satz, daß *A(x)*« werden also als gehaltgleich aufgefaßt. Infolgedessen müssen die Eigenschaften »wahr« und »ein solcher Satz, daß *A(–)*« als umfangsgleich angesehen werden.

Es würde unsere Überlegungen nur unwesentlich beeinflussen, falls man nur den Satz »*x* stimmt mit der Wirklichkeit überein« als einen nach Hempel inhaltlichen ansehen möchte; man müßte sie dagegen einer tieferen Modifikation unterwerfen, wenn man das von Hempel angegebene »formale Korrelat« des Wahrheitsbegriffes nicht als rein formal, sondern eher als soziologisch betrachten wollte.

11 Es folgt aus Tarskis Überlegungen, daß die Wahrheitsdefinition in der erweiterten Syntaxsprache immer möglich ist (wir sprechen davon ausführlicher im § 3). Da aber diese Sprache im Falle einer logischen Objektsprache sich mit der entsprechenden Syntaxsprache deckt, so ist für die logischen Sprachen die Wahrheitsdefinition in ihrer Syntaxsprache möglich. – Dasselbe folgt aus Carnaps Ausführungen in dem Aufsatze: »Ein Gültigkeitskriterium für die Sätze der klassischen Mathematik« (Monatshefte f. Math. u. Physik, 42. Bd., 1. Heft), wo eine Definition von »analytisch« angegeben wird: im Falle der logischen Sprache fällt ja »analytisch« mit »wahr« zusammen.

12 Aristoteles Metaph. (Lipsiae, in aed. B. G. Teubner 1886), γ, 7, 27.

13 Verwandte Betrachtungen gestatten, auch die Möglichkeit einer »soziologischen« Wahrheitsdefinition anzuzweifeln (vgl. Anm. 10).

14 Vgl. Carnap, Antinomien, S. 268.

15 Die obige Definition ist ersichtlich rekursiv; sie läßt sich aber durch eine normale Definition ersetzen. Vgl. Tarski, l. c., S. [51], Anm. 41.

16 Eine Methode der Wahrheitsdefinition für Sprachen mit unendlich vielen undefinierten deskriptiven Zeichen hat Tarski vorgeschlagen, aber – soweit ich weiß – noch nicht veröffentlicht. Der Idee dieser Methode nach kann man z. B. auf diesem Wege zu einer solchen Definition gelangen, daß man die betrachtete Sprache durch einige neue deskriptive Ausdrücke bereichert – so, daß in der bereicherten Sprache nur endlich viele deskriptive Zeichen als undefiniert angesehen werden können – und dann für diese bereicherte Sprache eine Wahrheitsdefinition aufstellt.

17 Vgl. Hempel, l. c., S. 55.

18 Da die betrachtete Sprache eine *P*-Sprache ist, so liegt die Möglichkeit des Vorkommens indeterminierter Sätze in ihr fest. Andernfalls würde ja diese Sprache lauter determinierte, also gültige oder widergültige Sätze enthalten und deshalb eine logische Sprache, also auch eine *L*-Sprache und keine *P*-Sprache sein. Vgl. Carnap, Syntax, § 50 ff.

19 Vgl. Tarski, l. c., S. [52], Anm. 42.

20 Vgl. Carnap, Die Aufgabe der Wissenschaftslogik (Wien, Gerold, 1934).

21 Diese Definitionen lehnen sich an die analogen Definitionen des quasisyntaktischen Satzgerüstes und Satzes an, die wir bei Carnap finden. Vgl. Syntax, S. 178 f.

22 Damit ist in bezug auf Sätze der Gestalt »*x* ist wahr« etwa das Gegenteil davon behauptet, was z. B. Hempel (vgl. Anm. 10) von ihnen zu meinen scheint. Während er sie in syntaktische (formale) Sätze übersetzen möchte, die ihren eigentlichen Sinn ausdrücken sollten, würden wir vielmehr geneigt sein, sie in Objektsätze zu übersetzen.

23 Vgl. Syntax, S. 211.

24 Was den Wahrheitsbegriff betrifft, so könnte es vielleicht angezweifelt werden, ob hier wirklich »die gleiche Berechtigunge« besteht, sowohl das Eine wie das Andere zu behaupten; und

zwar deshalb, weil das Objektsatzgerüst, das dem Satzgerüst »– ist wahr« entspricht, *leer* ist. Diese Zweifel fallen natürlich bei anderen semantischen Begriffen wie »bezeichnet *a*« (dem das Satzgerüst »ist identisch mit *a*« entspricht) und anderen weg. Die Neigung, Sätze von der Form »*x* ist wahr« als solche aufzufassen, die eigentlich von Objekten sprechen – diese Neigung kommt am deutlichsten zum Ausdruck in dem wahrheitstheoretischen Nihilismus, von dem Kotarbiński spricht und der die Worte »ist wahr« jeder Bedeutung beraubt (vgl. Przegląd filozoficzny, Bd. XXXVII, S. 85 f.) –, scheint aber hauptsächlich auf dem Schein gegründet zu sein, daß man immer, wenn man mit Namen gewisser Zeichen spricht, zugleich auch mit diesen Zeichen selbst spricht; der übliche Gebrauch der Wörter in Anführungszeichen als Namen dieser Wörter selbst hat vermutlich zur Entstehung dieses Scheines viel beigetragen.

Janina Hosiasson-Lindenbaum

Wahrscheinlichkeit und Schluß aus Teilprämissen[1]

Wir wollen hier einen gewissen Standpunkt untersuchen, der sich einem aufdrängen könnte, der nach einem Zusammenhang zwischen Wahrscheinlichkeit und logischer Deduzierbarkeit sucht. Man könnte nämlich W-t als eine Eigenschaft von Schlüssen betrachten, die aus Teilprämissen gezogen sind, und zwar behaupten, daß derjenige Schluß größere W-t besitzt, dessen Teilprämissen durch weniger, oder allgemein durch logisch schwächere Prämissen, zum vollständigen Grund des Schlusses ergänzt werden können.[2]

So besitzt z. B. der Satz »der nächste Wurf dieses Würfels wird eine 3 ergeben« relativ zu der Prämisse »der nächste Wurf dieses Würfels wird eine ungerade Zahl ergeben« eine W-t, und zwar ist die letztere kleiner, als die W-t desselben Satzes relativ zu den zwei Prämissen: »der nächste Wurf dieses Würfels wird eine ungerade Zahl ergeben«, »der nächste Wurf dieses Würfels wird nicht 5 ergeben«; im letzteren Falle fehlt nämlich zum vollständigen Grund des Schlusses bloß die Prämisse »der nächste Wurf dieses Würfels wird nicht 1 ergeben«, während im ersten Falle auch noch die Prämisse »der nächste Wurf dieses Würfels wird nicht 5 ergeben«, als mehr (logisch stärkere) Prämissen fehlen.

Wie ersichtlich beziehen sich bei dieser Stellungnahme W-ten auf Sätze (Schlüsse) relativ zu Sätzemengen (Prämissen). Bilden die Prämissen einen vollständigen Grund des Schlusses, so ist die W-t des letzteren relativ zu ihnen 1.

Das Verhältnis von Grund und Schluß ist hier als Verhältnis von logischem Grund und Folge zu verstehen, und zwar genügt hier nicht das Verhältnis einer Implikation, vielmehr muß der Schluß eine »deduktive« Folge des Grundes bilden, d. h. er muß aus dem Grund (bei Hinzufügung von anerkannten Systemen und Sätzen) durch logische Operationen (Schlußregeln) zu erhalten sein.

Wir wenden uns jetzt den eigentlichen Betrachtungen zu. Es sei s ein Schluß, der aus Teilprämissen p gezogen ist, die keinen vollständigen Grund für ihn bilden (genau ist p ein logisches Produkt von Teilprämissen), und es bezeichne z weitere Prämissen, die *(a)* p zu einem vollständigen Grund ergänzen. Wie leicht ersichtlich, würden die nachstehenden Ausführungen ganz trivial ausfallen, falls nicht z noch die zwei folgenden Bedingungen erfüllt: *(b)* z steht nicht im Widerspruch mit p, *(c)* z bildet allein (ohne p) keinen vollständigen Grund für s.

Unsere Fragen lauten:

1. Unterscheiden die obigen Bedingungen diejenigen Fälle, wo man einem Satze s relativ zu p eine W-t zuschreiben darf, von den anderen Fällen von zwei Sätzen, in denen man es nicht tun darf?

2. Ist für verschiedene s und p die W-t von s relativ zu p desto größer, je weniger z besagt?

Ad 1. Zu jeden zwei Sätzen s und p läßt sich ein dritter Satz z bilden, der die

Bedingungen *(a)*, *(b)* und *(c)* erfüllt. Das kann im allgemeinen Falle die Implikation mit dem Vordersatz p und dem Nachsatz s sein. Die obigen Bedingungen erlauben also nicht diejenigen Sätzepaare p und s, wo s eine W-t relativ zu p besitzt, von irgendwelchen anderen zu unterscheiden, falls nicht jeder Satz relativ zu einem jeden anderen eine W-t besitzt.

Man könnte geneigt sein, z noch eine folgende Bedingung aufzuerlegen: z müsse eine W-t relativ zu p besitzen. Dann ist aber die Existenz einer W-t nicht auf logische Folgebeziehungen zurückzuführen, ohne einen *Regressus* zu begehen.

Ad 2. Es seien s_1 und s_2 zwei Schlüsse, p_1 und p_2 ihre Teilprämissen, und z_1 und z_2 die ergänzenden Prämissen (d. h. z_1 erfüllt die Bedingungen *(a)*, *(b)* und *(c)* bezüglich p_1 und s_1, und z_2 – bezüglich p_2 und s_2). Es sei weiter: *(d)* z_1 logisch schwächer als z_2, d. h. aus z_2 folgt z_1, aber nicht umgekehrt.

Bezeichnen wir mit $w\ (a, b)$ die Wahrscheinlichkeit von a relativ zu b.

Dann lautet Frage 2: Ist

$$(1) \qquad w\ (s_1, p_1) > w\ (s_2, p_2)?$$

Es genügt, den folgenden Fall anzuführen, damit es einleuchtet, daß *(1)* nicht allgemein besteht. z_2 kann nämlich ein Produkt aus z_1 und anderen überflüssigen Faktoren sein, indem s_2 schon aus p_2z_1 allein folgt. Dann ist die logische Stärke von z_2 im Vergleich zu z_1 von keinem Belang.

Fügen wir also noch eine weitere Bedingung hinzu: *e)* s_2 folgt nicht aus p_2z_1. Das folgende Beispiel zeigt, daß auch jetzt die Ungleichung *(1)* nicht notwendig gilt:

Es sei s_1 der Satz »der nächste Wurf wird eine gerade Zahl ergeben«,

s_2 der Satz »der nächste Wurf wird 3, 5 oder 2 ergeben«,

$p_1 = p_2$ der Satz »der nächste Wurf wird ein Wurf dieses Würfels sein«,

z_1 der Satz »der nächste Wurf wird nicht 1, nicht 3 und auch nicht 5 ergeben«;

es sei endlich z_2 das logische Produkt von z_1 und dem Satze z_3: »der nächste Wurf wird nicht 4 und nicht 6 ergeben«. Wir haben $w\ (s_1, p_1) = w\ (s_2, p_2)$.

Wir müssen also versuchen, den Sätzen z_1 und z_2 eine weitere Bedingung aufzuerlegen. In dem eben angeführten Beispiel folgt zwar s_2 nicht aus p_2z_1 und erst aus $p_1z_1z_3 = p_2z_2$, aber es folgt schon auch aus p_3z_3 und einem Teilfaktor von z_1, wobei die übrigen Faktoren von z_1 wieder überflüssig sind. Es besteht also ein Verdacht, daß Ungleichung *(1)* vielleicht bestehen würde, falls z_1 und z_2 außer den Bedingungen *(a)*–*(e)* noch die Bedingung erfüllen, daß sie keine überflüssigen Faktoren enthalten; genauer *(f)*: z_1 und z_2 bilden die *logisch schwächsten* Prämissen, die entsprechend p_1 und p_2 zu vollständigen Gründen von s_1 und s_2 ergänzen und mit p_1 und p_2 in keinem Widerspruch stehen, d. h. die Bedingungen *(a)* und *(b)* erfüllen. Man kann beweisen, daß die Bedingungen *(f)* äquivalent der folgenden ist: *(f_1)* z_1 und z_2 sind entsprechend mit s_1 und s_2 äquivalent bei Voraussetzung von p_1 und p_2.

Beweis:

Bildet z die logisch schwächste Prämisse, welche die Bedingungen *(a)* und *(b)* bezüglich p und s erfüllt, so sind z und s bei Voraussetzung von p äquivalent. Falls nämlich z aus ps nicht folgt, so erfüllt die Implikation mit dem Vordersatz p und dem Nachsatz z die Bedingungen *(a)* und *(b)*, und doch ist sie logisch schwächer als z bei Voraussetzung von p.

Aber auch umgekehrt: Wenn z und s äquivalent sind bei Voraussetzung von p, dann muß z die logisch schwächste Prämisse bilden, die die Bedingungen *(a)* und *(b)* erfüllt. Da nämlich z aus ps folgt, so folgt es auch aus jeder Prämisse z_1, welche, dem Satz p hinzugefügt, nach sich s zieht.

Jedoch ist auch bei der Beschränkung *(f)* die Ungleichung *(1)* nicht allgemein gültig. Dies ist leicht zu ersehen aus den folgenden Überlegungen:

Zu den üblichen Axiomen der Wahrscheinlichkeitsrechnung fügen wir noch den folgenden Satz zu, der für Wahrscheinlichkeiten in unendlichem Bereiche nicht bestehen muß:

(a) Falls a aus b nicht folgt, so ist $w\ (a, b) < 1$.

(Die einzige Axiomatik der Wahrscheinlichkeitsrechnung, in der Wahrscheinlichkeiten sich auf Sätze beziehen, d. h. Argumente von Wahrscheinlichkeiten Namen von Sätzen sind, ist diejenige von St. *Mazurkiewicz* in C. R. Soc. d. Sc. et d. l. Varsovie XXV 1932. Cl III.)

Dann können wir auf Grund der früheren Bedingungen *(a)–(e)* die Ungleichung

(2) $w\ (z_1, p_2) > w\ (z_2, p_2)$

feststellen.

Beweis:

Da z_1 aus p_2z_2 folgt, und z_2 nicht aus p_2z_1, so haben wir $w\ (z_1, p_2z_2) = 1$ und $w\ (z_2, p_2z_1)$ x 1. Aus der Gleichung $w\ (z_1z_2, p_2) = w\ (z_1, p_2) \cdot w\ (z_2, p_2z_1) = w\ (z_2, p_2) \cdot w\ (z_1, p_2z_2)$, die eine bekannte Formel der Wahrscheinlichkeitsrechnung bildet, ergibt sich dann [mit Rücksicht auf *(b)*] die Ungleichung *(1)*.

Die Bedingung *(f)* und Ungleichung *(2)* ergeben unmittelbar

(3) $w\ (s_1, p_2) > w\ (s_2, p_2)$.

Aber dies ist alles, was wir aus den Bedingungen *(a)–(f)* erhalten können. Die Ungleichung *(1)* läßt sich schon nicht folgern. In dem nachstehenden Beispiele sind die Bedingungen *(a)–(f)* erfüllt, jedoch besteht die Ungleichung *(1)* nicht.

Es sei s_1 der Satz »der nächste Wurf wird 6 ergeben«,
s_2 der Satz »der nächste Wurf wird 6 oder 7 ergeben«,
p_1 der Satz »der nächste Wurf wird ein Wurf dieses Würfels sein«,
p_2 der Satz »der nächste Wurf wird ein Wurf dieses Oktoeders sein«,
z_1 der Satz »der nächste Wurf wird nicht 1, nicht 2, nicht 3, nicht 4 und nicht 5 sein«,

z_2 der Satz »der nächste Wurf wird nicht 1, nicht 2, nicht 3, nicht 4, nicht 5 und nicht 8 sein«. Wir haben:

$w(s_1, p_1) < w(s_2, p_2)$.

Wir gelangen also zur negativen Antwort auch auf Frage 2: Es ist nicht allgemein wahr, daß die Wahrscheinlichkeit eines Schlusses *s* relativ zu seinen Teilprämissen *p* für verschiedene *s* und *p* desto größer ist, je weniger die ergänzenden Prämissen *z* besagen – sogar, wenn man *z* die weitestgehenden Bedingungen auferlegt.

Zum Schluß wollen wir noch einige spezielle Fälle anführen, in denen Frage 2 positiv zu beantworten ist.

Es ist einleuchtend, daß Ungleichung *(1)* besteht, falls I. außer den Bedingungen *(a)–(f)* noch die folgende Bedingung erfüllt ist:

(g) p_1 ist äquivalent mit p_2.

Es genügt in *(3)* das erste »p_2« und durch »p_1« zu ersetzen.

Bei äquivalenten, insbesondere bei gleichen Prämissen ist also die Wahrscheinlichkeit des Schlusses desto größer, je weniger die ergänzenden Prämissen besagen, falls diese die Bedingungen *(a)–(f)* erfüllen. Dieser Satz folgt übrigens einfach aus dem folgenden evidenten Satze der Wahrscheinlichkeitsrechnung (in der Voraussetzung, daß (a) gilt):

Folgt s_1 aus ps_2 und folgt nicht s_2 aus ps_1, so ist

$$w(s_1, p) > w(s_2, p).$$

Laut Bedingung *(f_1)* sind nämlich s_1 und s_2 bei Voraussetzung von *p* entsprechend z_1 und z_2 äquivalent.Einen zweiten Fall, in dem Ungleichung *(1)* erfüllt ist, haben wir, falls

II. die folgenden Äquivalenzen außer den Bedingungen *(a)–(f)* bestehen:

(h) p_1 ist äquivalent mit p_2z_3 und z_2 ist äquivalent mit z_1z_3.

Dann ist nämlich

$w(z_2, p_2) = w(z_1z_3, p_2) = w(z_1, p_2z_3) \cdot w(z_3, p_3) = w(z_1, p_1) \cdot w(z_3, p_2)$. Aber $w(z_3, p_2) < 1$ und $w(z_2, p_2) > 0$ auf Grund von Bedingungen *(e)* und *(b)*; es besteht also die Ungleichung $w(z_1, p_1) > w(z_2, p_2)$, aus der unmittelbar, wegen Bedingung *(f_1)*, die Ungleichung *(1)* folgt.

Dem letzteren Fall ist der Fall des induktiven Schlusses in einer seiner allgemeinsten Formen untergeordnet;[3] derjenige nämlich, wo die Wahrscheinlichkeit einer Hypothese $h = s_1 = s_2$ sich vergrößert auf Grund von neu festgestellten Sätzen z_3, die logische Folgen dieser Hypothese bilden. p_2 kann hier als die Gesamtheit der zuweil anerkannten Systeme und Sätze betrachtet werden.

1 Der vorliegende Vortrag ist eine Zusammenfassung des § 2 meiner Arbeit u. d. T. *0 prawomocności indukcji hipotetycznej (Die Rechtfertigung der hypothetischen Induktion)*, Księga Pamiątkowa ku uczczeniu 15-lecia pracy nauczycielskiej w Uniwersytecie Warszawskim Prof. Tadeusza Kotarbińskiego.

2 S. J. M. Keynes, *A Treatise on Probability*, London 1921, S. 15 u. 37.
3 Vgl. J. Hosiasson, *Definicje rozumowan indukcyjnych (Die Definitionen der induktiven Schlußarten)*. Przeglad Filozoficzny, R. XXXI.

Zygmunt Zawirski

Bedeutung der mehrwertigen Logik für die Erkenntnis und ihr Zusammenhang mit der Wahrscheinlichkeitsrechnung

Die mehrwertige Logik ist das Werk des polnischen Logikers Jan Łukasiewicz und des amerikanischen Logikers Emil Post, welche unabhängig voneinander und fast gleichzeitig (der erste in den Jahren 1920–1922, der zweite im Jahre 1921) diese kühne Erweiterung der zweiwertigen Logik unternommen haben. Keiner von ihnen hat aber das Verhältnis dieser neuen Schöpfung des menschlichen Geistes zu der Wahrscheinlichkeitsrechnung einer genaueren Prüfung unterzogen und darum blieb ihre Bedeutung für die Erkenntnis etwas unklar. Erst der deutsche Logiker Hans Reichenbach hat in seiner »Wahrscheinlichkeitslogik« vom Jahre 1932 versucht, das Wahrscheinlichkeitsproblem im Zusammenhang mit dem Entwurf dieser Logik, in welcher die Alternative »wahr-falsch« durch die stetige Skala von Wahrheitswerten ersetzt wird, endgültig zu lösen. Die Art und Weise jedoch, wie Łukasiewicz, Post und Reichenbach diese neue Logik auffassen, ist nicht dieselbe. Darum müssen wir, ehe wir ihre Bedeutung für die Erkenntnis betrachten, diese Unterschiede genauer untersuchen.

Łukasiewicz hat zuerst im Jahre 1920[1] eine dreiwertige Logik geschaffen, in der der dritte Wahrheits-Wert, Möglichkeit genannt, so aufgefaßt wird, daß ihre Negation wiederum dieselbe Möglichkeit ergibt. Die logischen Werte: falsch, möglich und wahr, werden meistens durch die Symbole 0, $\frac{1}{2}$, 1, bezeichnet. Die logische Implikation (die Verbindung zweier Aussagen durch die Konjunktionen: wenn, so) wird für den neuen Wert so definiert, daß sie den Wert 1 annimmt, wenn die Werte des Vordersatzes und des Nachsatzes einander gleich sind, oder wenn der Wert des Vordersatzes kleiner ist als der Wert des Nachsatzes. In anderen Fällen nimmt sie den Wert $\frac{1}{2}$ an. Erst im Jahre 1922 hat er eine unendlichwertige Logik geschaffen, in welcher den neuen Werten die Brüche des Intervalls von 0 bis 1 zugeordnet werden. Bezeichnen wir einen dieser Brüche mit p, so wird die Negation einer Aussage gemäß der Formel $\sim p = 1 - p$ berechnet, und die Implikation $p \supset q$ ist gleich 1 für $p \leqq q$, und $p \supset q$ ist gleich $1 - p + q$ für $p > q$. Man erkennt sofort, daß in diesen Definitionen die Definitionen der Negation und der Implikation der zwei- und dreiwertigen Logik als Spezialfälle enthalten sind. Auf Grund der Negation und der Implikation werden dann die logische Summe (die Verbindung zweier Aussagen durch die Konjunktion »oder auch«) und das logische Produkt (die Verbindung durch die Konjunktion »und«) definiert; in Folge dessen bekommt die Summe immer den Wert der größten Komponente und das Produkt den Wert der kleineren Komponente. Wegen dieser Wertbestimmung der logischen Konstanten (d. h. der Negation, der Implikation der Summe und des Produktes) werden in der unendlichwertigen, ebenso wie in der dreiwertigen Logik das Gesetz des Widerspruches und des ausgeschlossenen Dritten ungültig. Das ist die wichtigste Eigenschaft der mehrwertigen Logik von Łukasiewicz.

Post[2] gibt den logischen Konstanten dieselben Werte wie Łukasiewicz und führt noch den Begriff der sogenannten zyklischen Negation ein, auf Grund deren die Negation des einen Wertes dem folgenden Werte gleich ist. Als Grundbegriffe werden bei ihm eben diese zyklische Negation und das Symbol der logischen Summe angenommen, während bei Łukasiewicz alle Konstanten auf Grund der Implikation und der gewöhnlichen Negation definiert wurden. Post gibt aber die logischen Formeln für die Bildung beliebiger neuer logischer Satzfunktionen mit einem und mehreren Aussagenargumenten an. Weiterhin macht er eine sehr wichtige Bemerkung, daß man die Aussagen der n-wertigen Logik als Klassen von (n-1) Aussagen der zweiwertigen Logik auffassen kann. Sind alle diese zweiwertigen Aussagen falsch, dann ist auch die n-wertige Aussage falsch, sind sie alle falsch mit Ausnahme einer, dann bekommt die n-wertige Aussage den Wert $\frac{1}{n-1}$, und so weiter, sind alle wahr, dann bekommt auch die n-wertige Aussage den Wert 1. Damit ist aber der Zusammenhang mit der Wahrscheinlichkeitsrechnung gegeben, wo eben der Wahrscheinlichkeitsgrad durch die Anzahl der wahren Aussagen (»günstigen Fälle«) innerhalb einer Klasse der wahren und falschen Aussagen (»möglichen Fälle«) definiert wird. Post sagt aber nichts darüber, ob diese Interpretation notwendig ist, damit die n-wertigen Aussagen sinnvoll seien.

Trotz dieser Bemerkung ist bei Post, ebenso wie bei Łukasiewicz, das Verhältnis der neuen Logik zu der Wahrscheinlichkeitsrechnung aus einem anderen Grunde unklar. Um das zu erläutern, nehmen wir z. B. die fünfwertige Logik, in der die Werte die Reihe: 0, $1/4$, $2/4$, $3/4$, 1 durchlaufen. Im Falle, wenn zwei Aussagen denselben Wert $2/4$ besitzen, bekommt die logische Summe $2/4 \vee 2/4$ den Wert $2/4$ nach der Definition von Łukasiewicz und Post. Aber das entspricht in der Wahrscheinlichkeitsrechnung nur dem Falle, wenn die Wahrscheinlichkeiten sich decken; wenn sie sich dagegen ausschließen, hat die Summe den Wert 1, und im Falle der Kreuzung den Wert $3/4$. Post gibt zwar die Formeln für die Bildung neuer logischer Funktionen an, aber man weiß nicht, ob die Bildung neuer logischer Summen, die mit der W-Rechnung übereinstimmen, seiner Auffassungsweise der mehrwertigen Logik entspricht. Und doch ist das alles ungemein wichtig; den im Falle, wenn für die logische Summe nur die Formel $2/4 \vee 2/4 = 2/4$ gilt, muß das Gesetz vom ausgeschlossenen Dritten $p \vee \sim p$ in der mehrwertigen Logik fortfallen. (Man beachte, daß $\sim 2/4 = 2/4$ ist, also $p \vee \sim$ für $p = 2/4$ den Wert $2/4$ annimmt, also nicht wahr ist.) Dieses Gesetz bleibt dagegen auch in der mehrwertigen Logik wichtig, wenn wir für die sich ausschließenden Fälle die Formel $2/4 \vee 2/4 = 1$, der W.-Rechnung gemäß, annehmen, und die Formel $2/4 \vee 2/4 = 2/4$ nur auf den Fall der Deckung der Wahrscheinlichkeiten beschränken. Nur das Prinzip der Zweiwertigkeit, nach dem jede Aussage nur zwei Werte zuläßt, fällt in der mehrwertigen Logik fort, das Prinzip des ausgeschlossenen Dritten dagegen, nach dem von zwei kontradiktorischen Aussagen die eine wahr sein muß, kann auch in der mehrwertigen Logik beibehalten werden, und muß sogar beibehalten werden, wenn diese Logik mit der W-Rechnung übereinstimmen soll, denn gemäß dieser Rechnung muß doch von zwei kontradiktorischen Möglichkeiten die eine stattfinden. Man hüte sich also vor der Vermengung des Prinzips der Zweiwertigkeit mit dem Prinzip vom ausgeschlossenen Dritten.[3]

Reichenbach gab uns in seiner Wahrscheinlichkeitslogik[4] eine solche Verbindung der neuen Logik mit der W-Rechnung, die alle diese Schwierigkeiten beseitigen will. Er unterscheidet zwischen der rein qualitativen, intentionalen (»modalen« oder auch »topologischen«) mehrwertigen Logik und der quantitativen, extensionalen oder metrischen Logik. Nur die letzte Auffassung, welche die Elemente des mehrwertigen Aussagenkalküls als Klassen zweiwertiger Aussagen betrachtet, macht die mehrwertige Logik zu einem verifizierbaren Aussagensystem; die intensionale Deutung dagegen, welche schon der einzelnen Aussage ein brauchbares Wertsystem zuschreiben will, wird von Reichenbach abgelehnt. Reichenbach korrigiert aber das Postulat von Post insofern, daß die zweiwertigen Aussagen, deren Klassen als Elemente des n-wertigen Aussagenkalküls betrachtet werden, als Werte einer und derselben Aussagefunktion erscheinen müssen. Diese Korrektur ist nicht unbedingt neu, denn schon Łukasiewicz hat in der Abhandlung vom J. 1913: *Die logischen Grundlagen der Wahrscheinlichkeitsrechnung* eine ähnliche Deutung der Wahrscheinlichkeitswerte angegeben. Reichenbach, welcher ein Anhänger der Häufigkeitsdeutung der Wahrscheinlichkeit ist, erweitert aber diese Auffassung der Wahrscheinlichkeitswerte auf Satzfunktionen, welche auch eine unendliche Reihe von Werten zulassen.

Zur Berechnung der Werte der logischen Funktionen der Summe und des Produktes gebraucht er die allgemeinsten Formeln der W.-Rechnung; dadurch erhält er in seiner mehrwertigen Logik ebensoviel Werte für die Summe und das Produkt, wieviel in der W.-Rechnung erscheinen. Damit verschwindet diese Diskrepanz zwischen der W.-Rechnung und der mehrwertigen Logik, welche bei Łukasiewicz und vielleicht auch bei Post hervortrat. Da aber Reichenbach die Implikation mittels der Negation und der logischen Summe definiert, überträgt sich die Mehrwertigkeit der logischen Summe und des Produkts auch auf die Implikation und damit auch auf die Äquivalenz, deren Werte ja von den Werten der Implikation abhängen.

Wir erlauben uns einige Bemerkungen über das System von Reichenbach hinzuzufügen. Seine Unterscheidung zwischen metrischer und topologischer Behandlung der Logik ist ganz richtig; aber es scheint, daß topologische Betrachtungen neben der metrischen Auffassung nicht ganz überflüssig werden. Wichtiger aber ist, daß Reichenbach eine unnütze Komplikation in die Berechnung der Implikation und der Äquivalenz eingeführt hat, wodurch diese logischen Funktionen unnötigerweise ebensoviel Werte zulassen wie die Summe und das Produkt. Wir haben darum ein System der mehrwertigen Logik entworfen, welches alle Vorteile des Systems von Reichenbach besitzt und zugleich u. E. nach dessen Nachteile vermeidet. Als Grundbegriffe haben wir die Implikation von Łukasiewicz und die zyklische Negation von Post gewählt, und auf Grund der Formeln von Post haben wir so viel logische Funktionen der Summe und des Produkts eingeführt, wie es die W.-Rechnung braucht. Die Implikation dagegen und die Äquivalenz bleiben von dieser Vermehrung der logischen Funktionen der Summe und des Produktes unberührt. Die Gesetze des Widerspruchs und des ausgeschlossenen Dritten behalten in unserem System ebenso wie bei Reichenbach ihre Gültigkeit, im Gegensatz zu dem System von Łukasiewicz und vielleicht auch von Post. – In der Abhandlung *Les logiques nouvelles et le champ de leur application*[5] vom J. 1932 haben wir auf zwei mögliche Anwendungen der mehrwertigen Logik hingewiesen. Der Parallelismus der Wellenphysik und der Korpuskularphysik schien uns nur im Lichte der dreiwertigen Logik von Łukasiewicz verständlich zu sein; die objektive Interpretation der W.-Rechnung schien uns dagegen auf die Verbindung dieser Rechnung mit der mehrwertigen Logik hinzuweisen. Was die erste Anwendung betrifft, war unser Versuch vielleicht verfrüht; vielleicht sind beide Theorien nicht gänzlich kontradiktorisch. Es ist möglich, daß die Entwicklung der Physik eine andere Lösung mit sich bringen wird. Desto besser, denn wir müssen gestehen, daß unsere Auffassung keine Lösung bedeutet, sondern die Schwierigkeit der Lösung eigentlich nur unterstreicht.

Was aber den zweiten Punkt, d. h. die Verbindung der W.-Rechnung mit der mehrwertigen Logik betrifft, so ist hier die in demselben Jahre 1932 von Reichenbach veröffentlichte Abhandlung unseren Bemühungen in dieser Richtung vorausgeeilt. Wir müssen unserer vollen Anerkennung für diese seine Arbeit an dieser Stelle Ausdruck geben, obgleich wir uns in vielen Einzelheiten von ihm entfernt haben. Wir stimmen mit Reichenbach darin überein, daß in vielen Fällen das Als-wahrscheinlich-entscheidbare als eine endgültige und sinnvolle Form der Entscheidbarkeit gelten muß. Bei der Begründung dieses Satzes hat Reichenbach, der ein Anhänger der Häufigkeitsdeutung der Wahrscheinlichkeit ist, besonders den Umstand betont, daß die limes-Aussage mit $n = \infty$ für naturgegebene Folgen vom Standpunkte der zweiwertigen Logik unentscheidbar und sinnleer ist, und erst innerhalb der Wahrscheinlichkeitslogik als wahrscheinlich-entscheidbar und damit sinnvoll wird. Aber das kann höchstens nur einer der Gründe sein, warum das Postulat der Entscheidbarkeit sich mit dem Als-wahrscheinlich-entscheidbaren begnügen muß. Es gibt noch andere Motive, welche uns zu dieser Stellungnahme zwingen. Zu diesen gehören alle die Argumente, welche die objektive Auffassung der Wahrscheinlichkeit begründen. Der Zustand der modernen Naturwissenschaft, wie wir in der französischen Abhandlung betont haben, spricht auch für eine solche Auffassung der Wahrscheinlichkeit. Dieses Problem verdient jedenfalls näher betrachtet zu werden, und man ist den modernen Logikern Łukasievicz, Post und Reichenbach zu größtem Dank verpflichtet, daß sie uns die formalen Werkzeuge zur Behandlung dieses Problems geschafft haben.

1 *Ruch filozoficzny,* Band V, Seiten 169–171, *Przegląd Filozoficzny,* Band XXIII, Seiten 189–205.

2 *Introduction to a general theory of propositions,* American Journal of Mathem. 1921, Band 43, Seiten 180–185.

3 Jan Łukasiewicz, *Philosophische Bemerkungen zu mehrwertigen Systemen des Aussagenkalküls,* Warszawa 1930. *Comptes Rendus de la Société des Sciences de Varsovie,* Classe III. [Vgl. Beitrag 7 in diesem Band].

4 *Berichte der preußischen Akademie der Wiss.* XXIX. Mathem.-Phys. Kl.

5 *Revue de Métaphysique et de Morale,* 39, nr. 4. p. 503–519.

Zygmunt Zawirski

Über die Anwendung der mehrwertigen Logik in der empirischen Wissenschaft

Wir berühren noch einmal das Problem der möglichen Anwendung der mehrwertigen Logik auf dem Gebiete der empirischen Wissenschaft. Der Parallelismus der Wellenphysik und der Korpuskularphysik schien uns seinerzeit[1] nur im Lichte der dreiwertigen Logik von Łukasiewicz verständlich zu sein; die objektive Interpretation der Wahrscheinlichkeitsrechnung schien uns dagegen auf die Verbindung dieser Rechnung mit der unendlichwertigen Logik hinzuweisen. Inzwischen haben unsere Anschauungen in diesen beiden Punkten einige Modifikationen erlitten. Was den ersten Punkt betrifft, so hatten wir unsere Interpretation auf einige Zitate aus den Werken von Nils Bohr und Heisenberg gestützt, die uns zwar auch heute als unanfechtbar erscheinen, die aber vielleicht doch nicht die ganze Wahrheit enthalten, oder wenigstens nicht verschiedene Interpretationen ausschließen. Wir hatten uns auf den Standpunkt gestellt, daß es sich in dem Parallelismus der Wellen- und Korpuskularphysik wirklich um zwei kontradiktorische Aussagen handelt, und daß wir trotzdem in dem Wellen- und Korpuskularbilde es mit zwei – wie Heisenberg sagt – Erscheinungsformen ein und derselben physikalischen Wirklichkeit zu tun haben. Diese Gleichberechtigung beider Formen und die Unmöglichkeit der gänzlichen Ausschaltung des eines Bildes zugunsten des anderen soll eine unvermeidliche Konsequenz der Indeterminationsregel von Heisenberg sein. Nun existiert aber in der zweiwertigen Logik ein Gesetz, nach dem eine Aussage, aus welcher logische Äquivalenz zweier kontradiktorischer Aussagen folgt, falsch sein muß

$$[p \supset (q \equiv \sim q)] \supset \sim p$$

Wenn wir also in der neuen physikalischen Theorie nach den Normen der zweiwertigen Logik denken wollen, müssen wir die Indeterminationsregel von Heisenberg für falsch halten, da sie uns zu der Gleichberechtigung zweier kontradiktorischer Aussagen führt.

Aber in der dreiwertigen Logik von Łukasiewicz fällt das obenerwähnte logische Prinzip weg. Um aber von dieser Logik Gebrauch machen zu können, müssen wir uns auf den Standpunkt stellen, daß unsere Aussagen neben der Wahrheit und Falschheit noch einen dritten Wert, Möglichkeit genannt, zulassen. Der Widerspruch des Wellen- und Korpuskularbildes wird hiermit zu einem scheinbaren – so wie es eben die Physiker wünschen –, weil beide Bilder uns zu Aussagen führen, die weder falsch noch wahr, sondern möglich sind.

Sind aber die Aussagen des Wellen- und Korpuskularbildes wirklich als kontradiktorisch zu betrachten? Können sie tatsächlich als Ausdrucksformen ein und derselben Wirklichkeit in allen ihren Einzelheiten aufgefaßt werden? Das ist eben die Frage, die nicht eindeutig beantwortet werden kann. Man kann doch immer behaupten, daß nur die eine Form, und zwar die korpuskulare, alleinigen Anspruch auf Wirklichkeit erheben kann, während die zweite nur eine symbolische Bedeutung hat und nicht dieselben Einzelheiten wie die erstere betrifft. Man betont mit Recht, daß die Zustandsgleichung nicht den realen, dreidimensionalen, sondern den Konfigurationsraum betrifft; aber man übersieht dabei gern, daß für die Elektronwellen dieser Konfigurationsraum doch mit dem realen Raume identisch ist, und daß der experimentelle Nachweis der Beugung der Elektronenwellen ganz dem Laue-Diagramm gebeugter Röntgenstrahlen entspricht, daß wir also nicht bloß eine mathematische Hilfskonstruktion vor uns haben.

Die Gewöhnung an die zweiwertige Logik ist so tief in unserem Geiste eingewurzelt, daß man es für ganz natürlich hält, einer jeden wissenschaftlichen Theorie eine solche Form zu geben, die uns das Denken nach den Normen dieser Logik ermöglicht. Es ist uns bequemer, nach der zweiwertigen Logik zu denken, und dieser Logik werden wir auch dann den Vorzug geben, wenn wir sogar die Möglichkeit der Anwendung der dreiwertigen Logik zugeben müßten. Das ist auch der Standpunkt, auf den sich Łukasiewicz noch vor der Schöpfung der dreiwertigen Logik 1910 in einer Arbeit »Über das Prinzip des Widerspruchs bei Aristoteles« gestellt hat, wo er zu zeigen versucht, daß es unmöglich ist, die Existenz widerspruchsloser Gegenstände mit Gewißheit zu behaupten, daß wir aber ebenfalls niemals imstande sein werden, widerspruchsvolle Gegenstände in der Erfahrung zu konstatieren. »Wenn diese Ansicht richtig ist«, meint Łukasiewicz, »dann verhält sich das Prinzip des Widerspruchs zu der Erfahrung ganz so wie das Kausalitätsprinzip. Wir behaupten, daß jede Erscheinung eine Ursache hat, wir können aber dieses Gesetz nicht beweisen. Wir brauchen aber niemals zu fürchten, daß eine Erfahrung dieses Gesetz widerlegt. Denn, wenn es wirklich in einem Falle keine Ursache gäbe, so könnten wir immer sagen, daß die Ursache existiert, nur können wir sie nicht herausfinden. Ebenso verhält es sich mit dem Prinzip des Widerspruchs. Dieses Prinzip läßt sich nicht auf Grund der Erfahrung beweisen, aber wir brauchen nicht zu fürchten, daß die Erfahrung es jemals widerlegt. Denn, wenn wir tatsächlich in irgendeinem Falle einen Widerspruch anträfen, ohne es zu wissen, so würden wir immer Mittel finden, um ihn zu beseitigen.«

Dieser Standpunkt Łukasiewiczs vom Jahre 1910 entspricht dem Standpunkt, den Poincaré in der Physik betreffs der nichteuklidischen Geometrien eingenommen hat. Die Anwendung der nichteuklidischen Geometrie ist nach Poincaré in der Physik immer möglich, doch ist es – nach ihm – einfacher und natürlicher, sich der euklidischen Geometrie zu bedienen. Ebenso ist, nach Łukasiewicz, der Gebrauch der zweiwertigen Logik nicht der einzig mögliche, doch ist es einfacher und bequemer, sich der zweiwertigen Logik in dem empirischen Denken zu bedienen. Man kann diesen Konventionalismus im Prinzip billigen, aber man kann auch zweifeln, ob er in der Logik ebenso wie in der Geometrie das letzte Wort der Wissenschaft ist.

Der amerikanische Mathematiker Eric Temple Bell hat in seiner letzten Arbeit »The search for truth« unabhängig von uns dieselbe mögliche Anwendung der mehrwertigen Logik von Łukasiewicz berührt. »Obwohl Niels Bohr nicht auf die zweiwertige Logik verzichtet, so wäre es doch von Interesse, die Bedeutung des Komplementaritätsprinzips näher zu erwägen, denn es ist möglich, daß der Verzicht auf die zweiwertige Logik bequemer für die Physiker wäre«[2].

Bell denkt dabei nur an den Verzicht auf das Prinzip des ausgeschlossenen Dritten und glaubt irrtümlicherweise, daß die mehrwertige Logik von Łukasiewicz nur eine Verallgemeinerung der Logik von Brouwer ist. Tatsächlich verzichtet aber die mehrwertige Logik von Ł. nicht nur auf das Prinzip des ausgeschlossenen Dritten, sondern auch auf das Prinzip des Widerspruchs. Wahrscheinlich hat ihm zu diesem Versehen der Umstand Anlaß gegeben, daß die mehrwertige Logik von Łukasiewicz das metalogische Prinzip des Widerspruchs erfüllt, d. h. daß in dem System nicht zwei solche Formeln erscheinen, deren eine die Negation der anderen sei; aber die Formel, die das Gesetz des Widerspruchs ausdrückt, erscheint in dem System nicht und ist in diesem System nicht wahr.

Jetzt kommen wir zu unserem zweiten Punkt. Man kann eine unendlichwertige topologische Logik konstruieren, die einen Parallelismus mit der Wahrscheinlichkeitsrechnung aufweist. Aber diese Logik hat mit der mehrwertigen Logik von Łukasiewicz nichts gemein. Die letztere verwirft den Satz vom Widerspruch und ebenso den Satz vom ausgeschlossenen Dritten. In der W.-Rechnung müssen dagegen diese Gesetze erhalten bleiben. Darüber haben wir uns von Anfang an Rechenschaft gegeben. Trotzdem waren wir der Meinung, daß wir in der parallel zu der W.-Rechnung laufenden mehrwertigen Logik doch mit anderen Abweichungen von der gewöhnlichen Logik zu tun haben. Und zwar mußte nach unserer Meinung die Formel $\sim (p \equiv \sim p)$ und andere damit verbundene Ausdrücke ungültig sein. Erst nach einiger Zeit haben wir entdeckt, daß es für die Vollständigkeit des Parallelismus mit der W.-Rechnung unentbehrlich ist, auch dieses Gesetz der zweiwertigen Logik in unserer mehrwertigen Logik zu respektieren. Dieser Parallelismus ordnet jeder m-wertigen Aussage eine Klasse von $(m-1)$ zweiwertigen Aussagen in der Weise zu, daß der logische Wert der m-wertigen Aussage der Anzahl der wahren zweiwertigen Aussagen innerhalb der zugeordneten Klasse eindeutig entspricht. Um dies darzutun, beschränken wir uns auf die Betrachtung der dreiwertigen Logik, wo jeder Aussage eine Klasse zweier Aussagen der zweiwertigen Logik zugeordnet werden muß. Schreiben wir dieser Aussage der dreiwertigen Logik z. B. den Wert $1/2$ zu, so muß in der zugeordneten Klasse der zweiwertigen Aussagen die eine Aussage falsch und die andere wahr sein[3], was wir symbolisch folgendermaßen ausdrücken: $P \longleftrightarrow [0,1]$. Wenn man aber die Negation von P bildet, muß die Anordnung der Elemente der für P angenommenen Ordnung entgegengesetzt sein, also in unserem Falle $\sim P \longleftrightarrow [1,0]$. Dann erhält die Formel $P \equiv \sim P$ die Interpretation

$$[P \equiv \sim P] \longleftrightarrow [0 \equiv 1,\ 1 \equiv 0]$$

und man sieht sofort, daß die Formel $P \equiv \sim P$ auch in der dreiwertigen Logik falsch ist, oder, anders ausgedrückt, daß die Formel der zweiwertigen Logik $\sim [\, P \equiv \sim P \,]$ und alle anderen mit ihr verbundenen Formeln auch bei uns wahr sind.

Um zu jener Form der rein qualitativen, topologischen Logik zu gelangen, die mit der W.-Rechnung übereinstimmt, mußten wir auch die Anzahl der logischen Funktoren für die Summe und das Produkt vermehren. Für die Implikation und die Äquivalenz haben wir dagegen nur einen Funktor eingeführt. Herr Prof. Reichenbach und Frau Hosiasson-Lindenbaum haben uns jedoch darauf aufmerksam gemacht, daß es unzulässig sei, bei der Vermehrung der logischen Funktoren für das Produkt und die Summe nur einen logischen Funktor der Implikation und der Äquivalenz anzunehmen. Deshalb haben wir eine entsprechende Umformung unseres Systems vorgenommen. Diese Korrektur hat aber noch andere wichtige Konsequenzen nach sich gezogen. Wir haben seinerzeit gezeigt, daß Łukasiewicz bei der Definiton der logischen Summe in der mehrwertigen Logik entweder die Formel

$$(p \vee q) = [(p \supset q) \supset q]$$

oder die Formel

$$(p \vee q) = (\sim p \supset q)$$

gebrauchen könnte. Diese zwei Formeln sind in der zweiwertigen Logik völlig äquivalent, aber sie sind es nicht in der mehrwertigen Logik. Łukasiewicz hat sich für die erste Form entschieden; wir haben dagegen, um den Parallelismus der mehrwertigen Logik mit der W.-Rechnung zu gewinnen, beide Formen behalten, die erste für die sich deckenden Fälle, die zweite für zwei einander ausschließende Fälle.

Wenn wir jetzt aber mehrere Funktoren für die Implikation einführen, und ihre logischen Werte nach der Anzahl der Implikationen in den entsprechenden Klassen der zweiwertigen Aussagen bestimmen, sehen wir sofort, daß die Diskrepanz zwischen den beiden Formeln der Summe gänzlich verschwindet. Die zwei möglichen Werte der logischen Summe kann man ebensowohl mittels der ersten als auch mittels der zweiten Defintion erhalten, je nachdem man für p und q [0,1] oder für p [0,1] und für q [1,0] einsetzt. Um also zu den verschiedenen Werten der logischen Summe zu gelangen, muß man einen anderen Weg suchen, der letzten Endes einen gänzlichen Umbau unseres Systems nach sich ziehen wird. Wir sehen also, daß diese mehrwertige Logik, welche mit der W.-Rechnung übereinstimmen soll, mit der mehrwertigen Logik von Łukasiewicz nichts zu tun hat. Sie nähert sich vielmehr dem Standpunkt Reichenbachs.

Der Unterschied zwischen uns und Reichenbach besteht nur darin, daß Reichenbach die qualitative (»topologische«) Deutung, welche schon der einzelnen Aussage ein brauchbares Wertsystem zuschreiben will, abgelehnt hat und die mehrwertige Logik direkt an die metrische Deutung anknüpfen wollte. Dadurch hat er sich aber verschiedenen Einwendungen ausgesetzt. Wir behaupten dagegen nur, einen Parallelismus zwischen den mehrwertigen Einzelaussagen und der Klassenbetrachtung der W.-Rechnung geschaffen zu haben. Wir gestehen jedoch, daß dieser Parallelismus nicht zwei gegeneinander gleichgültige Systeme betrifft, sondern daß die Metrik der W.-Rechnung die empirische Grundlage für die Einführung der mehrwertigen Einzelaussagen vorbereitet.

1 Les logiques nouvelles et le champ de leur application, Revue de Métaphysique et de Morale, 1932. [A. (41)]

2 »Although he (Niels Bohr) does not advocate the abandonnement of the old-two-valued logic, it will be of interest to glance at what Bohr proposes in his principle of complementarity, for it

is conceivable that the simple giving up of Aristotle's logic would be an easier way for physics to follow.« The search for truth, p. 260.

3 Siehe unsere Abhandlung »Über das Verhältnis der mehrwertigen Logik zur Wahrscheinlichkeitsrechnung«. Studia philosophica 408–442.

Anhang

Quellen

1 *Slawische Rundschau* 1933 n. 4, s. 218–229
2 *Erkenntnis* 5 (1935), s. 151–164
3 *Archiv für systematische Philosophie* VIII (4) (1902), s. 45–447
4 *Bulletin International de l'Académie des Sciences de Cracovie, Classe de Philosophie* 1910, s. 15–38
5 *Erkenntnis* 5 (1935), s. 111–131
6 *Actes du VIIIe Congrès International de Philosophie,* Prague 1936, s. 75–84
7 *Comptes rendus de la Société des Sciences et des Lettres de Varsovie,* Classe III, 23 (1930), 51–77
8 *Les Entretiens de Zürich sur les Fondaments et la Méthode des Sciences Mathématiques* 6–9, 12 1938, Zürich, 1941, s. 82–100
9 Aus Anhang zu *Elementy logiki matematycznej,* Warschau, 1929, s. 191–7
10 Aus *Fundamenta Mathematicae* XIV (1929), s. 1–15, s. 78
11 *Erkenntnis* 4 (1934), s. 100–138
12 *Erkenntnis* 4 (1934), s. 259–287
13 *Erkenntnis* 5 (1935), s. 22–30
14 *Erkenntnis* 5 (1935), s. 165–168
15 *Studia Philosophica* 1 (1936), s. 1–27
16 Wie 6, s. 170–4
17 *Actes du Ier Congrès International de Philosophie Scientifique,* Paris, 1936, n. 5, s. 1–6
18 Przeglaçd Filozoficzny 44 (1948), s. 336–347
19 Wie 17, n. 1, s. 65–73
20 *Akademie der Wissenschaften in Wien, Mathematisch-naturwissenschaftliche Klasse, Akademischer Anzeiger* 69 (1932), s. 23–25
21 Wie 17, n. 3, s. 401–8
22 Wie 17, n. 7, s. 1–11
23 Wie 17, n. 3, s. 9–14
24 *Erkenntnis* 6 (1936), s. 143–165
25 Wie 6, s. 192–6
26 Wie 6, s. 175–180
27 *Erkennis* 6 (1936), s. 430–5

Auswahlbibliographie

Die vorliegende Bibliographie besteht aus zwei Teilen. Im ersten Teil (A) führen wir Arbeiten der Autoren der Lemberg-Warschauer Schule an. Dazu gehören: Sammelbände von Aufsätzen und Bücher der einzelnen Autoren sowie ausgewählte Abhandlungen von den Vertretern der Schule, deren Arbeiten in diesem Band enthalten sind. Der zweite Teil (B) enthält Materialien über die Lemberg-Warschauer Schule als Ganzes und über ihre einzelnen Vertreter.

Teil A

1 Ajdukiewicz, Kazimierz: *Abriß der Logik,* Aufbau Verlag, Berlin, 1958.

2 Ajdukiewicz, Kazimierz: From the methodology of deductive sciences, *Studia Logica* 19 (1966), s. 9–46.

3 Ajdukiewicz, Kazimierz: *Problems and Theories of Philosophy,* Cambridge University Press, Cambridge, 1973.

4 Ajdukiewicz, Kazimierz: *Pragmatic Logic,* D. Reidel/PWN, Dordrecht/Warschau, 1974.

5 Ajdukiewicz, Kazimierz: *The Scientific World-Perspective and Other Essays, 1931–1963,* J. Giedymin (Hrsg.), D. Reidel, Dordrecht, 1978.

6 Hosiasson-Lindenbaum, Janina: Quelques remarques sur la dépendence des probabilités a posteriori de celles a priori, *Comptes-Rendues Ier Congrès des Mathématiciens des Pays Slaves,* Warschau, 1930, s. 375–382.

7 Hosiasson-Lindenbaum, Janina: Why do we prefer probabilities relative to many data?, *Mind* 40 (1931), s. 23–36.

8 Hosiasson-Lindenbaum, Janina: La théorie des probabilités est-elle une logique généralisee? Analyse critique, *Actes de VIIIe Congrès International de Philosophie,* Prague, 1936, s. 38–64.

9 Hosiasson-Lindenbaum, Janina: Bemerkungen über die Zurückführung der physischen auf psychische Begriffe, *Erkenntnis* 7 (1937–8), s. 335–341.

10 Hosiasson-Lindenbaum, Janina: On confirmation, *Journal of Symbolic Logic* 6 (1940), s. 133–148.

11 Hosiasson-Lindenbaum, Janina: Induction et analogie: comparaison de leur fondement, *Mind* 50 (1941), s. 351–365.

12 Kokoszyńska, Maria: Bemerkungen über die Einheitswissenschaft, *Erkenntnis* 7 (1937–8), s. 325–335.

13 Kokoszyńska, Maria: What means »relativity« of truth, *Studia Philosophica* 3 (1948), s. 167–175.

14 Kokoszyńska, Maria: A refutation of the relativism of truth, *Studia Philosophica* 4 (1951), s. 1–57.

15 Kotarbiński,Tadeusz: Le réalisme radical, *Proceedings of the VII International Congress of Philosophy,* Oxford/London, 1931, s. 187–190.

16 Kotarbiński, Tadeusz: *Praxiology. An Introduction to the Science of Efficient Action,* Pergamon/PWN, London/Warschau, 1965.

17 Kotarbiński, Tadeusz: *Leçons sur l'Histoire de la Logique,* Presses Univ. de France/PWN, Paris/Warschau, 1965.

18 Kotarbiński, Tadeusz: *Gnosiology. The Scientific Approach to the Theory of Knowledge,* Pergamon/PWN, London/Warschau, 1966.

19 Kotarbiński, Tadeusz: Philosophical self-portrait, *Dialectics and Humanism* 4 (1977), s. 21–6.

20 Leśniewski, Stanisław: *Collected Works*, M. Nijhoff, Den Haag, 1986.
21 Leśniewski, Stanisław: *Lecture Notes*, M. Nijhoff, Den Haag, 1987.
22 Łukasiewicz, Jan: *Die logischen Grundlagen der Wahrscheinlichkeitsrechnung*, Krakow, 1910.
23 Łukasiewicz, Jan: *Aristotle's Syllogistic from the Standpoint of Modern Formal Logic*, Oxford University Press, Oxford, 1951.
24 Łukasiewicz, Jan: *Elements of Mathematical Logic*, Pergamon/PWN, New York/Warschau, 1963.
25 Łukasiewicz, Jan: *Selected Works*, L. Borkowski (Hrsg.), North-Holland/PWN, Amsterdam/Warschau, 1970.
26 McCall, Storrs (Hrsg.): *Polish Logic 1920–1939. Papers by Ajdukiewicz, Chwistek, Jaśkowski, Jordan, Leśniewski, Łukasiewicz, Słupecki, Sobociński, and Wajsberg*, Oxford University Press, Oxford, 1967.
27 Mehlberg, Henryk: *Time, Causality and the Quantum Theory I, II*, D. Reidel, Dordrecht, 1980.
28 Mostowski, Andrej: *Foundational Studies, I, II*, North-Holland/PWN, Amsterdam/Warschau, 1979.
29 Pelc, Jerzy (Hrsg.): *Semiotics in Poland, 1884–1969*, D. Reidel/PWN, Dordrecht/Warschau, 1977.
30 Przełęcki, Marian, and Wójcicki, Ryszard (Hrsg.): *Twenty-Five Years of Logical Methodology in Poland*, D. Reidel/PWN, Dordrecht/Warschau, 1977.
31 Tarski, Alfred: Der Wahrheitsbegriff in den formalisierten Sprachen, *Studia Philosophica* 1 (1935), s. 261–405; abgedr. in Berka, Karel, und Kreiser, Lothar (Hrsg.), *Logik-Texte*, Akademie Verlag, Berlin, 1983; s. 443–546.
32 Tarski, Alfred: The semantic conception of truth and the foundations of semantics, *Philosophy and Phenomenological Research* 4 (1944), s. 341–375; abgedr. in Feigl, Herbert, and Sellars, Wilfred (Hrsg.): *Readings in Philosophical Analysis*, New York, 1949, s. 52–94.
33 Tarski, Alfred: *Logic, Semantics, Metamathematics. Papers from 1923 to 1938*, Oxford University Press, Oxford 1956.
34 Tarski, Alfred: *Einführung in die mathematische Logik*, Vandenhoeck und Ruprecht, Göttingen, 1966.
35 Tarski, Alfred: Truth and proof, *Scientific American*, 220 (1969), s. 63–77.
36 Tarski, Alfred: *Collected Works, I–IV*, Birkhäuser-Verlag, Basel, 1986.
37 Twardowski, Kazimierz: *Idee und Perception. Eine erkenntnis-theoretische Untersuchung aus Descartes*, Wien, 1891.
38 Twardowski, Kazimierz: *Zur Lehre vom Inhalt und Gegenstand der Vorstellung. Eine psychologische Untersuchung*, Wien, 1894; Philosophia-Verlag, München, 1983.
39 Twardowski, Kazimierz: *Über begriffliche Vorstellungen*, Wien, 1903.
40 Wajsberg, Mordechaj: *Logical Works*, Ossolineum, Wroclaw, 1977.
41 Zawirski, Zygmunt: Les logiques nouvelles et le champ de leur application, *Revue de Métaphysique et de Morale* 39 (1932), s. 503–519.
42 Zawirski, Zygmunt: Über das Verhältnis mehrwertiger Logik zur Wahrscheinlichkeitsrechnung, *Studia Philosophica* 1 (1935), s. 407–442.
43 Zawirski, Zygmunt: *L'Evolution de Notion de Temps*, PAU, Krakow, 1936.

Teil B

Die Lemberg-Warschauer Schule als Ganzes

Francke, Norbert, und Rautenberg, Wolfgang: Zur Geschichte der Logik in Polen, in Wessel, Horst (Hrsg.): *Quantoren-Modalitäten-Paradoxien*, Deutscher Verlag der Wissenschaften, Berlin, 1972, s. 33–94.

Giedymin, Jerzy: Polish philosophy in the interwar period and Ludwig Fleck's theory of thought-styles and thought-collectives, in Cohen, Robert S., und Schnelle, Thomas (Hrsg.): *Cognition and Fact – Materials on Ludwig Fleck,* D. Reidel, Dordrecht, 1985; s. 179–215.
Jordan, Zbigniew: *The Development of Mathematical Logic and Logical Positivism between Two Wars,* Oxford, 1945; teilw. abgedr. in (A 24), s. 346–406.
Jordan, Zbigniew: *Philosophy and Ideology,* D. Reidel, Dordrecht, 1963.
Kotarbiński, Tadeusz: *La Logique en Pologne,* Rom, 1959.
Skolimowski, Henryk: *Polish Analytical Philosophy,* RKP, London, 1967.
Woleński, Jan: *Logic and Philosophy in the Lvov-Warsaw School,* D. Reidel, Dordrecht (in Vorbereitung).

Zu Kazimierz Ajdukiewicz

Giedymin, Jerzy: Ajdukiewicz's life and personality, in (A 5), s. XII–XVI.
Giedymin, Jerzy: Radical conventionalism, its background and evolution: Poincaré, Le Roy, Ajdukiewicz, in (A 5), s. XIX–LII.
Jakubiec, Halina, und Woleński, Jan: Ajdukiewicz and Quine, *Science of Science* 5 (1985).
Kokoszyńska, Maria: Kazimierz Ajdukiewicz, in Klibansky, Raymond (Hrsg.): *Contemporary Philosophy,* La Nuova Italia, Florenz, 1968; s. 202–8.
Kwiatkowski, Tadeusz: La sémiotique de K. Ajdukiewicz et l'évolution de son éepistemologie, *Logique et Analyse* 39–40 (1967), s. 239–261.

Zu Janina Hosiasson-Lindenbaum

Sperl, Michael: *Zur Biographie von Janina Hosiasson-Lindenbaum* (unveröffentlichtes Manuskript), Erlangen 1985.

Zu Tadeusz Kotarbiński

Lejewski, Czesław: On the dramatic stage in the development of Kotarbiński's pansomatism, in Weingartner, Paul, und Morscher, Edgar (Hrsg.): *Ontologie und Logik,* Duncker und Humboldt, Berlin, 1979, s. 197–214.
Rand, Rose: Kotarbiński's Philosophie auf Grund seines Hauptwerkes: Elemente der Erkenntnistheorie, der Logik, und der Methodologie der Wissenschaften, *Erkenntnis* 7 (1937/38), s. 92–120.
Sinisi, Vito: Kotarbiński's theory of genuine names, *Theoria* 30 (1964), s. 80–95.
Sinisi, Vito: Kotarbiński's theory of pseudo-names, *Theoria* 31 (1965), s. 218–241.
Szaniawski, Klemens: Philosophy of the concrete, *Dialectics and Humanism* 4 (1977), s. 67–72.
Szaniawski, Klemens: Philosophical ideas of Tadeusz Kotarbiński, *Reports on Philosophy* 8 (1984), s. 25–32.
Woleński, Jan (Hrsg.): *Kotarbiński: Logic, Semantics and Ontology,* M. Nijhoff, Den Haag (in Vorbereitung).

Zu Stanisław Leśniewski

Luschei, Eugene: *The Logical Systems of Leśniewski,* North-Holland, Amsterdam, 1962.
Miéville, Denis: *Un Développment de systèmes Logiques de Stanislaw Leśniewski. Protothétique-Ontologie-Mereologie,* Verlag Peter Lang, Bern/Frankfurt, 1984.
Simons, Peter: On understanding Leśniewski, *History and Philosophy of Logic* 3 (1982), s. 165–191.
Sinisi, Vito: The development of ontology, *Topoi* 2 (1983), s. 53–61.
Srzednicki, Jan, und Rickey, V. Frederick (Hrsg.): *Leśniewski's Systems. Ontology and Mereology,* M. Nijhoff/PWN, Den Haag/Wroclaw, 1984.

Surma, Stanisław: On the work and influence of Stanisław Leśniewski, in Gandy, Richard, und Hyland, John (Hrsg.), *Logic Colloquium '76*, North-Holland, Amsterdam, 1977; s. 191–220.
Surma, Stanisław (Hrsg.): On Leśniewski's Systems, *Studia Logica* 36 (1977); s. 247–426).

Zu Jan Łukasiewicz

Borkowski, Ludwig, und Słupecki, Jerzy: The logical works of J. ŁLukasiewicz, *Studia Logica* 8 (1958), s. 7–56.
Kotarbiński, Tadeusz: Jan Łukasiewicz's works on the history of logic, *Studia Logica* 8 (1958), s. 57–62.
Kwiatowski, Tadeusz: Jan Łukasiewicz – historian of logic, *Organon* 16/17 (1980/81), s. 169–188.
Malinowski, Grzegorz: Historical note, in Wójcicki, Ryszard (Hrsg.): *Selected Papers on Łukasiewicz Sentential Calculi*, Ossolineum, Wroclaw, 1977; 177–187.
Scholz, Heinrich: In memoriam Jan Łukasiewicz, *Archiv für mathematische Logik und Grundlagenforschung* 3 (1956), s. 3–18.
Sobociński, Bolesław: In memoriam Jan Łukasiewicz (1878–1956), *Philosophical Studies* (Maynooth, Irland) 6 (1956), s. 3–49.

Zu Alfred Tarski

Czelakowski, Janusz, und Malinowski, Grzegorz: Key notions of Tarski's methodology of deductive systems, *Studia Logica* 44 (1985), s. 321–351.
Field, Hartry: Tarski's theory of truth, *Journal of Philosophy* LXIX (1972), s. 347–375.
Givant, Steven: Bibliography of Alfred Tarski, *Journal of Symbolic Logic* 51 (1986), s. 913–941.
Stegmüller, Wolfgang: *Das Wahrheitsproblem und die Idee der Semantik*, Springer-Verlag, Wien, 1957.
Suppes, Patrick: Philosophical implications of Tarski's work, *Journal of Symbolic Logic* 52 (1987).

Zu Kazimierz Twardowski

Czeżowski, Tadeusz: Kazimierz Twardowski as teacher, *Studia Philosophica* 3 (1938/1946), s. 13–17.
Ingarden, Roman: The scientific activity of Kazimierz Twardowski, *Studia Philosophica* 3 (1938/1946), s. 17–30.
Paczkowska, Elzbieta: Twardowski's refutation of psychologism, *Zeszyty Naukowe Uniwersytetu Jagiellońskiego – Prace Filozoficzne* 6 (1976), s. 29–41.

Zu Zygmunt Zawirski

Lachman, Irena: *Zygmunt Zawirski, His Life and Work*, D. Reidel, Dordrecht, 1986.

Kurzbiographien

Kazimierz Ajdukiewicz wurde am 12. Dezember 1890 in Tarnopol geboren und ist am 12. April 1963 in Warschau gestorben. Er studierte Philosophie, Mathematik und Physik an der Universität Lemberg, wo er 1910 mit einer Dissertation über Kants Philosophie des Raumes promovierte. Während 1913 verbrachte er einige Zeit in Göttingen, wo er die Vorlesungen von Husserl und Hilbert hörte. 1920 wurde er Dozent, nachdem er sich mit der Schrift »Über die Methodologie der deduktiven Wissenschaft« (Englische Übersetzung A 2) an der Universität Warschau habilitierte. Von 1921 bis 1925 war Ajdukiewicz Dozent an der Universität Lemberg; von 1925 bis 1928 war er Professor für Philosophie an der Universität Warschau. Später ging er nach Lemberg zurück, wo er bis 1939 Philosophieprofessor war. Von 1939 bis 1941 lehrte er Physik an der medizinischen Fakultät in Lemberg. Nach dem zweiten Weltkrieg bekam Ajdukiewicz einen Ruf auf den Lehrstuhl für Logik an der Universität Posen, an der er auch von 1948 bis 1952 Rektor war. Von 1955 bis zu seiner Emeritierung 1961 war er Professor für Logik an der Universität Warschau. Bis zu seinem Tod war er außerdem Direktor der Abteilung für Logik am Institut für Philosophie der Polnischen Akademie der Wissenschaften.

Janina Hosiasson-Lindenbaum wurde am 6. Dezember 1899 in Warschau geboren und ist im April 1942 in Wilno gestorben. Sie studierte Philosophie, Mathematik und Psychologie an der Universität Warschau unter Kotarbiński, Łukasiewicz, Leśniewski und Witwicki. 1926 promovierte sie bei Kotarbiński über Induktion. Sie war Gymnasiallehrerin in Warschau und Wilno. Während 1929 und 1930 verbrachte sie einige Zeit in Cambridge. 1935 heiratete sie den berühmten polnischen Logiker Adolf Lindenbaum.

Maria Kokoszyńska wurde am 6. Dezember 1905 in Bóbrka geboren und ist am 30. Juni 1981 in Wrocław gestorben. Sie studierte Philosophie bei Twardowski und Ajdukiewicz in Lemberg, wo sie 1938 mit einer Dissertation über die Semantik des Petrus Hispanus promovierte. 1947 habilitierte sie sich mit der Schrift »Eine Widerlegung der Relativität der Wahrheit« an der Universität Posen. Von 1948 bis 1976 arbeitete sie an der Universität Wrocław; zuerst (bis 1950) als Dozentin, anschließend (seit 1951) als Professorin für Logik.

Tadeusz Kotarbiński wurde am 31. März 1896 in Warschau geboren und ist am 3. Oktober 1981 gestorben. Er studierte Philosophie an der Universität Lemberg bei Twardowski; er promovierte 1912 in Lemberg mit einer Dissertation über den Utilitarismus in den Ethiken von Mill und Spencer. Von 1912 bis 1918 war er Lehrer für klassische Sprachen an einem Warschauer Gymnasium. 1918 wurde er Dozent für Philosophie an der Universität Warschau, und 1919 Professor. Nach dem zweiten Weltkrieg war Kotarbiński Professor an den Universitäten Warschau (von 1951 bis 1960 als Professor für Logik) und Łódź (1945–1951, 1945–1949 als Rektor). Er war Präsident der Polnischen Akademie der Wissenschaften (1957–1962) und Präsident des Institut International de Philosophie (1960–1963).

Stanisław Leśniewski wurde am 28. März 1886 in Sierpuchowo geboren und ist am 13. Mai 1939 in Warschau gestorben. Er studierte Philosophie in Leipzig, Heidelberg, Zürich und München. 1910 kam er nach Lemberg und schloß sich der Gruppe um Twardowski an. 1912 promovierte er an der Universität Lemberg mit einer Dissertation über Existenzaussagen. Von 1915 bis 1918 war er Mathematiklehrer an der Polnischen Schule in Moskau. 1919 wurde er auf einen Lehrstuhl für die Philosophie der Mathematik an der Universität Warschau berufen, wo er bis zu seinem Tode Professor war.

Jan Łukasiewicz wurde am 21. Dezember 1878 in Lemberg geboren und ist am 13. Februar 1956 in Dublin gestorben. Er studierte Philosophie bei Twardowski. Das von ihm selber geschriebene curriculum vitae enthält keine Angaben über eine Dissertation oder Habilitationsschrift. 1902 wurde ihm der Grad des Doktors der Philosophie verliehen. Von 1906 bis 1911 war Łukasiewicz Dozent an der Universität Lemberg und 1911 wurde er Professor für Philosophie. 1915 erhielt er einen Ruf auf den Lehrstuhl für Philosophie an der Universität Warschau. 1944 verließ er Polen und ging schließlich nach Dublin, wo er 1946 Professor für Mathematik und Logik an der Royal Academy of Science wurde.

Alfred Tarski wurde am 14. Januar 1901 in Warschau geboren und ist am 27. Oktober 1983 in Kalifornien gestorben. Er studierte Mathematik bei Sierpiński, Łukasiewicz und Leśniewski, und Philosophie bei Kotarbiński. Er promovierte bei Leśniewski mit einer Dissertation über den primitiven Term der Logistik (1923). 1925 wurde er Dozent an der Universtität Warschau. 1939 ging Tarski in die USA. Er war Dozent in Harvard und verbrachte einige Zeit in Princeton. 1942 wurde er Dozent für Mathematik an der University of California, Berkeley, wo er 1946 zum Professor für Mathematik ernannt wurde. Er arbeitete in Berkeley bis zu seiner Emeritierung. Von 1944 bis 1946 war Tarski Präsident der Association of Symbolic Logic; 1957 war er Präsident der International Union for the History and Philosophy of Science.

Kazimierz Twardowski wurd am 20. Oktober 1866 in Wien geboren und ist am 11. Februar 1938 in Lemberg gestorben. Er studierte Philosophie an der Universität Wien, wo er 1891 mit der Dissertation »Idee und Perzeption« promovierte. Twardowski war ein Schüler von Brentano, aber sein Doktorvater war Robert Zimmermann, da Brentano zu jener Zeit nur Privatdozent war. 1894 habiliterte er sich in Wien mit der Schrift »Zur Lehre vom Inhalt und Gegenstand der Vorstellungen«. 1895 wurde er auf den Lehrstuhl für Philosophie an der Universität Lemberg berufen, wo er bis zu seiner Emeritierung 1930 arbeitete. Von 1914 bis 1917 war er Rektor; und nach seiner Emeritierung war er Honorarprofessor. Twardowski gründete die Polnische Philosophische Gesellschaft (1904) und »Ruch Filozoficzny«, eine sehr gute philosophische Zeitschrift, die über das philosophische Leben in Polen und im Ausland informierte.

Zygmunt Zawirski wurde am 28. Juli 1882 in Berezowica Mała geboren und ist am 2. April 1948 in Konskie gestorben. Er studierte an der Universität Lemberg und promovierte bei Twardowski mit einer Dissertation über die Gesetze der Assoziationen der Vorstellungen (1910). Von 1911 bis 1924 war er Gymnasiallehrer in Lemberg. Er habilitierte sich 1924 an der Jagiellonischen Universität in Krakau mit einer Schrift über die axiomatischen Methoden in den Naturwissenschaften. Von 1924 bis 1928 war er Dozent für Philosophie am Lemberger Polytechnischen Institut. 1928 würde Zawirski auf den Lehrstuhl für Philosophie an der Universtität Posen berufen. 1937 wurde er Professor für Philosophie an der Jagiellonischen Universität.